프롤레타리아의 밤

Jacques Rancière

Archives du rêve ouvrier

노동자의 꿈
아카이브

La nuit des prolétaires

프롤레타리아의 밤

자크 랑시에르 지음

안준범 옮김

문학동네

감사의 말

이 작업을 격려해준 모든 이들, 특히 이 작업이 대학에 자리잡을 수 있도록 후원해준 장 투생 드장티에게 감사한다. 『논리적 반역Révoltes logiques』 편집진은 내 연구를 고립 상태에서 끌어내주었다. 장 보레유는 이 책의 발전을 좇으며 초고를 세밀하게 교정해주었다. 마지막으로 이 도정 전체와 연루된 다니엘에게, 이 도정을 가능하게 해준 내 어머니인 그녀에게 감사한다.

일러두기

1. 이 책은 La Nuit des prolétaires(Fayard, 1981)를 옮긴 것이다. 단, 서문은 추가된 내용을 포함하기 위해 1997년 것을 옮겼다.
2. 본문 속 [ ]는 내용 이해를 위해 번역자가 부연한 것이며, 주는 모두 저자 주로 출처를 밝히거나 관련 자료를 소개하는 것들이다.
3. 원서에서 이탤릭체로 강조한 부분은 굵은 글씨로 표시했다.
4. 단행본과 저널은 『』로, 논문이나 기사, 시, 단편은 「」로, 공연이나 노래는 〈 〉로 구분했다. 본문 속 " "는 원서에 준해 표시했다.

프롤레타리아의 밤. 이 제목에서는 그 어떤 메타포도 보지 못할 것이다. 여기서는 공장 노예의 슬픔을, 누추한 노동자 주택의 비위생을, 통제되지 않는 착취에 의해 고갈된 신체의 비참을 상기시키려는 것이 아니다. 이 모든 것은, 오로지 이 책의 인물들의 시선과 말, 꿈과 이성을 통해서만 문제될 것이다.

그들은 어떤 이들인가? 수십 수백의 프롤레타리아. 1830년경 스물이었던 그들. 이 무렵에, 저마다의 계산으로, 견딜 수 없는 것을 더이상 견디지 않겠노라 결단했던 그들. 빈곤, 저임, 불편한 거처, 언제나 지척에 있는 기아만이 아니라, 더 근본적으로는, 예속의 힘을 지배의 힘에 무한정 연계시키는 것 이외의 다른 목표 없이 목수 일을 하고 철공 일을 하며 예복 재봉질을 하고 구두를 깁느라 매일매일 시간을 도둑맞는 슬픔을 더이상 견디지 않겠노라는. 삶을 잃어버리는 이 노동을 하루하루 구걸해야만 한다는 수치스러운 부조리를 더이상 견디지 않겠노라는. 또한 선술집

장정으로서의 허세 또는 성실한 노동자로서의 비굴함을 지닌 공장 안 타자들의, 자신들에게 넘어올 자리를 너무나도 기꺼이 기다리는 공장 바깥 타자들의, 사륜마차를 타고 가며 이 시든 인생에 멸시의 시선을 던지는 타자들의 무게를 더이상 견디지 않겠노라는.

이들과의 결산이란, 왜 아직도 끝내지 못했는지를 아는 것이요, 삶을 바꾸는 것······ 세계의 전복은, 사유하기를 업으로 하지 않는 자들의 평온한 잠을 보통 노동자들이 누려야 했던 시각에 시작된다. 예컨대 1839년 10월의 저녁. 8시 정각에, 노동자들의 저널을 창간하기 위해 마르탱 로즈의 집에 사람들이 모였다. 고게트 goguette에서 노래를 짓는 계량 용기 제조업자 뱅사르가 복수復讐의 이행시로 과묵한 기질을 표현하던 목수 고니를 초대했다. 역시 시인인 오물 수거자 퐁티는 틀림없이 거기에 있지 않았을 것이다. 이 보헤미안은 밤에 일하기를 선택했다. 하지만 저 목수가 여러 벌 초고를 만든 뒤에 자정까지 정서한 편지들 중 하나로 모임의 결과를 그에게 알려줄 수 있었을 것이다. 이 편지들에서 그가 퐁티에게 말하는 것은 자신들의 망가진 유년기, 잃어버린 삶, 평민적인 열광, 예속 기계의 힘을 회복시키는 잠으로의 진입을 극단의 한계까지 늦추려 노력하는 바로 이 순간에 아마도 시작될―죽음 너머의―또다른 실존이다.

이 책의 주제는 우선, 노동과 휴식의 정상적 연쇄에서 떨어져나온 이 밤들의 역사다. 불가능한 것이 준비되고 꿈꿔지고 이미 체험되는, 말하자면, 정상적 사태 진행이 감지되기 어렵고 공격적이지 않게 중단되는 밤. 육체노동에 종사하는 이들을 사유의 특전을 누려온 이들에게 종속시키는 전래의 위계를 유예시키는 밤. 공부의 밤, 도취의 밤. 사도들의 말, 또는 인민의 교육자들의 가르침을 이해하기 위해, 배우고 꿈꾸고 토론하고 글을 쓰기 위해 연장된 버거운 나날들. 일출을 맞이하러 다 함께 들판으로 나가기로 예정된 일요일 아침들. 이러한 광기들로부터 어떤 이들은 잘 빠져나갈 것인데, 그들은 사업가나 종신 상원의원이 되겠지만—그렇다고 그들이 반드시 배신자인 것은 아니다. 다른 이들은 이 광기들로 인해 죽을 것이다. 불가능한 동경들로 인한 자살, 암살당한 혁명들로 인한 우울, 북유럽 안갯속에서 망명자들이 앓는 폐병, 여성-메시아를 추구했던 이집트에서의 페스트, 이카리아를 건설하러 갔던 텍사스에서의 말라리아. 대부분이 겪을 이 익명의 삶에서 종종 노동자 시인의 이름이, 파업 지도자의 이름이, 단명한 연합의 조직가 이름이, 곧 사라지는 저널 편집인의 이름이 등장한다.

　그들은 무엇을 대표/재현하느냐고 역사가는 묻는다. 공장의 익명의 대중 또는 심지어 노동운동의 투사들인 대중과 견줘 그들은 누구인가? 다수의 일상적 실천, 억압과 저항, 작업장과 도시에서의 불평과 투쟁에 대해, 그들이 지은 시구와 심지어는 「노동 일기」라는 그들의 산문에서 무엇이 숙고되는가? 대중만이 역사를 만든다고 천명하는, 대중의 이름으로 말하는 자들에게 대중을 충실히 대표/재현하라고 명하는 정치적 원리와 과학의 통계적 요청을 동일시함으로써 "순진함"에 간지를 결합하려는 방법론적 질문.

　하지만 어쩌면 거론된 "대중"은 이미 자신들의 답을 주었을 것이다. 1833년과 1840년에, 파업중인 파리의 재단사들은 왜 자신들의 지도자로—학생들의 카페들에서 사유의 거장들에 대한 독서로 자신의 여가를 나누던—앙드레 트롱생을 원하는가? 1848년에 도장공들은 왜 괴짜 동료인—평소에 골상학 실험과 푸리에주의의 조화론으로 자신들을 질리게 만들던—카페 주인 콩페에게 연합 플랜을 요구하려 하는가? 투쟁하던 모자 제조공들은 왜 필리프 모니에라는—누이는 이집트에 가서 자유 여성Femme libre이 되려 했고 매제는 미국에서 유토피아를 추구하다 사망한―왕년의 신학생을 찾으러 갔던가? 확실히, 이런 자들은 저 노동자들의 노동과 분노의 일상을 대표/재현하지 않으며, 오히려 노동자들은 노동자적 위엄과 복음주의적 헌신에 관한 이들의 훈계를 외면하려 애쓰는 습성이 있다.

그런데 부르주아(고용주, 정치인, 또는 사법관)에게 **대표/재현**할 어떤 것을 갖고 있던 그날에 노동자들이 이들을 보려던 것은 어디까지나 이들이 **타자들**이기 때문이다. 단지 말을 잘할 줄 알기 때문이 아니라, 이들이 근본적으로 부르주아에게―임금, 노동시간, 또는 임노동자의 숱한 알력 너머에서―프롤레타리아는 여러 가지의 삶을 살 만한 존재로 대우받아야만 한다는―이 대변자들의 미친 밤들이 이미 입증한―점을 대표/재현해야 하기 때문이다. 작업장의 항의가 목소리를 갖고, 주목해야 할 면모를 노동자 해방이 제공하며, 프롤레타리아가 자신의 다중적 결집과 전투에 의미를 부여하는 집단적 담론의 주체로 존재하기 위해서는, 이런 자들이 노동자**처럼** 살면서 부르주아**처럼** 말하는 이중적 불치의 배제 안에서 이미 스스로 **타자들**이 되어 있었어야 한다.

고립된 발화의 역사. 노동자 집단의 발화를 알아듣게 해주는 거대 담론들의 원리 자체와의 불가능한 동일시의 역사. 대중 애호가들이 부단히 덮어버려야만 했던 이중성과 모방 들의 역사. 누군가는 거기서 프롤레타리아적인 대문자 이론과 혼인하기 직전의 젊은 노동운동에 대한 빛바랜 추억의 사진을 확인했다. 다른 누군가는 일상생활과 인민적 망탈리테mentalité들로 이 그림자들을 채색했다. 프롤레타리아 군대의 무명 병사들을 향한 장엄한 존경과 혼합되어버린 것은 익명의 삶을 동정하는 호기심이요, 수공업 장인의 완결적 행위 또는 인민의 노래나 축제의 어린 활기

프롤레타리아의 밤

를 향한 향수의 정념이었다. 요컨대 무명 병사들이 자신들의 집단적 동일성에 더 정확히 밀착될수록 그만큼 더 존경받음을 확증하려는, 저들이 군단 또는 용병 부대로서가 아니라 그와는 다르게 실존하길 원하면서 "프티부르주아"의 이기주의 또는 "이데올로그"의 망상에나 해당될 개별적 편력을 주장하려 할 때부터는 역으로 의심스러워짐을 확증하려는 한결같은 오마주들.

프롤레타리아들의 이러한 밤들의 역사는 인민적이고 평민적이며 프롤레타리아적인 순수성의 보존을 근심하고 집착하는 것에 관해 정확히 다음과 같은 심문을 불러일으키고 싶을 것이다. 왜 학문의 사유 또는 투사의 사유는 그것의 "인민적" 대상의 자기의식과 자기동일성 사이의 조화로운 관계를 곤란하게 만드는 그림자와 불투명함을, 어떤 불길한 제3자—프티부르주아, 이데올로그, 또는 주인-사상가—에게 뒤집어씌우기를 언제나 필요로 하는가? 저녁의 철학자들이 사유의 지형을 침범하는 것을 목도하는 더욱 가공할 위협을 푸닥거리하려고 이 불길한 제3자를 편의적으로 꾸며낸 것이 아니겠는가? 플라톤에게서 소피스트 규탄을 뒷받침해주는 낡은 환상, "본성상 철학을 향할 수 없으며 신체는 육체노동을 하는 생업으로 망가지고 정신은 노동자의 조건으로 인해 깨지고 부서지는 대중"[1]에 의해 유린된 철학이라는 저 환상을 마치 진지하게 다루는 척들을 했던 것 같다. 마치 과학은 자신의 대상이자 타자인 인민 주체의 견고한 자기동일성을 가정하는 것에 불과한 자신의 차이를 단언했던 것 같다.

이러한 심문들은 심리를 연다기보다는, 대중의 존엄과 그들 실천의 실증성을 "대표자가 아닌" 개인 수십 명의 담론과 망상에 희생시킨 것에 대해 여기서 변명하지 않는 이유를 설명하는 것이다. 이 개인들의 상상적이고 현실적인 경로들의 미궁 안에서, 다음의 두 질문에 대한 아리아드네의 실을 찾아보고 싶었을 따름이다. 프롤레타리아적 실존의 속박에서 스스로를 떼어놓길 열망했던 이 탈주자들은 어떤 우회를 거쳐 역설적으로 노동자 동일성의 이미지와 담론을 꾸몄던가? 지식인들의 밤에 사로잡힌 프롤레타리아들의 담론이 인민의 명예롭게 노동하는 낮에 사로잡힌 지식인들의 담론과 마주칠 때, 이러한 모순에 작용을 가할 새로운 오인 형태들은 어떤 것들인가? 우리에게 건네진 질문이자, 새로운 세계의 선지자들—생시몽주의자들, 이카리아 개척자들 등—과 밤의 프롤레타리아들이 맺는 모순적 관계 안에서 당대에 체험된 질문. 노동의 일상적 흐름 안에서—프롤레타리아들이 다른 삶의 나선 안으로 들어서게 되는—균열을 유발하고 심화시키는 것이 바로 "부르주아" 사도들의 발화라면, 설교자들이 이 나선을 새로운 노동의 아침으로 이어지는 직선으로 만들려 하고 신도들을 거대 군단의 병사이자 미래 노동자의 원형이라는 착한 동일성으로 묶어두려고 할 때 문제가 시작된다. 사랑의 발화를 듣는 행복 속에서, 생시몽주의 노동자들은 새로운 산업의 사도직이 요청하는 강건한 노동자 동일성을 조금 더 잃어버리게 되지 않는가? 이카리아 프롤레타리아들은, 역으로, 지도자의 부성애적인 교육을 희생시키는 것 말고 과연 다른 식으로 그런 동일성을 재발견할 수 있을까?

불발된 해후. 유토피아주의 교육의 곤경. 이 교육의 교화적 사유는 과학을 익힌 노동계급이 자기해방을 통해 방해물을 치우는 것을 보게 되기를 그리 오래 기대하지 않을 것이다. "노동자들 스스로 만든" 최초의 주요 노동자 저널 『라틀리에L'Atelier』의 우회적인 논거들에 의해 이미 전조가 드러난 것은, 이 비틀린 경로로부터 유래한 노동자 연합들을 감시할 감독관들이 놀라며 확인할 바로 그것, 요컨대 자기 노동의 도구와 생산물의 주인인 노동자가 "자기 것을 위해" 노동한다고 스스로 납득하기에 이르지 못한다는 것이다.

이 역설에서 해방의 도정들의 허영을 인지했다고 너무 빨리 기뻐해서는 안 될 것이다. 노동자가 열광해야 마땅하나 그리할 수 없는 **자기 것**은 도대체 무엇인가, 라는 시초 질문의 반복을 여기서 더 유의미하게 재확인하게 될 것이다. 점유자들이 도주하기만을 꿈꾸는 중심을 축으로 세계를 재건하려는 기이한 시도 안에서 작동하는 것은 무엇인가? 그 어디로도 이어지지 않는 도정들 위에서, 프롤레타리아적 실존의 모든 속박을 가로질러 사물의 질서에 대한 근본적 비동의를 견지하려는 긴장 안에서 **타자의 것**이 획득되지 않는가? 1830년 7월에 다시는 전과 같지 않을 거라고 맹세했던 프롤레타리아들의 경로에서, 그들이 인민의 지식인 벗들과 맺은 관계들의 모순 안에서, 그들의 환멸 및 원한의 근거를 공고히 해낼 자는 아무도 없을 것이다. 변호론자의 교훈은 인민적 지혜에서 만족스럽게 끌어내는 교훈—요컨대 어느 정도의 불가능함이라는 교훈과, 유토피아의 죽음 자체 안에서 유지되는 기존 질서에 대한 거부라는 교훈—과 오히려 반대일 것이다.

추신. 1997년에는 이 책이 어떤 사정 안에서, 어떤 사정에 맞서 저술되었는지를 상기해야 할 듯하다. 단순한 표상들로부터 견고한 사실들을 확실히 분리해내기를 요구하는 역사가의 실증주의가 당시에는 이데올로기에 대한 마르크스주의적 비판 및 경제적/역사적 결정론과 양립하고 있었다. 좌익주의 시대에 흔들렸던 저 마르크스주의는, 자본주의에 대한 최후의 타격을 확언하면서 당시 권력을 타격하는 데 투신했던 급진적인 청년 사회주의자들의 담론 안에서 활기를 되찾았다. 다른 한편으로는, "신철학자들nouveux philosophes"이라 불리던 이들이 광기와 범죄들을 목청껏

개탄하기 시작했다. 그들은 주인-사상가들에 의해 조장되었던 이 광기와 범죄들에, 세계를 바꿔보겠다는 모든 의지가 노출되어 있다고 개탄한다.

이 책이 "노동운동"이라는 이름 뒤에 숨겨진 특이한 지적 혁명을 조명하느라 맞섰던 두 진영은 오늘날 하나가 되었다. 붕괴된 소비에트제국은 자유주의국가에 경제의 필연성과 역사의 비가역적 방향에 대한 이론을 남겼다. 오래된 임금 "경직성"을 깨뜨린 국가 경영자들과 사태의 불가피한 진화를 지체시키는 케케묵은 평등주의적 "경련" 사이에는 그리하여 조화로운 나눔이 실현되고, 단일한 지적 여론은 우리에게 노동자와 혁명의 두 세기의 역사에서 미망과 광기만을 보라고 가르친다. 두 사유는, 지금 존재하는 것이 아니라면 그 어떤 것도 존재할 수 없음을 보여주면서, 단 하나의 동일한 허무주의적 지혜를 만든다. 그러니 여기서 이야기된 역사의 내기들은 전위되고 급진화되었다. 야만적 자본주의와 "배제된 자들"에 대한 해묵은 구제의 회귀는, 저 둘의 원환을 끊어보려 했던 이들의 노력을, 시간과 사유의 분할에 대한 그들의 경험을 다시 의제화한다. 또한, 공식적 지혜의 허무주의에 직면하여, 사유가 업이 아니었으나 그럼에도 낮과 밤의 순환을 교란시키면서 우리에게 말과 사물, 이전과 이후, 가능함과 불가능함, 동의와 거부의 관계의 자명함을 문제화하는 것을 가르쳤던 이들의 더욱 정묘한 지혜를 새롭게 배워야 한다.

1부

가죽 작업복을
입은 사람

1장

지옥의 문

La porte de l'enfer

너는 내게 요즘 내 삶이 어떠냐고 물었지. 늘 매한가지지 뭐.

지금 이 순간 나 자신을 냉혹하게 되돌아보면 슬퍼져. 이 유치한 허세는

눈감아줘. 쇠를 두드리면서는 내 천직이 아니구나 싶거든.[1]

1841년 9월의 『라 뤼슈 포퓔레르La Ruche populaire』는 평소의 면모를 보인다. 기이하게도 고딕체로 제목을 단 도제에 관한 이 기사에서 실증적 연구 대신에 여전히 어떤 탄식이 발산되고 있는 것이다. 이런 방식은 "장삼이사의 생각과 감정의 반영, 문학적 접속도 후속도 없이 가난한 이들을 담는 소박한 앨범, 작업장의 사태와 욕구에 대한 간명한 비평"[2]이고자 하는 월간지에는 잘 어울린다. 아마도 그러한 의도를 너무나 잘 달성한 것 같으니, 노동자들의 "도덕적·물질적 이해관계"를 놓고 경쟁하는 기관지 『라틀리에L'Atelier』의 편집인들은 이 자칭 노동자들의 벌집ruche 안에서 무기력한 한탄과 일관성 없는 몽상을 헛되이 중얼거리는 하나의 바벨을

고발한다.

그렇지만 이번에는 우리가 뭔가 다른 것을 기대해볼 수도 있겠다. 기사에는 **철물공-노동자** Gilland이라고 서명되어 있는데, 우선 놀라운 점은 대장장이라는 구舊귀족으로부터 조립공이라는 신新귀족에게로 이어지는 특권적인 동업조합 대표에게서 이러한 탄식이 나왔다는 것이다. 하지만 무엇보다도 제롬-피에르 질랑은 후대에 달랑 몇 편의 시와 단상만을 흔적으로 남겨, 자신의 연장을 작가의 펜으로 바꾸는 무기력한 욕망의 증거가 되는 임시 기고자들 중 하나가 아니다. 조르주 상드가 서문을 써준 작가-노동자이자 제2공화국 하원의원인 그는 도리어 노동계급 대표자들의 정치계와 문화계로의 접근과, 형제 노동자들의 조건에 그들이 충실함을 상징한다. 자신의 직업에 평생을 바친 한 직조공 시인의 사위인 그가 12월 2일의 쿠데타 이후에 철물공의 연장을 다시 쥐고 노동자로서 밥벌이하는 것으로 자존을 지켜낼 것이니 말이다.

곧 노동자 킨키나투스 역할을 하게 될 이의 청년 시절 속내 이야기를 중요하게 여겨야 할까? 게다가 그는 여기서 자기 이름으로 말하는 것도 아니다. 『라 뤼슈 포퓔레르』와 심지어 엄숙한 『프라테르니테 Fraternité』에서도 여기저기 보이는 이러한 「내밀한 통신 단편」에서는 노동자 모럴리스트인 필자가 자신의 분신 또는 사탄으로 하여금 떠돌이의 유혹적인 사유를 말하게 한 뒤에야 노동의 미덕과 노동자의 위엄을 긍정하는 궁극적인 전언을 내놓는 것이 관행이다. 이 기사에서도 역시 가상의 통신원은 꾸물대지 않고 그 관행을 따른다.

쇠를 두드리면서는 내 천직이 아니구나 싶거든. 이 직종이 전혀 비천하지 않은데도 말이지. 인민의 자유를 수호하는 전사의 검도, 인민을 먹

프롤레타리아의 밤

여 살리는 쟁기의 보습도 다 모루에서 나오는 건데. 위대한 예술가들은 우리의 구릿빛 이마와 강인한 수족 위로 쏟아지는 남성적이고 호방한 시를 이해했고, 때로는 커다란 기쁨과 활력으로 그런 작품을 지었지. 저 유명한 우리의 샤를레^{Charlet}가 그런 경우야. 그가 "군대, 이들이 곧 인민"이라고 말하면서 가죽 작업복을 군복 옆에 놓았을 때 말이야. 내가 나의 직업을 높이 평가한다는 걸 넌 알지……

만사가 이렇게 질서정연해질 것이다. 정련된 금속으로 표상되는 미덕은 프롤레타리아의 탈선한 상상을 국민 이데올로기에서 그들이 파야 할 노동과 전투의 고랑들로 신속하게 이끌 것이다. 하지만 대장장이로 하여금 모루를 계속 쥐게 하려는 이미지의 이익은 과연 확실한가? 플라톤적인 국가 질서, 즉 대장장이의 기술과 기병의 기술 중 어느 것도 알지 못한 채로 굴레와 재갈, 또는 대장장이를 그렸던 이 마술사들을 배제하고서야 비로소 전자의 기술을 후자의 기술에 종속시켰던 질서에, 이러한 이익으로 인해 어쩔 수 없이 곤경이 초래된다면 말이다. 위험은 이런 이익에 대해 사람들이 우선적으로 두려워하는 지점, 즉 노동자의 강인함이라는 이 영웅적 이미지들이 촉발하는 오만함에 있지 않다. 어떤 노동자가, 게다가 판화를 조금이라도 좋아하는 노동자라면, 사랑받는 처자 또는 선망받는 시인의 이상형이 섬약한 손목, 발목과 흰 얼굴로 정의되는 시절에, 자신의 강인한 수족이나 구릿빛 이마를 그토록 직접적으로 자랑하겠는가? 더욱이 용사 이미지가 우리의 철물공에게서 작업장 인민의 신체적 빈약함을 감춰줄 수도 없다. 몇 줄 뒤에서, 그는 이 소위 신체적 특성들에 노동의 구속이 명백하고도 생생하게 반영됨을 보여준다. 예컨대 중개인 처지에서 자기 아이들을 작업장이라는 지옥으로 던져넣도록 압박당하는 부모들의 언변. "일이 거칠면 아이가 튼튼하다고 말한다. 반대로 섬세한 일이면 아이가 명민하다고 말한다. 상황에 따라 아이를 헤라클레스로 만들기도, 예술가로 만들기도 한다." 팔다리의 힘이 시늉이 아닌 마당에 그런 힘은 대장장이-철물공이 모델 구실을 하는 이 이미지 왕국에서 그를 배제하는 저주다. 몇 년 뒤에 피에르 뱅사르가 노동자로 하여금 대상 상실보다는 이미지의 상실로 고통을 겪게 하는 소외의 극단적 사례를 자신의 운명 속에서 보여줄 것이다.

철물공의 검소한 포즈가 감탄스러운 습작들을 낳는다. 플랑드르와 네덜란드의 유파들은 렘브란트와 판오스타더 같은 이들이 그런 포즈에서 끌어낸 구상具象을 보여주었다. 하지만 우리는 이 감탄스러운 그림들의 모델 노릇을 한 노동자들이 아주 어린 나이에 시력을 잃는다는 것을, 이로 말미암아 이 대가들의 작품들을 보면서 우리가 느끼는 쾌락의 일부가 저들에게서는 파괴된다는 것을 잊을 수 없다.[3]

화가의 거짓은 손의 환상적인 절대권으로부터 시선의 현실적인 절대권으로 되돌아간다. 담금질된 철의 화가들에 의해 노동자들의 얼굴에 쏟아진 남성적이고 호방한 시적 정취가 단지 노동자의 빈곤을 가리는 가면인 것은 아니다. 오히려 이는 어떤 꿈을, 이미지의 세계에 있는 다른 자리에 대한 꿈을 포기한 대가다. 그들의 명예를 그린 그림들의 이면에는 그늘이, 그들은 그려본 적도 없고 심지어는 결코 그리지 못하도록 운명으로 정해졌노라 알았던 저 그림들에 대한 잃어버린 명예가 있다. "내가 나의 직업을 높게 평가한다는 걸 넌 알지. 그렇지만 실은 내가 되고 싶었던 건 화가야."

화폭의 다른 쪽에서 움직이는 꿈. 하지만 이는 대장장이의 망치와 가죽 작업복으로 상징화되는 군대-인민을 재현하기 위함이 아니라 인민의 군대에 대한 다른 이미지를 그리기 위함이니, 예컨대 쓰러진 말들과 뒤섞여 있는 동방의 군대 앞쪽에 금으로 치장하고 공화국의 삼색 장식을 단 기병이 백마를 타고 이집트의 사막과 종려나무와 하늘을 배경으로 우뚝 서 있는 이미지 같은 것 말이다. 조르주 상드에게 보낸 편지에서 자신으로 하여금 꿈꾸게 했던 미술가들 중에, 프롤레타리아 원수 뮈라를 그린 화가 그로를 꼽은 것은 바로 질랑 자신이다. "나는 화가가 되고 싶었어요. 소식을 전하러 가던 중에도, 그림과 조각을 파는 상점 앞에서는 꼼짝 못하고 넋을 잃을 수밖에 없었지요. 제라르, 그로, 벨랑제, 그리고 오라스 베르네가 내게 얼마나 많은 자극을 주었던가를 그대는 믿을 수 없을 겁니다."[4] 그런데 이 제국적인 꿈에 당대의 모럴리스트들은 화가에 대한 전혀 다른 이미지를 대립시킨다. 그들은 서투른 화가의 거드름, 예술가의 방탕, 재능의 빈곤을 동일한 모델에게, 유력자의 변덕에 실존 여부가 달린 그늘 안에서 명예의 환영을 좇다 자살한 바로 그 사람에게 귀착시킨다. 이러한 운명을, 주지하듯, 가장 저명한 이들도 피하지 못한다. 센강의 물결이 그로 남작의 좌절을 삼켜버린 건 벌써 여러 해 전이다. 하지만 기이하게도, 예술가에 대한 이런 저주가 소박하게 노동자로 살아가는 도장공 또는 간판공을 덮친다. 그리고 노동자 모럴리스트들 역시 부르주아만큼이나 열렬히 그 위험을 예방하고자 한다. 놀랍게도 『라틀리에』의 구舊편집장인 인쇄공 르느뵈는 청소년에게 제공되는 직업 위계에서 화가라는 직종을 바닥에, 오물 수거인이나 백연 제조공처럼 치명적인 일 바로 앞에 놓는다.[5] 임금 통계는 말할 것도 없고 직업별 사망률도 그와 같은 추방을 정당화하지 않는다. 하지만 노동자 연합 장려 위원회에서 도장공 연합에 관해 보고자가 표명한 불안에 르느뵈의 동료 코르봉이 공감하는 것을 보면서 이러한 실제적인 권고의 속내를 더 잘 이해하게 된다. "보고 자는 회원들이 기혼인지를 알고 싶습니다." 그 직업의 위험은 무엇보다도 도덕적인 것이다. "질서와 경제의 관습에 결혼이 미치는 영향을 오인하 는"[6] 것은 확실히 있을 수 없는 일이지만, 수백 건의 서류 중에서 하필 도 장공들만 그토록 일반적인 규칙의 표적이 된다면, 이는 아마도 그들의 부 도덕함이 집어삼킨 포도주 잔과 유혹한 소녀가 셀 수 없을 정도이기 때 문일 것이다. 그들의 부도덕함은 노동자 직업을 가죽 작업복 입은 사람의 조건에서 탈주하는 수단으로 만들어버리는 가공할 도착을 재현한다는 것이다. "인민의 사제"인 르드뢰이유 신부가 일요 강론에서 위험에 처한 노동자들을 지켜내고 싶어했던 것은 바로 이 유혹으로부터다. 실패한 작 가인 프랑수아-오귀스트 르드뢰이유는 역으로 이 유혹의 매력에 펜을 들이대, 화가라는 직업을 위해 자신의 직업을 버리기로 결심한 제화공의 언술을 상상해본다.

존재하지 않는 숲, 읽을 수 없는 문자, 모델이 없는 이미지를 너에게 만 들어줄게. 언제나 새처럼 허공에 떠 있어. 태양에 취하지. 수다스럽고, 텅 빈 아파트의 사방팔방에서 노래해. 호화 저택에서 다락방으로, 또 시골에서 도시로 오가고. 내일 어디에서 일하게 될지를 오늘은 몰라. 언 제나 새로운 동료들과 새 인물들이 있어. 도처에서 신참들이 오지. 성밖 지대 어디서나 한상 차려주고. 층마다 다 아는 이들. 그러니 언제나 좋 은 하루.[7]

떠돌이 삶과 공기처럼 가벼운 직업이라는 천국의 유혹은 당연히 슬픈

프롤레타리아의 밤

종말을 맞아야만 한다. 르드뢰이유의 화가는 파리 시립병원에서 폐병 환자로 생을 마감할 것이다. 이는 지금 쥐고 있는 하나가 나중에 갖게 될 둘보다 낫다는 것을, 좋은 직업이 나쁜 직업보다 낫다는 것을 입증하고도 남는다. 하지만 르드뢰이유의 청자들에게—그리고 그를 들으려 하지 않는 이들에게도—문제는 정확히 좋은 직업이 과연 무엇인지를 아는 것이다. 사고, 병, 실업, 임금 하락, 비수기, 권태, 이 모든 것에 노출되지 않는 직업을 어디에서 찾을 것인가? 르드뢰이유는—순진한 건지 냉소적인 건지 모르겠지만—그런 직업이 시골에 많다고 보장하며, 빈곤 때문에 도시로 오게 된 모든 이들에게 어서 빨리 돌아가 고향 들판에 숨겨진 보물을 찾으라고 권한다. 설교자와 그의 화가보다는 덜 경솔한 왕년의 목동 질랑은 천혜의 땅과 미망의 도시가 맺는 관계가 조금 더 복잡한 것임을 경험으로 알고 있다. 그의 이야기들 중 하나에서 그는, 자신의 분신인 견습공 "어린 기욤"의 고통을 어느 노동자가 파리에서의 삶의 매혹에 관해 허풍을 떨며 퍼뜨린 미망 탓으로 돌릴 수 있었다. 그는 어린 목동이 하늘만 쳐다봐서는 자신의 다섯 형제를 부양하지 못함을, 인생의 바닥으로의 추락은 가혹해서 아이는 짊어진 채롱의 무게로 굽은 등을 하고는 진흙길을 거슬러올라가야만 했음을 역시 알고 있었다.[8] 그런데 자신은 목동의 예속으로 되돌아가길 마다하면서도 자신의 주인공은 저 예속의 매혹으로 되돌려보낸다. 그는 착한 노동자들도 그렇지 않은 이들과 마찬가지로 병원에서 생을 마감한다는 것을, 자신의 과거 애인 둘 중에서 폐병으로 죽은 이는 나쁘게 살아온 여인이 아니라 정직한 양재사라는 것도 알고 있다. 가난은 나태가 노동과 맺는 관계가 아니라 고역을 선택하기의 불가능함으로 정의된다. "……나는 화가가 되고 싶었어. 하지만 가난은 특전을, 심지어 살아가기 위해 이런저런 고역을 택하는 특전조차 갖지 못해."

문제는 나태할 권리가 아니라 다른 노동의 꿈이다. 반들반들한 표면 위에서 천천히 응시하며 아주 부드럽게 손동작하는 노동. 또한 노동이 가해진 대상들―미래의 철학이 보기에 생산자-인간의 본질이 자본의 소유 안에서 일시적으로 상실되는 대가를 치르고서야 실현되는 대상 들―과는 다른 대상을 생산하는 것이 문제다. 예컨대 "노동자들의 친 구"가 여기서 나름대로 찾아낸 "존재하지 않는 숲, 읽을 수 없는 문자, 모 델이 없는 이미지"―안티상품의 상형문자들, 유용한 노동자라는 자신 들의 무정한 미래를 몰아내려던 이 프롤레타리아 아이들의 창조적이면 서 파괴적인 꿈을 여전히 간직한 노동자 수완의 산물들. 어느 시인 재단 사의 전기 작가에 따르면 "긴 휴식 시간에 그는 아무 짝에도 쓸모없는 환 상적인 소품들을 만들어내는 일을 무엇보다도 즐겼다…… 수많은 목재 가 그의 유아적인 상상의 변덕을 견뎌내면 그의 손도끼와 대패 밑에서 본질적으로 상형문자적인 형태들을 지닐 수밖에 없었다."9 무용한 것에 은밀하게 열중한 이 프롤레타리아들에게 군인-노동자라는 이미지는 정 작 이 이미지가 치료하려던 병보다 더 위험한 것일 수도 있었다. 사실 이 이미지는 노동자와 군인의 영역에서 배제된 것을 핵심에 갖다놓는 대가 를 치름으로써만 비로소 노동자를 그의 직업과 화해시킨다. 노동자에 대 해 표상되는 명예 뒤에는 이미지의 거짓이 있었다. 이미지의 거짓 뒤에는 이 프롤레타리아 기병들의 서사시에 의해 생산된 꿈을 물려받은 화가의 힘이 있었으니, 그는 이 꿈의 이미지를 고정시켰고 이 꿈의 지고함을 보 존했다. 화해시키는 이미지가 미덕들을 확보하는 원천은 노동자의 소명 과 직업 사이의 분리를 생산해내는 원천과 동일하다. 노동자를 제자리에 머물게 하려면 현실의 위계가 상상의 위계와 중복되어야 하는데, 후자는 인민 역량의 표장들을 제시함으로써보다는 오히려 제자리에서 이루어지는 노동자 활동의 중핵에 이중성을 도입함으로써 전자를 침식한다. 성 프랑수아 그자비에 협회의 독실한 노동자들에게 제시된 대항 이미지가 간판공 이미지라면, 이는 간판공이야말로 자기 노동에 행복해하는 노동 자의 자족 안에 담긴 거짓을, 도시에서의 안티생산과 무질서 원리—모방 일 뿐만 아니라 아예 모델 없는 모방—를 향해 생산이 달아나는 것을 가 장 잘 드러내기 때문이다. 즐거워하는 대장장이라는 "유용한" 재현은, 스 스로를 해체하면서, 미래의 시인 랭보가 표현할 탈주의 논리를 출현시킨 다. 이 시인은 "읽을 수 없는 문자", 즉 문맹들의 이중성의 새로운 상형문 자들을 최초로 해독할 것이다. 우스꽝스런 그림들, 문 위의 장식, 무대배 경, 어릿광대의 그림, 간판, 대중적인 채색 삽화, 아직 기록되지 않은 탐험 여행, 역사 없는 공화국, 모음들의 발명된 색깔, 공장 자리에서 종지부를 찍을 모스크…… [『지옥에서 보낸 한철』]

노동자의 크고 작은 주장을 개인화하는 소소한 속내를 억지로 꾸며대 는 것인가? 「내밀한 통신 단편」 「고향 삼촌에게 보내는 조카의 편지」 「누 설」 「견해」 등 『라 뤼슈』를 다채롭게 구성하는 것들은 어쩌면 정확히, 노 동, 도제, 고용, 퇴직에 대한 크고 작은 주장들의 이면에, 우리가 흔히 생 각하는 것보다는 조금 더 많은 꾸밈이 있음을 지각하도록 해준다. 저명 한 샤를레의 석판화 이면에는, 여러 번 덧칠된 그림의 이면이 그렇듯, 초 벌로 그려졌거나 교정된 숱한 이미지의 흔적들과 얼핏 보았거나 꿈꾸었 던 숱한 풍경의 흔적들이 있다. 재판 관련 기사들의 발전이, 관행을 따르 는 건전한 사람들의 수사학에도, 멜로드라마적인 판화 제작에도 늘 새로 워지는 서민적인 것의 이미지를 수확물로 제공하는 시절, 연판 제조 기 술의 혁명이 "생리학"의 사회적 유형 분류에도, 『마가쟁 피토레스크Magasin pittoresque』의 교육적 목적에도 사용되는 시절에, 노동자의 주장치고 적들이 노동자 탓이라 내세우는 전형적인 장면들에 맞서 노동자의 진정한 초상을 묘사하지 않는 것은 없다. 하지만 노동자의 진정한 초상치고, 동일시 이미지에 부여된 힘 자체에 의해, 유아적인 상형문자들의 무의미함으로부터 다른 삶에 대한 어른스러운 꿈으로 펼쳐지는 나선형 소용돌이 안으로 즉각 숨어들어가지 않는 것 또한 없다. 동일성, 이미지, 동일자와 타자의 관계에 대한 물음에서 작동되고 은폐되는 것은 사유하는 자들과 육체노동을 하는 자들을 분리하는 장벽의 유지와 위반에 대한 물음이다.

여기서 군인-노동자 이미지를 옮기는 단순한 효과를 생산하고 싶다. 우선은 가죽 작업복을 입은 사람의 초상이 가리고 있는 파리 크로키들, 전원 수채화들, 동양 목탄화들과 역사화들, 지배와 빈곤과 범죄에 해당하는 그날그날 수집된 다양한 사실들, 작업장의 높은 창문이 네모나게 잘라낸 하늘 조각 안으로 설핏 보이는 나무들 혹은 새들, 어느 호화 저택에서 마루를 깔고 벽에 페인트칠하고 코니스 본을 뜨다가 포옹하게 되는 광대한 지평, 고게트goguette의 벽 위로 피어난 꽃들과 벽에 걸린 천들과 휘장들, 활짝 핀 소녀들과 그네들의 로맨스의 결실로 가득한 포도나무 가지들, 저 "인민-인간"[나폴레옹]이 승리한 프롤레타리아를 "문명 세계의 모든 수도"[10]로 데려가던 시절에 대한 추억, 정복한 알제리에서의 기마 행렬, 꿈꾸던 사막의 모래, 약속한 아메리카의 초원, 메닐몽탕 잔디밭 위에서 6월의 밤에 생시몽주의자 합창단이 맞추던 화성…… 을 묘사하고 싶다. 이 가려진 이미지들 또는 부서진 꿈들과 모루, 보습, 칼이라는 표장들에 대한 집착 사이의 간극을 재고 싶다. 이러한 장면들이 가려지고 지워지다가, 가죽 작업복을 입은 자의 위인전이 되다가도 언제나 위협당하는 이미지로 재조립될 수 있는 동일화 경로들의 논리를 포착하고 싶다.

이는 흔히 하듯 이미지들을 긁는 것이 확실히 아니다. 미화된 외관 아래 놓인 고통스러운 현실을 폭로하는 오래된 정치적 허세도 아니다. 영웅적 그림의 표면 밑에서 더 야생적이면서도 평온한 어떤 생명의 피가 도는 것을 보라고 권하는 역사와 신생 정치의 겸양도 아니다. 진실이 출현하도록 이미지들을 긁는 것이 아니라 또다른 형상들이 거기서 조립되고 해체되도록 이미지들을 옮기는 것. 이는 진리의 독재를 고발하는 자들의 가식을 지지한다는 것이 아니다. 차라리, 애초의 형상을 되찾으려고 긁고 씻어내고 벗겨내다가 저명한 샤를레의 구도를 언제나 재발견하면서 놀란다는 것이다. 물론, 그의 시대 이후 인물들은 변했으며, 이미지 책들의 가속화된 교대 속에서 우리는 선택받은 자가 저주받은 자의 역할을 맡고 악마가 성인의 후광을 지니는 것을 여러 번 보았다. 이처럼 우리는 노동자 신화의 위대함과 쇠락의 이미지들이 연이어 펼쳐지는 것을 보았다. 예속시키며 자유를 주는 대공업에 맞서 노동하는 손과 뇌의 문화를 수호하며 자신들의 뛰어난 솜씨에 자부심을 가진, 향수에 젖은 수공업 노동자들. 공장이라는 학교에서 단련되어 노동자로서의 권리와 의무에 대한 의식을 지닌 투사들. 야생적인 기계 파괴자들 또는 산업 질서의 탈주자들이었으나 나중에는 새 규율로 다듬어져 자기 주인들의 근면하고 위생적이며 가족적인 생각들이 자연스러운 주름들 사이로 주입되어 밀랍 인형이 되고 마는 자들. 자신들의 수완을 공장 규율에 저항하는 도구로 삼는 "숭고한" 노동자들. 그날그날의 노동과 갈등과 가사에 사로잡힌 평범한 노동자들.

변신들의 이러한 도정에는, 정말이지, 진보의 도정으로 인정될 만한 얼마간의 자격이 있다. 빈곤과 노동 투쟁으로 그려진 거대한 벽화로부터 역사가의 규칙이 지닌 비옥한 간소함으로의 전환. 말이 아니라 실천을, 영웅주의가 아니라 일상을, 인상이 아니라 숫자를, 이미지가 아니라 진실을 찾는 규칙. 과학과 인민에 대한 절실한 사랑이 이런 방법을 권장하는 것으로 보인다. 이 책에 첫 동기를 부여했던 것은 바로 직업 활동, 작업장의 쑥덕거림, 노동의 전환, 공장의 형세 및 규제 안에서, 계급 관계의 물질성과 투쟁 문화의 관념성을 동시에 정의하는 예속과 저항의 작용들을 포착하는 것이 아니었던가? 분명히 이 욕망은 지식인의 해석과 정치인의 거짓 너머에서 노동자의 말과 실천의 자율성을 탐구하려는 것에 의해 정당화되었다. 들리지 않는 진리에 대한 이러한 탐구가 숱한 잡설들을 통과해야만 했다는 것도, 노동자의 진정성에 대한 이러한 탐색 여정이 숱한 시뮬라크르들로, 말하자면 정치인을 흉내내는 숱한 신념 고백, 위대한 시인의 투를 본뜬 시, 부르주아 규범에 맞춘 도덕 선언, 긁어내야 할 재현적인 스크린 들로 적체되어 있다는 것도 애당초 놀랄 거리가 아니었다. 하지만 너무 문명화된 이 야만인들과 너무 부르주아적인 이 프롤레타리아들의 반짝거리는 표면을 긁다보면 다음과 같은 질문의 순간이 온다. 참된 말에 대한 탐구를 위해 저 무수한 사람들을 침묵하게 만들어야만 한다는 것은 가능한가? 발설된 말의 수다스러움은 실격시켜버리고 들리지 않는 말의 침묵하는 설득력은 선호하는 이러한 경향의 회피는 무엇을 뜻하는가? 인민 신체의 침묵하는 진리에 대한 이러한 매혹에는, 노동자들―대중, 인민, 평민⋯⋯―이 매우 행복하게 실천하면서 타인들에게는 의식의 파열과 표상의 신기루를 남겨주는 다른 문화에 대한 이러한 환기에는, 모종의 책략이 작동하지 않는가? 노동자의 실존은 배후-세계에 대한 살아 있는 거부로 상정되고 지옥으로 내려가는 길은 관념의 하늘만 너무 바라보다 얻은 전망상의 곤경들을 정정하는 왕도로 상정

프롤레타리아의 밤

되었던 이래로, 철학적인 **국가**가 하늘을 향해 시선을 들어올리기에는 너무 천하다고 평가했던 계급이 진리 구현의 지고한 고귀함이 자신들에게 부여된다고 보았던 이래로 작동된 기묘한 교환의 수혜를 역사가의 겸양 역시 나눠 갖지 않을까? 마르크스주의 과학과 이에 대한 고발이 한결같이 말하는바, 여기 지옥과 참된 과학의 문에서 이데올로그의 모든 몽상과 주인-사상가의 모든 허세는 철폐되어야만 한다. 그리고 [대문자] 자본의 동굴 안에서, 이론의 노고는 상품의 교환과 말의 교환이라는 일상적인 종교에 의해 은폐된 진리의 표지를 프롤레타리아 신체에 기입하는 고통에 필적하는 것이어야만 한다. 그리고 죄인들의 지옥 안에서, 망상에서 벗어난 사유의 정직함은 인민의 살에 난 상처와 반역의 문신 위에서 주인들의 과학을 고발하는 평민적인 진리를 인식해야만 한다. 인민 신체의 진리를 향한 이 근대적인 매혹 안에, 자신들의 궤변적인 확실성으로 저 천부적인 진리를 타락시키는 모든 자들—"낙오-지식인들" "프티부르주아 이데올로그들" "주인-사상가들"— 에게 오래전에 선포된 전쟁 안에, 연민의 눈물과 비난하는 손가락들, 심지어 저 타락 사업에 연루된 쪽에서 털어놓은 허물 안에, 여전히 분할을 보증하는 방식이 있는 건 아닐까? 생각하는 자가 죄의식을 갖도록 한다는 바로 그 측면을 통해 생각하는 자에게 위엄을 부여하는 그런 분할을.

진실의 근대적 "전복"은 실은 차라리 하나의 이중화다. 그것은 노동과 물질적 욕구의 원환에 갇힌 수공업 노동자를 배제하는 낡은 과학 담론을 제거하는 것이 아니라 다만 어떤 진리 담론을 중복시켜서, 진리를 인식할 수도 자신을 인식할 수도 없지만 그럼에도 행위와 말로 진리를 부단히 드러낼 수 있을 주체 안에서 진리를 구현한다. 그리하여 진리를 숙지하는 것의 대체가 보장되었으니, 과학의 도움에 의하지 않고는 자기 상태를 인식하지도 변혁하지도 못하는 노동자의 무능을 주장하는 것이 진리의 숙지인 때가 있는가 하면, 인민 신체의 고뇌하는 진리에는 경의를 표하고 그 진리를 변질시키는 거짓 과학에는 창피를 주는 것이 진리의 숙지인 때도 있다. 이 거짓 과학은 무지가 진리에 대해 하듯이 과학을 대신하는 외관의 일부를 더 잘 비축할 것과 이에 대해 사죄하는 대가를 치른다. 어제는 이렇게 말했다. 우리에게는 "천부적인 인민적 지형"을 비옥하게 해줄 "사유의 섬광"이 있다고. 내일은 이렇게 말할 것이다. 그들에게 있는 것은 감각적 진리의 초석이요, 망상에서 벗어난 시선이며, 분노의 적나라한 고함이고, 세계를 바꿀 거친 규율이요, 참된 문화이고, 축제의 의미 혹은 평민적 조롱의 미소라고. 슬프게도, 우리에게 있는 것은 프티부르주아 의식의 파열이요, 공허한 사유의 궤변과 주인 과학과의 공모라고. 분할이 각자를 제자리에 있게 하는 것으로 충분하며, 실제로 그것을 확고히 하는 두 가지 방식이 있다. 낡고 권위적인 솔직함이 있는데, 이것의 보수적인 판본에 따르면, 제화공들이 법을 만들려 할 경우에는 국가에 나쁜 법만 있게 될 뿐 구두는 아예 없을 것이며, 이것의 혁명적인 판본에 따르면, 그들이 스스로 노동자 해방의 철학을 만들고자 할 경우에는 노동자의 눈을 멀게 하고 자유 도정을 막기 위해 특별히 고안된 사유를 스스로 재생산하게 될 것이다. 그리고 근대적인 아첨이 있다. 이것 역시 두 가지 양식으로 노동자의 이 자리가 핵심임을 보증한다. 작업장에서의 행위와 중얼거림과 투쟁, 그리고 인민의 외침과 축제가 이데올로그의 헛된 과학보다 훨씬 더 문화를 실연하며 진리를 입증한다는 것을 확고히 한다.

앎의 외관과 시의 모방에 이끌린 수상한 탈주자 무리에게 내려진 동일한 명령을 반복하는 두 가지 방식. 이 무리는 플라톤에 따르자면 철학의 우월한 유익함에 유혹당한 수공업 노동자들이요, 1840년대에 부유한 시인에게 밤새어 맺은 자신들의 결실을 보낸 노동자 시인들이다. 수령자의 반응에서 보건대 난처한 선물들. 그래서 빅토르 위고는 나름의 방식으로, 재단사가 된 아이가 상형문자에 빠져 시를 시작하는 것을 격려한다. "그대의 아름다운 운문에는 아름다운 운문 이상의 것이 있다오. 강인한 영혼, 고양된 마음, 고귀하고 강건한 정신 말이오. 그대의 책에는 미래가 있소. 계속하시오. 언제나 당신다운 그것, 즉 노동자이자 동시에 시인이기를. 다시 말해 사유하는 사람이자 동시에 노동하는 사람이기를."¹¹ 대시인은 인색하지 않다. 이 아름다운 운문이 아름다운 운문 이상이라는 것, 그리고 마치 노동자의 자리가 이중화될 수 있다고 믿는다는 듯이 자기 자리를 유지하라고 솔직히 권고하기 위해 "강건한" 노동자 시에 관대하게 이러한 미래를 부여하는 것이 그로서는 그리 과한 건 아니다. 불행히도 경험은 『국가』를 읽어본 적이 없는 이들에게도 충분히 가르쳐주는 바, 시인이면서 동시에 노동자인, 사유하는 사람이면서 동시에 노동하는 사람이 되는 것은 분명히 가능치 않다.

노동자로서의 자기 임무를, 세상의 절반은 무위도식하기 때문에 실은 둘의 노동인 이 임무를 완수한 이가 시인으로서의 사도직을 완수할 수는 없다는 점을 빅토르 위고 씨는 잘 안다.¹²

하지만 대시인의 비일관성은 나름의 논리를 가질 법도 하다.

예수그리스도는 어부들에게 말했다. 너희의 어망을 버려라, 그러면 내가 너희를 사람을 낚는 어부로 삼으리라고. 그런데 당신들은 그들에게 말한다. 너희의 어망을 버리지 말고, 우리의 식탁에 봉사하기 위해 계속 물고기를 낚으라. 왜냐하면 우리는 미식의 사도들이고 우리의 왕국은 하나의 냄비이니. 대지 위에 퍼지는 우리의 유일한 외침은 이런 것들이다. 무얼 먹지? 무얼 마시지? 무얼 입지?[13]

틀림없이 재단사의 신랄함은 작가의 유물론을 과장하고 있다. 이 작가는 자기 식탁의 넘침보다는 자기 운문의 드묾을 더 걱정한다. 예술가뿐만 아니라 철학자와도 구연이 있는 어느 동업조합 회원인 제화공 시인 사비니앵 라푸앵트는 질서 담론의 미끄러짐에 더 민감하다. 프랑스의 으뜸가는 시인으로 이제는 "사유의 노동자"라는 칭호를 단 시인에 대한 그의 반응은, 사유하는 자들과 노동하는 자들 사이의 위계가 유지되기 위해 어떤 주고받기와 범절 교환이 대가로 치러져야 하는지를 더 잘 제시해준다. 사유하는 자들의 장롱을 지켜주려면, 제화공이 구두를 넘어서 화가의 작품에 대해 판단하는 짓을 막는 일만으로는 되지 않는다. 또한 그들이 자리를 보존하고 제화공이 자기 자리를 유지하도록 하려면 관습적인 편리함은 조금 포기하더라도 공장을 조심스럽게 방문해야 한다. "어떤 사람들은 인민이 심지어 무도화를 신고 자기들 집으로 올라오는 걸 보는 게 두려워 나막신을 신고 작업장으로 내려온다."[14] 영혼과 신체에 대한 오래된 재현을 젊어 보이도록 하기에는 확실히 분장이 조금 투박하다. 각자에게 제자리를 할당하는 우화를 더 설득력 있는 방식으로 작동시키려면, 인물들의 특성과 더불어 질서와 전복의 장면들을 재배분해야 할 것이다. 노동자 투쟁과 인민의 문화—평민의 지혜—가 지닌 자율성을 우리의 불확실성과 미망으로부터 지켜내려는 정직한 우려를 저 우화와 선의로 결합하는 것도 가능할 것이다. 각자가 자기 자리에 머물러야 한다

프롤레타리아의 밤

는, 더 섬세하고 덜 불안한 우리의 욕망은 보다 신중하게 표명될 것인데, 노동자에게서 담론보다 훨씬 더 교양 있는 행위를, 격분보다 더 혁명적인 규율을, 주장보다 더 반역적인 웃음을, 폭동보다 더 전복적인 축제를, 더 침묵하는 만큼 오히려 더 웅변적인 말을, 일상 질서의 표면에 감지되지 않는 주름을 만드는 만큼 더 발본적인 전복을—케이스에 따라—찾아 내야 한다는 것이 역설된다. 이런 대가를 치르고 신은 부엌으로 들어오 며, 노동자는 우리의 주인이고, 진리는 평범한 사람의 정신 안에 산다. 요 컨대 "군대, 이들이 곧 인민".

작업장의 숨겨진 진리로 이어진다고 일컬어졌던 길에서 이런 벽보들 을 보니, 방향을 되돌려 처음 마주했던 무리에게로 회귀하고픈 욕망이 생긴다. 그들의 문화와 진리라고 일컫는 것에서 탈주하여 우리의 그늘 을 향해 역방향으로 나아갔던 자들에게로. 이들 꿈꾸는 노동자들, 수다 쟁이들, 엉터리 시를 짓는 이들, 추론하는 자들, 궤변을 일삼는 자들에게 로. 이들의 노트는 허용되는 현실과 감시되는 외양이 거울상처럼 교환되 는 것을 방해하며, 이들이 가성으로 내는 목소리는 침묵하는 진리와 회 개하는 미망의 이중주에서 불협화음을 낸다. 차용된 말들로 자신의 언 술을 구성하는 도착적인 프롤레타리아들—알다시피 이들은, 자신들의 의무와 부채를 정확히 결산한다고 칭찬받는다 하더라도, 차용해온 말들 을 되돌려주려면 이 말들을 괴상한 목소리로 기이하게 비틀어 발음해야 만 한다. 예컨대 생시몽주의자인 판각 노동자의 다음과 같은 목소리. "떠 버리인 왜소한 청년, 헌신을 자임하지만, 이 모든 것보다 더 많이 알고 있 는. 그의 발음에는 희한한 어색함이 있어서 그를 적잖이 지루한 사람으 로 만든다."[15] 저명한 샤틀레의 작업복을 입기에는 너무 과민한 이 왜소 한 청년은 곧 죽겠지만, 그렇다고 이들 무자격 지식인들의 완고한 무리마

저 죽지는 않으니, 어느 문맹의 생시몽주의 전도사가 가입시킨 성가신 신참인 이 독일인 재단사는 저 무리를 닮았다. "낡은 철학적 인용들로 맛을 낸 가설 더미 안에서 헤매는 흐리멍덩하면서도 따지기를 좋아하는 자. 역시나 지루한 자…… 그래도 나는 그를 좋아하고, 그가 경청할 때면 그를 더 좋아하는데, 경청이란 그에겐 드문 일이다." 확실히 사람들이 더 유쾌하게 그들을 듣는 것은 그들이 침묵할 때다. 생시몽주의 양떼 중에서 두 마리 양에 맞서 이런 기질에 빠져든 프롤레타리아 목자 뱅사르는 『프랑스의 노동과 노동자의 역사』를 쓰게 되었을 때 스스로 그것을 터득할 것이다. 노동자들이 밤샘의 결실보다는 낮의 노동들로 인류의 문화적 부에 더 잘 기여한다는 점과, 자신들의 "태작들"―사유하는 자들과 직업적인 문필가들은 노동의 속박과 잠의 속박이 분리되는 짬에 글을 쓰는 이들의 작품을 기꺼이 폄훼하는 데 이 단어를 쓴다―을 포기함으로써 얻을 것이 많다는 점을 이번에는 그가 들어야 할 것이다. 하지만 노동자들에게 그들의 밤의―확보된―고요에서 그들을 떼어내고자 하는 자들에게 맞서라고 경고하려는 저들의 염려는 부질없다. 사실 노동자들이 말을 한다면 이렇게 말하기 위함이다. 자신들에게는 밤이 없다고. 왜냐하면 밤이란 낮의 노동에 질서를 부과하는 자들에게 속하는 것이기 때문이라고. 그들이 말을 한다면 이는 자신들이 욕망하는 밤을 얻기 위함이다. 저들의 밤―목수 고니가 "잠만 처자게 하는"[16] 밤이 다가온다고 했던 그것―이 아니라, 그림자와 외양의 왕국인 우리의 밤을. 잠자지 않고 깨어 있을 수 있는 자들에게 남겨진 그 왕국을. 그러니 『레뷔 데 되 몽드Revue des deux mondes』의 정직한 비평가가 "날이 저물 무렵 힘센 팔과 넓은 어깨를 지닌 노동자가 고된 일로 무거워진 발걸음으로 저녁 끼니와 잠을 청해야 하는 숙소로 되돌아가는 것을" 보면서, "한낮의 임무와 더불어 그에게서 모든 불안과 비애가 끝나기를 바랐던 신의 분배의 공정함"을 찬미하는 것은 부질없다.[17] 다른 이들이 그들의 진짜 문화는 공장과 거리와 카바레에 있다고 그들에게 가르치는 것도 부질없다. 어쩌면 신들은 부엌에 있을테지만, 생시몽주의 숙녀들 집에서 자기 재주를 발휘하고픈 이 양재사만큼이나 그들도 거기로 가고 싶어하지 않는다. "갱도르프 부인은 몽시니 거리에서 하는 바느질 일을 주 1회 하고 싶어한다. 내 생각에 그녀가 부엌에서 식사를 해야 했던 건 아니었을 것이다"라고 그녀를 생시몽주의로 인도한 외제니 니부아예가 정확하게 쓰고 있다.[18] 우리는 갱도르프 부인이 결국 어디에서 저녁을 먹었는지는 모른다. 하지만 그녀의 딸 렌Reine이—양재사 직업을 가질 운명인 딸에게 여왕이라는 뜻의 이름을 지어주는 것이 과연 공화주의자인 기계공에게 합당한 일인가?—이러한 허영으로, 지식인 남자를 사랑한 죄의 희생자로 죽어야 했음은 안다. 이것이 그 남자에게는 노동자 실존의 참된 즐거움과 단순한 슬픔을 타락시키는 "낮의 박사들"에 맞서 르드뢰이유 신부가 이끄는 전투에 가담하게 되기에 충분할 정도로 유익한 교훈이었다.[19]

프롤레타리아의 진짜 고단함을 부르주아의 허망한 우울함과 맞바꾸려 한다는 것은 확실히 미친 허세다. 하지만 이 고된 일들의 가장 고생스러운 부분은 이런 일들은 프롤레타리아에게 우울할 시간을 남겨주지 않는다는 것이었다면, 최고의 진짜 슬픔이라 할 수 있는 것은 가짜를 갖고 놀 수 없다는 것이었다면? 지옥의 문에서 진짜와 가짜의 분할, 쾌락과 고통의 계산은 단순한 영혼이 일반적으로 떠올리는 것보다는 아마도 조금 더 미묘할 것이다.

너무 귀하고 너무 많이 노래로 불려서 상상의 하늘에서 마치 묵시록적인 별들처럼 빛나는 불행들이 있으니, 그 별빛은 우리의 천한 슬픔들을 잊게 만드는데, 세상의 골짜기에서 잃어버린 이 슬픔들은 허위의 지점들에 불과해 보인다. 차일드 해롤드, 오버만, 르네, 당신들은 자신들의 불안의 향기를 우리에게 솔직하게 고백한다. 대답하시오. 당신들은 달콤한 우울 속에서 행복하지 않았는가? 사실 우리는 이러한 우울이 당신들의 비탄의 정령을 통해, 이 비탄의 폭넓은 광채를 통해 당신들의 영혼을 후광으로 감싼다는 것을 알고 있다. 당신들의 유명한 고통에는 탄식의 허세가 보강해주는 신비한 보상이 수반되었다. 불행한 숭고! 당신들은 슬픔 중의 슬픔인 통속적 슬픔을, 함정에 빠진 사자의 슬픔을, 작업장의 끔찍한 주기의 먹이가 된 평민의 슬픔을, 장시간 노동의 권태와 광기에 의해 정신과 신체를 부식하는 이 징벌의 원천을 알지 못했다. 아! 늙은 단테여, 진짜 지옥을, 시가 없는 지옥을 여행해보지 못한 너에게 작별 인사를![20]

상상으로만 지옥을 아는 시인들에게, 머리로만 고통을 겪는 도련님들에게 노동일의 진짜 고통을 자각하는 프롤레타리아가 보내는 작별 인사인가? 하지만 이 진짜 고통 중에서도 가장 근원적인 것은 정확히 사유의 고통 아닌가? "이제 우리의 비애가 최고조에 이르는 것은 논증된 것이기 때문이다"라고 목수 고니는 부언한다. 프롤레타리아의 최고 슬픔은 보호 없이 살아가도록 부모가 방치한 르네의 불행을, 뭔가 직업을 갖겠다고 결심할 수 없었던 오버만의 불행을, 세상이 할당한 자리에 비해 너무 광대한 정념을 지녔던 차일드 해롤드의 불행을 진정으로 알고 있다는 데 있다. 프롤레타리아의 지옥은 모든 허세를 문 앞에 내려놓는 진실이 겪는 고통이 아니다. 그 진실은 가장 급진적인 허세요, 타자는 이 허세의 그림

프롤레타리아의 밤

자일 뿐이다. 지옥에 대해 오직 그것의 그림자만을 아는 이들이 사실은 진짜 삶을 사는 자들이며, 이에 비해 작업장의 낮은 단지 꿈일 뿐이다. 늙은 단테에게 작별 인사를 건네는 이 목수가 얼마 전에 타일 까는 노동자 친구에게서 낡은 세계에 작별을 고하고 자기와 함께 생시몽주의 공동체의 진짜 삶을 나누자고 재촉받았던 바로 그 동일인이다.

> 빅토르 위고와 더불어 네가 말하는, "나의 낮들은 꿈에서 꿈으로 사라져"라는 문장을 나 역시 말하는 이 세계에서 너는 곧 떠나겠지. 이 운문 표현에 담긴 슬픔을 그 누가 우리보다 더 잘 느낄 수 있겠니. 정작 성공하지도 못하면서 낮에 자신을 드러내려고 허다하게 시도했던 우리, 신이 지상에 퍼뜨린 모든 쾌락을 알고는 있으나 상상으로만 맛본 우리, 자신의 위엄에 대한 감수성을 지니고 있지만 언제나 그것이 오인되는 걸 봐온 우리, 수없이 희망을 품었다 절망했던 우리.[21]

시인의 거짓은 프롤레타리아들의 슬픔에 무지하다는 데 있는 것이 아니라 알지도 못하면서 그 슬픔을 말한다는 데 있다. 그렇지만 이는 사유와 존재의, 확실성과 진리의 변증법적―평민적인 고통에 밝은 사유 또는 이론의 무기를 갖춘 프롤레타리아 행동 안에서 화해되게끔 되어 있는 그런―분열들과는 전혀 무관하다. 프롤레타리아만이 시인이 말하는 것의 진리를 겪는다 하더라도 그가 이 진리에서 인지하는 것은 자신의 없음일 뿐이다. 그 누구도 타자에 의해 외양이 생산되는 진리 또는 타자의 고통에 대한 인식을 자신의 앎이나 삶 안에서 쥐지는 못한다. 가죽 작업복을 입은 사람으로부터 멀어진 프롤레타리아는 시인의 이미지 안에서 그 어떤 자기 정체성도 확인할 수 없다. 허세의 언사들을 이처럼 에피메니데스의 방식으로 나누는 가운데, 거짓에 관한 진실을 입증할 수도 있을 주제의 회피에 의해서, 회의주의가 아니라 오히려 특정한 앎이 정립된다. 말하자면 공허한 앎인데 이것은 어떤 진리의 숙지도 약속하지 않는 앎이다. 이는 인식의 나무의 열매들을 맛보게 하는 위반과 닮은 어떤 것이니, 미지의 맛이요, 낫지 않는 상처이며, 하나의 진동이다. 이 진동에서는 감각적 현실이 흔들리는 것처럼 보인다. 마치 5월의 어느 일요일에 들판에서 형이상학적 담소를 나누던 목수 고니와 그의 친구들이 걸려든 열병에서 그랬듯이. "땅이 꺼졌거나 아니면 우리가 허공으로 떠올랐던 거야. 여기엔 전혀 없는 피조물들이 펼쳐지는 걸 우리가 봤으니."[22] 이 "수공업 노동자들"과 "프티부르주아들"이 일요일마다 보이는 괴상한 언동과, 착취와 계급투쟁이라는 견고한 현실 사이에는 어떤 관계가 있는가? 혼미함이라는 면에서나 일요일마다 벌어진다는 면에서나 전부이자 전무인 관계. 월요일에는 노동의 단조로움과 실업의 방황이 재개될 것이다. 그래서 이 젊은 양재사가 "농담거리를 찾아" 갔다가 "이념의 위대함과 사도의 불편부당함에 감동과 경외심을 품고" 돌아오는 생시몽주의 설교를 듣고 나올 때도 세계는 변하지 않았다.[23] 아무것도 변하지 않았으나 어떤 것도 전과 같지는 않을 것이니, 50년 뒤, 숱한 사도들이 망각하고 부인하게 될 때, 이 양재사와 목수는 여전한 자부심으로 상처의 흔적들을 지니고 있을 것이다. 왜냐하면 이 세계에 대한 판단 가능성이 형성되는 것은 일상 경험의 완만한 축적에서보다는 현실 세계의 외양이 동요하는 바로 이 순간들이기 때문이다. 이것이 바로 프롤레타리아들의 고통을 마비시킨다고 여겨진 다른 세계들이 고통에 대한 의식을 가장 첨예하게 하는 것일 수 있는 이유다. 이것이 바로 이미 차려진 저녁상을 받는 사제들에게나 잘 어울릴 형이상학적 문제들을 논하는 것이 저녁 끼니가 달린 노동을 찾아 아침에 나서는 이들에게 훨씬 더 본질적인 이유다. 신체와 영혼의 구별, 시간과 영원의 구별, 인간의 기원과 운명에 관한 장광설에 의미를 부여하는 것을 그날그날 자기 신체를 대여하는 이들보다 그 누가 더 잘할 수 있겠는가? 『라틀리에』에는 "어떤 것이든 간에 과연 제1원인들로 소급하지 않고도 검토할 수 있단 말인가?"라는 문제제기가 나온다.**24** 시의 가식적인 정념들과 마찬가지로 형이상학이라는 배후지는 프롤레타리아들에게는 최상의 호사이자 최고로 필요한 것이니, 늙은 단테에게 보낸 작별 인사에도 불구하고 목수 고니는 여기서 투쟁하기 위해 다른 세계가 필요함을, 그 세계가 신자의 환상이든 시인의 환상이든 간에 여하튼 필요함을 넝마주이 친구에게 설명한다.

너를 끔찍한 독서 안으로 던져봐. 그게 너의 불행한 삶 속에서 정념을 일깨워줄 거야. 프롤레타리아에게는 자신을 집어삼키려드는 것에 맞서 일어나기 위해 바로 그런 게 필요해. 그러니 숭고한 기획자들에게서 작동하는 이 신비롭고 가공할 만한 비애를 『이미타시옹Imitation』에서 『렐리아Lélia』에 이르기까지 탐색해봐.**25**

따라서 시초의 관계를 뒤집어야만 한다. 프롤레타리아가 자신의 실존과 투쟁의 의미를 정의하기 위해 필요한 것은 타자의 비밀이다. "상품의 비밀"이 아니고. 상품에 낮처럼 밝지 않은 것이 무엇이 있는가? 그런데 관건은 낮이 아니라 밤이요, 타자들의 소유가 아니라 그들의 "비애"요, 모든 현실적 슬픔을 포함하는 창안된 슬픔이다. 프롤레타리아가 "자신들을 집어삼키려드는 것"에 맞서 일어나기 위해서 필요한 것은 착취에 대한 인식이 아니라 자신들이 착취와는 다른 것을 향하도록 운명 지어져 있음을 드러내주는 자아 인식이다. 이러한 자아 드러냄은 타자들, 지식인들, 이 지식인들이 나중에 좋은 부르주아든 나쁜 부르주아든 구별 않고 여하튼 아무 관련도 없길 원한다고 말하게 될—우리가 그들의 뒤를 따라 반복하고 있는바—부르주아들의 비밀로의 우회를 거친다. 그러니 생시몽주의 설교자들의 사랑에 표하는 감사함이, 사회 일반과 특수하게는 빈민 계급의 해악에 대한 치유책을 찾았다고 확신하는 모든 이들의 구상에 끌리는 관심이, 대시인들과 인민의 소설가들에게 바쳐진 사랑이 어찌 인상적이지 않겠는가? 부르주아 세계는, 프롤레타리아 세계처럼, 둘로 나뉜다. 식물적인 실존을 사는 이들이 있는데, 소파 혹은 털이불에 푹신하게 누워 아마도 게으름에 대한 분노를 지니기보다는 동물적인 존재를 멸시할 이 부자들은 자기들의 이익 냄새에만 반응하며, 사랑하고 고통받고 위험을 감당하고 헌신하는 자의 정념들은 겪어볼 수 없었던 자들이라고 일관되게 표상된다. 하지만 다른 자들이 있다. 미지의 것을 찾아 떠나려고 바알에 대한 순치된 숭배에서 탈주하는 이들은 창안자, 시인, 인민과 공화국을 사랑하는 자, 미래 공동체들의 조직자와 새로운 종교들의 사도 들이다. 프롤레타리아는 이 모든 자들을 필요로 하는데, 이는 자신의 상태에 대한 과학을 획득하기 위함이 아니라 다른 세계를 향한 정념과 욕망을 견지하기 위함이다. 노동의 속박은 이 정념과 욕망을 단순한 생존 본능의 수준으로 지속적으로 밀어내리는데, 이 수준에서는 노동과 잠으로 멍해진 프롤레타리아가 이기주의와 게으름으로 부푼 부자에게 공모하는 하인이 된다.

대장장이와 그의 이미지 사이에, 대장장이에게 자신의 자리를 환기시키는 이미지와 그를 반역으로 초대하는 이미지 사이에 경미한 일탈이, 특이한 계기가 있으니, 그것은 고귀한 정념들의 비밀을 배우고자 하는 주변적 노동자들과 프롤레타리아의 고통을 돌보고자 하는 주변적 지식인들 사이에 생긴 미증유의 마주침들이요 순간의 대화들이다. 노동의 일상적 고문에 맞서 봉기한 침울한 목수가 모세라 불리며 이집트에서의 새로운 사역을 꿈꾸는 금발의 설교자와 만났던 것을 닮은 어려운 랑데부. "시간은 내게 속하지 않아. 그러니 내일 내가 네게 갈 수는 없을 거야. 하지만 네가 두시에서 두시 반 사이에 증권거래소 앞에 있으면 우리는 마치 지옥의 가장자리에 있는 비참한 그림자들처럼 서로를 보게 될 거야."[26] 이 곤혹스러운 만남은 빈자와 부자의 만남이 아니라ㅡ"부르주아"인 레투레는 프롤레타리아인 고니가 요행히 글쓰기 작업으로 벌어들이는 돈을 빌려야만 했으니ㅡ동일한 시간을 관장하지 않는 두 세계의 만남이다. 관계는ㅡ정말이지ㅡ곧 뒤집힐 것이다. 허약한 **영원의 순례자**는 알제리의 태양 아래 죽게 될 것이고, 가련한 노동자는 반세기 동안 새로운 말을 유리하게 활용하게 될 것이다. 이 새로운 말은 "능력에 따른 분류"와 "작업에 따른 급여"라는 새로운 질서를 천명하면서도 사랑을 원리로 두고, 왕-철학자와 전사와 수공업 노동자가 각자의 자리에 운명적으로 처하게 되는 것은 각자의 영혼에 섞인 금과 은과 철 때문이라고 주장하는 『국가』의 낡은 신화의 외양과 모순을 되살린다.[27] 중요한 것은 산업적인 도시의 새로운 위계를 가르치는 교리들의 내용이 아니라, 그 교리들의 언표에 각인된 표상의 시초적 무질서다. 지옥의 가장자리에서의 만남, 천한 금속과 귀한 금속의 혼합, 은 왕국의 지배와 예속에 맞선 금과 철의 가상의 동맹ㅡ합금, 노동자의 자기 이미지의 핵심에 자리잡는 탈주.

　이러한 마주침들을 오래 끌어보려고 노력하는 것이 과연 그만한 가치가 있는가? 오래전부터 어떤 이들은 두 세계 사이에 있으려 하는 미망을 고발하고, 모든 시선이 미망에서 벗어나는 계급투쟁이라는 불가피한 현실로 저 기만적인 이미지들을 반송하지 않았던가? 다른 이들은 그 뒤를 따라 새로운 규율 질서의 엄격함을 유혹적인 꿈으로 변모시키는 인형 조종자들(박애주의자, 국가, 또는 주인-사상가)의 놀이를 저 이미지들의 운동 안에서 가리키지 않았던가? 이 가난한 목수가 그로 하여금 투쟁을 잊도록 하려는 사랑 담론에 사로잡힐 것이라고, 저 어떤 이들은 말할 것이다. 근대 산업 질서 개척자들의 규율 세계 안으로 진입하기 위해 그가 대가로 치른 숱한 신기루들을 보라고, 저 다른 이들은 말할 것이다. 도대체 그들은 어디에서 부르주아를 사랑함과 동시에 그들과 투쟁할 수는 없는 법이라는 것을, 교부와 동방과 여성 메시아에 대한 생시몽주의자들의 사랑에 빠져듦과 동시에 생시몽주의 철도 제국에서 빠져나올 수는 없는 법이라는 것을 생각해내는가? 신도들 중 하나가 말하길 "이 사업을 지도하는 사람들을 나는 좋아한다. 그들의 가르침과 설교에 감탄했지만, 그들의 시도의 결과물에 대해서나 드높고 거대한 일들을 그들이 정부에서 달성할 수 있을지에 대해서는 좀 불안했다."[28] 표상 세계가 조작하는 자와 조작되는 자로 나뉜다고 여기고 이 프롤레타리아가 자기가 믿는 것의 호구임이 확실하다고 여기는 것은 과연 실제로 얼마나 충분한 것인가? "미망"을 진실한 것이 아니라 다만 핍진할 뿐인 어떤 것이라고 말하려 애써도 정의상 괜찮은 기이한 지형으로 만드는 것은 과연 무엇인가? 미망 운운하는 모든 언술은—앎과 진리의 재배분을 대가로—앞선 질문, 즉 세 영혼과 세 금속에 관한 "믿도록 하기가 불가능한" 신화 안에서 표현되었던 질문을 억제하는 기능을 갖는 것 아닌가? 신이 사유할 운명을 부여한 이들과 구두 만들 운명을 부여한 이들을 분리하는, 정당화될 수 없으면서도 우회할 수 없는 경계에 대한 질문. 이 경계는 이성을 그것의 타자, 여백, 혹은 비사유로부터 분리해냄으로써 한정하는 분할은 아니나, 차라리 직조공을 모델로 삼으면서도 배제하는 사유에 위엄을 부여하는 내재적인 경계. 그러니 아마도 인식의 낡은 분할과, 계급투쟁의 이중적 영역—과학과 이데올로기, 권력과 저항, 지배와 불복종—안에서 사유와 언술과 이미지를 정렬하는 새로운 분할 사이에 있는 이 일탈을 표시하는 모종의 내기가 있을 것이다. 자지 않고 깨어 있을 수 있는 자들의 밤, 요구하지 않아도 되는 자들의 언어, 아첨이 필요 없을 만큼 잘난 자들의 이미지를 전유해내고자 하는 이 모험에서, 직조공과 제화공과 목수와 대장장이가 자신들의 정체성과 자신들의 말할 권리에 대해, 하나를 희생시켜야 다른 하나가 인정되는 분리 논리에 의해 이끌리는 이 두 가지에 대해, 동시에 묻는 무대가 펼쳐지도록 하는 내기. 착취로부터 계급의 발화로, 노동자 정체성으로부터 집단적 표현으로 곧장 뻗은 길이라 여겨지는 곳에서 이러한 우회를 거쳐야만 한다. 이 혼종적 무대에서 프롤레타리아들은 자신들을 만나러 떠나왔고 종종 자신들의 역할을 전유하길 욕망하는 지식인들과 공모하여 위로부터의 말과 이론으로 시도해보고, 누가 타자를 위해 말할 권리를 갖는지 정의하는 낡은 신화를 재연하고 전위한다. 노동자들의 위대한 집단성의 이미지가 묘사되고 목소리가 상정되는 것이 아마도 몇몇 특이한 정념, 몇몇 우발적 마주침, 신의 성별과 세계의 기원에 관한 몇몇 논쟁을 통해 비로소 보일 것이다.

2장

천국의 문

La porte du Paradis

하나는 둘로 나뉜다. 그런데 낮과 밤의 이러한 분할을, 강건한 노동자의 이미지에 영향을 주는 이 분열을 어떻게 이해할 것인가? 1831년 10월의 어느 밤 퓌낭뷜 극장에 운집한 수많은 남녀와 노동자 도제들과 뒤섞여 있던 생시몽주의 매체 『글로브Le Globe』의 시평가의 방식으로 이해할 것인가? 드뷔로의 무언극이 그에게 특별했다면, 그건 이 작품이야말로 인민이 스스로에게 올리는 공연이기 때문이다.

이 사람, 그는 인민의 배우로 인민을 빼닮은 자다. 그가 무대 위의 인민이요 진정한 인민이다. 인민의 복장을 입고 연극 주인공들 뒤로 모여 있어야 하는 대수롭지 않은 단역 나부랭이들은 비켜라······ 이 사람의 익살극에는 뭐라 말할 수 없는 씁쓸하고 슬픈 것이 있다. 그가 유발하는 웃음, 그의 폐부에서 그토록 거침없이 나오는 웃음이 아픔을 유발하는 때는 바로 극의 막바지에, 온갖 방식으로 우리를 그토록 즐겁게 해준

프롤레타리아의 밤

뒤에, 그토록 유쾌하고 독창적인 모습을 보여준 뒤에, 우리가 극의 서두에서 보았던, 그리고 우리를 엄청 즐겁게 해주기 위해서만 그가 잠시 벗어났던 그 종속과 추락과 예속의 상태로 불쌍한 드뷔로가, 아니 차라리 불쌍한 인민(!)이 온 무게로 다시 떨어지는 것을 보게 될 때다. 피에로여 안녕! 질이여 안녕! 드뷔로여 안녕! 인민이여 안녕, 내일 봐요! 내일이면 너는 우리에게 돌아올 거야. 여전히 가난하고 빈정대기 좋아하는, 여전히 삐딱하고 서툴며 무식한, 네가 키운 게으름 때문에 조롱당하는 주체로! 바로 이게 너의 삶이고, 바로 이게 매 순간마다 너의 드라마야![1]

생시몽주의 시평가는 자신들의 지도자 앙팡탱의 가르침을 잘 이해했다. 노동자 인민이 자신들의 진짜 삶을 사는 것을 볼 수 있는 곳은 바로 인민의 열망들의 새로운 사원인 극장이라는 것이다. 인민이 무대와 맺는 관계와 인민을 빼닮은 자의 변신 안에서, 그는 인민의 이중성의 비밀을 찾아내려 했다. 하지만 공연 선택과 이 인기 있는 무언극의—다시 한번 침묵하는—진리에 주어진 해석은 새로운 연극의 깨달음을 별로 새롭지 않은 메타포로 되돌린다. 『글로브』의 언론인은 열광의 나날들과 쓰라린 결말이라는 1830년 7월의 드라마가 희극으로 퓌낭뷜 극장 무대에서 재연된다고 보았다. 드뷔로의 도약과 실추에서 그는 생시몽주의 선전의 주요 주제의 예증을 보았다. 파리 인민은 아무 결실도 거두지 못할 싸움을 했다는 것, 또는 차라리 이제 현실에서 소유하려 노력해야 하는 어떤 꿈을 향해 싸웠다는 것. 영광의 사흘 이후, 파리 인민은 더 나쁜 비참 속으로 추락했고, 그들의 저녁들을 홀렸던 명예로운 꿈들과 가망 없는 봉기의 나날 동안 소진한 에너지를 노동자 평화군에 쓰고자 하는 그날

이 되어서야 비로소 저 비참에서 빠져나올 것이다. 그렇지만 이 우화는 바리케이드의 반란 에너지를 생산력으로 변형시키도록 마련된 창안들의 단순한 계산—예컨대 "공공질서를 문란하게 하거나 복구하는 데 썼던 열정과 열의를" 매달 첫번째 일요일에 공공사업에 바치라는 요청을 받은 폭동 주동자들과 국민방위군의 "평화적 폭동들"의 경우[2]—을 넘어선다. 여기서 제시되는 인민 이미지는 생시몽주의 기획보다 더 멀리 소급되고 더 앞으로 연장된다. 생산하고 부양하는 계급의 둔중함과 결부된 서투름과 무지의 희생물인 착취되고 멸시받는 인민 형상이, 자기해방의 꿈을 강자들 앞에서는 유희로 변모시키고 자기 자신 앞에서는 조롱으로 변모시키는 유아-인민이라는 형상과 결합되는 이중적 이미지. 상상적인 부인이자 상징적인 전복인, 극장과 고게트에서의 도피 가능성을 남겨두는 어떤 종속과 공모하는 인민. 일시적인 승리를 통해 사육제와 샤리바리charivari의 오래된 기능—지배자와 피지배자의 균형을 재생산하기 위해 필요한 일시적인 역할 전도 기능—을 재생산하는 것으로 보이는 봉기의 날들. 인민의 반란과 축제에서 소실된 에너지를 유효한 것으로 되돌리는 데 적용되는 다양한 정치들을 통해, 그런 정치들이 인민의 무지와 불안정에 대해 작동시키는 이미지들을 통해, 다음과 같은 특정한 상수가 드러난다. 과거의 흔적들과 현재의 사회적 매개들에 의해 언제나 의식이 오염되는 프롤레타리아 인민이라는 표상. 농촌 인민의 노동과 축제와 "감정"을 주재하는 순환적 리듬에 의해 표시되는 "형성 도중인" 노동계급. "전산업적인 도시 군중"이 왕권과 연계시키는 상징 작용 안에 사로잡힌 도시 프롤레타리아. 인민이라는 직물의 모든 구멍 안으로 스며드는 매개들—프티부르주아, 수공업 노동자, 상점 주인—에 고유한 우유부단한 행동 형태들과 미망에 의해 오염된 기본 계급. 현실적 해방을 정립하

프롤레타리아의 밤

는 데 고유한 행동 형태들 및 사회적 실정성에 상응하는 의식을 부여해야 할 노동자 인민.

배우의 연기와 관객-이론가의 비평 사이에서 오해가 생기는 것은 아마도 이 지점에서일 것이다. 우선 불일치는 행위를 이해하고 그것의 결과들을 확정하는 방식에 관한 것이다. 7월의 "무용한" 봉기가 바로 이런 경우다. 혁명 이후의 사업 부진이 호시절을 누리던 노동자들을 실업 또는 불완전 고용으로 몰아넣고, 혁명이 실업계의 시도와 기획 들을 파산시켰던 것은 사실이다. 그렇지만 이해 당사자들이 거기에서 끌어낸 의식은 부르주아에게만 유리한 승리의 쏠쓸함은 아니다. 그 의식은 오히려, 비싸게 사들인 귀족 작위나 후환을 겪게 될 사업체와 같은 실제적인 사회적 상승을 위해 대가로 치르는 물질적 희생의 정서와 닮았다. 경제적 이윤 영역과 사회적 상승 영역 사이의 불일치가 왕정복고기의 어두운 시절을 겪은 프롤레타리아의 서사들에 표시를 남긴다. "왕정복고에 뒤이은 시절은 노동자들로서는 정말이지 견뎌내기가 고역이었다."[3] 이러한 평가를 뒷받침하기 위해 쉬잔 부알캥은, 그래프를 통해 이 고단한 시절이 실제로는 산업과 노동자에게 우호적이었음을 보여주는 경제학을 반박하는 데 적합한 요소들을 제시하지는 않는다. 그의 생시몽주의자 형제인 루이 뱅사르는 자기 나름대로, 사업 번창이 길이 측량기 제조업자인 자기 부친으로 하여금 새 노동자들을 고용하도록 했음을 상기시킨다. 하지만 쉬잔 부알캥의 서사는 이 시절을 비참하게 만든 것을, 노동 말고는 달리 할 게 없는 자들의 예속 속에서 흘러간 시간을 몇몇 장면의 추억을 곱씹으면서 보여준다. 배반당한 도시의 헛된 방어, 점령의 굴욕, 유령들의 시체 공시장. 산업은 번성했던 이 시절이 노동자들에게는 굴욕의 시절이 되기에 충분할 정도로 타자들이 벌인 축제. 또한 번창하던 산업에 새로 고용된 자들도 조건의 보장이라는 면에서나 업무의 숙련이라는 면에서나 사회적 상승이라는 꿈을 충족시킬 수 없었다. 장 마르샹이 바로 그런 경우다. 아버지 뱅사르에 의해 고용된 그는 "지성을 실행하고 확장하는 데 적합한 일들에"만 가치를 부여한다.[4] 길이 측량기 제조와 이 일이 이루어지는 과학적이고 산업적인 공간 — 진보적인 부르주아가 프롤레타리아의 지적이고 물질적인 해방이 성취되는 것을 보게 되리라 꿈꾼 발명 및 기술 지능의 지형 — 은 그러한 일들의 일부로 여겨지지 않는다. 여하튼 이 신참에게는 싫증도 내지 않고 교재를 들춰보던 문법 공부보다 못한 일이었고, 그가 작시법에 매진하여 이 집 아들에게 제운을 제시하기 전부터 홀로 배웠던 음악보다 못한 일이었다. 아들 뱅사르가 산문보다는 운문으로 더 잘 표현하는 법을 습득하게 되었던 이 길의 끝에는 고게트가 있으니, 예술가로 인정받고자 하는 열망이 "우리의 국민적 명예와 공공적인 자유에 대한 사랑"과 결합하는 자리가 고게트였다. 개인적인 허세들의 이러한 밤의 사회화에서, 빵도 불도 없던 1830~1831년 겨울의 밤들로 이어졌던 저 영광의 사흘이 준비되었다. 근대사회에서 노동자 정체성을 인정받기 위해 치른 대가였던 저 밤들. 어쩌면 또한 행위자들이 이러한 상승의 섬광을 지속시키지 못한, 백주에 격렬하게 표명된 정체성에 대한 물음에 답하지 못한 무능의 결과일 저 밤들. 7월의 여주인공이 묻기를, "도대체 왜 이 짧은 순간의 빛나던 이미지는, 우리가 길을 잃은 저 컴컴한 미궁 안에서, 찰나의 전망에 불과한 것으로 나타난 걸까?…… 광산으로 내몰린 사람들처럼 암흑에 익숙해진 우리는 그처럼 활기찬 빛의 분출을 지속시킬 수가 없었던 것이다."[5]

여기서 메타포는 생산하는 인민의 둔중함과 불평하는 인민의 가벼움이라는 이미지들 너머로 우리를 이끈다. 양재사 쥘리 팡페르노 덕분에

프롤레타리아의 밤

오히려 우리는 7월의 여파에서, 마치 최종 시험에 실패해 입문하지 못하고 받게 된 벌칙 같은 것을 감지하게 되는 것이다. 하지만 어제의 빛과의 대면과 오늘의 미궁 속에서의 여정은 생산하는 인민이 유아-인민과 맺는 결합보다 더 복합적인 사회적 정체성을 정확히 드러낸다. 노래와 시위는 사회체를 부양하는 원천이자 고통스러운 최하층인 기본 계급의 후렴구를 헛되이 힘껏 불러댄다. 박애주의자와 유토피아주의자, 개명 부르주아와 독학 노동자, 전통적인 또는 혁명적인 교유자 들이 지적인 삶에 눈뜬 프롤레타리아에게 한결같이 『텔레마크Télémaque』를 교과서로 주던 시절에, 어찌 프롤레타리아가 살랑트Salente 왕국에서 시도된 개혁의 교훈을 오인할 수 있겠는가? 유복한 계급들의 소비—호사—로만 연명하는 이 재단사, 가구 제조인, 주조공, 금속 세공인, 장식끈 제조업자, 실내 장식공, 부채 제조인 들이 사회의 부양 계급을 형상화할 수 있다고 어찌 믿겠는가? 노동자 구역으로 통하는 경로들의 교차와 거기서 벌어지는 상황의 부침은 인민 운동의 간만干滿이 "전산업적인 도시 군중"의 변덕, 프티부르주아의 근접 영향, "형성 도중인" 계급의 불균형과는 무언가 다른 것을 반영한다는 점을 생각하게 만든다. 언제나 형성 도중의 상태에 있다는 것, 매 단계마다 이러한 측면이 과도적인 지점으로 제시된다는 것은 사실 노동계급의 영속적 특징일 수 있겠는데, 후진적인 수공업 노동자 또는 무자격의 제3자로부터 진짜 프롤레타리아를 구별해내려는 학자의 눈은 이 과도적인 지점에서 갈피를 잃는다. 장기간 우리를 사로잡은 것은, 혁명 열기 탓에 도시로 가는 길 위에 내던져진 농민의 자식들, 고귀하게 태어났으나 최근의 이런저런 정치적 추락 탓에 프롤레타리아 상태로 영락한 자들, 아시냐 지폐 열병으로 잠시 사업가가 되었다가 결국 자기 본연의 조건으로 되돌아온 노동자들, 작업장의 잊어버린 또는 알려지지 않은 길을 1815년에 결국 걸어야만 했던 군인들과 교차하는 통과의 자리다. 1789년 전야에 귀족 작위를 사는 허세를 부리다 파산한 어느 포목상의 아들인 어느 직조공이 거기서 만난 이들은 포도주 통 제조공의 아들로 학업을 이어갈 수 있는 행운과 소송으로 가산을 잃는 불운을 모두 겪은 뒤에 결국 식자공이 된 자, 생계를 위해 도살장의 뼈와 공중변소의 수은을 모으며 유년기를 보낸—도산한 경영주의 아들인—양털 세모공 청년, 부모의 형편으로는 선반공 도제 수업을 받을 수 없어서 재단공이 된 농촌 소년이다. 그들은 자신들의 불안정한 육체노동과 산업의 예상할 수 없는 기회에서 호구지책을, 산업 또는 부친의 땅이 모두에게 보장할 수는 없을 재산을 찾아 떠나온 차남들의 잡다하고 일시적인 집단으로 결속한다. 혁명은 틀림없이 장자상속법의 사법적 엄격함을 철폐했다. 이 법은 견직물 공장 직공인 세바스티앵 코미세르의 할아버지와 수놓던 쉬잔 부알캥의 아버지에게서 재산도 교육도 박탈했던 것으로, 대가족들의 장자에게만 이것들을 허용해주었다. 그러나 스무 명의 자녀를 둔 가족의 장자가 아닌 아이들이 부모가 되어 열 명 남짓의 자녀를 둔다 하더라도, 그마저 절반은 쉽게 사망하지만, 모든 자녀에게 어느 직종의 도제 수업 비용을 대줄 형편이 안 된다. 그런 만큼, 종종 이 아이들이 암시하듯, 거대한 격변의 시대를 표나게 겪고 있는 이 아버지들은 자손들을 위해 미래의 입지보다는 오히려 스페인에 성을 지을 계획을 세우며 이끼가 끼지 않는 돌처럼 재산을 찾아 떠돈다. 결국은 경제적 속박과 상상력의 일탈에, 가족 전통과 감정 변덕이 합쳐져서 최근 세대의 차남들은 매번 꽝이 나오는 복권의 요행을 좇게 된다. 이렇게 해서 견직물 공장 직공 코미세르와 재단사 트롱생은 부모 중 한쪽의 때 이른 죽음과 다른 한쪽의 재혼이라는 흔한 상황의 동일한 효과를 정반대 길에서 겪었다. 아버지의 재혼에서 태어난 첫 아이였던 세바스티앵 코미세르는 불청객이라는 처지로 괴로워했다. 그가 일찌감치 노동에 나선 것은 직조공-염색공-도붓장수인 아버지 탓인데, 이 아버지는 보헤미안적인 기질이 있으면서도 권위적이었고 재혼해서 낳은 자식들이 손위 형제들이 벌어온 빵을 먹는다는 원망을 듣기 싫어하는 사람이었다. 하지만 이 변덕스러운 아버지가 잠시 리옹에 머물다가, 재산의 꿈과 마음의 방랑이 낸 길을 따라 손위 형제들 중 하나를 데리고 다시 떠났을 때, 14세의 어린 세바스티앵은 가장이 되었고 견직물 공장 직공이라는 운명에 매였다.6 반면에 앙드레 트롱생은 브장송의 매우 부유한 목재상의 초혼에서 태어난 둘째 아들로 계모의 냉대를 겪었다. 삼촌이 거둔 손위 형제가 "파리 상업계의 명예로운 자리"7를 차지할 만한 교육을 받았다면, 어린 앙드레는 어느 재단사―빈민의 도제―에게 맡겨졌다가 파리로 가서 실업률이 가장 높은 직업의 대열을 보탰다. 하나는 파리로 보내고 다른 하나는 리옹에 버린 속박은, 정말이지, 다소간 자청되는 선택에 의해 복잡해질 수 있었다. 목수 아그리콜 페르디기에는 모리에르에서 역시 목수 일을 하던 자기 부친의 뒤를 아주 잘 이을 수 있었다. 첫째 형―"배운 사람"―과 둘째 형은 실제로 집안 땅 경작에 전념하길 선호했다. 하지만 그는 형들처럼 부친의 권위 아래 장인이 되길 기다리면서 일하고 싶지는 않았다. 파리에 당도했을 때 그는 아비뇽에 정착하길 바라는 고모의 제안마저 받아들이지 않는다. 그는 이웃인 철물공 질랑처럼 멀리서 고향 땅의 미덕을 칭송하고 가부장적이고 복음주의적인 농촌 공산주의의 이미지들을 몽상하길 선호하며, 다른 사람의 포도밭에서 포도를 가져가기도 했고 오직 신에게만 속하는 과실을 수확할 권리를 자기 밭에서는 모든 이에게 인정했던 할아버지를 떠올린다.8 같은 방식으로 프롤레타리아 우화 작가인 라샹보디는 부자와 빈민이 마을 학교에 모여 바구니에 든 내용물을 함께 나누던 우애의 연회들을 추억하길 즐긴다.[9] 그렇지만 정작 그들은 도시의 고독과 경쟁의 우연을 선택했다. 두 세계의 경계에 있는 실존. 질랑이 방문했던 페르디기에의 방이 그 이미지를 보여주는.

아그리콜 페르디기에는 포부르 생앙투안 거리 104번지의 끔찍한 누옥에 사는데 화려한 제과점이 이 집을 바깥쪽에서 가리고 있다…… 아그리콜 페르디기에를 둘러싼 거의 모든 것이 혐오스럽고 불쾌하지만, 일단 그의 내실로 들어서기만 하면 마치 다른 세계에 와 있는 것 같다. 사실 방의 타일은 조잡했다. 농촌 가옥들처럼 방의 천장에는 거친 검은색 들보가 걸려 있지만, 이 방에는 알코브가 갖춰져 있었고 아주 밝은 벽지로 장식되어 쾌활한 분위기를 주었다. 게다가 창이 두 개 나 있는데, 이 창들의 모슬린 커튼 사이로 파리 여성 노동자들이 그토록 키우고 싶어하는 덩굴식물들의 잎이 바깥에서 흔들리는 게 보였다.

세간을 이루는 것은 볼품없는 침대 하나, 의자 몇 개, 호두나무 서랍장, 사각형의 대형 작업 탁자, 모든 서가에 양서들이 채워진 떡갈나무 책장이다. 또한 벽난로 위에는 마호가니 테를 두른 작은 거울 하나가 도금한 못으로 벽에 걸려 있으며, 그 앞에는 조화 다발을 담아놓은 유리병이 비단 위에 놓여 있었다. 거울 측면에는 검은색 벨벳의 예쁜 쿠션들이 달려 있고 거기에 장식된 꽃 줄 위에는 가난한 세간의 보석들인 가족 사진첩과 은시계가 놓여 있었다. 이 모든 것이 그럴듯하고 반짝반짝 윤이 나도록, 기품과 취향을 갖춘 여인이 자신을 둘러싼 모든 것에 섬세하게 신경쓴 듯이 정돈되어 있다.[10]

프롤레타리아의 밤

상징적인 실내장식에서, 투명한 모슬린 커튼에 비치는 덩굴식물들과 유리 도자기에 담긴 조화들은 태어난 시골과 작별하고 그것을 대체한다. 천장의 검은색 들보와 밝은 벽지, 서랍장의 호두나무와 거울의 마호가니 테, 볼품없는 침대와 대형 작업 탁자, 예쁜 쿠션과 갖춰진 책장 사이에서 벽난로의 거울은 초라한 세간을 갖춘 목수라는 우화와는 다른 우화를 반영한다. 차라리 이 애매한 인물의 위대함과 쇠락 같은 것인데, 부르주아 문명의 기호들로 자신을 장식함으로써 그는 자신의 노동자적 실존의 촌스러운 틀을 변형하려고 열심인 자다. 리즈 페르디기에의 **기품**과 **취향**은, 이런 우아한 취향은 대도시에만 있는 것이라고 질랑은 확신하는데, 박애주의자들의 꿈들 혹은 『인민Le Peuple』의 저자[쥘 미슐레]의 시적 토로들이 매우 유사한 용어들로 상상하는 방식들과는 매우 다른 사회적 존재 방식을 증언한다. 커튼의 모슬린과 조화 다발의 비단과 벽지의 쾌활함에서 그들이 보고자 하는 것은, 여성적인 우아함의 유익한 작업이 노동자를 직업과 가정에 정렬시키기 위해 절제를 갖춘 안락함의 매혹을 창출한다는 점이다. 반동들은 거기서 어쩌면 더 명석하게 이 왕년의 촌놈들의 불안정한 입지와 연결된 위험한 포부를 알아차리는데, 이 촌놈들은 자신을 부인하고 길의 끝까지 가고야 마는 대가를 치르고서야 비로소 안정을 찾을 수 있다. 저 길의 끝에서 터무니없이 기대하게 되는 것은 담대한 사업 시도와 노동에의 전념이 노동자를 반드시 부르주아적인 조건으로 이끌어주리라는 것이다.

노동자 조건의 불행과 그로 인해 부르주아 질서에 가해지는 위험은 가난의 분출보다는 위태롭고 과도적인 실존에 부단히 작용을 가하는 브라운운동에서 기인한다. "그들은 나름으로 넉넉하게 살고 있음이 틀림없다. 왜냐하면 그들의 소소한 세간이 아주 근사하기 때문이다"라고 외제니 니부아예가 장식끈 제조업자인 부아니에의 집을 방문하고서 적고 있다.[11] 하지만 직업에 따라 3개월에서 7개월에 걸친 비수기와 일거리의 불규칙함에 보태진 최소한의 우연은 이 허약한 입지들을 파괴하기에 충분했다. 이번에는 부아니에의 아내가 병에 걸렸다. 그녀를 치료하기 위해 그는 저축해둔 것을 써야 했고 이어서 일을 그만두어야 했으며, 변변찮은 세간들은 하나씩 공영 전당포로 향했는데, 이 기구의 기능은 노동자 빈곤의 양가성을 표현한다. 힘든 달을 넘겨보려고 패물, 리넨 제품, 혼수 가구를 전당포로 가져가려는 사람들 곁에는 이 기회에 최소 비용으로 사업 종잣돈을 장만하려는 사람들이 있기 때문이다. 장인이 되는 것으로 이어지는 길은 단순한 노동자 실존의 길과 이렇게 섞일 수 있었다. 두 세계 사이에 있는 이러한 존재들에게, 장인이 되는 것은 착취자 편으로 넘어가려는 의지를 전혀 가정하지 않는 정상적 귀결이다. 노동자의 자력에 따른 개인적 상승과 피억압 프롤레타리아의 구출을 가리키는 데 **해방**émancipation이라는 동일한 단어가 사용된다. 기계공 클로드 다비드가 왕정복고기의 자본가들에게도, 제2공화정의 정부에게도 줄기차게 제기한 기획들 안에서 등장하는 것이 바로 개별적 길과 집단적 길의 이러한 동일성이다.

나는 신이 우리를 우리 형제들의 노예가 되라고 창조하시지는 않았다고 느꼈고, 가난한 프롤레타리아들을 숨막히게 조르는 것에서 나 자신을 빼내려고 온갖 노력을 다했다…… 스물셋이었던 나는 나 자신을 구출하기에 충분할 만큼 스스로 강하다고 믿었으며 내가 감당할 무게가 너무 무겁다고 느꼈다…… 이 무렵 나는 새로운 종류의 방적기를 발명해 가장 아름다운 직물(숄)을 만들어내기에 이르렀다. 설비의 조립 부문을 도와줄 조력자도 구했다. 나만큼이나 고생했고 해방도 열렬히 갈

　　　　　　　　　　　　　　　　　　프롤레타리아의 밤

망했던 젊은이였다…… 우리는 우리가 공유한 고통을 우리의 형제들인, 우리도 그 일부인 프롤레타리아들 역시 겪었음을 깨달았다. 그리하여 나는 우리와 더불어 그들 중 다수의 해방을 꿈꾸었다……[12]

대다수의 혁명가들 중에서 단 한순간도 장인이 되기를 꿈꿔본 적 없는 이들은 없으며, 장인이 된 이들도 여럿이다. 노동자 연합의 이상 자체는 "순진한 리샤르"의 부르주아 과학과 모순되지 않으니, "무정부주의적인" 견해를 지닌 것으로 알려진, 틀을 만드는 노동자 넷이 1848년 그해의 최악의 순간에 세운 사업이 이를 증언한다.

어느 날 넷이 만났다. 기아에 대처하는 마지막 피난처인 국가 작업장이 폐쇄되었다.
무얼 할 것인가? 그들이 가진 자산을 다 합하면 총 2프랑이다……
2프랑으로 무슨 일을 벌일 수 있겠느냐고, 저 돈의 백배를 하루에 써버리는 백만장자는 물을 것이다.
할 수 있는 일이란 바로 이런 것이니,
장작 하나를 사는 것.
그다음엔?
노동을 통해 이 장작을 여러 모양으로 만들어내 파는 것.
그리고 나서는?
장작 두 개를 사서 노동하는 것. 단 이 시간 동안엔 전혀 혹은 거의 먹지 못한다.
마지막엔?
이 방면에서 가장 큰 회사를 만드는 것. 사원이 70명이고 연간 거래액

이 8만 프랑인.[13]

물론 사회주의를 꿈꾼다는 것이 사업의 미덕을 잊게 만든다는 뜻은
전혀 아니다. 다만 그것은 아버지들의 훈계를 헛된 것으로 만들어버릴 뿐
인데, 이 훈계는 노력의 대가로 이제 공장주가 된 행운을 누리는 1820년
대 소박한 노동자들의 다행스러운 운명을 오늘날의 건전한 노동자들에
게 약속하는 것이다. 사실 이 건전한 노동자들은 그런 훈계 따위를 기다
리지 않고 동일한 논법을 취하여, 자신들을 프롤레타리아 조건에서 자유
롭게 해줄 것이 틀림없는 사업에 혼자서든 친구들과 작당해서든 소액의
여유 자금이나마 쏟아붓는다. 하지만 그들은 계급투쟁이 장인과 노동자
의 분할선과 정확하게 맞아떨어지는 것은 아님을 곧 깨닫는다. 어제는 그
들에게 노동을 해서 부유해지라고 자극하던 자들이, 오늘은 그들이 자
신들의 충고를 진지하게 받아들여 기존 위치들을 놓고 경쟁하게 된 것을
고깝게 바라본다. 한때나마 장인이었던 숱한 이들이 몰락한 것은 틀림없
이 그들의 자만 탓이다. 그들은 원가의 미스터리를 이해하고 고객의 지불
능력을 판단할 줄 알려면 명민한 노동자라는 것으로는 충분치 않다는
것을 알아차리지 못했다. 노동과 정직함 못지않게 앎이 성공에 미치는
영향은 확실하다. "해운 관련 사무원"인 프루동의 과학이 그의 고용주
들의 경쟁자들에게는 "끔찍한 효과"[14]를 지닌 것으로 드러난다고 하더라
도, "노동자의 위태롭고 비참한 조건에 지친" 그가 동료 하나와 함께 인쇄
업자가 되었던 날에는 도리어 이 과학이 어떠한 실증적인 도움도 주지 못
했다. "두 친구는 얄팍한 저축을 합쳤고, 자기 가족들의 전 재산을 이 복
권에 걸었다. 사업의 믿을 수 없는 작용이 우리의 희망을 배신했다. 질서,
노동, 절약, 어떤 것도 소용없었다."[15] 이제 산업 복권의 요행에 더해, 직업

프롤레타리아의 밤

마다 도처에서 먹이를 노리는 얼굴 없는 적에 의해 침략당한다는 위협과 마주한다. 1848년에 고급 가구 제조업 노동자들과 장인들이 함께 고발한 "규정된 목표도 서원誓願도 없이 떠도는 자본"[16]이 그러한 적이다. 이러한 조건에서는 장인과 노동자의 입장이 매우 자주 동등해지거나 역전되면서, 생시몽주의 선전가가 교화시켜야 할, 노동자들에게서 관찰되는 혼종적인 불확실한 색채가 개별 노동자에게 부여된다.

　이 구역에는 장인과 노동자 사이에 위치해 있는 대단히 많은 사람들이 있다. 다시 말해 그들은 장인이기도 하고 노동자이기도 한데, 그들은 장인을 위해 일하면서 이 장인들에게 노동자로 취급되지만, 자신들이 고용한 노동자들에게 장인으로 취급되기 때문이다. 그들은 모두 서로 알고 지내며 이 구역 전체가 어느 정도는 이러한 정치적 혼종들로 이루어져 있으니(실은 이들이 정치에 많이 관여한다), 우리의 저널이 그들에게까지 다다르고 그들이 우리의 정치에 조금이라도 밝아진다면 이는 좋은 일일 것이다.[17]

　이러한 혼종성은 9구의 장인-노동자라는 특수 경우를 넘어, 모든 교의의 선전가들이 마주한 노동자 주민을 특징짓는다. 장인이라는 범주와 노동자라는 범주의 불확정적인 분할선으로는 충분히 부여되지 않는 정체성을 정치적 무대에서 추구하도록 강제하는 것이 바로 이러한 혼종성이라는 말은 옳다. 하지만 그렇다고 해서 이러한 정체성 자체가 곧 불확정적이라는 결론이 도출되지는 않는다. 장인 재단사들이 모두 전에는 노동자였다는 것은 사실이다. 바로 이런 점 때문에 그들의 수하 노동자들은 부르주아 대 부르주아의 관계를 그들에게 요청할 충분한 자격이 있다고 여기는 것이다. 직인 재단사가 채용 면접에 프록코트를 착용해야 한다면, 반면에 장인은 작업장에 들어올 때 모자를 벗는 게 옳다. 외모와 예절 질서에서의 이러한 평등은 노동자도 장인 범주의 요행과 리스크에 관여되어 있기에 지니게 되는 새롭고 역설적인 위엄을 표현한다. 부자들이 소비하며 제후처럼 부리는 변덕뿐만 아니라 떠도는 자본의 투기에 의해서도 위협당하는 노동의 위태로움은 노동자의 자유를 장인의 자유에 억지로 결합시키면서 확립되는 노동자 위엄에 새로운 형상을 부여한다. 그것은 더이상 장인 시기와 노동자 시기 사이의 오래된 동업조합적인 분할이 아니라, 오히려 비용에 입각한 낡은 위계가 이윤의 새로운 정당화와 수렴하는 지점에서 리스크에 담긴 이익에 대해 주장되는 몫이다. 자유 직인이 자신을 필요로 하는 부르주아와 맺는 관계가—여전히 하인 다루듯 하는 것이지만—깨지면서 상상적인 위계에서 유리해지는 경향을 띠는데, 이 위계에서는 소유한 능력보다는 리스크 자체가 인정을 좌우한다. 이 위계 안에서 존중받는 자리는 위계의 바닥을 점하는 자, 즉 옆 작업장의 도제들이 빈정대며 괴롭히는 하인 복장의 아이나, 파업 노동자들이 끈질기게 자신들은 결코 되고 싶지 않다고 주장하는 성인 하인의 비참에 견줘 정의된다.

위계는, 한쪽에서 다른 쪽까지, 확실히 객관적인 토대를 지닌다. 하인이란 도제 비용을—심지어 재단사의 도제 비용조차—전혀 댈 수 없었던 부모를 둔 자이고, 그런 부모들은 아이가 8, 9세가 되면 수입을 벌어오라고, 혹은 적어도 더 일찌감치 돈이 들어가지 않도록 아이들을 하인으로 보낸다. 하지만 이러한 사회적 위계는 또한 급진적인 선택의 결과라고 주장된다. 하인이란 15세가 되어 노동자의 삶에서 "빈곤이라는 나쁜 면만 봐" 노동자로 사는 게 두려웠던 사람들이다. 빈곤 앞에서의 이러한 공포가 그들의 운명을 봉인하니, 나뉘지 않는 시간으로 퇴보하고 동물적인 욕구—주인들의 욕구와 자신들의 욕구—영역으로 국한되는 실존이 바로 그들의 운명이다. "이렇게 모든 게 끝나니, 그들이 집사였고 그래서 (흔히들 말하듯) 잘 자리잡았다면, 그들의 운명은 소소한 안락을 누리는 자로 귀향하여, 살아간다는 것 말고는 다른 어떤 것도 주장하지 못하고 명예 없이 지내온 생을 마감할 바로 그 순간까지 섬기는 데 있다."[18] 하지만 살아간다는 것과는 다른 것을 주장한다면 죽는 것 말고 무엇이 있겠는가? **섬기다**와 **살아가다**, 이 두 단어를 똑같이 경멸하는 투로 강조하는 재단사 베르토에게는 섬김이 죽음 앞에서의 공포와 맺는 관계를 가르쳐줄 그 어떤 철학자도 필요치 않다. 섬김에 대한 이러한 계보학은 오로지, 주인으로서의 지배라는 측면이 아닌 제3의 위치와 연관되는데, 유대의 부재라는 위치이기를 원하는 이 제3의 위치란 **독립**이다. 독립이라는 이 단어에는 주인으로서의 지배와 섬김이라는 두 극 사이에서 이리저리 당겨지는 애매한 상태의 이상이 가장 흔하게 담겨 있다. 이 상태가 어느 하나에 대해 갖는 우월함이나 다른 하나와 겪는 갈등은 이 상태의 능력의 실정성이 아니라, 이 상태의 위태로움을 선택하는 것으로부터, 이 상태의 고통을 알거나 또는 반쯤 아는 것으로부터 정의된다. 베르토에 따르면, 학교에 다닐 수 있었던 짧은 기간에, 또는 차라리 도시의 전국순회학원에서 획득하는 이 "절반-가르침"이 노동자에게 주는 것은 "권리를 갖고 있다는 점을 인민에게 가르치려는 정간물과 출판물을 읽어 사회에서 벌어지는 일을 인식하는 능력인데, 이는 종종 매우 비싼 가격과 많은 한숨을 대가로 치르고 얻는 장점이다".

　한숨을 대가로 치르고 얻는 장점! 이 노동자 재단사의 비교에는, 고전적으로 노동자의 노동이 하인의 노동에 대해 갖는 우월함이라고 간주되는 손재주, 노동자에게 자부심을 갖게 하고 장인을 타협으로 이끄는 이 대체할 수 없는 숙련이 전혀 담겨 있지 않다. 거기에는 역설이 있다. 하인의 단순 업무에 대해서는 사람이 충분치 않지만, 아무리 높은 수준의 숙련이 필요한 일이라 하더라도 그만한 숙련을 갖춘 노동자가 너무 많다는 것이다. 자신의 자유의 도구이자 상징인 식자용 자를 앞에 두고 "내게는 기술이 있고 어디든 갈 수 있으며 그 누구도 필요치 않아"[19]라고 말하는 20세의 식자공을 사로잡은 "엄청난 쾌감"에 회답하는 것은 실정에 대한 냉소적 교훈이다. 이 교훈에 따라『글로브』의 인쇄공은 생시몽주의자 식자공에게 당대의 산업 아나키에서 그의 숙련은 복권 한 장만큼의 값어치를 갖는다는 점을 환기시켜준다.

직업이 없던 차에, 슈발리에 신부께서 에베라 씨에게 내가『글로브』에 채용되길 바란다는 편지를 보내주셨다. 내가 살롱에서 본 적이 있던 에베라 씨는 몇몇 식자공이 불만스러웠던 만큼 곧 내가 입사하게 될 거라고 약속해주었다. 그는 당연히 오로지 합법적으로만 해고할 것이며 그 누구도 언짢게 하지 않을 것이라 했다. 이렇게 처리하는 것이 내게는 만족스러웠지만, 일은 전혀 다르게 되어버렸다. 그는 바로 와서 문제의 자리를 맡으라는 편지를 내게 보내왔다. 나는 그 자리가 비어 있다고 믿었지만, 전혀 그렇지 않았다. 그는 내 손을 잡고 신문사로 올라가 거기서 일하는 식자공 전원의 이름을 묻더니 종이 쪼가리에 그 이름들을 적어 모자에 집어넣고는 말했다. "여러분, 모자에서 첫번째로 나오는 이름이 해고되고 말라르 씨가 그 자리를 대신할 거요. 여러분 중에서 이 조치가 잘못되었다 여기면 그냥 나가도 좋소."[20]

프롤레타리아의 밤

재단사 베르토의 동료들은 식자공 말라르의 동료들보다 고귀한 노동이라는 미망에 훨씬 덜 빠져 있었다. 노동자 재단사들은 작업장, 다락방, 관리인의 방, 파리의 거리에 정확한 숫자를 모를 만큼 있었다. 상공회의소 통계에 따르면 1848년에는 2만 2500명이었고, 피에르 뱅사르의 추계에 따르면 4만 명이었다.[21] 누가 가장 불쌍한지는 아무도 모른다. 작업장에서 견습 재단사들은 바닥에 서로 촘촘히 붙어 앉아 다리를 꼬고 언제나 너무 좁은 작업대에 가슴을 구부린 채로 일한다. 재단사 아래 있는 바느질 직공들은 다락방에서 청부업자를 위해 싼 가격으로 하게 될 일감에 개별 의뢰까지 유치하려 열심이다. 재단사들보다 더 대체하기 쉬운 노동자들은 없다. 그런데도 모두가 증언하길, 이들의 동업조합보다 더 잘 격분하는 곳도, 마땅히 받아야 할 존중에 더 많이 신경쓰는 곳도, 전체 노동자를 반역으로 이끄는 데 더 즉각적인 곳도 없다. 노동자들이 선두에서 대표한다고 자임하는 노동자의 위엄은 직업에 대한 자부심과는 아무 관련이 없다. 노동자 세계의 한복판에서 이러한 자부심은 오히려 목숨을 건 투쟁에까지 이르는 분열 요인이다. 예컨대 1850년대에는 여기저기서 심지어 제화공의 주검들도 보게 되는데, 이들은 직인단의 품위를 침해하는 거칠고 역겨운 노동을 한다며 목수라는 고귀한 직업이 이 동업조합에 맞서 모든 직인단에 불어넣은 혐오의 희생자들이다. 자신들에게 걸맞지 않은 복장을 입고 자신들을 재현하는 어느 작품에 불만을 느낀 노동자 금속 세공사들이 가이테Gaîté의 감독에게 표현한 귀족적 분개와 재단사들의 격분은 전혀 동일시되지 않는다.

당신네 배우들은 노동자 금속 세공사를 본 적이 없는가? 금속 세공사라는 직업이 화려한 직업인 줄 모르는가? 그들은 우리가 최악의 우스꽝스러운 의상을 입는다고 가정한다. 기꺼이 의상을 바꾸지 않는다면 우리가 가서 그들에게 야유를 보낼 거외다. 우리가 석공도 기와공도 아니라는 걸 여러분은 알아두시오. 이네들에게는 당신네 배우들처럼 의상을 입는 것이 괜찮은 일이겠지만 말이오![22]

이 금속 세공사들의 편지는 노동자 언론에 다시 게재되어 격렬한 비난을 받는다. 식자공들과 재단사들이 노동자 명예에 대한 잘못된 관점에 맞서 어조를 높인 곳도 이런 매체들이다. 석공들 쪽에서는 반응이 없었다. 피에르 뱅사르가 그들에게 바친 챕터를 읽어보면 결국 하나의 이유일 뿐인 세 가지 이유 때문이다. 첫째, 석공들은 신문을 읽지 않으며, 둘째, 그들은 극장에 가지 않으며, 셋째, 그들은 자신들의 복장에 관해 어떤 허세도 없다는 것. 요컨대 이런 것들은 다 비싸고, 그에 따르면 노동자 석공에게는 유일한 길에 해당하는, 자신들의 직업으로부터 본질적 목적으로 나아가는 그 길에서 벗어난다. 고향 땅을 구매한다는 본질적 목적. 자신의 지능을 온통 업무를 완벽하게 하는 데만 쏟으며, 예술가들의 복잡한 구도를 쉽게 간파하여 기획자이자 청부자인 그들을 놀래키는 석공은 노동자 위엄의 일정한 위계에서 꼭대기가 아니라 바닥에, 하인들과 노동자들을 분리하는 경계선에서 가장 가까운 곳에 위치한다. 석공들은 땅에 대한 집착과 저축 취향을 하인들과 공유한다. 그들의 서원이 자체 내부에서 하인 신분의 긴장을, 섬기다와 명하다의 두 가지 사회적 관계만을 아는 이들의 갈등들을 그토록 생생하게 재생산하는 것은 그래서인가?

노동과 위험에 의해 하나로 묶이는 이 사람들…… 주인과 하인이라는 관계 말고 다른 관계는 갖지 못하는 이 사람들을 보는 것은 슬픈

일…… 섬기는 일을 하는 소년의 야망은 노동자라는 존재에 도달하는 것이니, 그는 선망의 눈으로 직인이 누리는 임금과 존중을 바라본다. 그의 지능과 힘은 오로지 이 지점에만 집중되고 있어서, 주인이 잠시라도 자리를 비우거나 자신이 반죽하던 통에서 떠날 수만 있으면, 그는 곧바로 올라가 흙손을 쥐고 그 일에 열중한다. 그의 게으름은 달뜬 행동으로 뒤바뀌고, 이번엔 자기가 명령을 내리고픈 욕망과 더 높은 소득이라는 미끼가 그로 하여금 연장들에 친숙해지도록 한다. 이런 식으로 약간의 공부를 거치면, 보통 노동자가 되는 데 성공한다. 그런데 그가 이것을 이루게 되면, 고대사회의 해방노예들과 비슷하게, 사람들은 어쩌면 전보다 그를 더 무자비하게 대할 것이다.[23]

왕년의 보석 세공사가 석공들에게 보내는 시선은 『라 뤼슈』의 노래꾼-재단사가 하인들에게 보내는 시선에 합류한다. 그 시선들을 정립하는 위계는 솜씨나 의상이 아니라, 스펙터클에 대한 감수성과 관련된다. 이 촌스런 노동자들은 무심하게 대하는 그런 스펙터클들. 예컨대 보석상과 가구상 또는 청동제품 제조업자의 진열장에 펼쳐진—이것들의 생산자에게는 금지되는—명품들. 또한 도시 기념물들의 아름다운 배열과 풍부한 장식, 보드빌의 웃음과 멜로드라마의 눈물, 극장의 정념과 정치의 정념. 이 모든 것이 노동자들을, 단순히 직업과 가정의 상보성이나 심지어는 장인들과의 갈등 관계에서가 아니라, 식별하긴 어렵지만 점점 더 강한 영향을 미치며 책략 효과마저 지니는 여론 안에서 숨쉬며 살아가게 한다.

수도에 머무는 동안 하찮은 숙련이 남긴 빈곤, 불행, 불공정에 대한 보상을 찾으려 하는 노동자 재단사들에게 고유한 노동자적인 위엄이, 금속 세공사들의 부르주아적 허영과 석공들의 농민적인 탐심에 맞서, 정립되는 것은 바로 이러한 지형 위에서다. 식자공과 더불어 그들에게 여론의 동향에서 맨 앞에 서는 특권을 부여하는 것은 그들의 작업장, 셋방, 다락방이 지닌 전략적 위치인가? 군림하는 부르주아의 쇼세당탱Chaussée-d'Antin과 부르주아 왕당파의 튀일리궁 사이에 놓여 있는 위치. 아니면 오히려 여론이 제작되는 곳이라 할 만한 패션 산업에서 노동한다는, 그리고 그 산업에서는 사회적 차이의 표지들이 제작된다는 사실인가? 그들의 급진주의가 표방하는 주장들의 특수성은 틀림없이 거기로부터 나온다. 1833년 10월 20일, 공화주의 신문 중 가장 선진적인 『르 봉 상스Le Bon Sens』는 약간은 경멸의 뉘앙스를 담아, "멋쟁이 젊은이들" 사이에서 담배 소비가 경이적으로 증대하고 있음을 알린다. 며칠 뒤에는 특히 작업장에서의 흡연권을 주장하는 노동자 재단사들의 파업을 알려야만 했다. 그런데 재단사들은 종종 극장에 박수 부대로 가느라 옷을 챙겨 입기는 해도 자신들이 "패셔너블fashionable"하다고 여기지는 않는다. 『라 파시옹La Fashion』이라는 신문은 겉치레에 대한 질문을 직업적 요청과 임금 투쟁 안으로 들여보내는 논리를 나름의 방식으로 제시한다.

석공, 목수, 화공, 철물공은 노동일에 화려한 옷차림이 전혀 필요치 않다. 면바지 하나, 블라우스 하나, 모자 하나가 돈 들여 장만할 모든 것이다. 노동자 재단사도 멋지게 차려입을 필요는 없다. 하지만 그래도 그에게는 예복이나 프록코트, 장화와 모자가 필요하긴 하다. 그가 짧은 상의와 캡 차림으로 장인을 만나러 간다면 아예 그를 들이지도 않을 것이기 때문이다. 필요한 건 더 많은데 저축도, 계속 일할 기회도 적은 그가 더 불행하다. 이렇게 생각할 법도 하다. 난감한 입장에서 빠져나올 가장

단순한 방법으로 보이는 것은 더 많이 버는 것이다. 그리하여 장인들에 맞서는 동맹.**24**

장인-재단사이자 논설의 필자인 오귀스탱 카네바는, 첫 분석에서는, 노동자의 건전한 품행에서 사회문제의 유일한 해법을 보는 부르주아와 박애주의자의 고전적인 논지를 채택한다. 그렇지만 그가 신문에 발표하는 논설들이 이어지면서, 분석은 전치된다. 카네바는 열심히 일해 장인이 된 노동자 재단사들의 대표자일 뿐만 아니라, 자신들의 사업 운영에 만족하지 않고 기술에 수학과 사회과학을 도입하느라 열심인 새로운 장인들의 일탈적인 대열에도 속하기 때문이다. 생시몽주의자와 푸리에주의자의 친구인 장인-재단사 바르드처럼, 생시몽주의자 프롤레타리아인 측량 기계 발명가 들라처럼, 1840년 파업의 두 지도자 중 한 명인 완고한 공화주의자 시로처럼, 카네바는 "진짜" 재단사들의 비웃음을 산 "기하학적인 재단"의 개척자인데, 이 재단은 저들 "진짜" 재단사들의 조롱을 촉발한다. "재단 교수님들"의 허세에 격분한 저들 왈, 이자들은 손님보다 제자가 더 많은 "종이 자르는 자들"이라는 것이다.**25** 그런데 그도 역시 장인들과 노동자들을 대립시키는 위기에 대한 해결을 연대 운명의 토대 위에서만, 8년에서 10년이면 "자본가에게 넘어가버릴"**26** 위태로운 처지의 직업이라는 토대 위에서만 찾는다. 그는 비용과 요구의 순환 속에서 견습공 재단사들의 비행의 결과만이 아니라, 유행을 따르는 산업이자 이제는 기성복 제조라는 자본주의적 합리화에 위협당하고 있는 이 산업 특유의 악순환을 보라고 촉구한다. 이 젊은이들은 틀림없이 합리적이지 않다고 카네바가 시인하지만, 젊은이들이란 으레 그렇지 않은가? 그들이 아니라면 누가, 사교계의 생활 리듬으로 5개월은 휴직 상태에 처하고 노동기간에는 가정생활과 양립할 수 없는 일과를 강요당하는 이런 직업을 감수하겠는가? 오늘날 이 직업을 위협하는 것은 일하는 7개월 동안에 비수기 5개월을 유쾌하게 지낼 돈을 벌어두려는 경박한 젊은이들이라기보다는, 작업장에서 노동이 재개되는 바로 그 순간에 제품을 시장에 쏟아낼 기성복 제조업자들에게, 새끼들을 키우기 위해서 자기 일손을 헐값에 대여하는 건전한 남편들과 애비들이다. 그래서 카네바는 위기에 대한 해법을 공동의 적에 맞선 장인과 노동자의 협조, 즉 동수의 위원으로 구성된 분쟁조정기구에서 찾는다. 1848년에 또다른 고용주들은 시장의 압박 탓에 장인의 힘이 미망에 불과한 것이 되어버린 어느 직업에 대한 유일한 보호책으로 고용주-노동자 연합을 꼽을 것이다. 자신의 기획의 서언에서 보르도 출신의 한 고용주가 묻는다. "개별화돼버린 산업에서 고용주란 무엇인가? 소비자와 생산자 사이에 있는 미끄러운 비탈, 금속이 돌면서 매일 파이는 홈에 불과한가? 강자의 억압과 약자의 의존 말고 과연 무엇이 그에게 남아 있는가?"[27]

하지만 바로 이러한 **남아 있는 것**의 분할 위에서 갈등이 시작되는 것이다. 노동자 재단사의 파업들은 연대에 대한 주장과 동등함에 대한 제안을 1833년 파리의 파업 참가자들의 강령 3항에 표현된 이중적인 요청, 즉 "장인들과의 독립적이고 평등한 관계"라는 정식화로 전환한다. 정식화의 일반성에는 특정한 세 가지 주장이 포괄된다. 담배 피울 권리, 신문 읽을 시간과 아울러 그들은 장인이 작업장에 들어설 때 모자를 벗을 것을 요구한 것이다. 1848년의 "내 캡 앞에선 모자를 벗어라!"는 아마도 여기서 유래했을 것이다. 하지만 많은 이들이 수행할 이 팬터마임은 아마도, "장인들과의 독립적이고 평등한 관계"라는 유별난 정식화의 바탕에 놓인 더욱 불안했던 그것을, 생산자들의 힘을 인정함으로써, 푸닥거리하

프롤레타리아의 밤

는 기능을 가질 것이다. 가장 쉽게 대체될 수 있는 노동자에게 자신이 의 존하는 자에게 의존하지 않기라는 것은 확실히 멍청한 도박이다. 통상 적으로는 이처럼 멍청한 도박들이 가장 위험한 자들을 만들어낸다. 그들 이 노동을 태업함으로써 복수한다는 것은 아니다. 그들의 비행을 비난 하는 장인들도 노동을 완수해내는 그들의 정밀함에 일반적으로 존경을 표한다. 하지만 이미 위생학자들은 비행이 노동의 결과임을 보여주었고, 그들을 계속 서로 밀착해 앉아 있게 하고 노동을 심하게 압박해 "먹고 쉬는 시간"[28]을 잊어버리도록 만드는 이러한 유순함의 전복적 효과를 폭 로했다.

게으른 사람들, 말하자면 근육을 쓰는 시도를 아예 하지 않고 정신을
유용하게 쓰지 않는 사람들이 모여 있는 도처에서, 상상력은 위험한 길
로 이끌린다. 그런데 재단사들은 붙박이로 있으면서, 거의 전면적인 휴
식 상태에 처해 있다.[29]

저 유명한 "비행"은 노동과 휴식—휴식에 활기를 불어넣는 담소, 노래, 몽상—의 이러한 무차별의 위험한 효과이기만 한 것은 아니다. 차라리 이 가공할 허세와 결부되는 것은, 자신들의 솜씨와 앎과 눈대중 덕에 대 체될 수 없는 파트너가 되었다는 정서가 아니라 오히려 정반대로 자신들 이 **여분 상태**라는 의식이다. 그래서 그들은 1833년과 1840년의 대규모 파업을 이끌 지도자로, 자신들의 투쟁의 사회적이고 상상적인 판돈을 잘 표현하는 개성을 지닌 트롱생을 선출했던 것이다. 애초부터 여분의 아이 였던 앙드레 트롱생은 빅토르 위고처럼 1802년에 브장송에서 태어나, 계 모의 질투로 재단사 도제 수업을 받게 되고, 파리로 와서 "도시가 강요하

는 순수하고 우아한 취향"에 완벽하게 적응한다.[30] 질랑에 따르면 트롱생은 "역량으로서의 부르주아를 멸시하지 않으며 다만 카스트로서의 부르주아를 싫어한다". 부르주아도 이처럼 분할된 감정을 그에게 정확히 되돌려준다. 장인 카스트가 그를 감옥에 보내지 않자, 그를 고용한 개별 장인들은 그에게 연간 2000~2400프랑 수입을 보장하며 자기 노동자들에게 미칠 영향력이 큰 이자에게 작업장 지휘를 기꺼이 맡긴다. 죽어야만 부르주아 카스트 정부가 그를 내보낼 저 최후의 감옥에서 그는 아내에게 "내 고용주가 지시한 큰일을 하느라 보름간 엄청 고생했을 때 그가 내게 선물했던 삽화 복음서를" 보내달라고 청했다.[31]

전투 자체의 리스크 말고는 전투에서 저울질할 것이 전혀 없는 이들 특성 없는 노동자들의 인정 전투를 이끌 최상의 자리를, 동합조합들의 힘을 만들어내는 상호 유대가 전혀 없는 이 개별성들의 집단 투쟁을 이끌 최상의 자리를, 그가 확실하게 갖는 것은 이러한 특권적인 관계 덕분이다.

다른 직업의 노동자들은 서로를 더 잘 이해한다…… 직인들은 자신들의 도정에서 서로를 돕는다. 그들은 재산과 신용과 일거리를 서로 마련해주며, 자기들끼리 서로 교환한다. 반면에 노동자 재단사들 사이에는 유감스러운 이기주의가 있다. 그들을 묶어주는 어떤 우애의 유대도 없다. 그들은 만나 서로 아침 인사를 나눈다. 그들은 서로 저녁 인사를 나누며 떠난다. 그게 전부다.[32]

그게 전부라지만 빠진 것이 있으니, 서로 스치기만 할 뿐인 이 노동자들은(노동자 재단사 하나가 같은 장인 밑에 3개월을 머무는 경우는 드물

프롤레타리아의 밤

다) 타자와 맺는 관계 안에서만 통일성을 갖는다는 점이다. 그들이 실존의 이기주의적 조건들을 흉내내고, 만나러 갈 때는 프록코트를 입어야 하며, 파업권은 해고권과 상호적이라는 관습적 규정을 그 앞에 가서 주장하는 상대인 부르주아들이 그러한 타자다. "거만한 장인이 자기 잘못이라고 시인할 때까지 우리의 일손을 그에게서 박탈하자! 하지만 공정하자. 그에게는 자신과 어울리지 않는 노동자를 정직하게 해고할 수 있도록 해주자."[33] 개인주의자들이 개척한 새로운 파업들은 그 옛날 직인단이 했듯이 아벤티노 언덕으로 퇴각해 벌을 내릴 수는 없다 하더라도, 리스크와 비용의 규정 안에서 적에게 발휘되는 효과인 게임 효과로 그것을 벌충한다. 여분 상태라는 정서로부터 동시에 유래하는 것은, 빈곤 탓에 감수하게 된 리스크로부터—잉여 상태에 있는 것을 선택하여—자신의 위엄을 유지하는 자의 요구와, 노동자 각자를 여분 상태의 개인으로 만드는 상황과 잉여 일손들을 강제하는 경쟁에 맞서는 집단적 반역이다.

비용 게임은 박애주의자들의—가난과 결탁은 향락을 탐하는 노동자들의 경솔한 비용 지출 탓이라 여기는—진부한 이야기보다는 더 복잡하다. 또한 가난의 적나라함과 전투의 심각함을 이러한 도취의 환상에 대립시키는, 또는 역으로 저자거리 술판의 야만적인 사건 기록을 노동자 일개미의—순종적이거나 전투적인—도덕에 대립시키는 자들이 생각하는 것보다도 더 복잡하다. 전투적 헌신의 도덕이 방탕한 노동자의 쾌락적인 부도덕과 대립된다 하더라도 명예의 준거점은 동일하다. 저축 거부를 하인 지위에 대한 노동자 지위의 사회적 우월함의 기준으로 삼는 지점 말이다. 저축은행의 실천과 이데올로기에 맞선 『라틀리에』 도덕주의자들의 항상적인 독설이 이를 증언한다. 하지만 정작 더 유의미한 것은 그들의 두 논변 사이의 미끄러짐이다. 한 논변에서는 이러한 시도가 노동자들을 이기주의로 몰아가고 그들의 연대 행동을 파괴한다고 비난한다. 다른 논변에서는 생활 조건이 노동자들의 저축을 허용치 않는다고 주장한다. 하인들만이 저축하고, 노동자들은 저축하지 않는다. 노동자들의 예금이 초반의 불신 이후에는 꾸준히 늘어난다는 것을 보여주는 통계가 이 주장을 반박할 수는 없을 것이다. 이 주장의 위상은 철학적 선험성 및 사회적 위엄의 기준이라는 데 있다.

저축 거부는 위태로운 노동자의 소홀과 사제의 염려 사이의 추상적 통일성만을 정의하지 않는다. 그것은 또한 새로운 사회적 인정의 원칙이어야 하며, 노동자들의 투쟁과 연대를 물질적 힘의 우위와 직업적 특수주의로부터 새로운 나눔을 향한 노동자의 권리를 긍정하는 보편성으로 나아가게 하는 데 고유한 매개여야만 한다. "계급이란 존재하지 않으며 오직 개인들이 있을 뿐이다"[34]라고 여기게 만드는 원자화를 극복하면서도, 카스트들의 힘과 강제가 군림해 직인단의 자유의 이상을 상실하도록 전락시키는 구속적 성격을 이 단계에 부여하지 않는 것이 중요하다. 사실 직인들이 장인들에 맞서 사용하는 무기는 자신들을 분열시키는 무기와 같은 것이다. 그들이 경제투쟁에 활용했던 힘은 자신들의 사회적 하락의 원천이기도 했다. "서로 만나지 못하고, 서로를 존중하지 않으며, 서로 싸우고, 더 잘나가는 자를 잡아먹으려드는 노동자들은 자신들의 입지와 자유와 안녕을 상실했다."[35] 잃어버린 사회적 위상을 다시 획득하는 것은 질적으로 새로운 연대에 의해 진행된다. 장인에게 자신의 법을 부과하는 집단적 힘의 재발견만이 아니라, 획득되고 인정되어야만 하는 보편성. 이 보편성은 노동자들의 자리를 이성과 문명의 왕국 안에 내주는 적합한 관계들을 수립해야만 한다.

물리적 비용 또는 손의 숙련에 근거하고자 하는 위엄과 단절하는 노동자의 위엄.『라틀리에』가 노동계급의 이름으로 제시하는 언술은 절반-노동자의 언술로, 목수들의 기준으로는 충분히 강건하지도 기하학적이지도 않으며, 금속 세공사들의 취향으로는 별로 능숙하지도 않다. "식자실장은 예전에 변호사였고…… 시급제 일꾼은 의학을 공부했으며, 식자공들 중에 교사도, 예전에 남미의 인디오들 사이에서 십 년을 살았던 승선 외과의사도 있고, 돈 미구엘 부대의 캡틴이었던 스페인 사람도 있는" 인쇄소를 방문하고 혹자는 이들을 가짜 노동자라 말했다.[36] 이런 묘사는 틀림없이 약간 꾸며낸 것이다. 이렇게 묘사하는 고참 식자공들은 "유산된 소명, 실패한 운명, 전복된 입지와 기만당한 희망"의 도피처가 되는 "숙박소"를 식자공들의 공동체에서 보는, 생생한 생리학의 고전적인 이미지에 만족하고자 하는 것이 분명하다.[37] 그렇지만 당사자 자신들은,『라틀리에』의 초대 편집장이 30년 뒤에 이 자격 문제를 재론하게 될 정도로, 노동자 위계 안에서 하찮은 이가 되는 것에 대해 충분히 의식하고 있었음이 확실하다.

우리 역시『라틀리에』에 기고했던 것은 거기에 결집해 있는 모든 직업의 노동자들에게 바늘을 다루는 재단사도, 작은 납활자를 배열하는 식자공도 제빵업자나 가구 제조업자, 피혁 제조업자만큼 노동자로 존중받을 자격을 지닌다는 것을 입증하기 위함이었다.[38]

노동계급의 이름으로 나오는 발화는 힘과 숙련의 위계 전복인 내부 혁명을 전제한다. 왜냐하면 이러한 위계는 궁극적으로 출생의 우연 혹은 사회적 구별의 임의성으로 귀착되며, 노동자 세계 한복판에서 그 세계의 종속적 입지를 규정하는 카스트적인 법을 대표하기 때문이다. 이로부터 나오는 것이 바늘과 인쇄용 납판을 다루는 자들로 이루어진 이 낯선 전위의 특권적 역할이다. 힘도 숙련에 관한 미망도 없는 노동자들(헛되게도 식자공들은 여성 인쇄공의 개업에 반대하며 자신들이 제시한 능력 기준들을 진지하게 채택하는 척한다. 문자를 익힌 여성들이 드물기는 해도 남성 식자공들을 대체할 정도의 수는 충분하다). 경계 지점에 위치해 있어서 중요해지는 뜨내기 노동자들. 자신들에게서 사회적 구별의 장신구와 사유의 물질적 장식을 제공받는 부르주아 가까이에 있는 노동자들. 출판과 패션의 상승하는 힘에 의해 일어난 위로부터의 혁명에 민감한 노동자들. 어떤 의미에서는 거의 부르주아인 그들은 부르주아의 의상이나 언어를 가장 잘 취할 수 있는 자들이자 동시에 차이의 기호들을 표시하기에 가장 적당한 자리에 놓여 있는 자들이다. 예컨대 옷차림에서 이미 약간 괴상하거나 허술한 것이 있어서 예술가의 허접함과 하찮은 자의 저급한 취향이 섞이는 것이다. "틀려먹은 것, 어울리지 않는 것, 삐걱거리는 것, 조화를 깨는 것, 보기에 불편한 것, 사자 의상을 걸친 노동자를 알아보게 하는 것."[39] 과도적 노동자 상태에 내장된 이러한 장인다움 경향을 재평가하고, 이를 계급 지배와 자본 군림이라는 새로운 조건들과 대비하기에 가장 적당한 자리에 놓여 있는 노동자들. 이 노동자들은 『라틀리에』가 노동자의 이름으로 말할 권리—타인의 노동으로 부유해지는 모든 육체노동자에게는 부여하지는 않는—를 부여하는 부기 담당자들 또는 상점 점원들의 도움을 받아 계급 언술의 기능을 명확히 한다. 장인의 장벽에 막혀버린 노동자에게, 귀족적 편견의 희생자인 육체노동자에게, 이 언술은 새로운 이상을 창출해준다. 자신의 조건에서 빠져나올 수 없다는 불가능성이 긍정적 거부로 다시 코드화된다. 단명한 고용주가 맛본, 십장과 점원 및 부기 담당자가 가까이에서 감지한 위에서의 예속을

프롤레타리아의 밤

포기하는 긍정적 거부. 장인들과의 "평등"을 위한 전투에서 얻어낸 사회적 자리를 대체하는 요구인 긍정적 거부. 부르주아와 동등하다고 인정될 권리를 주는 이러한 거부를 더 잘 확정하고, 차이를 더 잘 나타내기 위해서, 부르주아와 완전히 같아지는 것이 중시되는 계급적 이상. 한편으로는 부르주아 문명의 시민권을 확보하기 위해서, 카스트의 자연성과 힘의 군림으로 귀착되는 노동자 특정성의 기호들을 지워야 한다. 역으로, 그들의 행실에서 이기주의와 착취라는 부르주아의 자국들을 고발해야 한다. 인정을 위한 전투에는 이러한 이중적 운동이 내포된다. 힘의 봉건적 군림으로부터 이성의 부르주아적 군림으로의 이행. 저축과 축재라는 부르주아적 규범에 대한 귀족적 도전.

부르주아 재산 또는 귀족적 위엄에 대한 개별 의향들이 하나의 집단 정체성으로 선회하는 어떤 평형 상태에의 꿈. 예컨대 투쟁하는 동료들이 스스로 부과한 "헌신과 숱한 희생을 보고" "새로운 삶의 지평"과 맞닥뜨리고는 자신의 귀족적인 지출 취향을 민주적인 노동자 전투에의 참여로 변환하기 전에는, 왕들이 사는 도시의 화려함에 넋을 잃었던("그는 유행하는 옷과 향긋한 리넨 제품, 손가락에 낄 보석을 원했고…… 자신의 조건 너머에 있는 젊은이들과의 교류를 추구했다"[40]) 젊은 식자공의 대열로의 귀환이 그것이다. 하지만 이러한 교환은 또한 새로운 위계의 원천이다. 1831년 12월 18일의 노동자 등급 생시몽주의자들의 회합에서, 파리 지역 네 부문 중 하나의 선전 작업을 지도하도록 임명된 융단 직조공 쥘리앵 갈레가 회중 앞에 나섰다. 차림새로 봐서는 노동자다운만큼이나 부르주아다운 이 젊은이는 사제직을 위해 자신이 치를 이중의 희생을 공언한다. 그는 생시몽주의 가족에게 자기 저축의 결실을 주고, 고용주의 뒤를 이어 자기에게 예정되어 있던 상급 점원 자리를 이 가족을 섬기기 위해 포기하겠다는 것이다. 그렇지만 그는 희생의 언어가 아니라 감사의 언어로 말한다. "프롤레타리아 부모에게서 태어나 일개 프롤레타리아가 자력으로 도달할 수 있는 최고 지점의 상업계에 도달한 내가 결코 극복할 수 없었던 것이 특권을 타고난 이들과 나 사이에 있던 사회적 장벽들이었다. 절망했던 내게 여러분이 말을 걸어주고 희망을 되돌려주었다."[41] 미래에 이러한 선택과 희망이 확인되기보다는 오히려 그가 자본가와 박애주의자가 되고 만다 해도 이는 쥘리앵 갈레의 잘못은 아니다. 그가 "조금 무너뜨린" "노력가라는 평판을 회복하느라"[42] 전력을 다해야만 했던 것은 새로운 삶의 사제들이 그를 포기했기 때문이다. 하지만 이처럼 스쳐 간 계기와 특이한 꿈에 대한 추억을 지우는 데는 상업적 성공과 사회 활동의 수십 년으로 족할 것이다. 낮의 노동을 밤의 고게트로, 15년의 굴욕을 사흘의 혁명으로, 노동의 쓰라림을 직업의 성공으로 보충함으로써 추구되었던 충만함에 대한 추억을. "독립적인" 노동의 위태로움과, 이 위태로움 너머로 올라오자마자 다시 떨어져버린 새로운 예속들 사이에 있는 바로 그 특권적인 평형 지점에 대한 추억을. 타인들을—예속 없이—섬기는 것에 대한 대가로 자신을 판매하는 것이 아닌 자기 자신에게 속하는 쾌락이 주어지는, 분할도 비수기도 없는 활동 시간에 대한 추억을. 낯선 집단적 운명에 대한 상상—착취자 없는 부르주아 문명, 영주들이 없는 기사도, 주인도 하인도 없는 주인다움—에 달려 있는 개인적 모험. 요컨대 노동자들의 해방이라는 그 상상에.

3장

새 바빌론

La nouvelle Babylone

더 멀리 거슬러올라가야 하는가? "어려서 그는 수난곡에 매우 강한 인상을 받고, 시골의 주임신부가 되어 사랑스런 신도들에 둘러싸여 사제로 사는 것을 꿈꿨다."[1] 성가대 아이의 이 꿈의 결말은 아주 단순하게도 노동자 사제가 된 것이다. 제화공 샤를르 펜케르와 그의 동료들에게 중요한 것은 오히려 자신들이 "한때나마 황금판 위에 쓸 사랑스럽고 영웅적이며 전설적인 성장기"[『지옥에서 보낸 한철』]를 가진 적이 있었는지 여부다. 누군가는 그러한 성장기를 기억하는 것 같다. 유년기의 태평함이나 집단놀이의 활기찬 낙원이 아니라, 하인에게는 주어지지 않는, 무의식의 연령과 섬김의 연령 사이에 있는 유년기의 이러한 보충을, 노는 것보다는 홀로 떠돌고 꿈꾸고 배우는 것이 더 즐거운 잃어버린 시간을 기억하는 것 같다.

난 늘 혈기왕성했지만 특히 이 나이 때는 그늘 밑에서 달콤한 몽상 속으로 길을 잃었던, 부드럽게 꿈꾸는 발상들로 그러했다…… 그런 발상들이 담긴 유아적이고 사랑스러운 시와 동일시되었던 것은 저녁 빛의 어슴푸레한 투사에, 나뭇잎들을 흩날리는 바람의 떠돌이 열정에, 아침의 순결한 깨어남에, 밤공기의 흔들림에 취하게 하는 어떤 매력이었다.[2]

하지만 이미 어떤 발견의 우연이 방랑과 식물채집에 매료된 이 소년의 꿈을 특별한 강박에 고정시켰다. 이 아이가 글라시에르 목초지에서 우연히 만난 친구와 함께하던 놀이가 친구의 엄마에 의해 중단되었던 그날 일이 시작되었다. 그 엄마는 전설 『성 레오나르 성당La Chapelle de Saint Léonard』의 페이지에 관해 물어보려고 자기 아들을 부른 것이다. 장차 목수가 될 아이는 『성 레오나르 성당』을 읽지 않을 것이지만, 이날로부터 유년의 놀이를 포기하고 자신의 서재를 만들겠노라는 단 하나의 욕망에 매달린다. 생마르셀 거리의 박복한 프롤레타리아들의 자식들에게는 서재라고 해봐야 고작 낱장 쪼가리들뿐이었으며, 일용할 양식에서 떼어낼 수 있는 쪼가리들조차도 온전한 게 드물었다.

어머니가 당신이 산 종자들을 담는 데 쓴 자루들을 내게 남겨주는 것은 합의된 일이었다. 저녁에 집에 돌아와 토막난 문장들과 연보 파편들 따위의 이 보물들을 탐사할 때, 아! 내가 얼마나 흥분했던지! 페이지의 찢어진 끄트머리를 얻은 것이라 이어지는 이야기를 따라갈 수 없을 땐 얼마나 성마르고 갈급했던지. 어머니에게 항상 같은 상인에게서 렌즈콩을 사 먹자고 그렇게 권했음에도 어머니가 내게 자루나 원뿔 모양으로 일차 배본을 한 뒤로는 이야기가 전혀 이어지지 않았다.[3]

분명히 내의 제조공 잔 드루앵은 유년기에 이러한 절취切取를 겪어본 적이 없으며 그녀의 스타일은 렌즈콩 자루의 찢어진 쪼가리들을 통해 앎이라는 위대한 책에 접근했던 프롤레타리아들만이 지닌 혼돈스러운 측면을 갖지 않는다.

나는 유년의 즐거움과 유년기의 놀이를 알지 못했다. 글을 읽을 줄 알게 되자 곧바로 독서가 나의 유일한 소일거리가 되었고, 매 순간 나를 매혹했다. 나는 모든 걸 겪고 알아야겠다는 막연한 욕망을 느꼈다. 특히 신과 종교가 나의 주목을 끌었지만, 내 생각들이 유동적이다보니 같은 대상에 오랫동안 고정해 있지 못했다. 이해하지 못한 채로 탐구하는 것에 지친 나는 사람들에게 들은 것과 책에서 배운 것을 동화로 받아들였다. 나의 사회적 위상을 평가하기엔 너무 어렸던 나는 마냥 행복했다. 미래는 내게 밝고 관대해 보였다. 나는 내가 배움의 보물들로 부유해지리라고 여겼다.[4]

생시몽주의의 철학적 모순들을 자신의 분석의 체로 걸러내고, 상층 인사들의 수많은 편지에서 보이는 악필과 너무 확연히 대조되는 경이롭게 단정한 필체를 지닌 "내의 제조공"인 그녀가 정확히 어떻게 고전 공부를 했던가? 좀스런 조사를 벌이기까지 하여 너무 단정한 필체에 대한 의심을 조성할 정도로, 그녀에게 그토록 오랫동안 초등교사 자격증을 수여하길 거부했다는 것은 놀랍다. 틀림없이 잔 드루앵은 책으로 글쓰기를 익혔고, 그래서 그녀의 필적은 인쇄 활자를 학교 필기체의 굵기와 섬세함으로 변용해가는, 아직 완료되지 않은 수련의 증거다.

누구나 이 검어진 흰 종이들의 비밀을 간파하는 저마다의 길을 찾아냈는데, 예컨대 어린 굴뚝 청소부이자 곡예사인 클로드 제누는 땅에서 주운 종잇조각을 지나가던 학생에게 해석해달라고 했고, 이 학생은 거기서 『아탈리Athalie』에 실린 어린 새들과 잃어버린 아이들에게 신체와 정신의 양식을 약속하는 시 두 편을 알아보았다. 사부아 출신의 어린아이가 안전한 빵과 침대와 더불어 읽기와 쓰기를 익힐 가능성을 곧 찾게 된 곳은 업둥이 구제원이었다. 그는 이렇게 습득한 기초들에서 나아가 자신의 고전 교양에 결여된 지리학, 라틴어, 로마사라는 요소들을 그 경로에서 우연히 줍게 될 것이다.[5] 실은 이러한 라틴어 취향을 누구나 할 것 없이 나눠 갖는 것은 아니다. 목수 뒤랑이 테베레 강물에 머리와 손을 담근 그날 반항적인 학창 시절의 꿈을 실현했다면, 기계공 드레베는 마을 학교 탓에 자기가 겨우 기도서를 읽고 저녁 예배 찬송가를 부르는 것만을 익혔다고 그 학교를 비난했다. 하지만 로마교회의 교육에도 일탈은 있다. 예컨대 쉬잔 부알캥은 로마사 이외에도, 그녀가 독실한 자기 어머니에게 유해한 읽을거리로 읽어드렸던, 소녀들로 하여금 꿈꾸게 하기에 적당한 소설들을 읽을 방도를, 수녀 학교와 환속 신학생인 오라비의 학문에서 찾아낼 것이다.[6]

다른 사람들은 집에서 기초를 익혔는데, 가령 루이 뱅사르는 모친에게서 읽기 기술을 배웠다. 이는 거의 문맹인 이 여성이 자신도 알지 못했던 것을 아들에게 가르친 것이 아니었다면 전혀 이례적이지 않았을 것이다. 무지하다-여겨지는-스승의 책략 없는 이러한 산파술이 아마도 장차 아이로 하여금 미래의 교육을, 성모의 계시에 의존하는 어떤 종교를 이해하도록 했을 것이다. 하지만 무엇보다도 이 어머니는 **지적 해방**의 방법을 그 이름은 모른 채로 적용했을 뿐이며, 이 방법의 개척자인 조제프 자코토는 사회질서 안에서 자신이 무엇이며 무엇을 해야 하는가를 의식하는

프롤레타리아의 밤

모든 프롤레타리아에게—『텔레마크』라는 보충 자료만을 가지고—"지적 평등의 원리에 따라 선생 없이 독학하여 결국 자신도 모르는 것을 타인들에게 가르치는 방도"를 약속했다.[7] 그래서 식자공 오리의 아내는 7세 아들을 직접 자코토의 집으로 데려갔는데, 이미 홀로 읽는 법을 익혔지만 시를 짓지 못하는 자신의 무능에 절망했던 이 아이에게 보편 교육의 아버지가 무엇을 배우길 열망하느냐고 묻자 아이가 답했다. **전부**라고.[8]

"무엇인가를 익히고 나머지 모든 것을 그것과 연결하기"라는 자코토 방법의 대원칙은, 징역살이의 벽 안이나 인생 여정에서 우연히, 착한 왕당파 수녀 또는 시역자인 약초 판매업자 곁에서, 비길 데 없는 배움의 단편들을, "실제 삶에 관한 거짓 통념"[9]을, 다시 말해 아마도 이러한 삶의 거짓에 관한 참된 통념일 것을 제공하는 것 말고는 달리 아무짝에도 쓸모없을 기이하고 소중한 어느 백과사전의 단편적인 항목들을 챙겼던 이 사람들의 핵심 경험을 건드린다. 이 모순은 프롤레타리아 유년의 이차적이고 결정적인 단절과 관련되는데, 여기서 하인의 평온보다는 노동자의 위험을 감당하기로 작정하는 운명이 만나는 것은, 자기 영혼을 육성할 가능성과 자기 몸을 팔아야 할 필연성을 출생의 변덕에 연계시키는, 겪으면서 거부해버린 그 운명이다. "나는 내가 배움의 보물들로 부유해지리라고 여겼다. 배움은 내가 한 모든 기도의 유일한 대상이었다. 기분 좋게 해주는 이 꿈들은 곧 사라졌다. 노동의 필요는 나를 깨닫게 했다. 재산이 없는 나는 배움을, 행복을 단념해야만 한다는 것을. 나는 체념했다."[10] 하지만 그녀는 배움의 왕국으로 가는 다른 길들을 찾기를 기대하면서 체념했어도, 고니는 이 도둑맞은 시간의, 이 엉망이 된 유년의 고통 앞에서 체념하지 않았다. "청소년기의 정황이 나를 뒤집힌 세계로 집어던졌지.

경련에 시달리던 내 심장은 정기적인 격발로 쥐어뜯듯 아팠어…… 나는 빈곤과, 단조로운 견습기의 비참을 겪으면서 복수를 알아버렸어. 나는 반발했고, 내 살은 떨렸으며, 내 눈은 미쳤어. 난 사나웠지."[11]

착취와의 마주침보다 훨씬 더 도제 수업의 폭력이야말로 내적 사안이며, 약자들을 짓누르는 토대 위에서만 노동자들을 묶어내는 힘의 오래된 군림에 속하는 것이다. 자신들의 밥벌이를 채갈 준비를 하는 이 아이들에게 이미 선입관을 갖고 있는 노동자들은, 가령 도제들의 입문 의례를 통해, 자신들 스스로도 포기해야만 했던 몽상들을 단념하도록 아이들을 가르치는 일마저 맡는다. 거기에 있음의 고통을 타인들에게 전가하려는 욕망은 그 타인들에게 내몰린다는 두려움과 결합되는데, 이런 것들이 게으른 불량배들을 교화시키는 척하는 가혹행위와 욕설 안에 담긴다.

겨울에는 그가 빈둥거린다는 핑계로 그를 불 곁에 가지 못하게 한다. 그가 얼어서 무뎌진 손으로 망치를 잡고 처음 내려치다가 손가락을 찧었을 때, 그를 동정하기보다는 오히려 웃는다. 그를 돕기보다는 오히려 비웃는다. 두 손으로 망치를 잡았어야지라고 누구는 말한다. 그놈이 허공을 쳐다봤어라고 다른 누군가가 말한다. 제3의 누군가가 잇는다. 내버려둬, 오늘 아무것도 안 하려고 일부러 그런 거야.[12]

안으로부터 본다면, 노동자로-존재하기가 예속과 맺는 관계는 전위된다. 자유냐 죽음이냐의 선택은 새롭고 더욱 근원적인 형상들을 취한다.

절망에 빠져 스스로를 저주받았다 여기면서 사느니 차라리 죽는 게 낫다는 가난한 아이들을 나는 보았다. 그들은 한참 꽃다울 나이에 기꺼이

프롤레타리아의 밤

자살하고 한 줌의 후회도 없이 삶을 버렸다. 다른 아이들은 온갖 학대를 겪다 죽었다. 그들이 매일 노출되었던 저 징벌들에 대한 두려움이 그들의 생각을 빨아들여 달뜬 착란 상태에 이를 정도였다…… 다른 아이들은 도둑이 되었다!…… 그렇다 도둑! 장물이라는 미끼 때문이 아니라, 다들 그렇게 믿고 싶겠지만 연명의 필요 때문은 더더욱 아니고, 오로지 자기들 운명의 가혹함에서 벗어나고 싶어서. 그들을 거기로 돌아가게 한 자들을 반박의 여지없이 비난하는 것, 그것은 부랑자로 갇혀서 그런 처우를 받고 있는 그들이 미래의 사면과 관용을 약속받았음에도 불구하고 작업장보다는 감옥에 있기를 선호했다는 것이다.[13]

작업장이 감옥보다 더 나쁠 수도 있다는 것, 바로 이것이야말로 성직자든 속인이든 일단의 도덕주의자들이 청년 인민들에게 건네는 모든 언술과 일화들을 틀림없이 정당화하는 하나의 견해다. 저들은 청년들에게 좋은 직업을 가진 자의 거의 부르주아와 진배없는 위엄을 묘사하는 한편 잔심부름꾼들, 성냥이나 편지지 또는 터키 사탕을 파는 이들, 푸앵트 생 외스타슈에서 암거래하는 이들로 하여금 운명적으로 포기와 감옥에서의 수치를 겪게 하는 그 비참을 묘사한다.[14]

하지만 성인식에 내장된 고통을 과장하는 것은 아마도 너무 민감한 성격 탓일 것이다. 틀림없이 대다수의 도제는 학대자의 세계에 살지 않는다. 그러나 해악이 훨씬 근원적이었다면? 목수 고니의 "뒤집힌 세계"를 정의하는 것이 노동 세계로의 진입 그 자체였다면? 자신의 실존을 일거에 영구적으로 소외시켰던 자[하인]보다 노동자를 위로 끌어올려주는 그날그날의 노동력 판매라는 요행이 가차없는 고통의 원천이고, 이 고통은 노동의 조건 또는 임금이 아니라 노동의 필요 자체와 관련된 것이라면? "내가 노동자라는 것의 최대 해악은 노동이 나를 질식시켜 바보로 만든다는 거야."[15] 우리가 숱한 자료들로부터 알게 되었던 것, 다시 말해 수공업 노동자 또는 숙련 노동자가 자기 지적 노동의 작품을 손으로 만지거나 눈으로 보면서 갖는 쾌락―이 작품이 자신에게서 벗어나 착취자들의 보물을 늘리는 것을 보는 고통에 의해서만 손상되는 쾌락을 시인-목수인 그가 반박하게 된 것은 단지 그의 병적인 성향 탓인가? 창조적 노동, 능숙한 손, 익숙한 연장, 생산된 경이로움에 대한 그 수많은 찬가를 헛소리로 치부해야 하는가? 생계를 부지해준 치욕적인 직업 앞에서 시인-재단사가 보이는 소원함은 확실히 이해된다. "나는 아동복 짓는 일에 끌려들어갔다고 말하지 않았다. 나는 이 전문 작업에는 정성과 지성이 덜 들 것이라 기대하면서 택했노라고 말했다. 여러 번 누비는 잘 빠진 옷이 그렇게 좋아 보이면 직접 만들어 입어라. 내 경우엔 가능한 한 덜 명청해지고 싶다."[16] 도대체 왜 "인민의 사제"는 자신의 가르침 중 그토록 많은 부분을 바쳐 성 프랑수아 그자비에 협회의 노동자들에게 노동 근면의 필요를 설명해야만 했는가? 장인들에게 인정받은 유일한 휴일의 상당 부분을 할애해 미사 외에도 르드뢰이유의 설교를 듣는 데 그들이 동의한다면, 이는 그들이 성밖 지대에서 술에 취해 있으면서 새로 술판을 벌여 성월요일을 축하할 준비를 하고 있는 게으른 이들과는 아무 관련이 없기 때문이다. 그런데도 그는 이 일요일에 바로 그들에게 말을 걸어 "격분도 중단도 없는 노동"을 설교하며, "우리 중에 바빌론 사람들이 많다는"[17] 것을 확인하고 유감스러워한다. 그가 또다른 일요일에 서원을 장중하게 연출하는 것도 바로 그들을 위함이다.

한 주를 온통 노동에 바치는 형제들이여. 우리는 용기와 끈기를 가지고

프롤레타리아의 밤

누구나 힘을 다해, 한 주 내내, 다른 날들처럼 월요일에도 노동하겠다고 결심하는가? 이런 결심은 심장을 가진 이들에게 어울린다. 그대들은 결심하겠는가? 정녕 그러겠는가? (박수) 예, 원합니다. 이번에는 내가 복창하겠다. 예, 원하오, 노동을! 내일 새벽부터 신께서 누구에게도 노동이 부족하지 않도록 해주시리라.[18]

월요일 동틀 무렵에 일요일을 교회에서 보냈던 정직한 노동자들과 성밖 지대에서 보냈던 놈팡이들을 구별할 수 있으려면 이런 결심이 필요한가? 드니 풀로가 25년 뒤에 세울, 나무랄 데 없는 "진짜 노동자"부터 회귀 불능의 "숭고한 자들 중에서도 숭고한 자"에 이르는 이 위계의 모든 등급에 실제로 바빌론 사람들이 다 있었던가? "우리 중에는 바빌론 사람들이 많다. 며칠은 열심히 일하고 나머지 시간엔 내내 쉬고 취하며 쾌락에 골몰하는 그런 사람들이." 안심시키는 분할. 바빌론 사람들의 고유함은 노동보다 취기를 선호하거나 더 취하려고 더욱 노동하는 것이 아니라, 오히려―그리고 더 위험하게―노동 그 자체를 하나의 취기로 여긴다는 것인가? 말하자면 멍청해지는 시간으로, 비-노동의 형식이 아니라 자유 시간을 마련하기 위해 힘의 한계까지 다다른 과잉 노동의 형식 아래 몸이 사라져버리는 그런 시간으로 여기는. 자신과 자신의 장인을 위해 한 주를 잘 보내고 나서 자기 노동일에 생산한 가치인 4프랑 중에서 장인이 "저축했을" 2프랑을 월요일에 장인에게서 훔칠 때, 소박한 가톨릭 노동자는 바빌론 사람 부류에 속하게 된다. 르드뢰이유에게 되돌아오는 잘못된 질문들로 판단하자면, 이는 양심에 따른 것이다. "장인에게 무슨 일이 벌어질 것인가? 그가 이 노동일에 대해 지불하지 않을 거라고들 내게 말한다. 근면하지 않은 노동자는 자신의 명예가 무사하고 자신의 성실함은 그대로라고 믿으며 자신은 면제라고 선언한다. 나의 벗이여, 그렇지 않다. 너는 그렇지 않다. 너는 열 시간의 노동을 잃었고, 2프랑의 피해를 그에게 끼쳤으며, 그는 너의 근면 부족으로 그만큼을 잃게 되는 것이다."[19] 설교자 자신과도 충돌하는, 자기 노동의 가치를 자각하는 생산자의 권리 요구가 기꺼이 인정되는 이 매우 기독교적인 공정 가격 관념은, 노동 가격의 최소화만큼이나 노동의 최대화를 고정시키며 생산의 목적을 장인의 이익과 노동자의 욕구 사이에서의 가장 공정한 교환이라는 층위에 확립하는 가치 감소의 원천과 같은 것이 아닐까. "우리가 작업장에 오는 것은 일을 많이 하기 위함이 아니라 고용주가 우리에게 주기로 합의한 금액 때문이다."[20] 장인과 맺는 독립성과 평등의 관계가 여기서 이익들의 공모로 환원된다. 또는 오직 제3자―르드뢰이유가 신도들에게 늘 환기시켜야 하는 고객과 부르주아 및 국가 생산의 권리―를 희생시켜야만 비로소 노동자 주의력의 회수와 고용주 투자의 수익이 조화롭게 된다. "우리는 아직 국가적 명예에 관한 지점을 산업에 투입하지 못했는데, 이 지점은 그 자체가 실존하는 곳에서 우리에게 매우 요긴하다."[21] 여전히 이루어지지 않는 에너지 전이. 영혼이 자신의 보물을 놓았던 자리로부터 신체가 풍부함을 생산하는 자리로의 전이. 『라틀리에』의 주요 사상가 코르봉이 노동자 능력의 80퍼센트에 달한다고 추산할 이 에너지 부족은 아주 명확한 특성을 지닌다. 그것은 노동에 대한 거부 또는 신체적 소모에 대한 반감이 아니라 지적인 힘의 철회다. "제기되는 것은 이러한 문제인 것 같다. 가능한 한 지적인 힘을 덜 쓰면서도 가능한 한 임금을 더 많이 받는 것."[22] 바빌론적 도착(증)의 본질 자체인, 맡은 일의 **형해화**라는 이 원칙을, 어떻게 인민의 사제가 시인-재단사의 비웃음과 마주치지 않고 정면에서 공격할 수 있겠는가? "예수그리스도도 어부들에게 말했다. 너희의 어망을

프롤레타리아의 밤

버려라, 그러면 내가 너희를 사람을 낚는 어부로 삼으리라고. 그런데 당신들은 그들에게 말한다. 너희의 어망을 버리지 말고, 우리의 식탁에 봉사하기 위해 계속 물고기를 낚으라고." 다른 세계란 없으며, 신체와 분리된 영혼의 삶도 없고, 인간이 인간으로서의 자신의 본질을 실현하고 상실했다가 회복해야만 하는 것은 노동자들의 노동과 전투 안에서라는 점을 노동자들에게 말하지 않고서, 그들에게 자신의 지적인 힘을 모두 노동에 쏟으라고 권장할 수 있겠는가? 후대에는 이 교의의 효과들이 노동에의 예속이요 이른바 노동자 권력에의 예속이라고 고발하겠지만, 당대인들이 품을 수 있었던 생각은 이 교의가 노동자들에게 술판을 부추긴다는 것뿐이었다. 그 순환으로부터 벗어나기란 불가능하다. 르드뢰이유처럼 선한 기독교인이지만 또한 노동자이기도 한 『라틀리에』 편집자들은 그 순환의 가혹함을 잘 파악한다. 노동을 지휘하는 도덕이 노동에 긍정적 근거를 제시하는 것을 금하고 있음을. 노동하기의 근거들을 제시한다는 것은, 이 근거들이 제아무리 고상하다 해도, 빠르든 늦든, 매력적인 노동이라는 이미지를 제안하는 것이다. 그리고 이러한 이미지를 제안한다는 것은 지금 모습 그대로의 노동에 대한 혐오를 즉각 촉발한다는 것이다. 그러니 노동의 속박 안에서는 의무로 내면화된 속박 그 자체 말고는 달리 찾을 어떤 쾌락도 없다. "노동 안에 유일한 매력이 있으니, 그것은 인간이 자신의 의무를 완수하며 느끼는 도덕적 만족감이다."[23]

식자공 또는 재단사의 활동이 사회적 가치라는 면에서 피혁 제조업자나 가구 제조업자의 활동과 등가로 인정되기 위해서는 노동의 유용함과 쾌락을 의무의 추상으로 환원하는 과정이 아마도 필수적일 것이다. 그런데 『라틀리에』에 식자공과 재단사만 있는 것은 아니다. 게다가 식자공이라고 해서 반드시 식자공일 뿐인 것도 아니다. 신문의 핵심 주창자인 클로드 앙팀 코르봉이 증인인데, 실 잇는 어린 직공이었던 그는 이후에 연 달아 간판공, 측량사, 식자공, 목재나 대리석에 조각하는 직공을 거쳐, 제 2공화국 하원의원과 제3공화국 상원의원을 지냈다. 어떤 이들에게는 신 체적 숙련과 기술적 지능의 결합을 완벽하게 구현한 수공업 노동자의 모 범적인 이미지. 더군다나 직업교육에 관한 작업의 저자이자, 때로는 마르 크스적인 "기술" 교육의 주창자로 떠받들어지는 저자. 지적인 예술가-노 동자의 이 본보기는 목재와 대리석에 형태와 생명을 부여하는 노동에 관 해 낡고 변함없는 원죄 이야기 말고는 더이상 우리에게 해줄 말이 없는 가?

사실은 이러하다. 노동자들 중에서 가장 다재다능한 자이고 노동자 의 무와 위엄의 가장 완고한 수호자인 그가 자신이 완수한 노동에 대해서 는 결코 말하지 않는다는 것이다. 실은 거기에 관해 말할 것이 하나밖에 없기 때문인데, 목재를 다루는 다른 노동자[고니]가 예외적으로 자기 노 동일에 관해 시간대별로 우리에게 제시해준 묘사에서 바로 그 하나의 메 타포가 펼쳐지는 것을 어렵지 않게 확인할 수 있다.

우리 문명의 반자연적인 활동들에 방치된 이 노동자는 아침 5시에 일 어나 6시 정각이면 작업장에 와 있다. 이 장소로 오는 길에 이미 수공업 노동자로서의 그의 능력들은 작동된다. 고단하고 복잡한 목수 일은 몸 을 괴롭게 하고 끊이지 않는 근심거리로 마음을 불안하게 하기 때문인 데, 그리하여 변변찮은 소득을 입에다 처넣으면서 영혼을 삼켜버리려 다 가오는 열 시간 노동을 앞두고 이 노동자는 안달하며 신경질을 낸다.[24]

노동이라는 불운을 혐오하는 이 불가지론자의 시평은 노동의 필요를 찬양하는 규범적 언술과 동일한 것을 우리에게 말해준다. 노동의 규정적 요소를 만드는 것은 그것의 질이 아니라 추상일 뿐이라는 것. 생존 수단을 마련하기 위해 매일 바치는 이 시간의 의무. 추상과 구체 및 수단과 목적의 이러한 이중 관계는 뒤집힌 세계의 시평을 생산이라는 인간 본질의 변증법에 귀착시킬 수도 있었을 것이다. 신체와 영혼의 구별이 노동일의 선결 조건으로 주어져 있지 않았다면 말이다. 그런데 영혼의 본질의 충만함을 생산적 노동 안에서 찾을 수 있을 거라고 말하려던 이는 아무도 없다. 수단과 목적의 애초의 전도가 다시 전도될 수 있는 것은 이러한 측면에서가 아니다. 노동의 숙련과, 신체와 더불어 정신에도 해당되는 일이 풍부해지는 것이 생계를 위한 노동의 고통에 보상이 될 수는 없다. 오히려 그것이 필연적 예속 시간으로 하여금 가능한 자유 시간을 침범하도록 할 때 고통을 강화한다.

이것이 바로, 노동일의 매 시간이 다 그렇지만, 노동을 예상할 때가 가장 가증스러운 시간인 이유다. "일터로 뛰어가는 이 남자는 특이한 거동을 보이며, 그의 눈은 분노를 품고 있다. 반란노예처럼 뛰어가는 그를 보고는 자신을 억압하는 것을 분쇄하기 위한 비밀 협약에 서명하려 서두르는 거라고들 믿을지도 모른다." 그렇지만 이 반란노예는 자기 예속의 자리에 정확히 도착하기 위해 서두르고 있을 뿐이며, 노동일의 첫 시간에 그는 자신의 반역 에너지를 성실한 작업에 쏟을 것이고 억압자에 대한 증오로부터 노동의 투쟁으로 나아갈 것이다.

작업장에 당도하면 투쟁이 시작된다. 우선 잠으로 조금 휴식을 취한 그의 빈약한 근육이 일에 매달린다. 관습을 따르고 연대에 강한 이 노동자는 성실하게 일을 제대로 해내려 한다. 한순간 유용한 노동의 내밀한 만족에 빠져서 그는 자신을 둘러싼 것을 잊어버리는데, 팔이 움직이고, 세부 작업이 기분 좋게 마무리되면서, 일을 계속하다보면, 한 시간이 흘러가버린다.

시간이 흐르면서 팔의 이끌림, 반란 또는 몽상의 충동에 따라, 주변에 대한 성실한 망각은 취기의 형상을 띤다. "……그는 맹렬하게 일하다 망각에 취한다. 어느 순간 누그러뜨릴 수 없는 기억의 원한으로부터 스스로 거리를 두기에 이른다. 그는 미친듯이 일한다. 살아 있는 기계인 그는 자신의 힘을 희생하여 잃어버린 것을 고용주에게 이익이 되도록 확보한다." 첫 시간의 소박한 각오에서도, 노동자가 자신이 억지로 노동하고 있음을 술꾼의 논리에 따라 망각하고 노동하는 시간인 다섯번째 시간의 착란에서처럼, "평화적 소요들"이라는 생시몽주의적 꿈이 작업장의 일상 속에서 이미 실현된다고 보고 싶을 것이다. 하지만 시간의 추이가 에너지의 이러한—망각과 투쟁의 이중 형상 안에서만 실행되는—전이의 근원적 결핍을 감지하게 한다. 분노가 생산적 에너지로 변하게 되는 것은 오로지 사유가 생산적 신체를 떠나 거부의 거리를 재생산하는 한에서일 뿐이다. 취기의 노동, 망각의 노동이지, 숙련된 손이 거드는 집중하는 지능의 근사한 조화가 전혀 아닌 것이다. 바빌론적인 열광의 또다른 형상. 노동의 시간과 난장의 시간을 나누는 형상이 아니라, 예상과 상기 및 생산적 망각과 비생산적 몽상을 매 시간 어긋나게 분할하는 형상. 그럼으로써 반란노예가 실은 바빌론의 거주자가 되는데, 그러나 벨사살과 키루스의 대립, 즉 난장에 의해 파괴된 구세계의 왕과 신세계의 규율 잡힌 군대의 검소한 조직자의 대립에 모든 관심이 쏠려 있는 이 기이한 기독교인이 생각했던 그런 거주자는 아니다. 한 친구의 종교적 결혼에 참석하기를

프롤레타리아의 밤

마다한 이 무신앙의 노동자[고니]가 노동자의 삶이 모세라는 이름의 사도가 걸었던 길에 의해 각인되었기에 그 노동자는 진정한 자리를 제시할 수 있게 되는 것인가? 유대인 포로의 자리이자 다른 인종에게 억압당하는 희생자의 자리인 그것은 또한 신체의 욕구 및 노동에 포로로 잡힌 영혼의 상징이기도 하다.

영혼의 이러한 최초의 추방은 더 근본적인 독재의 대표자인 장인과 맺는 협력과 증오라는 혼합적인 관계들에 기이한 형상을 주며, 이 둘 사이에 파인 착취의 구렁은 영혼이 수인인 뒤집힌 세계의 결과일 뿐이다. "세상이 뒤집혀 동물이 되고 불신과 증오로 인해 원한을 품게 된 이 인간 짐승 둘은 먹잇감의 불평등한 몫을 앞에 두고 서로에게 이를 갈지만 그렇다고 공격하지는 않으니, 한쪽은 사슬에 묶여 있고 다른 한쪽은 죽으리라는 예감에 묶여 있다." 두 인물의 대치. 둘의 사랑이 불가능한 만큼이나 증오는 우연적이다. 둘의 갈등은 우발적인 만큼이나 진정시킬 수 없다. 또한 해소 불가능의 모순. 그렇다고 지배의 영속성을 함의하는 것과는 거리가 먼 이 모순은 도래할 해방을 상기시킨다. 포로들의 반란보다는 포로들의 왕국이 멸망함으로써 도래할 해방을. 이 왕국의 주인은 "죽으리라는 예감"에 사로잡혀 노예들의 증오의 시선, 심지어는 유순한 행실에서까지도 "세고Mané 달고Thécel 나누다Pharés"[바빌로니아왕국의 멸망 계시]를 읽어낸다.

바빌론의 70년을 매일 반복하는 이 열 시간에 리듬을 부여하는 것은 바로 여기로부터다. 착취에 대한 의식을 폭발시킬 축적에 따라서가 아니라, 또는 규율과 저항의 진동 메커니즘에 따라서가 아니라, 영혼과 신체의 어떤 대화, 어떤 표상의 긴장들에 따라서. 신체가 첫 시간에 취하는 형식이 도덕주의적 정신에 의해 근면한 신체에 제시되는 당부의 진중한 형식이라면, 이 형식은 곧이어 망각과 원한의, 신경질과 상기의 작용에 연루된다. 이렇게 해서, 두번째 시간부터는, 유용한 노동을 권면하는 건전한 노래가 자신의 이중성을 드러낸다. 도덕화된 신체라는 기계 자체는 노고에 리듬을 부여하는 사운드 위에서 미끄러지다가 전혀 다른 후렴과 전혀 다른 교훈을 반복하게 된다.

때로는 뜬금없는 유쾌함이 튀어나와, 그는 부친이 불렀던 오래된 애창 곡조를 흥얼거린다. 그의 첫 추억을 변질시키는 사운드의 변덕에 조금 씩 길을 잃다가, 그의 즐거움의 선율이 이상하게 변한다. 그가 총격전을 흉내낸 반란 가요를 중얼거리고 있으니 말이다.

최초의 길 잃음, 최초의 어긋남, 몸의 즉흥적인 중얼거림, 저 먼 유년의 추억으로부터 7월의 추억으로 미끄러지는 바로 이것은 영혼이 쾌락을 거쳐 고통으로 되돌아가도록 할 것이다.

그렇지만 휴식 시간이 되려면 아직 한 시간이 남아 있어서, 노동자는 신경질을 부린다. 왜냐하면 근사한 조직화의 경이가 약속하는 풍요를 펼쳐 보이면서 몽상이 그를 엄습하기 때문이다. 고용주나 십장이 들락 거려 성가신 그는 그들 중 하나와 함께 집중을 약화시키는 계획에 관해 억지로 이해해야 한다. 건조한 감시는 시들한 반응과 마주한다. 시선들 이 나누고 있는 불만으로 인해, 이 두 사람을 분리하는 것은 점점 더 깊 게 파인다.

장인의 첫 출현과 한가한 착취자라는 냉담하고 안심이 되는 이미지 사

프롤레타리아의 밤

이에는 어떤 공통성도 없다. 이 장인은 텍스트들에서처럼 이불을 덮고 소파에 퍼질러 있지 않는다. 오히려 그는 자기 머리와 다리를 지나치게 움직인다. 그는 적이라기보다는 성가신 자로 무대에 등장한다. 간수의 순찰을 연상시켰을 법한 들락거림으로 견딜 수 없게 하는 그가 포로를 감시하는 데 만족하지 못해 노동자의 정신을 구속하고, 노동자로 하여금 자기 구상에 지능을 바치라 압박하려든다. 장인이 자기 왕국이라고 간주하는 뒤집힌 세계 안에서 그는 약속의 땅에 대한 꿈으로부터 영혼을 떼어내 포로 상태로 되돌리려 하는 발걸음 소리다. 그는 자기에게는 자리가 없는 이러한 근사한 조직화의 향유를 평온하게 꿈꾸는 것을 방해하는 훼방꾼이다.

이렇게 세번째 시간이 종료되고 식사 시간이 시작되지만 이것이 영혼의 식사일 수는 없다. 이 식사 시간은 근본적인 속박을 활성화하기 때문이다. 몸을 먹여 살리는 것 외에는 다른 목표를 갖지 않는 활동을 몸이 지속할 수 있으려면 몸을 먹여 살려야만 한다는 속박. 또한 이 첫 식사는 노동 속박을 연장하고 예상하는 감각들에서 벗어나려는 헛된 시도에 의해 표시될 것이다.

거친 노동으로 식욕이 왕성해진 노동자의 위장은 위생 규칙에 따라 식사하는 것이 아니라 악덕 식당업자가 많건 적건 불순물을 섞은 요리로 채워진다…… 오염된 공기가 그의 감각을 꺾고, 제아무리 그의 상상력이 시공에서 독립하여 조화로운 실존을 꾸며낸다 한들 그 상상력은 곧바로 현실의 잔해 속으로 떨어진다.

이 노동자는 필사적으로 행복을 원한다. 그는 조금이라도 구애받지 않은 상태로 있으려고, 20분만이라도 막연한 희망의 바닥으로 일탈해 있으려고 급하게 먹는다. 하지만 그럼에도 불구하고 그의 예민한 귀는 귀 기울이고 있으니, 왜냐하면 곧 종이 울릴 것이고 이 종소리는 타인의 노동으로 살아가는 자들과의 위험한 비교를 불러일으켜 그를 미리 괴롭힐 것이기 때문이다.

이러한 비교는 우선 그렇게 비교하는 자들에게 위험하다. 예상되는 종소리가 낳는 이러한 신경질, 경련, 사지 수축, 격분한 시선은 우애 사회—영혼이 스스로 머물던 곳을 알아볼 수 있고 그곳에 대한 기억을 보존할 수 있을 사회—의 실현으로 이어질 의식화보다는 오히려 뒤집힌 세계의 희생자들의 노예 질환을 정의한다. 종소리가 유발한 "반란 생각"은, 다시 한번, 재개해야 할 노동으로 귀착될 뿐이다. "작업장으로 되돌아간 그를 지탱하는 것은 의무감이고, 그는 불가피하고 단조로운 일곱 시간 앞에서 결의를 다지는데, 몸을 먹여 살리려면 그 시간의 멍에를 견뎌야만 한다." 몸이 공모 파트너가 되어, 몸을 위해 작업장의 멍에에 예속된 정신에 노동의 기분 전환을 제공하는 것은 용서를 구하기 위함인가? "종종 노동의 어려움이 능숙하게 극복되면 이것이 그의 기분을 조금 풀어주고 시간의 길이를 토막내준다." 노동자가 자신의 노동에서 지적인 만족을 찾는 것을 보기를 열망하는 이들을 안심시켜야만 한다. 노동이 실제로 이따금 노동에 고유한 고통에 기분 전환을 줄 수 있다고. 하지만 이러한 쾌락은 철학이 정신의 참된 선함을 흔히 황제와 왕이 탐하는 선함과 구별하느라 제시하는 특성을 갖지 않는다는 것이 곧 드러난다. 요컨대 나눠 가질 수 있음이라는 특성. "그는 성공을 자랑하면서 자기가 파악했고 적용하기에도 좋은 괜찮은 공정을 자기 동료와 나누고 싶다. 하지만 덜 반역적이거나 더 가난할 그 타자는, 때로는 숨어서 지켜보기도 하고 노동자들 사이

프롤레타리아의 밤

를 서성거리며 지켜보기도 하는 장인의 혐오스런 시선을 느끼기 때문에, 오직 남몰래만 반응한다."

처음으로 다른 노동자가 개입하는데, 그는 의사소통을 거부하는 자의 형상으로 개입한다. 노동자가 자신의 노동과 맺는 행복한 관계는, 노동의 단 하나의 목적성이라 할, 타인과의 우애 관계 위에서 깨진다. 전투의 길이 포로로 잡힌 정신의 길이 아니라면, 매력적인 노동의 길은 더더욱 아니다. 노동과 맺는 다른 관계라는 희망은 다른 노동자들을 장인과 묶어주는 공모적인 시선에 의해 파괴된다. 장인의 시선에 대한 예상은 매력적인 우애 노동이라는 꿈을 반란노예의 생산적인 열광 상태로 퇴행시킨다.

이처럼 지옥에 떨어진 자는 장인의 시선이 실행하는 이러한 종류의 심문에 격분하며, 뼛속까지 치미는 분노로 흔들리는 자신을 느낀다. 이러한 격동이 마침내 진정될 때, 그는 맹렬하게 일하다 망각에 취한다. 어느 순간 누그러뜨릴 수 없는 기억의 원한으로부터 스스로 거리를 두기에 이른다. 그는 미친듯이 일한다. 살아 있는 기계인 그는 자신의 힘을 희생하여 잃어버린 것을 고용주에게 이익이 되도록 확보한다.

그렇지만 생산적 기계를 중단시키는 것은 착취에 대한 의식이 아니다. 자신의 실존이 판매된 것을 아는 자에게는 구매자의 이윤에 관해 시비를 거는 것이 단적으로 상관없는 일이다. 착취당하는 노동자의 반란이 아니라, 방기된 사유의 분노가 자신의 권리를 주장하면서 신체의 움직임을 저지하려든다. 작업장의 벽에 막혀 높은 창문으로 새들의 비행이나 나뭇잎들의 흔들림 말고는 다른 자유를 감지하지 못하는 영혼의 이러한 권리가 즉각 전환된다. 그 권리는 슬픔을 폐기하는 식물적 삶, 또는 자아 망각에 의해 자유비행이 이루어지는 동물적 삶에 대한 꿈이 된다.

이 목수는 이웃의 기와 너머로 허공에서 흔들리는 포플러나무 꼭대기를 보며 나무의 식물적 실존을 탐하고, 더이상 고통받지 않기 위해서 기꺼이 그것의 외관 아래로 숨어든다. 까마귀들이 날아가고, 그는 까마귀들은 누리지만 자기에게는 박탈된 광대한 시야에 대해 생각한다. 그는 이 새들의 비행이 향하는 곳인 아름다운 들판을 바라본다. 신의 법칙에 따라 살아가는 이 자유로운 새들을 부러워하면서, 망상 속에서, 그는 인간으로부터 동물로 내려가길 원한다.

영혼이 자신의 운명에 대해 다시 의식하기에 앞서서, 그와 장인의 시선 사이에서 역시 단순한 중간자인 어떤 동료의 경고가 그를 실제 상태로 되돌린다. 그가 다시 달려드는 목재로, "그의 본의와 다르게" 그가 행하는 비교로, 대팻밥에 숨막히고 소리지르게 하는 비좁은 작업대 간격에 갑갑해하는 그의 신체의 고통으로, 요컨대 그를 불경하게 만드는 것들로 그를 되돌린다. "자신의 장인도, 상황도 그에겐 모두 다 가증스럽다. 노동일의 3분의 2를 증오로 보낸다."

그런데 이러한 증오로부터, 두번째 휴식 시간에, 더이상 경련의 힘이 아닌 어떤 힘이 태어난다. 이러한 묘사 안에 있는 모든 것이, 허기의 조급함과 종소리의 예상 사이에서 먹은 첫 식사에 대한 묘사와 대조를 이룬다. 이번에는 욕구가 곧 제대로 처리된다. "조급하고 극성스러운 그는 급하게 허기를 채운다." 그래서 그가 이제 전파하는 반란은 반란노예의 신경질과 격노가 아니라, 다시 바로잡힌 세계의 법들을 고정하는 사도직과 동일시된다.

프롤레타리아의 밤

그는 즉시 자신의 인민적 정념들을 터뜨리니, 다시 말해 그는 동료들에게 그들 의무의 정확한 총량을 제시하면서도 그들이 지닌 권리의 범위를 보여준다. 그의 숨결이 이 얼빠진 천민들을 선동한다. 지칠 줄 모르는 반란의 사도인 그는 그들을 구석으로 몰고 가, 거기에서, 그들에게 물려줄 것이 없는 이 사회에 그들이 지불해야만 하는 살과 영혼의 세금을 고발한다. 그리하여 이 역도들은 자신들을 질식시키는 재갈에 맞서 일어서겠노라고 맹세한다.

일곱번째와 여덟번째 노동 시간 사이에, 사도 직무와 음모라는 모순적인 두 형상의 위태로운 결합과 같은 무엇인가가 발생한다. 그렇지만 이러한 음모가, 당대의 노래에서처럼, 백주에 음모를 꾸미는 의식적인 노동자들의 결합이라는 뚜렷한 얼굴을 갖지는 않는다.[25] 이 순간에 노동의—그러니까 우둔화의—동지라기보다는 지나가는 이방인 사도의 목소리를 거쳐서, 정신의 숨결이 한순간 작업장 벽을 관통하여 사도가 원하는 지점에서 다른 천민들을 일깨우려 한다. 얼굴이 없듯이 기한도 없는 음모는 여덟번째 시간의 반란도, 자유의 단계들의 조직화도 수반하지 않는다. 그렇지만 노동의 시간 동안 공동체를 노동자 각자에 맞서 장인과 묶어주는 공모들의 이러한 일시적인 전복은, 권력의 상징적 뒤집기들—지배의 시간에 리듬을 부여하는 뒤집기들—의 단명과 동일시되지 않는다. 노동 사이사이에 이러한 전복은 개인들의 변형된 관계와 더불어 다른 시기의 도래를 예고하는데, 이 시기의 시간성은 종소리가 울릴 때 바로 다음과 같은 것에 의해 정확히 표시된다. 전복은 예상됨으로써 그들을 고통스럽게 하는 것이라기보다는 그들에게 엄습하는 것이라는 점.

하지만 종소리는 곧 사도의 성찬식을 노동자의 고독과 반역자의 열기로 회귀시키는데, 이 반역자에게는 사물이든 존재든 모든 것이 적대적이다. 작업장에서의 그의 고통은 이제 바깥에 대한 생각으로 배가되는데, 이 바깥은 도피의 자리가 아니라, 그가 도망치고 싶은 장소를 지켜야 할 장소로 만드는 어느 노동자 협회에 의해 노동 포위의 자리가 된다. "실은 작업장 문에서, 노동자들은 자리 하나가 비기를 기다린다. 문명에 속하는 인민의 과잉 탓에 노동자들은 자신을 노동에 바치는 자의 뜻에 좌우되는 처지에 놓인다." 거짓 신을 따르는 이 사제는 그 자신이, 주지하듯, 자기가 지배하지 못하는 어떤 질서의 특권적인 인질일 따름이다. 바로 이것이 뒤집힌 세계의 뒤집기가 그의 뒤집기에 의해서가 아니라 그와 맺는 우애 관계의 수립에 의해서, 즉 평등한 대면 또는 사랑의 인정에 의해서 일어나는 이유다. 휴식에 이어지는 두 시간을, 우애를 추구하는 만큼이나 자신의 종속에 대한 수치심—착취에 대한 의식만큼이나 예민한—속에서, 사로잡는 것은 자기 고용주와의 인간적인 관계 수립이다. "그는 그들 사이에 확립된 관습이 수치스러운데, 이 관습은 그를 언제나 낮은 곳에 멀찌감치 놓아둔다…… 완전히 절망하고 싶지는 않은 그가 친한 얼굴 몇몇을 찾는 것은 우애가 그의 일차적 정념이기 때문이다! 초인적인 노력으로, 그는 자기 고용주를 사랑하려 애쓴다……" 하지만 이 일차적 정념은 이제는 그의 낙담의 효과들을 해제하기에는 무기력한데, 이제 그 효과들은 노동에는 순종적이지만 사랑에는 그렇지 않은 신체의 태도들—사랑의 대상은 모두 착취의 주체인 식으로 개인들의 위상이 정의되는 어떤 세계의 자국들—에 응결되어 있다.

그의 시선은, 비록 종교적 감성에 의한 성스러움을 갖고 있다 하더라도, 반감을 누그러뜨리기에는 너무나 확고하다. 이젠 너무 늦었다. 증오가 타오른다. 우리 사회의 전치轉置들은 이리되기를 원했던 것이다. 그는 여전히 집요해서, 최대한 부드럽게, 장인의 아이와 부인을 쳐다본다. 하지만 그는 그들에게서 현재와 미래의 착취자들을 발견한다. 이 여인은 그가 감내하는 수탈을 소소한 지출로 가중시키는 치명적인 과부하일 뿐이다.

원이 다시 닫힌다. 장인을 인간적으로 만들었던 그것 또한, 사회의 전치들 안에서는, 그의 착취의 비인간성에 동기를 부여하는 그것이고, 두 당사자를 대면시키는 그것이다. 노동자 가족에게 재생산과 빵을 보장하기 위해 노동하지만 이 재생산의 과잉으로 인해 위태로워지는 자와, 착취자 가족을 먹여 살리기 위해 착취하고 사랑의 잠재력을 모두 착취 유지에 쏟는 자.

이러한 원 안에서 작업장의 시간은 마지막 시간까지 흐르는데, 이 마지막 시간은 휴식 시간이 줄어드는 것과 동일한 이유로 터무니없이 늘어난다. 바로 기다림이라는 이유.

이것이 가장 끔찍한 시간으로 다른 시간들을 요약한다. 기다림 탓에 그 지속 시간이 열 배로 커진다. 권태가, 작업 시간이 길어 따분한 일들을 억지로 해야 하는 생산자들을 장악하는 이 끔찍한 권태가 노동자의 사지와 정신을 괴롭힌다. 작업 기술이 요구하는 신체 자세가 그를 성가시게 한다. 그에게 있는 모든 것이 그에게서 도망쳐, 그가 행복이라 여기고 소망하는 미지의 것을 향해 뻗어가고 싶어한다. 저녁이 내려앉고 그의 영혼은 시간을 세다 소진된다.

마침내 종이 울리고 포로가 이 "예속의 창고"에서 탈출할 수 있게 되는

데, 이는 불행하게도 그를 자유가 아닌 새로운 예상의 고통으로 되돌린다. 동계 비수기에 대한 예상. 이때는 아이들의 허기 탓이든 아이들을 먹이려고 찾은 노동 탓이든 프롤레타리아에게 남아 있는 유일한 행복인 그의 밤이 박탈된다. 겨울에 오는 실업의 계절이 지닌 유일한 이점은 저 밤을 늘린다는 것뿐.

다음 겨울에, 그가 노동하지 않는다면, 그의 아이들이 자다 깨서 그에게 빵을 달라 할 것이다. 그가 이 어려운 계절에 약간의 일감을 찾는다면, 그는—학습의 향유를 강박적으로 지향하는 영혼이 산업적인 염려에서 초연해지고자 하며, 배움의 쾌락에, 생산의 매력에 밤을 바치고자 하는—저 얄미운 밤샘들을 미리 근심한다. 그가 이 불가침의 권리를 행사하는 것을 운명이 인정하지 않을까봐 절망하면서.

반항적인 목수는, "그 자신처럼 구세계에 의해 망가진 노동으로 살아가는 저 무수한 불행한 이들"의 노동일과 자신의 노동일을 더 잘 동일시하기 위해, 틀림없이 딜레마를 조금 과장했다. 그로 말하자면 부양해야 할 아이들이 없었으니까. 하지만 이러한 상황 덕에 그는 문제를 급진화할 수 있게 된다. 노예들의 반란이 아니라, 각자가 저마다의 방식으로 이러한 예종隷從의 정념들—노동 시간의 리듬과 활동과 휴식, 취업과 실업의 사이클이 무한히 재생산하는 것들—을 털어낸 개인들끼리의 새로운 사회성의 도래인, 해방의 다른 시간을 예속의 사이사이에 어떻게 수립할 것인가라는 문제. 자유로운 노동자들의 사회. 자세히 보면, 그 기획은 장인들과의 "평등한 관계"라는 이미 전대미문인 주장을 확실히 초과할 수도 있을 것이다. 물론 원칙을 정식화하기란 쉽다. "서둘러 단결하고 우리의 공동 수확의 결실들을 한 테이블에 올리자." 하지만 이러한 서두름의 길이라고 해서 꼭 곧게 뻗은 빠른 길은 아니다. 난관은 간수-장인에게서 오지 않는다. 난관은 이미 자유로워진 개인들만 나설 수 있는 이 자유의 길이 과연 어디로 나 있는가를 아는 데 있다.

4장

순찰로

Le chemin de ronde

다른 열기, 다른 추방. 이 식자공은 방금 들어선 문을 되돌아나갔다. "다섯째 날에, 우리는 할 일이 더 없다는 불길한 통지를 받았다!"[1]

이런 어긋남이 식자 작업에는 빈번하다. 이 직업은 노동하러 가는 날이 반드시 노동하는 날은 아니라는 점에서 특이하다. "사람들에게 일감을 줘야 한다거나 수당이라도 줘야 한다는 생각이 전혀 없이, 사람들을 고용해서 불쾌하고 부당하게 부려도 되고, 가둬두어도 되는 곳은 인쇄소 말고는 없다."[2] 그것이 대형 인쇄물 작업을 하는 인쇄소의 많은 "조판공들"의 운명이다. 장인들의 예측을 통해, 전혀 비용이 들지 않는 한, 그만큼 더 후하게 고용된다. 아침부터 작업장에 나와 있지만, 도급제로 임금을 받는 그들은 망외의 노동 덕에 돈벌이가 되는 몇 시간의 업무가 주어지길 기다린다.

하지만 이 구멍난 노동일조차도 인쇄업에 위기가 닥칠 때는 하나의 특권이 될 수 있으니, 센강 우안의 언론인 천국에서 쫓겨난 식자공은 하락

프롤레타리아의 밤

의 길을 밟기 시작하는데, 이 길은 우선은 그를 좌안의 대형 인쇄물 작업장으로 이끌고, 이어서 그를 나선형의 하락으로 몰아간다. 행정적 호의로 성벽을 따라 세워진 교외 인쇄소 구역(몽루주, 보지라르, 몽마르트르, 벨르빌……)으로부터, 근대 기업가들이 수도의 과세와 곤란에서 점점 더 벗어나기 위해 세브르, 생제르맹, 라니, 코르베이유 등지에 세운 인쇄소 단지들로 나선형으로 멀어져가는 하락의 길.

파리의 심장부에서 지옥의 심장부로, 이 가공의 식자공은 화자가 그 원인을 분석하는 게 적절치 않다고 판단한 해악에 떠밀려 나선형의 일주를 했다. "누구나 알 듯, 불길한 영향이 산업 전반과 특히 인쇄업을 짓누르고 있다. 여기는 몇 년 동안 파국적으로 진행중인 이 영향의 원인이 무엇인지를 검토할 자리도 시간도 아니다."[3] 불길한 영향, 전염병, 사회체의 정상적 삶이라고 할 것에 다른 곳으로부터 닥친 해악. 이런 이미지들은 치료하는 자의 헌신과 아픈 자의 분발에서 의학을 분리하기를 거부하는 어떤 지각에서 아마도 본질적일 것이다. 이러한 수렴 자체가 모든 사회적 해악의 단일한 원천을 충분히 가리킨다. 경제학은 경쟁이라고, 도덕은 이기주의라고 명명한 이 근본적 해악.

또하나의 병, 그것은 목수의 달뜬 예상이 아니라, "매분마다 신에게 구걸하는" 어떤 삶의 느린 임종 안에서, 닫히거나 비어 있고 또는 침체해 있는 작업장의 문을 두드리러 가는 흐름 안에서, 영혼의 고통과 신체의 고통의 동일한 영속적 교환이다. 또하나의 추방, 그것은 영혼을 신체의 욕구와 작업장의 벽 안에 포로로 잡아두는 감금의 형태를 갖지 않는다. 식자공의 왕국은 반항적인 목수의 구름 속이 아니라, 도시의 거리와 소음과 볼거리 세계에 있다.

오랫동안 가족이 없었고, 아주 어려서 어머니를 여읜 나는 매일 도시 한복판으로 끌려들어오는 이 엄청난 무리를 가족으로 삼아, 친모가 죽은 뒤에 여전히 도시에 살던 계모를 사랑하듯 그렇게 이 가족을 사랑했다. 이 가족은, 보고 듣는 것이 내게 주어진 순간부터 내가 듣고 보았던 잡다한 집들, 얼룩덜룩한 건물들, 하늘과 소음 곁에서 살고 있다. 마치 요람 속 아이처럼 표석 위에 앉은 나는 지나가는 모든 피조물에게서 형제를, 모든 기념물에서 익숙한 장난감을, 내 귀에 숱하게 들리는 웅웅거리는 모든 소리에서 정다운 호명을 알아본다.

저 잡다한 도시에서 가족을 다시 만든 고아가 작업장에 들어선다고 해서 저 유년의 길로부터 치명적으로 분리되는 것은 아니었다. 고게트에 참석하는 식자공의 세계는 저 시인-목수의 세계처럼 둘로 쪼개지지는 않는다. 또한 그의 추방은 변두리 인쇄소들을 향한 지리적 탈주이기에 앞서서, 현실의 상실이라는, 그에게서 모성적 공간을 훔쳐가는 환각이라는 형태를 띤다.

이미 현실 생활로 피곤한 젊은이인 내가 모든 사거리의 모퉁이에서, 모든 샛길의 초입에서, 불면의 저 긴 밤에 잠들지는 못할지라도 꿈꿀 수는 있게 해줄 행복한 유년의 환상을 베개로 삼기 위해 다시 요구하는 그 시간이 왔을 때, 빈곤이라 불리는 이 불결하고 탐욕스러운 욕심쟁이—언제 어디에서나 내가 기피했지만 언제 어디에서나 나를 뒤쫓은 유령—가 매번 나를 앞질렀을 때, 나는 그것이 내 흔적을 놓칠 때까지 똑바로 멀리멀리 갈 수밖에 없었다.

그 시대의 모델에서 차용한 이 글의 수사학적 형상들 안에서는, 수습 작가가 일상의 산문을 시화하는 데 전념하는 것 이상이 느껴진다. 메타포를 사용해 현실을 허구 쪽으로 움직이는 것에 대한 일정한 강조. 같은 해에 비예르메는 부르주아의 연민과 호기심이 빈곤의 소굴과 자국을 인지하는 법을 가르쳤다. 마치 그러한 빈곤이 방황하는 영혼을 뒤쫓는 운명을 지닌 유령으로서 문자 그대로, 그리고 문학적으로 약하게 실존하는 것 이외의 다른 권리를 갖지 않는다는 듯이. 마치 실업과 빈곤의 현실이 사회적 해악의 투박한 표현이라기보다는, 정작 바라지 않은 것을 요구하는 데 바쳐진 어떤 실존이라는 근본적 해악에 의해 생산된 환각이었다는 듯이. 그렇지만 노동은, 한쪽의 긍지와 다른 쪽의 반감을 통해, 만장일치로 인정되는 어떤 미덕을 제시하는 것 같았다. 노동이 독립의, 다시 말해 요구에 대한 예속에서 빠져나온 삶의 수단이었다는 것. 그렇다면 노동을 요구하는 데 매달리는 이 실존을 이제 어떻게 형용할 것인가? 이 노동은 이 실존의 고유한 이상형의 대체물로, 고유한 병의 치료제 또는 기분 전환용으로 기능할 따름이다. 마침내 얻어낸 노동에서, 떠돌이 식자공은 허기보다는 자신의 예상에 의해, 노동을 **찾아야 한다는** 속박에 의해 손상된 기운을 되찾을 것이다.

도착하자마자 취업이 되었다는 것에 너무 믿을 수 없게 놀란 나는 그날그날의 내 미래를 다시 세워야 할······ 상황이었다. 역시 노동자들인 우리가 합리적으로 의지할 수 있는 유일한 것인 그 미래를······ 내게 있어 노동이란, 덜 나빴던 시절에도 이미 위태로웠던 내 처지의 오랜 무위도식 탓으로 감당해야 했던 허다한 손상들을 회복시켜주는 것이었다. **어떻게 살아가지?**라는 불안에 대립하는 유력한 공리가 노동이었다. 주민

3분의 1을 학살한 참혹한 나병과 같은 불안. 이 주민들은 무찔러야 할 체계로서 이러한 질문을 아침에 제기하고는 해결하지 못한 채로 저녁을 맞는다.

수수께끼의 불안과 난관의 도정에서 자유로워진 나흘의 노동일이 다가고, 다섯째 날에 이런 평결이 내려진다. "할 일이 더 없다"고. 다른 곳에서 온 목소리가 평결을 완성한다. "죽는 거 말고는"이라고.

바로 여기에 그가 지금 코르베이유 다리 위에 못박혀 있는 이유가 있다. 이 다리에는 외침外侵으로 파괴된 난간이 교차 골조로 교체되어 있다. 그가 온전히 홀로 있는 것은 아닌데, 화자가 여행자들의 가상의 시선 아래 그를 놓아두기 때문이다. 아마도 여행자들은 너무 빨리 지나가서 그를 주목하지 못하겠지만, 강물을 바라보던 그의 시선은 여행자들을 의식하게 된다.

센강 우안을 따라 뻗어 있는 도로 위에서 파리를 향해 빠르게 질주하는 여행 마차를 타고 저 아래를 지나가는 저들은 무어라 말할까? 내가 나를 사로잡은 생각을 그들에게 털어놓겠다면…… 흐르는 강물이 안 보이게 막고 있는 석제 난간보다는 오히려 강물을 탐하듯 쳐다볼 수 있게 뚫려 있는 이 난간에 내가 기대 있으려고 했던 이유를 그들이 안다면. 어떤 참담한 희망이 내 시선을 저 물마루에 가닿게 하고 그러다 피곤해진 내 눈이 지평선 위로 사라지는 물결들의 뒤섞임 속에서 그것을 놓칠 때까지 강박적으로 그 물마루를 따라가도록 하는지를 그들이 인지한다면. 바로 이런 희망. 현기증이 나를, 물결이 또한 나를, 저 마차 안에 있는 사람들과 마찬가지로, 흔들림 없이, 살짝 잠든 채, 파리로 데려가주리라는.

　가장 곧게 난 길을 따라 추방지에서 유년의 고향으로, 모성의 도시로 돌아가겠다는, 더 요구하지 않고 포기하려는 욕망. "강은 가고 싶은 곳으로 데려다주는 길이다." 여기 있는 것은 결단이 아니라 조급함이요, 진짜 현기증이 아니라 현기증에의 욕망이다. 문제가 되는, 예컨대 오로지 프롤레타리아만이 부자의 낮에 필적할 수 있는 이 밤, 또는 부자의 설교자들이 빈자의 삶만큼이나 빈한한 죽음을 부자들이 두려워하도록 만드는 평등과는 정확히 반대의 평등을 정의해주는 호사스러움을 지닌, 우회하지 않으며 흔들림도 없는 여행을 어떻게 여행자들의 다급한 시선이 식별할 수 있겠는가? 저 여행자들의 질문들과 충고들은 반드시 문제에서 비껴나게 된다. "그들이 뭐라 말할까? 아마 이럴 거다. 미쳤군, 그런 걸 위해 죽는 거야?" 질문이 분명히 잘못 제기되고 있다. 그런 것을 위해 죽는 것이 아니고 단지 그렇게 죽을 따름이다. 이것은 동기에 비해 지나치다고 비난받을 수도 있을 최후의 해법이 아니라, 어떤 병의, 다시 말해 현실의 느린 회수의 결말이다. 예컨대 충만한 시간보다 텅 빈 시간이 앞서가 결국 충만한 시간의 간헐적 중단이 늘어나는 것, "어떻게 살아가지?"의 나병, 무에 의한 존재의 마모, "매분마다 신에게 구걸하는 삶"을 만드는 이러한 의존 관계의 한계 등이 현실의 회수다. 이 부자 질문자들이 해악과 해방의 이러한 복합적인 동일성을 어떻게 이해할 수 있겠는가? 그들 계급의 사람들에게 죽음은 절대적 타자의 특성인 투박함을 갖는다. 바로 이러한 이유 때문에 그들은 흔히들 빠져드는 병과 폭력을, 흔히들 죽기를 열망하는 이유와 명확하게 구별한다. 강건한 수족과 구릿빛 안색을 지닌 사람들의 계급에서는 사정이 이와 다르다. 거기서는 죽음의 인접성이 다음과 같은 익숙한 형상들을 통해서만 나타나는 것은 아니다. 폭동의 시기에도 삶의 리스크가 덜 무겁게 여겨질 정도로 폭력적 관계들(동업조합에서의 주먹다짐 등)이 친숙하다는 것. 노동하다가―삶의 희망과 이에 결부된 계산을 축소시키면서―당하는 사고와 병으로 인한 몸의 상처와 마모, 인민이 사는 도시의 병적인 상태가 콜레라의 독기와 봉기의 독기를 같은 속도로 퍼뜨린다는 것. 또한 전통에 의해 기꺼이 게으른 자들의 무기력 탓이라 여겨지는 예민한 허약함도 그런 형상이다. 벨일Belle-île의 고해 감독관이 정치범들에게 바다 목욕을 시켜주겠다는 인도적 생각을 했던 사례에서 이상한 일화가 목도된다. 어린 시절 두Doubs강의 차가운 물에 익숙했던 몸을 지닌, 인민군의 전형적인 병사인 견직물 직공-하사관-하원의원 세바스티앵 코미세르가 기절해버린다. 바다 냄새를 견디지 못한 것이다. 감옥에서의 바로 그러한 경험 덕분에 노동자 투사들에게는 영혼이 신체의 고통을 증폭시키고 신체가 영혼의 상처로 인해 시들어가는 경향을 갖는다는 것이 자명해진다. 판결의 불공정으로 인해, 판결을 감내하면서까지 위했던 이들에게 버림받음으로 인해, 도둑과 도형수 무리에 껴서 보낸 시간의 오점으로 인해, 독방의 고립이라는 정반대의 가혹함으로 인해 몇 주 또는 몇 달 사이에 얼마나 많이 죽는가!

하지만 1848년 6월 직후 무기력에 빠진 상아 세공사 데스마르탱이나 식자공 협회의 내분에 절망한 식자공 소몽처럼, 사도 직분의 노고와 괴로움으로 인한 죽음에 반드시 감옥 경험이 필요한 것은 아니다. 낮에는 노동자로 밤에는 백과사전 집필자로 일하는 이중 작업을 잘 끝내기에는 자코토가 남긴 두 언어 대역본『텔레마크』로는 충분치 않았던 식자공 외젠 오리처럼, 이중의 삶이라는 불가능한 임무에 굴복했던 사람들의 고갈과 유사한 정치적 무기력도 있다. 이러한 쇠퇴들은 전형적인 죽음에 대

프롤레타리아의 밤

한 낯설게 애매한 이미지를 경계 지점에서 생산하는데, 굶주림의 효과들과 낙심의 효과들, 병에 패배한 저항과 병을 끝장내겠다는 결단, 거만함의 대가와 헌신의 쓰라린 대가가 이러한 이미지에서 뒤섞인다. 어느 노동자가—흔히 식자공이—자신이 말하거나 쓴 것으로 인해 고통을 겪을 때마다, 예컨대 에제시프 모로가 보호소에서 죽을 때, 아돌프 부아예가 자살할 때, 질베르와 말필라트르라는 인민의 시인 둘의 전설적인 죽음이 상기된다. 하지만 아무도 그들이 무엇으로 인해 죽었는지 모른다. 굶주림, 병, 자살 또는 광기. 자기 책의 실패 탓에 죽은 아돌프 부아예의 장례식에서조차 식자공 반노스탈의 조사는 그의 마지막을 규정하는 데 애먹는다. 그가 "자살이라는 전염병적인 편집증"이라고 낙인찍는다면, 그는 "우리 시대처럼 비종교적인 시대에 너무 흔한 허약함에" 빠져버린 부아예를 용서해달라고, "피로로 기진맥진해진 노동자를 신이 벌한다는 건 불공정하다고" 신에게 간청하는 것이니까.[4] 낙담한 투사—악의적인 자들은 실패한 작가라고 말하는—의 자살은 지나치게 노동한 자의 피로와 동일시된다. 많은 프롤레타리아적인 죽음이, 장벽을 넘어서고자 했던 인민의 아이들의 전설적인 죽음을 표시하는 그 특성을 갖는다. 즉 고독과 현기증이라는 이중적 의미에서의 포기라는 특성. 자연의 요소들로 가도록 내버려두는 것처럼 보이는 아주 부드러운 죽음들. 저명한 샤를레의 모델들은 칼로 자살하지 않는다. 쥘 메르시에나 렌 갱도르프처럼 스스로를 센강으로 들어가도록 내버려둔다. 클레르 드마르나 아돌프 부아예처럼 난로에 땔감을 그득 채우고 열이 빠져나갈 출구들을 모두 닫아버린 후에 평온하게 눕는다.

그런데 쉬페르낭은 자신의 인물이 현기증에 굴복하도록 놔두지 않는다. 틀림없이 저자로서의 관심으로 인해 그는 다른 인물을 두지 않는다.

하지만 이어지는 이야기는 그의 인물이 저 다른 인물인 분신分身에 의해서만 의미를 갖는다는 점을 우리에게 보여주어야 한다. 그는 지금 투신의 유혹에 빠지지 않고 비에 젖은 길에서 서둘러 이 분신의 집으로 향한다. 구멍난 시간을 지닌 식자공과 동일 인물인 타자. 사유하는 프롤레타리아인 이 노동자에게는, 시간의 척도가 없으며, 감독관이 차가운 빈방에서 확인하는 질서정연함은 임금을 약속해주지 않는다. "나는 그의 테이블을 힐끗 보았다. 그가 뭔가 중요한 일에 전념해야겠다고 작정할 때면 보이는 모습대로 문서와 책이 정연하게 배열되어 있었다. 그가 가진 단 하나의 의자 앞에서 초고가 시작되었다." 덩어리진 재의 습도와 말라 있는 잉크에서 오래 버려진 채 있었다는 표시들을 간파해내고 이어서 친구가, 물론, 죽은 상태로 누워 있는 침대의 커튼을 걷는 주인공에 대한 묘사는 생략하자. 인쇄할 것이 없었던 게 아니라, 오히려 틀림없이 인쇄를 못해 고민이던 텍스트들이 너무 많았던 친구. 화자는 그에 대해 우리에게 정확히 말해주지 않는다. 그는 이어지는 이야기와 교훈을 다음 호로 미룬다.

하지만 후속은 없을 것이다. 아마도 왜냐하면 저자가, 『라 뤼슈』에서 노동자 빈곤에 관한 문예면을 만드는 데 지쳐 1840년 가을 노동자들에게 그들 운명의 주인이 되도록 도덕적 에너지를 일깨우고 긍정적 해법을 제시하겠다고 결심한 동지들의 『라틀리에』로 합류한, 식자공 투사들의 일원이기 때문일 것이다. 이야기에서 교훈을 끌어내는 일은 우리의 것. 자명해 보여도 실은 그렇지 않은 것. 이 유예된 결말은 건방진 프롤레타리아들에게 문학적인 포부가 위험함을 지적하는 설교들을 예증해줄 수 있다. 하지만 서사의 본체는 정직하고 근면한 노동자에게 생계를 꾸리도록 해주는 좋은 직업이라는 반정립적인 이미지를 이미 파괴해버렸다. 노동과 비-노동의, 육체노동과 정신노동의 공동 경계에서, 하나의 동일한 병이 노

　　　　　　　　　　　　　　프롤레타리아의 밤

동자의 운명과 작가의 운명을 똑같이 치명적인 것으로 만든다. 그런데 만약 자기 일손을 판매할 수 없는 식자공이 자기 생각의 결실을 판매할 수 없는 작가보다 비수기의 냉혹함에 더 잘 맞선다면, 이는 무엇보다도 취득한 기능이 더 귀한 만큼 병 또한 그만큼 더 잔혹하기 때문인 것이다.

위엄의 위계를 전복하는 주요 위험은 다른 곳에 놓여 있다. 자기의 사유노동으로 죽는 것이 아니라 그것으로 살아간다는 사실에. 이것이 『라 뤼슈』에 실린 다른 일화, 피에르 뱅사르가 서명한 「잃어버린 삶」이라는 이야기의 교훈이다.[5] 이 이야기는 우리를 인쇄소의 휴지기를 모르는 것 같은 목수 작업실 무대로 데려간다. 이 무대에서는 침울한 1820년대의 호시절에 고용이 이루어졌지만, 항상 분별 있게 이루어진 것은 아니다. 구호소들을 돌아보러 떠났던 장인은 고아 업무 담당부서에서 노동에 취미도 없고 재능도 없는 아이 조르주를 떠맡게 되었다. 이 아이의 무용함에 실망한 장인은 위르뱅에게 아이의 도제 수업을 의뢰했는데, 위르뱅은 솜씨는 물론이고 "사랑스럽고 예민한 영혼을 가진 최고로 지적인 여성"인 모친에게서 물려받은 품위로 유명한 노동자였다. 이러한 우월성으로 인해 위험한 교수법이 실시된다. 위르뱅은 조르주를 괜찮은 노동자로 만들었지만, 무엇보다도 그에게 책들을 빌려주는데, 너무 갈급하게 읽은 나머지 이 젊은이는 어느 날 자기 멘토에게 더이상은 노동자로 지낼 수 없다고 선언한다. "물질노동은 진지한 학습과 양립될 수 없다는 것을" 깨달았기 때문이며 "낮에 영감이 떠올라도 이를 활용하려면 저녁까지 기다려야 하고 그러다보면 왕왕 이 영감이 사라져버리기 때문"이라는 것이다. 사유노동을 시간제로 할 수는 없다. 위르뱅은 자기 문하생에게 플라우투스는 맷돌을 돌렸으며 장자크는 악보를 베꼈음을 상기시켰으나 허사였다. 이 문하생이 젊은 여성 노동자에게 빌붙어 살다가, 자신에게는 소명이 있어서 그 어떤 방해도 견딜 수 없다며 임신한 그녀를 버리려 할 때, 그는 이 치욕의 길에서 문하생을 붙들려고 애썼으나 허사였다. 조르주는 자신의 도정을 마지막 장면까지 몰아갔다. 이 장면에서 조르주는, 위르뱅이 새 숙소를 찾다 우연히 가게 된 방에서, 굶주림이 아니라 도덕적 결핍 탓으로 죽어간다. 이야기의 핵심 장면은 위르뱅이 조르주에게 연인과 아비로서의 의무를 상기시키러 갔다가 절대적 타자의 무리와 있는 그를 발견하는 장면인데, 여기서 타자란 자기 손으로 살아가지 않으며 심지어는 자기 생각으로 살아가는 것도 아니라 오직 타인들의 생각으로만 살아가는 자다. 그런 타자인 지팡이와 시가로 무장한 연재물 담당자가 장인들이 싫어하는 저자의 저작을 비방하라고 조르주에게 압력을 가한다. 애초에 그 저작을 칭찬하고 싶었던 조르주는 결국 그 책에서 좋은 대목을 말하지 않는 것으로 그치게 될 것이다. 하지만 그건 아무것도 하지 않은 셈이다. 연재물 담당자에게는 이런 유보적인 태도가 결여되어 있다. 바로 이러한 유보적 태도 덕에 목수는 오로지 장인의 돈만 보고 그에게 고용될 수 있게 되며, 자신에게 노동을 면하게 해주는 열정과 자기 생각을 자유롭게 해주는 분노를 동일한 행위 안에 투입할 수 있게 된다. 자기 손으로 노동해서 살아가는 자는 장인의 생각과 반대로 자기 일손을 부리거나, 또는 자기 노동의 물질성과 반대로 자기 생각을 부릴 수 있다. 하지만 자기 생각으로 살아가는 자가 정확하게 작성된 노동의 장부에서 술수를 부릴 수는 없다. 그는 언제나 그 이상을 해야만 하고, 자신에게 가장 귀중한 것을 유보 없이 양도해야만 한다. 사유하는 프롤레타리아란 죽음 아니면 예속 안에서만 해결될 수 있는 형용모순이다. 프롤레타리아에서 사제로 나아가는 길은 경력이라는 면에서는 생각할 수 없는 것이다. 그래서 『라 뤼슈』는 "물질적인 실존이 생각하고 쓰는 방식에 달려 있는 사람들"[6]을 협력자로 인정하지 않으며, 위르뱅처럼 "나는 내 판자에 대패질하는 게 더 좋다. 이게 덜 굴욕적이다"라고 결론 내리는 프롤레타리아만을 협력자로 인정한다.

틀림없이 덜 굴욕적이다. 무엇보다도 아그리콜 페르디기에와 조르주 상드가 그 직업에 문학적 위엄을 부여한 이래로. 잃어버린 노동자의 안티테제가 철학자 목수여야만 한다는 것은 역시 문학의 기교 덕분이다. 석공의 흙손을 비웃는 바로 그 금은 세공사는 "자신의" 큰 대패의 음악을 찬미할 준비가 언제든 되어 있는 자이기도 한데, 정작 진짜 목수인, 생시몽주의 무리의 활기를 이미 믿지 않던 고니는 이들 산업의 음악을 누리지 않는다. 자신의 판자를 대패질하는 자가 장인에게 자신의 생각을 팔지는 않지만, 그래도 이런 작업의 지속적 실행이 그에게 생각이라는 것을 남겨주는 것은 여전히 필요하다. 대패질 소음, 팔의 기계적 사용, 뇌의 노고 등으로 말미암아, 장인에 대한 직인의 독립성은 노동에 대한 그 직인의 예속의 단순 알리바이가 되지 못한다는 점도 여전히 필요하다. 그런데 자기 생각을 양도하지 않으면서도 자기 신체는 대여한다는 것과, 시간의 "독재적 활동의 광란"에서 "여가의 편린들을 절취한다는" 것은 매일매일의 엄청난 시험이다.[7] 자기 작업대에 매인 "날품팔이의 영혼을 좀먹는 암"[8]은 인쇄소를 나서는 시인 식자공 에제시프 모로를 덮친 치명적 병과 동일한 이름을 지니는데, 당시 모로는 "직업으로는 노동자이면서 바람으로는 시인"이라는 현명한 다짐을 하고 있었으며, 자신의 부양노동을, 밤과 일요일의 불안에서 벗어나기 위해 아편을 맞으며 연장해야 하는 낮의 환각제라 여겼다.[9] 이 병은 권태라 불린다. 신체와 영혼의 상호 마비인 이 권태에서, 영혼은 더 고귀하게 죽지만 그래도 역시 확실히 금전적 타락으로 인해 죽는다. 육체노동과 사유노동의, 낮의 일과 밤의 일의, 신체의 요청과 영혼의 요청의 분할에서, 균형점이 가정하는 기하학은 동업조합에서 장인이 되기 위해 만드는 작품들을 주재하는 기하학보다 더 섬세하다.

저 기하학은 예컨대 고니의 친구이자 반대자인 루이마리 퐁티가 행했던 단순 전복으로는 이루어질 수 없는 것일 텐데, 그는 아동기에 학교에서 반항적이었고 청년기에는 모든 직업의 도제 수업에서 반항적이었다. "우리네 산업적 도형수들의 시침이 시계판에 몇 시로 표시되는지를" 알려고 노심초사하는 짓은 결코 하지 않겠노라 결심한 그는 밤을 낮 삼고 낮을 밤 삼는 것으로 문제를 해소했다.[10] 넝마주이였다가 나중에는 오물 수거 노동자가 된 그는 햇빛 아래에서 글을 쓰고 꿈꾸고 센강 강변도로 고서적상에서 장서를 장만하기 위해 낮을 자기 것으로 남겨둔다. 시간의 전복이자, 노동자의 자유를 고전적으로 일과 연장의 고귀함과 묶어두던 관계들의 전복. 자유의 대가로 쓰레기를 선택한 것을 그는 동료에게 보낸 어느 시가에서 정당화한다.

그들이 너를 거리에서 모욕하도록 내버려둬.
공기처럼 자유로운 진짜 부랑자여,
자! 모든 연장은 죽이는 비수라네.
가장 소중한 우리 재산인 자유를.[11]

고니에게는 이런 자유가 최악의 예속일 뿐이다. 배설에 바쳐진 상스러운 말이 뒤따르는, 떠돌이의 외양 아래 구속적인 권위 관계들에 복종하는 노동의 의무 안에서 영혼의 밤을 부패시키는 예속. 그래서 그는 자신이 증오하는 작업장으로의 길을 이 35세의 보헤미안이 도제로서 다시

걷도록 부단히 이끌 것이다.

예쁜 것들에 대한 너의 사랑과 자유에 대한 너의 열정과 더불어, 오늘, 다른 습관들이 언제나 우리에게 가져오는 역경 앞에서 네가 물러났다면, 너는 비겁한 게지. 전적으로 우리에게 속해야 마땅할 그런 순간에 저 착취자들이 요청하는 부당한 노역으로 비참해지는 너의 옛일로 되돌아가서 너의 기진맥진한 악취나는 밤에 자학에 빠진다면, 정신의 표현들이 전력을 다해 운명의 함정 너머로 도약하도록 거대한 전체가 이 표현들 각각에 배치하는 진보적 부분을 네가 너의 정신 안에서 파괴하는 게지…… 네 장인들은 노동자의 노년에 지지부진해지는 유일하지만 불충실한 보호 장치인 너의 육체적 밑천이 세월이 흘러 약해짐에 따라 더욱더 비천과 비참과 수치스러운 종속을 요구하지만 용감하게 그런 것들에서 도망쳐.[12]

그러니 진짜 직업의 혹독한 조건들을 감수해야만 한다. 자유의 여백은 노동일과 연장과의 관계를 비껴나서가 아니라 바로 그것들 안에 설정되어야 한다. 연장은 예속의 도구이지만 그것 없이는 프롤레타리아에게 독립이 있을 수 없는 최소 조건이다. 고니는 장인도 감독자도 동료들도 없이 자기 내키는 시간에 노동하는 집들에서, 도급제로 마루를 까는 노동자로서 자신을 내부로부터의 주변인으로 만들 것이다. 틀림없이 도급 노동자의 이러한 자유는 어렵게 확보되는 것이다. 경쟁은 가혹하고 자유의 대가는 비싸기 때문이다.

무가치와 냉담이 그를 괴롭힌다. 사업가는 그를 버리고 날품팔이들을 택하니, 다시 말해 도급 노동자를 홀대하고 일감을 날품팔이들에게 마련해주는데, 정작 도급 노동자의 잃어버린 시간이 사업가에게 피해를 주는 것도 아니다. 만약 수익성 없는 일감이 나오면, 사업가는 이것을 도급 노동자에게 맡기는데, 이 노동에서 노동자가 지출하는 시간과 정성은 아랑곳 않고 노동 완수의 요청들 속으로 이 노동자를 끼워넣음으로써, 최종적으로는 이 노동자에게 만족한다. 그런데 이 노동은 노동자가 편히 숨쉬며 자기집에서 하는 노동.[13]

자기집에 있음. 이 꿈의 실현 양상들은 박애주의자들의 가부장적 몽상들과는 아무 관련이 없다. 그들은 사회 시설들의 배정, 도시 공장들의 농촌 분산, 가정의 여성 및 아동이 하는 가내노동을 통해 노동과 가족 질서의 잃어버린 통일을 재건해보려는 이들이다. 자기집에 있음. 이는 장인의 작업장에서 도망친다는 것이다. 하지만 이것이 인간적 온기나 인도적 배려가 더 많이 깃드는 자리로 향한 것은 아니다. 오히려 정반대로 아직은 거처가 아닌, 사막 같은 공간을 향하는 것. 석공이 일은 다 끝냈지만 주인이 아직 세간을 들이지 않은 비어 있는 자리. 고용주와 노동 장인과 부르주아와 소유 질서의 주인 사이에 노동자를 몰아넣는 속박을 이 짧은 막간에 끊어버리는 마루 깔기 노동자가 자신의 노동을 외관상의 소유이자 동시에 자유의 현실로 연출해낼 수 있는 자리.

어떤 외관상의 소유. 노동자가 자기 노동에 대한 소유를 주장할 수 있는 것은 자신의 불안전을 감내하면서인데, 이러한 소유는 자신의 도구들(인 만큼이나 장인의 도구들)과 생산물 사이의 관계에서가 아니라 자신이 시간과 맺는 관계의 전복에서 우선적으로 생긴다.

　　　　　　　　　　　　　　　프롤레타리아의 밤

시간의 엄밀함에 숨이 가빠지지 않는 이 노동자는 어느 순간 자기 일에 대해 생각하면서 이 일을 훌륭하게 마무리할 채비를 한다. 그는 자신의 연장들에 싫증내지 않으며, 일종의 우정으로 이것들을 다룬다. 자신의 자유의 풍요에 젖은 그를 노동의 장소들도, 거기서 보내야 하는 시간도 결코 우울하게 만들지 못한다⋯⋯ 그는 장인의 혐오 시선도, 다른 노동자들로 하여금 담소를 끊고 서둘러 멍에 밑으로 가도록 압박하는 시간 신호도 두려워하지 않는다. 일을 하면서, 하나의 공정이 다른 공정에 열중하게 하고, 동작들은 똑바로 이어지며, 작업의 결말을 향해 이끌리는 정신은 권태를 죽이면서 매혹에 사로잡힌다. 날품팔이의 영혼을 좀먹던 이 무시무시한 암인 권태를⋯⋯ 행위에 흥분한 그에게는 시간이 빠르게 흘러간다. 그가 가속화하면서 왕성하게 하는 일은, 아침부터 저녁까지 그의 생각을 지배하는, 날품팔이 일꾼은 시간에 잡아먹힐 때 오히려 그로 하여금 그 시간을 잡아먹게끔 하는 최면술이다.

이 흥미로운 전복은 여전히 신체적 속박과 생리적 장애라는 견지에서 언표된다. 유토피아주의자 서클 주변을 맴도는 모든 노동자들이 그렇듯이, 고니도 유사 의학의 신봉자다. 날품팔이의 암에 그가 대립시키는 것은 사유를 지배해 자유롭게 하는 최면술과, 동일한 것으로 동일한 것을—자유로운 노동의 열기로 예속적인 노동의 열기를—치료하는 동종요법이다. 마루 깔기 노동자도 날품팔이처럼 건사해야 할 몸을 가지며, 몸을 건사하는 데 성공하려면 그의 행위들이 덜 열광적이어서는 안 된다. 하지만 자기 시간의 주인이 되는 것과 자기 공간에서의 고독은 이러한 열기의 본성을 바꾸며 의존 관계를 뒤집는다.

이 마루 깔기 노동자는 자기 생각에 바람이 통하게 하면서 자기 몸을 매일 점점 더 고행으로 괴롭힌다. 그의 몸은 격정적으로 기능해야만 하는데, 왜냐하면 도급 노동의 보수는 줄기만 하기 때문이다. 해방되기를 원하는 많은 노동자가 전문적인 목수 일을 해보려 하고 그와 경쟁하게 된다. 이 직업은 경험해봐야만 이해할 수 있는 극심한 고역으로 그의 등을 굽게 한다. 마루를 까는 일은 무릎으로 기어다니며 하는 일이며, 이것이 그를 괴롭히고 이것으로부터의 자유가 그를 매혹하기 때문이다! 그는 자기 몸을 혹사해서 자기 정신을 날아가게 한다. 이 도급 노동자는, 자기도 모르는 사이에, 자신의 단념들에 의해 사막의 아버지들과 닮아간다!

사막, 다시 말해 충만한 빛 속에서 고독한 시선에 주어지는 무한함은 마루 깔기 노동자의 고행을, 오물 수거인 퐁티의 낮의 자유 또는 미장일과 구두닦이 일을 하며 낮을 보낸 뒤에 다시 펜을 드는 클로드 제누의 저녁의 자긍을 정립하는, 얼핏 보기에는 아주 비슷한 혹사로부터 분리해낸다. 클로드 제누는 이렇게 주장한다.

많은 이들이 비루하고 비참한 일이라 여기며, 스스로 사유하지 못한다는 단 하나의 이유 때문에 사유하는 사람에게는 어울리지 않는 일이라 여기는 빈곤한 직업들이 역으로 나 자신에 대해 존중하도록 나를 일으켜세워주는 것 같다. 내게 가치가 있음을 간과하지 않고 어쩌면 나의 장점을 과장하면서, 나는 내가 모든 고역을 감당할 수 있다는 점이 자랑스러웠고, 내가 지닌 수천 프랑과 내가 벽에 연필로 휘갈긴 운문들이 자랑스러웠다. 나야말로 십중팔구 최고의 석공 도제일 것이다.[14]

이러한 유형의 혹사는 너무 명예로운 것이자 동시에 너무 비루한 것이다. 이는 오물을 치워주는 대가로 시의 하늘로 날아오를 권리를 갖는 것이 아니다. 몸이 추한 진흙탕 안에서 살아가는 곳에는 사유의 고양이 존재하지 않는다. 영혼의 성화聖化는 감각의 성화에 의해 일어난다. 종소리의 위압적인 울림에서 자유로워지듯 작업장이나 거리의 말들의 상스러움에서 자유로워지는 청각, 작업장의 단조로움과 장인의 시선이 유발한 증오에서 자유로워지는 시각. 마루 깔기 노동자의 영혼은 그를 둘러싼 광경들을 "거울보다도 더 잘" 반영한다. 그가 자신의 낮의 순수를 비루하게 하면서 밤의 순수를 얻을 수는 없다. 그가 곧 배제될 이 자리에서 절취되는 조화로움이 그를 꼭 자기집에 있는 것처럼 만든다. "자기집에 있다고 믿으면서, 마루에 깔 판이 남아 있는 한 그는 이 배열 작업을 좋아한다. 창문이 정원으로 나 있거나 그림 같은 지평을 담고 있다면, 어느 순간 그는 일손을 멈추고 마음속으로 광활한 전망을 향해 날아가, 결국에는 이웃집 소유자들보다 그 전망을 더 잘 즐긴다."

한눈에 담기는 시야는 틀림없이 작업장 창문으로 포플러나무 꼭대기들이 보이는 것보다 더 넓다. 그렇지만 노동자의 시선에 주어지는 이러한 소유가, 포이어바흐에 따르면, 초가에 사는 철학자들에 의해 지어진 "관념의 궁궐들"을 상기시키지 않는가? 사실을 말하자면 이러한 몫은 "평민 철학자"가 자신의 말년에 기대한 걸로 보이는 것 그 이상이다. 그는 곧바로, 그가 선호하는 반대자와 더불어, 자신들을 기다리는 공통의 운명을 상기할 것인데, 그것은 비세트르Bicêtre에 가서 죽게 될, "책이든 판화든, 연장이든 세간이든, 짐승이든 사람이든 여하간 우리가 사랑하는 영혼들의 무리 속에서 자유롭게 살다 말년에 자유롭게 죽을 수 있을 만한 2평방미터 남짓의 오두막 하나 갖지 못할", "죽을 때까지 책과 함께 살아갈 수 없을" 그런 운명이다.[15] 자신의 "자유로운" 여정의 끝에서 성도, 초가도, 심지어는 그런 결핍을 윤색하는 이러한 관념의 궁궐들도 갖지 못하리라는 것을 그는 모르지 않는다. 분명히 강건한 손과 생산하는 노동 쪽에 미망의 일소를 주문해야 하는 것은 아니다. 이는 노동이, 노동자에 의한 자기 노동 소유가 미망의 핵심 자체이기 때문이기도 하고, 감수할 운명 및 운명 변혁 조건에 대한 인식에 철학자와 정치인이 대립시키는 의미에서의 미망이란 존재하지 않기 때문이기도 하다. 사실 이 "미망"은 그 자체로 완벽하게 투명하다. 이것은 자신의 원인들도 효과들도 모르지 않으며 자신이 봉사하는 적과의 그 어떤 협약도 맺지 않는다.

이 사람은 스스로 날품팔이보다 더 높이 평가하는 일손을 소유함으로 평온해진다. 왜냐하면 장인의 어떤 시선도 자기 일손의 동작들을 재촉하지 못하기 때문이다. 그는 자신의 의지가 아닌 그 어떤 의지도 자기 힘을 활성화하지 못할 때 그 힘이 자신에게 있다고 믿는다. 또한 그는 자기 노동의 실행이 비난받을 일이 아닌 이상 그가 노동하느라 보내는 시간에 대해 고용주가 전혀 불안해하지 않는다는 것도 안다. 그는 착취보다는 날품팔이를 더 의식한다. 그는 사물의 필요에만 복종한다고 믿으며 그런 만큼 그의 해방이란 자신을 기만하는 것이다. 그렇지만 낡은 사회는 거기에서 무시무시한 전갈 발톱을 그의 존재 안으로 비열하게 집어넣어 그가 나이를 먹기 전에 파멸시키려 하며, 그가 적에게 유리하도록 사용하는 자신의 용기의 극도의 흥분 상태에 관해 미망에 빠지게 한다.

하지만 이 노동자는 자기 일의 불확실성 자체에서 은밀한 쾌락을 끌어낸다……

프롤레타리아의 밤

자아 소유를 통해 자아 상실이 재생산되는. 해방의 현실성에 입각하는 착취에 유리한 미망. 이러한 상보성은 미망을 오인의 원환에도, 공모의 원환에도 가두지 않는다. 여기서 정의되는 운동은, 동일한 에너지가 적에게 유리하도록 소비되는 원환들과의 유사성 안에서, 다른 사회적 실존 양식을 향한 실효적 상승을 실현하는 나선운동이다. 하나의 다른 사회는 장인 또는 부르주아 계급과의 파괴적 대치가 아니라 하나의 다른 인간성의 생산을 전제하기 때문에, 해악의 치유는 반역과 이 반역을 전파하는 사도들의 특이한 고행을 통해 이루어지기 때문에, 해방의 미망은 지배를 재생산하는 오인이 아니라, 원을 그리며 이러한 재생산에 가장 가까운 곳을 통과하면서도 이미 결정적으로 비켜간 곡선의 도정이다. 종소리를 더이상 듣지 않으며 무엇보다도 예상하지 않는다는 것, 장인은 그의 시선의 지고함을 박탈당하며 사회적 착취의 회계원에 불과하다는 것, 이 두 작은 차이는 가장 반역적인 에너지의 생산주의적 투입을 가능케 하는 책략으로 환원되지 않는다. 생산적 노동의 시공간에서 장인의 부재는 이 착취당하는 노동을 그 이상의 무엇인가로 만든다. 노동자 행위의 자유에 대한 보상으로 장인에게 더 나은 소득을 약속하는 거래인 것만은 아닌, 장인다움의 역사와는 다른 역사에 속하는 노동자 유형의 형성. 해방의 길이 우선은 반란노예가 느끼는 장인의 혐오로부터 자유로워지는 길이라는 점에는 어떤 역설도 없다. 예속성과 혐오는 동일한 세계의 두 가지 특징이고, 동일한 병의 두 가지 표출이다. 해방된 자가 장인이 아닌 "낡은 사회"와 상대한다는 점은 착취에 대한 의식에서의 진보뿐 아니라 존재와 사회적 형태의 위계 안에서의 상승도 정의한다. 반란자도 하나의 다른 노동자이고, 해방된 노동자가 반란자가 아닐 수는 없다. 해방의 쾌감은 치유될 수 없는, 회통되지 않을 수 없는 열기다. 발랑슈가 전파한

윤회설과 "시련"의 철학에 대한 집착은 아마도 고니에게 고유한 것이겠지만, 존재 형태 위계의 나선 안에 전투적인 교육과 모범을 기입하는 이러한 전망은 그렇지 않다.

이러한 입문은 식자공의 지옥으로의 하강을 정의한 것에 반정립적인 시간 분할을 확정한다. 존재 안에서 비-존재―부재, 미망, 미래―의 실정적인 현존. 여기에서 예견되는 것은 죽음이 아니라 부활이다. 또한 실업의 휴지 시간은 삶의 느린 마모, 환경의 박탈, 운명이 추격하는 도주가 아니다. 이는 오히려 역으로, 도시의 길들을 가로질러, 우월한 인간 유형이 받아 마땅한 경외를 노예 무리에게서 받으며, 자유에 취한 어느 정복자의 행진이다.

이 노동자는 자기 일의 불확실성 안에서 은밀한 쾌락을 끌어내는데, 그의 일이란 어떤 다른 일보다도 실업을 피할 수 없는 일이다. 그는 일이 없으면 근면의 괴로움을 겁내지 않고 일을 찾는다. 노동 트랙으로 뛰어드는 그는 자신의 자유에 대한 의식을 지니고 있으며, 자신이 탐사하며 종종 질문을 던지던 가난한 날품팔이들에게서 갈망의 시선을 맞닥뜨릴 것을 확신한다. 그들은 사슬에 묶인 자신들의 실존에 맞서 단호한 반격을 가하는 이 반란노동자에게 이런 시선을 보내며, 시선의 불꽃은 그들의 노예적 빈곤에 대한 조사調査의 불쏘시개로 일어난다. 이 반역의 인간이 선전에 몰두하기 때문이다. 그는 자신의 행보에 결실이 없으면 노동을 찾는 일은 다음날로 미루고 자신의 행동 욕구를 충족하기 위해, 그리고 자유의 황홀한 태평함을 평민 철학자로서 누리기 위해 오랫동안 걸어간다. 태양의 화려함이, 바람의 숨결이, 자연의 격렬함과 일치하는 그의 사유가 저 황홀한 태평함에 차분함과 에너지를 채워준다.

프롤레타리아의 밤

마루 까는 노동자가 실업이라는 이 유예된 시간에 대해 제시하는 서사(꿈)는 식자공의 이야기와 이렇게 하나하나 대립한다. 식자공이 묘사했던 것은 다음과 같다.

가장 절대적으로 필수적인 것들의 궁핍에 도달하게 되는 행복 또는 습관의 점차적 축소의, 느리고 불안하며 참기 어려운 최후였다.

마루 까는 노동자는,

자신의 저축을 탈탈 털어서 기꺼이 최후의 자산을 고갈시킨다. 그는 자신이 가진 변변찮은 것을 아끼기 위해 미봉책으로 평소의 능력 이상을 발휘하며, 고행을 자청하면서 일자리를 구한다.

궁핍을 감내하는 운명에 대립되는 것은, 목수가 욕구와 날품팔이의 순환으로 다시 전락하는 것을 막기 위한 계산의 유희적 측면도 있는 고행이다. 그만큼 큰 판돈을 필요에 따른 미봉책에 의해서만 만질 수는 없는 일이다. 하나의 과학이 있어야만 하고, 마루 까는 노동자의 독특한 재능이 그것을 만들고 명명한다. **수도자의 경제학**이라는 이것은 피타고라스의 동료들의 규칙을 근대적으로 환치한 것으로, 반역자들의 예산 관리 수단의 과학이며, 그들의 욕구 제한을 가장 좋은 가격에 최대의 자유를 구매할 수단으로 간주한다. 이 새로운 과학의 서언은 단도직입적으로 그 원칙을 설명한다. 권리 주장을 소비 기회에 연동하는 원환을 깨야 하며, 빈자들에게 저축의 미덕을 설교하지만 결국 소비의 길을 통해 그들을 예속시키는 이 정치경제학의 게임을 뒤집어야 한다는 것. 하지만 또한 오물 수거인 친구의 냉소적 주장도 반박해야 한다. 노동자들로 하여금 좋든 싫든 "피타고라스학파의 섭생 체계"를 실현하도록 나름의 방식으로 압박할 줄 아는 현행 통치 체제의 지지자들을 위한 예기치 못한 거점을 그 친구는 이 금욕의 과학 안에서 기민하게 간파해낸다.[16] 수도자는 따라서 즉각 자신의 과학의 "해방 목표"를 정확히 하고자 한다.

검약이란 노동자를 얼마 안 되는 임금에 예속시켜서 독재자를 거드는 것과는 거리가 멀다. 이 노동자가 해야 하는 저축은 타자의 심장을 치는 뜨거운 지적인 무기다. 우선은 생산하는 자가 자기 시간에 자기 취향대로 노동하여 자기 노동의 전적인 수혜를 누려야 한다. 그리고 그가 많은 생존과 자유를 구매하기 위해 정당하게 많이 벌어야 한다.[17]

수도자의 경제학은 정치경제학의 "정신적 명예 지점"이 아니다. 생산의 질서에서만큼이나 소비의 질서에서도, 문제는 "자신의" 대상을 소유하는 것이 아니라 자신을 소유하는 것이며, 착취가 예속성에 주는 선물로는 결코 충족될 수 없는 힘을 발전시키는 것이다. 거기서도 역시 소유한다는 미망의 마력이 착취 조건들의 "객관적인" 변혁과 대립되지는 않는다. 바알 왕국은 자신의 심장을 자신의 보물이 있는 곳에, 다른 곳이자 아무 곳도 아니면서 모든 곳이기도 한 그곳에 놓는 것을 배우게 될 탈주자들의 군대에 의해서만 전복될 것이다. 수도자를 돌아다니게 하는 것은 구직만이 아니다. 수도자의 경제학의 법칙은 이러한 실행을 그의 자유의 발전에 연동시키며("절대적 독립 속에서 처신할 때는, 아침부터 저녁까지 돌아다녀야만 한다"), 이렇게 사용하도록 배정된 경비를 늘린다. 수도자의 예산에서 신발은 총지출의 7퍼센트에 달한다. 작업장에서 작업장으로 전전하는 식자공을 괴롭히는 의무적이고 무용한 돌아다님은 여기서 일종의 트랙경기 또는 사냥이라는 형상을 띤다. 이 사냥은 구직의 불안에 의해 분절되지 않는다. 사냥의 방향이, 도시의 장식 또는 그 행위자들의 용모 안에서, 사냥꾼에게는 포획 사냥감을 제시하며 주변인에게는 그의 자유가 거할 장소를 제시하는, 이 모든 것에 의해 정해진다.

그는 상상하고 조합하고 고무되며, 구석구석을 다 뒤지고, 거리와 골목길과 교차로를 돌아다닌다. 가장 호화로운 동네들의 대형 건물들을 찾아다니고, 가장 외진 순찰로들에서 옆길로 새서, 그의 시선은 먹이 없는 맹금의 시선 같은 날카로움을 갖는다. 마침내 그는 풍자 가득한 일종의 기이한 견유학자 차림을 한 뛰어난 술 감정인 동료 하나를 만난다.[18]

동물 코미디 형식을 지닌 장르의 장면. 맹금과 견유학자 차림의 만남은 우연이 아니다. 반역자의 궤적은 매개자들—그리고 기생자들—의 도정과 필연적으로 교차되거나 또는 그 도정을 본능적으로 뒤따르는데, 노예의 세계와 주인의 세계의 유동적인 경계에 있는 그들은 해방된 자들이라는 수상한 주민들로 이루어진다. 하청업자들, 자기 일을 시작해보려하는 직인들, 여인숙 여주인들, 포도주 상인들, 일자리를 제공하는 십장들. 고행자가 난장을 벌이며 협정을 맺어야만 하는 상대는 선술집에서 힘을 키우고 나누는 이 방탕자들 중 하나인데, 여기서 미덕은 악덕을 유혹하기 위해 악덕의 위선을 역으로 경하한다.

……그는 풍자 가득한 일종의 기이한 견유학자 차림을 한 뛰어난 술 감

정인 동료 하나를 만난다. 이 사람은 일거리가 아주 많은 사업을 갖고 있어서 본인의 의도와 무관하게 고용을 해야만 한다. 사회의 부패 속에서 길을 잃은 그는 사회의 파렴치들을 무찌를 수도 없고 그럴 의향도 없다. 물질이야말로 그가 겨냥하는 지점이고, 그는 자기 몸을 애지중지하며 가르강튀아를 숭배한다. 일거리가 없는 우리의 마루 까는 노동자는 그의 구체적 취향들을 알고 있어서, 이 노동 애호가에게 선술집에 가자고 제안하고, 거기서 직업을 화제 삼아 함께 술 한 병을 비우고는 필요하다면 한 병 더 마시는데, 그리하여 우리의 노동자는 직인이 없으면 안 되는 이 작은 마키아벨리로 하여금 자신을 보조로 선정하도록 하는 데 성공하며, 노동 지속 시간에 따라서 술판을 벌이는 데 드는 경비는 벌충되리라고 암묵적인 희망을 갖게 된다. 행위가 이어지면서, 대립되는 습성에도 불구하고, 이 두 사람은 낮에도 술을 마시며 보내기에 이른다. 저녁이 되면 취기가 그들을 몽롱하게 만들고, 그들은 행인에게는 음모의 종결처럼 보이는 결론이 내려진 사실들을 서로 얘기한다. 한 사람에게 중요했던 건, 와인이 그를 흥분시켰고 아마도 자기 자랑을 늘어놓았으리라는 것? 다른 한 사람은, 자유롭게 살기 위해 시역자들 얘기를 들어주었을 것이다.

낡은 사회가 자신의 법을 부과하는 한 자유의 주변은 또한 착취의 주변이기도 하고, 이 주변에서 반역적인 그림자 사냥꾼은 이러한 노동자들과 고용주들 일부를 조종하지 않으면 안 된다. 고용주가 된 노동자 드니 풀로는 스스로 반어적이라 믿으면서 이 노동자들과 고용주들을 숭고한 자들이라 부르게 될 것이다. 고니는 해방된 이들의 애매한 세계를 규정하는 이러한 언어 비유 안으로 우리를 초대하여 사냥꾼들의 수색을 위협하는 착시를 인지하도록 한다. 숭고한 자는 먹이를 노리고 그림자를 놓아버리는, 와인의 취기를 자유의 취기로 간주하는, 불평을 늘어놓을 수 있는 독립성을 착취 협약의 새로운 갱신 형식으로 여기는 자다. 반역자의 상승 도정은 자신의 분신과의 이러한 대치를 통과하지만 "방탕"으로 다시 추락하지는 않는다. 이러한 "방탕"에서 도덕주의자들은 도급제 노동자의 독립성이 반드시 무너진다고 본다. "이 도덕주의자들은 스스로를 속이거나 아니면 우리를 속인다. 이러한 독립성이 음주 난장판으로 낮을 보내더라도, 독립성은 사유의 길이를 늘이며, 이 독립성이 겪을 수 있는 탈선들을 백배 보상하는 위엄의 기운을 자기 추종자 주변에 퍼뜨린다⋯⋯" 독립성의 향유는 반역자에게 숱한 은밀한 쾌락을 남겨주는 이 낡은 사회와의 타협 속으로 그를 고정시키질 못할 것이다. 그는 자기 팔과 모든 감각에 부단히 명령을 내리는 시선을 가진 사람이기 때문이다. 부과되는 상황 앞에서 고통스러워하고 저항하는 누군가이기에 앞서서 그는 견딜 수 없는 것을 보는 자다. 그의 매혹적인 노동의 왕국으로 다시 올라가보면, 그를 잡아끄는 창문이 항상 있고 이 넓은 전망에 돌연 그늘진 두 점이 나타난다. 기업 정신과 개혁 정신이 이 시절에 세운 두 건물인 공장과 독방 감옥이 그것들이다.

눈으로 둘러보며 그는 모든 것을, 기념물들과 감옥들을, 소란스러운 도시와 그 성벽지대를, 성벽 너머 우거진 수풀을, 무한한 하늘에 담대하게 펼쳐진 구름을 응시했다. 그는 일을 재개하지만, 그의 영혼은 바깥의 행위들을 거울보다도 더 잘 반영한다. 그 영혼이 돌들을 꿰뚫기 때문이다. 그는 이 돌들이 감추는 혐오스러운 것들을 감지한다. 숨막히는 감방에 있는 죄수들과 공장이 부식시키는 용병들이 그를 인도적인 분노로 이끄는데, 사회를 비난하는 그들의 격분은 그로 하여금 공간의 화려함을 잊고 그가 보았던 해악으로 고통받게 한다.

자유로운 노동자는 자신의 제국 지평 위에 있는 이 두 그림자로부터 시선을 떼어낼 수 없다. 공장에서는 스스로를 해방할 수단 또는 힘이 결여된 용병들이 고통을 겪는다. 감옥은 자유의 도정에서 길을 잃은 자들을 가둔다. 하지만 이 두 건물을 향하는 시선이 동일할 수는 없을 것이다. 규모를 제외하면, 공장은 그가 탈출한 곳과 유사한 자리다. 공장은 거기에 동의한 자들만을 가둔다. 따라서 반란노동자가, 자유의 박탈을 존재 근거로 가지며 원칙적으로 공통의 규율로부터 스스로를 해방시키고자 했던 자들을 가두는 자리에 관심을 보이는 것은 정상이다. 그래서 건설 노동자는, 아주 자연스럽게, 1830년대 말에 독방 감옥이 구성하는 건축적 새로움에 대해 자문한다. 아주 자연스럽게라고 말하는 것이 어쩌면 지나칠 수도 있겠다. 정작 그의 동료들은 이 새로운 건물들과 이 새로운 일들에 대해 질문하지 않은 것 같다. 이것이 반역자의 호기심을 방해하지는 않는다. 그는 자신의 지평을 어둡게 하는 이 벽들의 다른 측면에 있는 것을 알고 싶어한다. 그의 호기심은 강박관념의 차원에 이르고, 그는 이 모델 감옥 중 하나— 틀림없이 라 로케트La Roquette —의 주위를 어슬렁거리다가, 낡은 세계의 행위자들과의 뒷거래가 벌어지는 인습적 공간인 선술집에, 이 행위자들이 자신들의 부패의 함정에 가장 편하게 빠져드는 시간인 저녁식사 시간에 들어갔다. "시간이 되어, 그는 좁은 이마와 탐욕스러운 코와 늘어진 볼과 게걸스러운 입을 지닌 장인-직인 석공을 알아본다. 유혹에 굴복하는 탐욕스러운 동물 유형을."[19] 라바테의 골상 과학은 자유 사냥꾼을 거의 속이지 않는다. 상상의 동료에게 정보를 묻고, 와인 잔이 건네지고, 그의 호기심은 모델 감옥의 감독자를 향한다.

한쪽에서는 새 감금 체계를 알고 싶은 자신의 욕망을 표한다. 다른 쪽에서는 자기 힘의 허세 뒤에 숨어 선수를 쳐 그를 새 피고용인으로 삼아 감옥 안으로 안내하겠다는 제안을 한다. 후자는 그의 친절을 틈타 자신의 배를 채우고자 했지만, 어떻게 자신의 계산을 허용되는 방식으로 표명할지를 알지 못했다. 전자는 사태를 짐작하고, 괴로운 탐사 이후에 그를 저녁식사에 초대함으로써 유물론자의 곤경을 줄여주었고, 초대는 수락되었다. 그리하여 그들은 거대한 무덤의 구획된 칸들로 들어갔다.

그렇게 방문자는 "심연의 판옵티크한 중심"에서 펼쳐지는 "고통의 신기루"를 보았는데, 여기서는 누구든 주위를 둘러보면 "이 형벌 바퀴의 바퀴살들"을 감지한다. 그가 이미 아는 고문 수단들. 장인의 작업장에서는 이것들로 술책을 부릴 수 있었다. 어떤 반응 또는 심지어 어떤 반향과 마주치는 발화가 불가능하다.

벽에는 어떤 균열도 없어서, 거기서는 아무것도 새어 나오지 못하고 모든 것이 사라진다. 거기서는 말쑥함과 규칙성이 치명적이라고 느껴진다. 쉽게 순환하는 공기는 그 힘이 나뉠 수 있다는 점에서 저급 독재의 악취를 풍긴다. 누구든 반향을 일으키지 않으면서 돌아다닌다. 간수 앞에서, 사물들은 침묵하라는 신호를 보내며 참으라고 명한다…… 외부 산소는…… 친절하게도 공기 장치에 의해 교체되지만, 수감자가 이 장치의 배관 구멍으로 의사소통을 하려고 하면 수감자의 목소리는 그 안에서 길을 잃는다. 개별 감방에 구비된 변소도 역시 목소리와 생명을 죽이지는 않으면서 묻어버리는 이러한 청력 소실 방법으로 지어진다.

이것은 무엇보다도 수감자를 간수의 시선 배치에, 보이지 않는 이 시선에 대한 항상적인 예상에, 밤의 부재에 가차없이 처하게 하는 것이다. 감방 문들에는,

5센티미터가량의 구멍이 나 있는데, 이 구멍을 덮고 있는 불투명한 유리 원판은 감시자의 의지에 따라서는 감방 내부를 몰래 염탐하기 위해 두터운 목재 안으로 사라져버린다. 맹목임과 동시에 투시력이 있는, 문에 난 이 눈은 수감자의 행위들을 불시에 수색하는데, 권태와 불안으로 경련하는 수감자는 이 혐오스러운 시선의 사슬이 자기를 휘감고 있다고 느낀다…… 밤에는 조명등이 지옥에 떨어진 망령을 환하게 비추고, 이 형벌 불빛에 의해 수면에 곤란을 겪는 그가 자신의 운명을 더욱 저주하게 되며, 지옥에 적응하지 못한 채로, 문구멍에서 흔들리는 간수의 음흉한 시선과 마주칠까봐 염려하면서 저 감시구를 살핀다.

판옵티크 배치의 효과는 교정 장치가 수감자의 행위들과 관련 사실들에 관한 앎을 장악하도록 보장하는 데 있다기보다는, 교정 장치의 앎에서 벗어나는 행위들과 사실들을 제거하고, 이것들이 다른 곳에 주인의 시선 내부가 아닌 다른 곳에 실존하도록 하는 것을 제거해내는 데 있다.

근대적인 언술들은 개인을 교도하는 앎과 범법자의 정신 교정을 형벌의 낡은 전율에 대립시킨다. 반역적인 건설 노동자의 시선이 이러한 언술들에 되돌려주는 다른 이미지에서는 감시가 형벌의 기능 이외에 다른 것

프롤레타리아의 밤

을 갖지 않는다. 피감시자는 관찰되고 교정되는 자가 아니라, 갇혀 있는 인질이다. 감방 건축은 이러한 새로운 고문을 실현한다. 가장 구석진 곳조차 그늘이, 탈옥에 골몰할 수 있는 어둠이 전혀 없는, 어떤 공모도 도모되거나 거래되지 못하는, 어떤 요행에 의해서도 희망이 향유—헛된 향유일지라도—되지 못하는 감옥. 자유가, 또는 단순히 자유의 꿈이 통과할 수 있는 균열과 틈이 없는 세계.

최고로 잘 선택된 돌들이 치밀하게 조립된다. 돌들은 최고로 엄밀하게 접착된다…… 도주를 예방하기 위해 전대미문의 대비책이 취해진다. 순찰로에는 관석이 놓이고, 벽의 외부 각도는 가장 힘센 손으로도 매달릴 수 없게끔 둥글게 되어 있다. 창살, 문, 조명, 감시구, 보초, 방사형 시야 등이 수감자들을 위협하고 염탐하고 줄 세우며 노리고 있다.

아무도 도망칠 수 없는 감옥. 사태는 자명해 보인다. 하지만 이 시기의 감옥은 새롭고, 이 새로움에는 분개해야 할 무엇인가가 있다. 우연에 의해 근대적 감금 형태들을 채택하게 되었던 이 낡은 감옥들, 생트펠라지, 마들로네트, 또는 포르스에서 탈출이 벌어진다. 이는 당연한 일이다. 범죄자—또는 반란자—는 우연적인 길을 선택했다. 탈주가 우연적일 뿐 불가능하지는 않은 감옥이 그에게는 어울린다. 결점 없는 이 건물들을 건설한 이들이 자신의 형제들을 위해 무덤을 세웠다는 의식을 어떻게 갖지 않겠는가?

그들이 쌓는 한 줄 한 줄의 돌이 인간성에 대한 모욕이며, 그들 자신의 양심에 대한 청력 소실에 올려놓는 큰 짐이다. 그들은 스스로에 맞서 이 끔찍한 감방들을 짓는 것이니, 왜냐하면 괴물을 길러낸 것이 자신들 세대이기 때문이다. 조건들의 불평등, 장기 실업, 과잉 노동 착취 또는 우리의 취향에 반하는 노동이 불러일으키는 반감, 교육의 부재, 수탈, 비교, 현기증 등 이런 것들이 때로는 평민 중에서 가장 약한 사람들과 가장 강한 사람들로 하여금 엄마 뱃속에서부터 자신들에게 아무것도 상속해주지 않고 자기 능력의 온전한 사용으로 살아가는 것을 막는 사회에 맞서 싸우게 하는 것이다.

가장 약한 사람들과 가장 강한 사람들…… 운명에 저항할 수단이 없는 사람들과 용감하게 맞서지 않기에는 에너지가 너무 넘치는 사람들…… 프롤레타리아를 감옥의 길로 이끄는 이유들의 상세한 목록은 이런 분할에 의해 즉각 부인되는데, 이 분할은 평범한 범죄의 병인론을 타락과 위반이라는 두 극단과 연관시킨다. 프롤레타리아와 범죄자의 특권적인 관계는 이러한 이중 거부를 통과한다. 중앙 감옥의 타락한 무리와의 비참한 잡거를 감수해야만 할 처지에 놓인 파업 참가자들이 어김없이 표명하는 반감과 분개는 죄수를 불행한 프롤레타리아로 인정할 여지를 전혀 두지 않는다. 그리고 역으로, 인민 앞에서 단두대에 오르는 범죄자와 인민의 신화적 관계는 빈곤의 희생자에 대한 일체의 정당화 또는 연민을 초과한다. 죄수를 재판하고 처형하는 사회와 죄수—폭로자, 거울, 인질, 도발자—가 맺는 전반적인 연관은 범죄의 병인론 또는 타락의 병리학 이상의 것을 청구한다. 노동자의 시평들이 매우 빈번히 단두대 광경과 범죄자 형상을 제시한다 하더라도, 그 시평들이 범죄의—현실적인 또는 허구적인—계보학들을 우리에게 제공하는 일은 드물다.

범죄자는 사회적 예지 결핍의 특수한 희생자보다는 이러한 결핍에 맞서는 전반적인 항의의 특이한 행위자를 재현한다. 그는 인민을 고통보다는 증오라는 면에서, 운명이 소명과 비례하지 않는 사회를 고발하는 과도함이라는 면에서 재현한다.

　　빈민은 자신이 찬양할 필요가 있고 자신을 둘러싼 모든 것으로 퍼뜨릴 필요가 있는 불같은 영혼을 지니고 태어난다. 하지만 이러려고 태어나는 것은 아니다. 그대들은 이 와중에 증오가 빈민의 마음속에서 싹트지 않기를 바란다. 그대들은 온갖 종류의 추악한 빈곤에 둘러싸인 빈민이 부자 이웃의 운명을 질시하지 않기를 바란다.[20]

　　이 인용문에서 마리렌 갱도르프가 확정하는 범죄 계보학은 모범적이다. 중요한 것은 빈곤에 의해 규정되는 욕구도, 부유한 광경이 초래하는 갈망도 아니다. 기원에 있는 것은 결핍이 아니라 초과다. 프롤레타리아가 자신의 능력과 확장 욕구에 따라 실존하기가 불가능하다는 것은 증오를 규정하고, 빈곤이라는 환경은 이 증오를, 프롤레타리아의 존재를 방해하는 인간들이 지닌 것에 대한 갈망으로 변환시킨다.

　　생시몽주의자들과 푸리에주의자들에 의해 통속화된, 억제된 힘의 경제가 범죄자에게 영웅적인 문학적 준거를 제공한다. 마리렌의 변호에 앞서, 폴린 롤랑이 『트리뷴 데 팜므Tribune des femmes』에 「바이런에 대한 한마디」를 게재하고, 그 주인공들의 범죄 안에서 "척도를 넘어서는 자질들은 결코 자리를 찾을 수 없도록 모든 것이 정돈되어 있고 평준화되어 있는 곳인, 그들이 살아가는 질서에 맞서는 정력적 항의"를 보여준다.[21] 사회적 가치들의 중용에서 벗어나는 주인공 형상과 인민 영혼의 억제를 위반으로 폭로하는 범죄자 형상, 이 두 형상 아래에서 단일한 주제가 강박적으로 되풀이된다. "강한 본성"이라는 주제, 사회적 상호성의 미래 형태들과 변혁을 시도할 수 있는 힘들을 동시에 사유하고자 애쓰는 사람들에게는 반발하게 되면서도 매혹적인 수수께끼. 전투적 노동자의 엄격한 도덕이 왜곡되는 것을 가장 정력적으로 거부하는 이들조차도 언제나 그 질문은 어떤 회개, 어떤 자인된 오인의 형태로 귀착되고 만다. 『라틀리에』를 내던 비판자들 중에서도 가장 완고한 코르봉 역시 『파리 인민의 비밀 Le secret du peuple de Paris』에서 용서를 구하게 될 것이다. 『라 뤼슈』에 있는 그의 경쟁자 뱅사르는 30년 전에 이러한 재검토를 권유받았다. 1832년에 앙팡탱은 생메리 사태로 사형을 언도받고 수감된 자기 동료인 도장공 부즐렝이 감형될 수 있도록 애국심을 보증해달라고 뱅사르에게 부탁했다. 실제로, 술을 마시지 않고 아내를 패지 않고 이웃과 다투지 않을 때의 국민방위군 부즐렝은 화재를 진압하고 도둑을 추적하는 열정이 두드러졌다. 뱅사르는 이 "불량배, 주정뱅이, 난봉꾼, 결투꾼, 싸움꾼……"[22]을 위해 부탁받은 보증을 해줄 것이고, 영웅적인 부즐렝이 붙잡아 칼로 벤 저 "도둑"이 실은 자기 정부의 요란한 노여움을 피해 달아나던 연인일 뿐이었던 만큼 내켜하지 않으면서도 그렇게 해줄 것이다. 부즐렝은 감형될 것이며, 감옥에 불이 나는 행운 덕택에 그는 자신의 수훈을 과시할 수 있게 되고 자유를 얻게 된다. 하지만 자유로워진 부즐렝은 사회규범을 초과하는 분노를 지닌 사람들의 운명에서 벗어나지 못할 것이다. 은인에게 배은망덕하다고 자신을 비난하는 아내와 다투다 화가 극단으로 치밀어 나이프를 들고 자해한 것이다. 세련되지 못한 노동자 세대의 이미지인 강한 본성의 야만적인 종말. 다음 세대에게는 전투적 헌신과 범죄의 결합이 더욱 세련된 형상을 띠게 될 것이다. 가장 특이한 것은 에마뉘엘 바르텔레미의 형상인데, 헌병 살해로 강제 노역을 선고받은 젊은 기계공인 그는 6월의 날들에 포부르 뒤 탕플Faubourg du Temple의 가공할 바리케이드를 지휘한 검은 장갑의 사령관이었고, 탈옥수이자 망명자였으며, 루이 블랑의 런던 살롱을 찾은 훌륭한 매너의 교양 있고 매력적인 방문자였고, 6월의 무장 동지들 중 하나를 결투로 죽이려고 은신처를 나와 살인을—욕정의 범죄 혹은 정치적 도발?—또 한 번 저지르고 결국 런던의 처형대에서 생을 끝낸다.[23]

지금으로서는 강한 본성이란 여전히 아주 거친 천을 걸치고 있고, 인지된 수수께끼는 뱅사르에게 매우 명백한 결론을 제공한다.

내가 이야기한 사연들 이래로, 나는 사회의 엄격한 의무 규칙으로부터의 일탈로 여겨지는 이 모든 것을 거부하려는 나의 경향성과 전력을 다해 싸웠다…… 숱한 악덕과 관대한 헌신이 결합된 실존을 살았던 불행한 부즐랭의 이러한 사실들이 나로 하여금 이 예외적인 본성들을, 때로는 일반적 견지에서 가장 흥미로운 본성들을 우리가 얼마나 손쉽게 배척하는가에 관해 깊이 숙고하도록 만들었다.[24]

훌륭한 정통 생시몽주의자인 뱅사르로서는, 엄청난 범죄만큼이나 엄청난 헌신도 부추기는 "정력적이고 열정적인" 감성적 기질을 지닌 이들에게 커리어를 찾아주는 일이 중요할 것이다.

하지만 그의 친구이자 후배인 고니는, 이 주제에 관해 에너지의 최적화라는 원칙에만 만족할 수는 없을 것이다. 죄를 지었다기보다는 병들었다 해야 할 죄수의 재교육—필요시에는 "욕정"의 재교육—이라는 공동의 이상을 그도 나눠 갖고 있다 하더라도, "개인적 소유의 아틸라들Attilas"에게 그가 보내는 시선은 넘치는 에너지에 제공될 출구를 예측하는 것에 그칠 수는 없다. 죄수는 단지 정직한 수공업 노동자의 규범에 반역하는 야만인이 아니다. 그는 또한 소유 질서를 파괴하는, 반역적 에너지의 도착(증)을 재현한다. 죄수는 반란자의 가계에 속하는데, 반란자는 죄수가 "자객의 칼"을 품고 있다는 것을 확인해주지만 죄수는 반란자의 부정적인 이미지로서 그 가계에 속하는 것이다. 반란 충동의 복원이긴 해도 이 충동이 황폐해지면서, 반란의 불꽃을 일으키는 대신에 소비의 열기로 다시 전락하게 된다. 자본은 이 열기를 통해 자신의 희생자들이 계속 사슬에 묶여 있도록 하며, 확장되면 자본의 몰락을 가져올 독립의 힘을 그들이 강화하는 것을 방해한다. 이 아틸라들의 진부해진 반달리즘은 그림자 먹이 대신에 먹이 그림자를 제공하는 함정에 빠진다. 역으로 반란의 탄탈로스/스파르타쿠스는 욕구와 포만의 정상 메커니즘에서 자기 욕망의 무한성을 철회한다. 그는 숭고함을 사용하여 기존 경제 질서에의 근원적인 부적응을, 거부의 힘과 더불어 강화한다. 과잉 에너지를 상업적 유혹의 올가미에 순응하는 악덕들로부터 자유롭게 해주는 반란이라는 미덕의 올가미.

만족의 대가를 지불해야만 하는 자본을 확보하기에 앞서, 그는 자신의 정당한 갈망의 대상을 응시하고, 마치 먹이 냄새를 맡듯이 대상의 냄새를 맡고, 자기 앞의 욕망에 떨며 대상에 감탄하며, 대상의 그림자를 날려버린다…… 이 탄탈로스는 검소함의 미덕을 갖추게 되고 출중한 재능을 지니게 된다. 그의 정신은 새로운 공부와, 그를 백배 살아 있게 하는 이례적인 감정과 정념을 누리게 된다. 그는 연간 수입 또는 임금 400프랑만 가지며, 조금 더 고행하면서, 또는 대지의 경직성에 자신을 친숙하게 하면서 구두 만드는 자기 일을 연장한다. 그는 다른 필요한 일들도 해내

고, 자신의 이성과 독립을 해방시켜서 욕망하던 것을 쟁취해낸다.[25]

홀로 틀어쥐는 자에게 주어진 도덕적 교훈이 귀착되는 다른 경제에서는 에너지와 욕구를 전이하는 것만이 아니라 그것들의 본성을 변화시키는 것이 중요하다. 도둑은 거기에 미달하며, 실패한 반역자이고, 구세계의 인질이다. 그가 자기 욕망의 초라함에 사로잡혀 있다는 것에는 추문이랄 게 없다. 하지만 독방감옥이라는 새로운 형벌은 그에 대한 처벌의 의미 자체를 변화시킨다. 그것은 소유 정념의 타락한 공범을 독재의 전형적인 희생자로 변전시킨다. 그에게 있어서, 그 형벌이 억압하는 것은 유일하게 자유뿐이기 때문이다. 그러니 독방감옥에서 절대적 범죄, 즉 자유를 죽인다는 단 하나의 목표만을 갖는 범죄를 인지한다는 것이 곧 도둑 또는 범죄자를 용서한다는 것은 아니다. 독립의 영역에서 길을 잃고 소유의 길을 자유의 길로 간주했던 범죄자들 밑에, 임금이라는 당근이 가리키는 길 바깥으로의 탐사를 모두 미리 단념해버린 이들, 즉 독방감옥을 건설한 짐승-인간, 기계-인간을 놓아야만 한다.

이처럼 종속적인 부류들은 두려움 속에서 발명가들의 계획을 한 줄 한 줄 따라가면서 자유 살해의 우둔함에 빠진 가운데, 발명가들의 비열한 잔인함에 동참한다. 이 인간 기계들은 자신들이 짓는 것에 찬성도 반대도 하지 않으며, 자신들의 일을 통제하지 못하는 상태에서 그저 먹이를 얻기 위해 짐승처럼 일한다. 자신들이 그토록 견고하게 세운 것을 파괴할 준비가 되어 있으며, 자승자박의 위험을 무릅쓰고 쇠고리를 정련해낼 준비가 되어 있고, 자신들에게 임금을 보장하는 모든 역겨운 노동에 순종한다. 그들은 돌을 하나하나 쌓고, 수인들을 녹초로 만들고, 탈옥을 완벽하게 불가능하게 함으로써 정의를 거부하며, 시선에서 외부 공간을 가로채고, 수감자의 고통을 은폐하고 감시하는 돌과 철과 숲에서 심문이 생명을 얻어 복잡해지도록 한다. 그들은 이러한 감옥과 출구 없는 화형 재판정을 완성하지만, 지옥에 떨어진 망령들에 대한 노동으로 자신들의 영혼을 불태우지는 않는다.[26]

석공이 자기가 건설하는 것에 관해, 철물공이 자기가 정련하는 것에 관해, 목수가 자기가 조립하는 것에 관해 묻는다는 것은 실제로 통상적이지 않다. 아나르코생디칼리슴anarcho-syndicalisme이 한창일 때, 건설 협회의 어느 회합에서는 노동자가 감옥 건설에 협력하는 것에 대한 질문이 얼버무려지면서 기각될 것이다. 자본주의사회에서 과연 어떤 건물이 노동자의 적들에 의해 구상되지 않으며 지배계급을 위해 활용되지 않겠느냐면서. 질문을 진지하게 고려하자면, 아마도 계급 분할이 아니라 실존 형태 위계에서 출발해야만 할 것이다. 독방감옥은 임노동의 정상 질서를—이 질서의 용병들이 자신의 형제들을 위해 지옥의 마지막 서클을 건설할 정도로— 장악한다. 그렇지만 바로 이 지점에서 용병들은 자신의 거부 역량을 가장 잘 표출할 수 있다. 설득력 있는 웅변가라면 그들이 노동을 중단하도록 설득할 수도 있을 것이고, 그리되면 이런 낯선 광경을 보게 될 수도 있을 것이다. 건축가들과 독방 체계 조직자들이 자신의 지옥의 꿈을 스스로 바로 세우려 노력하는 광경. 중요한 것은 그들이 서툴다는 것이 아니다. 차라리 중요한 것은 그들의 미숙함에서 태어난 환상적 형태들이 그 순수성 안에서 독재의 망상적인 구상들을 드러낼 것이라는 점인데, 노동자의 노동이 완벽해지면서 건물이 마무리되는 가운데 이 구상들은 감춰진다. 이는 노동자의 노동이야말로, 잘 만들어내려는 노동이자 생계 부양을 위한 노동이라는 이중의 도덕 안에서, 독재 권력의 광란을 진부하게 만들어버린다는 것을 말하는 다른 방식이다. 독방체계를 생각해낸 이들의 성의에 맡겨진 "노동"이 갖게 될 전형적인 가치는 이로부터 나온다.

자신들의 작품을 위로 올리고 싶은 그들은 세상에서 가장 믿기 어려운 바벨 모양을 만들어냈다. 지하에 다닥다닥 붙어 있는 고문 동굴들을 뚫어놓은 흉측한 폐허. 수감자들의 착란과 헐떡거림을 미리 예상한 가증스러운 관념의 돌과 철로 이루어진 초벌. 약간 기울어진 수직으로 지어져 있어서 이 새로운 몰록Moloch을 주시하는 사람들이 이게 무너져 그 밑에 깔릴까봐 두려워지는 도살장, 반발을 불러일으키는 추악한 측면으로 인해 이처럼 살인적인 괴상함을 지은 저자들에게는 저주가 내리고 다중은 자신들의 평화적인 저항력을 배우게 될 그런 곳.

일견하기에, 총파업 신화를 구성하는 이미지들 중에서 아마 최초의, 틀림없이 가장 강한 이미지. 하지만 부자들을 자신의 욕구를 홀로 감당하지 못하는 자들로 그려내는 빈약하고 허풍떠는 이미지는 전혀 아니다. 고니와 그의 동료들은 많은 희생을 치르고서야, 필요에 의해 좌우되는 그곳에 특별한 소명이 요구되는 것은 아님을 알았다. 필요불가결한 프롤레타리아라는 관념은 여기서 전혀 다르게 부각된다. 두 당사자의 힘과, 그들의 동맹에 대한 고발이 어떤 모순적인 이미지로 우리에게 표상된다. 몰록-바벨이라는 괴물처럼 흔들리는 권력 기구가 바빌론 노예들의 탈주로 인해 구상의 세부를 실현하도록 압박받고 있다는 것.
노동에 대해 노동이 약속한 임금이라는 추상만을 알고 있는 이 노동자들의 무의식에 의해 좌절된 불가능한 꿈인가? 하지만 무의식이란 단지 단순한 부정이 아닌가? 언제나 거주하기 전에 먼저 그 장소를 벗어나는 이 건설자들에게, 유폐되는 이들의 고통을 누군가 일단은 보게 하는 것으로 충분치 않을까? "노동자들이 억압 노동을 허용하기에 앞서 평의회를 형성했더라면, 그들 중 단 한 명이 그 노동의 혐오스러운 측면에 관해 언급하는 것만으로도 그것이 모두에게서 배척되기에 충분했을 것이다. 논리는 다중을 비춰주면서 높이 올라가는 빛이다." 불티 하나로 충분하다. 어디서부터 논리가 의식의 빛과 반란의 불길을 퍼뜨릴 수 있을 것인가? "아마도 유명한 웅변가 하나가 감정 없이 이들 보조 간수들에게 장광설을 풀면서 그들의 마음을 건드릴 수 있었으리라……" 우리의 마루 까는 노동자는 불행히도 웅변가가 아니다. 그의 반란을 키워낸 고독이 웅변을 단련할 대화를 아예 박탈하는데 어찌 그가 웅변가일 수 있겠는가? "우리의 슬픔의 접점을 찾아내기 위해 그가 스스로 성찰하면 할수록, 그의 욕망이 미래 세대 공동의 영역들을 상상하면 할수록, 그의 말은 그들의 유토피아를 점점 더 서툴게 번역한다."27 하지만, 진정으로, 그가 군중에게 말하러 가는 것은 필요하지 않다. 그가 습관적인 걸음으로, 혼잣말하면서, 다만 평소보다는 좀더 크게 하면서, 도시를 횡단하는 것으로 족하다. 왜냐하면 장인들이 두려워하는 흠결이란 파리의 노동자가 빈둥거리며 돌아다니는 것임을 그는 잘 알고 있으니까 말이다. 구경거리는 노동자의 양심을 잡는 덫이다. "민주주의자는 혼잣말하면서 도시를 횡단한다. 그가 독백으로 내뱉는 구절들이 행인들의 호기심을 끈다. 행인 각자가 거기서 어떤 진실을 포착한다. 멈춤 없이, 그는 그들의 실존의 상처를 건드리며, 이 상처는 장인의 이익을 감퇴시킨다…… 바람에 실린 이 말들을 듣고, 군중은 이 혁명가를 에워싸니, 그는 누구에게 말을

거는 것이 아니라 다중에게 장광설을 늘어놓는 것 같다."²⁸ 바람은 원하
는 곳으로 불고, 독방 지옥에 대한 묘사를 듣고자 몇몇 건설 노동자들이
모여들 것이다. 틀림없이 석공들에게는 별로 없는 기회들이다. 그들은 노
동에서 일탈하는 것을 삼가며, 흔히들 무리 지어 셋방으로 귀가한다. 하
지만, 어느 목수에게도, 어쩌면 어느 철물공에게도, 불꽃이 타오를 것이
다……

　작업장이 닫히고, 작업대가 멈춘다. 수도자는 저녁 산책을 시작한다.
이제 그는 다른 이름을 지닌다. 그는 필라델프 ᵖʰⁱˡᵃᵈᵉˡᵖʰᵉ[형제자매를 사랑
하는 자]라 불린다.

5장

샛별

L'étoile du matin

"종종, 세계의 부패를 생각하다보면, 인간 혐오가 우리 마음을 사로잡고, 고독에 대한 욕구가 우리로 하여금 사막을 욕망하게 만든다. 하지만 사막에서 구원받은 이는 없다."[1] 타인들을 구원해야 할 이유를 묻는 것과 이러한 헌신 뒤에 감춰진 권력의지를 의심하는 것은, 시대의 진부함에 맡겨두자. 하기야 동일한 곡조는 불행한 부아예의 귓가에 벌써부터 맴돌고 있었다. "흔히들 그를 미쳤다고, 지배를 열망하기에 사회를 뒤집어 유명해지고 인기를 누리고 싶어하는 야심가라고 여겼다."[2] 이러한 의구심은 악의─이 경우에는 치명적인─이전에 경박한 것이다. 사막으로 갔던 자는 구원 및─낡거나 또는 새로운─법과 관계를 맺는데, 여기서는 그의 욕망의 변덕이 별 구실을 못한다. 다른 세계에 대한 계시를 받았던 자는 의무의 낯선 관계 안에서 자기 동료들─박해받은 사람들이지만 또한 황금 송아지와 기름진 소를 숭배한 군중─을 마주한다. 그것을 이해하기 위해서는 낡은 자명함들을 단념하는 것이 더 낫다. 박애주의자 또

프롤레타리아의 밤

는 지식인이 본인들은 겪어보지 못한 해악들에 대해 보이는 교만을, 일상의 고통을 동료들과 나누는 상황을 변혁시킬 필요성에 대한 전투적 노동자의 깨달음과 대립시키는 자명함들을. 아래로부터의 연대를 위로부터 계산되는 시혜에, 정의의 저울을 자선의 자의성에, 전투의 성과를 청원의 소소한 이익에 대치시키는 이미지들은 고전적이다. 하지만 아마도 전투의 슬로건들 탓에 전사들의 모습과 동기가 흐릿해진 것 같다. 부자의 향락을 탈취하길 갈망하는 야수를 노리고 있는 재판관 앞에서, 인민 연대의 네트워크를 추구하는 우리의 시선으로는, 평등주의 투사가 차라리 착한 사람의 고전적 태도를 취하는 것으로 보인다. 그는 빈자들에게 자기 지갑을 열고, 인민의 신체적·도덕적 비참을 밤새워 위로한다. 공산주의 저널들 중에서도 가장 크게 추문을 일으킨 저널을 단죄할 책임을 진 사법관들에게는, 『뤼마니테르L'Humanitaire』의 창립자 중 하나인 보석 세공인 파주의 모습이 그런 사례로 여겨졌다. "그는 극빈 상태에 처한 노동자들을 자주 자기집에 들였고, 자신의 이마에 맺힌 땀으로 돈을 벌면서도 망설이지 않고 그들에게 가불해주었으며, 심지어 옷가지들도 그들에게 주었다. 그가 종종 보상을 잘 받지 못했음에도 불구하고 이 일을 되풀이 했다."[3]

공산주의 사도의 헌신을 특이하게 만든 것은 벌린 자선의 손보다 불끈 쳐든 투쟁의 주먹과 꼭 껴안은 팔을 선호한다는 것에 있지 않다. 그것은 어떤 특별한 도정, 개인적인 관대함의 공여와 사회적 정의의 규칙 사이에서 진행되는 일정한 우회, 기꺼이 형이상학의 길을 거쳐가는 우회다. "나는 초월 철학의 논점들을 익히는 것이 언제나 매우 흥미로웠다." 환자가 과학자에게 건네는 독특한 질문들에 붙잡힌 의사인 동일 증인의 기록이다. "그는 자주 내게 사회 문제에 관해 물었지만, 그건 오로지 과학적 관점에서였다. 예컨대, 어느 날엔 그가 내게 사회적 평등이 절대적 명제로 확증될 수 있는지를 물었다. 나는 그에게, 과학적으로는 우리 신체 기관들의 불평등으로부터 필연적으로 사회적 불평등이 귀결되는 것이라 답했다." 실망스런 대답. 하지만 이러한 실망이 바로 평등주의 투사의 운명이고, 이런 실망 탓에 그는 부단히 헌신에 대한 배은망덕으로부터 과학에 대한 잃어버린 미망으로 회귀한다. 만약 공동체communauté의 철학이 어떤 보상의 구실을 한다면, 이는 부자들의 재물을 탐하는 물욕이라는 비속한 의미에서가 아니다. 또한 프롤레타리아 박애주의가 곧 다다르게 되는 한계들을 위반하거나 또는 노동자 조직 및 전투의 홀대받는 무장을 보완해주는 미망이라는 의미도 아닌 것이다. 프롤레타리아 사도직에 우선적으로 한계를 부여하는 것은 그의 자원들의 취약함이라기보다는 그가 받게 되는 배은망덕이다. 하지만 이것조차도 그에겐 새로운 자극을 주는 것이다. "그가 종종 보상을 잘 받지 못했음에도 불구하고 이 일을 되풀이했다." "불구하고……"라니. 도대체 왜? 평등주의 사도직은 박애주의적인 공여와는 무엇보다도 다음과 같은 점에서 구별된다. 인정받지 못함이야말로 사도직을 추동하는 것이라는 듯이 모든 일이 진행된다는 것. 틀림없이 박애주의 실천 그 자체는, 빈민 계급에게 지급된 식량, 장작, 의복 비용이 더 많은 도덕성 가치로 상환되기를 원하는 계산에 따르면, 대체로 적자 상태다. 그렇지만 수혜자들이 박애주의자들에게 인정이라는 대가를 지불하지 않는 것은 드문 일이긴 하다. 이러한 인정의 삼중의 이점은 인정하는 자에게는 아무 비용도 들지 않는다는 것, 그럼에도 불구하고 인정받는 자에게는 쾌락이 생긴다는 것, 이미 인민적 도덕성의 일정한 진보를 나타낸다는 것이다. 더구나, 저축과 제대로 이해된 개인적 이익의 미덕을 빈민들에게 가르치고자 하는 이처럼 착한 사람들이 그것을

프롤레타리아의 밤

흉내내는 인색함을 어찌 비난할 수 있겠는가? 박애주의적인 교환의 좁은 원환이 여하간 닫혀버린 그곳에서, 인정의 결핍은 자애로운 프롤레타리아를 평등주의 투사의 실망과 희망이라는 무한 나선으로 끌고 간다. 선행과 이에 대한 감사 및 도덕화라는 대가가 자애롭게 교환되는 것을 배제하기에 앞서서, 저 프롤레타리아가 먼저 그로부터 배제된다. 예컨대 파주처럼 보상을 받지 못하거나, 부아예처럼 우애 열정에 의심을 받거나, 질랑처럼 자신의 가능한 행복을 바쳐 꿈꾼 이 연합체를 진행시킬 사람들과 만나지 못하는 것이다.

　이런 실망들은 사회적 처방의 이 창안자들을 투쟁의 현실로, 노동자 우애의 견고한 유대가 직조되는 조직의 인내로 되돌려야 하는 것 아닌가? 하지만 사태가 대부분 역으로 벌어진다면? 차라리 1841년 10월에, 아돌프 부아예가 자기 생을 끝낸 그달에, 『뤼마니테르』의 창립자들보다 조금 먼저 법정에 선 모자 제조 노동자 자카리 세뇌르장의 이야기를 들어보자. 그 이야기는 다른 많은 이야기들처럼 7월의 바리케이드 위에서, 사흘간 동맹한 부자들의 배은망덕을 일찍 의식한 노동자 투사들을 1830년 8월 중순부터 사로잡은 환멸에서 시작한다.

　모자 제조 노동자 동료들이 제철공, 철물공, 방적공을 따라서 자신들의 실망을 표현하고, "동맹"의 길을 통해 자기들 주장을 환기시키려고 했을 때, 세뇌르장은 동료들이 통일성도 없고 보장도 없는 전투의 위험들을 면했으면 싶었다. 개별 의지들이 조화를 이루고 "어느 정도의 역량"을 획득하도록, 그는 "이러한 조화를 유지하고 지도할 작전 본부"를 조직했다. 파리 모자 제조 노동자 협회가 그것이다. 불행히도 그는 얼마 안 가서, 자신의 정성으로 탄생한 협회가 전진하는 와중에 —부르주아 배은망덕의 기반이었던 것과 동일한— 악덕이 있음을 알아차렸으니, 노동자 연대의 공동 이익을 획정하는 규칙들을 방패 삼아 숨을 수 있기에 훨씬 두려운 이기주의가 바로 그 악덕이다.

지난 2월 무렵, 나는 협회의 기금에 20~25프랑을 납부했던 남편을 잃고 아이들을 키우는 과부에게 협회 기금으로 약간의 도움을 주자는 제안을 했다. 고인은 병에 걸려서 빵을 사 먹을 거리도 거의 벌지 못했기에 체납으로 협회 명단에서 지워져 있는 상태였다. 그런데 이 사람들은 내 제안을 거부했고, 기금 용도를 애초 목적에서 바꿀 수는 없다는 구실을 내세웠다. 협회는 모자 제조 노동자 전체의 이익에 입각하여 창립되었다면서. 따라서 개별적인 도움을 줄 수는 없다면서.
나는 고집부리지 않았고, 그들은 규칙이 규정한 적법성 안에 있었다.[4]

자신들의 선구자보다 이데올로기적으로 더 앞선 이 회원들은 개별적 자선 구호보다 노동자 조직의 원칙을 우선시할 줄 이미 알았던 것이다. 하지만 왜 협회의 규칙들에 그토록 까다로운 이 사람들이 규칙의 조항들을 연동해 폐기하는 데는, 인권협회 지도자들의 무분별에 연루된 세뇌르장이 투옥되는 것으로 충분했던가? "그들은 규칙이 규정한 적법성 안에 있었다." 하지만 그들은 왜 동일 규칙의 63조를 폐지했던가? "협회의 해산은 토의에 부칠 수 없다. 단 한 명의 회원이라도 그에 반대할 권리를 갖기 때문이다. 제안자는 즉시 협회 명단에서 지워질 것이고, 그의 퇴출은 총회에서 공표될 것이다"라는 63조. 협회를 폐지하기 위해, 협회를 적법하게 없앴다는 외양을 위해 틀림없이 그들은 이 조항을 삭제하는 것에서 시작했을 것이다. 신랄하게 비웃자. 다수가 결정했고, 돈은 빠져나갔고, 더이상 할말은 없다.[5]

프롤레타리아의 밤

사안의 끝에서 이 공화주의 투사의 묘사는 자기 스스로 민주주의의 산술을 다시 문제삼도록 한다. 노동자 공동체의 실현은 이제 특권적인 관계를 통해 이루어질 것인데, 그것은 다수와 규칙의 관계가 아니라 예외적 개인과 원칙의 관계다. 규칙에 반하여 도왔어야 하는 과부라든가, 거부권 행사로 충분히 협회 정관 파괴를 막을 수 있는 개인이라는 예외적 개인. 이기주의 원칙과 다수 통치 사이에서 그는 어떤 연계를 인지했다. 그래서 이 공화주의자 노동자 투사는 이제 **공산주의** 선전가가 될 것이다. 어떤 계급 혹은 체제가 아닌 어떤 원칙의 투사. 실은 "어떤 원칙을 선험적으로 인정해야만 하는데" 이 원칙은 "불평등의 원칙이거나 평등의 원칙이어야지" 다수의 원칙일 수는 없는 것이다. "원칙은 불변이지만 다수의 의지는 변할 수 있어서 다수의 법은 원칙이 아니었다고 우리가 말했기 때문이다."[6]

인권협회 출신의 노동자 선동가 다수를 공산주의로 이끌었던 이중의 반란이라는 결론. 한편으로 그들은 감옥에서 자신들의 지도자들—지식인들과 부르주아 정치인들—의 경솔함에 관해 숙고했는데, 이 지도자들이 세세하게 정리해놓은 명부 탓에 그들이 탄압받았던 것이다. 그들은 가난한 구금자들을 위한 것으로 여겨지는 복권이라든가 공화주의 사교계 무도회와 마찬가지로, 수감 상태에서 사회적 신분에 따라 혁명가들에게 부여되는 특권들에 격분했다. 이런 경험 덕에 그들은 계급 연대를 정치사회의 불평등에 대립시키게 된다. 다른 한편으로 그들은 동료들이 이러한 연대를 망각하고, 심지어는 자신들의 부재를 이용해 자신들이 시도해왔던 사업을 고사시키려고 하는 것을 지켜보았다. 그리하여 그들의 평등주의 사도직이 근거하게 되는 것은 바로 "계급들" 사이의 다른 분할이며, 노동자에 대한 장인의 경제 권력을 정의하는 착취와는 탈구된 관계를 갖는 착취에 대한 지각이다. 모자 제조 노동자들에게 그들의 협회에 대한 결산을 제시하면서 세뇌르장은, 협회 창립을 위해 모인 동료들에게 고급가구 제조인 올리비에가 한 연설을 들려준다.

사회를 두 부류의 사람들로 나눠 비교하면서 그들에게 말합시다. 자기 자신만을 위해 사는 사람들은 이기주의자입니다. 그들은 짐승처럼 마시고 먹고 자기 위해서만 살기 때문이죠. 사회의 이해를 위해 자신들의 사적인 이해를 희생하는 사람들은 사회적 인간입니다. 자, 그들에게 말해봅시다. 그대들은 이 두 부류 중 어디에 속합니까? 우리는 후자에 속한다고 말하는 사람들을 우리 대열에 받아들입니다…… 유사한 요소들을 통해서 우리는 우리 목표에 도달하리라고 확신합니다. 온 세상에 자신들의 교리를 가르치고자 유대 골짜기에서 떠나온 최초의 기독교인들은 우리처럼 가난한 이들이었습니다. 하지만 그들은 헌신으로 풍요로웠고, 견고하고 단호한 확신으로 활기에 차 있었으며, 뜨거운 신앙으로 인도되었기에, 모든 형벌을, 상상할 수 있는 모든 고문을 가장 위대한 체념으로 견뎌냈습니다. 그들은 인간 사회 전반의 면모를 변화시켜냈습니다.[7]

최선은 확실하다. 하지만 어디까지나 최악의 길을 거쳐 온다. 여기서 사도의 고통이 투쟁의 우연에 대한 메타포나 지도자 권력의 알리바이가 되는 것은 아니다. 부름받은 계급에 속하는 사람들은 사슬 말고도 잃을 게 더 많다. 예컨대 상업, 작업장, 집, 가족. 입증과 아울러 부끄러움을 주려는 세뇌르장은 순교자들만 믿는 이들을 흔들기에 적합한 증인을 선택했다.

프롤레타리아의 밤

올리비에는 고급가구 제조인이었고, 서너 명의 노동자를 고용했습니다…… 그는 요새 증설 사태 때 체포되어 소위 27인 중 하나로 법정에 섰습니다. 그는 센Seine 중죄법원에서 무죄로 석방되었습니다. 4월 사태로 다시 체포된 그는 라 포르스 la Force의 지하 감방에서 여러 달을 보냈습니다. 7월이 되어서야 출옥했지만 병세가 위중했습니다. 구금되어 있던 동안 그의 아이들은 병으로 죽었고 아내는 실성했습니다. 집에 돌아온 그에게는 작업대도 연장도 없었고, 심지어 침대와 기타 세간들도 없었습니다. 병약해져 쇠잔해진 그는 결국 생앙투안 Saint-Antoine 구제소에 들어가 오랜 고통 끝에 1834년 1월경에 죽었습니다.[8]

고급가구 제조인의 자연사는 부아예를 무너뜨린 "우리 세기의 병"과 동일한 증상을 제시한다. "고갈"의 두 희생자는 아돌프 부아예가 유언에서 피력한 동일한 필연성의 완료를 겪었다.

내가 왜 자살하는지 알고 싶다면, 바로 이것이 그 이유다. 사회의 현상태에서 노동자에게는 그가 개인적일수록 그만큼 더 행복하다. 그가 자기 가족을 사랑하고 가족의 행복을 원하면 그는 숱한 고통을 겪는다. 하지만 그가 사회와 자신의 동류를 진지하게 사랑하면 그는 나처럼 생을 끝내야만 한다.[9]

진지한 사랑, 죽음 충동? 전투적 헌신과 박애주의적 선행을 분리하는 것, 그것은 죽음에 이를 정도로 진지한 사랑의 근거가 되고 이 사랑이 부단히 돌아가는 지점이 되는 심원한 인간 혐오일 것인가? 문제가 되는 것은 인간의 배은망덕뿐만 아니라, 무엇보다도 기만당한 약속이요, 갱생의 개척자들에게 치명적인 이기주의를 강화시키는 경쟁의 일상과 인민적 관대함의 위대한 날들 사이를 가르는 간극이다. 자신들의 실추에 만족하면서 자신들을 끌어내리려는 사람들에게는 무심한 인민을 보며 느끼는 쓰라림을, 인민이 왕이던 날들의 열광과 일체감으로 버틴다. 양재사 데지레 베레가 교부 앙팡탱에게 보낸 편지에서 드러나는 것은 이러한 이중적 감정이다. "나는 인간이라는 종자를 무척 경멸했고 내 무심함 속에서 평온했으며 스스로 자족했고 개인들과는 연결을 갖지 않았으며 신과 연결되어 있었어요"라고 그녀는 교리 계시 덕분에 벗어난 과거 상태를 설명한다.[10] 그래서 사기 혐의에 관해 무죄로 석방된 앙팡탱이 군중의 환호를 받을 때, 한때의 공범은 7월의 인민과 함께한 더욱 근본적인 일체감을 되살린다.

> 나는 이 고귀한 노동자들이 당신 주위로 몰려드는 걸 보고 행복했어요…… 나도 진정 인민이에요. 그들이 광장으로 운집하는 걸 볼 때면 언제나 그들과 하나가 되니까요. 그들이 광장으로 나와 사납게 정력적으로 자유와 빵을 요구할 때든, 내가 가장 사랑한 사람을 지척에서 보려고 그들이 광장으로 나오는 때든. 인민을 향한 내 사랑은 언제나 망상에 이를 정도랍니다. 눈물로 가득한 내 눈이 이 대중에게 의지하고 있어요…… 인민이야말로 정녕 신의 마음이죠. 서로 사랑할 줄 아는 행복한 남과 여.[11]

연합Association의 꿈을 정립한 것은 바로 이러한 이중화된 전망인바, 연합이라는 이 말은 소박한 외관을 항상 초과하는데, 주창자들이 동료들에게 제시한 이 말의 외관이란, 예컨대 우리 단결하여 임금 삭감을 저지

프롤레타리아의 밤

하자, 서로 돕고 병자와 노인을 돌보자라는 것. 더 낫다고 해봐야 우리의 저축, 일손, 연장을 공동으로 모아 우리 공장을 스스로 세워보자는 것. 이 나은 것조차 연합이 주조해내는 다른 인간(성)에 대한 꿈—가령 의자 선반공, 포장 상자 제조공, 끈 제조공, 도금 보석 세공인의 작은 공화국들—에 비하면 하찮은 것이다. 사도들은 현명하게 규제된 이익들의 이러한 결속에서 결핍된 것을 재빨리 감지했다. "거기서는 사람들이 서로 다투지 않는다. 만사가 질서정연하게 진행된다. 하지만 이익들의 일치만 있고, 공감은 없다. 회원들은 내내 서로에게 남이며, 그들의 행위는 교외 너머로 확장되지 않고, 그들의 연합은 오래 지속되지 않는다. 한마디로 그들은 서로 사랑하지 않는다."[12] **연합**은 바로 연합체들에 결핍된 그것, 연합체들을—제아무리 집단적인 것이라 하더라도 여하튼—이익들의 결합이 아니라 원칙의 실현으로 만들어줄 그것이다. 연합체들을 비판하는 공산주의자들과 그것의 실현을 선전하는 다른 학파들이 합치되는 지점은 구별 원칙이다. 욕구와 이익의 **이기주의적인** 연합체의 길을 거쳐, 갱생된 인간들의 **공감적인** 연합체를 추진한다는 역설을 한쪽에서는 해결 불가능한 것으로 간주하는 반면에, 다른 한쪽에서는 이 역설에 대한 도전을 부추기는 것이다. "연합이 노동자들을 해방시키니 그것만이 견지되고 권장되어야 한다고 나는 언제나 생각했다. 나는 그것에 전면적으로 헌신했다. 설교를 하고는 실험을 했다. 나는 많은 것을 잃고도 전혀 결과를 낳지 못했지만, 그래도 역시 연합을 꿈꾸고 요구하기를 계속하고 있다."[13] 갱생시키는 사도직의 필요를 확인해주는 것은 사도가 겪는 모욕들만이 아니다. 언제나 기만당하는 기획을 추구하려는 그의 완고함 역시 그가 헌신의 역량에 대해 제시할 수 있는 최상의 증거인데, 연합은 이기주의의 힘을 바로 이러한 역량으로 대체해야 한다.

게다가 이러한 논증은 그 어떤 선택의 귀결도 아니다. 각각의 노동자가 자신을 둘러싼 현실 안에서 필연성을 확증할 수 있으며 자신의 영혼의 단순성 안에서 공통의 힘을 찾아낼 수 있는 의무만을 그의 기획이 현실화한다는 점을, 그는 자기 동료들이 믿게 하고 싶었으나 허사였다. 질랑의 이야기에서 "다른 사안에서도 그렇듯이, 이 사안에서도 선의가 모든 것을 좌우한다"고 사도 앙드레가 자기 동료인 의식 있는 노동자이면서도 약간 회의주의자인 조제프에게 선언한다. "난 미심쩍다. 더욱이 정보가 많은 동료들이 당신은 유년기에 일종의 계시를 받았다고 내게 말해주었다"라고 조제프가 답한다.[14] 이러한 사연들이 작업장 안에서 알려지며, 입문자들은 선민으로서의 표지를 숨기지 못한다. 그래서 앙드레는, 어린 기욤과 어린 질랑의 형제인 어느 아이가 아비를 대신해 이삭을 주우러 갔다가 자연에서 들리는 천상의 음악에 의해 실제 사물에 대한 지각에서 빠져나오는 환상을 겪었다는 이야기를 마다하지 않고 해줄 것이다.

당시 내가 보고 느낀 것을 그려내기란 불가능하다. 그럴 수 있는 언어가 존재하지 않는다. 온통 환상과 광휘와 조화로 가득한 신비한 세상이었고, 하늘의 빛나는 영광이 미지의 세계의 원시적이고 순결한 아름다움 위에 우뚝 솟아 있듯이 나의 정신 역시 이 숭고한 창조의 웅장함 위에 우뚝 솟아 있었…… 이날부터 나는 내가 새로운 삶에 입문했다고 믿었으며, 예전처럼 살고 싶지 않았…… 그때부터 내가 신의 선민이라고, 환상은 내 위대한 운명의 전조라고 여겼다. 이미 나는 성경을 읽은 적이 있었고 그래서 이런 생각을 품었다. 다윗은 나처럼 목동이었고 그런 다윗이 거인을 죽였다고. 그는 위대한 왕이었으며, 위대한 시인이었고, 그의 영광은 곧 그의 전능함이라고. 내게는 하늘의 하프가, 찬란하

게 빛나는 미래가 있다고!¹⁵

아이가 작업장으로 되돌아올 때 그 꿈은 명확히 깨진다. 공장주들은
아이들의 연약한 힘을 착취하는 데 만족하지 않고 그들에게서 다른 세
계에 대한 모든 감성을, 하늘이 그들에게 내린 "섬세하고 감각적이며 시
적이고 고급스러운" 모든 것을 죽여버리는 데 집착한다.

나는 추락했다! 그렇게 느꼈고 이런 참담함이 나를 두렵게 했다. 내가
빠져든 불운의 진창에서 벗어나고 싶었고…… 너무 피곤해서 잠이 달
아난 밤에는 마치 망명객이 조국의 태양을 탄식하듯이 내 덧없는 미망
을 탄식했다…… 그때의 나는 내가 거만하게 대했던 동료들의 유보와
냉담과 멸시 속에 살았고, 그들의 눈에 나는 하찮은 자였다…… 내 동
료들의 빈정거림이 나를 이성으로 되돌려놓았다.¹⁶

정직한 조제프가 별로 그럴듯하지 않은 결론에 놀라는 것을 막아준
것은 긴 일요 산책의 피로인가 아니면 문제가 된 그 "이성"과 그의 공모인
가? 비웃음당하는 괴로움으로부터 비웃는 자들의 양식과 박해자들을
향한 자선으로 그토록 빠르게 옮겨가는 이성으로의 회귀를 어떻게 진지
하게 파악할 것인가?

동료들의 빈정거림이 나를 이성으로 되돌려놓았다. 나는 내가 심각하
게 자리를 뺏겼다고 믿었던 바로 이 세계에서 살아가겠노라 결심했고,
내가 인간들의 가혹함과 범죄라 불렀던 것을 두려워하며 외면하는 대
신 자선이 내게 구조하고 동정하고 사랑하고 격려하고 위로하라고 명

했던, 저 연약과 쇠약과 빈곤과 결함으로 가득한 불행한 존재들 말고는 아무것도 내 주변에서 더이상 보지 않았다……

환상적인 미망들의 세계와 정상적이고 고통스러운 현실 세계 사이의 대립이라는 기이한 환원, 바로 이곳에서 이 기독교도 노동자는 신의 아들과 다윗의 후예를 목수들의 박애 협회 의장으로 삼으려는 경향을 보인다. 질랑이 덜 단순한 자서전에서 우리에게 되새겨준 훨씬 우회적인 길을 따라가는 게 더 낫다. 젊은 철물공이 타자들과 자신이 맺은 관계를 변화시켰다면, 이는 비웃음의 교훈 덕이라기보다는 선술집 포도주에 비애를 담그라고 그를 데려가주는 선의의 동료들이 베푼 서투른 관대함의 반동 효과 덕이다. 그는 거기에서 도취도 자신의 비참의 완화도 찾지 못했지만, 타자들이 주목하는 것과는 상이한 주목을 통해서 아마도 선민의 운명과 천민의 운명을 조화시킬 방도를 찾아냈다.

혹여 내가 거친 표면만을 보았더라면 경멸하고 아마도 혐오하게 되었을 인간 본성을 그곳에서 관찰하고 파고들었다. 대부분의 동료들보다 진실에 대한 호기심이 많았고 주의력이 깊었던 나는 적절한 순간을 골라서, 그들로 하여금 내게 속내를 털어놓도록, 고해하도록, 자신들은 어떤 이들이며 신이 볼 때는 또 어떤 자인지를 보여주도록 했다. 나의 실험은 다음을 입증했다. 모든 인간이 불행하다는 것. 인간은 모두 이런저런 이유로 자기 안에 거대한 슬픔을 키우고 있으며, 이러한 해악은 무심한 척하며 가장 강박적으로 이를 부인하는 자들에게서도 발견된다는 것. 모든 인간의 물질적 빈곤이 아무리 심대한 것이라 해도 도덕적 빈곤은 물질적 빈곤을 훌쩍 뛰어넘는다는 것.[17]

추락한 천사에서 노동자 투사로의 길은 웃는 사람들의 양식이 아닌, 술집 탕아들의 타락의 바닥에서도 무한의 동일한 슬픔을 재발견하는 영혼 애호가의 호기심을 통과한다. 성스러운 시선과의 이러한 동일시가 아이의 꿈들과 다시 연결되는 사도직의 길을 열어준다. "중년에 들어, 내 첫 환멸들 이후에, 나는 의심할 여지없이 종교적으로 되었던 것 같다. 나는 금욕적인 삶에 전부를 걸었던 것 같다. 이 무렵의 나는 더 높이는 아니더라도 최소한 더 정의롭게 겨냥했다."[18] 하지만 자기 꿈을 조정하는 것만의 문제는 아니다. 기만하는 인간성의 슬픔들을 잊으려 애쓰는 무한의 종교는 인간들의 우애를 핵심으로 삼는 새로운 종교로부터 더이상 분리될 수 없는 것이다. 프롤레타리아적인 실존의 예속으로 추락한 자에게는, 어린 질랑의 고독한 계시나 젊은 잔 드루앵의 책들에 의해 반쯤 열린 파라다이스로의 귀환이 타자들의 무한한 우회를 거쳐 이루어진다. 바로 이것이 젊은 여성 내의 제조공의 여정이 표현하는 바인데, 그녀는 이 우회를 가장 단순한 표현에 국한시키고 싶었을 것이다. 두 당사자 간 계약이라는 표현. 이 계약에서 그녀는 과학이라는 선물에 대한 반대급부로 사랑이라는 선물을 주었다.

노동의 필요로 인해 내가 깨닫게 되었던 것은 재산이 없는 나는 과학을, 행복을 포기해야만 한다는 것이었다. 나는 체념했다. 그래도 은밀한 희망이 내게 미소 지었다. 나는 나처럼 물려받을 땅이 없고 욥처럼 가난해도 지식은 풍부하며, 이솝처럼 못났어도 사랑스럽고 후덕한 철학자를 만날 거라고 되뇌었다. 그가 내게 과학이라는 선물을 나눠줄 거라고, 나는 그에게 사랑과 인정이라는 대가를 치를 거라고. 성스러운 인연으로 묶인 우리는 삶의 슬픔을 서로 위로할 거라고.[19]

불행히도, 결혼이라는 성스러운 인연은 남자와―그가 제아무리 철학자라 해도―가장 사랑스러운 여자 사이에서 한쪽은 복종해야 할 의무만 가지며 다른 한쪽은 보호해야 할, 즉 명령해야 할 의무만 가지는 불평등한 거래 외에 그 어떤 의무의 교환도 인정하지 않는다. "어느 날 나는 법전을 펼쳐 이런 말을 읽었다. 남편은 아내를 보호해야 하며 아내는 남편에게 복종해야 한다는. 난 격분했다. 결코 노예 상태를 대가로 행복을 구매하지는 않으리라 되뇌었다. 나는 홀로, 무식하고, 무용하고, 잊히더라도, 자유롭게 살고 견뎌볼 테다." 오래된 종교들과 새로운 입법들이 제공하는 것과 같은 그 어떤 계약도 처음 만난 과학책들에 의해 각성된 이 무한 욕망을 충족시켜줄 수는 없다. 왜냐하면 어느 쪽이든 모두, 프롤레타리아들에게 그들의 꿈의 길을 닫아버리는 장벽들을 유지하기 위해서만 거기에 있는 것들이기 때문이다. 자신을 둘러싼 세계를 조사하는 데 몰두한 고독한 여성이 이끌려간 것은 최소한 이러한 결론이다. "내 숙고의 결론은 모든 종교는 인간을 예속시키기 위해 창안된 부조리들로 짜였다는 것, 법은 지상의 강자들이 약자들을 억압하기 위해 수중에 쥔 무기라는 것, 법은 높은 양반들의 불의를 정당화하는 데 사용된다는 것이다……"

　민법 관련이든 종교법 관련이든 법전들이 고정시키는 노예 사슬들 옆에는, 다른 책들―영웅적 행위들의 연대기, 비통한 슬픔들의 문집, 감미로운 감정들의 앨범―이 엮어주는 다른 유대들이 있다. 상심한 영혼이 도피처로 삼았던 사막들에서 사막의 고독에 계속 머물 수 없다면, 이는 그 사막에서의 갈망에는 구원해야 할 영혼이 없기 때문이 아니라, 몇몇 고독한 산책자의 족적이 새겨진 이래로 사막은 우정의 향수와 아울러 위대한 시민 행동들의 반향으로 가득한 곳이기 때문이다.

나는 스스로를 고립시키고 더 순수한 공기를 호흡할 필요를 느꼈다. 가장 소박한 오두막인 나무 구멍 또는 암굴이 내 모든 맹세를 충족시켜주는 것 같았다.

하지만 세상과 나를 연결하는 유대들을 깨느라 애썼던 건 부질없는 짓이었다. 나는 고귀한 행동에 관한 이야기를 들으면 언제나 가장 생생한 열정을 느꼈고, 내 동료들의 고통을 보면 부드러운 연민을 느꼈다. 내 심장은 그들을 달래줄 수 없었다는 후회로 찢겼고, 내가 정치적 사건에 지녔던 관심은 조국애가 여전히 내 정신에 압도적 영향력을 지니고 있음을 내게 입증해주었다.

따라서 나는 나 자신과 화해하지 못했고, 이 괴로운 상황으로 고통스러웠다. 내게는 신앙과 목표와 능동적인 삶이 필요했다. 나는 내가 지녀왔던 판단들을 수정해야겠다고, 뜨거운 열정으로 진리를 추구해야겠다고 결심했다.

지금껏 수용된 견해들을 백지화하는 자기 탐구에 의한 진리 추구. [라신의] 『아탈리』에서 작시법의 비밀을 배운 프롤레타리아 동료들처럼, 실천적 정신의 몽상가인 그녀도 국민 고전들 안에서 찾아낼 수 있었던 방법 덕분에 철학 교수들에게 치르는 지나치게 높은 대가를 대체할 수 있었다. 하지만 조건의 인접성으로 인해 그녀에게는 라 플레슈 La Flèche 학교 학생인 데카르트의 방식보다는 제네바의 독학 도제인 루소의 방식으로 일이 진행되었음도 역시 자연스럽다. 그녀 또한 앎보다는 믿음을, 세계나 사회에 관한 새로운 과학의 토대보다는 존재 연관들의 새로운 사슬의 첫 고리를 추구하기 때문이다. 그래서 그녀는 사악한 정령 가설과 효과에 의한 증거 사이에서, 진리와 오류의 토대들보다는 선과 악의 기원을 겨냥하는 탐구에 적합한 지름길을 택한다. 원인 없는 효과란 존재하지 않으며 따라서 우주의 제1원인이 존재한다는 점, 이러한 지적이고 정의로운 신은 "인간을 행복하게 해줄 수 있는 것이 풍부한" 속세를 만들었다는 점이 일단 확실해지자 그녀는 이렇게 결론을 내렸다. "악은 일부 사람들이 만인에게 속하는 것을 배타적으로 자기 것이라 여겼던 것에서 기인했다. 하지만 나는 이기주의자인 이 사람들이 속세의 재화 소유보다는 도덕적인 완벽과 내면적인 열락을 통해 실제로 이루어지는 행복을 소유하지 못했기에 자신들의 진정한 이익을 잘못 이해했던 것임을 깨달았다." 우주의 합리성을 확고히 해주는 지적인 신, 악의가 아니라 오인이 그 바탕에 있는 악의 순수하게 인간적인 기원, 선함의 의무를 정립하며 그 노력에 값하는 유일한 보상을 의무의 이행 안에서 약속하는 "신 자체의 목소리"인 양심, 이러한 것들이 전투적 행위의 필요충분 원칙들인데, 이 행위는 아마도 인간과 사물의 미래 통치에 미치는 효과들보다는 자아의 진보와 타자들의 변형 사이에서 무한히 쇄신되는 유대들을 더 신경쓸 것이다.

목표 표상이 이렇게 과정의 무한성으로 이동되는 것은 희생할 준비를 갖춘 덕의 언어로 여기서 말해진다. "능동적 인간, 유덕한 인간은 숭고한 소명을 완수해야만 한다. 그의 전 생애는 자기 세기의 오류와 편견에 맞선 지속적인 투쟁이어야만 한다." 하지만 희생 표상은 여전히 구세계의 언어로 말하며, 이는 노동자를 장인에, 아내를 남편에 결부시키는 계약들의 논리에 따라 이득과 손실을 계산하는 언어다. 이러한 계산에서는, 사도의 고역에 대한 대가라면 그건 의당 자기만족인 것이다. 하지만 내의 제조 노동자이자 아내인 그녀의 과잉노동에는 장인들의 만족 외에 도대체 어떤 만족이 대가로 주어지는가? 그런데 세상의 이기주의 탓에 고독의 열락으로 내몰렸던 이들 지나치게 유식한 양재사들로서는 몇몇이 이해해준다는 것이 대단한 일인 것이다. "나는 신봉자들의 행복이 늘 부러웠어요. 적어도 그들은 몇몇에 의해 이해되고 있고, 나처럼 상반되는 견해들의 카오스에 내던져지지는 않았다고 되뇌었지요. 그건 바벨탑 비슷한 거예요. 저마다 특수한 방언을 말하기 위해 자신의 자연어는 잊어버린 것 같은 곳이죠."[20] 자연어를, 내일의 언어를, 만인의 언어를 말한다는 이 선물은 고독의 열락보다 우세하다. 신봉자들의 행복은 명상이 아니라 개종이다. 노동자들의 물리적이고 도덕적인 빈곤의 모든 장벽들에서 상충하는 이러한 무한 욕망을 고독이 유발할 수 있다. 하지만 무한성은 명상에서 주어지는 것이 아니다. 그것은 감각적인 존재들의 일정한 배열 안에서 실현되어야만 하는 것이다. 선교의 부침이 아무리 쓰라려도, 입문자들의 대열이 아무리 제한적이어도, 그들이 미래의 인간성을 선취해내는 것이 이제부터는 다른 모든 것을 따분하게 하는 그들의 유일한 열락이다.

이것이 또한 피에르 뱅사르가 『1845년의 우애La Fraternité de 1845』 안에서 새로 「내밀한 통신 단편」을 출간하여 제시하고자 한 교훈인데, 이 단편들에서는 입문 지도자인 위르뱅과 불행한 입문자인 조르주가 다시 무대화되고 있다. 이번에는 조르주가 탈출하고 싶어하는 곳이 작업장이 아니라 전투이고 어쩌면 삶일 것이다. "나는 동료들에 대한 분노와 격분으로 치를 떨고, 그들이 자신들과 가장 큰 연관을 가질 수밖에 없는 모든 것에 관해 무관심하다고 그들을 비난하며, 그들의 냉담이 그들이 지독한 비참한 유일한 원인이라고 믿기 시작한다…… 우리는 선함을 바라는 극소수일 뿐이고, 사회 전체가 우리에 맞서 단결되어 있다……"[21] 위르뱅의 답변이 지닌 설득력은 인내에 대한 호소에 있다기보다는 되돌아가는 것의 불가능성에 대한 논증에 있다. "자! 내가 너의 뇌에서 무지의 띠를 떼어냈고, 연합에 대한 우리의 이론에 너를 입문시켰고, 심장과 정신을 지닌 이러한 삶을 네게 주었어. 그거 없이는 네가 살아갈 수 없을 테고, 네가 힘과 활동을 보존하는 것도 너를 위한, 전적으로 너를 위한 것일 테지……" 이러한 일탈은 부당할 뿐만 아니라 불가능하다. 계시 이전의 동물적인 삶을 후회하면서도 빛이 밝혀주면서 타고 있음을 불평하는 조르주에게 위르뱅은 사실상 하나인 두 가지 답변을 내놓는다. 이 빛을 알게 된 자는 빛의 타오름 바깥에서는 즐거움을 찾을 수 없을 거라고. 동시에 타인들을 밝혀주지 않고는 자신도 빛을 느낄 수 없을 거라고.

너는 고립 속에서 이러한 평온을, 네가 동경하는 이러한 휴식을 찾기를 바라니? 너는 어떤 고통들은 [반인반마] 네소스Nessus의 가죽을 닮았다는 것을 알잖니? 우리의 관념들도 사정은 매한가지라서, 일단 그것들이 이해되고 나면 그것들로부터 떨어져나갈 수 없어…… 무엇보다도 잘 알아둬야 할 거야. 우리 사회는 그 흉중에 숨긴 악들로 인해 너무 갉아먹히고 상처 입어서, 너의 상상과 유사한 모든 상상이 지닌 미망인 이상적인 행복을 미래에 대한 우리의 꿈들 바깥에서는 찾기가 불가능하다는 걸 말이야.

미망과 상상적인 것의 곡선은 인식과 행위의 직선에 대립되지 않으며, 투사의 의무와 입문자의 쾌락 역시 대립되지 않는다. 착취의 슬픔과, 착취를 인식하는 자들 편에 속하는 쾌락. 행복한 미래에 대한 꿈과, 이 미래의 가상의 수혜자들이 일탈해가는 것을 보는 환멸. 광휘의 이미지에 대한 충실을 더욱 필요하게 하는 낙담과, 동일 이미지가 부단히 발생시키는 불만족…… 이러한 상상의 통신이, 자신들의 고통만을 표현한다고 믿으

프롤레타리아의 밤

나 실은 모두가 느끼는 비참에 대한 해석자가 되는 주인공들—르네, 베르테르, 오버만—의 비호 아래 있다는 것은 전혀 터무니없는 일이 아니다. 섬세한 슬픔과 치명적인 희열이 이처럼 균형을 이루는 순수 형태를 "이기주의자들"의 이 서사에서보다 어디에서 더 잘 찾을 수 있겠는가? 이러한 균형은 사도 활동, 즉 다른 삶을 향한—이미, 실망에 상응하여, 저 다른 삶의 현실인—선교를 추동한다. 복음서의 잠언(대지의 소금, 하수관 밑의 램프)과 아주 밀접한 말들로 표현되는 의무의 엄격함은 상상, 공감, 인도적 정념이라는 새로운 희열들에 따라 전조된다. "하나의 믿음이요, 목표……"이지, 전투 부대 조직을 위한 이론이 아니다. 새로운 사회성의 원칙이요, 내용("신앙")이 선교 형식 자체—존재의 상향 운동 안에서의 공감적인 연계—와 동일시되는 종교.

이는 자기희생도, 대의를 위해 자기 쾌락을 끊어내는 것도 아니다. 예속이 섞인 이 쾌락들은 구세계의 노동 및 사랑과 결부되어 있는데, 은둔자들은 이미 그것들을 단념했다. 선교의 원리는 도리어 과도함, 즉 존재의 과잉이다. 그러니 선교가 가능한 것은, 착취 세계의 물질적이고 유물론적인 가혹함으로 인해 말라붙은 심장에 새로운 사랑이 흘러들어가는 때뿐이다. "생시몽이 우리에게 물려준 사랑의 발화를 나는 오랫동안 침묵 속에서 들어왔다…… 이제껏 이 발화가 어떤 반향도 일으키지 않으면서 내 심장으로 떨어졌다. 마치 물이 메마른 모래 위로 떨어져 스며들어 표면에 아무것도 남기지 않듯이. 하지만 이렇게 해서 심장은 충만해지고 모래는 촉촉해진다……"[22] 이 심장이 이제 메마른 다른 심장들을 향해 자신을 토로하지 않기란 불가능하다. 중도주의자들은 이 인도주의적 종교들의 과도함을 비난하느라 헛수고한다. 사실상 이 새로운 가족들을 정립하는 것은 과도함이다. 새로운 사랑이 가족 내에서의 봉사 교환일 수는 없다. 그런 교환의 울타리 자체가 불평등을 규정하며, 이 울타리 안에서 과학을 자신의 사랑과 교환하고자 한 그녀의 순진함을 책망하게 된다. 사랑은 사랑과만 교환된다. 하지만 이 사랑은 계산 없이 주어짐으로써만 교환된다. 예컨대 넘쳐흐르는 강, 소용돌이, 현기증 같은 것. 계약과 인정의 실망들 너머에 있는 과도함의 공동체 같은 것. 생시몽주의 사제들이 미래 종교의 원칙으로 교부Père와 성녀Femme의 성직 커플을 제안하는 바로 그때, 프롤레타리아 입문자들의 욕망—우정의 묵계, 동일자들의 상호 반향, 각각의 성에게 해당되는 자질과 봉사의 상보성보다는 오히려 조화로움의 보편적 공모를 향한 개방성—을 승화하는 것은 다른 커플이다.

이에 해당하는 것이 목수 고니와 부기 담당자 티에리가 1831년 겨울의 한기 속에서 찬양한 순결한 서광이다. 자신을 갱생시켜주었다고 고마워하는 새 친구에게 고니는 꽃이 이슬에 바치는 찬가로 화답한다. "너의 서광이 내 얼굴로 쏟아졌을 때, 네 삶의 이슬이 돌풍이 몰아치던 내 땅 위에 떨어졌을 때, 나는 여기 있지 않았어. 내 존재의 반란에서 벗어난…… 나는 스스로 꽃이 되었지. 너 하나를 위해서만 향기를 품은, 내 꽃잎들을 따는 너의 숨결에 부딪힌 사랑스럽게 홀로 핀 꽃이."[23] 하지만 이슬은 결코 단 하나의 존재를 위해 떨어지는 법을 알지 못하며, 꽃은 다른 꽃들로부터 자기 향기를 숨기는 법을 알지 못하고, 식물은 고통의 치유를 삼가는 법을 알지 못한다. "생각하는 둘"인 두 젊은이가 자신들의 서광에 대해 느끼는 감격에 제화공 부알로를 연계시켜 "결합된 셋"이 되는데, 이들이 새로운 우애의 종교에 건배할 수 있으려면 자신들의 몽상적 산책의 바람결에 이 종교를 실어 퍼뜨려야만 할 것이다. 바로 이것이 이슬과 꽃과 식물의 소명, 그들 존재의 완결과 하나를 이룰 소명. "내가 네게 스무 번이나 말했지. 우리의 모든 행위가 하나의 목표를 갖는다고. 우리 삶 각각의 장면은 신의 섭리가 인간사의 사슬에 첨가하는 그만큼의 고리들이라고. 그 어떤 것도 결코 불모가 아니며, 원자에서 인간에 이르기까지 모든 것이 결실을 거두며, 모든 것이 시공간에서 소명을 가지고 마침내 진리의 왕국에 다다른다고."[24]

세 친구의 소명은 보편적인 공모—당대 시인들은 여기서 신세계의 잉태를 예감한다—와 구별되지 않는다. 이로부터 그들의 일요 선교의 특수한 형식이 나온다. 이는 생시몽주의 공대생 혹은 법대와 의대 공화파 학생들이 합리적으로 조직한 형식들과 분명한 차이가 있다. 공화파 학생들은 노동자들이 모이는 술집에 들락거리고, 동료들이 귀기울일 정도의 설득력을 지닌 이들을 물색하며, 셋집들을 알아본다. 거기서 읽는 팸플릿이 불씨를 일으킬 수 있을 것이다. 생시몽주의 공대생들은 생시몽주의 선교사들이 사용할 주소록을 만들어주고, 반대급부로 선교사들은 공대생들이 가르칠 위계적인 대중을 선별해준다. 하지만 우리의 세 프롤레타리아에게는, 1832년 5월의 이 일요일에, 노동자 신입들을 모은다는 소명이 없었다. 그들은 나날의 임노동이 평훼하는 자신들의 자유를 구가해보려 나섰다. 그들에게는 주소가 정해진 목적지가 없었다. 오직 온전한 자연의 방향만 있었으니, 강물의 굽이를 따라 수원을 향해 올라가는 것. 그들은 "완벽한 이유 따위 없이, 풍요로운 추억과 행복한 미래를 갖고"[25] 나서서, 동일한 생각을 향유하지만 저마다의 고독 속에 박힌다. 센 강변에서 마른Marne 강변까지, 자연의 반향과 자신들의 감정에 따라서, "바람결에 자신들의 젊은 착란이 미끄러져 들어오는" 나무그늘 아래, 그들은 자신들의 영혼을 키울 수 있었고, 자신들의 심장을 사랑으로 채울 수 있었으며, 자신들의 관념을 "편히" 다룰 수 있었다. 하여 그들은 이제 시골 여인숙에서 그것들을 교환할 수 있었다.

거기서, 들보는 노출되어 있고 벽지도 없는 어느 방에서, 우리는 전력을 다해 서로에게 스스로를 펼쳐 보였다. 오로지 한숨들, 다수의 뜨거운 감정, 내세웠다가 꺾이는 가설들, 시, 형이상학적인 불명료함, 열렬함, 과묵, 이상의 폐허, 바이런풍 낭만주의에 의해서만 우리의 수천 가지 번민이 표현될 수 있다…… 땅이 꺼졌거나 아니면 우리가 허공에 붕 뜬 것이었던가 싶은 것이, 우리는 전혀 여기 있지 않은 피조물들이 펼쳐지는 것을 보았던 것이다……

그 방에서의 이러한 착란들은 또한 사냥 채비이기도 하다. 우리들 믿음의 산책자들은 이제 여인숙의 다른 투숙객들을 공격할 수 있다. 우연한 선교, 하지만 그럼에도 선별적인. 앞에 있는 모두에게 말을 걸 수 있다 하더라도 확장적인 영혼은 자신의 동류들을 찾는데, 목수가 애호하는 관상학에 따라 회식자들의 얼굴을 보고 동류들을 간파해낸다. "우리만 그 자리에 있던 게 아니었으니까 우리는 라바터Lavater 식으로 회식자들을 살폈다. 우리 옆 테이블에 있던 십여 명 중에서 넷이 마음에 들었지만 우리는 그들 모두를 초대해 친교를 맺었다." 4 대 3, 수열은 적당하다. 요컨대 계산은 또한 각각의 영혼이 자신과 가까운 잠재적 공감을 예감하는 선택이기도 하다. 온유한 제화공 부알로는 "순진하게 미소 짓는 천진난만하고 근사한 젊은 금발의 정원사를" 고르고, 변증론자인 티에리는 "최근까지 포병이었던 포도 재배인, 그리고 사랑할 기회만 찾는 분방한 잔소리꾼인 포도주 통 제조인을" 붙잡고, 극성스러운 고니는 "푸주한을 낚아챈다".

　　　　　　　　　　　　　　프롤레타리아의 밤

그렇게 우리들, 부알로와 티에리 그리고 나는 우리를 둘러싼 저들의 열광을 우리의 성스러운 열정 안에서 소용돌이치도록 하는 사유 태풍이었다. 우리는 여전히 야생적이거나 그렇지 않으면 위축되어 있는 이 사람들로 하여금 신을, 불멸을, 우리가 영혼이나 덕이라는 말로 뜻하는 것을 생각하도록 만들었다. 우리는 부식보다 더한 것을 떼어냈고, 불보다 더한 것을 꺼버렸으며, 편하게 말을 놓기 시작했고, 자격증을 치워버렸고, 그렇게 거의 생시몽주의자들로 만들었다.

틀림없이 이들 "거의 생시몽주의자들"은 능력에 따른 등급 분류, 작업에 따른 보수, 그리고 여타 교리 원칙들에 대해 별반 이해하지 못했다. 하지만 본질적인 것은 이러하다. 부식들이 떼어졌고, 불이 꺼졌으며, 구세계의 궤양에 진통제가 투여되어 사랑의 능력을 소생시켰다는 것. 다른 세계의 계시와 존재들의 새로운 연관 양식으로의 입문. 우연히 만난 이 푸주한에게 생시몽주의 노동조직화의 우월함을 입증하는 일이 중요한 것이라기보다는 이제부터 그의 존재 방식을 변화시키는 일이, 그의 일상 업무가 감성에 야기하는 야만성을 근절하는 일이 중요하다. 이러한 공감적인 설득은 논리적으로 동종요법의 길을 통과한다.

무서운 얼굴의 육식가에게 매달린 나는 어느 순간 그의 분노의 음역에 맞춰 내 목소리를 올렸고, 그의 방황하는 영혼을 파고들어, 강한 의지를, 잠재적으로 하나의 광증일 뿐인 어떤 열광을 찾아냈다. 나는 그것을 덮고 있던 독설을 조금 해소시켜주었다고 믿었으니, 그가 나를 편하게 대했기 때문이다. 나는 그를 더 잘 이해하기 위해 나 자신을 거의 그로 만들었다. 그는 내게 자신의 격노를 털어놓았고, 여러 번 우리 견해를 음미했으며, 암양의 배를 가르더라도 이제는 이 필연적인 잔학함 속에서 자신이 지옥에 있다고 느끼지는 않을 거라고 내게 약속했다.

새로운 사랑은 자기 먹이를 선택할 줄 안다. 오래된 신자들이 목회자 주변에 모여 성스러운 어린 양의 살과 피를 소비하는 이 일요일에, 이들 산책자들은 포도주 통 제조인과 포도 재배인과 푸주한에게 포도주와 피와 살의 격노를 진정시키는 것을 가르치고, 암양을 죽이는 행위에서 희생양을 바치는 격노를 거두도록 가르친다. 새로운 사랑은, 원리적으로, 희생 없는 종교다. 질랑의 이야기에 나오는 앙젤리크가 그렇듯이 성모마리아를 향한 헌신으로 인민의 아이들을 천상의 사랑으로 이끌지만, 결국은 결혼 연령 이전에 쇠약해져서 죽게 할 따름인 헌신 없는 종교. 골고다가 없는 종교. 이 종교의 선교는 요르단 강가와 산상 집회에서부터 예루살렘의 거리와 온 세상의 길들로 퍼져나가기 위해서 그 어떤 대속자의 피도 요구하지 않는다. 이 소모임과 발걸음을 맞춘 저들의 행위와 사유에서의 변혁 자체 말고는 다른 아무런 구원도 메시지도 없으니, 이것은 우정의 종교요, 살해에 기반한 모델들과 소비에 기반한 우애들을 거부하는 완벽함을 향해 길을 걷는 이들의 협회다. 이 소모임이 자신들의 유혹 시도가 승리했음을, 영혼들의 일치가 실현되었음을 보게 되는 것은 여인숙의 테이블에서가 아니고 돌아오는 귀로에서다.

부드럽고 흐릿한 저녁 빛 속에서, 이 사람들은 더 온유해졌다⋯⋯ 우리는 헤어질 참이다. 부알로는 능변하였고, 티에리는 설득력 있었으며, 저 넷이 먼길을 우리와 동행하겠다고 제안하자 모두가 종교적으로 흥분했다. 우리는 앞서거나 뒤서거나 하며 함께 걸었다. 정의하기 어려운 황홀

프롤레타리아의 밤

한 공기가 우리를 이끌었고, 더 완벽해진 상태로 곧 다시 보리라는 희망으로 우리는 포옹하며 헤어졌다.

5월 어느 일요일의 황혼으로부터 새로운 인간성의 아침으로 이어진 이 소모임의 산책은 진보에 대한 가장 자연스러운 이미지를 제공한다. 하지만 사랑에 대한 일요일의 이러한 꿈들이 주중의 법에, 노동과 가족의 질서에 어떻게 저항할 수 있겠는가? 곧 사도 베르지에는, 아내의 성화에 못 이겨, 자신의 도장 일감을 위한 고객을 주로 생시몽주의 가족에게서 찾는 빙장의 희생물이 되어, 환속하여 타일 까는 직업을 되찾게 될 것이다. 제화공 부알로는 결코 실현되지 않을 이카리아^{Icarie}를 향해 떠나는 것을 후일 꿈꾸긴 하지만 익명의 프롤레타리아로 되돌아갈 것이다. 마지막으로 고니와 티에리의 천상의 우정은 티에리의 부부간 고난을 견디지 못하고 만다. 그래도 티에리는 근친상간으로 아멜리라는 성을 지닌 아내의 아이에게, 죽은 사도인 모세와 천사 친구인 가브리엘의 성을 줌으로써 자신의 충실을 표시했다. 하지만 아멜리는 변덕스럽고 낭비벽이 있는 듯하다. 이는 그녀가 하루 2프랑으로는 살림을 못한다는 것이 드러난다는 뜻인데, 소위 경제학자라는 자들은 모두가 2프랑이면 서민 가구 살림을 할 수 있다고 자신한다. 쥘 티에리는 자기 아이를 데려가고, 더 나은 가정부를 구하며, 아멜리의 빚을 갚는 데 연루된 자기 친구에게 어린 모세의 교육에 필요한 가정의 평화를 자꾸 방문하여 해치지 말아달라고 간청하게 될 것이다.

"우애의 종교를 가족 광신주의와 혼동하지 말라."[26] 목수가 자기 친구에게 건넨 이 헛된 충고는 이 소모임에 대한 이야기에서 교훈 구실을 한다. 우리는 1840년 가을의 마지막날에 있다. 7월 이후의 좋았던 날들은 지나가버렸다. 부르주아 경제학자들은 기승을 부리고, 노동자 사도들은 노동자들의 습속과 심성에서 표면화되는 변화들을 염려한다. 일각에서 말하는 안락과 저축의 관념들, 다른 일각에서 이기주의라 말하는 그것들이 지배계급으로부터 인민계급의 한 부분으로 내려오기 시작한다. 우애의 종교를 대신하는 가족 광신주의…… 틀림없이 이러한 분할에는 모종의 과도함이 있다. 사도적인 마음에 있는 종교성이 물질적 관심에 순수하고 단순하게 자리를 내준다는 것은 진실이 아니다. 쥘 티에리는 『그리스도를 본받아』에서 가져온 인용들로 자기 편지들을 꾸미고, 다른 한편 여러 공화주의자는 라메네 또는 뷔셰를 통해 인민의 대의와 대속자의 대의를 동일시하는 것에 설득된다. 하지만 정확히 이러한 대속자 종교는 일요 산책/선교의 쾌락들과 동일시될 수 없다. 소모임의 행복한 선교 열기에 이제 대립되는 것은 십자가를 든 대변자 이미지다. 추구되는 목표, 즉 "노동계급의 도덕적·물질적 이익"과 내용(헌신)이 유리되는 희생 종교. 인도주의적인 교리의 진보가 뒤쳐진다는 것은 전혀 아니다. 오히려 그 진보는 매우 빠르니, 마른강 굽이를 따라 걷느라 처진 일요 산책자들로서는 너무나 빠르다. 그 진보는 우정의 산책의 리듬에, 생시몽주의 가족을 위해 루이 뱅사르가 지은 노래와 춤의 리듬에 맞춰 가지 않는다. 뱅사르는 자신의 오랜 친구로, 당대의 과학적 사회주의인 푸리에주의로 넘어간 고급가구 제조인 르누아르에게서 얻은 교훈을 통렬히 느낀다. "너는 과학의 높은 연단에서 고게트, 노래하는 산책, 노동자의 춤 따위를 깔보고 얕보지…… 이 모든 것이 로코코풍의 구식이라고…… 너는 걷고, 또 걷지. 너야말로, 자기 편지에 서명하길 잊어버린 이 타자가 말하듯이, 발에 티눈이 있는 자들을 조심해."[27] 소모임의 시간이 끝나니, 신의 산책자들은 고독으로 되돌아가거나, 또는 자신들의 해방과 대중 — 산책자들은 이들의 우상숭배적 실천에서 도망쳐 나왔는데 — 의 해방 사이에서 새로운 연관들을 찾는다. 산책자들은 자신의 주변성을 받아들여야 하거나 노동과 가족의 질서 안에서 의지할 데를 찾아내야 한다.

마루 까는 반란노동자는 가족과 동업조합에서, 작업장의 굴욕과 분노에서, 가사 예산에 입각하여 청구되는 관행들에서 멀리 떨어진 전자의 길을 택했다. 수도자 경제학이 또한 이러한 대체 기능을 갖는다. 신체적 욕구에 대한 억제는 반란의 정신력을 키우고, 우정의 사슬이 부여하지 못하는 과잉을 영혼에게 되돌려준다. 우정의 사슬은 모든 배타주의를 박탈함으로써 재구성될 수 있다. 선교사는 더이상 소모임을 구성하고자 하지 않는다. 익명의 고립된 개인인 그는 반란 정신의 — 정신 그 자체의 — 불씨를 군중과 나누려 하는데, 이들은 가족, 단체, 계급, 동업조합의 결집이 아니라 감각적인 개인들의 순수 결속인 한에서 불타오를 수 있는 군중이다. 요컨대 자신들의 분자 에너지에 의해 융합된 대중인데, 반란은 이런 분자들과 하나의 점에서 비상호적인 관계를 맺는다. "삶이라는 광대한 경기장에서 패배한 반란노동자는 스스로를 자신과 대의를 나눈 사람들이 포기한 독립적 검투사로 여겨야만 한다. 그가 도움을 청하지 않고, 결코 자비를 애원하지 않고 싸우도록 하라."[28]

하지만 이러한 금욕적 고독은 그로 하여금 생산과 소비 질서에 대한 자신의 저항력을 합리화하도록 하면서, 이 도시 공간에 대한 — 소유의 보루들을 사방에서 가로지르고 포위하는 — 지배력을 그에게 부여한다. 만약 인도주의적 사슬이 그에게는 생시몽주의 사도들의 목걸이가 지닌 물질성을 갖지 않는다면, 바로 그렇기에 그 사슬은 공화주의 수사학의 흰소리flatus vocis가 아니라 마주침들과 행복한 경이들의 결속이다. 노동자 인민 개인들을 그들의 위태로운 지점에서, 위태로운 열광의 지점 — 노동의 비수기, 모두의 소유가 된 공간의 길과 자리, 고독한 몽상들의 희미함 또는 우연한 결집의 감격—에서 재빨리 포착하는 산책자가 그런 결속을 만들어낸다. "그는 개인들 사이에서 자기 영혼을 발산하고, 개인보다는 무리에 밀착해 주고받으며, 그리하여 그는 우정의 이러한 여정 도중에 아주 큰 행복감을 누리게 된다."[29] 우정이란 지나치는 마주침이라서 그만큼 더 생생하고 전염성 있는 것이다. 마주침이 지나치는 것인 이유는 반란자가 이 두 자리 사이에서, 자유의 이 두 실존 양식—"침전의 사유가 무르익는" 곳인 사막과, 밀도만이 전파 속도에 의해 폭발력을 부여하는 "극단적 군중"—사이에서 부단히 여행하기 때문이다.

정신의 이러한 여행들은 고독한 선교사에게 두 모델을 부여한다. 도시의 인간인 디오게네스와 사막의 인간인 세례요한. 또한 이 두 모델은 반란 의식 형성에서 두 계기를 표상한다. 견유학자인 디오게네스는 "포기로 소유를 공격함으로써 아무것도 갖지 않고도 모든 것을 소유하는"[30] 괴이한 과학의 창안에 의해 반란의 개인성이 형성되는 계기를 구현한다. 이는 감각들의—"착취든 노예제든 여하간 그것에서 끌어낸 산물과의 교환으로만 확보되는"—소비를 억제함으로써 착취의 군림에서 개별적으로 빠져나가는 근대적 수도자로서의 전형적 형상. 통과자 각자에게 "자기 본성의 위엄"을 개별적으로 재발견하도록 하는 이러한 자유는, 실천 철학—인간 자유를 향한 다른 미래들을 예감하는 데 무능하며 "자유와 시민적 행복을 키워줄 수 있는 능동적 도덕 및 통상적 지성"을 소유하는 데 만족하는 철학—의 "직각 이성"에 제한된 채로 유지된다. 자유와 노예제의 현 관계가 허용하는 최대치를 누리는 데 적합한 이성. 해방된 마루 까는 노동자가 감옥의 고정관념에서 자기 시선을 멀어지게 하지 않았더라면 그의 이성이 아마도 그러했을 것처럼.

프롤레타리아의 밤

사막의 인간인 세례요한은 교정된 오성의 균형 너머에 위치한다. 그는 반란이라는 말의 가장 무매개적인 의미에서 반란 정신이다. 그의 상상력은 "신과 자연과 존재들과 이루어진 결합들" 안에 잠기는데, 거름 푸는 저 철학자[퐁티]는 하늘에서 마루 까는 노동자에게 그런 결합들에서 너무 자주 갈피를 못 잡는다고 비난한다. 하지만 또한 "고통에서 멀어지는" 상상력은 고독한 명상 속에서 인간성의 슬픔과 희망을 모은다. 이렇게 그는, 미래 해방에 대한 비전을 갖고, 사막 한복판으로부터 자기 말이 들리도록 하는 힘을 찾아낸다. 이는 특히 통과자들 덕분이다. 이들은 도시를 다스리는 법들에 이미 불만인 자들이고 다른 통과자들을 가르치는 자들이며, 이 다른 통과자들은 점점 더 많아지는 군중을 독백으로 이끈다. 낯선 기독교를 자신들에게 진정으로 가르쳐주는 저 은둔자의, 설교가 되는 독백으로.

그는 그들에게 구세주를 알리면서 악인들에 맞서 단결해 전투에 나서라 명했다. 이어서 단번에 지상을 떠난 그는 운동과 재생산 법칙들 아래, 연쇄적 실존 속에서 저마다 소유한 영원성을 보여주었다. 여기로 되돌아온 그는 숱한 비참과 공포가, 숱한 치욕과 살육이 그들 앞으로 지나가게 함으로써 역사 속에서 그들을 잃었고, 반란 정신으로서의 다중은 복수를 위한 이 미지의 시간을 향해 긴장했다. 그들에게 지평을 보여주는 그는 그 지평의 의심스러움의 상징이었다. 바람결 붉은 구름에 비치는 저녁 빛은 그들에게 상승과 존재의 길들일 수 없는 욕망을 부여했다.

이러한 "복수"는 고집스러운 노예의 분노가 아니라 "신성한 봉기"이며, 이는 도시의 혁명을 사막의 지평 위로의 무한한 산책과, 해방된 실존을 위한 새로운 대지들의 중단 없는 발견과 연결한다. "디오게네스는 개별 권리를 표상했다. 세례요한은 인간성의 분출을 함의했다. 한쪽은 시민이 스스로를 주인으로 구성하는 것의 표현이었고, 다른 한쪽은 혁명들의 불쏘시개였다. 그들은 함께 보편 해방—스스로를 하나의 세계로 만들어 내는 것이자 제자와 사도에 의해 영구화되는 해방—을 함축했다."

낡은 독재들의 텅 빈 공간들 안에서 스스로를 구성하는 인도주의적 해방의 군대라는 행복한 이미지. 하지만 새로운 독재들은 사막으로부터 도시로 나 있는 길들을 알고 있다. "영혼의 구석구석에" 잠복해 있는 이 독재들은 군중에게 자기 사유를 제공하는 사도들을 추격한다. 선교사들의 군대는 이제 비밀 군대여야만 한다. 이는 위계적 규율에 의해 다스려지는 음모가들의 단체라는 의미에서가 아니라, 역으로 무정부주의자들의 어떤 꿈들과 가깝다는 의미이며, 이러한 전투부대의 예기치 못한 힘은 그들이 그 어떤 중앙의 지휘도 이행하지 않고 그들 각자는 타인이 무엇을 하는지 모른다는 점에서부터 나온다.

디오게네스와 선지자는 언제나 실존한다. 그들의 세기를 떠나, 그들의 삶의 본질은 반란자에서 반란자로 옮겨가고…… 그리하여 이 두 사유 검투사의 성화를 들어올린 선교사들의 군대는 끈기 있게 인민의 저항을 연소시킨다. 서로를 알지 못하는 선교사들은 동업조합의 광신자도 불충의 희생자도 아니다. 자신의 심장이라는 열소로 영혼을 재가열하는 그들은 사도적인—개별 도덕을 급진화하며 권리들의 통일성을 합리화하는—말의 활력으로 신비하게 증식한다.

불충의 희생자도, 동업조합의 광신자도 아닌. 착취로 인해 배척된 자들의 군대도 아니고, 조직화됨으로써 노동자들의 공화국을 선취하는 생산자들의 군대도 아닌. 이미 모든 수혜를 포기했고 착취 세계에 대한 모든 부정을 내면화한 사람들의, 이 세계의 비-존재를 이미 살고 있는 사람들의 정확히 말하자면 실존하지 않는 군대인 것. 예컨대 허름한 셔츠를 입었으나 이는 그 어떤 임노동자도 착취하지 않은 탓이었던, 극도로 소소한 것 안에서 통약 불가한 것을 찾아내느라 애쓰는 정신을 지닌 구두 수선공. 조야하게 다듬어진 벽 외부로는 다양한 식물이 자라고 내부로는 불가능성을 향해 뻗어 있는 것처럼 보이는 선들의 기하학적 평면과 도형들로 장식된 작은 집을 손수 지었던,—땅의 깊이를 재고 영구 운동의 실현을 찾아내기를 꿈꾸면서도—말들의 고생을 경감시키고 비싼 여행 장비의 지나친 속도를 저감시키기 위한 견인 체계를 발명한 마차 제조공. 언제든 싸울 준비가 되어 있으면서도 언제든 싸움질을 재빠르게 진정시키는, 동일한 순간에 자행되는 모든 고문과 자살에 대한 감정 탓에 행보가 흔들리는 도부상. 자신의 "비소유"를 합리화하여, 자신이 갖지 못한 모든 것이 자기 소유가 되었던 성밖의 연삭공.[31] 이미 자신들의 사슬을 잃어버렸으며 타인들의 사슬만 짊어지고 있는 한에서, 노예와 착취자로 이루어진 군중 속에서 혁명의 힘을 가져오는 이 모든 독립적인 사람들. 섬광과 마주침과 빛의 즉각적이고 부단한 전파의 시대일 어떤 혁명 시대를 알려주는 사람들.

　1848년 봄에 고니를 매혹시킨 것은 미래 사회의 꿈들이 교환되는 밀담들의 증식일 것이다. 노동자 클럽에 제안된 주장들 중에서 그가 최우선으로 꼽게 되는 것은 클럽의 영속성일 것이다. 도래할 사회에 대해 그가 가장 활달하게 상상하게 되는 것은 사건들의 밀도와 언술들의 순환일 것이며, 도시의 집과 광장의 돌과 사거리의 기둥에서 표상되는 메시지들일 것이다. 이러한 메시지들은 말이 거주하는 우주를 표시한다. 예컨대 『인권』『사회계약』『자발적 복종』에 대한 공개적인 독해들. 공공 잔디밭들. 나무 다발과 말 방책과 회랑이 있는 "반란 도시"의 구불구불한 길들. 인권선언이 새겨지고 자유에 맞서 저지른 범죄가 새겨지는, 모든 마을과 길의 기둥들. 리베리^{Libérie}라 불리는 도시-우주의 산책자들에게 개방된 넓은 정원 내부의 조각상들. 교회 계단들이 "신학의 가장 난해한 명제에 대해 함께 명상하는 수다쟁이들로 가득"한 우애 축제들. "집회의 분위기에서 자신들의 감흥을 끌어오는" 연사들의 가용 기념물들. "어떤 골목에도, 어떤 곤경에도 에피소드가 있으며" "모든 시위에 주동자가 있어야만 하고, 정해진 시간이 되면 차츰 순차적으로 되풀이되는 어떤 행위를 산출해야만 하는" 무한한 세계이자 무한히 거주하는 세계. "운동들로 빛나며" "위대함의 역량을" 타고난 도시. 사회 개혁들에 관해서, "개혁의 시간이 되면 닥칠 것이다"라고 연사는 적고 있다.³² 하지만 섬광의 영속 외에 어떤 시간을 구상하는가?

기적의 유일한 시간과 영혼들의 마주침의 순수 공간 안에서, 작업장의 노동자들과 가족의 지지자들을, 노동과 도덕의 비정규군들을 알게 되어 흡족한, 고독하게 마루를 까는 노동자이자 사랑의 산책자의 유토피아. 다른 이들이 어떻게 그런 것에 만족할 수 있었겠는가? 예컨대 회비 납부를 별로 서두르지 않는 동료들의 이익을 방어할 책임이 있는 노동자 단체의 비서들. 실업 상태의 아비 또는 집안 돈을 술집에서 탕진하는 남편을 둔 어미들의 궁핍에 늘상 신경쓰는 오지랖 넓은 노동자들. 기획의 시동에 필요한 더 많은 노력보다는 미래 수익에 더 흥미를 보이는 회원들을 책임지는 연합의 개척자들. 자신들조차 상스럽다고 탄식하는 노동자 대중을 타자— 부르주아, 작가, 정치인 — 들에게 대표해야만 하는 노동자 언론인들. 작업장, 동업조합, 거리, 조직, 언론에서 자신들의 자리로 인해, 노동 질서와 가정 질서의 숱한 비루함에 자신의 절대적 꿈들을 일상적으로 비교해야만 하는 이 모든 이들.

문제는 종종 자아에 대해 부여하는 이미지에만 있다. 여론의 전복을 성급하게 풍속의 문란 탓으로 돌리는 적의 비난에 반하는 사적인 삶을, 투사가 공중의 시선에 드러내야만 하는 때가 이에 해당한다. 『뤼마니테르』 소송이 여성계의 거대한 열광을 재차 활성화하고 있는 마당에, 공산주의자 직조공 세바스티앵 코미세르가 젊은 여인과 이어오던 이성관계를 깨버린다.[33] 하지만 문제는, 흔히 성실한 노동자들의 무자비한 시선에 노출된 투사의 "방탕"에 있다기보다는, 성실한 노동자들의 평균적인 도덕으로부터 자기 행동에 고유한 도덕성을 분리해내는 그의 순결주의에 있다. 스스로 우월한 수준으로 올라서지도 않고, 그렇다고 선교에 가장 유효한 형식인 모범을 무효로 돌리지도 않으면서 어떻게 만인에게 사도의 이상을 이해시킬 것인가? "만일 우리가 나머지 인간들과는 다르게 생각한다고, 우리의 본성은 본질적으로 그들의 본성과 다르다고 생각하게 된다면, 과연 어떤 권리와 어떤 연유로 우리가 그들에게 우리의 충고와 모범을 따르라고 말하겠는가?" 거드름을 피우는 페르디기에가 인간들에게 너무 빨리 낙담한 조카에게 던진 질문에 가장 저명한 모범이 답한다. "예수, 그분은 인간들에게 설교하고 싶었을 때, 스스로 인간이 되어 인간들과 더불어 살았다."[34] 하지만 모범이란 눈속임이다. 신의 아들이 인간들의 형벌을 견딜 수 있었고 인간들을 구원하기 위해 타락의 위험부담 없이 마지막 고난까지 감당할 수 있었던 것은 분명, 그가 다른 본성을 지녔기 때문인 것이다. 하지만 노동자 사도들은 인간들과 더불어 사는 것 말고는 달리할 수 있는 것이 없다. 그들의 희생이 그것 자체로는 "물질적 이해관계들"에 처박힌 인간들의 구원을 가져오지 못할 뿐만 아니라, 그들의 고유한 정체성은 어부들과 징세 청부인들이 새로운 말씀을 좇아 어망과 장부와 가족을 버릴 엄두를 내지 못하도록 하는 이해관계들과도 타협하는 위험부담을 감수해야만 하는 것이다.

실은 물질적 이해관계들의 힘은 시민적인 또는 종교적인 도덕이 추천하거나 동의하는 여러 미덕과 이미 타협할 줄 안다는 것에 있다. 그 이해관계들에 따라, 성밖 지대 탕아의 동물적 이기주의에 대립하는 것은 노동자―자기 가족의 행복을 위한다는 바로 그 행위로 자신의 이기주의적인 향락과 동료들과의 연대를 희생시킨 선량한 가장―의 헌신이다. 페르디기에는 자신이 부추겼던, 동료가 남긴 도덕적 교훈에서 자기 역시 수혜를 입지 않았던가? "나는 급여를 받으면, 한 주 살 만큼을 따로 떼어놓고 나머지는 저축은행에 넣어둔다. 그러니 내게는 그 누구에게도 줄 것이 남지 않는다."[35] 사도는 따라서 이제 전략가가 되어야만 한다. 전략가가 되어 "물질적 이해관계들"과 "도덕적 이해관계들"의 규범들을 정의하는 것, 투사의 탕진하는 헌신과 "진짜 노동자"의 절약하는 헌신에 공통적인 척도를 찾아내는 것. "수단들의 도움으로 목표를 추구하는 것", 이것이 식자공 바스방테가 플로라 트리스탕이 옹호한 노동자 동맹 기획 앞에서 정식화하는 문제다. "그들과 마찬가지로 우리에게도 노동하고픈 재료들이 있어야" 한다.[36] 부르주아 왕정의 노동자들에게 헌신적인 이들의 도덕을 호소하는 것은 부질없다.

광장을 온통 차지하고 있는 것은 이기주의와 비루한 고역들이다. 물질적 이해관계의 명목으로, 그것도 잘 입증된 물질적 이해관계의 명목으로 그대에게 말하는 목소리만 들린다. 좋다! 물질적 이해관계에 호소해야만 한다. 헌신 따위에는 호소하지 말자. 모두들 귀를 닫은 채로 있을 테니. 이기주의에 호소하자. 그러면 그대는 이 무기력한 대중이 움직이고 요동치는 것을 보게 될 것이다. 내가 말하려는 것은 갱생을 단념해야 한다는 것이 아니라 약자든 강자든 동요하는 자이든 그들이 겁내지 않도록 목표를 숨겨야만 한다는 것이다. 에피쿠로스처럼 해야 한다. 그는 희랍의 모든 철학 학파가 행복을 추구하면서 쾌감을 공격했을 때, 행복은 쾌감 안에 있노라고 말하면서 젊은이들에게 호소했다. 그가 쾌락을 약속했기 때문에 그들은 그의 정원으로 달려왔다. 그들이 크게 놀랐던 것은 그가 쾌감을 영혼의 감미로운 희열 안에 두었기 때문이었다.

거기에 속지 말자. 산업시대의 향락적인 이들에게 덫의 구실을 하는 에피쿠로스 정원은 우아한 연회의 애호가들을 유혹할 만한 어떤 것도 갖지 않는다. 그것은 진지한 조직이다. 파리에 본부를 두고 모든 도시마다 위원회를 둔 상호부조 연합. 환자와 장애인과 실업자를 더 잘 돕기 위해서 기금의 4퍼센트를 쓰는 조직. 떠돌이 노동자에게는 헐값에 숙식을 제공하며, 가장에게는 식솔 부양에 필요한 양식을 원가에 구매하게 해주는 조직. 어느 곳에서 일손이 부족하고 남는지 알려주는 통신을 도시들 사이에 구축한 조직. 저것이 약속된 쾌감을 위한 것이라면, 이것은 영혼의 진정한 향락을 위한 것.

매우 많은 노동자들을 결집시키는 데 도달하게 된다면, 연합의 재원으로 도서관과 학교를 세우는 일은 용이할 것이다. 그곳에서 노동자들은 고된 작업을 접고 휴식을 취하게 될 것이다⋯⋯ 이 같은 조직을 통해서 노동자들을 교화하고 훈련할 수단도 찾아내게 될 것이라고 생각한다.

결집한 사람들은 자신을 인지하게 되고, 자기 힘을 느끼게 되고, 경로를 바꾼다. 선교는 활동적이고 설득력 있게 될 수 있을 것이고, 지성과 심장을 지닌 사람들은 자기 발전의 새로운 수단을 찾아낼 것이다. 자신의 고유한 열망에 빠져든 사람들은 그들에게 미지인 새로운 것을 거기서 받아들이게 될 것이다. 저 어마어마한 다수의 천민들의 이해관계들을 이해하고 이끌 능력이 있는 사람들이 노동계급의 대열에서 나오는 것을 머잖아 보게 될 것이다.[37]

다수의 천민과, **이들의** 이해관계들을 이해하고 이끌 능력이 있는 몇몇 사람들…… 원래 상황을, 얼마간의 통일성은 논외로 하고, 되찾기 위해서 그토록 많은 노력이 필요할 것인가? 정신의 숨결이 노동으로부터의 휴식에서만 불기를 바라는 것, 미지의 열망들로 통하는 이러한 경로 변화를 물질적 이해관계들의 길에 의해 호소하는 것, 이러한 것들은 근시안적인 전략 아닌가? 하지만 이것은 어쩌면 질문을 잘못 제기하는 것일 터. 어쩌면 이는 산업 질서의 천민들의 갱생을 감당하려는 것이라기보다는, "지성과 심장을 지닌 사람들"에게 이러한 갱생의 미래 도구인 권력에 접근할 수 있도록 해주는 육체노동자 대중을 보장해주려는 것이다. **수단의 도움을 받아 목표를 추구하기**…… 1850년 무렵 바스방테의 장인으로, 리옹에서 해운 대리인을 했던 프루동은 자신의 첫 문하생이자 자기가 내던 신문의 주간인 그가 아마도 변장한 자코뱅에 다름 아닐 거라고 의심하게 될 것이다.

철물공 질랑과 『라틀리에』에 있는 그의 동료들을 불안하게 한 것은 그런 것이 아니다. 그들에게 복음서의 진리들을 환기시켰던 장인 뷔셰는 『프랑스혁명 의회사Histoire parlementaire de la Révolution française』의 저자이기도 한

데, 이 책은 로베스피에르에 대한 그들의 사랑을 굳건히 해주었다. 또한 그들은 물질적 이해관계 세계의 사슬이 너무 견고해서 사도의 말의 힘만을 따르기가 어렵다고 느꼈다. 사도들은 스스로 지도자가 되어야 한다. 하지만 그들이 이러한 요청에 대해 술책을 부리려 하고, 애초 제안된 방향과 반대로 대중을 이끌려 하는 것은 헛된 일이다. 행복에 대한 약속을 통해 이기주의적인 이익들의 쇄도와 타협하고자 한다면, 그들은 지배적인 사회가 제안하는 관념인 지배적인 행복 관념을 부득이하게 향하게 될 운동에 동조하게 될 뿐일 것이다. 이기주의적 행복의 물결 앞에서 물길을 틀 수 있는 유일한 방식은, 모두에게 인정될 수 있을, 다른 원칙을 지닌 역의 물결을 조직하는 것이다. 이를 위해서는 이중적인 도덕, 이중적으로—진짜 노동자들의 공통적인 규범에서 사도를 면제해주고, 헌신의 까다로운 도덕은 지도자들에게 한정하면서 천민들에게는 도덕적 갱생에 대한 개인적 노력은 주문하지 않고 사회적 갱생의 집단적 수혜를 약속해준다는 점에서—위험한 도덕의 유혹들을 거부해야 한다.

저항하려 헛되이 애쓰며 헤엄치는 이들의 고독한 노력이 반대 물결일 수는 없다. 그것은 다른 물결의, 다른 세력의 실정성이어야 하고, 이는 사도의 에너지를 대중의 에너지와 결합한다. 이는 각각의 부분이 서로 인정될 수 있음을, 사도가 자신이 실천하는 헌신을 그 본성의 확장적인 필연성에 의해 대중에게 **그들의** 의무라고 가르칠 수 있음을 가정한다. 하지만 그러기 위해서는 사도 자신이 추락한 천사 혹은 선택받은 음유시인이라는 역할을 포기해야 하고, 타인들과 함께 살아갈 뿐만 아니라 타인들처럼 살아가야 한다. 사도는 벌이가 좋은 날들과 근사한 가정을 바라는 성실한 노동자의 동기와 동경을 자기 것으로 삼아야 한다. 그가 자신의 열망들인 독서와 산책의 파라다이스를 부인해야 하는 것은 아니지만, 그가 천민들에게 필연적인 상호성이 있다고 가르치는 권리 및 의무가 그의 향락 및 희생과 동일시되는 지점을 찾아내야 한다. 그가 자신의 타락이라 생각했던 것과 천민들의 복권을 정초해야 하는 것의 마주침에서 단일 원칙이 제공된다. 사도의 보존된 위엄과 대중의 되찾은 위엄을 동시에 표상하는 원칙. 오늘의 대중이 분유하는 예속 안에서 내일의 대중이 분유할 영광을 선취하는 원칙. 바로 노동.

그것은 이미 조르주에게 위르뱅이 건넨 충고 아니었나? "이보게나, 형제여…… 나는 천민이라고 중얼대면서 겸손하게 머리를 숙이는 대신에, 차라리 나는 노동자라고 말하면서 고결함과 자부심을 갖고 머리를 쳐들게나."[38] 다른 이들이 무릎을 꿇고 믿음이 하사되기를 기다리노라 말할 때, 머리를 쳐드는 것? 충고는 값진 것일 수 있지만 생뚱맞아 보인다. 이 「내밀한 통신」에서 조르주는 노동의 의무가 아니라 노동자들의 냉담에 맞서 반항했던 것이니까. 그렇다고 위르뱅이 사연을 오해하는 것은 아니다. 중요한 것은 플라우투스의 맷돌과 루소의 필사 노동을 상기함으로써, 또는 펜의 예속을 대패의 독립과 비교함으로써 추락한 천사로 하여금 육체노동자 직분을 수용하도록 호소하는 것이 아니다. 문제는 자아와의 동일시가 아니라 타자들과의 동일시에 있다. 바로 이 때문에 노동자의 이러한 고결함을 과장해야 하는 것인데, 이 고결함은 돌출자라고 느껴지지 않도록 아주 많이 꾸며서 말해진다. 이 의지주의적인 반전 말고 다른 길은 없다. 냉소주의와 절망 사이의 협로인 이 길은, 적어도 이미지상으로는, 고독한 자를 자기 동료들인 숭배하는 군중과 화해시킨다. 그래서 질량은 추락한 아이와 노동자 모럴리스트를 다시금, 이번에는 운문으로, 대화하도록 만든다.

프롤레타리아의 밤

영감을 받아, 나는 찬란한 빛을 꿈꿨다네.

왕궁에 대한 존경과 초가집에 대한 사랑……

더이상 미망이 아니야! 구속된 내 영혼 안에서,

순수하고 신성한 불의 불꽃이 꺼졌고

점점 더 실증적인 사물들이 되어가는,

나는 이 가난한 포로들과 비슷해지네.

고향에서 멀리 와 추억으로 눈물짓는 그들과……39

　

하지만 투사가 거기 있는 것은 포로가 된 영혼의 목소리가 "사막에서 망각된 채로" 죽어가지 않도록 하기 위함이고, 그 영혼의 소명을 선민의 사명으로 삼기 위함이고, 그 영혼으로 하여금 천민의 아우성을 무시하면서도 노동자들의 구원적인 치세를 고지할 수 있게끔 하기 위함이다.

　

형제여, 일어나게, 힘과 용기를 다시 내게나.

상처 입었으되 여전히 자존감을 지닌 병사여, 다시 전투에 나서게.

어떤 노동도 천하지 않으니, 이것이 우리에겐 지혜로움.

노동하지 않는 자들을 멸시하는 것.

　

그대가 그대의 심장에서 사유가 들끓는 걸 느낄 때

사유는 성스러운 선물이니 억누르지 말게나.

무의미한 군중의 아우성은 무시해.

시인은 영감을 받을 때 강해지는 것.

　

신이 그대의 이마에 새겨준 이 기호: 지성.

그대에게 할당된 것은 틀림없이 영광스러운 운명.

열망하던 목표를 향해, 전진하게나, 그대의 날이 다가오리니.

전진하게나, 샛별이 보이잖나?

아! 다산의 종족인 우리가 약해진다면,

우리, 창조주의 손으로 축복받은 노동자들이,

도대체 누가 세계 구원을 위해 헌신하겠나?

미래는 여전히 대속자의 피를 원하는데……**40**

노동을 경멸하는 자와 시인을 비꼬는 자들 사이의 단순한 흥정 너머에서, 대장간 화덕에서 그을린 이마와 지성의 기호가 표시된 이마에 공통된 남성적이고 호방한 시로부터 동일성이 재발견될 것인가? 이것은 다시금, 시인을 선택함을—그 범위가 상당히 애매한—시인이 선민에 속한다는 신호로 삼아야 하는 이중의 부인이다. 마치 신의 선민들의 구원 사명을 노동계급에게 양도하는 것을 노동자 시인이 주저 없이 따를 수는 없었다는 듯이. 그렇지만 바로 거기 있는 논리는 프롤레타리아 풍속의 상스러움 속으로 추락한 아이들에게 어떤 유산의 정당성을 다시 부여한다. 사회의 한 계급이라기보다는 인간 종족이라고 생각해야 할 이 노동자 세계의 갱생 사명과 동일시되는 유산. 샛별…… 고독한 이들의 밤이 맞이하는 행복한 결말. 입문자들의 은밀한 밤에서 고통스럽게 떨어져 나오기, 이것은 기적의 여명과의 가능한 동일시에 의해 구제되는 것. 시인의 예지인지 작가의 회고적인 술책인지 몰라도, 1849년에 출판된 시의 작성일은 1848년 1월이다.

하지만 절대적인 꿈들이 노동자들의 권리 주장 및 인민들의 격앙과 뒤섞이는 영광의 아침들에 앞서 훨씬 소박한 아침들이 있다. 여기서는 노동하는 천민들의 우둔화와 성밖 지대의 취기에서 노동을 잊으려는 자들의 타락 사이에서 위엄이 확보되어야 한다. 그러한 것이 이 봄날의 일요일에 있던 일이다. 한때 타락한 아이였던 앙드레가 새 친구 조제프와 수도 인근의 숲으로 산책을 나선다. 1842년 5월의 이날에, 두 친구는 1831년 선배들의 감성적인 도취를 전혀 추구하지 않는다. 훨씬 소박하게 그들은 "일주일에 하루 작업장을 나와 이렇게 숲속 맑은 공기를 숨쉴 수 있어서"[41] 행복하다. 우정의 쾌락은 사도적인 열정으로부터 노동자들의 위생으로 경쾌하게 옮겨가는 경향을 띤다. 그렇지만 어떤 유감이 두 친구의 소풍에 그늘을 드리운다. 사실 그들은 셋이어야 했으나 그들의 친구인 샤를르가 회합에 오지 못했는데, 틀림없이 그는 거쳐올 수밖에 없는 성밖 지대 길에서 붙들린 것이다. 샤를르는 그 지대 선술집들에서 높이 쳐주는 시인들 중 하나였고 게다가 그는 거기 들르는 즐거움을 마다할 줄 모르는 위인이었기 때문이다. "그는 자신의 노래가 군중에게 즐거움을 준다는 것을 알고 있다. 이것이 그가 언제나, 군중의 갈채와 찬탄과 애호를 받는 곳이라면 어디든지, 마치 이런 선술집의 환호가 진정으로 섬세한 영혼에 작용을 가할 수 있다는 듯이, 마치 포도주에 찌든 이 뇌들이 바쿠스 주신의 취기로 인한 추잡한 감각들과는 다른 것을 표현할 수 있다는 듯이 군중과 어울리는 이유다."[42]

예술가 노동자의 추락은 새로운 주제가 아니다. 새로운 것은 이러한 추락에 주어진 형식이다. 빈곤, 자살, 또는 강자에게 넘어감이 아니라, 안티-포에지의 지옥, 포도주에 취한 야수들의 사회다. 노동자의 노동에 몰두하다 비루해지는 것을 거부하는 자는 프롤레타리아보다 못한 하층민으로 떨어질 수밖에 없다. 이러한 추락이, 다시 한번, 노동자의 노동의 고귀함과 신성함을 반증하는 증거 구실을 할 것이다. 추락한 천사라는 이미지를 끝내야만 한다. 그 내기의 판돈은 미래 세대의 인간 교육이다. 틀림없이 1830~1834년의 위대한 시절 이후에 활동적인 삶에 들어선 노동자 조제프는 광신자라기보다는 예민한 사람이고, 헌신적이라기보다는 성실한 사람이며, 천사를 자임하는 것을 비난할 준비가 확실하게 되어 있지만, 이는 어디까지나 그것을 노동자들의 성실한 "에피쿠로스주의"로 대체하기 위함이다. 이 노동자들은 자신들의 의무에 정성을 쏟으며 영혼의 섬세함에 열려 있는 이들로, 건설되어야 할 미래에 소박한 열성을 다한다. 그에게 제시되어야 하는 것은, 성밖 지대에서 음유시인 노릇하기를 위해서가 아니라, "노동하는 계급이 스스로의 권리와 이해관계와 자유를 방어하기 위해 언젠가 완수해야 할 의무를 예견하면서"[43] 공부하고 펜을 굴릴 수 있다는 점이다. 그에게 입증되어야 하는 것은 작가의 밤샘 작업과 투사의 헌신은 좋은 가장인 노동자의 자연스러운 열망을 연장하는 것일 따름이지 그 노동자의 의무를 결코 훼손하지 않는다는 점이다. 이로부터 도출되는 것은 "노동자들의 문학"을 헐뜯는 논쟁들에 주어지는 작금의 의미.

그들이 신랄한 야유와 잔혹한 조롱으로 괴롭히는 자는, 우리 중에서도 자신의 위엄을 느끼며 목소리를 높여 태양 아래 자신의 자리와 자신의 대가족을 위한 약간의 빵, 자신의 가난한 아이들을 위한 지상에서의 약간의 행복을 요구하는 이들이다. 하지만 물론 나는 내가 이런 결점이 용서되어야 하는 사람들에 속한다고 믿는데, 그들 말마따나 그러한 것이 매일매일의 나의 노동에도, 나의 조건이 내게 부과하는 다수의 의무에도 전혀 폐가 되지 않기 때문이다.[44]

　　　　　　　　　　　　　　　　　프롤레타리아의 밤

가장의 자연스러운 염려는 투사의 사심 없는 헌신과 노동자 작가의 담대함을 신용해야만 한다. 예민한 질량이 지닌 아버지로서의 다정함은 우리가 익히 알고 있는 바다. 하지만 그것이 과연 성실한 가장으로서의 그의 직분에 선행했던 사도로서의 괴이함을 망각하도록 할 수 있는가? 그의 첫사랑은 그가 결혼을 통해 구제하고픈, 불량한 삶을 산 아가씨 아니었던가? 질량은 실제로 미래 아내의 회개가 진지하다는 것을 나타내기에 적합한 시험을 구상했었다. 커플이 고아를 입양해야만 한다는 것. 최근에 죽은 어느 가난한 여성 노동자에게 늙은 군인이 버리고 간 아이를. 하지만 젊은 사도의 어머니가 이 괴이한 사랑 시험을 하지 못하도록 그를 말릴 수 있었다.

어머니가 내게 말하길, 내가 아내로 삼고 싶어하는 그녀가 나를 사랑하지 않을 거라는, 그녀가 나의 희생을 전혀 이해하지 못할 거라는, 그녀는 내가 돈이 있어야 할 천상 방탕한 자라서 포기할 거라는 것이었다. 세상은 냉혹하며, 아이는 내 비행의 소산으로서 나를 탓하는 비난거리가 되리라는 것이었다. 어머니들은 애정어린 선견지명 속에서 언제나 약간은 이기주의자들이다. 내 어머니는 이성의 언어로 말했다.[45]

약간의 이기주의는 실효적으로 **모범적인** 헌신에 대한 생각으로 이어진다. 험담을 꺼리며 무조건적인 관후함을 간파하는 이러한 가족들의 이성이, 돈으로 매수할 수 있음이라는 파렴치와 순결주의가 역설적으로 연결된다는 것을 고발한다. 선한 의지를 지닌 프롤레타리아들이 자신들의 사적인 삶에서 매춘부와 기아 들을 돌볼 책임을 떠안아야 하는 것은 아니다. 부르주아 박애주의는 치유하고자 하는 해악을 이러한 돌봄 책임을 통해 유지한다. 사도들의 결혼은 구원 행위가 아니라 한 가정의 모범적인 구성이 될 것이다.

사안은 단순해 보인다. 성실한 남성 노동자와 순수한 여성 노동자의 결혼. 덜 모호했지만 그래도 역시 불길했던 젊은 질랑의 두번째 사랑은 사정이 그렇지 않음을 보여준다. 이번에는 그가 노동 질서와 가정 질서의 핵심에서 약혼녀를 만났다. 그녀는 그의 고용주의 아내가 운영하던 옆 공장의 양재사다. 젊은 남성 노동자는 스스로 혼수 준비에 더한층 열심이지만, 그렇다고 해서 자신의 야간 학습을 희생하지는 않는다. 젊은 여인 역시 세간을 장만하려고 노동하는데, 불행히도, 지나치게 한다. "그녀가 병들고, 쇠약해져, 시들다, 죽었다."[46] 『인민』의 저자[미슐레]에게는 "불경한 단어"인 여성 노동자가 노동자 시인에게는 치명적인 사태—여성에게는 너무나 가혹한 고된 일로 인해 죽을 운명에 처한 존재—다. 하지만 이러한 여성적 약함은 프루동이 웃음거리가 될 이런 계산들에서는 규정되지 않는다. 이 약함은 여기서 존재의 특정한 불가능성을 명확하게 표상한다. 앙젤리크라 불린 젊은 여성 노동자는, 질랑의 여러 편의 시와 이야기에서 다양한—실존하기에는 너무 순수한 동정녀가 노동하기에는 너무 약한 여성 노동자를 덮어버리는—형상으로 등장한다. 하여 『백장미』에서는, 공장 주인의 딸로 변신한 앙젤리크가 신체적 수고와는 전혀 무관한 노고로 죽는다. 의사들에 따르면 폐결핵, 그녀가 자신의 환영을 말해주고 에제시프 모로의 운문을 낭송해주던 아이의 판단으로는 향수병. 변신의 사슬을 계속 이어가다보면, 틀림없이 참사관 크레스펠의 딸[〈호프만 이야기〉에 나오는 안토니아]과 만나게 되는데, 그녀는 노래하기를 참지 못해 죽는다. 호프만보다는 다행하게도, 철물공은 세번째 사랑에서 행복을 찾게 되는데, 펠리시라는 이름의 그녀는 시인 직조공의 딸임에도 불구하고 한 남성 노동자에게 필요한 것, 즉 여성 시인도 여성 노동자도 아닌 주부라는 면을 우선적으로 지닌다.

> 우리 마을의 늙은 시인을 알고 지낸 덕에 총명하고 상냥한 배우자를 소유하는 행운이 마련되었으니, 그녀는 내가 필요로 하던 바로 그런 여성이고, 소유했노라 자랑할 수 있는 사람이 많지 않은 그런 여성이다. 그대는 우리 친구들과 우리 집안을 알고 있다. 우리 가정은 우리의 불행한 사회 안에서 많은 이들이 소망할 그런 가정이다.[47]

노동자 조제프가 사도의 학습과 활동은 선한 의지를 지닌 모든 노동자에게 접근 가능한 것이라고 생각하도록 하기 위해서는 그에게 바로 이러한 애매한 행복을 제시해야만 한다. 용인된 정상성은 이 소소한 일탈을, 노동자 군대가 새로운 하늘들을 향해 행진하도록 호소하는 이 다른 열망을 견지하도록 해주어야 한다. 이러한 차이는, 노동의 전투들이 분유하는 운명 안에서의 이 다른 충동은 실제로 언제나 위협당한다. 산문적인 조제프는 시의 미망과 열정을 단념한 사람을 진심으로 축하할 준비가 너무나 되어 있다. 오늘날 이러한 열병이 무엇에 소용일 것인가? 이 외계의 병을 단념하는 것이 "더 분별 있고 위안이 되는데", 이 병은 일부 사람들은 광인 취급받게 하고, 또다른 이들은 가난으로 죽게 하며, 일부 사람들로서는 강자에게 몸을 팔아야만 치유되는 병이다. 이러한 산문성에 맞서서 구세계의 독재들을 고발하고 인민의 심장에 열정을 가져오는 성직을 옹호해야 한다. 바로 그런 이유로 타락한 시인 샤를르를 본격적으로 청산해야 하는데, 그는 너무 높이 오르고 싶어하다가 최하층으로 떨어진 시인이다. "항상 평온한 잠을 자고 때로는 행복한 꿈을 꾸던 아주 딱딱한 자기들 침대를"[48] 되찾으려고 성밖 지대로 되돌아온 조제프와 앙드레는, 술에 취해 일그러진 얼굴에 피와 얼룩 범벅이고 옷은 누더기인 어떤 남자가 끌려가는 것을 보게 될 것이다. 물론 그 남자는 샤를르인데, 그는 포도주 향기와 난폭한 싸움에 휘둘리고 있다. 불량배, 주정뱅이, 성판매자 들과 뒤섞여 끌려간 경찰서에서 두들겨 맞은 그는 진료소에서 죽게 되어서야 겨우 빠져나오게 될 것이다.

노동하는 조건에서 달아나기 위해 시를 활용하고팠던 자의 결정적인 청산. 그가 달아나려던 곳은 천사의 활기가 쇠진되는 그런 방의 고독 속이 아니라, 동물성으로 회귀한 무리들의 소굴이다. 이는 하나의 죽음, 즉 자살일 뿐만 아니라, 군사적 의미에서의 강등이다. 하나의 다른 위계, 노동이라는 다른 영예가 고지된다. 샛별…… 이튿날 6시부터, 조제프와 앙드레는 작업장에 있을 것이다. 늙은 철물공 하나는 1848년에 피에르 뱅사르에게 말할 것이다. "우리 직업은 눈에 띄게 도덕화된다. 우리가 월요일을 파괴했다." "'나는 아우스터리츠 전투에서 싸웠다'라고 말하는 상이군인만큼이나 그도 거만했다"고 조르주와 위르뱅의 아버지는 논평할 것이다.[49]

굽은 길에 의해 그려진 직선? 인민의 사제가 좌초한 그곳에서 이들 새로운 개종자들이 성공하려면 필경 약간의 이단들을 통과해야 할 것이다. 예수그리스도의, 또는 차라리 뒤늦게 믿게 된 마지막 제자의―"노동하지 않으려는 자는 먹어서는 안 된다"는 그의 금언이 『라틀리에』의 전면에 새겨진다―최종 승리. 마침내 만사가 질서 안에 놓이고, 우리는 자신의 동료들과도 자신의 이미지와도 화해한 철물공 질랑을 노동하는 월요일에 놔둘 수 있다. 그는 확실히 친구인 코르봉이 그의 장례에서 한 추도사를 받을 자격이 있을 것인데, 여기서 자기 조건에 불만인 어느 선반공

프롤레타리아의 밤

에게 그가 모범으로 제시된다.

그대는 질랑을 알죠. 성밖에 살던 그 철물 노동자를…… 그는 자기 직분에 대해 조금도 경멸하지 않던 이였어요. 그러기는커녕 즐겁게 직분을 다한 이였죠. 이런 연유로 그에겐 일감이 부족하지 않았고, 언제나 섬세한 일을 해야 했기에 벌이도 그만큼 좋았답니다…… 그렇다고 해서 우리 친구인 질랑이 일상의 노동을 마친 뒤에 자기 정신의 욕구를 아주 크게 만족시키는 걸 못하진 않았어요…… 그가 월요일에 일을 쉬었다면, 그건 홀로 작업장에 있지 않으려던 것이었죠. 다른 이들이 보내는 그 숱한 날들을 그는 책들과 함께 보냈죠…… 그대는 어딘지 아나요?[50]

그가 월요일에 일을 쉬었다고! 이 기독교도들은 최후의 크레타 사람보다도 더 거짓말쟁이들이다. 사태들을 처음부터 재론해야만 한다.

2부

부서진 대패

6장

노동 군대
L'Armée du travail

그의 이름은 아르망 엔캥, 27세, 벨기에 출생. 부친은 프랑스인으로 세관의 일급 징수관이다. 그는 오랫동안 스당^Sedan에 살았고, 거기서 커다란 모직물 공장의 부기를 작성하는 사무원이었다. 집달리 서기가 되었다가, 이어서 뒤시용 남작 부인의 비서가 된 그는 여타 많은 다른 이들—펜대를 굴리는 사람들 또는 연장을 쥔 사람들—처럼, 7월의 명예로운 혁명이 노동과 사회적 위상의 현존 질서를 해체해버린 뒤로는 "자기 취향과 능력에 맞는 직업을 갖지 못했다."[1] 이렇게 해서 그는 부기 작성에서 깃털펜 제조로 전락했다. 하지만 새로운 불운의 전조들이 인민 승리의 뼈저린 결과들에 추가될 것이다. 그에게 펜을 만들 깃털을 대주던 상인이 콜레라 때문에 동방에서 그것들을 가져올 수 없다는 것이었다. 이제 그는 깃털을 도매상에게서 5만 단위의 상자들로 사들여야 할 것이다. 그런데 그에게는 상자 하나 구매에 필요한 100프랑을 차용해 올 가망이 없다. 이미 그는 이웃 여성 노동자에게 60프랑을 빚지고 있는데, 그녀에게 상환할 방도가 없어서 만나는 것을 피하고 있다. 그래서 그는 펜 재고를 처분하여 다양한 상인에게 팔 이쑤시개를 만든다. 그는 이걸로 하루에 30수를 번다. 병든 그는 치료비 내는 게 두려워 의사를 부르지 못한다. 생빅토르 거리에 있는 그의 지붕 밑 다락방에는 가구가 별로 없다. 이쑤시개를 몽땅 팔게 되면 그는 다른 생계 수단을 강구해야만 했다.

그가 생시몽주의에 입문한 것은 자발적이다. 어느 날 우연히 무도회장에 들어선 그는 교부 쥘(르슈발리에)의 가르침에 매혹당했다. 그는 교리부에서 가장 나이든 노동자인 장인 재봉사 클루에를 보러 갔다. 클루에는 12구에서 노동자 교육을 담당하는 감독관인 들라포르트에게 그를 추천했다. 이 신참의 능력을 알아본 들라포르트는 그에게 교리부가 어쩌면 그를 도와줄 수 있을 거라는 희망을 갖게 했다. 예컨대 100프랑을 선금으로 대주어 장사를 지원하는 것, 그에게 부기 일감을 주어서 다시 자격을 갖게 해주는 것. 사심 없는 신앙을 지닌 엔캥은, 기다리는 사이에, 여가 시간을 써서 새로운 종교의 선교에 전념한다. 약간의 곤란이 없지 않았으나 그의 감독관은 이렇게 적고 있다. "그에겐 뒤시용 남작 부인의 비서라는 면과 이쑤시개 상인이라는 면이 뒤섞여 있는데, 이 혼합이 아직 숙성되질 못했다. 주위에선 그를 어색해하며, 그도 동료들에게 감히 접근할 엄두를 거의 내지 못한다." 그렇지만 신앙의 도움으로, 그는 이웃과의 관계를 정복하기 시작했고, 교리부에 여러 신참을 데려왔다.

그는 같은 층에 사는 이웃으로 쥐라Jura 출신의 내의 양재사 소피 마예에게서 시작했다. 그녀가 어찌하여 1819년에 파리에 와 있게 되었는지는 모른다. 어쨌든 그녀가 그토록 두려운 여성들만의 운명을 겪었다는 것은 사실이다. 지금은 브리아르Briare에서 생업에 종사하는 기유라는 목수의 꾐에 넘어갔다가 버림받은 그녀는 9살 난 아들을 홀로 키운다. 그렇지

프롤레타리아의 밤

만 그녀는 가혹하게 매춘으로 이어지는 멜로드라마로 기울지는 않았다. 그녀에게는 적당하다 할 만한 돈벌이를 보장해주는 직업이 있었고, 빚은 없었으며, 그녀의 아들은 공제조합 학교에 다녔고, 그녀의 집은 잘 관리되고 있었다. 그 집에는 "취향과 안락함의 기운"이 있었고, 거기서 들라포르트는 "가정을 건사하는 재능"을 간파하는데, 어쩌면 더 광대한 열망을 간파할 수도 있었을 것이다. 하지만 이 소박한 안락은 전적으로 위태롭다. 소피 마예는 곧 자기 아이를 고아원에 보내야 하는 궁지에 처하게 될 것이다. 프롤레타리아로서의 간난과 여성으로서의 혹독한 경험이 그녀로 하여금 생시몽주의 발화를 이해해보겠노라는 각오를 다지게 했다고 해서 놀랄 일인가? 성직자와 위선자들에 대한 경험이 그녀를 오랫동안 기독교로부터 떼어놓았다. 그녀에게 많은 배은망덕을 겪게 한 이 "쉽게 은혜를 베푸는 성향" 덕에, 환멸로 인해 갇혀 지내던 고독으로부터 빠져나와서, 노동계급의 물질적이고 도덕적인 빈곤을 경감시키려는 이 남녀들의 말을 들어보려 한 것이다. 사도들이 상대의 행동거지에서 간파해내려고 노력한 "공감 성향"이 그녀의 얼굴에서는 이미 읽힌다. 틀림없이 그녀의 푸른 눈이 표현하는 것은 "지적인 역량보다는 상냥함과 온순함이다". 그렇다고 소피에게 능력이 없는 것은 아니다. "그녀의 언어는 부정확하긴 해도 정열적이고, 종종 장식적이며, 거의 언제나 달변이다." 그래서 구區 단위의 감독관 펠리시 에르보가 그녀를 테부Taitbout 거리에서 하는 일요 오후 수업뿐만 아니라, 생시몽주의 고위층에서 촉망받는 이들 중 하나인 마리 탈롱이 여성들만 대상으로 여는 특별 수업에도 참여할 수 있게 해주었다.

틀림없이 이러한 지적 호기심은 엔캥이 데려온 다른 신참들에게서 활달하게 분유되지는 않는다. 우선 왕년의 군인이자 모직물 마무리 작업 노동자였던 니콜라 그랭쿠르가 있는데, 엔캥이 그를 알게 되었음이 분명한 곳은 그의 고향 스당이었다. 파리에 온 그랭쿠르도 역시 7월 이후에 자기 직종에서는 직장을 구하지 못했다. 결국 그는 차선책으로 새로 창설된 시 방위군에 들어갔다. 하지만 그보다 "연상이라고"들 하는 그의 아내가 방위군에서 그를 나오게 했는데, 이는 자기들이 입양한 아이가 이러한 혼란의 시대에 맞을 미래가 두려워서였다. 마침내 그는 포팽쿠르Popincourt 거리에 있는 모자 공장에서 일당 1프랑 50수를 받는 막노동 자리를 구했다. 실업 시기의 빚을 상환하고 나면 집세를 내고 세 식구의 양식을 마련할 게 없었다. 그랭쿠르 가족의 가구와 옷가지는 거의 몽땅 전당포로 가게 된다. 그것들을 되찾아오려면 300프랑이 필요하고, 새로운 법은 전당포 이용자들이 6개월 이내에 그렇게 할 것을 의무화한다. 그는 아직 찾아올 수 있으리라는 작은 희망을 갖는다. 교리부의 신사분들이 관심을 가져준다면, 그는 그분들에게 펠트 모자를 공장 가격으로 제공할 수 있으며, 이렇게 해서 자기 재산의 일부나마 회복할 수 있다는 것이다. 이러한 타산적인 마음이 그랭쿠르가 교리를 이해하고 선교하는 것을 방해하지는 않는다. 물론 그 나름의 방식으로. 남작 부인 비서의 방식은 아닌, 군대에서 질서와 사랑을 배운 상식적인 남자의 방식으로.

엔캥은 이어서 주류 제조인 데샹을 접촉하고, 생빅토르 거리 131번지에 있는 그의 주점에서 설교한다. 네 아이의 아버지인 데샹은 학식보다는 선의를 가진 사람이다. 그리고 그의 아내는 "아직 흔들리지 않고 있다". 그래도 그녀는 들라포르트에게 자신이 그의 "아들" 엔캥이 하는 말을 흔쾌히 들었노라고 고백했으며, 데샹 본인은 이번 일요일에 테부 거리에 가려고 청색 티켓을 구했다. 생빅토르 거리에서 좀더 아래로 내려가, 엔캥은 티에르 가족을 개종시키려고 한다. 아버지 티에르는 흥미로운 신

프롤레타리아의 밤

참이 될 것인데, 왜냐하면 육십대의 파리 토박이인 이 남자는 75번지 일대 굴뚝 청소 청부 일을 하고 있으며 젊은 청소부 무리의 정신에 어느 정도 영향력을 행사하고 있기 때문이다. 하지만 티에르가 "사회에 정의롭고 유용한 것을 잘 감지하며 거기에 자기 나름으로 공헌할 준비가 되어 있는" 사람이라 하더라도, 교리를 향한 그의 열정은 자기 가족으로 인해 약간 제한적이다. 그는 테부 거리에 갈 수 있는 청색 티켓을 갖고 있지만 별로 사용하지 않는데, 일요일이면 자기 형제를 방문하는 습관이 있어서다. 그리고 그의 아내는 가정의 평안에 만족하고 있어서, 생시몽주의에서 말하는 걸 들으려 하지 않는다. 그의 딸 마리오귀스틴은 교리를 이해하기에 더 나은 상태에 있다. 남편인 드베르귀라는 사람과 여러 해 전에 이혼한 그녀는 불행한 부부관계 탓에 갇혀 있던 은둔과 고독 습관에서 빠져나올 수도 있었다. 하지만 바느질을 아주 잘했던 이 젊은 여성은 연합이라는 관념을 싫어한다. 그녀는 바느질 작업장의 집단 속에 있어 본 적이 없고, 그래서 그녀는 유니폼을 입어야 한다는 게 두렵다고 들라포르트에게 고백했다. 그렇지만 들라포르트는 자기가 그녀에게 연합의 의지적이고 진보적인 특성에 관해 아주 잘 안심시켰기에 그녀를 완전하게 설득시켰다고 생각하며, "시간이 되어 유니폼과 작업장이 필요해지면 그녀는 그것들을 열망하는 선두에 있을 것이라는" 점을 의심하지 않는다.

조금 더 멀리 생자크 거리에서는 확신을 갖게 된 다른 이들이 자기들의 부모, 친척, 친구, 고객을 데려온다. 스위스 태생으로 노르망디에서 자란 도장공 콩페는 제법 여행을 다녀보고 나서 15년 전에 파리에 정착했는데, 대주교 교구 약탈을 초래했던 반성직자적이고 반왕당파적인 폭동들에 관해 『글로브』가 2월에 내놓은 장문의 포괄적인 기사를 읽고서 교리에 공감하게 되었다. 콩페는 자기 직업의 수입 외에 생자크 거리 270번지에 있는 빌트인 여관을 운영했고, 자기 손님 중에 가장 흥미로운 리베르 부인을 교리부에 추천했다. 그녀는 양가良家의 — 가족의 인정을 받지 못해 입대할 처지에 놓인 — 아들과 결혼하면서 결혼 비용을 자기가 지불했던 여성 노동자다. 같은 동네에 사는 젊은 식자공 알렉상드르 펜케르는 자기 손위 형제들 — 어느 판화 상인의 심부름꾼 일을 하는 이폴리트와, 예전엔 시골 신부가 되길 꿈꾸었으나 제화공이 된 샤를르 — 을 개종시켰다. 붙박이로 일하는 직업에 싫증난 샤를르는 종이 가게에서 일당 2프랑 50을 받는 점원이 되었다. 그의 임금이 박해도 그의 내면에 거주하는 "과학의 악마"를 만족시키는 것을 막지는 못했으니, 그는 300권의 소장 도서를 갖춘 작은 서재를 꾸몄다. 헌옷을 수선하고 책을 제본하는 일을 하지만 지금은 일감이 없는 젊은 아내는 그의 취향을 구속하지 않았다. 쥘레Juillet[7월이라는 뜻의 단어]라는 이름의 딸을 막 낳은 이 "착하고 조그만 여인"은 지식의 악마에게 흔들리지 않지만, 자기 남편의 감성과 자선 행위에 이방인으로 머물지 않으려 한다. 한결같이 여전히 저 사흘의 열기에 들떠 있는 펜케르 형제는 신참을 모으는 일을 시작했다. 우선 그들의 누이로 역시 제본 일을 하는 리즈, 그리고 자신들의 동서인 화가 르풀롱. 리즈의 "어조와 거동은 대다수의 부르주아 부인들과 비교해도 손색없으며" 그녀의 남편은 (당시 펠리시 에르보에 의해 작위를 받은) 들라포르트 씨에 의해 몽시니 거리의 살롱에 소개되어 마땅하다. 그 밖에 알렉상드르는 식자공 아르망 샤르티에의 개종과 더 어렵긴 하지만 그의 아내의 개종을 시도했는데, 고급 란제리 세탁부로 네 명의 여성 노동자를 고용한 그녀가 개종만 한다면 교리부에 있는 실업 상태의 란제리내의 노동자들에게 약간의 일감을 제공해줄 수도 있을 것이다. 이폴리트도 동판 인쇄공 엘리오트에게 교리를 전수했다. 엘리오트 역시 상대적인 여유를 누리며, 각자 란제리 내의 제조업과 여성복 제조업에서 도제 일을 하는 두 딸 외에도 양철공으로 일하는 조카를 키운다는 점에서 그런 여유를 관대하게 사용하는 인물이다. 산업과 예술의 경계에서 일하는 많은 이들처럼 엘리오트도 자기 나름의 방식으로 교양을 쌓았다. "그는 제법 읽는 편이긴 하지만, 그의 독서에는 맥락이 없다." 이것은 1786년에 태어난 이 사람이 읽기를 배워야만 했던 시대의 특징이기도 하다. 그는 무엇보다도 계몽주의 세기의 철학자들에게서 자신의 "혼란스러운 인식들"과, 맥락을 잘 잇지 못한 관념들을 찾았다. 제본공 뷜로에게서도 동일한 유형의 혼란이 보이는데, 모르탱Mortain 중등학교 4학년을 중퇴한 그는 "자신의 관념과 특히 자신의 스타일에 명석함을 별로 부여하지 못하는, 채 발전되지 못한 형이상학적 경향"을 입증한다. 인쇄공의 소박한 번성과 제본공의 불행한 경력 사이의 비교는 여기서 끝난다. 1812년에는 세관의 임시 고용원이고 이어서 징집 예정자가 된 뷜로는 1814년에 자신의 정견으로 말미암아 관직 경력에 탈이 난다. 그래서 그는 제본공 일을 배웠고 자기 작업장을 열어보려 했다. 하지만 성공은 따라오지 않았다. 뷜로는 작업장을 처분하고 일자리를 구해야만 했다. 8개월간 일이 없던 그는 친구들에게 300프랑을 빚지고 옷가지 일부를 전당포에 저당잡혔다.

생마르셀 지구에서 신참 모집을 주관하는 이는 왕년의 고적대원 베르지에다. 그는 지금은 타일 까는 일을 하는데, 이 일은 일당이 4프랑이나 되지만 비수기가 거의 6개월이다. 그나마 리넨 내의 만드는 일을 하는 아내가 버는 2프랑 덕에 그는 집안 살림과 두 어린아이에게 필요한 것들을 얼추 충족시키고 있는 상태다. 들라포르트는 가구가 아주 좋고, 집안 건사가 잘되어 있으며 서재도 매우 훌륭하게 꾸며져 있음을 확인해준다.

사실 베르지에의 문자 취향은 군인 시절에 발전되었던 것으로, 밥벌이를 위해 타일 까는 일을 하고는 있어도 문자만이 그의 사랑이고, 그래서 그는 온전히 거기에만 몰입하기를 꿈꾼다. 그는 성공은 못했어도 무대에 올릴 글을 썼으며 "교리를 향한 그의 주목을 촉발시킨 것은 바로 그의 상처 입은 능력이다".

또한 베르지에는 비사교적인 특성과 가벼운 말더듬증이 있어서 설교자 역할에 잘 어울리지 않아, 동일한 열망의 우애로 이미 그와 연결되어 있던 사람들을 주로 개종시켰다. 예컨대 고급가구 제조인 델벵쿠르는 『생시몽주의 교리 강요綱要, Exposition de la doctrine saint-simonienne』를 직접 읽을 정도로 충분히 지적으로 발전되어 있었다. 연료용 토탄 덩어리를 만드는 마르셀 포스는 대단한 지적 능력을 지닌 사람이었으나, 시립병원 병상에 그를 묶어놓은 끔찍한 병의 희생자로, 때로는 그를 정신이상 지경까지 몰아갔던 고통에 시달렸다. 혁명적 열기 속에서 교육받은 제화공 부알로는 12세부터 공화국 군대를 필두로 제국 군대까지 복무했다. "목수 고니"라는 사람도 있었는데, 들라포르트가 사용 정보 문의를 주저할 만큼 "거만이 하늘을 찔러" 신원을 확인할 수 없었던 인물이다. 이런 선택적인 친교가 베르지에로 하여금 가족 선교에 소홀하도록 하지는 않아서, 그의 아내는 그다지 헌신하지 않던 종교를 포기하는 것에 대한 가벼운 불안 탓에 약간의 저항을 한 반면, 빙장인 도장공 뒤뷔는 생시몽주의 연합에 기꺼이 가입한다.

다른 지구들에서도, 선교는 친지와 이웃과 가족이라는 유사한 길로 접어든다. 홀로 아들을 키우다 이 아들이 불행한 결혼에 대한 상심으로 죽자 이어서 손자 셋을 키우느라 76세에도 여전히 일해서 손자들을 양육해야 하는, 샤론 거리에 사는 과부 페르시네는 이 새로운 종교가 말하

프롤레타리아의 밤

는 바를 들었다.

그녀가 말하듯이 그녀는 직접 보고 싶어서 지난 일요일 교육에 참석했는데, 귀가한 그녀가 여러 이웃을 불러모았다. 늘 그녀를 존경해서 그녀가 자신들에게 무얼 말하려는지가 궁금한 그들을 상대로 그녀는 말하길, 내 아이들아, 내 나이 76이고, 책잡힐 일 없이 명예롭게 살아왔다만, 오늘 너희에게 선언하는바, 나는 생시몽주의자로 죽겠노라.

이 말은, 레몽 보뇌르에 따르면, "여러 사람에게 엄청난 효과를 낳았다". 젊은이들은 자기들 나름으로 더 조직화된 선교를 한다. 조판공 로시뇰의 부모는 다수의 하인을 둔 저택의 문지기인데, 그는 종종 저녁이면 문지기 방에 하인들을 모아놓고 교리를 설명한다. 식자공 르네는 숙모인 뱅상 부인에 의해 개종한 사람인데, 비수기에도 올 겨울에는 수놓은 망토가 다시 유행할 거라는 희망을 품고 수놓는 일을 하는 이 숙모의 방에 금요일이면 왕립 인쇄소의 자기 동료들을 모았다. 목수 콩숑은 자기집에서 교육하는데, 20~30명의 사람들에게 『글로브』를 읽혔으며, 자기 부동산을 다 바쳤다. 헬멧 만드는 일을 하는 당타르와 고급가구 만드는 일을 하는 르누아르 역시 자기들의 부동산을 생시몽주의 섬으로 만들어버렸다. 부르고뉴 거리에 사는 제철공 부텔레도 자기 작업장을 바쳤고, 자기 작업장이나 옆집 포도주 가게에 『글로브』를 비치해서 대기 손님들에게 가르침을 전하자고 요청했다. 하지만, 일반적으로는, 신참 개종자의 경로가 작업장 또는 직업의 집단 조직을 따르지는 않는다. 또한 지구 차원의 집단들은 왕왕 비정형적인 형상을 띠는데, 들라포르트와 펠리시 에르보의 설명으로는 펜케르, 베르지에, 엔캥 등이 데려온 신참자 부대가 이런 형상을 띤다. 명단을 보면 능력을 분류하고 연합을 조직하는 시도가 무망해 보인다. 1831년 11월 26일자로 12구에서 생시몽주의 신앙 고백을 한 "가입자" 명단에서 다음과 같은 사항이 확인된다. 남성 인쇄공 하나, 남성 활자 주조공 둘, 타일 까는 일을 하는 남성 하나, 남성 도장공 둘, 남성 방적공 하나, 남성 부기 작성자 하나(『글로브』 운반인으로 채용), 남성 석공 둘, 남성 제화공 넷, 융단 직조공 남성 도제 하나, 남성 제본공 하나, 남성 목수 셋, 날품팔이 남성 하나, 조폐국에서 막일하는 남성 하나, 남성 제재공 하나, 활자에 윤내는 일을 하는 여성 하나, 제본 일을 하는 여성 하나, 채색 일을 하는 여성 둘, 여성 요리사 하나, 리넨 내의 만드는 일과 날품팔이 일과 세탁부 일과 제본 일을 하는 7~8명의 여성 노동자들. 여기에 보충 명단이 추가된다. 남성 식자공 셋, 남성 화가 하나, 남성 조립공 하나, 남성 점원 하나, 가제본 만드는 일을 하는 여성 둘, 여성 세탁부 하나와 남성 제화공 하나. 이 분류할 수 없는 무리는 거기 부재한 이들에 의해 특히 유의미해진다. 12구를 특징짓는 산업인 피혁업을 대표하는 이가 하나도 없다는 것. 새로운 종교가 신봉자들을 규합하는 것은, 연대와 실업자 원조의 전통이 현저한 무두질 노동자들 사이에서가 아니다. 이런 상황은 12구의 "낙오자들"에게 특유한 것이 아니다. 동부의 노동자 지구들도 비슷한 산포를 증언한다. 고급가구를 만드는 이들의 집단은 물론 성밖 생앙투안에서는 현저하지만, 파리 파브리크Fabrique de Paris에서 일하는 보석 및 금속 세공사들, 장식끈 제조공들, 모로코 가죽 만드는 이들의 중심지인 포팽쿠르 지구에서도 못지않은데, 여기서 고급가구 제조인들과 피아노 제조인들은 연합의 기반을 이룬다. 새로운 종교와 새로운 가족이 발전될 수 있는 것은 구성되어 있는 노동자 가족들 안에서가 아니고, 배타성과 연대가 짝을 이루는 이러한 직업 공화국들 안에서

프롤레타리아의 밤

도 아니고, 가족적이거나 영토적인 그 어떤 법칙에 의해서도 거주하는 자리가 고정되지 않으며 그 어떤 전통이나 소명에 의해서도 그들에게 종사할 직종이 미리 정해지지 않는 개인들의 이러한 산포 안에서다.

친교들과 우연에 따른 이러한 집단들은 노동자들의 대규모 집중과 괴리되지만, 그렇다고 주변인들의 집결은 아니다. 틀림없이 어떤 행운들이 부서지고 어떤 귀족적이고 군사적인 영예가 실추되면서, 향수 또는 편심偏心이라는 그들의 기조가 초래된다. 1구 감독관인 왕년의 대장장이 아스포는 퐁텐이라는 이름의 사람을 태연하게는 만나지 못하는데, 그는 과거에 제1제정 육군 장교였다가 남프랑스의 어느 공제조합 학교 교장이 되었고 반동적인 광신의 희생물이 되어 거리에서 노래 부르는 가수로 전락한 인물인 것이다. 머리끈 만드는 일을 하는 아델라이드 보들로는 15년의 가난으로 피골이 상접한 지경에 이르러서도 나름으로는 자기 할아버지가 의회 자문관이었다는 것을 내세운다. 마송 드 콜리니는 교리부 인쇄소에 배치되어 있는데, 그도 역시 자기 가족의 영광과 나폴레옹 근위병이었던 자신의 과거를 꿈꾼다. 그 밖에도 오래된 꿈들이 있으니, 가장 혐오스러운 것은 아닌 일들조차도 저 꿈들은 감수하지 못한다. 고급가구 제조인 뒤댕은 "덜 물질적인 일을 위해 태어났다". 재단사 모앵은 공장주이자 하원 의원인 테르노 밑에서 일했던 것을 뽐내는 자인데, 그는 한가한 시간에—불행히도 이런 시간이 없지 않았으니—귀족 신분 세습에 관한 작품을 지었다. 그는 또한, 7월 직후에, 카시미르 들라비뉴에게 운문으로 된 정치적 신앙고백을 보냈다. 이 저명한 저자는 그에게 몇몇 약속을 해주었지만 그의 작품을 위한 자리를 마련해주는 것에 그친다. 그 밖에도 이해받지 못한 발명가가 있으니, 그는 융단 직조 일을 하는 샤농이다.

그는 자기가 종사하는 일을 완벽하게 하는 데 몰두했다. 이러한 방향에서 그가 이룩한 발견들이 그를 배타적으로 사로잡는다. 거기에 그의 삶이, 그의 행복이, 그의 모든 존재가 있는 것이다…… 그는 자기 노동과 철야의 결실이 망각 속에 파묻히지 않으리라는 것을, 그의 이름이 거기에 부착되리라는 것을 확실히 하고 싶어한다. 이것이 그의 야심이다. 그가 질시만을 겪었던 현재의 사회는 그에게 경멸을 불어넣는다. 바로 이것이 그가 생시몽주의 종교로 오게 된 이유다.

샤농은 빈손으로 오지 않는다. 그는 닫힌 커튼을 흐트러뜨리지 않고서도 창문을 열 수 있는 섀시 시스템을 막 발명했다. "그는 자기 이름이 사라지지만 않는다면 그의 모든 작업 결과를 우리 종교에 제공할 용의가 있다." 고급가구 제조인 튈리에 역시 능력 있는 사람인데, 발명하지는 못했지만 유망한 사업체를 갖고 있었다. 불행히도 너무 빨리, 너무 멀리 가려는 욕망이 그를 빛나는 상태에서 끌어내렸다.

이들 너무 담대한 사람들 말고도, 선교사들은 당대의 관념에서는 아니더라도 유행과 소비에서는 괴리된 채로 스스로를 가두고 사는 수도사 같은 이를 만난다. 모자 만드는 일을 하는 갈레는 지난 수개월 일이 없었는데도 3000프랑의 재산을 처분하여 그 절반은 자기 아이들의 살림 밑천으로 주고 나머지 절반은 교리부에 기꺼이 내주는데, 이는 그가 개인적으로 필요한 게 없기 때문이다. 그가 8구 감독관 레몽 보뇌르에게 보여준 옷장에는 너무 거친 나사 옷감으로 손수 만든 완벽하게 철 지난 옷들로 가득했다. 이런 촌스런 옷차림에도, 심지어는 엄청 넓게 펼쳐지는 큰 우산에도 그는 전혀 괘념치 않았다.

그렇지만 전반적으로는 이렇게 묘사된 생생한 초상들이 통상적인 인

프롤레타리아의 밤

구 집단에 해당한다. 누락이 심한 데이터들을 통해,—결국은 근사치인—통계들이 우리에게 전체 인구에 관해 알려주는 것과 기층 생시몽주의자 집단을 비교해보려는 이라면 누구든 아주 정규적인 분포를 보게 될 것이다. 이 집단의 연령대는 33세라는 통상적인 평균치에 근접한다. 이는 1848년 6월에 체포된 사람들의 평균연령인데, 당시 탄압이 자의적이었다는 점에서 이 평균치는 전투적인 전위보다는 일반적인 노동자 주민을 나타낸다. 가장 두각을 나타낸 생시몽주의 노동자들의 연령대 유형으로는, 예컨대 메닐몽탕Ménilmontant에서 사도가 되었던 노동자들로, 베르지에(34세), 샤를르 펜케르(35세), "푸주한" 데슬로주(33세)가 있다. 이 평균연령의 사람들은 또한 당대 인구통계학적 추이를 반영한다. 파리 노동자 인구 전체와 마찬가지로, 이 사람들 다수가 주로 지난 15년 사이에 파리로 온 이주자들로 이루어져 있다. 고향이 정확히 알려진 60명 노동자 중에서 18명만 파리 태생이고, 38명이 지방, 그리고 4명은 외국 태생이다. 너무 제한된 이 표본이 보여주는 이주자 비율은 1833년에 베르티용이 낸 통계의 비율에 비해 틀림없이 뚜렷이 높다. 베르티용의 통계에서는 토착민과 이주민이 동등한 두 부분으로 나뉜다. 하지만 이 통계는 사망 통계에 따라 작성된 것이라 불가피하게, 본질적으로 1820~1830년대 새로운 이주 흐름보다 앞선 시기의 노년층 인구에 해당된다.

반면에 우리가 여기서 추정해볼 수 있는 것은 1848년 6월에 체포되는 주민 분포와 거의 정확하게 조응한다. 만약 이주민 집단이, 아무리 교정을 해도 두 케이스에서 약간 과대 대표된다면, 틀림없이 거기에서 보아야 하는 것은 향토의 야생적 에너지를 보존했던 전투적 열광의 표현이라기보다는 실존 조건들의 위약함의 표시,—가족, 직업, 영토, 때로는 정치 관련한—보호 환경 부재의 표시이며, 이러한 부재로 말미암아 이 개인들은 흔히 억압의 앞잡이들, 빈민의 시찰자들, 모든 교리의 선전가들이 접어든 길들로 쉽게 빠지는 것이다. 생시몽주의 인민의 "정규성"은 그것의 지리적인 분포에서도 확인된다. 개중 다수는 새로 파리 사람이 된 이들인데, 이들은 망슈 Manche 에서 앵Ain 으로 이어지는—19세기 전반기 이주의 경계들을 특징짓는—선의 북쪽 출신이다. 이러한 지리적 경계는 주지하듯이 상상적 경계와 겹친다. 뒤팽 남작의 지도에 따르면 생말로 Saint-Malo 에서 제네바 Genéve 에 이르는 이 선의 남쪽에서는 다른 영토가 시작된다. "컴컴한 프랑스", 이곳에는 일부 비지鄙地를 제외하면 가장 높은 비율의 문맹이 집중되어 있다. 또다른 프랑스인 이곳에서는 자살은 덜하지만 살인은 더하며, 사람은 덜 존중하지만 소유는 더 존중한다. 파리에서 자신들이 일해—때로는 밀매로—번 성과를 땅에 투자하는 일시적인 이주자들(오베르뉴 사람들 Auvergnats 또는 크뢰즈 Creuse 출신 석공들)의 고장. 동업조합과 광신의 영토인 이곳에서 생시몽주의 선교사들이 받아야 할 것은 돌보다 더한 것들이다.[2]

요컨대 보통 사람들인 삼십대의 이들은 외르 Eure, 아르덴 Ardennes, 욘 Yonne, 솜 Somme 출신으로, 비슷한 궤도를 밟아 파리로 온 여인들과 결혼하여 평균 두 명의 아이를 두고 있다. 동업조합적인 가족들 또는 오래된 동족의 직종들 곁에서, 이처럼 우발적인 aléatoire 이라는 단어의 모든 의미에서 우발적인 인구는, 주변인들 또는 낙오자들의 무리가 아니라 프롤레타리아를 본질 자체의 면에서 나타낸다. 그런데 이 본질은 공장의 지옥에 떨어진 이들 또는 기계장치의 개척자들이라는, 비참한 이미지 또는 명예로운 이미지에 덮여 있다. 그들이 매우 정확하게 재현하는 우발적인 역사와 지리에 의해, 자신들의 일손 말고는 내밀 패가 아예 없으며 그래서 자신들의 생산물에 대한 착취보다는 오히려 자신들의 고용의 일상적인 불확실성 탓에 고통을 겪는 자의 절대적 불안정성 안으로 각각의 살아 있는 개인들이 모인다. 불안정한 노동자들로 이루어진 이 우발적인 인구에게도 틀림없이 일정한 위계가 있다. 맨 위에는 아주 안락한 일부 장인들이 있다. 장화 만드는 사람 모로, 모자 만드는 사람 당타르, 재단사 들라코뮌과 마르탱 로즈…… 마지막 둘의 아내들은 온전히 부르주아 부인의 풍모를 지닌 것처럼 보인다. 하지만 생시몽주의자 가족의 번창은 가장 빛나는 경우라 하더라도 여전히 조촐하다. 교리부에 있는 장인-재단사들 또는 장화 만드는 사람들 중 그 누구도 『상업 연감Almanach du commerce』에 등재될 권리가 없다. 게다가 그런 번창은 대체로 취약하다. 머리빗 제조자 뒤퐁은 자신이 매일 버는 6프랑과 수놓는 일을 하는 아내의 급여 외에도 모친의 종신연금을 수령하여 1000프랑 상당의 동산을 갖고 있지만, 그래도 자기 연장을 구입하고 아픈 아이를 돌보느라 큰 빚을 져야만 했다. 이렇게 그에겐 615프랑의 부채가 있는데, 그중 220프랑은 연체된 집세, "갚으라고 성화인 빚" 120프랑, "차용"한 60프랑, 패물과 회중시계와 은식기를 전당포에서 찾아오는 데 필요한 215프랑이다.

  『파리의 미스터리Les mystères de Paris』에서 여러 인물들이 돋보이게 묘사되는 이 사다리 바닥에서는 불행하게도 위상들이 더 정체되어 있는 듯하다. 예컨대 한 주에 이삼 일을 먹을 것 없이 지내며 모친은 시설에서 사망한 식자공 랭보. 목수 카유도 역시 비슷한데, 태어난 이래로 온갖 불운에 짓눌린 그는 노동재해로 생업을 할 수 없는 처지가 된다. "홑이불도 빵도 없이 짚을 깔고 자는" 그는 능력이 닿는 한 온갖 종류의 일을 다 찾아보려 했으나 허사여서 지금은 장터에서 고물을 팔아 일당 15~20수를 번다. 무일푼인 터에 상환 희망이 없어 더이상 빌릴 수도 없는 카유는 대부분의 날을 자신과 아내가 먹을 고작 1파운드 또는 반 파운드의 빵으로 지내는데, 아내는 모아놓은 고물들을 지키느라 일을 찾으러 나가지도 못한다. 남편을 도와 8구 감독 일을 보좌하는 소피 보뇌르는, 세금을 즉시 납부하지 않을 시에 가구를 압류하기 위해 온 세무서 집달리들과 동시에, 크리스탈 세공사 코르슈의 집에 도착했다. 다행히 그들이 마주친 것은 마침 일거리를 찾아 나선 코르슈 부인과 그녀의 딸의 허약한 방어가 아니라, 일 년간 일거리를 찾아볼 만한 곳이라면 어디든 다 샅샅이 훑고 다니느라 시간을 쓴 집주인과 역시 일거리가 없던 그의 아들이었다. 집달리들은 결국 압류를 다음번으로 미루기로 했다. 하지만 다음번에는 틀림없이 그들이 압류할 것이 전혀 없을 것이다. 작고 아주 볼품없는 두 칸 방에 집세로 연간 250프랑을 내는—아니 내도록 되어 있는—코르슈 가족은 세간을 전부 내다팔거나 아니면 전당포에 맡겨야 할 처지로 내몰렸고, 그래서 그들에게는 뇌막염에 걸린 7세의 어린 딸 로잘리를 덮어줄 담요 하나 없다. 담요를 찾아오려고 소피 보뇌르가 마련한 돈은 불행히도 아이를 구하기에는 부족할 것이다. 하지만 아마도 이 아이의 묘비를 써준 레몽 보뇌르는, 보석 세공인 모렐의 불운을 이야기한 사람과 후일 만나게 되는 푸리에주의 서클에서 그녀를 기억하게 될 것이다.

이 두 극단 사이에서 여러 등급의 위상들이 펼쳐지는데, 여기서 숙련의 위계를 확인하기란 어려울 것이다. 불행한 카유는 틀림없이 엘리트 목수가 아니었다. 그 스스로 자기는 도제 시절에 별로 이득을 보지 못했노라고 말한다. "나는 일에 짓눌려 있었고 내 또래가 누리는 즐거움의 최소한도 갖지 못해서 일을 전혀 좋아하지 않았다." 제대군인 오리에브르는 회계원, 도자기 노동자, 날품팔이 일을 연달아 해봤고 『글로브』 배달꾼 자리를 노리는데, 그의 감독관 레스바제유에 따르면 "전적으로 쓸모없는" 부류다. 능력이 더 없는 이가 막일하는 바롱인데, 그는 52세의 나이에 일당으로 몇 수 벌어 장을 본다. 모든 감독관들이 불평한다. "불행한 이들"(클루에), "능력이 전혀 없는" 사람들(레몽 보뇌르), "병약하고 무능한 이들"(파랑)이 너무 많이 온다고 말이다. 하지만 일단 이들을 제외하고 나머지 노동자들 중에서 대체로 다수를 봐도, 자신들의 능력을 표현할 수단이 전혀 없거나 부채 누적이 도드라진 상황을 개선할 수단이 없는 이들이다. 카유는 틀림없이 목수 일을 천직이라 여겨본 적이 없다. 9구 감독관 아쉴 르루는 그럼에도 그에게서 "무언가를 만들어내는 능력으로는 자기 계급에서 출중한 사람"의 면모를 알아본다. 예컨대 카유는 그에게 "노래 공책, 소설, 수묵화 방식으로 만든 건축 도면"을 보여주었는데, 이것들이 그에게는 "대단히 잘 만들어진" 것으로 보였던 것이다. 무용 선생 앙리는 예전에 무용홀을 운영했는데, 여전히 교습할 수 있을 것이다. 다만 그에게 필요한 것은 교습생 앞에 나설 제대로 된 복장일 것이다. 장화를 만드는 사람인 베드렌은 파리의 일류 상점들에서 절단 일을 했고, 자기 직종 노동자들의 연합체를 아주 잘 이끌 수 있었을 것이다. 당장의 그에게는 일거리가 없고, 그는 무급 관리인이자 수놓는 일을 하는 아내(다시 말해 남편에게 일감이 있을 때 남편을 보조하는 아내)와 네 아이와 함께 달랑 침대와 테이블만 있는 작고 비위생적인 방에서 산다. 기계 선반공 샤즈레는 선반 기술이 아주 좋아서 고급가구를 만든다. 그는 자기 직종의 10명을 고용할 수 있는 설비를 소유하고 있다. 하지만 지금은 300프랑을 자기 고용주에게, 200프랑을 여러 채권자에게 빚지고 있다. 이걸 상환하기 위해서, 그는 자신이 생토노레 할인점Bazar Saint-Honoré에 174프랑으로 내놓은 비품들의 불확실한 현금화를 기대하고 있다. 식자공 들로네는 빵 장수에게만 128프랑 75상팀을 빚지고 있는데, 자기 직종에서는 일자리가 없어서 명주 모자를 만들어 푼돈을 번다. 무두질 노동자 밍크는,

군대 동기들인 그랭쿠르나 오리에브르와 마찬가지로 날품팔이 신세로 전락했다. 하지만 역설인 것이, 도급제로 급여를 받거나 자영업을 하는 숙련 노동자들에 비해 이 미숙련 직업들이 더 불안정하지는 않다는 것이며, 때로는 그들만큼이나 벌이가 된다는 것이다. 그랭쿠르는 모자 공장에서 막일해서 일당 1프랑 50상팀을 버는데, 아침 5시부터 밤 9시까지 장식끈을 만드는 메르와 엇비슷하고, 대개 50을 넘지 않는 일당을 받는 동판 제판공 벨테르나 자영업으로 부츠를 만들어서 요즘은 주당 5프랑을 버는 달롱제빌보다 더 벌며, 월수입 35~45프랑인 고급가구 제조인 카레, 르누아르, 플라텔에 못지않다. 물론 직종에 따라 편차가 있는 비수기를 고려해야 하며, 경우에 따라 자신들의 능력을 강조하든 고통을 강조하든 간에 여하튼 그렇게 하는 데 관심이 있는 당사자들이 주장하는 소득을 쉽게 믿어서는 안 된다. 그래도 이 근사치에서 한 가지는 확실해 보인다. 1830년 7월 이후에 아직도 정상화되지 못한 일자리들의 위기에 의해 격화된 경쟁의 효과 아래, 소득의 일정한 평등화와 숙련의 일정한 균등화가 다양한 길을 통해 실행되는 경향을 보인다는 점이다. 요컨대 개인들의 강제된 탈숙련화, 도급제 일자리의 축소, 공임의 저하(고급가구를 만드는 뒤댕은 레몽 보뇌르에게 자신의 셈법을 제시한다. 구매자가 100프랑에 살 물건인 서랍장의 공임으로 자신은 12~14프랑을 받는데, 저 100프랑에서 40은 재료에, 46~48은 도매상과 소매상에게 돌아간다).

위상과 소득의 불규칙성에 의해 정의되는 평균으로의 이러한 균등화를 증언하는 것은 예컨대 7구의 가입 승인자들에 대해 레스바제유가 작성한 도표다. 이 도표에 따르면 일곱은 "확실하고 충분한" 일을 하고 있으며, 열하나는 "불규칙하고 불충분한" 일을, 넷은 아예 일이 없는 상태다. 하지만 자신이 "불행한 사람들"을 신참으로 너무 많이 받아 교리부를 부담스럽게 하는 것은 아님을 보여주고 싶은 게 분명한 레스바제유는 도표를 약간 변조했다. 첫 범주에 그는 모자를 만드는 도제 게노와 판지를 만드는 쿠라주를 넣었는데, 청소년인 게노는 역시 생시몽주의자인 자기 장인의 집에서 숙식해서 필요한 게 별로 없으며(틀림없이 신념은 더 없고), 일당 1프랑 50상팀을 버는 쿠라주가 일하는 일터는 그에게 애착을 갖고 있지만 곧 그를 고용할 수 없게 될 것이다. 그래서 레스바제유는 중간 범주의 크기를 부풀려야만 하는데, 이 범주에서는 **불규칙성**과 **불충분성**이 쉽게 한계 지점에 다다른다. 목각 일을 하는 페레네즈의 경우가 그러한데, 그도 역시 자신에게 애착을 갖는 일터에서 1프랑 50상팀을 번다. 이 금액을 갖고, 이 왕년의 신학생은 필경 무직으로 보이는 아내와 세 아이를 부양해야만 한다. 또한 재단사 모앵도 그런 경우인데, 사치는커녕 3프랑으로 아내와 세 아이를 먹여 살렸던 그는 지난 두 달간 벌이가 아예 없다. 동판 제판을 하는 벨테르 역시 때로는 10수밖에 안 되는 일당으로 자기가 키웠던 여섯 아이 중 아직도 둘을 키워야 한다.

그렇지만 불규칙적이고 불충분한 노동을 하는 이 가장들이 출산을 제한할 줄 모르고 아이들을 부양할 능력도 없는 분별없는 빈민들이라는 고전적인 이미지에 부합하는 것은 아니다. 기숙학교와 노인 노동자들을 위한 은퇴 시설 전망이 제공하는 매우 특별한 매력들을 고려한다면, 아이와 노인을 부양하는 대가족의 비율이 소소해 보인다. 그리고 감독관들이 만난 곤궁한 대가족들이 반드시 빈곤이라는 부식토에서 발생하는 비위생적 증식을 증언하는 것은 아니다. 여섯 아이를 기르는 배경화가 셰로와 그의 아내가 부르주아 신참들의 "준비 등급"에 가입한 것은 그들의 문화적이고 사회적인 수준을 보여준다. 그와 마찬가지로, 각자 다섯과 여섯 아이를 기르는 목수 라베와 재단사 데스클로도 자신들의 대가족을 건사할 방도를 갖췄다. 틀림없이 레스바제유의 신참들 중 가장 안락한 이들은 절제를 실천할 줄 아는 사람들이다. 모자를 만드는 당타르는 자기 가정에 아이가 없기에, 자신의 배은망덕한 조카들에게 베푼 시혜 행위들을 빈민 계급의 개선으로 확장할 수 있다. 그의 옆집에 사는, 장화를 만드는 모로는 서른이 지나서 어린 딸의 유모인 열세 살 어린 여성과 결혼했다. 그렇다고 해서 젊을 때 결혼하는 것을 택했고 이십대에 아이 둘 혹은 때로는 셋을 둔 사람들이, 경제학자들이 빈민들에게 부여하는 노골적인 무분별에 따라 행동하는 것인지는 자명하지 않다. 은퇴란 존재하지 않으며 노동력이 빠르게 소진되는 세상에서, 앞날을 내다보는 분별의 길이란 그리 자명한 것이 아니고, 여러 신호들은 이 가장들에게 분별과 염려가 없는 것은 아님을 보여주는 경향을 띤다. 오히려 당대의 일반 통계를 통해 달리 보자면, 아주 일반적으로 출산이 분산적이었던 것은 경제 국면의 변동에 민감했던 것이라는 점, 생시몽주의 조사관들이 보고하는 유아 사망 사례가 드물다는 점, 아동교육에 관심을 기울인다는 점이 확인된다. 틀림없이 부모들의 평균은 카롤린 베랑제가 어린 소피를 키운 그러한 열정과는 거리가 먼데, 보뇌르 부인이 "잘난 척하긴 해도 총명하다고" 평한 소피는 수감된 교부 앙팡탱이 자기 편지를 교정해주는 것을 보는 분명한 즐거움을 누리게 될 것이다. 아동교육에 주목했다는 것도 역시 여러 신호에 의해 입증된다. 고급가구를 만드는 카레는 소득의 절반을 집세와 교육에 할애한다. 금도금 일을 하는 놀레는 어느 생시몽주의자에게 자기 아이들을 가르쳐달라고 부탁하는데, 이는 "아무것도 배우지 못하는 학교에서 아이들을 빼내고 싶어서다". 의자를 만드는 르보는 신부 아저씨와 수녀 아줌마가 제공하는 교육 특혜를 자기 아이들이 시기상조로 놓치게 될까봐 "기숙학교"가 약속대로 개설될 때

프롤레타리아의 밤

까지 자신의 신앙고백마저 미룬다. 이 아이들은 그후에 일반적으로는 도제 견습을 받는데, 드물게는 자선 기관에 보내진다. 그래도 그들은 장인들의 선의에 맡겨지는 것 같지는 않다. 제본공 주스는 자기 아들을 학대한 장인에게서 망설이지 않고 아들을 빼온다.

앞날을 대비하는 분별의 수준과 숙련의 수준은 똑같이 생시몽주의 노동자 주민의 통상적인 비정규성을 정의하기에 적당치 않으며, 그들의 분화를 설명하기에도 적당치 않다. 직종들의 차이와 가족 상황들의 차이를 관통하면서, 대다수의 자산은 동일한 액수 주변을 언제나 맴도는 것 같다. 예컨대 8구의 연합체 시설 기획이 이것을 증언한다. 보뇌르 부부는 이 기획을 조직하면서 고급가구 제조인 르누아르와 그의 동료들의 망설임과 부딪친다. 그들은 이러한 연합이 자신들로 하여금, 변두리 제조소의 숙련도는 떨어지고 아이는 많이 낳는 벽지 제조 노동자들의 가족 부양을 지원하게 함으로써 "교묘하게 자신들을 착취하는 수단"이 될까봐 겁내고 있는 것이다. 그들은 실제로 "일당 벌이가 좋은 사람이 그만큼 벌 줄 모르거나 벌 수 없는 자와 단결하는 일은 이치에 맞지 않을 것"이라고 말한다. 그렇지만 르누아르와 그의 동료 고급가구 제조인들이 당시에 버는 주당 10~15프랑은 그들이 옹호하는 위계가 경제적이라기보다는 사회적이고 문화적이라는 생각을 하게 한다. 시설의 예산 추정치 자체는, 제조소 노동자들이나 대가족 가장들이 자기네 자손을 부담할 하중을 반드시 타인에게 전가해야 할 필요는 없음을 보여주는 것 같다. 여덟 커플, 홀아비 하나, 독신자 둘, 노인 넷 사이에서 예정된 연합체 하나가 감당할 22명의 아이 중에서 벽지 인쇄공 보블레(샤를르, 브뤼튀) 슬하에만 여섯이 있다는 것을 확인하게 되면 틀림없이 겁날 것이다. 그래도 보블레는 장성한 두 자제의—아주 미미한—소득과 양재 일을 하는 아내의 소득을 합쳐 월수입 160프랑을 버는데, 다시 말해 두당 평균 20프랑의 수입인 것으로 이는 전반적 평균(45명에 950프랑)과 거의 조응한다. 그의 수입은 동판을 제조하는 드로리 또는 고급가구 제조인 뒤댕보다는 틀림없이 적은데, 드로리는 일당 5프랑을 벌어 4인 가족에게 월수입 120프랑을 보장하며, 뒤댕은 적극적으로 세탁부 일을 하는 아내 덕분에 똑같이 4인 가족을 위해 120프랑을 번다. 하지만 그의 수입은 인쇄공 동료들인 샤사르(4인 가족에 80프랑)와 바르베로(5인에 95프랑), 매트리스 소모 일을 하는 위그냉(4인에 70프랑), "일당을 많이 받는" 고급가구 제조인 플라텔(3인에 50~60프랑), 또는 카레(3인에 50프랑)에 비하면 얼추 비슷하거나 더 많다. 액수의 진폭은 1인당 월 20프랑이라는 일종의 평균 최저생계비를 정의하는데, 분화되는 사회적 욕구들은 이 수준에서 상쇄된다. 솜씨가 거친 벽지 인쇄공과 솜씨가 뛰어난 고급가구 제조공의 이 최저생계비는 사도-예술가의 최저생계비이기도 할 것이다. 보뇌르 부부는 사도직에 너무 몰두하느라 그림과 음악이라는 자기들의—이미 벌이는 신통치 않았던—예술 작업에 종사하지 못하자 자기 가족을 돌봐달라고 교리부에 요청하게 된다. 부부와 아이 넷을 위한 추정 예산은 두당 20프랑으로 동일할 것이다. 빵 24프랑, 점심 15프랑, 저녁 30프랑, 맥주 4프랑, 집세 30프랑, 유모 비용 15프랑, 세탁 10프랑, 도합 6인 가족 생계에 128프랑.

프롤레타리아 생시몽주의자들의 수입 수준의 이러한 최저생계비는, 주지하듯이, 박애주의자들이 노동자 가구의 안락함의 문턱으로 고정한 액수보다 약간 더 높다. 1830년대 초반에 비고 드 모로그는 연간 860프랑을 쓰면서 5인 가족을 파리에서 안락하게 부양한다.[3] 십 년 뒤에, 제랑도는 동일한 5인 가족을 840프랑 15상팀(과학적인 정밀함이 의무다)으로 부양하게 될 것이다.[4] 1831년에 레몽 보뇌르와 그의 추종자들에게는 다섯이 단지 생존하는 데 1200프랑이 필요하다. 노동자들의 빵 소비에 인색하게 굴지 않던 박애주의자들이 육류와 야채 소비에는 더 인색했던 것은—아무리 제한해도 지나칠 것이 없는 주류에 대해서는 당연히 말할 것도 없이—사실이다. 빵 1킬로그램이 그들에게는 "평균" 27~34상팀인 데 비해, 부아니에는—사실은 흉년에—그것에 분명히 42상팀을 지불한다. 가구와 담배 및 소소한 살림살이 장만에 비고 드 모로그는 19프랑 95상팀이면 충분하다. 제랑도는 1841년에 집세로 50프랑만 내는데, 1831년에도 이미 뱅상 부인과 가스공 브루스는 집세로 100프랑, 벨테르와 랭보는 120프랑, 재단사 베르나르와 달롱제빌은 140프랑, 부아니에와 도금 일을 하는 부르그는 200프랑, 도자기에 칠을 하는 바쟁은 240프랑, 코르쉬와 뒤퐁은 250프랑을 지불한다. 틀림없이 후자의 액수는 조금 비싸다. 1841년에 기계공 샤셰레는 제랑도를 반박하면서, "최저 수준의 보수를 받는 사람들에게 속하는" 한 가족의 집세로 115프랑이나 산정한다. 하지만 이런 집세들이 정확히 시사하는 것은 코르쉬와 부아니에 및 그들의 동료들이 언제나 빈곤한 처지에 있었던 것은 아니라는 점이고, 가혹한 곤궁이 아니라 소득과 지출의 그날그날의 균형이 그들의 운명이라는 점인데, 이러한 균형은 불시의 일이 최소한으로만 벌어져도 위협당하며 일거리의 요행에 예기치 못한 상황이 추가되는 것으로도 충분히 무너질 정도다. 말하자면, 부아니에에게는 아내의 병, 뒤퐁에게는 아이의 병, 목수 게니외에게는 불구가 된 부모들의 봉양, 고급가구를 만드는 카레나 대형 세탁장의 책임자인 모레 부인에게는 배우자의 죽음, 목수 카유의 사고, 무용 선생 앙리에게는 갚지 못한 채무, 엔캥에게는 깃털 공급 중단……

미미한 사건 하나만으로도 이런저런 영세 사업체—임금의 요행에 자본의 요행이 겹치며, 큰 사업체들처럼 불확실한 신용으로 운영되는 사업체—를 망하게 하기에는 충분할 것이다. 예컨대 틀을 만드는 사업을 하는 프레테는 300 또는 400프랑을 투자해서, 회수 여부에 따라, 집주인에게 내야 할 연체된 집세 200 또는 300프랑을 결제하는 방식에 익숙하다. 재단사 일을 하는 샤퐁의 사업체에서는 아내가 노동자들의 식사를 제공하며, 대변의 1000프랑과 차변의 700프랑이 부기되어 있다. 프레테가 기다린 틀 주문의 취소나 샤퐁의 손님들을 타격하는 실업이 의심스러운 신용에 언제나 추가될 수 있고, 그리하여 그들은 동료들이 발버둥치는 상황으로 다시 전락하게 된다. 예컨대 빵 가게 계산서가 길어지는 상황(식자공 들로네의 빚 128프랑은 대략 한 가족의 6개월치 빵에 해당한다). 전에는 수입에 알맞던 집세 부담이 엄청나게 커지는 상황. 차등화된 부가 파산 탓에 균등해지는 외적 표지들이 전당포에서 확인되는 상황. 가령 장화를 만드는 바르는 30프랑 상당의 금시계를 맡기고, 빗을 만드는 뒤퐁은 130프랑 상당의 금시계를 맡기고……

부르주아의 상승과 파산을 따라가면서 최소한의 방책 주위를 전전하는 이 사람들이 노동의 물질적이고 도덕적인 전능을 단언하는 언술을 과연 어떻게 믿을 수 있겠는가? 생시몽주의 언술이 이해될 수 있다면, 운의 세계로서의 노동의 세계를 살아가는 이 사람들에게 말을 거는 이 언술이 산업의 질문을 섭리의 질문과 분리하지 않는다는 한에서가 아닐까? 자영 수공업자가 되는 것, 공장 날품팔이가 되는 것, 부기 담당자가 되는 것, 고물상이 되는 것, 허접한 무대 연기자가 되는 것, 이 모든 것이 그저 형편에 따른 사안인 노동자들을 상대로 이 언술은 그들의 경험의 급소를 건드리는 것 아닌가? 막노동꾼의 낙오를 받아들이는 동시에 부르주아적인 일자리와 존중의 위엄도 열망하는, 숙련도의 변환과 무관한, 이러한 구직들 안에서 표현되는 것은 프롤레타리아 조건의 주변성이 아닌 경험 자체이고 추상적 노동에 대한 의식이다. 장식끈을 만드는 부아니에가 바로 그러한데, 이 남자의 아기자기한 "소박한 가정"은 아내의 병으로 인해 파괴되었다. 부아니에는 외제니 니부아예에 따르면 "총명하고 강건한" 사람인데, "아내를 위해 빵을 벌 수 있으려면 막일도 하고 하인 일이나 심부름 일도" 해야 할 것이다. 이러한 구직 상황과 예속적 하인 일의 수용은 그가, 테부 거리에서, 지각하는 부르주아들의 빈 예약석에서 밀려나는 프롤레타리아들을 보면서 예민해지는 것을 격화시킬 따름이다. 장식끈 만드는 일도 상품 관리 일도 아닌 부기 작성 또는 차라리 일종의 부기 작성의 직업적 소명과 일치하는 공화주의. 앙팡탱의 노선에 동의하지 않는 부아니에가 인권협회에서 구할 비서 일은 그의 소신과 능력에 더 부합하지만 벌이는 신통치 않을 것이고(월수입 80프랑), 역시 어떤 불안정에 노출될 것인데, 이 경우의 불안정이란 감옥의 얼굴을 할 것이다.

프롤레타리아들의 불운과 행운이 동요하는 한복판에 노동의 추상성을 출현하게 하는 사회적 동일성에 근접하는 정치적 동일시. 이러한 사회적 동일성이 잘 표현된 편지에서 "책 노점상" 뤼팽은 『글로브』 배달이라는 탐나는 자리가 의자를 만드는 다고로라는 "착한 동료"에게 돌아갔던 것은 기꺼이 받아들이지만, 그러면서도 다른 기회를 어떻게든 잡으려고 자천한다. "내 능력만큼이나 물리적이고 도덕적인 내 힘에 맞는, 우리의 교리에 바탕을 두는 일이라면 어떤 유형의 일이든 (마다하지 않겠다는 것을) 당신께 말씀드립니다. 필요한 경우 작업복이든 상의든 모자든 다 착용할 수 있으며, 필요하다면 얇은 나사로 된 예복과 바지도 걸칠 수 있습니다."[5] 재단사의 노동이 사라져야만 하는 것은 우선 그가 입는 예복 안에서다. 펜과 연장의 마주침은 아주 자연스럽게 이러한 무차별 지점에서 이루어지는데, 프롤레타리아들의 운명의 통상적인 불규칙성에 의해 생산되는 이 지점에서 작업복과 예복은 호환된다. 오직 신만이 그의 참된 자질을 아는 저 책 장수가 프롤레타리아에게 입맞추는 위대한 장면을 연기하기 위해 앙팡탱에 의해 선택되었다는 것은 우연이기도 하고 아니기도 하다.

작업복 또는 예복…… 평균적인 조건의 전형, 구성원들이 차등화되는 역설적 원리. 이 구성원들 사이에서는 위계가 잘 정립되지 않는 만큼이나 부각되기도 한다. 틀림없이 복장의 차등화에 대한 질문들이 거기서 자리잡는다. 예컨대 8구의 고급가구 제조인들이 벽지 인쇄공들에 대해 자처하는 직업적 우월함은 아마도 특히 외모의 문제일 것이다. 벽지 인쇄공들은 "의상에 덜 예민하다"고 레몽 보뇌르는 기록한다. 하지만 생시몽주의 엘리트 노동자들의 우월함을 정립하는 것은 아마도 그들 의상의 객관적 우아함이라기보다는 작업복과 예복의 등가성에 대해, 구릿빛 이마와 강건한 팔다리와 못박힌 손보다도 더 잘 프롤레타리아 동일성을 표시하는 이러한 노동 추상성에 대해 포착된 의식일 것이다. 온정과 상속을 제거함으로써 프롤레타리아들의 고통을 경감시키고자 하는 이 새로운 박애주의 전도사들의 등장은 이처럼 뒤섞인 노동자 주민에게 분석자의 역할을 한다. 이러한 등장은 자신들의 직업에 만족하거나 노동의 승격시키는 미덕을 신뢰하는 안락한 노동자들과, 교리부를 직업소개소 또는 자선사업소로 간주하는 불행한 노동자들을 동일 방면으로 회송한다. 이러한 등장은 연합에 대한 관념과 실천적 전망 안으로 노동자들을 규합하는데, 숙련도와 재산과 생활양식이 다 다른 노동자들은 불안정하다는 동일한 감정과 ―집단 불안정의 해결 사례와 개인적 해법을 동시에 가져올 ―사회적 관계 유형을 시도해보려는 동일한 의지로 단결한다. 쇼세

　　　　　　　　　　　　　　　　　　　프롤레타리아의 밤

당탱Chaussée-d'Antin 거리와 동부 노동자 지구들을 이어주는 본누벨Bonne-Nouvelle 지구에서, 외제니 니부아예는 "일부의 발전과, 다른 일부의 둔화 때문에" 하나가 아닌 두 가지 연합체를 형성해야 함을 빠르게 감지한다. 서로 연합해야 함을 요청하는 "앞선 사람들"은 지금으로서는 거의 두 세계에 속한다. 재단사 마르탱 로즈는 안락하게 살며, 그의 아내는 "그 거동으로 봐서 빈민 계급보다는 차라리 안락한 계급에 속하는 것으로 보인다". 기계공 갱도르프의 가족은 동산 3000프랑을 소유하며, 그의 아내와 딸들은 바느질을 완벽하게 하지만 정작 주목을 끈 것은 그녀들의 지적 능력이었으며 그 덕분에 부르주아 준비 등급으로 곧바로 진입한다. 재단사 콜라의 아내도 사정은 동일하다. 자신의 연장을 언론인의 펜과 맞바꾼 시계공 샤를르 베랑제는 자기 임금에 만족한다고 고백한다. 반면에 배경화가 셰로와 의자를 만드는 다고로는 일자리가 없으며, 부아니에와 장화 만드는 베드렌도 마찬가지인데 그들의 고통은 알려진 바다. 그들을 묶어주는 것은 아마도 우선은 뒤의 네 사람의 언어와 거동이 더 우대받던 예전 위상을 나타낸다는 점이며, 앞의 네 사람은 자신들의 특권의 불안정을 알고 있다는 점이다. 갱도르프 부인이 "큰 재산과 확실한 유산을 갖고 있노라 말한다고" 해도, 그녀는 당장에는 일자리가 없으며 받을 돈은 400프랑인 데 비해 갚을 돈은 600프랑이다. 그리고 베랑제는 900프랑의 빚을 갚으려면 기대하고 있는 1200프랑의 유산이 필요할 것이다. 이처럼 조건들이 상쇄되는 경험이야말로 교리에 대한—인쇄공 지오가 "내가 그런 관심을 갖게 된 것은 재산 때문도 빈곤 때문도 아니다……"6 라며 자신의 신앙고백에서 표명한 것과 유사한—관심을 정립하는 데 적합하다. 그들 모두를 이러한 모험에 참여시킨 것은 노동의 승격시키는 힘들의 알려진 한계 외에 노동에 부여된 희망들에 숙고 끝에 설정된 한계다. "노동자 평화군"의 최초의 군인이 될, "마구 상인, 마차 차체 제조인, 푸주한, 재단사, 출발책임자chef de départ, 요리사, 점원, 탄띠를 두르는 사람, 도금하는 사람, 토목수, 대장장이, 석공"이었고, "다른 숱한 직종을 겪었으며 그래도 언제나 다른 걸 기다리고 있는……"[7] 데슬로주가 표현하는 전형적 태도. 이 다른 걸 기다림이 그들 모두로 하여금 노동의 길과는 다른 길을 찾아나서, 자신들의 운명과 다른 이들의 운명을 묶어냄으로써, 프롤레타리아적인 실존의 비참을 딛고 일어서도록 했다. 셰로가 젊은 시절 가입했다가 그 행동들을 접하고 잘못을 깨닫게 된 저 "자선가 협회".[8] 부아니에와 다고로가 7월의 자유와 박해받는 폴란드를 향해 지닌 정치적 열광. 렌 갱도르프가 자기 자매들이 그것의 혜택을 누렸으면 하고 바랐으나 여성들에게는 아예 박탈된 저 과학에 대해 지닌 열망. 이 다른 걸 기다림이 솜씨 좋고 유식한 여성 양재사의 욕망과, 문맹에 솜씨도 엉망인 남성 재단사의 욕망을 동등하게 하니, "허약한 직인으로, 일을 거의 안 하거나 못하며, 결국 벌이가 거의 없는데도 내일을 걱정하지 않고 겨우겨우 살아가는" 이 남성 재단사 들라는 숙련도를 향상시켜보라는 충고에 늘 "그만해, 그래봐야 소용없어. 내가 허구한 날 촘촘한 바느질이나 하도록 되어 있단 말이야?"라고 답한다.[9] 그렇지만 여러 해가 흐른 뒤, 그가 더 잘할 만한 일이 없을 때, 들라는 바느질에 매우 흥미를 느껴서 측량기를 발명하고 재단사 들라 상사라는 일반적인 연합체를 창립할 정도가 된다. 그가 자신의 천직은 바늘로 하는 노동과는 낯선 것이라고 여기더라도, 그는 산상수훈의 근대적인 침묵 버전에서 자기 역할을 할 수 있을 것이다. 몽트로Montereau가 내려다보이는 언덕에 운집한 주민들에게 노동자 평화군의―재단사의 바지와 붉은 조끼를 우애에 입각하여 바느질하는데 종교적으로 전념하는―전도사-군인들이 이러한 버전을 제시한다.[10]

직업의 자질구레한 세세함에 대한 멸시가, 정말이지, 노동에 대한 추상적 사랑과 매우 훌륭하게 결합된다. 사도-재단사의 약간 거만한 찬가에, 뱅사르의 회상에서는, 노동 사랑과 직업 애호를 분리하는 간극에 대한 아주 솔직한 긍정이 수반된다. "흔히들 아이를 어릴 때부터 노동하게 하는 게 좋다고들 말한다. 그래야 능숙한 일꾼이 된다고. 나는 그리 설득력 있는 사례가 아니다. 왜냐하면 나는 선의를 가지고 있었음에도 불구하고 아주 시시한 노동자에 불과했기 때문이다. 하여튼, 내가 얻었던 건, 이게 정말 무언가가 있는 건데, 바로 습관이다. 내가 노동에 대한 사랑이라고 더 낮게 부르는 그것."[11] 이는 정말 무언가일 따름이지, 그 어떤 정의된 것이 아니다. 이로부터 나오는, 언어가 너무 자주 대립시키는—습관과 사랑이라는—두 단어 간 대체를 어휘 교정이라고 사칭할 가능성. 노동의 일상적 관행이 예속 조건에서 빠져나갈 수단을 부여한다고 여기는 이를테면 타산적 결혼. 이에 따르면, 계급들로 분할된 사회라는 틀 안에서 "노동이 필요불가결하다는 것은 다행스러운 일인데, 왜냐하면 그렇지 않을 경우 빈자들은 완전히 부자들의 처분에 맡겨질 것이고 이 부자들은 실존에 일차적으로 필수적인 것을 빈자들에게 제공하거나 거부함으로써 빈자들을 살리기도 하고 죽이기도 하는 주인일 것이기 때문이다".[12]

논증의 명백한 부조리가 착취 관계의 예민한 지점과 가장 견디기 어려운 모순을 가리킨다. 요컨대 자유의 도구의 예속의 도구로의 변환, 자신이 부양하는 사람들에게 일자리를 청하는 관계. 그의 동료들 중 하나가 말하길, "나는 두려움 속에서 예속되어 있었고" "그래서 종종, 내 뜻과 달리, 장인들을 위해 일해야 했는데, 그들은 내 땀을 빨아들인 뒤에도 자기들이 내게 임금을 주니 온정을 베푸는 것인 양 생각했다".[13] 이로부터 나오는, 예속에 대한 거부가 취하는 외관상 모순적인 두 형상. 지오가 희망하는, 구직의 속박에 복종하지 않는 "근면하고 지속적인 노동".[14] 게리노가 말하는, 아주 자주 궁핍을 대가로 지불하고 가졌다는 자유. 이로부터 또한 나오는, 생시몽주의 선교사들의 언술과 노동자들의 신앙고백 언술 사이의 항구적인 괴리. 전자의 언술은 부를 생산하는 **일하는 사람들**과 부를 강탈하는 **게으른 사람들**의 대립을 온갖 톤으로 타격한다. 후자의 언술은 이러한 경제적 대립으로부터, 일자리를 주는 **부자들**과 그것을 애걸해야만 하는 **빈자들** 사이의 사회적 대립으로 부단히 회귀한다. 이러한 사회적 배분, 즉 구직의 이중 관계에 이렇게 고착되는 것은 생산자들이 스스로 자신을 구제할 수 있으리라는 관념을 구상하는 것을 전혀 용인하지 않는다. 이러한 구제가 요청하는 것은 생산수단의 집단화보다는 사회적 지배 과정 안에서의 단절이다. 경쟁이라는 진짜 이름을 갖는 요행에 맞서 노동자들이 단결하여 벌일 수 있는 투쟁에 추가되어야 하는 것은 지배계급 재생산 과정 안에서의 분열이라는 기적이다. 젊은 공대생, 변호사, 의사, 다른 도련님 들의 미증유의 협회가 재현하는 것이 바로 이것이고, 그들은 출생의 운과 이기주의 체계를 실천적으로 문제시하며, 사업과 권세에서 완벽하게 갖춰진 경력을 단념하고 노동계급의 물질적이고 도덕적인 조건 개선에 자기 능력을 바친다. 노동자 신참들의 신앙고백은 체계 논리의 이러한 기적적인 전복을 입증하며, 이 전복은 모든 박애주의를 초과한다. "나는 그토록 사심 없는 사람들이 실존한다는 것을 생각할 수 없었다…… 나는 내게 미지였던 땅에 발을 디뎠다…… 나는 내게 나타난 것이 꿈이라고 믿었다…… 나는 더 가까이 다가갔고, 당신들의 모임이 단 하나의 가족으로 조성되었음을 확신했을 때 내 경이로움이 얼마나 컸던지."[15]

숙명의 감정으로부터 억압에 맞서는 투쟁으로 항상 회귀하는, 노동과

프롤레타리아의 밤

구제 사이에 매달린 이 사람들에게, 이 새로운 가족은 노동조직화 합리성 이상의 것을, 노동자로서의 삶을 위한 다른 공간을 재현한다. 노동 행위를 하면 마치 한계를 향해 가듯이 항상 구직 행위로 밀려나는 낙오자들의 약점을 도와주는 환경. 일자리와 구직의 이중 예속에 빠진 본연의 위엄을 그들이 되찾도록 선택된 환경. "너를 만나기 전엔, 우리는 욕구에 따라서만 움직이는 거대한 기계의 동력일 뿐이었어. 너의 목소리가 들리는 지금, 너의 교리를 이해한 지금, 우리는 인간이고, 아니라 하더라도 최소한 인간이 되어간다."**16** 도장공 로랑 오르티옹과 그 동료들은 생시몽주의 어원학의 대원칙을 이해하기 위해 라틴어를 필요로 하지 않는다. 새로운 **종교**religion, 이것이 의미하는 바는 [라틴어 어원에 따르면] 사람들 사이의 새로운 **유대**lien다. 노동조직화, 이것은 노동자들을 가족으로 제도화하는 것이다. 이 사람들을 교리부로 끌어들인 단어는, 노동과 연합이라는 단어에 앞서, 사랑이라는 단어다. 들라포르트의 날카로운 시선으로는 이를 입증하는 것이 폴로네 양이니, 판화 채색 일을 하는 그녀의 가족은 옛날에 보마르셰의 가족과 유대가 있었고 그녀의 젊은 시절은 "철학자들에게 둘러싸여" 있었다.

그녀는 매우 높은 사회적 관점에 아직 도달하지 못했다. 그녀의 가입을 규정한 것으로 보이는 것은 연합 또는 보편적 변혁이라는, 그녀가 애정을 갖고는 있지만 전면적으로 수용하기는 어려운 거창하고 대단한 목표라기보다는, 사랑하고 사랑받기 위해 자신이 선택한 가족을 주변에 두고 행복을 누리는 것이다. 그녀의 조직과 교육이 그녀에게 갖게 한 관점에서 보자면, 도저히 파기할 수 없는 유대에 의해, 그녀가 우리에게 보내는 사랑과 그녀가 우리에게 기대하는 사랑에 의해, 그녀와 우리가 맺어지는 것이다.

사랑하고 사랑받기 위해 자신이 선택한 가족. 박애적인 우정과 양친적인 보호 욕구의, 이기주의자의 내밀함과 헌신의 다정함의—경계에 있는—불확정적 연관. 사회적 재생산 규칙을 지각하지 못한 채로 전위시키는 정직한 사랑. 화목함과 모범적인 도덕성이 부부관계의 비정규성의 역설적 결실인 커플들의 모습. 예컨대 자기 남편과 그토록 잘 어울리는, 사랑스러운 검은 눈과 미소와 자신감 넘치는 표정으로 들라포르트의 심장을 건드린, "새침하지 않으면서 순수하고 매력적인 수수함"이 넘쳐흐르는 품행의 펜케르 부인은, 사랑하는 샤를르가 예전에 불행한 결혼을 했던 적이 있는 시청市廳을 거치지 않는다. 지적인 발전과 "공감 능력"으로 주목받은 세탁부 페토 부인은 식자공 페토와 아예 결혼하지 않는다. 그렇지만 이 젊은 여성에게서보다 더 완벽한 도덕성을 어디에서 찾겠는가? 그녀는 초라한 가계소득으로 자기 모친을 돌보는 비용을 대면서도 저축은행에 저축할 방법을 찾아낸다. 그런데 부친 페토는 자기 판단으로 재주꾼 아들에게 틀림없이 별 이득이 되지 않을 이 결혼에 반대한다. 그의 아들은, 여하튼, 임신한 배우자에게 미래에 관해 확신을 주기에 적합한 말들을 찾아낼 수 있었고, 사산한 아이에게 진심어린 눈물을 쏟았다. 배관공 코크렐의 태도는 더 칭찬받을 만한데, "자기 업무를 언제나 명예롭게 수행하는" 노동자로 알려진 그는 "난잡하고 어울리지도 않는" 남편과 헤어진 자기 동거녀의 네 아이를 자신의 애들처럼 키운다. 또다른 비정규성들은 빈곤 탓일 수도 있다. 왕년의 십장이고 모범적인 노동자인 직조공 케스넬은 모든 불행의 희생자로, 결혼에 필요한 30프랑이 없다. 왕년의 신학생 페레네가 세 아이의 엄마와 자유 결합으로 살아가는 데는 아

프롤레타리아의 밤

마도 더 이데올로기적인 이유들이 있을 것이다. 불행한 앙리로 말하자면, 그는 자신의 사회적 퇴락과 자기 아내의 부정에 대해 자신의 젊은 동거녀와 그녀의 아이를 통해 위안을 구한다.

　교부 앙팡탱의 도덕적 파렴치와는 무관한 것. 오히려 내연녀 페토가 『글로브』에서 일자리를 잃을 위험을 무릅쓰고 그의 파렴치를 망설임 없이 고발하게 될 것이다. 이러한 소박한 일탈들에 규범이 되어주는 모델은 언제나 가족 모델인데, 이는 경미하게 전위된 가족으로, 우연의 폐해들과 가부장적 권위의 폐해들, 노동자들의 결혼을 주관하는 경제적 타산들을 친교의 법칙에 의해 교정한다. 바로 이러한 이유 때문에 이들 "비정규적 사람들"이, 가족 질서에 대한 모종의 위반을 내포하지 않을 도리가 없는 부부 질서의 대표자들과의 공모에 들어설 수 있는 것이다. 식자공 랑주뱅은 자신을 키우느라 열심히 일했던 "가장 다정한 엄마"와 신이 자신에게 하사한 "완벽한" 배우자를 칭찬한다. 그렇지만 그는 이 다정한 엄마와 거친 전투를 치러야 하니, 저 완벽한 배우자가 자기 아들을 기다려 어미가 되지 않았다는 것을 그녀가 잊으려 하질 않아서다. 샤를르 말라르에게는 도전해야 할 권위는 없었지만, 엄마를 여의고, 엉망이 된 상황을 고쳐보겠다고 떠나버린 아빠도 곁에 없는 16세의 수놓는 이 여인과 결혼하고 보호하기—틀림없이 지나치게—위해서, 자기 딸을 그에게 "팔고" 싶다는 어느 아비의 유리한 제안을 거절했다.[17] 왕년의 대장장이 아스포는 부친의 의지에 맞서가며 결혼했다. 이 충성스러운 사람의 심장은, 11명의 형제자매를 돌보는 일에 전념하는 소녀를 여행중에 만나고서, 그녀가 자기 실존과 연계될 사람임을 이미 예감했다. 그러고는 파리에서 모니에 자매와 소피 마예처럼 두렵고 외로운 처지에 있는 그녀를 다시 만났을 때, 그는 모든 저항에 맞서며 그녀와의 결혼 기획을 구상하고 실행했다. 자신의 아드리엔에게 버림받은 불우한 샤를르 말라르의 사랑에 비해 겉으로는 훨씬 행복한 보호하는 사랑. 하지만 말라르의 처제인 쉬잔의 사랑과는 닮지 않았다고 할 수 없으니, 쉬잔은 용감하고 변덕스러운 부알캥을 남자로 만드는 임무와 모성이라는 ― 언제나 실망하는 ― 희망 안에서 인민의 유혹당한 딸의 상처를 잊는다.

실망한 애정과 모성적인 다정을 인도주의적 정념으로 확장했던 이 외로운 사람들의 운명과 근접한 경험들이 있다. 예컨대 7월의 두 여걸이 그와 같은 경험을 하는데, 그녀들은 자신들이 바리케이드의 열광 속에서 헛되이 찾아 헤맸던 그것을 사도적인 가족의 사랑스러운 평온 안에서 찾고자 했다. 산파 마리루이즈 롱데와 양재사 쥘리 팡페르노가 그녀들이다. 아주 어려서 고아가 된 마리루이즈 롱데는 남편과도 일찌감치 갈라섰다. 외과의사 공부를 조금 한 뒤에, 그녀는 아르헨티나에서 자신의 운을 시험해보고 싶었다. 배가 난파되어 아프리카에 불시착하게 된 그녀는 거기서 한동안 천연두 환자들을 돌봤다. 프랑스로 돌아와 7월의 행동 덕분에 훈장을 받게 된 그녀이지만, 외과의사로서의 재능을 인정받을 수 없었고 "자신의 성sexe 위로 올라서려는 용기를 보인 여성들에게 흔히 따라붙는 질투"[18]를 겪을 수도 없었다. 쥘리 팡페르노는 고아라는 조건보다 더 가혹한 경험을 했다. 그녀를 자신들의 품에서 내치면서 그녀의 부모가 그녀에게 이렇게 말했다. "너를 태어나게 함으로써, 우리는 우리의 의지 안에 있던 것보다 더 많은 것을 네게 주었다."[19] 그래도 그녀는 14세 이후에, 자신의 육체노동과 근면한 총명함으로 여러 가족을 부양했다. 결혼의 명예와 기쁨은 없었어도, 그녀는 유모 비용을 댈 수 없어서 아이를 잃을 위기에 처한 엄마들의 비탄을 알게 되었다. 아들이 없어졌을 때, 아들을 되사오기 위해 필요한 노동의 에너지를 구할 능력이 없던 쥘리는 아들을 다시 보려고 도보 대장정을 했다. "그녀는 더 많은 것을 했고, 아들 곁에 정착했으며, 그녀의 직종에 있는 관습과 동떨어진 채로 거기서 일했고, 수확했으며, 오랫동안 일당 12수를 받다가 자기 아이를 되찾기에 이르렀다." 바리케이드의 여걸로, 그후에는 당국의 학대를 받던 어느 노인을 지켜주려다가 체포된 쥘리는 훈장을 청원하러 새로운 왕정의 대기실로 기어들어가기를 언제나 거부했다. 하지만 자기 손을 시들게 했고 자기 이마를 땅에 조아리게 했던 노동으로 다시 태어난 이 아이를 위해서는 그녀가 정부 특례 교복과 장학금을 받아들였으니, 이것들 덕분에 아이가 "특권층 엘리트"로 높아질 수 있어서다.

우연 또는 낡은 가정 질서의 가혹함 탓에 사랑을 빼앗긴 유년의 고통들. 노동의 비참과 유혹의 위험 안으로 난폭하게 내던져진 청춘들. 가부장적 권위와 정략결혼에 대한 거부. 손윗사람의 헌신, 여성 노동자들의 약점을 보호해주는 배우자들의 다정함, 정성껏 얻어내거나 또는 고통스럽게 사라지는 모성. 이 모든 정서적인 궤적들, 이 통상적인 애정들과 이 미미한 일탈들은 노동이 그것들의 안녕을 위해서는 아주 드물게, 그러나 그것들의 음미를 위해서는 너무 자주 소비하는 에너지를 변환시키는데, 그 변환은 부부관계의 비정규성과 선택적인 친교가 인도주의적 정념으로 확대될 수 있는 장소들을 향한다. 예컨대 위풍당당한 젊은 사도들과 소박한 매력의 젊은 여성들로 둘러싸여 앙팡텡과 바로와 보 또는 르투레가 새로운 사랑에 대해 열변을 토하는 방들. 클레르 바자르가 자기 "아이들"에게, 자신들의 시선을 눈물로 흐릿하게 하는 저 슬픔을 털어놓으려다가오라 청하는 방들. 인민의 아이들의 슬픔을 향하는 이 모성적 시선 안에는 어쩌면 너무 세심한 엄마의 항의와 후퇴를 정당화할 무엇인가가 작동하고 있는 것 같다. 변덕스러운 재단사 브리옹의 평범한 무질서 또는 경멸하는 척하기는 아니다. "나는 갑갑해. 이건 사라져야 할 무언가지."
그의 동료 콜라는 그런 것의 허망함을 잘 보았다. "어느 다정한 엄마의 심
장으로 언제나 뚫고 들어오는 비밀들이 있다."[20] 이 여성들의 얼굴 위에
있는 더 불안한 어떤 비밀. 노동자들의 엄마는 그녀들에게 말을 거는 기
술을 알지 못한다. 그녀가 여성과 프롤레타리아의 공동 해방을 주장하
는 부도덕한 사도를 곧 규탄하게 되는 것은 단순히 그녀가 얌전한 척하
기 때문일 리가 없다. 그녀가 그 길의 가장자리에서 멈춘 것은 아마도 더
숨겨진 어떤 부도덕성에 대한 예감 탓일 텐데, 8년이 흐르고 난 뒤, 렌 갱
도르프의 자살 2년 뒤에, 그 길의 끝에서 인민의 딸 쉬잔 부알캥은 자신
의 아버지이자 벗이요 연인인 앙팡탱에게 작별 인사를 고하게 될 것이다.
프롤레타리아와 부르주아의 우애적인 일치를 표현하는 기쁨의 눈물로
흐릿해진 이런 시선 안에서, 어쩌면 이 정숙한 부인은 어느 익명의 간통
자의 드러나지 않은 불꽃을 감지했던 것 같다.

　　　　　　　　　　　　　　　　　　　　　프롤레타리아의 밤

7장

인류를 사랑하는 이들

Les amants de l'humanité

옛날부터 언제나 노동하는 계급에게 돌아간 불운만을 유산이랍시고 물려받았던 부모에 의해 이 땅에 던져진⋯⋯ 이 지상에 부모도 없이, 내 약점과 빈곤을 조금도 염려하지 않는 세상 한복판에 재산도 없이 홀로 버려진⋯⋯ 후원도 교육도 받지 못하고 14세에 세상에 던져진⋯⋯ 나는 엄마의 포근함이란 영영 내게는 없는 거라고 믿었다⋯⋯ 나는 내가 알지 못했던, 모든 심장들의 깊은 곳에서 울려퍼져야 할 이 말들을 미처 듣지 못했기 때문에 알 수도 없었던 어떤 것을 갈망했다. 이 위안하는 말들을 듣기 전에는⋯⋯ 내 부모가 나를 태어나게 해서 고통을 보게 하고 홀로 고통을 겪게 했다고 자주 한탄했다.[1]

틀림없이 도장공 로랑 오르티옹, 재단사 랑즈, 놀레 부인, 양재사 앙토니아 숄레는 자신들의 박복한 유년, 고아로서의 삶, 정체불명의 사랑에 대한 원망을 구구절절 늘어놓는 용어들을 아주 멀리서 찾지는 않았다.

그것의 모델들은 사도의 위엄을 갖추게 된, 인민의 두 아들의 텍스트들에서 주어진다. "나는 인류의 한복판으로 던져졌고 그 인류를 사랑해보려 애썼는데……"라고 문지기의 아들인 도장공 마슈로가 신앙고백에서 표현한다.[2] 왕년의 대장장이 아스포의 팸플릿에서는 노동자의 아들들은 "충고도 후원도 없이 홀로 버려진"다고 묘사된다.[3] 프롤레타리아들이 사용한 이 모델들에는, 낯선 이들의 손에 맡겨져서 항구가 어디 있고 암초가 어디 있는지도 모르는 세상이라는 비바람 치는 바다에 홀로 뛰어들어야만 했던 고아 르네의 더욱 귀족적인 원망들이 메아리치고 있다.

프롤레타리아들의 비참에 대해 이야기하는 것이 이러한 비물질적인 슬픔들의 서사 위에서 조형된다는 이유로 이 비참들의 진실을 의심해서는 안 된다. 문사들의 유산으로부터 탈취해올 수 있었던 일부 텍스트들을 마음으로 듣고 익히는 것, 읽고 옮겨 적는 것, 분해하고 다시 조립하는 것이 중등교육까지 올라가지 못한 이들이 자신이 처한 조건의 슬픔을 표현함과 동시에 자신들의 해방의 영토 위에 한 걸음 내딛을 수 있는 자연스러운 방법이다. **지적 해방**에 대한 바로 이러한 방법을 통해, 조제프 자코토는 자기 존재의 위엄을 자각한 모든 프롤레타리아에게 『텔레마크』라는 책에서 칼립소의 비탄에 관한 장을 펴고 모든 것을 배우고 표현하기의 비밀을 익히라고 제안한다. 자신들이 여분 상태에 있는 한에서만 사회에 의해 실존이 부여되는 이 프롤레타리아들의 모든 고통을 읽고 말하기를, 19세기 고아들의 고백 안에서, 배우는 것이 어찌 더 쉽지 않겠는가? 프롤레타리아에게 공통적인 버려짐은 언제나 가족 이야기 형식과 기초 산수 계산으로 환원된다. 그래서 불운한 르네의 운명은 "아이 다섯 중에서 둘은 애지중지했고 나머지 셋은 저 둘에게 희생된 어느 가족의 아들……"이라고 요약된다. 목수 카유는 자신의 숱한 불행의 기원에 있

프롤레타리아의 밤

는 이러한 모성애 부재를 장황하게 고발한다.

모정이라고는 아예 없으며 그 이름의 자격을 갖추지 못한 엄마에게서 태어나, 생후 5개월에 아버지를 여의고, 삼촌이 나를 데려가 열 살까지 키웠다. 그때까지는 유복했으나, 재산이 없던 삼촌은 파리에 있던 자기 누이, 그러니까 내 고모에게 나를 보냈다. 여기는 내게 전혀 다른 실존. 고모가 나를 학교에 보냈지만, 나는 새벽 5시부터 일어나 등교 시간까지 손에 바늘을 들고 있었다. 이어서 한 조각 빵으로 아침을 때우고 학교가 파한 뒤에 밤 11시까지 다시 바늘을 쥐었다. 12세에 나는 첫 영성체를 받고 도제가 되었는데, 새벽부터 밤까지, 심지어는 식사 도중에도 언제나 손은 바늘을 쥐고 있었고, 너무 잦은 학대에 짓눌려 성정이 고약해졌다. 하지만 최악인 것은, 연장이 모자라서 일하는 걸 배울 수 없었다는 것이다. 나는 약간의 행하行下를 내 몫으로 모았는데, 이게 화근이 되어 꾸지람을 듣고 심지어 매맞기도 했으니, 이렇게 하는 게 고모에게는 전혀 비용이 들지 않는 일이기 때문이다. 내가 지적하려는 것은 이 무렵 그녀가 아주 안락했는데도 내게 먹을 걸 너무 조금 줘서 아침 6시면 벌써 먹을 게 없었다는 것, 그리고 내 고용주의 후의가 없었더라면 나는 온종일 굶었으리라는 것이다. 상한 스튜를 내던져버리는 일도 잦았다. 결국 이런 대우를 받던 나는 노동을 전혀 좋아하지 않게 되었다. 노동에 짓눌렸고 내 또래의 즐거움을 최소한으로도 가져보지 못했기 때문이다. 도제 견습이 끝나고 밥벌이를 못하게 되자 고모는 나를 엄마에게 돌려보냈다. 엄마는 나를 숲에 보냈는데, 거기서 충분한 땔감을 구해오지 못하면 그녀 역시 나를 학대했고, 그래서 나는 더 오래 머무느니 차라리 구걸을 하더라도 파리로 가야겠다고 결심했다.[4]

3년간 식당 주인 밑에서 겪은 노예 상태, 다시 목수 일을 할 밑천을 장만하려고 포도주 상인 밑에서 한 혹독한 점원 일, 장모의 사기로 인해 손해가 된 결혼, 끔찍하고 파멸적인 출산, 생후 6개월 된 아이를 잃음, 두 번의 산재로 자기 직업에 종사할 수 없게 됨, 이런 모든 것들이 여전히 자기 고용주의 호의에 의지하고 있는 카유로 하여금 마지막으로 엄마의 보호를 찾게 했지만―재차 거부되었고―고통과 기아와 절망에 짓눌린 그는 새로운 가족에게 자신을 의탁하게 된다. "나는 나를 짓누르는 짐을 진정한 엄마의 품 안에서 내려놓고 싶다고 말했는데, 바로 여기서 그것이 이루어진다."

카유가 자기 엄마와 고모에게서 얻지 못하고 간혹 자기 "고용주들"에게서 받은 도움과 애정을 생시몽주의 가족에게 요구하는 것은 대단히 논리적이다. 그런데 더 빈번한 길은 소가족으로부터, 너무 일찍 계모 같은 사회에 의해 파괴되었다가 조혼으로 재건되고 다시 비탄과 환멸에 젖어드는 소가족으로부터 생시몽주의 연합이라는 대가족으로 가는 길이다. "온갖 비참의 무게"만이 장식끈 만드는 일을 하는 쥐망티에의 부모가 자기 아들을 "[그의] 처지를 불쌍히 여기고자 했던 모든 이들의 자비에" 맡기도록 했다. 자기 가족의 죽음만이 "슬픔의 무게 아래" 재단사 랑즈를 8세의 나이에 실존으로 내던졌다. 소가족의 돌봄이, 노동 세계의 가혹함 앞에서, 일반적으로 보호와 애정의 유일한 세포를 형성한다. "그들은 서로 사랑하며 행복해 보인다"고, 이 가정들의 조금은 배타적인 다정함에 반은 감동하고 반은 시큰둥해진 감독관들이 종종 기록하는데, 사랑의 사회를 지향하다 언제나 상처받는 꿈의 본질은 저 위대한 인민의 나날들과 간격을 두고 이 가정들에 집중된다. 놀레 부인이 이런 경우인데, 너무 어려서 적대적인 세계에 내던져졌지만 거기서 사랑스러운 남편을 구

프롤레타리아의 밤

해 충분히 행복한 그녀는, 7월의 "놀라움"과 생시몽주의적인 "꿈" 이전에는, 가족이라는 우주에 자신의 희망들을 가두고 있었다. "나는 내 남편과 아이들로 이루어진 사회 말고는 그 어떤 사회도 만들고 싶지 않았다." 이러한 사회가 부서지면 이렇게 부서진 사회로부터 생시몽주의 가족으로의 길은 종종 곧바로 이어진다. 융단 직조공 뒤비케가 이런 경우다. 그는 7월 이후의 실업과 젊은 아내의 병으로 인해 빈곤해졌고, 아내의 죽음은 그들의 사랑의 결실을 앗아갔다. "자폐 상태의 내가 참된 행복을 되찾게 되는 것은 내 아버지들인 그대들의 팔 안에서, 그대들의 가족 안에서다." 하지만 사회의 환멸과 굴욕이 낳은—대개 가족의 다정함으로 치유되는—우울의 뼈저린 고통을 거치는 길이 더 흔하다.

사실 프롤레타리아적인 삶의 각각의 빈곤은, 일자리를 "주면서" 물질적 빈곤이 도덕적 무자격이라고 계속 폄훼하는 시선을 지닌 부자와 마주하는 굴욕 관계에 의해 배가된다. 부아니에는 생시몽주의 미래의 장점들을 대조법으로 열거한다.

우리는 칠십대 노인이 자신의 불행한 삶을 이 문 저 문으로 끌고 다니면서, 흔히 방탕과 무위도식에 빠져 호화 저택에서 사는 대부호들이 곧잘 그에게 주지 않으려 하는 빵을 구걸하는 모습을 보지 못할 것이다…… 우리가 지난 일 년 넘게 보아왔던 것과 달리, 이제는 노동자들이 일자리가 없는 것을, 빵이 없는 것을, 빈곤의 누더기를 걸치고 있는 것을, 필요한 최소한도 결여되어 있는 것을, 결함과 결핍으로 전락하는 것을, 거리의 구석구석에서 추락하는 것을 보지 못할 것이다. 그리고 우리는 황금과 무위도식으로 심장이 굳어버린 이 사람들 중 하나가 지나가면서 경멸하는 투로 "이건 취한 노동자군"이라고 말하는 걸 보지 못할 것이다.

의지할 데라고는 없는 생산자와 무위도식의 호화 저택 사이의 대립이
라는 상투적인 주제 위에서 이 텍스트들은 미세한 변주를 구성한다. 이
러한 변주에서 감독관들이 주의를 기울여 인지해내야 하는 것은, 공화
주의 열병이 아직 치유되지 않은 마음들에서 근절되어야 할 **원통함**이라
는 감성이다. 이 변주는 노동자의 빈곤과 부자의 무위도식뿐 아니라, 이
보다 훨씬 더 노동자의 굴욕과 부자의 둔감을 강조하는 방식이다. 요컨
대 사회적 불평등을 명예의 빚으로 변환하는 방식이고, 모욕을 가한 자
와 당한 자 사이에서 청산될 수 없는 빚과 불가능한 화해를 선포하는 방
식이다. 예컨대 자기 영역 바깥으로 돌진하려는 모든 시도가 다 막혀버
린, 이해받지 못한 베르지에의 신앙고백 안에서 펼쳐진 감성이 그런 것이
다. "나는 경이적인 것을 스무 번 시도했지만 스무 번 다 존중과 특권의
벽에 막혀 밀려났다." 하지만 다른 사람들에게는, 억압적인 사회적 기계
에 대한 그의 묘사를 인정하기 위해 상처받은 저자라는 그의 허영이 필
요하지는 않았다.

여기 있는 것은 무시무시한 사변의 희생양인 고지식함이고, 저기 있는
것은 음모의 엉큼한 목소리에 질식당한 재능 있는 겸손한 목소리다. 이
쪽에 있는 것은 탐욕적인 이기주의로, 이미 필요 이상의 것을 소유한
부를 증식하려고 모든 사회적 유대를 깨뜨릴 준비가 되어 있다. 더 멀리
있는 것은 약자의 권리들로 존중과 특권이라는 거인들에게 짓밟혔다.

이기주의와 음모, 존중과 특권. 저 다른 사람들은 굳이 벽을 넘어서려 하

프롤레타리아의 밤

지 않아도 이런 것들로 고통을 겪었다. 제1제정 육군의 제대군인들이 민간인 삶으로 되돌아가며 겪은 굴욕과 복수심이 그렇다. 예컨대 "1814년 사건들의 후과로 행운의 여신의 은총을 잃은" 마무리 공정 담당 노동자 부아, "사람들의 불공정과 질투와 이기주의에 오랫동안 상처받았는데 나도 1815년에 제대한 이후로 그런 것들의 희생자였다"는 금도금하는 루모. 아마도 특권의 벽과 접촉한 더 내밀한 상처도 있을 것이다. 예컨대 샤를르 펜케르가 부자를 향한 살해 증오를 갖도록 한, 제국의 어느 고관도 인정하지 않은 복무. 예민한 카롤린 베랑제에게는 배신당한 우정이니, "유년기부터 애정을 주고 기만당한, 재물 때문에 마음이 변한 친구에게 멸시당한 나는 인간이라는 종을 저주했고 우정 따위는 다 버렸다고 믿었다".

쉬잔 부알캉을 향한 양가 도련님의 유혹, 자산이 많은 어느 유력가가 앙리에게 상환하지 않은 120프랑, 인정되지 않은 발명들, 제공되지 않은 도움들, 상처 입은 예민함, 수여되어야 했던 연금과 훈장, 단순한 무심한 시선들, 멸시의 동작들, 이런 모든 것이 임금 인상으로 결산되기에는 너무 심하게 살과 심장 안에 기입되어버린 빚들을 증식시킨다. 사실 이러한 원한들은 인간 종 전체를 포괄하는 혐오를 대가로 치르지 않는 한, 부자 계급을 용서할 수 없다. "이 모든 인간 행동 안에서, 이기주의와 불신과 악의 말고는 보이지 않으며…… 믿음을 주었던 이들에게 언제나 배신당한 내 마음은 원통함으로 그득하고…… 언제나 기만당하고, 언제나 상처받고, 언제나 밀려나고, 결코 이해받지 못한 나는 과연 어디에 관대함이라는 감성이 있다는 건지 의심하는 법을 배웠다."[5] 그들은 자신들이 어떻게 상처받았던가를 설명할 필요조차 없다. 이것은 그들의 조건에 새로운 시선을 던지고자 하고 그들의 병뿐만 아니라 그들의 일상적 스펙터클을 구성한 슬픔과 굴욕 모두를 습득했던 이들 남녀의 몫이다. 사회질서에 부딪쳐 다치는 이 숱한 경우들은 불공정의 영토 위에서 멀리까지 여행해본 사람들의 경험에 쉽게 연계된다. 예컨대 부아처럼, 전쟁의 공포뿐만 아니라 천편일률적인 억압을 느꼈던 군인들. "나는 군대를 따라서 유럽의 구석까지 돌아다녔고 도처에서 내가 보았던 것은 가장 일반적인 관계들 안에서뿐만 아니라 가족이라는 가장 미세한 유대 안에서까지도 약자가 강자에게 억압당하는 것이었다." 예컨대 임시로 장식끈 만드는 일을 했던 메르처럼, 템스강에서 갠지스강까지 인간에 의한 인간의 보편적 노예화를 확인했던 선원들.

세상 여러 곳을 다녀본 내게는, 숱한 여러 지점에서, 탐욕스런 유럽인이 계몽하는 대신에 비난하고 동물로 치부한 존재들을 반은 기독교적이고 반은 자유주의적인 도덕으로 개종시킬 기회가 주어졌다. 아! 내가 생시몽주의자였더라면, 그때 생시몽이라는 이름이 메아리쳤을 것이고, 별 장점이 없거나 아예 아무 장점도 없는 고문이 그럼에도 불구하고 노인과 임산부와 아이에게 자행되는 것을 보고 느꼈던 슬픔이 경감되는 걸 느꼈을 텐데…… 그대들은 흑인의 운명만큼이나 비참한 프롤레타리아의 운명을 묘사했는데, 슬프도다! 그대들은 우리에게 진실을 말했다. 나와 다른 많은 이들이 그 증거다. 우리 모두가 알고 있는 것은 저곳에서 흑인 교육이 채찍과 고문과 방탕으로 이루어진다면 이곳에서 프롤레타리아 교육은 검과 총칼과 불명예와 부도덕으로 이루어진다는 점이다.

야만은 사실, 도처에 있다. 박해받는 폴란드에. 거기서 다고로의 흥분한 상상력은 "독재의 고귀한 희생자들의 마지막 외침이 우리에게까지 파고들었던" 것을 떠올린다. 실은 그르넬 평원에. 거기서 판각사 로시뇰은 어느 병사가 동료 하나를 살해하여 유죄 선고를 받고 처형되는 것을 보았다.

굴욕을 느끼고, 비참을 관찰하고, 고통의 외침을 듣고. 이 모든 것에 추가되는 것은 고통을 나눌 우애적인 영혼들을 찾을 수 없다는 불가능성이다.

나는 재난들의 미로 속에서, 나를 몇몇 친구에게 연결해주고 내 영혼이 가득 머금은 슬픔을 토로할 수 있게 해주는 어떤 유대를 찾았으나 허사였다. 무용한 희망이었다. 견해들과 이해관계들로 분할된 세계, 각각의 특수자에게 주어진 이질적인 교육에 의해 가장 완벽한 다양성 속에 있는 이 세계는 내가 그토록 열정적으로 갈망한 순수하고 솔직한 우정을 내게 부여해주지 못했다.

하나의 동일한 원인이 억압의 숱한 형상들을 규정하며, 민감한 영혼들이 고통을 나눌 자매 영혼을 찾는 것을 가로막는다. 게리노는 아르망의 긴 구절을 하나의 정식으로 요약할 수 있다. "나는 사람들을 찾았건만 내가 만난 것은 이기주의와 불행뿐이다." 사실은 사람들을 만난 것이다. 그들은 인간으로서 겪는 불행의 저자요 희생자일 뿐이다. 우애의 원칙들을 다른 곳에서, 고독 속에서 찾아야만 하는데, 거기서 인쇄공 뫼니에는 "사회의 해악과 가난한 인민의 고통과 부자들의 배은망덕과 이기주의를 보며 슬퍼하고" 인도주의적 종교의 호걸들과 소통하게 된다.

나는 고뇌를 나눌 수 있는 친구들을 도처에서 찾았다. 모두가 나를 배척했다. 그래서 나는 우울해졌다. 슬픔이 내게는 마법 주문이었다. 나는 고독 속에 파묻혀 거기서, 나를 위로하기 위해, 인류의 자선가들의 책을 읽었다. 나는 그들의 숭고한 행동을 떠올리기를 즐겼고, 이렇게 행복을 꿈꾸는 데서 일종의 쾌락을 느꼈다. 나는 나 자신에게 말했다. 인간성이 영원히 억압될 수는 없는 법이라고. 누군가 고귀한 사람이 와서 인간성을 해방하고 인간성에 새로운 생명을 다시 줄 것이라고.

병적인 수줍음을 지닌 사람이라고 파랑이 우리에게 말해주는 이 인쇄공은, 왕년에 도제로 판각 일을 한 적 있는 이[루소]의 텍스트에 기대, 자신의 고독한 꿈들에 대한 묘사를 정말 허식 없이 재조립한다. 장자크 루소의 언어는 수공업 장인들의 아들들의 펜 아래로 자연스럽게 들어오는데, 자연이 그들에게 준 마음은 너무 예민하고 그들이 받은 초등교육은 그들에게 너무 생생한 상상력을 주었으니, 그들은 뒤코묑 씨들의 작업장들에서 자행된 박해를 견딜 수도 없었고, 그렇다고 자기 도제들과 재미를 나눌 수도 없었다. 저들은 또한 세공사 루셀의 슬픔과 열정 안에서 자신들과 닮은 점을 찾을 수 있었다.

이따금 내가 즐겼던 유일한 쾌락은 숲 한복판에서 고립된 채로 있는 것이었다. 거기서는 내가 사랑으로, 경탄으로 응시했던 웅장한 신성함에 둘러싸여 있는 것 같았다. 꿈속에서 원통해하지는 않으면서도 불평했던 인간들의 파렴치함을 거기서는 굽어보았다. 아! 선함의 신이여, 당신만이 이 황홀경의 순간에 내 마음으로 파고들었고, 당신만이 내 사랑을 가졌도다!

이러한 자연종교의 언어 안에서, 낭만주의 세대의 범신론에 영향받은 젊은이들은 혁명과 제국의 시민 폭동과 병사 폭동 속에서 고양된 사람들, 철학자들의 원리들과 시민 축제들과 지고한 존재 숭배로 다소간 혼란스럽게 커온 사람들과 소통할 수 있었다. 사실상 일부는 회의주의에 빠졌다. "우리는 각성했고, 인간의 운명을 우리 스스로 개선하기를 원했다. 우리는 인간이 선하다고 믿었다. 우리가 인간을 당신들보다 더 잘 알며, 우리는 이 슬픈 경험에 값비싼 대가를 치렀다." 하지만 다른 이들은 자신들의 믿음을 지켰으니, 예컨대 돌Dole의 칠십대 동료는 탈기독교화가 인민의 마음에 순수 도덕을 되살렸던 한 시기에 자신이 형성했던 시민 숭배 기획을 『글로브』 편집인들에게 설명한다.[6]

특권적인 순간: 신이 일종의 시계공이라 믿는 노인들, 자연 도덕을 지지하는 자유사상가들, 낭만주의적 순환론에 열광하는 정신들, 이 모두가 별이 총총한 하늘과 인간의 마음에서 감각 가능한 신성함을 함께 찬미할 수 있으며, 그 신성함에 대한 숭배는 사제에 대한 증오를 믿음에 대한 욕구와 화해시키고, 이기주의적인 세상에 대한 원통한 경험을 인간의 일체감과 화해시킨다. 이러한 희미한 종교성에서 생시몽주의 선교는 새로운 종교의 이름으로 자기들을 인정해달라고 제안하는 것이다. 그렇지만 이러한 인정이 당연한 것은 아니다. "종교라는 이름에서 내가 뒷걸음 쳤음을, 나는 시인한다. 19세기에 새로운 종교라고? 나는 이 단어 혹은 이 이름이 싫었다."[7] 최고의 확신을 지녔던 이들이 먼저 이러한 망설임을 공유했다. 처음에 뱅사르는 교리 천명에서 일종의 예수회적인 술책을 보았다.[8] 데지레 베레는 "농담거리를 찾아"[9] 테부 홀에 들어갔었다. 도장공 바쟁은 장차 메닐몽탕 사원의 "성당 관리자"가 되지만, 아직은 "자신의 부도덕에 야유와 뻔뻔스러움을 덧붙이려"[10] 거기에 온다. 하지만 여러 불신자가 "뜻하지 않게 눈물이 눈가를 적셔 놀라워"했으며, 그것을 막으려

했으나 헛일이었다. 예컨대 새로운 개종자 바쟁은 "자신의 감정이 비겁하다고 나무라며, 이들은 학자들이지만 위선자들이라고 당신에게 말한다". 취약한 방어. 여기서 작동하는 것은 가짜 독신자篤信者들이 부르주아 재산과 가정에 가하는 위협이 아니라 남녀 인민에게 내려온 사랑의 말들의 매혹이다. 매혹당한 여성들과 등록된 프롤레타리아들의 명단에 한 명 더 추가되는 것에 불과한 존재가 되는 것을 감수하면서, 이 말들의 모험적인 매력을 음미하고픈 이들도, 그렇지 않은 이들도 있을 것이다. "나는 그러한 언술들을 갈망했다…… 기만당하기 십상이던…… 나는 다시 사랑할 욕구를 느꼈다……"11 우정의 배신과 가정의 일시적 평온 이후에 온 세번째 사랑. 화려한 제례와 찬송을 좋아하다가 나중에는 그 사제들을 경멸하게 된 교회 이후의 제2의 교회. 이번에는 사제들이 빈민 계급의 명운을 개선하는 일에 자신들의 경력과 재산을 희생하면서 행동을 사랑의 성스러운 말들에 일치시키는 교회.

그러니 그들은 낡은 종교에 대한 증오로 새로운 종교를 믿는 사람들일 것이다. 틀림없이 원죄에 대한 비판, 자신의 왕국이 현세에 임하며 자신의 아들들이 전쟁 대신 평화를 가져오는 신에 대한 긍정, 이런 것들이 진보의 사람들을 매혹한다. 각각의 종교와 종파에 진보의 행진 안에서의 존재 근거를 할당해주는 계시의 역사철학에, 이 상처받은 마음들의 원통함이 대립시키는 것은 선과 악, 밝음과 어둠의—기원적인 진리가 이중적 진리의 어두운 성직자들에 의해 은폐되는—형이상학이다.

기독교 신앙 속에서 커온 내가 곧 알아차린 것은, 종교가 변질되었다는 것…… 사람들이 사슬을 깨뜨릴 수 있도록 계몽하는 대신에 이해할 수 없는 언어로 그들에게 말하고 있다는 것, 사람들의 무지를 활용하여 완전한 우둔화에 그들을 방치해두고 있다는 것이다. 내가 본 것은, 종교가 일종의 암거래였다는 것, 우리에게 천상의 것이라고 제시된 호의가 짐승을 시장에 내다팔 듯이 그렇게 긴 논쟁 끝에 팔렸다는 것…… 용납할 수 없는 오용에 대한 증인이었던 나는 그후에 로마 가톨릭 신앙의 기미가 있는 모든 것과 거리를 두었다. 사제를 보기만 해도 나는 치를 떨었다.

게리노의 불관용에 셰로, 활자 주조공 풀롱, 제대군인 콜리니의 혐오가 반향한다. "그 성직자들의 이기주의와 악의…… 신의 성직자로 자처하면서도 허구한 날 신의 법을 버리는 이 사람들은, 전부는 아니더라도 최소한 아주 큰 부분이기는 한데, 자신들의 성직자 복장 속에 검은 영혼을 숨겼다……" 사제들의 중대한 범죄는 믿게 만든 것이 아니라 의심하게 만든 것에 있다. 로랑 오르티옹이 무신론을 배웠던 곳은 수도사들의 학교다. "그들은 내게 공포를 불러일으키고자 했다. 그들이 내 눈에 그려준 지옥은 끔찍했다. 나는 그것이 두렵지 않았다. 그들은 내 마음에 하늘의 행복을 느끼게 해주고자 했으나 내 마음은 그것을 이해하지 못했다. 하여 나는 가장 심오한 무신론에 빠져들게 되었다."

이 무신론은 사유의 해방이 아니라 영혼의 병으로, 감성의 마비로 느껴진다. 이 모든 사람들이 자신들의 마음의 장애에서 재확인했던 것은 사부아 출신 보좌신부가 일감이 없는 도제이자 나침반 없는 탐험가인 어느 젊은이에게 준 가르침이다. "이 상태는 지속되기가 쉽지 않고, 불안하며 고통스럽다. 악덕에 대한 관심, 즉 영혼의 나태만이 우리를 그런 상태로 둔다."[12] 아마도 목수 콩숑 역시 신앙고백을 통해 자신이 견해들의 바다 위에서 방황하던 걸 진술하기 전에 그의 모델을 다시 읽었을 것이다.

비바람 치는 바다에 던져져 접근할 수 있는 안전한 항구를 찾아 언제나 항해하는 뱃사람처럼, 진정 나는 무신론을 고백하지 않았다. 내가 나와 내 주변에서 느꼈던 것은 내게 어떤 신을, 이 숭고한 우주를…… 질서 정연하게 작동시키는 어떤 최고의 비가시적 존재를 알려주는 초자연적인 무엇인가였기 때문이다. 대지에 군림하는 경탄스러운 조화에도 불구하고, 사회 안에는 지속적인 해악을 초래하는 사악한 무엇인가가 실존한다는 것을 나는 감지했지만, 그것이 어디에서 오는지, 그리고 내가 행복해지기 위해서는 어떤 경로를 따라가야 하는지 전혀 몰라서, 나는 계속 여기저기를 방황했다……

항구에 당도하기 위해서는, 실제로, 물리적 우주의 성스러운 조화를 인정하는 믿음으로 충분치 않다. 더 필요한 것이 있다. 사회적 불평등, 불공정, 굴욕이라는 무질서와 이러한 조화 사이의 불일치를 치유하는 종교가 그것이다. 인민의 아이 각자를 자기 존재의 위엄으로 되돌려보냄과 동시에, 사회적 조화의―감각하는 존재들 사이의 유대 및 일체감에 대해 모두가 인정할 수 있는―원리뿐 아니라, 인간 행동에 대해 착취 세계의 이윤 또는 억압 세계의 특전과는 다르게 보상해주는 다른 법전도 정립하는 종교. 셰로가 프리메이슨에 들어갔던 것도, 게리노가 개혁파들의 설교를 들으러 갔던 것도, 라보니가 유대교와 개신교를 알아보고 싶어했던 것도, 다 이러한 것을 추구하기 위함이다. 신앙이 없지만 그렇다고 무신론자는 아닌 사람들, 정도에서 벗어난 신앙을 지닌 사람들, 신앙이 고정될 하나의 일체감을 추구하는 사람들. 그들이 어찌 유물론이라는 무

종교에서 자신들의 해방 원리를 찾을 수 있겠는가? 그들에게 유물론은 교리가 아니라 상태다. 존재하는 것의 종교가 아니라, 이기주의라는 세계의 현실인 것. 그들은 이 현실의 고통을 이중으로 겪는다. 부자들의 억압에 의해, 그리고 이에 맞선 단결의 불가능성에 의해. 천상의 종교의 공백은 지상의 지배의 전능일 수 있을 뿐이다.

인간이 자기 의무들로부터 풀려난다고 해서 마음이 공백으로 남을 수는 없다. 그는 즉각 새로운 사랑의 욕구를 느끼며, 느끼지 못하는 사이에 황금을 자신이 가장 탐하는 대상으로 삼는다. 물신숭배의 시절처럼, 그의 보배는 그로서는 자기 가족이라는 신이다…… 한 아비가 자기 아이들을 혼인시키는가? [혼인시킨다면] 교회의 의례는 농담에 불과하고, 시청의 의례는 법에 대한 허망한 복종이며, 진정한 성사는 공증인 사무실에 있다. 그곳에서야말로 모든 사람이 평온하며 숙고한다. 그곳에서는 오직 하나의 감정이 마음을 움직이니, 그것은 욕심이며, 황금에 대한 사랑이요, 자기들의 신에 대한 사랑이다……

"예술가" 바레의 감정은 그 자신이 교외의 극장 무대에서 종종 재회할 노동자들의 감정이기도 하다. 유물론은 부르주아의 철학이고, 현존 질서에 대한 단순한 용인이라는 것. "악덕에 대한 관심, 즉 영혼의 나태", 소유자들의 탐심, 수도사들의 학교에 대한 혐오로 인해 로랑 오르티옹이 겪은 "마비"에 빠졌거나 빈곤의 굴욕에 맞선 허망한 투쟁으로 인해 부아가 겪은 "비참과 장애라는 무기력"에 빠진 프롤레타리아들의 낙담만이 유물론에 만족한다. 잠, 욕구 기계의 천편일률적인 작동은 우연에 의해 생산되거나 방치되는 세계라는 유물론적 이미지 안에서 적합한 표현을 찾을 수 있다. 하지만 깨어나고자 하는 이에게는 하나의 종교가 필요하다. "사제를 보기만 해도 치가 떨렸다. 그렇지만, 내가 시인하는바, 나는 행복하지 않았고, 종교가 없으면 사람은 예외 없이 야수처럼 될 것이다. 내가 정의할 수는 없는 무엇인가가 내게 결핍되어 있었다." 매우 급진적인 게리노가 종교의 전투적 필요성을 긍정한 것은 생시몽주의 사제들의 비위를 맞추기 위함이 아니다. 몇 달 뒤 공화주의자 대열로 되돌아온 그는 자신의 대원들에게 역시 종교적인 언어로 말할 것이다.

> 우리는 또한 숭배를 갖고 있으니, 그것은 기독교인의 숭배요, 다만 자신들의 야비한 탐심을 만족시키려고 자유를 지향하는 모든 것을 변질시키는 데 골몰했던 이들 사제들이 설명하는 그런 숭배는 아니다. 우리는 나사렛의 예수를 따르는 기독교인이다. 예수는 유덕한 공화주의자에 다름 아니기 때문이다. 이러한 공화주의자는 모든 인간을 평등하게 하는 것을 기반으로 한 새로운 법을 계시하는 지고의 존재에 의해 고무되었던……13

생시몽주의 사제들의 "능력에 따른 분류"와 공화주의자 그리스도라는 층위는 동일한 관념으로 회귀한다. 사회적 위상들의 물질적 무질서를 전복하는 원칙들을 종교의 유대들과 동일시하는 관념으로. 종교라는 단어만이 사회적 질서를 우주적 질서와 조화롭게 하는 조직화 프로젝트, 개인적 도덕, 전투적 의무 이 셋을 통합하는 원리를 명명할 수 있는 것으로 보인다.

지상의 것인 동시에 천상의 것이기에 애매한 종교. 그것이 여기서 자신의 대상을 획정한다. 인간들 사이 유대들의 재조직화. 다른 곳에서 그것은 자신의 의무의 원칙을 정립한다. 또는 차라리 믿음의 초월성과 덕의

프롤레타리아의 밤

내재성 사이에서 그 원칙이 이중화되도록 한다고 해야 할 것이다. 요컨대 이 사람들이 생시몽주의 안에서 찾아낸 것, 희망하고 믿고 왕왕 찾아낸 척한 것은 단일한 종교가 아니다. 그 종교의 표상된 초월성은 자연 도덕의 의무를 감각 가능하게 만드는 것 외의 다른 대상을 갖지 않을 것이다. "내가 스스로 생시몽주의자가 되고픈 욕망을 느꼈던 이유는 이것이야말로 성실한 인간의 도덕임을 인정했기 때문이다. 그러한 도덕은 불관용과 미신과 광신으로 이루어지는 것이 아니며, 동류들을 사랑하고 전력을 다해 그들을 돕고 목숨을 걸고 그들을 지키며 선을 행하고 악을 멀리하는 것에 그 본질이 있다." 생시몽주의적 신비주의를 자연 도덕으로 이렇게 환원하는 것, 풀롱에게는 명확히 입증된 모양을 띠는 이것이 잔 드루앵에게는 신성함의 표상과 전투적 의무의 원칙들 사이의 관계에 대해 근원적으로 성찰하는 기회다. 그녀는 나름대로 새로운 종교의 중심 교리를 진지하게 다룬다. 타락의 교리와 대립되는 **물질의 복권**. 원죄는 대지를 추방의 장소로 만들었고 신의 왕국을 내세에 두었다. 새 교리는 신성함이 우주에 내재함을, 신성함의 계시가 역사적으로 진보한다는 것을, 산업 노동과 인간 연합의 현세에 신성함의 왕국을 건설해야 할 필요를 긍정한다. 새 교리의 모든 논리는, 완벽해질 수 있음의 역사적 목적론과 현세의 범신론적 종교 사이에서 가정되는 등가성 안에서 작동한다. 그러나 이른바 이러한 일관성은 모순적인 두 원리의 불가능한 결합이다.

생시몽주의자들은 대립적인 두 견해를 화해시키기 위해 유심론과 유물론 사이의 중도를 취하고자 했지만, 유물론이 그들 교리의 결과인 것으로 보인다.

그들에 따르면 우주 전체는 지성과 의지를, 힘과 아름다움을 타고난 유일한 존재만을 형성한다. 무신론의 신봉자들이 자연이라 명명하는 것이 바로 이런 것 아닌가?

이 존재의 지성은 자신의 실존을 느끼는 것에 한정되며, 본능적이다. 이 존재의 의지, 그것은 존재의 필연이니, 더 정확히 말해, 이 존재는 의지를 갖지 않으며 존재함을 자유롭게 멈출 수 있는 것이 아니라면, 이 존재는 무력한 것이고, 따라서 이 존재는 신이 아니다.[14]

틀림없이 잔 드루앵은 생시몽주의에 앙팡탱이 부과한 "범신론적인" 일탈을 고발하는 뷔셰주의자들의 팸플릿에서 영감을 받는다.[15] 하지만 존재함을 멈출 줄 모르는 이러한 신에 대한 거부는, 욕구 기계의 집요한 필연성으로부터 죽음으로써 벗어나려고 여러 번 시도한 이 프롤레타리아들의 지각을 잘 표현한다. 존재함을 좌우하는 필연성을 중단시키지 못하는 신성함을 향한 본능적 반감이 생시몽주의 범신론에 내재한 딜레마의 논리적 서술을 규정한다.

우주란 존재하는 모든 것이라면, 인간이 이 거대한 전체의 한 변용이라면, 이와 같은 신앙은 종교가 아니며 그 어떤 숭배도 야기할 수 없다. 왜냐하면 인간이, 이 거대한 존재의 내밀하고 필연적인 한 부분인 인간이 그것을 공경하지 않아도 되기 때문이다…… 사랑, 보존을 타고난 사유, 진보의 섭리적인 법칙, 저 거대한 존재의 속성들인 이 모든 것은 존재함의 필연성의 효과 아닌가? 저 존재를 공경하는 것은 그러니 무용하다. 그것은 지적 원인이 아니라 완벽하게 조직된 기계이며, 이 기계의 필연성이 모든 운동을 규제한다.

프롤레타리아의 밤

모순은 명확하지만 그 해결은 애매함을 초래한다. 여기서 종교적 표상에 대한 비판—존재들의 일체성과 진보의 법칙을 그것들의 사변적 외화로부터 감각적 현실로 환원하는 비판—을 읽을 수도 있을 것이다. 또한 지상의 요청에서 최종적인 신학적 포장을 벗겨내는 일관된 유물론을 읽을 수도 있을 것이다. 하지만 여기서 개시된 행로는 변혁 행위의 가능성을 표상 비판에 연결하는 행로와 반대로 간다. 종교적 거리, 신성한 **낯섦**은 역으로 지상의 비판을, 필연성의 왕국으로부터의 출구를 허용한다. 이러한 종교 분쟁에서 문제되는 것은 세계의 원리를 변혁적인 사회적 행위에 고정시키는 세계 해석을 제시하는 것만이 아니다. 신성함이라는 관점이 또한 이러한 행위의 모델, 즉 **아날로공**analogon을 제공한다. 게다가 생시몽주의 종교가 신성함을 이해하는 것은 이런 식이다. 말하자면 생시몽주의 종교는—무한 진보의 미래를 향한 인간적인 노력들을 고무하는—계시의 진보성에 대한 단순한 믿음이길 원하지 않는다. 그것의 "범신론"은, 문자 그대로, 개인들이 전체의 신성함 속에서 일체가 된다는 표상 위에 전투적 **열정**을 정립한다. 바로 이러한 방식으로 이들 젊은 부르주아들은 출생의 특권과 동일시되는 우연 체계의 종언을 이론적으로 확립한다. 출생의 임의성 및 개인들의 원자화와 연결된 사회적 분할에 맞서, 그들은 빈민 계급을 향한 자신들의 헌신을 존재하는 모든 것의 공감적 공동체의 존재론적 필연성 안에 기입한다. 틀림없이 잔 드루앵은 이러한 도덕적 범신론에 대한 지나치게 기계적인 해석을 제시한다. 하지만 또한 그녀는 어떤 가장자리에 대해 말하는데, 이 가장자리에서는 거대한 전체에 내재하는 필연성이 존재들의 보편적 일체성보다는 욕구 기계의 비인간적 동력을 상기시킨다. "출생의 우연"에 대한 비판은 둘로 나뉜다. 우주를 신성함의 왕국으로, 역사를 신성함이 계시되는 과정으로 간주하는 것으로는 저 우연의 실천적 파괴를 이론적으로 정립하기에 충분치 않다. 이 우주와 역사의 합리성이 자유 인과성으로 소급되는 것이, 수동적 물질에 대한 능동적 정신의 우월함을 표시하는 것이 필요하다.

관점들의 이러한 전복은 두 가지 원리의 존재론적 위계를 표시하는 것을 강조하는 가운데 드러난다. "정신은 순수하고, 물질은 부패하기 쉬우며, 정신은 지적이고, 물질은 무기력하며…… 정신은 나뉠 수 없고, 물질은 무한히 나뉠 수 있다. 정신이 물질에 내재한다고 어찌 가정하겠는가? 이는 운동이 시계추에 내재함을 시인하는 것과 매한가지다." 술어들의 존재론적 위계는 도덕적이고 정치적인 두 원리의 대립과 매한가지다. 고전적인 시계공 비교가 이러한 이신론理神論의 전투적 의의를 지각하게 한다. 인간성의 운동에서 물질적 관심들의 조합 외의 어떤 다른 형상도 인지하지 못하는 이러한 평형 모델들에 대한 거부. 이와 같은 평형 모델은 예를 들자면『보상 체계Sytème des compensations』인데, 저명한 아자이가 문명 협회에서 논한 이 논증은 어느 노동자의 반박에 의해 곤란해진다. "당신의 체계는 숙명론에서 온다. 그런데 숙명론은 체념과 통하고 절대적 체념은 독재를 낳는다. 따라서 당신은 독재를 공언하는 것이다."[16]

보상들에 대한 이러한 사유는 "중도"의 정치들에 이론적 용인을 제공하는데, 생시몽주의자들은 이 사유에─물려받을 게 없는 사람들의 계산에 따라서 물질적 이해관계에 대한 이론을 재고하는─진보의 법칙을 대립시킨다. 하지만 진보의 종교란, 혹여 운동을 긍정한다 하더라도 이 종교가 우연과 필연이라는 쌍을 원리적으로 존속시킨다면, 여전히 모순적인 중도일 뿐이다. 이기주의적인 세상의 흩어진 원자들을 조화로운 사회적 총체 안에서 연합시키고자 하는 자라면 기계론적인 세계 표상 전부를, 원자 운동에 내재한 필연성이라는 관념 전부를 원리적으로 파괴해야

프롤레타리아의 밤

만 한다. 난점을 우회함으로써, 생시몽주의 종교는 모순적인 두 원리 사이에서 분열적인 채로 남아 있다. "우주 안에 있는 모든 것이 궁극적으로 신이라고, 신은 정신인 동시에 물질이라고 말하는 것…… 그것은 신의 존재를 암묵적으로 부인하는 것이다. 진보의 법칙을 인정하고 천명하는 것, 그것은 어떤 시작을 시인하는 것이요, 어떤 선행 원인을 인정하는 것이다."

하지만 아마도 생시몽주의 종교의 이러한 모순은 그것의 지위 자체와 연관될 것이다. "인간의 약점을 벌충하기 위하여 종교적 외피를 쓴 정치 체계"라는 지위.

생시몽은 인간을 개선하고 행복하게 하기 위한 목표로 광대한 정치 체계를 구상한 이후에, 기존 종교들이 현존하는 가운데 사회적 건축물을 새로 재건하는 일이 불가능함을 인식했으니, 기존 종교들은 계몽 및 문명과의 투쟁 속에서 지속적으로 사회를 퇴행시키고자……
그가 순수하게 정신적인 신을 인정하려고 하지 않았던 이유는, 인간을 실증적인 관념으로 이끌고 인간을 지상의 것들과 결부시키는 일이 필요해 보였기 때문이다.
그가 유물론을 명시적인 방식으로 승인하려고 하지 않았던 이유는, 종교적 관념들이 인간 정신에 미치는 영향을 인식했기 때문이며, 종교적 열정이 자기 교리의 전파에 필수적이라고 판단했기 때문이다.

분석의 결말이 그 출발과 모순된다. 종교-형식은 기존 종교들과 타협하는 수단이 아니다. 이 수단은 적절치 않을 것이다. 교리 전파에 필수적인 열정은 수단의 층위에 속하지 않는다. 그 열정은 동류에 대한 사랑을 신에 대한 사랑의 지위로 끌어올리는 신앙의 초월성에 내재적이다. 정치와 종교의, 유물론과 유심론의 모순은 비일관성 또는 간지의 효과가 아니다. 현학적인 교리의 이율배반은, 젊은 양재사가 위대한 행동들에 대한 경탄과 모든 고통에 대한 연민이 엮어내는 인간적 유대들과 단절할 수 없으면서도 억압 세계로부터 스스로를 고립시키고자 했을 때 느낀 모순과 무관치 않다. "나는 나 자신과 불화했다…… 내게 필요했던 것은 어떤 신앙, 목표, 활동적인 삶이었다." 마침내 발견된 신앙이 몇몇 행동을 정립할 "약간의 절대적 진리들"을 부여하지만, 모순을 제거하지는 못한다. 모순은 사회적 변혁 시도를 천국 상인에 대한 증오에 연결하는 "유물론"과 물질세계의 예속 바깥에서 이 세계 변혁에 필수적인 믿음을 찾아야만 하는 "유심론" 사이에서 부단히 재생된다. 신자들의 이신론은 "사제들"의 범신론과 이율배반적이면서 동시에 보충적이다. 생시몽주의 종교의 모순들이 이 종교의 자리-없음을 야기하지는 않는다. 이 모순들은 역으로 오해라는 형식 자체 안에서 어떤 인정의 가능한 자리를 만들어낸다. 잔 드루앵은 여전히 유보적이라 하더라도, 그녀의 형제자매들은, 신을 믿지 않던 바쟁이 그랬듯이, "맹아로서의 신, 필연으로서의 신, 점차 무로서의 신"을 주장하는 "중도파"들에게 "남성적인 선함의 신, 여성적인 선함의 신, 지성의 무한함"을 설교함으로써 공화주의적 믿음과 섭리주의적 교리를 통합할 수 있다.[17] 딜레마를 해소하는 것은 여전히 모순 안에 머무는 것이다. "종교"는 정치 이외의 다른 내용을 갖지 않지만, 이 정치는—자체적인 목적의 상을 따라서 세계 질서를 형상화하거나 필연성의 구속에서 벗어난 행동 모델을 자체적인 의무에 부여하는—종교의 초월성에 의해서만 이기주의적 힘들과의 타협을 깰 수 있다. "단순한 이성"의 불확정적인 한계들에 있는, 덕에 대한 공화주의적 숭배와 생생한 우주에 대한 신비주

프롤레타리아의 밤

의는 우애의 초월적 종교 안에서 만나는데, 오직 이러한 종교만이 사람들 사이에서 연합의 정치를 정립할 수 있다.

애매한 종교가 평등주의적인 공화국의 바리케이드 전사들과 위계적인 연합의 사도들 사이의 마주침을 조직한다. 하지만 실천적 국면에서의 실현은 종교들의 통합주의보다도 더 어렵다. 클레르 바자르와 함께 노동자 교육을 담당하는 앙리 푸르넬은 7월의 프롤레타리아들을 상대로 하는 자신들의 소명에 관해 매우 엄격한 관점을 기탄없이 진술한다.

구세계의 이 모든 사람들을 우리는 새 사람으로 만들었다. 그들은 폭력을 신봉했지만 오늘날에는 자신들의 운명을 개선하기 위해 당신의 평화주의적인 말의 역량만을 신봉한다. 그들은 신에게 버림받았다 여겼기에 신을 믿지 않았는데, 당신의 사랑의 보물들을 자신들에게 선사하는 자들이 신 자신의 사절들임을 인지하게 되었다. 그들은 모든 권력에 대해 불평했는데, 당신의 아들이 되는 것을 영예로 여기면서 당신의 권력을 경하하는 것을 배웠다. 그들은 돌연한 해방에 갈급했는데, 평화적으로 성취된 이러한 해방은 오랜 노력이라는 조건이 있어야 완전해질 수 있었던 것임을 깨닫게 되었다.[18]

"최고위급 아버지들"에게 제출된 푸르넬의 보고는 임기응변의 낙관론을 과시한다. 실제로는 감독관들이 신입들에게서 공화주의 정서와 반위계적인 자유주의적 태도를 잘 파괴하지 못했다. 성밖에 있는 생자크 거리와 생마르셀 거리의 반항아들과 고투를 벌이던 들라포르트의 경우가 특히 그러하다. 들라포르트 논증의 엄밀함 자체에서 그가 지닌 교육적 특권의 독재적인 표현만을 보는 고니. 구 단위의 감독 제안을 받고도 부자에 대한 증오를 포기할 수 없었던 샤를르 펜케르. 그의 형제로, "공화주의적 정념의 경미한 요소"를 견지하고 있는 알렉산드르. 폴란드를 지지하는 가두시위에 참여했다고 친절한 이웃이 알려준, 그리고 들라포르트가 "여기에는 뭔가 걸맞지 않은 것이 있음을 느끼게끔" 해줘야 한 콩페. 이폴리트 펜케르로 말하자면, 폴란드 사태와 연계된 유럽 전쟁 위험의 목전에서, 그는 벌써부터 침략자를 몰아내기 위해 무기를 들 태세였고, 들라포르트는 그의 열기를 진정시키기 위해 자신의 변증법의 최후 방편들을 구사해야만 한다. "나는 무엇보다도 우리의 의무와 소명이 희소식을 공표하는 데 있음을, 그러니 만약 침략이 일어났다면 이는 신이 바란 것이었을 테고 신은 진보를 돕기 위해서만 침략을 용인했으리라는 점을 그에게 이해시켰다."

　신력 2년의 병사들의 애국주의 열기와 교리론자의 지복 섭리주의 사이의 대립은 절대적인 것으로 보인다. 하지만 특히 주목할 만한 것은, 이러한 섭리주의는 너무 빨리 습득한 교훈 위에서의 무모한 임기응변일 뿐이라 공화주의적 삼위일체에 대한 믿음의 확실성에 반대하기 어렵다는 점이다. 실은 폴란드 사태가 교리의 형이상학을 교리의 도덕과 정확히 모순되게 한다. "개입" 문제에 대한 바로와 로랑의 설교는 폴란드인의 운명을 섭리에 맡기지 않으려 매우 조심한다. 그리고 인민의 평화적인 연합의 미래의 우위조차도 그들의 설교에서는—프랑스 개입에 대한 "중도적" 반대를 정립하는—**이기주의** 비판에 종속된다.[19] 그래서 알프레 부알캉은 보편적 연합이 프랑스혁명기의 시민 바리케이드들과 해방전쟁들의 부정이 아니라 그 연속이라는 해석 논리를 끌어낼 수 있다. "폴란드의 우리 형제들에게 빚지고 있는 지지를 우리의 명예로운 깃발 아래 상기시키는 당신들의 씩씩한 말소리를 회상하면서 내 마음은 설렜고 여전히 설렌

　　　　　　　　　　　　　　　　프롤레타리아의 밤

다." 이러한 애매성들은 물론 설교자들의 개성에 따라 증폭된다. 왕년의 카르보나리당 당원 로랑과, 장차 『토생 데 트라바예르Toscin des travailleurs』를 책임질 바로. 하지만 생시몽주의 고위층이 교리의 사람들이 아닌, "자유주의"와 가장 가까운 두 회원에게 공중을 상대로 교리의 **종교적** 의의를 감지하게 해주어야 할 설교의 주요 책임을 맡긴 것은 우연이 아닌데, 이들 공중의 절반은 노동자 해방을 지향하는 공화주의적 정념으로 넘어온 이들이고 다른 절반은 새로운 사제들에 대한 볼테르적 야유로 넘어온 자들이다. 자유·평등·우애에 대한 열광은 새로운 사도의 형식들과 교리들을 생생한 현실의 원리로 만드는 데 적합한 종교적 에너지를 당분간만은 은닉한다.

인민의 아들인 예술가의 모범적인 신앙고백에서, 희소식과 구원 종교의 계시를 대신하는 것이 바로 7월 혁명이다.

그날, 내 과거의 오직 그날, 마치 단 한 사람인 것처럼 반란에 나선 이 사람들 사이에서, 내가 오늘 찾아낸 미래를 언뜻 보았다. 나를 둘러싼 사람들의 삶을 살고 있다고 내가 느꼈던 것은 영웅적인 길거리의 진흙이 묻은 내 손이 노동자의 명예롭게 못박힌 손, 학생의 희고 고운 손, 또는 심지어 나태한 부르주아의 손을 꽉 쥐었을 때였다. 나의 근심과 희망에 감응했던 것은 언제나 한 사람이었다. 하나의 은밀한 불꽃이, 하나의 신성한 목소리가, 내게 **보편 연합**을 계시했다. 아! 나의 아버지들이여, 내가 탐했던 모든 소식 중에서, 보편 연합이 내게 얼마나 희소식을 가져왔던가. 나를 하나의 인간 존재에 근접시켰던, 우리 두 존재 사이에서 마치 만인 사이에 있듯이 작용한 이 즉각적인 흐름. 내가 그의 이름과 인생을 알아야만 믿을 수 있는 그런 사람이 아닌 어떤 이의 곁에서 그를 믿는다고 부드럽게 토로하도록 해주는 이러한 감성은 내게, 인간은 미워하려고 태어난 게 아니고 사랑하려고 태어난 거라고, 연합과 사랑이야말로 인간의 욕구라고 말해주었다. 아! 내 존재의 유일한 영성이 약속받았던 천국이 더이상 아쉽지 않다. 이제 나는 내 삶을 사랑해주는 살아 있는 존재들을 만지고 느끼고 바라볼 것이다.[20]

중도의 대척점에 있는 사회적 화해의 원형인 예술가에게 떠올랐던 것은 우애의 거리의 이러한 형상화—현존하는 적에 맞서는 무기가 아니라 가교이며, 흰 손과 못박힌 손 사이의 평등한 교류 대상—다. 그러니 7월이 표상하는 것은 만장일치의 혁명이며, 도래할 평화적인 연합을 예시하는 사랑의 봉기다. 이는 전투하는 인민을 자신들의 역량에 대한 참된 의식으로 변환시키는 것인데, 그 역량은 폭력 또는 수가 아니라 가장 설득력 있는 마음들의 위계에 의해 지도되는 인간 연합이다. 불모의 폭력과 다산의 연합이라는 단순 대립은 7월의 프롤레타리아가 경험한 것—정치적 변화에 대한 어긋난 희망, 인민의 단결된 역량의 장엄한 현현, 진보의 종교의 구체적 출생증명서—특유의 긴장을 허용한다. 그래서 조제프 나폴레옹의 왕년의 근위병과 저 위인에 대한 향수를 지닌 이 목수가 저 사흘에 대한 생시몽주의 해석을 나름으로 이어갈 수 있다.

이 혁명으로부터 우리에게 남아 있는 유일한 결실은 우리 스승의 성스런 작업, 최대 다수인 계급의 도덕적이고 지적이고 신체적인 운명의 개선이다…… 이 근사한 제도, 아마도 이것이 저 사흘의 유일한 혜택일 것이다. 순수한 만큼이나 성스러운 이 연합이 수립되었지만, 몰락한 체계 아래 박탈당했고, 그래서 인간에게 가장 고귀한 것인 자유를 마음

속에 숨겨놓아야만 했기 때문이다.

다고로와 콜리니와 이들의 동료들이 새로운 교회 안에서 7월의 유산을 인지할 수 있었다면, 이는 저 사흘의 계시가 정치체제의 문제보다는 특정한 실존적 고통과 훨씬 더 관련되기 때문이다. 이는 또한 사도들이 제공한 틀 위에서 그들이 자기 경험의 실을 어렵지 않게 엮어나간 이유이기도 하다.

나는 계속 여기저기 떠돌았다. 우리에겐 행복 따위는 없을 거라고 생각했다…… 프랑스에서 적법성이 뒤집혔다는 것이 경악한 세상에 선포되었던 장엄한 그날까지는…… 7월이 내게는 행복의 후광처럼 나타났다. 나는 자유로워지리라는 것이 내 생각이었고…… 내가 어떤 역할을 했는지 당신에게 시시콜콜 늘어놓지는 않겠다. 다만 7월 29일에서야 비로소 왕궁에서 나를 볼 수 있었다는 것만 알려드리겠다……
정녕, 이 모든 것으로부터 어떤 결과가 나왔는가?…… 나는 자유를 위해 싸웠으나, 상처 입었고, 전보다 더 불행해졌으며, 주변에 보이는 것은 더 불행한 사람들이었으니!…… 저 기념비적인 사흘이 내게는 행복의 전조였지만 곧바로 내가 비통하게 깨달은 것은 일각에서 저 사흘을 잊게 하려고 덮으려 든다는 것…… 구귀족은 사라졌으나 신귀족이 그들을 대신했다는 것……[21]

이 영광의 날들과 원통함의 후과들은 인민의 드러난 역량과 이 역량의 탈선에 대한 생시몽주의적인 분석을 확인해주며, 7월의 계시와 정확히 동일한 과정을 묘사하는 개종들을 정초한다. 끝나지 않을 불행의 꽉 막힌 지평 앞에서 심신을 다시금 장악하는 "우울". 물질적이고 도덕적인 빈곤에 짓눌린 사람들을 일으켜세우는 섭리적인 사건의—이웃, 방문자, 정치적 루머에 의해 전해지는—놀라움. 흰 손과 못박힌 손의 새로운 동맹으로의, 마침내는 우애적인 자유의 미래가 출현하는 것으로 마감될 두 세계의 선명한 대치로의 저돌적인 돌입……

생시몽주의자 이웃들이 나를 찾아왔을 때 나는 내가 영원히 불행할 거라는 생각을 품고 있었다. 그들은 내가 슬퍼해야만 했던 이유를 물었다. 나는 그들과 얘기를 나눴고, 그들은 자신들과 함께 설교를 듣자고 나를 데려갔다. 오! 내가 당신들의 입에서 생시몽의 말을 들었을 때 내 마음을 사로잡았던 그 어마어마한 기쁨이란. 최대 다수이고 최고 가난한 계급의 행복에 대해서만 말하며, 이러한 행복 속에서 서로 이름을 부르고 서로에게 우리는 모두 형제자매이며 단일한 가족을 형성한다고들 말한다. 이건 우리네 아비들의 종교와 같지 않으니, 거기선 내가 읽을 줄도 쓸 줄도 몰라서 무지 속에서 키워졌다.

사랑의 가족 종교, 인민의 아이들을 부모의 빈곤으로부터 빠져나오게 할 교육. 연약한 유년기부터 "불행한 사람이라 노동해야만 했던" 문맹의 기사르가 구술한 말은, 인쇄공 뫼니에와 랑주뱅, 도장공 로랑 오르티옹, 재단사 칼베 같은 배운 노동자들이 수사학적 장식을 달아 발전시킨 두 가지 중요한 주제를 정확하게 요약한다. 교양 있는 노동자들처럼 투박한 노동자들에게도 생시몽주의의 미래는 두 평면에서 펼쳐진다. 형제들의 협회라는 신비적인 일체성의 평면과, 약점을 보호해주는—노동으로는 지탱할 수 없는 유년과 노년이라는 삶의 두 극단에서 주로 실행되는—

경험적 조직이라는 평면. 원조援助를 추구하는 공리주의자들과 이성의 태양 아래 성장한 인민을 꿈꾸는 이상주의자들은 교리의 이러한 경미한 뒤틀림을 통해 제휴하게 된다. 이제 교리가 강조하는 것은 능동적 노동자들의 위계적 조직보다는 미래 노동자들과 과거 노동자들에 대한 평등한 대우이며, 생시몽의 사제들에 의한 능력의 분류보다는 능력의 형성이다. "가장 가난하고 가장 다수인 계급의 운명을 개선하기, 우리의 아이들을 위한 교육", 바로 이와 같은 것이 놀레 부인이 슬픔을 줄여보려고 동료를 따라가 들은 설교에서 우선적으로 품게 된 두 구절이다. 이에 공명하는 것이 "배움의 결실은 차별 없이 사람들에게 허용된다는, 과학과 예술과 산업은 가장 유능하다고 평가된 사람들의 몫이라는, 평생 내가 지녀온 이러한 생각들과 너무나 잘 공명하는 이 교리를" 지지하겠노라는 셰로의 결의다.

셰로와 동료들은 그들의 공화주의적 확신을 능력의 위계적 분류에 대립시키지 않는다. 그들 중 가장 평등주의적인 게리노조차도 자신의 대원들 앞에서 덕과 재능의 구별을 인정할 것이다. 하지만 그들을 끌어들인 조직은 그들의 능력이 공정하게 분류되는 것을 가능케 하는 조직이라기보다는 오히려 그들 각자에게 능력 형성의 기회를 제공하고 그 대가를 받아가는 조직이다. 그들은 "능력에 따른 분류, 노동에 따른 보상"이라는 교리 조항을 인정한다. 하지만 생시몽주의 미래에 대한 그들의 그림은 출생의 운을 파괴함과 동시에 이기주의 정서를 근절하는 이러한 교육을 강조하기 위해 분류와 보상의 양태들을 의도적으로 흐릿하게 방치한다. 그 미래를 자유의 이름으로 규탄하는 자들을 반박할 책임을 진 랑주뱅은 "자유로운" 프롤레타리아의 예속을 논증함으로써 반대 논지를 펴는 것을 선호한다. 그리고 그가 회의적인 자들을 위해 교리의 이점들을 열거할 때, 그는 분류의 수혜들을 그저 간과할 따름이다. "가장인 그대들은 아들이 물려받을 것이 없다는 걸 생각하면 오싹해진다. 곰곰이 생각해보라. 그 아들은 자신에게 도덕적·신체적·지적·직업적 교육과 퇴직연금을 제공해줄 하나의 가족을 생시몽주의자들에게서 찾을 것이다." 그의 동료 뫼니에의 신앙고백 역시 교육과 연금을 나누는 간격에 대해 신중하다. 그는 자신의 영적 "갱생" 덕에 신봉하게 된 교리 조항에 확실히 분류를 포함한다. 하지만 미래에 대한 그의 장대한 그림은 직업교육의 수혜들과 사랑의 위계의 가부장적 지혜 사이에 있는 문제를 능숙하게 회피한다.

> 모두가 차별 없이 도덕적인 일반교육을 받을 것인데, 이러한 교육에서 모두의 공감이 발전될 것이며 자신들이 사회에서 행하는 기능을 사랑하게 될 것이다. 이어서 받게 될 전문적인 또는 직업적인 교육에서는 각자가 능력에 따라 종사하게 될 직업을 습득하게 될 것이고…… 모두가 일에서 은퇴한 뒤에 명예롭게 쉴 수 있도록 연금을 받을 것이며…… 가장 다정한 사람들이 보편 가족을 다스리도록 호출될 것이고 가장 가능성이 높은 진보를 인류에게 가져올 것이다……

이 젊은이는 아마도 『텔레마크』에서 읽는 법을 배운 적은 없겠지만, 그가 묘사하는 사회교육과 가족적 통치는 생시몽주의 기술자-사제들의 수염보다는 멘토의 그것을 더 연상시킨다. 가부장적 유토피아와 교육적 공화주의의 이러한 혼합이, 교회 및 산업 측면에서 분류하는 고위층의 약속 회피 수단인 것만은 아니다. 그것은 또한 포기와 운이라는 프롤레타리아 정서와 연계된 보호 요청의 애매함도 반영한다. 이러한 요청은 노동자의 사회적 안전 프로젝트와 사랑의 무한 추구 사이에서, 노동자를

프롤레타리아의 밤

실업 없는 실존으로 이끌며 퇴직연금의 안락함 속에서 완결될 일반교육 및 직업교육에 대한 평온한 전망과 노동자의 사제 및 아비 들이 덕성을 숭배하는 가운데 일체가 되도록 만드는 우애적인 인류의 묘사 사이에서 동요한다.

틀림없이 두 비전은 모순되지 않는다. 노동조직화와 사회적 안전은 인간을 이기주의자로 만드는 "그들 미래의 불확실"을 몰아내야 하고, 노동자들로 하여금 사랑을 사심 없이 즐기는 것에 눈뜨도록 해줄 부유하지도 가난하지도 않은 상태를 창출해야만 한다. 그리고 노인의 퇴직연금과 연계된 유산 폐지는 보편 연합의 미래 유대에 모델 노릇을 하는 가족적 유대를 재생시킬 것이다. "노년의 우리는 우리 아이들의 사랑을 확신할 것인데, 이 아이들은 오늘날과 달리 우리의 부를 상속받기 위해 우리 생명의 마지막 순간을 초조하게 기다리지 않을 것이며, 만약 우리가 궁핍하다 해도 후일 우리에게서 벗어날 수 있는 순간을 열망하지도 않을 것이다."

하지만 정녕 평온한—알지 못하는 후손의 사랑에 의해 아름답게 꾸며질—노년에 대한 이러한 확신이, 저 공화주의적 또는 제국적 꿈을 지닌 베테랑들의 원통함과 너무 늦게 고아의 세기에 태어난 젊은이들의 우울을 달래주는가? 이와 마찬가지로 고급가구를 만드는 부아시가 툴루즈 동료들에게 완수하라고 권하는 것은, 이기주의와 굴욕의 세계와의 당장에 가능한 단절. 물질적으로는 식별하기 어렵지만 그럼에도 결정적인 변화 아닌가? "불운과 고통 탓에 쏟아낸 눈물"로부터 "뿌리고픈 눈물", 즉 약속의 말과 사랑의 교류 안에 이미 온전하게 현존하는 행복의 달콤한 눈물로의 변화.

너희의 친구이고 동지인 불행한 노동자들 한복판에서 일어나 말하라. 너희가 모든 것을 만들어주지만 너희에게 아무것도 만들어주지 않는 이 사회를 떠나라고. 모든 것을 만드는 자들이 아무것도 갖지 못하는 이 사회, 아무것도 만들지 않는 자들이 모든 것을 소유하는 이 사회…… 새로운 세계가 너희에게 제공되니, 너희에게 그것을 알리러 오는 관후한 사람들의 품으로 뛰어들라고. 그러면 곧 행복할 거라고.

연합한 인류에게 약속된 미래 행복으로부터 출발하여 이중의 미끄러짐이 실행된다. 희소식을 들으려고 구세계를 도망친 자들은 그렇게 함으로써 이미 새로운 세계에, 사랑의 말과 행위가 그 어떤 사회적 조직화 플랜보다도 더 잘 예시해주는 새로운 세계에 들어와 있다. 하지만 이 예시된 미래는 아마도 위대한 사회라는 미래라기보다는, 황금의 종교에 몰두하는 세계에 의해 거부된 사랑의 삶을 자신의 내밀함 속에서 실현하는 작은 가족이라는 미래일 것이다.

아! 나의 동료들이여, 내가 너희에게 묻는다. 그와 같은 무질서를 중단시켜야 할, 또는 더이상 그런 무질서에 참여하지 말아야 할 때 아닌가라고. 명예가 말일 뿐인, 사랑이 광기일 뿐인, 우정이 망상일 뿐인 세계와 우리를 분리해내자. 우리 모두 서로 손을 잡자. 우리의 동아리에서는 자신의 아내가 지닌 마음씨를 보고 그녀를 사랑할 것이고, 덕성을 보고 그녀를 존중할 것이며, 명예는 모든 사람들에게 돌아갈 것이다. 너희의 아이들이 너희를 소중히 여기고 너희의 노후를 보살필 것이다……

예술가 바레에게는, 정직한 가족적 사랑을 가능하게 해줄 동아리에 속한다는 행복. 불운한 앙리에게는, 연합의 집에서 우애의 식탁에 앉아 곧 일체가 된다는 행복. "우리가 함께 모여서 같은 식탁에 둘러앉아 살아가 며, 우정과 사랑이라는 유대로 결합된 한 가족으로서 서로를 바라보는 곳으로 다가가는 지금 이 순간." 안락하게 사는 이 재단사와 기아로 죽어 가는 이 식자공에게는, 이기주의와 굴욕과 증오의 세계와 이미 무한한 거리를 두고 있다는 행복. "당신들이 죄수 시체 공시장에서 나를 빼내 낙 원에 받아들여줬고…… 당신들이 어둠에서 나를 빼내 당신들의 연합에 불러주었고, 당신들이 온갖 기만과 가식에서 나를 끌어내주었으며, 마침 내 당신들이 나를 이러한 이기주의적 사람들에게서 떼어냈으니……"22

신참들에게 구체적인 것을 제공할 수 없어서 불안하던 클레르 바자르 가 그들에게 사랑의 달콤한 위안을 멸시하지 말라고 권고하는 것은 아마 도 필요하지 않았을 것이다.23 어떤 이들은 이미 선교의 전투적인 미래와 연합의 고단한 미래를 지나치게 망각하는 경향을 띨 것이다. 이들이 지 향한 모성적인 돌봄과 부성적인 토로의 달콤함을 다정한 뫼니에는 매우 서정적으로 상기하는데, 그는 이런 서정성을 노동의 미래 조직화에 대해 서는 보여준 바 없다.

오 그대들, 덕을 사랑하는 섬세한 마음들이여, 우리와 더불어 덕의 형 언할 수 없는 매혹을 음미하러 오라. 이 세계 안에서는 덕이 박해받고 가시관을 쓰고 있다면, 우리의 세계에서는 덕이 사랑받고 존중받으며, 우리는 덕에 화관을 씌운다. 불행에 낙심하고 슬퍼하는 그대들이여, 우 리 아버지들의 품에서 그대의 슬픔을 털어놓으러 오라, 우리에게로 오 라. 그러면 그대들을 위로해줄 벗들을 만나게 될 것이고, 그대들의 마음 에 즐거움이 다시 태어나리니……

사랑의 가르침은 어쩌면 이들 공화주의적 마음들을 너무나 잘 얻었던 것 같다. 구세계의 폭력과 신세계의 우애적인 평화 사이의 대립은 도망쳐온 외부 세계와 생시몽주의 가족이라는 닫힌 공간 안에서 발견되는 평화의 피난처 사이의 대립이 되는 경향을 띤다.

정통 교리가 사로잡힌 함정 또는 정통파의 악의 없는 술책? 새로운 사랑을 지나치게 설교하고 행위와 말을 너무 심하게 결합하다보니, 교리부는 빈곤과 전투의 세계에 선교사로 파견하려던 사람들을 그 세계에서 분리하는 것 아닌가? 교리부에 의해 노동 주간이 조직되어야 하는 이 노동자들에게, 이 교리부는 언제나 지속되길 바랄 축제의 일요일이 되는 것 아닌가? "너희도 알다시피, 우리의 낮은 길고 고생스럽지. 아! 우리가 일요일을 고대하던 것이 몇 번이던가…… 너희의 달콤한 말들 덕분에 우리가 얼마나 많은 해악을 견뎠는지는 너희만이 알 거야. 너희가 주재한 종교적 우애의 이 순간들이 얼마나 달콤한지를 평가할 수 있는 건 너희뿐이야."[24] 너희만 안다는…… 테부 홀의 폐쇄로 인해 자신의 사랑스러운 일요일을 상실한 어느 신봉자가 뱉은 이러한 신뢰의 이중적 연관에 대립되는 것은 인류 전부를 성스러운 테이블로 부르기 위해 필요한 선교에 결정적인 가족적 행복에 대한 묘사들이다. 하지만 마침내 우정의 온기를 찾은 이 애통한 마음들이, 저 우울한 루셸의 마음을 얼린 바깥 어둠의 냉기로 어찌 되돌아갈 수 있겠는가? "너희가 키운 사람들에게 둘러싸였을 때 거기서 나는 나를 다시 북돋워주는 따뜻한 우정을 찾았어. 그리고 가난 탓에 어쩔 수 없이 바깥 세계로 다가갈 때 나는 인간의 마음 안에 있는 냉기를 재확인해." 푸리에주의 노동자들 중에서 가장 교조적인 자가 되기 전에 가장 정통적인 생시몽주의 노동자였던, 고급가구를 만드는 르누아르조차도 툴루즈 동료들에게 갑절의 노력을 기울여 이렇게 말하

프롤레타리아의 밤

려 시도한다. "사회 전체에 의해 버림받았던 자로서는 사회를 향한 자신의 사랑을 이 사회에 증언하는 것과, 그 보상으로 사회 또한 우리를 사랑하라고 주문하는 것은 어려운 일이다."[25]

하지만 그들을 위해 아무것도 해주지 않은 사회에 되돌려준 이러한 사랑은, 그들에게 아무것도 빚진 게 없는 이 사제들이 그들에게 준 사랑을 그들이 갚을 수 있는 유일한 방식이다. 꼼꼼한 레네가 일요 선교사가 되어 그 값을 치르기 전에 언젠가 자신이 저 돌봄을 훔쳤노라 자책하듯이, 가족적 사랑의 쾌락들을 누린 자들로서는 빈민 계급의 운명을 개선하기 위해 몸과 재산을 바친 이들 젊은 부르주아에게 진 빚을 갚지 않는다면 이 쾌락들은 죄가 될 것이다. 한쪽은 주고 다른 쪽은 받는 곳에는 사랑이 아니라 착취 또는 예속이 있다. 평등주의는 수혜를 거부하는 것이 아니라 수혜에 대한 보상의 공정한 방도를 찾는 것으로 이루어진다. 테부홀에서 프롤레타리아들이 비어 있는 부르주아 예약석에서 밀려나는 것을 보고 격분한 바로 그 부아니에가 자연에 의해 부과된 사회적 빚의 문제를 감사의 용어로 표현하면서는 자신의 위엄이 공격받는다고 느끼지 않는다. "우리가 행복의 미래를 빚지고 있는 건 바로 나의 아버지들이요 어머니들인 당신들, 수는 가장 많고 가장 가난하기도 한 계급의 도덕적·지적·신체적 개선에 모든 것을 바친 당신들이다. 내 형제자매들이여, 과연 우리가 어떤 방식으로 우리의 아버지들과 어머니들에게 저 숱한 수혜에 대한 충분한 감사를 증언할 수 있을까?" 생시몽주의자 프롤레타리아들이 처한 의존적 상황에서, 수혜에 대한 보상인 적극적 감사는 평등주의 원리들을 보전하는 유일한 수단이다.

행하기보다는 말하기가 쉬운 법이다. 교리를 위해 바칠 부가 없는 사람들은 교리의 성공에서 자신들이 감당할 수 있는 역할에 대해 여러 번 불안해한다. 페로네 부인의 애석함("그녀가 재산을 잃어 오늘날 당신들의 근사한 행동과 연합하지 못한다")에 콩송과 재단사 바르베의 망설임이 공명한다.

내 사회적 위상 덕에 내가 더 직접적으로 더 많은 도움을 주면서 사회를 위해 무언가를 하는 것에 가까워졌더라면, 나는 더 기꺼이 더 큰 열정으로 왔을 겁니다. 이와는 반대로, 내가 보기엔, 이렇게 말해도 된다면, 나는 성가신 존재가 되는 거 같은…… 나는 주지는 못하고 받겠지요, 가난하니까, 그래도 나는 공짜로 뭔가를 바라지는 않습니다.

이러한 문제에 콜라가 해법을 준다.

내가 당신들에게 했던 신앙고백에서 나는 당신들의 작업을 도울 수 없으리라고 생각하게 만드는 말들을 지워버려요…… 동일한 감정으로 살아 움직이는 내 형제들이여, 우리 자신을 변제 불능의 채무자라 의심하지 맙시다. 아버지들이 우리를 위해 한 철야들을 우리의 철야들로 갚읍시다. 우리의 통일된 관념들이 기적을 낳아야만 합니다. 누군가의 피를 지키기 위해 다른 누군가가 피를 흘렸던 날들이 있었음을, 그리고 저 숱한 공감은 풀어헤칠 수 없는 결속들을 맺어야만 함을 잊지 맙시다. 이제 같은 깃발 아래 단결하여, 무심함이 끼어들지 못하도록 우리의 대오를 공고히 합시다. 저 어둠 속에 살고 있는 이들을 향해 더욱 빠른 걸음으로 행진합시다. 우리의 아버지들이 우리에게 건네준 그 횃불을 안내자로 삼아……

프롤레타리아의 밤

〈출발의 노래Chant du Départ〉, 우리 아버지들의 횃불, 계몽의 행진, 라보니가 꿈꾼 "군사적 믿음", 혁명력 2년, 제1제정 육군, 또는 7월의 날들의 그 믿음…… 공화주의자가 평화와 사랑을 음미하기 위해 자신의 원통함을 단념했다면, 생시몽주의자는 독재자 타도를 향해 전진하는 공화국의 강세와 리듬을 재발견함으로써만 비로소 자신의 선교 채무를 갚는다. "내 차례가 되면 우리 모두 생시몽주의 종교의 매력 아래 단결하자고 말하겠다. 또한 이렇게 외치겠다. 우리에게 오라! 벗이여, 친지여, 애국자여. 진정으로 성스러운 새로운 동맹이 우리를 단결시킨다. 그리하여 우리는 세습 독재자들에게 왕이 인민을 위해 있는 것이지 인민이 왕을 위해 있는 것이 아님을 가르칠 것이다." 부알캉의 단도직입적인 언어는 예외적이다. 교리부에 의해 노동자 등급으로 강등된 이 건축가는 예술가에게 공인된 정념을 분명하게 주장한다. 가장 흥분한 프롤레타리아들은 거기서 다른 형식들을 채택한다. 자신의 감정과는 반대로, 다고로는 폴란드에서 프랑스로 되돌아가는 것에, 공화주의적인 이단으로부터─혁명군의 진군을 유지시키며 자유·평등·우애의 삼위일체를 대체할 새로운 삼위일체를 때맞춰 발견하는─정통파로 되돌아가는 것에 동의한다.

아! 내 친애하는 형제들이여, 슬픔 탓에 내가 길을 잃었으나 그래도 당신들에게 돌아왔다. 같은 운명이 우리에게 배정되었음은 진실일까? 독재자들이 우리에게서 우리의 자유를 빼앗으려는 것이 진실일까? 우리의 지고한 아버지들 곁에서 우리의 대오를 공고히 하자. 생시몽이 우리 앞에 펼쳐 보였던 저 자유의 깃발에 우리의 시선을 고정시키자. 이 지울 수 없게 기입된 구호를 독재에 의해 눈먼 모든 인민에게 보여주자. 대지의 모든 인민의 연합, 단결, 힘.

공화국의 종교와 진보의 신비주의 사이에서, 민주적 군대의 폭력과 위계적인 연합의 평화 사이에서 이루어지는 동일한 타협은 언제나 보편 연합의 전망 안에서 표현된다. 자유의 새로운 깃발을 휘두르는 인민들의—독재자들을 도주하게 하고 예속의 사슬을 끊어버리는—위대한 전진이라는 전망. 이것의 가장 완성된 형상화는 젊은 판각사인 로시뇰에게로, 반성직자적인 공화주의자들 중에서 가장 종교적인 그에게로 아주 자연스럽게 돌아간다.

바리케이드의 정복자들인 이 고결하고 관대한 인민을 당신들의 사원으로 부른 아버지요 어머니인 당신들에게 영광을…… 예속에서 빠져나와 조국의 독립을 다시 쟁취하고자 자신들의 철책을 깨버린 이 영웅적 인민에게 되돌아온 것이라곤 지금껏 빈곤과 결핍과 끔찍한 고통뿐이었으니…… 미래에 인민들은 수호자의 깃발 아래 결집하여 깨질 수 없는 신성한 동맹을 형성할 것이고…… 우리가 보게 될 그들은 예속의 사슬을 끊고 높은 산에 올라 근엄하고 신속한 걸음으로 한 손으로는 올리브 가지를 쳐들고 다른 한 손으로는 불멸의 자유의 깃발을 휘두르며 위대한 보편 연합을 향해 나아갈 것인데, 그 깃발에 새겨진 구호는 이러하다. 인류를 사랑하는 이들에게, 사랑과 단결과 자유를.

8장

모루와 망치

L'enclume et le marteau

지상의 크리스마스. 하늘의 노래, 모래사장과 산을 넘어가서 독재자들의 도주와 새로운 노동의 탄생에 환호하는 인민들의 행진…… 이 모두는 거짓. 훨씬 오래된 후렴구들만 살짝 섞인 잘 학습된 것들. 게다가 이에 대한 보상은 앞당겨 받게 된다. 『글로브』의 식자공 또는 배달꾼 자리로, 연합체 건물 수위 또는 몽시니Monsigny가의 하인 자리로. 예복과 모자 주문, 의자 수선, 도장 작업, 집세 선불, 전당포 담보 상환 등으로……"빵을 얻기만 한다면 그들은 어떤 교리든 다 고백할 것이다."[1] 예술가 레몽 보뇌르의 어쩌면 약간 거만한 평가를 노동자 파랑이 너무나 잘 확인해준다.

나는 생시몽주의 종교에 다가온 노동자들을 네 부류로 나눈다.
1. 교리 전부 또는 일부를 이해하고 확신하는 이들.
2. 생시몽주의 협회에 직간접으로 고용되어 자신들의 물질적인 입지를 잃지 않으려 우리 종교를 택한 이들.

3. 우리가 자기들에게 일자리를 주리라 믿고 우리에게 온 이들.

4. 우리를 이해하지 못하지만 우리가 자선을 베푼다고 생각해서 그것을 받으러 온 이들.

내 생각에는, 첫번째 부류가 최대 다수는 아니고……

파랑이 스스로 자신의 처음이자 마지막 보고서라 말한 이것을 작성하면서 신랄해진 데는 나름의 타당함이 있다. 1831년 11월 27일 일요일 새벽 4시. 12구의 동료와 똑같은 일과표를 적용한다면 그가 사목 일과를 시작해야 했던 것은 그 전날 아침 7시다. 실제로 들라포르트의 시간표는 다음과 같다. 매주 화요일, 목요일, 토요일에 그는 아침 7시부터 노동자들을 응대한다. 또한 매주 월요일과 수요일 저녁에, 그리고 토요일 저녁에도, 좌안의 세 지구 신봉자들이 모이는 아테네에서의 강의를 마치고 노동자들을 응대한다. 나머지 시간에는 연합 참여를 도덕적으로 준비시켜야 할 생시몽주의 노동자들과, 주변의 신봉자들 덕이든 혹은 중앙 선교국 덕이든, 그의 눈에 띄게 된 개종 예비자들을 방문한다.

파랑이 들라포르트에 비해 노동자 응대와 교리 선교에 시간을 덜 쓴다는 것은 맞다. 하지만 여기에는 아주 분명한 이유가 있다. 그는 교리부에서 보수를 받지 않으며, 그래서 생계를 위해 자기 생업에 계속 종사하기 때문이다. 창립할 연합체를 위해 클레르 바자르와 앙리 푸르넬에게 노동자들을 도덕적으로 개종시키고 물질적으로 분류하라는 임무를 맡긴 이 감독관들은 사실 인민의 대의에 예민한 유복한 젊은이들은 아니다. 그들은 위계의 고위 등급 성원들인 공대생, 기술자, 작가, 학자, 변호사 들과 동일한 세계 출신이 아니다. 이들 고위층은 푸르넬이 그랬듯이 자신들의 경력을 포기하는 이들이 나타났고, 자신의 상속 지분과 시간 전부를 교리부에 바치기도 했다. 하지만 그렇다고 해서 이들이 인민의 지구를 가가호호 방문하지는 않는다. 이들은 『글로브』를 편집하고, 중앙에서 설교와 교육을 담당하며, 브레스트에서 리옹까지, 툴루즈에서 브뤼셀까지 다니면서 사명을 설교하고 교회를 꾸린다. 구 단위 감독관들은 '준비 등급'에서 충원된다. 그들의 직업, 과거, 또는 물질적 상황을 보면 그들은 전반적으로 프롤레타리아의 조건에 가깝다. 아스포는 왕년의 대장장이이고, 보티오는 융단 직조 노동자였다가 후에는 양모 마무리 손질을 하는 직공 밑에서 점원 일을 하고 있다. 인쇄업계에 속한 이들도 여럿이다. 아쉴 르루와 쥘 르루는 식자공이고, 비아르와 아마 파랑 역시도 교정공이다. 클루에는 재단 노동자에서 장인이 되었다. 프레보는 생마르탱 시장에 잡화점을 갖고 있다. 레바제유의 생시몽주의 사도직은 가난한 이들을 돌보는 자신의 의료 활동의 연장이다. 우리가 직업을 모르는 들라포르트만이 인민의 고통에 예민한 딜레탕트적인 인물에 부합할 수 있겠다. 예술가 레몽 보뇌르에 관해 말하자면, 그는 그림이 아니라 그림 레슨으로 살아가는데, 레슨의 기회가 그의 아내가 하는 피아노 레슨만큼이나 드물다. 자기 시간 전부를 사도직에 바치는 이들에게 교리부는 80~100프랑의 월급을 주는데, 이것으로는 저축을 많이 하기 어렵다. 생시몽주의가 파산하는 순간이 오면, 보티오 또는 아스포의 호소는 그들이 당시 구제하고 있던 이들의 비탄과 적어도 동등한 비탄을 드러낼 것이다.

오히려 각 구에서 감독 업무를 보좌하는 여성들이 대개는 더 높은 사회적 지위를 가진 이들이었다. 프롤레타리아 여성들이 스스로를 해방시킨다는 것이 더 어려운 일이기도 했지만, 또한 여성 감독관이 맡은 역할이 다르기도 했다. "직공" 클루에, 아스포, 보티오, 파랑이 프롤레타리아들의 조건과 언어에 친숙한 덕분에 거기 있는 이들이라면, 외제니 니부아예, 펠리시에 에르보, 뒤몽 부인, 베튀리 에스파뉴는 부르주아 사도들의 공감을 프롤레타리아들의 일상과 가정에서 구체화한다. 그녀들은 여성이면서 부르주아라는 이중의 자격으로 프롤레타리아들의 **공감대**를 넓혀, 프롤레타리아의 조건과 너무 가까운 나머지 충고를 하면 과민 반응을 유발하는 저 "아버지들"과 프롤레타리아들이 맺는 관계의 딱딱함을 유화시켜준다. "노동자들에게 말 걸기 위해서 필수불가결한 개방적인 풍모와 편안한 태도를" 지니지 못한 감독 보조는 "가능한 한 생시몽주의자다워지기 위해 생시몽주의자 숙녀들과 더욱 꾸준한 관계를 맺으라고" 충고받기도 한다. 하지만 빈곤을 경감시키고 원통함을 완화시키며 저항을 물리치는 일상적인 실천에서는, 산업적인 분류 임무와 모성적인 도덕화 임무가 동일시되는 경향을 갖는다. 인민 고통의 물질성을 발견하는 사람들과 거기서 벗어나고자 하는 사람들 사이의 지각 차이들이 소거되는 경향을 갖듯이. 노동자 파랑 또는 부르주아 외제니 니부아예, 노동자 출신으로 교리부의 관리자가 된 아스포와 보티오, 의사 레바제유 또는 예술가 레몽 보뇌르와 소피 보뇌르, 이들은 똑같은 전투적 언술 속에서 서로 소통한다. 이 언술에서 동일하게 확정되는 것들은, 노동하는 계급을 물질적이고 도덕적으로 개선시키는 임무는 종결되지 않는다는 특성과, 이러한 임무는 그것이 철폐하고자 하는 조건들인 구세계의 이기주의를 부단히 재생산한다는 무한 모순이다.

종결될 수 없는 임무는 인민의 빈곤 경감이다. 들라포르트가 강조하는 바와 같이, 이 빈곤은 "무한히 작용하지만 대단한 것을 만들어내지는 못하는 일반적인 빈곤", 즉 준비 등급의 책임자 샤를르 뒤베리에가 자신의 "근사한 즉흥 연설"로 윤색하는 그런 빈곤이 아니라, "우리의 심장을 매일 찢어놓는, 현재적인 개별적" 빈곤이다. 이러한 개별적 빈곤들은 그 사회적 특성에 의해서만 감지되는 것들임을 들라포르트는 명확히 한다. 예컨대 일상의 생계를 위해 단 2수만을 내주는 남편에게 매맞는 아내의 고통 같은 것들. "셀 수 없는 이러한 슬픔들의 세부를 내 속에 모았으며, 가장 생생한 방식으로 그것들을 느꼈으니, 이러한 고통들에는 일반성이라는 특성이 있기 때문이다. 하지만 개별적 고통들은 그렇지 않다. 그래서 나는 들보에 깔린 여인을 일으켜주지도 않고 쳐다보지도 않았을 것이다. 이러한 불운은 단지 개별적일 뿐이기 때문이다."[2] 들라포르트 주장의 급진성은 앙팡탱에게 힐난받을 만한 것이다. 하지만 그 구별은, 정녕, 전적으로 합당하다. 장작은 이왕이면 매맞는 아내들 또는 엄마의 사랑을 받지 못한 목수들에게 떨어진다고들 한다. 카유가 그랬듯이, 이런 목수들이 다시 일어서보려 할 때는, 그들이 습득한 생업에 종사하는 것을 가로막는 불안한 고용이라는 "사회적 빈곤"으로 그들을 내모는 상처가 언제나 있기 마련이다. 날품팔이 바롱의 케이스가 사랑받지 못한 목수의 케이스보다 더 진부하긴 하지만 그래서 그만큼 유의미하다. 그가 막 채용된 공장에서 짐의 무게에 깔려버린 것은 여름 내내 감자만으로 삶을 연명했기 때문이다. 실존의 전부가 우연에 좌우될 운명인 이들의 실존에는 정작 우연이 없다. 감독관들의 문을 두드리러 온 방문객마다, 포팽쿠르 지구와 캥즈뱅과 아르시와 성밖의 생마르셀에서 감독관들이 찾아가는 꼭대기 층들의 방마다 개별적 빈곤이 숨어 있는데, 이것은 동시에 사회적 빈곤이기도 하다. 하지만 또한 자신의 물질적 빈곤에 대해 이야기하기 시작하는 마음마다 폭로하는 것은 단순한 생존이 운명인 실존에 의해 산출되는 도덕적 빈곤이다. 이런 실존 탓에 또다른 삶의 가능성을 아예 품지도 못하는 것이다.

　사도들의 시간과 정념이 이렇게 나뉜다. 우선은, 매시간마다 모든 문 앞에, "[사도들의] 수중에 치유책이 없는 숱한 고통의 스펙터클이 야기한 비통한 슬픔들이" 있다. 예컨대 자기가 가진 모든 것을 하나하나 팔아버려 슬픔 말고는 가진 게 없는 랭보의 궁핍. 분만이 임박했는데 짚으로 만든 매트와 침대 시트조차 없는 바르 부인의 궁핍. 실업자인데다가 미친 여인을 아내로 두고 있으며 집세를 못 내 부단히 쫓겨나는 재단사 본퐁의 궁핍. 구두가 없어서 지난 일요 교육에 오지 못한 앙리의 궁핍. 열 달간 유모를 대주지 못한 아이와 소식이 끊긴 페페 부인의 궁핍. 세무 공무원이 부모의 가구들을 압류하러 온 사이에 추워서 죽을 뻔했던 어린 로잘리 코르슈의 궁핍…… 빈곤의 나라로 향하는 이 종결되지 않는 여행의 고통은, 사도들을 구해보았으되 정작 걸인들만을 찾은 어긋난 만남들의 피로 탓에 곧 악화된다. 1831년 8월 20일. "들라노에 생각에는 종교를 바꾼다는 것은 돈을 받으리라 기대되는 곳에다 손을 내미는 일이다." 1831년 10월 15일. "들라노에는, 실은 그는 언제나 무언가를 달라고 하는데, 의복 등을 달라고 한다. 들라노에는 일을 하고, 여공 하나를 끼고 살며, 음주도 제법 한다. 몰리에르 부인 역시 뭔가를 달라고는 해도 교리는 한마디도 이해하지 못한다. 정말이지, 특히 그런 치들만 추천하는 사람들은 교육할 필요가 있다." 어쩌면 외제니 니부아예 본인은 납득했을 것이다. 하지만 베튀리 에스파뉴의 비망록은 나쁜 것은 바로 희망 없음이라는 점을 생각하게 한다. 로잔 부인은 "선한 마음을 가진 선한 사람들인 연합체 회원들이 빈민 계급으로 하여금 자신들을 위해 노동하도록 하고 이 노동에 따라 보수를 줌으로써 그 계급이 고생에서 벗어나도록 노력하는 거대한 상업 시설이 곧 교리부라고 생각한다". 남편이 14년 전에 입대하면서 실종되어버린 클로딘 망투는 모자 공장에서 일하는데, "협회는 일자리가 없는 노동자들에게 일자리를 주기 위해 설립된 것이라 생각하며…… 종교를 바꾸라고 강요받지 않고 미사에도 나가면서 지난 14년간 해왔던 그대로 계속 살아갈 수만 있다면 협회에 들어가고 싶어한다". 자기보다 상류층인 남자와의 관계에서 태어난 아이 하나를 키우는 마리엘리자베스 사비는 자신이 "작은 학교"라 부른 이 기숙학교 프로젝트에 특히 관심을 보이며, 이 작은 학교들 중 하나에 들어간 자기 아들이 영성체를 받을 수 있는지 궁금해한다. 7월 투사의 연금을 받는 과부로 과자점을 하는 포티에 부인은 연합에 대해 언제나 같은 의미로 말하는 것을 들었다. "가난하고 일자리가 없는 노동자들이 구제되고 채용될 것이다." 목수인 남편이 포팽쿠르 연합 사무실에 자리를 구하던 몽갈레 부인은 "자기에게 돈을 준다면 자기도 생시몽주의자가 되어 방에서 평온하게 있을 거라고" 말한다. "그녀는 자기 아버지에게서 대략 총 2500프랑을 상속받길 기대하는데 그리되면 그녀는 교리부를 나갈 것이다." 너무나 이기적인 이 여인들에 대해 기대할 것이 전혀 없다면, 일부 독신남에게서 공손한 무심함의 형상으로 나타나는 이기적이지 않음에 대해서도 기대할 것은 없다. 자기 집안을 청결하게 유지하는 "온순하고 단정한 품행을 지닌" 남자로 양철 제품을 만드는 도드몽이 그런 경우다. "그는 일자리가 없다. 그는 자기 형제들 중 하나와 함께 자기 돈을 먹으러 간다고 생각하는데, 이같은 표현은 그의 것이다. 그는 교리부에 대해 아주 냉담한데, 그가 이해할 수 없는 어떤 것이 있어서가 아니라, 많은 노동자들에 해당하는 사실이지만, 자기 활동에 적합한 경력을 거기서 찾지 못해서다. 우리가 연합에 대해 그에게 두어 마디 해주면 연합을 잘 받아들이긴 했지만, 이는 언제나 어떤 사태가 타인들에게 좋은지를 평가하는 자의 태도로 이루어진다."

그러니 빈자들을 방문하는 이의 종결될 수 없는 임무는 이중화되고—

빈자들과 이들 방문자들을 없애고 이런 과정이 무한히 재생산하는 요구하기의 원환을 깨버리자고 제안하는―교리에 대해 항상 되풀이해야 하는 설명으로 인해 모순에 빠진다. 들라포르트의 보고에 따르면, 티에르 부인과 필기 교사인 다동의 집에서 임무를 수행하는 데는 매번 한 시간 반이 걸린다. "그럼에도 나는 그녀와 나머지 가족 앞에서 약 한 시간 반 동안 생시몽주의 종교를 펼쳐 보였는데…… 내가 그에게 했던 한 시간 반의 교리 교육은 한 달치 교육보다도 더 그를 앞서나가게 했다……" 이러한 강론에서 돌아온 감독관들은 의례적으로, 대장장이 크노벨의 감독관들이 그랬듯이, 감독관들의 뒤에서 이기주의적인 프롤레타리아의 작은 세계로 문이 다시 닫히는 것을 곧 확인하게 되는 한이 있더라도, 자기와 헤어진 그 사람은 "완전하게 변모"했노라 확신한다. "교리부에 대해 말해줄 때는 엄청 자극받는 걸로 보이던 이 사람이, 거리가 멀어지자 곧바로 무심함과 이기주의로 다시 빠진다." 그러니 다음주에 강의를 다시 해야만 하고, 대화 상대자의 표정과 언술이 전달하지 않는 어떤 진실의 기호들을 집안 배치에서 아마도 더욱 주의깊게 살펴보아야 할 것이다. 예컨대 외제니 니부아예가 종합적인 시선으로 해낼 수 있는 조사("우리는 그녀 집에서 만족했는데…… 그들의 소소한 세간이 근사한 것으로 보아하니 그들이 편안하게 살고 있음이 분명하다"), 또는 들라포르트의 경우에 의사의 시선의 정밀함("그녀가 자기 아이를 포대기에 감싸 흔들어주고 있다")과 엉뚱함에 대한 매혹("그의 침실에는 추시계가 세 개 있다. 이걸 물어봐야겠다")을 소통시키는 섬세한 주목.

하지만 세 개의 추시계의 비밀을 알아내기 위해 이 필기 교사를 다시 방문했어도 들라포르트에게는 전혀 소득이 없었을 것이다. 파랑이 보기에, 사도들로서는 어긋난 만남들이고 사도들을 맞이하는 주인들로서는

프롤레타리아의 밤

때로는 아주 성공적인 만남들인 이 만남들의 수수께끼가 교리의 주요 원칙들에서 술술 풀린다. "……첫번째 부류가 가장 많은 건 아니라고 나는 생각한다. 당신들은 도처에서 극빈 계급을 치켜세우고 이 계급이 처해 있는 무지 상태에서 그들을 끌어내리려고 왔노라 선언한다. 그런데 이렇게 말함으로써 우리가 말하는 바는 이 계급은 우리를 이해할 수 없다는 것이다." "당신들은…… 선언한다", "우리가 말한다", "이 계급은…… 할 수 없다고". 이중적이면서 또한 삼중적인 관계에서 표현되는 것은 교육 사명의 전반적인 불가능성과, 이제는 이 세계에 속하지 않으나 여하튼 노동자로서든 사도로서든 이 세계로 계속 되돌아가야만 하는 이들의 유지될 수 없는 위상이다. 그렇지만 교리의 종교적 형식은 사람을 낚는 어부가 되기 위해 어망을 버린 이 사람들이 현학적인 말을 인민적 신앙의 대상으로 삼을 수 있도록 해주어야 할 것이다. 하지만 종교적 유비가 역으로 드러내는 것은 새로운 종교의 한계들, 역설적으로 이 종교의 우월함과 연관된 한계들이다.

예수는 자기 종교의 원리만을 제기했지 그 결과를 끌어내지는 않았다. 생시몽의 제자들은, 첫걸음부터, 그의 교리의 가능한 모든 결과들을 끌어냈다. 인민은 자신의 지성적 범위 내에 있는 원리들만 제시했던 예수를 따를 수 있었다. 인민이 우리를 이해하지 못하는 이유는 우리가 그들을 기만하지 않으려고, 우리의 스승이 선언했던 원리의 모든 결과를 그들 앞에서 펼쳐 보이고자 했기 때문이며, 우리가 인류와 더불어 지향할 결정적인 목표를 그들에게 제시하고자 했기 때문이다.

이런 설명은 듣기에는 좋지만 약간 위조된 것이다. 목표가 너무 멀고

길은 너무 가파르다는 것에서 정녕 오해가 비롯되는가? 오히려 이 오해
는, 이 종교의 대상이 너무 가깝다보니 신앙이라는 천상의 보상과 자선
이라는 지상의 혜택이 뒤섞이지 않을 수 없다는 점과 관련있는 것 아닌
가? 극빈 계급의 운명을 개선하고자 하는 종교, 어떻게 그런 종교를 착
각하지 않겠는가? "나는 생조제프 수도회의 수도사 대부분이 충원된 지
구에 사는데…… 노동자들이 우리를 이 예수회 기관과 혼동하는 걸 보
는 게 고역이다." 그래서 파랑은, 외제니 니부아예와 보티오가 8월 13일
부터 했듯이, 자신의 신봉자들에게 "그들이 교리부의 자선을 기대해서
는 안 된다고, 교리부는 그것을 철폐하러 온 거라고" 경고하는 일로 시작
해야 했다. 오직 연합만이 노동에 대한 착취와 [노동] 요구의 굴욕을 제
거할 수 있다. 그리고 연합은 우선 이기주의에 반대하는—부르주아 또
는 프롤레타리아—각각의 투쟁을 의미한다. 하지만 "이기주의의 전투에
젖은", 다시 말해 끈질기게 존재할 방편을 찾는 일상적 투쟁에 젖은 사람
들이, 크게 애쓰지 않고 인도주의적 공감을 발휘할 수 있는 사람들의 모
범이 없다면, 어떻게 인도주의적인 공감으로 고양될 수 있겠는가? 헌신
적이긴 하지만 "여전히 외부 세계에, 무엇보다도 산업 계급의 습성에 매
여 있는" 사람인 장화 만드는 바르가 실업과 절대적 빈곤이라는 상황에
서, 방의 맨바닥에서 출산하는 자기 아내를 특사들이 무심한 시선으로
쳐다봤다면, 어떻게 교리를 선교하겠다고 마음먹을 수 있었겠는가? 바르
부인에게, 외제니 니부아예는 배내옷과 목욕 비용 5프랑 외에도, 짚을 넣
은 매트와 쿠션, 시트 두 장, 이불 하나, 베개 하나, 베갯잇 둘, 셔츠 네 장
이 제공되도록 할 것이다. 절망 탓에 극단적인 결정에 내몰릴 수도 있었
던 랭보에게는, 더 나은 것을 기다리면서, 일단은 잔심부름을 시켜야 할
것이다. 무일푼이긴 해도 헌신적인 남편이 개종시키려 노력하는, 일감이

없는 산파인 랑주뱅 부인에게는 약간의 재봉 일을 맡기는 것이 적절하지 않겠는가? "우리는 자선이 사람들을 도덕적으로 타락시킬 수 있음을 안다. 하지만 이 순간 우리는 우리에게 온 불행한 이들의 짐을 덜어줄 다른 수단을 갖고 있지 않다"고 파랑은 회고한다.

틀림없이 이러한 구제들은 자선이라기보다는, 그들의 열정을 마비시키는 빈곤의 중압이 조금만 느슨해져도 교리부를 위해 일할 수 있을 개인들의 사회적 유용성을 진전시키는 것이라고 주장된다. 그래서 그 위상으로 미루어 짐작건대 약간의 물질적 이익을 구할 수 있는 사람들은 교리부에서 제외한다는 원칙이 언제나 재확인된다. 따라서 레몽 보뇌르는 모자 만드는 조프레의 가입 승인을 미룬다. "관찰을 해봤는데도 혹여 그가 너무나 개인적인 동기들(그는 일자리가 없다)로 인해 끌린 것은 아닌지 나는 잘 모르겠다." 하지만 그런 것을 어찌 알겠는가? 믿음의 진정성은 흔히 물질적 이익의 희생을 통해서 판단되는가? 그러면 희생할 게 아예 없는 사람들은? "앞선 사람들" 혹은 "멍청한 사람들", 유능한 노동자들 혹은 걸인들, 마음의 사람들 혹은 배腹部의 사람들, 이들 거의 모두가 이런저런 순간에 일자리가 없거나 없을 것이다. 노동자들의 교육은 비수기인 여름에 시작되었는데, 7월 혁명 이후 줄어든 일감은 가을이 되어도 회복되지 않아서, 외제니 니부아예의 수첩 속 명단은 늘어간다. 말하자면, 다고로는 『글로브』의 배달 일을 원했고, 파니 르베르와 밀 피에롱은 접지 일을 원했으며, 콜라는 통신 일에 채용되길 원했다. 부아니에는 "누군가 자기에게 관심을 보여주고 약간의 벌이를 하게 해주었으면" 하고 바랐다. 그의 형제는 콩숑과 더불어 라투르도베르뉴 거리에 있는 연합 건물에 목수 작업장을 갖고 싶어했다. 바르와 베드렌은 거기에서 구두 가게를 열고 싶어했고, 랑비네 부인은 수위 자리를 원했고, 앙리 부인은 요리사 자리를 원했으며, 아버지 랑비네는 푼돈을 받고 장을 봐오겠노라 나섰다……

이렇게 연합 프로젝트가 함정에 빠지게 된 것은, 정황상의 이유 때문만이 아니라 프롤레타리아 빈곤에 대한 사회적 해법의 정의 자체 때문이기도 하다. 어떤 방식으로 연합을 제시하고 그 원리의 종교성을 얼마나 강조하든, 여하튼 언제나 연합은 크게 고생하지 않고도 확보하는 안녕의 미래를 프롤레타리아들에게 약속하게 되는 것 아닌가? "전적으로 능력이 없는, 늙고 벌이가 없으니 그만큼 더 연합의 이름으로 들어올 채비가 되어 있는 사람들이 있다"고 레몽 보뇌르는 인정한다. 하지만 철물공메네트리에처럼 벌이도 있는 건장한 노동자들조차 연합에서, 결합된 노동의 열의보다 퇴직 이후의 평온과 동일시되는 미래를 보는 일탈을 피하지 못한다. "그가 내게 과연 자기가 나이들어 일을 못하게 되면 교리부가 자기를 돌봐줄지 물었다. 나는 그에게 교리부는 기숙학교를 세우는 일에 전념해왔으니 교리부가 더 커지면 노인들에게 안녕을 제공하는 시설도 역시 만들 거라고, 하지만 그래도 이기심으로 교리부를 택하는 것은 경계해야 마땅하다고 답했다"고 뒤줄레는 보고하고 있다.

파랑에 따르면 [생시몽주의] 가족을 짓누르는 구호 대상자들의 이러한 이기주의가, 이 가족에게 자신의 능력과 헌신을 가져다줄 수 있을 이들을 가족으로부터 멀어지게 하는 또다른 효과를 낸다. 그는 "우리의 관념을 공유하는 유능한 노동자들이 우리 내부에 너무 많은 게으름뱅이와 장애인과 무능한 이들이 있기 때문에 우리와 연합하지 않으려 함을" 보았다. 예전에 상호부조협회의 서기였던 파랑은, 무능한 바롱이 부단히 자기에게 보내는 사람들을 마주하며, 이 건실한 노동자들의 관점을 분명히 자신의 관점으로 삼을 용의가 있다. 이 노동자들을 끌어들이기 위해 그는 "뒤의 세 부류에 속하는"[267~268쪽 파랑의 보고서 참조] 노동자들을 가려내기 위해 고안된 "물질적인 시험을" 치르자고 제안한다. 노동자들에게 일을 시켜보고, 교리부에 헌신하는 장인들에게 배속시켜보고, 혹은 더 나은 조치로는, "그들이 서로를 실질적으로 알아볼" 수 있도록 직업별로 조직하자는 것이다. 하지만 이는 구호 대상자들 혹은 [드니 풀로가 말한] "숭고한 자들"의 이기주의에 맞서 "진짜 노동자들"의 이기주의를 택한다는 것 아닌가? **연합**이라는 관념은 이렇듯 구호라는 이기주의적 극에서 사업이라는 이기주의적 극으로 부단히 되돌아가는 상태에 처한다. **고통받는 노동자**라는 이중적 규정 안에서 프롤레타리아에게 복무하고 프롤레타리아를 이용하고자 하는 이에게, 사실상 프롤레타리아는 만성적인 구호 대상자이자 잠재적인 장인이라는 모순적이며 이중으로 기만적인 정체성으로 나타난다.

그러니 이기주의의 두 전선 위에 있는 투쟁에서 에너지를 이중화해야 하지 않나? 레몽 보뇌르는 자신의 주중 프로그램에 교리부와 연합의 종교적 특성에 대한 새로운 교육을 집어넣어야만 하는 것 아닌가? 그렇지만 8월 2주차에, 한 달 전에는 "생시몽주의 가족 전체 영성체"의 장엄한 의식에서 "선구자" 역할을 맡았던 바로 그 사도인 보뇌르가 상반되는 길을 선택한다. 그는 "종교적인 지점은 차후 결집을 위한 포석으로 남겨두고 개인적인 측면의 장점들"을 제시하는 데 자신의 교육을 바친다. 자기 세계를 알기 시작한 선교사의 분별. 하지만 또한 이기주의 문제가 도덕의 사안으로 축소되지 않으리라는, 산업 시대의 종교이고자 하는 이 새로운 기독교가 그럼에도 불구하고 프롤레타리아 시대와 반드시 동시대적이지는 않으리라는 예감.

이기주의의 전투 안에 가장 고통스럽게 젖어 있고 노출되어 있는 사람들과 함께 어떻게 다른 것을 해낼 것인가? 말하자면 유대인적인 측면에서 그들을 연결해 조화롭게 약속의 땅에 다다르게 해야 한다. 정말이지 그들은, 유대인들이 이집트인들과 상대하듯이, 자신들을 착취하는 부자들과 상대하고 있다. 우리는 부단한 재앙이 되어 강자들을 위협하는 반면, 화난 강자들은 이미 자신들의 노예들로 하여금 버려짐과 [사막 같은] 고독에 대한 공포를 겪게 하며 노예들이 교리를 말한다면 해고해버리겠다고 위협한다. 나날이 악은 커지고, 그들은 자신들의 노고의 대가가 줄어드는 것을 보며, 그들의 특수한 입지는 악화되고, 그들 대다수는 부채에 허덕이고, 부채는 늘기만 할 따름이다.

프롤레타리아들의 "이기주의"는 설교로 근절해야 할 악덕이 아니고, 그 원리의 모순으로부터 출발해야만 변혁될 수 있는 것이다. "유대인 문제"는 황금 종교가 아니라 노예제 현실, 신의 사자가 약속의 땅을 향한 행진을 공표하러 온 이래로 점점 더 가혹해진 이 현실과 관련된다. 차이가 있다면, 가나안으로 가는 길 이전에 이집트인들의 위협이 바로 오늘의 사막이라는 점과, 주인들은 자신들을 버리겠다고 말하는 자들을 상대로 노동을 초과 부담시켜 복수하는 것이 아니라 노동을 박탈하겠다고 위협함으로써 복수한다는 점이다. 사실 이런 식으로 그들은 거의 도처에서 약속의 땅에 대한 풍문을 침묵게 한다. "르누아르는 작업장에서 너무 말이 많고", 그의 동료인 고급가구 제조 일을 하는 플라텔은 "자신의 고용주에게서 교리를 말하지 말라는 금지 지시를 받았다". 활자 주조공 비에야르는 "디도 씨의 제련소에서 우리 교리로 인해 너무 많은 고통을 겪는데, 이 제련소를 운영하는 아페르 씨는 작업장에서 우리의 원리들에 관심을 두는 것을 허용하지 않는다". 철물공 비엘은 거래 약정을 맺어본 적이 있는 작업장에 일을 받으러 왔다가 입장을 금지당하고 나서, 안에서 일하는 동료들을 통해 장인이 "그와 계속 어울리면 그들 역시 해고해버리겠노라고 위협했음을" 알게 되었다. 그 장인은 자기 동료들에게도 경고해주었음이 확실하다. 그 밖의 여러 곳에서도 생시몽주의자에 대해 동일한 조치가 내려졌기 때문이다. 조폐 작업장들에서도 마찬가지로 "교리에 대해 말하는 것"이 금지된다. 메리노 양모 마무리 공정을 하는 프로망의 작업장에서는 역으로 교리에 대해 말들을 하는데, 보티오가 예전에 일했던 곳인 이 작업장에서는 교리에 대한 나쁜 말이 오가고, 그래서 노동자 장댕이 이러한 비방에 맞서려 했다가 정체가 드러나 해고당했다. 몽루주에 있는 증류소에서는, 주일이라는 걸 모르는 것 같은 이곳에서 노동자 그레괴르가 교육에 참석하느라 일요일에 자리를 비웠다. 그는 해고되었고, "장인은 한 사람 정도 없어도 일은 여전히 굴러간다는 것을 깨닫는다". 하지만 반드시 날품팔이여야만 잉여 인간의 이러한 운명에 처하는 것은 아니다. 자영업자들 역시 공장의 노예들만큼이나 부자 계급의 선의에 의존하며, 자신들이 생시몽주의자로 자처하면 고객이 사라지는 것을 보게 된다. 여전히 구세계에 의존적인 노동자들이 입주해야 하는 연합체 시설들의 커다란 난점이 바로 거기서 비롯된다. "공동 시설들에는, 이곳에 오려는 사람들에게 일을 잃게 만든다는 단점이 있다. 적대적인 사람들과 종종 관계하게 되는 그들은 총명함을 발휘하여 적대적인 사람들을 전혀 언짢게 하지 않고 대금을 받아내야 한다."

프롤레타리아의 "이기주의"는 부채와 희생에 대한 질문을 뒤집는다. 교리부를 둘러싸고 일감 또는 일자리를 달라는 요구들은 노동의 과잉이 아니라 결핍으로 인해 노예 상태에 처한 사람들이 교리부를 위해 위험부담을 감수하는 것에 대한 반대급부 아닌가? 교리부 바깥에 있는 장인에 게 주어진 일감에 항의하는 콩숑의 편지에 뒤이어, 보티오가 상황의 일 반성을 지적한다. "오래지 않아 자급자족하기 위해 애써야 할 것이고 자 신의 종교적 견해를 감춰야 할 것이라고들 말한다. 우리가 알려져 있는 여러 곳에서는 이미, 당신들이 참여한 그 협회는 당신들의 신세를 개선해 주기 위한 곳이라 자처하니 당신들을 위해 애써줄 수 있을 것이라고들 말 한다. 우리 스스로 할 것이 별로 없다." 신봉자들을 딜레마에 처하게 하 는 것은 교리부 자체가 아닌가? 이기주의의 원리에 순응할 것을 각오하 고 이기주의의 세계에 빵을 요구할 것인가, 아니면 이기주의라는 비난을 무릅쓰고 연합의 종교에 빵을 요구할 것인가라는 딜레마. 레몽 보뇌르 자신이 교리부에 자기 가족이 "기독교 수난의 빵" 대신에 "사랑의 변용인 부드러운 빵"을 맛볼 수 있게 돌봐달라고 요구하지 않는가? 프롤레타리 아들이 유대인적인 이기주의라고 비난받지 않고서는 이 사랑의 종교의 부드러운 빵에 대한 자기들 몫을 요구할 수 없다는 것을 어떻게 이해할 것인가? 교리부가 책임질 빈민들을 더이상 모집하지 말라는 지시가 감 독관들에게 내려진 시점에, 불행한 바롱은 자기가 하던 심부름꾼 일마저 도 자신의 믿음에 따른 여파를 겪는다는 점을 상기시키면서 파랑과 그 의 동료들을 비난한다.

가장 가난하고 가장 수가 많은 계급이 빠져 있는 노예 상태에서 이 계 급을 끌어내는 것이 중요했다. 그때 돌연 알게 된 것은 우리 머리 위 를 맴도는 불행들에서 해방되기 위해서는 약간의 재산이 필요하다는 것, 그게 없으면 어떤 변화도 없고 빈민들에게는 언제나 가난만 있다는 것…… 내게 기독교인의 자격이 있었을 때, 나는 하루 생활비로 고작

3솔만 썼다. 그 이상 벌지를 못해서였는데, 언제나 그만큼은 벌 수 있었다. 그렇다면 내가 생시몽주의자로 자처한 뒤에는 무슨 일이 벌어졌나? 내게 이런 소소한 벌이를 하게 해주었던 사람들의 신뢰를 몽땅 잃었고, 지금은 모든 면에서 버림받았다고 보인다.

비탄을 토로하면서도 바롱은 빵을 얻겠다고 생시몽의 교리가 아닌 다른 교리를 표방하지는 않겠다는 것을, 신부들에게 도움을 구하느니 차라리 굶어죽겠다는 것을 비방자들에게 보여주겠노라 결심한다. "내 영혼을 되찾음으로써 나는 언제나 스스로에게 말할 것이다. 정의로운 사람들이 너무 없는 이 땅을 떠나, 내 주인님이신 신 가까이로 되돌아가, 내가 이 세계에서 견딘 고역과 고통을 잊게 해줄 달콤하고 행복한 삶을 그곳에서 이루리라고."

하지만 진리와 죽음의 시험은 양날을 갖는다. 노동자의 물질적 이기심은 강제된 조건이라는 것, 그렇지만 노동자는 그런 이기심을 희생시킬 수 있다는 것, 이런 것들을 제시한다는 건 틀림없이 노동자를 도덕적으로 복권시킨다. 하지만 이것이 노동자가 이기주의의 볼모가 된 자기 상황을 변혁시킬 사회적 능력을 갖고 있다는 증거는 아니다. 레몽 보뇌르의 비유나 바롱의 "유언"은, 프롤레타리아 이기주의에 대한 도덕적 해석을 거부함으로써 아마도 문제를 급진화할 수 있을 뿐일 것이다. 이기주의가 헌신의 단순한 부재가 아니라 세계의 실정성이라면, 이기주의를 파괴하기 위해서 자신이 이기적이지 않음을 입증하는 것으로는 충분치 않다. 신앙을 버리느니 차라리 굶어죽겠다는 바롱은 연합의 사도 작업에 노동자로서 참여하지 못하는 자신의 무능력을 확인시켜줄 따름이다. 프롤레타리아들은 생존의 이기주의를 포기할 줄 안다는 것을, 자신의 고유한 위엄을 위해 또는 만인의 자유를 위해 죽음과 대면할 줄 안다는 것을 이미 보여 주었다. 하지만 이처럼 부정적인 것은 형식적이고 무기력한 것으로 남아 있다. 노동자들이 이기주의를 깨뜨릴 능력을 보여주어야 하는 곳은 더이상 전투 또는 희생의 죽음 안에서가 아니라 노동과 임금의 삶 안에서다. 그들의 고통을 사도의 헌신으로 전환하는 것은 희생의 과잉만을 거치지 않는다. 이 고통의 질 자체를 변화시켜야만 한다. 사도의 고통은 근본적으로 타자의 고통이다. 고통을 받아들일 줄, 자신의 고통을 유효한 사도적인 덕으로 만들기 위해 그 고통을 타자의 고통과 교환할 줄 **알아야** 한다. 감독관들─자신들이 마주한 빈곤을 역시 겪어본 적 있는 과거의 프롤레타리아들과 몰랐던 슬픔을 목격하고 마음이 찢어지던 부르주아 신분의 사람들─을 특징짓는 것이 바로 이러한 이중의 고통이다. 부르주아 이기주의가 프롤레타리아들에게 감내하게 한 슬픔들로 인해, 프롤레타리아 이기주의가 부르주아에게 안겨준 환멸들로 인해, [생시몽주의] 가족의 홀대 탓에 노동자들의 해악을 확실하게 경감시켜줄 수 없다는 것으로 인해, 노동자들의 청원 탓에 이 가족의 사랑의 삶을 누리는 것이 금지됨으로 인해, 감독관들 모두가 고통을 겪는다.

그렇지만 그들의 이중의 고통이 프롤레타리아들의 이기주의와 부르주아 생시몽주의자들의 이기주의 쌍방을 똑같이 퇴출시키는 것은 아니다. 후자는 쉽게 교정될 수 있기 때문이다. 부르주아 "준비 등급"이 "냉담하고 무심하다는" 들라포르트의 판단은 맞다. 하지만 이러한 결점은 무엇보다도, 전체 인민의 빈곤에 관해 우아하게 떠들어대는 감독관인 삼류 작가 뒤베리에의 개성과 관련된다. 만약 그를 의사─개별적 고통들을 인지하기에 좋은 위치에 있는 사람인─레옹 시몽으로 대체한다면, 인민의 조건에 대한 준비 등급 성원들의 너무 소원한 공감이 변환될 수 있었을 것이다. 프롤레타리아의 고통을 느껴보도록, 능동적인 사도적 사랑을 이러한 교환 안에서 발전시키도록 그들을 가르칠 수 있었을 것이다. 하지만 자선이라는 노예적인 자원만큼이나 설득력이라는 공화주의의 마력도 단념하라고 명하면서도 정작 줄 수 있는 것은 미사여구와 다양한 형태의 원조밖에 없는 이집트의 유대인들인 생시몽주의 프롤레타리아들에게는 그 역逆이 맞는 것인가? 파라오나 모세와 맺는 그들의 이중적 관계는 그들 고통이 사도적인 사랑으로 대칭적으로 전향하기를 용인하는가? 확실히 그들은 [생시몽주의] 가족의 부르주아를 "사랑에는 사랑"이라는 식으로 대할 수 있다. 하지만, 노동자들에게 오늘의 물질적 이득은 보장하고 내일의 그것은 약속하는 교리의 사제들을 향한 사랑은 언제나 불순하며, 또한 게다가 사랑은 사도적인 교환의 불충분한 형식으로 지속된다. 프롤레타리아들이 **타자들**의, 레몽 보뇌르가 "트럼펫, 피, 기아 및 절망의 외침이 있는 가운데에서만" 굴복할 것이라고 예측한 부자들의, 고통을 느낄 수 있어야 할 것이다. 틀림없이 샤를르 펜케르는 자기에게, 형제들에게 좋은 것을 위해서만 희생하는 이기주의가 있었음을 기꺼이 인정하고자 한다. "나는 종교적이지 않았다. 내가 프롤레타리아들을 사랑했던 것은 그들 사이에 있는 나를 사랑했기 때문이었다." 1831년 12월 25일의 회합에서 그는 부르주아를 향한 자신의 증오를 유지시켜준, 프롤레타리아 우애의 이기주의를 포기하겠다고 선언한다. 그리고는 자신의 전향을 엄숙히 확인하기 위해, 자신이 평생을 바쳐 저주해왔던 사람들 중 하나를 포옹한다. 하지만 크리스마스의 이러한 토로는 7월의 저 사흘의 토로와 증오에 비해 별로 무게 있어 보이지 않는다. 샤를르 펜케르 자신이 이러한 정황적인 사랑의 순전히 산술적인 특성을 제시한다. 생시몽주의 사제들을 향한 감사가 특권층을 향한 적개심을 단순히 초과했다는 것. "내가 그들을 증오하는 것보다 더 크게 당신들을 사랑한다고 느낀다"고 그는 그 전 일요일에 말했다. 지금은 "나는 모두를 사랑하며, 그러니 당신들은 내게 의지해도 된다"고 정확을 기한다.³

나는 모두를 사랑하며…… 사랑하느라 아주 특별히 전력을 기울여야 할 사람들의 얼굴을 아주 정확하게 보지는 않는 방식. 프롤레타리아들에게는 특권층의 고통을 이해하는 데 다다르는 것보다는 못박힌 손이 흰손을 꽉 쥐는 위대한 장면을 연기하는 것이 분명 더 쉽다. 그들이 이러한 공감 시도를 기울일 때, 흥미롭게도 그들은 부자들에게서 무감각이라는 단 하나의 불행만을 생각해낸다. "그들은 우리처럼 진짜 행복을 알지 못한 채로 자신들의 이력을 마감한다. 그들이 쌓아온 황금이 그들의 결핍을 완화시켜주지 못하기 때문이다. 반면에 우리에게 있어서 단순한 노동일은 우리에게 속하는 것이 아니라 우리처럼 빈곤으로 고통받는 이들 모두의 것이다."⁴ 프롤레타리아들에게 정확히 무감각으로 이루어지는 불행을 느끼라고 주문하는 것은 이미 부조리한 일일 것이다. 하지만 부자 계급의 이러한 "빈곤"은 이성의 순수 상태인 것만이 아니라, 이 계급의 무감각이 인민의 관대함에 대해 갖는 단순한 차이다. 또한 그것은 프롤레타리아들을 고통스럽게 만드는 이기주의의 원천 자체다. "나는 황금이 넘쳐나는 부자들은, 자기들 문 앞에서 허기와 추위로 죽어가는 불행한 이들이 고통스러워하는 모습을 구원의 손길을 뻗지도 않고 쳐다볼 것이라고 생각했다." 부자들의 "불행"에서 프롤레타리아들은 자신들에 대한 억압의 원천 외에 인식할 것이 전혀 없으며, 이러한 면에서 그들이 느낄 수 있는 이해의 감정은—"자유주의적인" 또는 공화주의적인 정념의 핵심을 이루는— **원통함**의 감정 말고는 없다.

문제는 파랑이 구별한 "뒤의 세 부류"인 교리부의 걸인들, 고객들 혹은 노상 붙어 있는 자들, 요컨대 자신들의 빈곤 및 이 빈곤의 재생산 또는 극복의 개별적 수단 이상의 것을 느끼거나 겪지 못하는 자들에 국한되지 않는다. 문제는 오히려 근원적으로, 지적으로 교리를 이해할 능력이 있고 도덕적으로 만인의 선을 위해 일할 준비가 된 사람들인 "첫번째 부류"와 관련된다. 이 사람들은 자신의 개별적 빈곤에 한정되지 않는 고통을 느낄 수 있다. 하지만 그들이 느끼는 초과분의 고통은 부자와 강자를 향한 원통함 이외의 다른 형식을 취할 수 없다. 그들의 이론적 지성과 실천적 선의는 그들이 **타자의 고통**을 생각하도록 만들기에는 역부족이며, 그들의 상상력에는 이 고통을 재현할 그 어떤 수단도 없다. 그들의 사상과 마음이 생시몽주의적일 수는 있어도, 상상력은 반드시 공화주의적인 채로 남아 있다. 베르지에가 지적한—그의 친구—고니의 문을 넘어선 들라포르트가 즉각 느꼈던 것은 자기 동료들의 기쁨과 낙담이다. 이들은 전주에 "완전히 변혁시켜놓고" 떠나왔던 그 사람들에게서 공화주의적 정념을 없애느라 주중 시간들을 쓴다. 고니의 "고급 능력"에 대한 감탄과 동시에 그가 곧바로 느낀 것은 이 "끔찍하게 상처 입은 고귀한 마음"의 불신이고 다음과 같은 전향의 값어치다. "만약 내가 그런 것으로부터 그를 끌어내기에 다다른다면 여생 내내 기쁠 것이다. 그는 잘 견뎌내서 종교에 큰 힘이 되어줄 테니." 하지만 자유주의적 불신에 대한 뺄셈을 통해 이러한 잘 견뎌냄을 사도로서의 능력으로 삼는 단순한 산술은 역시 기만적이다. 사도직에는 군더더기인 이러한 자유주의는 견뎌냄의 완벽함과 너무도 불가분하다고 즉각 확인되니, 뺄셈은 엘레아학파의 역설이라는 외관을 갖는다.

그의 자유주의적 불신이 너무 강렬해서 그는 내가 그의 마음에 넣어준 확신에도 반항했다. 마치 그것이 그의 자유에 대한 불길한 영향력이라는 듯이, 그리고 나를 표현하는 내 재능의 남용이라는 듯이 말이다. 그래서 나는 그에 대한 나의 우월함은 모두 철학적 또는 자유주의적 견해에 대한 생시몽주의 견해의 우월함이라는 것을, 그가 우리의 견해를 받아들이게 되는 때로부터 그의 지위가 나보다 위에 있게 되리라는 것을 그가 이해하도록 하는 데 다다랐노라고 감히 생각하지 못한다.

철학적 또는 자유주의적 견해······ 들라포르트는 두 용어의 결속에 익숙하다. 공화국, 노동자 해방, 순교자 폴란드를 향한 그의 신봉자들의 배타적 정념을 정립하는 것은 그들의 "형이상학적 경향"이다. 이는 계몽철학으로부터 혁명적 정치로의 단순한 귀결이 아니다. 프롤레타리아들의 형이상학적 경향은 참과 거짓, 선과 악, 자유와 예속의 대립을 절대화하는 것으로 이루어진다. 사회적 진보와 정치권력 사이의, 해방과 위계 사이의 관계들에 대한 변증법적 전망을 가로막는 것이 이러한 절대화다. 그런데 이 절대화 자체는 세계에 대한 "자유주의적" 전망에 입각한다. 불평등의 이원적 관계에 대한 수축된 표상. 예컨대 황금 대리석 대문 앞에서 죽어가는 비참한 자의 원통함에 대한 묘사. 확신을 강요하는 사도들의 수사학에 모욕당한 독학자의 상황. 자유주의는 부르주아와 관련된 정치이기 이전에 부르주아의 표상이고, 하나의 교리이기 이전에 타자의 언술과의 관계다. 들라포르트가 갇히는, 이로부터 나오는 원환에서 그는 고니에게 대화하는 두 사람의 위계는 한 교리의 다른 교리에 대한 우월함일 뿐임을 확신시키고 싶지만 확신시키는 모든 작업은 그 반대를 입증하고 자기 적대자의 입장을 긍정한다. 이로부터 나오는 것이 또한 지위에 대한 민감함—심지어 진급 욕망—인데, 이는 이러한 공화주의적 정념

프롤레타리아의 밤

을 특징짓는다. 사랑의 말을 통해 부자와 빈자를, 교육자와 피교육자를 동등하게 하는 설교를 듣고 나오며 "감동받고 열광한" 바로 그 신참들이 감독관들과의 이원적 관계에서는 다시금 "자유주의적 불신"이라는 상태에 처한다. 하지만 부르주아들의 교육에 대해 오불관언한 태도를 고수하는 공화주의적 프롤레타리아들의 민감함은 또한, 노동도 구제도 요구하지 않는 이들의 권리인, 부르주아 가족 위계 안에서의 상승을 주장한다.

따라서 교리 교육을 향한 자유주의적인 불신과 교리 선교를 향한 공화주의적인 열정 사이에서, 분류자들이 정한 위계에 대한 주저와 [생시몽주의] 가족 안에서의 상승 욕망 사이에서 관계는 이중으로 비틀린다. 실천적 지형 위에 머물고자 조바심내는 파랑은 "이미 실존하는 관계들에 입각해 사랑을 더 신속하게 확립하는" 데 적합한 하나의 해법을 제안함으로써 그 딜레마를 훨씬 잘 나타나게 할 따름이다. 지구가 아니라 직종에 따른 생시몽주의 노동자들의 조직화라는 해법. 이러한 재조직화는 확실히 이중의 장점을 갖는다. 자신들의 생업으로 생계비를 벌지 못하는 무능력 탓에 교리부의 잠재적인 구제 대상이 될 이들을 제외하도록 지망자들의 물질적 능력을 알려준다는 것. 동업조합의 시대가 노동계급에게 유산으로 남긴 관습과 전통의 다양성을 활용한다는 것.

1817년 이래로 자신이 운영한 상호부조협회에서 파랑이 그 본성에 대해 깨달은 방해물은 그렇게 함으로써 제거될 수 있을 것이다. "계몽사상과 고위층"에 호소함으로써 협회의 틀을 확대하려는 그의 노력이 봉착한 것은 일반적 계급적대가 아니라 부르주아와 프롤레타리아 사이의 대화에 내재하는 굴욕 관계였다는 것.

특권계급 사람들의 면전에서는 노동자들이 자유롭게 말할 수 없다. 그들은 자발성을 잃어버린다. 이런 사실에는 당신들의 잘못도 조금은 있다. 사람이 완전할 수는 없다. 유식한 사람인 학자가 일반성을 더 잘 안다면, 일반적으로 노동자는 세부를 더 잘 안다. 그가 특권층인 당신이 잘못한 거라는 점을 알게 할 때, 흔히 이 가련한 자는 경멸의 비웃음을 받으며 밀려난다. 그런 그가 당신에게, 나도 동의하는바, 그 경멸의 비웃음을 고리대로 되돌려준다.

경멸의 고리대 교환을 사랑의 상호성으로 전환시키고 싶다면 방해물을 도구로 변형해야 한다. 어떤 식으로든 생시몽주의 위계로부터 노동자들을 풀어주어야만 한다. 이는 앙팡탱이 여성들을 위해 했던 것—남성적 위계에 의해 고정된 위상들로부터 [대문자] 여성의 계시를 촉진하는 데 적합한 어떤 평등으로 회귀시키는—과 동일한 것 아닌가? 자신들이 박사라는 미망에 젖은 특권을 버리는 대가로 사도들이, 프롤레타리아들이—마치 여성들처럼—거리낌없이 자신들에게 내릴 계시들을 배우고 그로부터 영감을 받을 가능성을 얻는 이러한 전복은, 노동자 직종별 조직화 자체와 연결된 연합으로의 자발적 경향을 통해 훨씬 더 쉬워지는 것 아닌가?

나는 새로운 직종별 조직화에서는 노동자들을 자유로운 상태에 두는 것이 좋겠다고 생각하는데, 그러한 상태에서 그들은 생각하고, 고통받으며, 희망하는 모든 것을 당신들에게 말할 수 있다. 그들 역시 여성들처럼 당신들에게 내릴 계시들을 많이 갖고 있으므로, 당신들이 그들을 알고 그들을 이용할 수 있으려면, 당신들의 손길이 그들의 회합에서 거의 느껴지지 않아야 하며, 또는 차라리 그들에게 있는 생명력이 발전되

프롤레타리아의 밤

고 모두에게 도움되도록 당신들의 손길이 전혀 느껴지지 않는 회합을 그들이 가져야만 한다.

하지만 동업조합적인 연합 모델에 따라 구상된, "유순하고 정직한 풍속을 지닌" 사람들의 개인적 이기주의와 상동인 이 집단적 이기주의에 갇힌 회합들 내부에서 과연 사랑의 새로운 삶이 진정으로 발전될 수 있을까? "이미 실존하는" 관계들에 입각해 사랑을 "더욱 신속하게" 확립하려는 실속 위주의 욕망은 연합 노동자들 사이의 이러한 정직한 관계들의—아스포의 소책자에서 고발당한—인색함으로 되돌아가는 것 아닌가? "서로 다투지 않는다. 모든 것이 질서정연하고 진중하게 진행된다. 이기심의 일체만 있고, 공감은 없다…… 한마디로 거기서는 서로 사랑하지 않는다." 여기에는 이원 관계의 마찰과 위계의 바깥에서는 사랑의 역량이 발전될 수 없으리라는 역설이 있다. 그래서 "자유주의"는 프롤레타리아들과 여성들의 "자유화"에 다다를 수 없을 것이다. 위계의 형식적 규칙들로부터 그들을 풀어주어 감성과 오성의, "세부"의 (여성적인 또는 프롤레타리아적인) 과학과 일반성의 (남성적인 또는 부르주아적인) 과학의 고전적 분할을 더 잘 작동시키는 자유화에. 여성들 쪽에서 항의한 이는 외제니 니부아예인데, 여성적 위계가 파괴되어 그 효과로 그녀가 감독관 자리에서 쫓겨나 "자유로운" 보좌 기능을 맡게 되었을 때였다. 그녀는 대중에게 설교하고 교육하는 힘을 잃고 개별 가가호호 방문이라는 세부 속에 틀어박히기를 거부한다.

내 생각에는, 생시몽주의의 말이 여성들의 입을 통해서 노동자들에게 교육되고 설교되어야 한다. 우리에게서 이러한 능력을 빼앗는 것은 곧 우리에게서 삶을 빼앗는 것이다! 개별적인 선교를 하는 것은 물론 좋은 일이지만 이런 것이 내 활동에는 충분치 않다. 나는 대중 앞에서 행동하기를 좋아하는데 왜냐하면 바로 거기서 내 온 역량을 느끼기 때문이다! 나는 사도이고, 나는 많이 받았으며, 나는 줄 게 많고…… 내가 노동자들을 사랑하기에 그들에게 해주고픈 활동을 자각한다. 그들에게 교육을 행할 때 나는 뜨거운 흥분을 느끼며, 개별 선교로 인해 연달아 생기는 괴로움들에서 회복된다.

자신의 정상적인 일상을 단념했던 부르주아 여성이 그 사회적 우월함을 사도로서 되찾기를 열망하는 항의. 틀림없다. 그러나 이 항의를 지탱하는, 부채와 희생과 소명의 논리는 그녀의 예비 신자들의 논리와 매우 가깝다.

그들도 역시 앙팡탱이 "산업" "숭배" "여성들"이라는 세 형상 아래 천명한 "육신의 복권"에 의해 실현되는 속임수에 맞서 반발한다. 이러한 복권은 그 수혜자들을, 사도들이 계시를 읽어내고 영감을 끌어내는 **물질**의 하위에 있는 "자유"와 "평등" 속에 유지시키는 것 말고는 다른 효과를 갖지 못한다. 저 여성 부르주아처럼 프롤레타리아들도, 이러한 상상의 상승 대신에, [생시몽주의] 가족 위계 안에서 인정되는 자리를 원한다. 그들이 교리부에 바친 희생에 근거하여, 그리고 그들의 부채 자체에 의해 정의되는 선교사로서의 소명에 근거하여 그들이 권리를 갖는 자리. 따라서 그들은 "준비 등급" 진입을 통해 가족의 위계 안에 들어가겠다고 주장한다. 보티오의 추종자들은 신앙고백 이후에, "자신들은 입문 등급에 있지 않아서 가족의 일부가 아니니 이러한 형식성이 무슨 소용이 있는지 묻는다." 그리고 노동자들의 자율적인 조직화에 입각하고자 한 바로 그

프롤레타리아의 밤

파랑은 첫번째 질문과 상반되는 이 두번째 "미묘한 질문"을 강조한다. 부르주아들이 그들의 사안을 논하는 것을 탐탁지 않아 하던 바로 그 사람들이 부르주아의 삶에 참여하고 싶어하고 그들 사이에 분류되길 원하는 것이다.

노동자들이…… 하는 불평은 외부 협회에 비해 생시몽주의 협회 안에서 더 잘 대우받지 못한다는 것, 위계 안에서 위로 올라갈 방도가 자신들에게는 없다는 것이다(이미 파랑은 선전 책임자에게 이런 것을 물었다). 누구든 이수할 수 있는 생시몽주의 도덕교육을 모두 받은 노동자들이 무엇을 하게 되느냐고. 능동적인 사람에게는 활동의 목표를 제시해주는 게 필요하다. 당신들이 준비하는 새로운 조직에서는 이러한 경쟁심의 동인이 무엇일까? 이 질문을 잊지 말라. 이 질문이 결정적인 이유는 경쟁심이 없다면 노동자들에게 우리 협회는 잠꾸러기들의 협회에 불과할 것이기 때문이다.

잠꾸러기들의 협회. 퇴직 뒤의 무기력에만 관심이 쏠려 있는 노동자들을 앞에 두고 사도들이 보이는 조급함이 예기치 못한 방식으로 그들에게 되돌아온다. 고역 없는 미래에 대한 꿈들 속으로 잠들지 않는 자들은, 진급하는 것이 가능하고, 산업적인 업무의 "세부"에 갇혀 대체될 수 있는 노동자가 아닌 다른 것이 될 수 있는 협회를 요구한다. 헌신적이든 아니든, 프롤레타리아들은 반드시 "개별적인 관점"을 갖는다. 그들을 이끄는 것이 이윤이 아닌 그곳에서, 또다른 사회적 실존 양식에 다다를 수 있다는 희망이야말로 그들을 이끈다. 생시몽주의 노동자의 모순은 이것이 우선 나타났던 대립에, 즉 구제와 일자리를 요구하는 세속적인 것과 로시뇰,

콜라, 루셀, 뫼니에, 마르탱 등이 천상의 사랑을 천명하는 것의 대립에 있지 않다. 이 사랑 편지들에는 꾸밈이 없다. 자신들의 동료들보다 더 안락하며 물질적인 사고들에 더 무심한 편지 필자들은 대개 준비 등급의 귀족 부류에 속하거나 또는 아주 밀접하며, 교리에서 이러한 사랑 교환에 최우선의 관심을 둔다. 재단사 콜라는 자기 직업에서 벌이가 좋다. 보석세공사 루셀은 일감이 없지만 그래도 교리부에 신세지지 않으려고 엄정히 연합을 사양한다. 인쇄공 뫼니에는 생시몽주의의 말을 평온하게 누리게만 해달라고 요구한다. 로시뇰의 "생시몽주의 판화들"에는 상업적 판로들이 많이 열리지는 않는 것 같다. 식료품을 파는 마르탱은 [생시몽주의] 가족에게서 받아야 할 빚 수백 프랑을 포기할 것이다. 이 프롤레타리아들의 "개별적인 관점"은 물질적 이해와는 아무 관련이 없으며, 바로 그런 연유로 더 근원적인 병폐를 가리킨다. 프롤레타리아들이 **노동자로서는** 노동의 사도직에 참여하지 못하는 무능력.

교리부가 대처해야 한 것은 프롤레타리아들의 언술과 실천에서의 단순한 모순이 아니라, 교리부가 가난을 경감해주고 "산업적인" 능력을 향상시켜주고자 했던 바로 이 고통받는 노동자의 이중화다. 고통받는 노동자의 자리에 나타나는 것은 두 인물, 이기주의적 노동자와 사랑하는 프롤레타리아다. 이기주의적 노동자가 요구라는 형식으로만 교리부와 소통할 수 있는 반면, 사랑하는 프롤레타리아의 순수 사랑은 노동자의 사랑과 다르다. 생시몽주의 프롤레타리아들의 분화된 행태는 그들의 신앙고백과 모순되는 것이 아니라 바로 그 신앙고백의 역설을 확인해준다. 요컨대 그들이 생시몽주의자인 것은 공화주의자로서였다. 마찬가지로 그들은, 자신이 노동자들과는 다른 존재인 한에서만 노동의 명예로운 왕국을 공언하는 종교를 비로소 사랑할 수 있다. 노동자는 필연적으로 요

프롤레타리아의 밤

구의 이기주의적 원환에 갇힌다. 프롤레타리아로 말하자면, 그는 노동자 이상이거나 이하이기 때문에 "사랑에는 사랑"으로 되돌려줄 수 있다. 하지만 이 사랑은 비생산적이다. 선교의 의무 탓에 개종자 수가 늘어나기는 하지만 그럼으로써 이 사랑은 제 숫자만 늘리는 데 쓸모가 있는 몽상가들 또는 구제 대상자들의 이미 과도한 인구를 증대시킬 따름이다. 프롤레타리아들은 사도들이 자신들의 고통에 베푼 사랑을 노동이라는 형식 아래 사도들에게 되돌려주어야만 할 것이다. 하지만 그런 사태는 불가능하다. 교리부는 산업체가 아닐 뿐만 아니라, 오래된 박애주의의 조건들 안에서만 노동자들에게 일을 시킬 수 있어서다. 하지만 무엇보다도 노동은 프롤레타리아가 사랑의 교환 속에서 선사할 수 있는 증여가 아니라서 그렇다. 정확히 말해 노동은 그의 소외, 즉 그가 자신에게서 떼어내는 어떤 것이 아니라 외부로부터 그에게 오는 것이라서 그렇다. 노동을 **주는** 건 부르주아들인 것이다. **노동자로서** 그들과 가질 수 있는 관계는 언제나, 공손한 것이든 무례한 것이든, 개별적인 것이든 집단적인 것이든, 요구라는 관계다. 필연적으로 사랑은 노동이 요구와 맺는 어쩔 수 없는 관계 너머에 있다.

구세계의 노동자가 생시몽주의 노동자로 전향하는 일은 그래서 불가능해 보인다. 노동자로서의 그는 생시몽주의자일 수 없으니까. 생시몽주의자로서의 그는 더이상 생산적 노동자가 아니니까. "노동의 한가운데에서 내가 생시몽주의의 아름다움에 대해 생각할 때면 내 손이 멈춘다."[5] 그렇지만 바쟁의 노동은 손을 망치고 정신을 멍청하게 만드는 그런 것이 아니다. 도자기에 그림을 그리는 그는 자신이 "귀족적인 업종"에 속해 있다는 의식을 갖는다. 후일 메닐몽탕 "사원"의 수호자로 배치된 그는 교부를 향한 사랑으로, 자신의 물질적 이해를 위태롭게 하고—사도복을 입음으로써―박해를 무릅쓰는 것을 기꺼이 받아들일 것이다. 하지만 그는 건물과 정원의 유지에 이르기까지 자기 열정을 밀어붙이지는 않을 것이다. 이기심이 있든 없든 프롤레타리아는 똑같이 분류할 수 없다는 것이, 교리가 할당해줄 수 있는 저 모든 위상에 부적격이라는 것이, 자기 계급의 해방을 실현해야 하는 사도 작업에 노동자로서는 참여할 수 없다는 것이 확인된다.

고니의 도정이 이를 모범적으로 증언한다. 그는 들라포르트를 통해 가입한 자들 중에서 고통을 감당하는 법을 가장 잘 아는 자이고, 또한 노동도 준비 등급의 자리도 요구하지 않았으며 베르지에가 제안한 [생시몽주의] 가족 내부에서의 승진마저 마다한다는 점에서 가장 이기적이지 않은 자다. 이러한 급진적으로 이기적이지 않음이 취하는 형상은, 하루 11시간 "임대"된 "기계"의 노동뿐만 아니라 공화주의적 이력의 영예와 사랑하는 가족의 돌봄도 뛰어넘는 무한한 열망이라는 형상이며, 자신의 원리 자체 안에서―이 원리에서 표상될―진보와 모순되는 어떤 절대자라는 형상이다. 첫 방문부터 들라포르트가 직면한 것은, 자유주의적 불신에 대한 "뺄셈"을 엘레아학파의 역설로 변환하는 형이상학적 이율배반이다.

그는 도덕을 하나의 절대적이고 불변인 표준으로 생각하며, 인간이 그런 도덕에, 도덕 그 자체에, 도덕의 추상적인 아름다움에 열광할 수 있다고 생각한다. 그가 도덕에 설정하는 한계를 정확히 해달라고 요청받자 그는 내게 답하기를, 무한한 선함이라 했다.
무한을 규정된 표준이라고 제시하는 것의 비일관성에 대해 내가 그를 설득하였기를 바란다. 무한이라는 관념은 항상 우리가 아는 것 너머의

프롤레타리아의 밤

무엇인가를 가정하니까…… 우리에게 사랑이란 순수한 추상일 수 없으며 어떤 규정된 대상을 향한 욕망이다. 틀림없이 우리는―우리가 연결되어 있다고 느끼는, 우리 자신과의 관계를 느끼거나 아는―대상들만을 사랑한다. 우리의 과학은 진보하고 있으며, 따라서 우리의 사랑도, 이어서 우리의 도덕도.

철학 수업은 나무랄 데 없지만, 형이상학자 목수가―그가 과학의 규정들과 전략의 단계들을 사고하는 것을 가로막는―규정된 무한이라는 이 이율배반에서 빠져나오도록 하는 데는 무기력하다. 공화주의적 상상의 이러한 모순들과 자유주의적 형이상학의 이러한 이율배반들을 낳는 것이 이성의 외양과 감수성의 미망만은 아니다. 무한의 역설은 용납할 수 없고 초극할 수도 없는 예속에서 프롤레타리아가 스스로를 빼내려는 불가능한 운동에 초점을 맞춘다. 개종자들 중 가장 덜 이기주의자인 자에게서, 노동자의 사도직과의 일치를 금지하는, 의식의 분열을 생산하는 것이 바로 그가 갖는 프롤레타리아라는 위상 자체.

이 "자유주의적 불신"―그 자신은 자신의 "복수"라 부른 그것―을 "박살내는" 데 들라포르트의 교육보다 훨씬 더 적합한 힘을 모즈 르투레의 우정 안에서 찾아내게 될 때조차도, 고니는 자신의 소원한 사랑을 능동적인 일체성으로 변환시키는 것이 마찬가지로 불가능하다는 점을 느끼게 될 것이다.

두 가지 비일관성이 내 안에서 겹친다. 하나는 전기적 도약에서 온다. 이것은 남성적 의지로, 행동하는 것, 완벽을 향해 나아가는 것, 구속도 받지 않고 제한도 없이 사랑하는 것, 나를 투옥한 히드라를 박살내는 것의 시원적 덕이다. 다른 하나는 고독하며 궤변적이고 흉측한 충동이다. 나는 당신의 조화를 보았고 사랑한다. 그런데 정작 내게서는 그런 조화를 보지 못하며, 당신의 찬가의 전조에 내 목소리를 섞고 싶다. 내 입은 못박혀 있어서 내 기도를 당신의 기도의 불꽃을 향해 던질 수 없으니 기도를 할 수가 없다. 악몽의 방해로 내 삶은 지옥의 망상이 되었고, 개연성 없는 꿈으로 고동치는 관념이 되었다……
언제나 나는 당신의 대의에 충실할 것이다. 다만 회합이 있는 날 당신의 작업들을 공유하러 오는 자들의 즐거움과 나 자신 사이에 틈을 벌림으로써 그럴 것이다.[6]

한 인물의 별스러움만은 아닌 이 두 가지 비일관성은 구세계에서 신세계로의 이행에 관여된 한 세대의 모순을 증언하는가? "두 세계가 우리 안에 살고 있어. 하나는 자신의 최후를 맞아 전복되고 있고, 다른 하나는 유년의 즐거움과 싸우고 있지."[7] 하지만 프롤레타리아 공간의 속박들은, 마치 감옥의 고문들이 분만의 기쁜 고통과 대립되듯이 시간의 변증법적 희망들과 대립된다. "우리의 전후좌우로 노동이 있으니…… 종교재판처럼 가혹한 나름의 요청을 지닌 노동이…… 노동의 시궁창의 아교 통 안에다가 나를 처박아두고 있다."[8] "육신의 복권"의—산업 조직화와 더불어 새로운 노동 왕국을 선포하는—변증법적 낙관주의에, 고니의 "궤변"은 대지의 아들이자 이데아의 친구[고니]의 형이상학적 비관주의를 대립시킨다. 그에게 산업과 육신이란 이것들로부터 구원되지 못해 절망하게 한 것들이다. 요컨대 자신의 자유를 자신의 노동력과 함께 팔아야만 하는 속박이 매일 갱신되는 것. 앙팡탱은 새로운 도덕에 관한—자신이 예상한—유물론의 비난들을 부르주아의 인색함과 위선 탓인 척하지만 허사다. "우리와 싸우려고, 모두가 기독교인이 되어서는, 우리가 하늘에서 떨어져 임금이라는 이 진창 위에서 벼락을 맞아 박살났다고들 외쳐댄다. 왜냐하면 그들은 해방된 산업의 영광에 무지하기 때문이다."[9] 프롤레타리아 고니로 말하자면, 그는 기독교인이 되지 않아도 된다. 그는 이미 자신이 다른 세계로부터 전락하여, 임금이라는 진창의 아교 통에 처박혀, 노동의 모든 왕국 너머의 다른 실존 안에만 위치한 어떤 희망을 지향하고 있음을 알고 있다. 프롤레타리아의 복권은 그의 육신으로부터의 해방일 수 있을 뿐이다.

퇴직만을 기다리는 이들로부터, 인민들의 전진을 꿈꾸는 이들을 거쳐, 무한만을 열망하는 이에 이르기까지, 하나의 동일한 확증이 불가결하다. 새로운 세계의 노동자는 어디서도 찾아낼 수 없다는 것. 어떻게 그가 **고통받는 노동자**의 저열함으로부터, **사랑하는 프롤레타리아**의 긍지로부터 빠져나올 수 있을지는 보이지 않는다. 새로운 인간이 창안되어야만 한다. **사랑하는 노동자**. 육신의 복권에 의해 촉발된 분열 이후에 산업 조직화, 숭배 확립, 여성해방이라는 세 측면에서 앙팡탱이 그 복권의 실천적 실현을 공표할 때 정의한 임무가 바로 그러한 창안이다. "박사들"의 작업을 "사도들"의 작업으로 변형시킨다는, 교리 선교로부터 숭배와 산업 실현으로 나아간다는 결정은 여전히 기독교적인 시선과 여전히 박애주의적인 실천―노동자들에게 이기주의에 맞서는 투쟁을 교육함으로써 그들의 고통을 경감해주려는 것과 결부된 시선 및 실천―에 대한 비판을 내포한다.

"지금까지의 우리는 그들에게 **박애주의자** 박사일 따름이었고, 우리는 그들이 생시몽주의자로서의 우리네 삶을 살도록 만들지 못했다."

"그렇다. 오늘 우리가 완수하는 사업은 **물질**의 사업이요 **산업**의 사업이다. 우리가 복권하고 비준하는 것은 바로 **육신**이다. 하지만 외젠이 말했던 것을 그대들은 상기하라."[10] 열광의 성스러운 불은 박애주의라는 초라한 화덕에서는 타오르지 않는다.

물론 우리는 노동자의 방에 들어가서 그들을 끌어내 동료들과 연합시키는 일을 잘해냈다. 작업장을 세워, 우리에게 오는 아이들의 도덕적이고 지적이며 신체적인 운명을 개선하는 데 신경쓰는 일도 잘하고 있다. 하지만 우리가 새로운 사원을 초라한 규모의 병영, 또는 심지어 구호소로 축소시킨다면 우리는 생시몽이 우리에게 부여한 사명을 포기하는 셈이며, 그리되면 우리에게 가해질 비난을 받아 마땅할 것이다. 가장 가난하고 가장 수가 많은 계급이 생시몽의 아들들에게 기대하는 것은 구제가 아니다. 그 계급은 **전적으로 새로운 삶**을, 종교와 시의 삶을 원한다. 그 계급에게 필요한 것은 위대함이요 영광이다. 그 계급에게 필요한 이들은 자신들을 찬미하며 이끄는 예술가들이다. 노동자는 축제들을 원한다.[11]

전적으로 새로운 삶. 프롤레타리아 개인주의가 생시몽주의 일체성과 맺는 모순적인 관계는 여기서 낙관주의적인 해법을 찾는다. 프롤레타리아에게 전해지는 사랑의 박애주의적이고 이원적인 특성만이 그들의 사랑의 발전을 저해했다는 것인데, 그들의 사랑은 가게 주인의 요구의 편협함과 자유주의적 정념의 과도함 사이에 박혀 있다. 자칭 사도들이 "종교적" 노동자의 이상에 비춰 언제나 못 미치거나 또는 뛰어넘는 주민—빵을 얻기 위해 어떤 교리든 고백할 태세가 되어 있는 "무능한 자들"과 "무용한 자들", 하지만 또한 생산노동의 종교보다는 오히려 사랑의 교리라

프롤레타리아의 밤

는 뜬구름에 더 관심을 보이는 노동자 "박사들"— 을 끌어들이는 것은 그들이 여전히 박애주의적 박사들이었기 때문이다. "우리에게 온 사람들 대다수가 투박하고 원기 왕성한 노동자들이라기보다는 박사 부류의 노동자들임을 알아보는 것은 쉽다."[12] 이기주의와 연합의 모순, 노동과 사랑의 모순이 극복될 수 있는 것은 예술, 미래 종교와 노동의 전조前兆, 새로운 사회적 개인성의 패러다임이라는 측면에서다. 요컨대 종교가 극장이 되기만 한다면 노동은 종교적일 것이다. "새로운 교회가 세워지는데, 이는 또한 새로운 극장이기도 하다. 기독교 교회들은 비었고, 공연장은 신자로 가득하며, 배우가 사제를 대체하니…… 바티칸의 번개가 극장을 내려친다. 그렇다고 그것이 극장을 가루로 만들어버릴 수는 없으니, 가장 가난하고 가장 수가 많은 계급이 극장에 밀집되어 있고 거기에서만 **살기** 때문이다."[13]

고통의 괴로움 대신 극장의 일체감? 곧 새로운 이원성을 출현시킬 어떤 재현의 상상적인 통일성. "노동자는 축제들을 원한다……" 사도들은 고작 단 하나의 축제만 노동자에게 제공한다. 진정으로 기이한 이 축제는 엄밀히 말해 미래 축제들의 사원의 초석을 놓는 데 바쳐진다. 1832년 7월 1일, 그들이 은거하는 메닐몽탕 정원에서, 사도들은 파리 노동자들을 "사원 공사 기공식"에 초대한다. 노동의 축제인 이곳에서의 공연은, 바로의 연설과 펠리시엥 다비드의 음악이 리듬을 맞춰주는 이 공연은 특별한 미학적 강도를 보여주지 못한다.

동력삽들이 수레에 가득하다. 수레를 끄는 사람들이 열을 지어 출발하는데, 그 앞에는 둘씩 걸어가는 성토 인부들이 있고, 뒤로는 예비 인력인 보조 성토 인부 넷이 걸어간다…… 수레 끄는 사람들이 넷씩 와서 짐을 싣는다. 그들은 왼쪽으로 가서 흙을 파고 오른쪽으로 되돌아오니, 이런 식으로 잔디 상층 부분을 돌고 있다.[14]

의례의 공식 연대기 작가는 우리에게 다음을 보게 한다. 방문 군중을 사로잡는 것은 새로운 극장의 도취가 아니라 군중으로 하여금 거리를 두고 공연에 경의를 표하도록 하는 호의적인 호기심이라는 것. 공연이 군중에게 인상을 남긴다면, 이는 공연에 도덕적 시위라는 특성이 있는 탓이다. 군중은 "뜨거운 태양 아래 민머리를 내놓고 거친 노동을 하며 이렇듯 노고를 통해 사도의 삶을 준비하는 이 젊은이들을 경의가 섞인 경이로움을 갖고" 바라본다. 노동자 군중에게 공연으로 제공되는 것은 그저 노동이지만, 이 노동은 자신들로서는 결코 부여할 도리가 없을 종교성으로―송가들의 장중함보다는 이 노동을 행하는 사람들의 본성에 의해―고양된다. 작업의 목적성으로 축성되기에 앞서 노고의 추상성으로 축성되는 이 노동은, 프롤레타리아적인 본성을 "자신에게 접종한" 부르주아의 노동이다. 하지만 실제로는 공연이 이원화된다. 삽질하는 사람들과 수레 끄는 사람들과 성토하는 사람들 각각의 집단은 동등한 수의 "[생시몽주의] 가족 구성원"과 "파리 사람들" 구성된다. 파리 사람들이 와서 "매일매일 인민을 위하는"[15] 사도들에게 자신들의 일요일을 노동자로서 제공한다. 따라서 동일한 규율에 종교적으로 복종하는 사람들의 이중 희생. 그러나 쌍방이 분명 동등한 것은 아니다. 잉여노동을 무상으로 내놓으면서 "파리 사람들"이 입증하는 것은 자신들의 사도로서의 능력이라기보다는 부르주아들이―스스로 노동자의 연장을 위해 박사의 펜을 버리는 한에서―파리 사람들을 종교적으로 조직할 줄 아는 능력이다. 양자 모두의 규율이 비록 유사하다 할지라도 동일한 본성을 갖는 것은 아

프롤레타리아의 밤

니다. 사도들은 복종이 수반되는 명령이라는 고전적인 도제 수업을 받는 것이다. 반면에 노동자들은 명령을 받아들이는 이미 갖고 있는 능력을 보여주는 것이다. 노동자 평화군에서는, 모든 군대에서 그렇듯이, 병사 충원이 아니라 간부 편성이 핵심 사안이다. 편성해야 하는 "프롤레타리아들"은 노동 군대의 간부들이다. 하지만 미래의 이 프롤레타리아 간부들은 출생의 우연에 의해 프롤레타리아가 된 사람들일 수는 없고, 오로지 그렇게 되기로 선택한 사람들이어야만 한다. 혁명적인 제국 군대의 전도된 이미지가 노동자 평화군의 모델로 간주된다. 새로운 세계의 노동자인 인민군대의 대장장이는 다시 태어난 옛 프롤레타리아가 아니라 변모된 젊은 사도일 수 있다. 바로는 흥분한 탓에 아마도 자기 생각보다 과도하게 난폭한 어휘로 이 대목을 이렇게 말한다. "사도는 망치요, 인민은 모루다."[16]

연극 차원에서의, 군대 기초훈련 연습. 앙팡탱은 노동자들의 연합이 막사 **또는 차라리** 구제소 수준으로 전락하여 초라해진 것을 비난함으로써 자기 견해를 올바르게 수정했다. 노동자들의 물질적 토대를 공격함으로써 그들 조직의 모순들을 해소하기 위해서는, 실은 일종의 군대를 구성해야 하기 때문이다. 박사들 또는 구제 대상자들을 상대하지 않기 위해서는, 프롤레타리아들에게 미사여구나 소소한 일거리가 아니라 실제적인 산업적 사업을 제시해야 한다. 이를 위해서는 은행가들에게 호소하고, 수익성 있는 산업적 기획임과 동시에 사도적인 사업이기도 한 것을 제안해야 한다. 예컨대 "『글로브』의 경영 부서 개혁 또는 사람들 사이에서의 **소통**을 새롭고 광범위하게 진보시키는 것".[17] 이 계획의 원활한 실행은 생시몽주의 기술자들의 산업적 가치에 의해서뿐만 아니라 폭동의 병사들을 노동의 병사들로 변형시키는 그들의 재능에 의해서도 보장될 것이다. 포팽쿠르 거리와 라투르도베르뉴 거리에 있는 연합체 사무실들에는 "산업적인" 사업은 전혀 없었고, 반半실업자들이 모였는데, 이들의 월소득은 식비 지출조차 충당하지 못한다. 이 사무실들은 이러한 도덕적—외관상 연극의 호사와는 한참 거리가 먼—사업에 대해 이미 증거가 되는 것이다. 고급가구를 만드는 부아시가 포팽쿠르 사무실의 감독관들에게 경의를 표하면서 증언하는바, "그들은 우리에게 사랑의 삶을 주었다".[18] 하지만 사도들이 프롤레타리아들과 맺어야 하는 **일체성**은 이제 아주 다른 의미 작용을 갖는다. 박애주의적 박사의 미사여구나 돌봄은 수장인 사도의 실천적 교육이 되어야 한다.

> 그들을 향한 당신의 애정은 단지 이론적일 뿐이지요. 그것은 **실천적**이어야 합니다. 당신의 피 속에서 당신의 살과 섞여야 하는 겁니다……
> **노동자들**을 지휘하기 위해서는 무엇보다도 **노동자**를 알아야 하고 그의 삶에 익숙해야 하며 **가장 가난하고 가장 다수인 계급**과 마음속으로뿐만 아니라 투박한 실천으로도 **일체**가 되어야 합니다. 신께서는 섭리로 당신 곁에 이 **평화군**의 기초를 놓았고, 우리에게 우리의 **노동자들**을 보내셨으니, 당신의 산업 교육을 그들에게서 시작하세요. 물론 당신에게는 그들의 노동을 공유하고 그들과 함께 일하며 그들의 삶을 온전하게 사는 것이 부족하겠지만, 적어도 당신은 당신의 부르주아 삶에 프롤레타리아의 삶을 약간은 섞을 수 있습니다.[19]

새로운 일체감은 현학적인 교육 관계의 전복으로 제시된다. 교육자들이 교육될 필요가 있었고, 노동자들이 프롤레타리아 삶의 현실을 부르주아에게 가르쳐야 한다. 하지만 이렇게 해봐야 그들이 교육하는 상대는 고작 자신의 장인들일 따름이다. 이러한 과제 안에서 그들은 이 계급의 평범한 대표자들에 불과하며, 평화군의 미래 지휘자들은 자기 직무를 준비하기 위해 이 계급의 물질적이고 도덕적인 특성 모두를 알아야 한다. 그들의 직무는 선정하는 일이다.

그들과 **일체가 되어**, 우리가 **기술자들**과 **은행가들**에게 크게 호소하는 그때 그들 중에서도 답할 채비가 되어 있는 이들이 누구인지를 보세요. 무엇보다도 그들 사이에서 그들의 산업적 가치를 찾으세요. 이제껏 우리가 했듯 그들의 지적 능력을 찾지 말고…… 우리는 **노동자들**에게 의사들을 보냈고, 우리는 확실히 잘했던 겁니다. 하지만 의료 사업에서 우리가 위생과 관련한 무엇을 했던가요? 없어요. 이는 우리가 그들을 건강하고 힘센 존재들이 아니라 환자들로 간주했다는 증거 아닌가요?…… 오늘날 **노동자**는 우리에게 더 많은 것을 기대할 수밖에 없습니다. 건전함과 **생명력**으로 충만한 강건한 **인민**의 필요와 욕망을 찾아내기 위해 노력합시다.[20]

사도들은 강건한 노동자들을 선별하고 지휘하는 법을 배우는 것 말고는 고통받는 노동자들과 박식한 노동자들과 관계할 일이 없었다. 노동군의 간부인 장래의 **프롤레타리아**와 이 군대의 건실한 신병들 사이에서 이제 펼쳐질 경기에서, 교리부가 끌어들였던 이들 타고난 프롤레타리아들에게는 어떤 자리가 남아 있는가? 지구 감독 일을 대신하는 네 곳의 선교국 노동자 책임자들에게 신임 감독관 스테판 플라샤가 내린 지시는 그들 또는 그들의 방문자들을 낙심시키려는 것으로 여겨졌다.

우리가 세상에 가르쳤던 **정치경제학** 및 **정치학**을 그들에게 말하기에 앞서, 귀하들은 우리의 아버지 앙팡탱께서 우리에게 가르쳐준 새로운 도덕을 그들에게서 발전시키시오…… 귀하들의 새로운 산업이 귀하들에게 **매력적**임을 말하시오…… 귀하들이 사도직의 쾌락과 영광에 대해 느끼는 바를 말하시오. 어떻게 귀하들이 그것의 **노고**들을 받아들이는지, 그것의 희망들을 사랑하는지, 그것의 즐거움들에 기뻐하는지를 말하시오…… 우리의 최고 아버지께서 세우신 산업 실현 계획에 대해 귀하들이 아는 바는 귀하들의 노동자 선교 사업에서 후방에 있어야만 한다는 점을 잊지 마시오.[21]

이는 확실히 청원자들을 거절하려는 급진적인 방법이다. 하지만 신임 승급자인 뱅사르가 정해진 "발전들"에 대해 논변하면서 겪은 어려움들이 이해된다. 노동자 군대를 지휘하거나 또는 이 군대에 복무하기 위해, 기껏해야 곡괭이를 쥐거나 노동 축제에서 밧줄을 조종하기 위해, 혹은 더 나아봐야, 박사들의 육체적 견습과 대칭을 이뤄 생시몽주의 프롤레타리아들이 습득한 지적이고 영적인 능력을 증언하는 찬가들을 짓기 위해, 사람들이 의지하는 상대는 분명히 그도 아니요 그의 동료들도 아니다.

그 상대는 대표하는 사람들이다. 그러니 메닐몽탕에서의 공동 은거 당시에 교리부 일꾼들의 하찮은 노동을, 프롤레타리아 노동에 입문하는 사도들을 돕는 것보다는 덧없는 각운을 추구하는 것에 더 신경쓰는 프롤레타리아들의 태도를, 낙오된 건축기사 부알캥이 비난한 것은 부당한 처사다.

내가 메닐몽탕으로 나가 있었을 때 가장 열렬한 노동자들 중에서 누구

프롤레타리아의 밤

를 보았던가? 바깥세상에서의 사회적 위치로 인해 근면한 육체노동에 가장 무능해질 수밖에 없었던 아버지들. 반면에 젊음과 건강이 한창인, 그들의 일부 아들들은 잔디 위에 나른하게 누워 떠오르지 않을 시구의 운각과 휴지를 궁리하고 있다. 얼마 전에도 프롤레타리아였던, 모범이 되어야 할 다른 이들은 엄숙하게 자기들 방으로 물러가서는 숭배와 산업을 조화시킬 수단들에 대해 명상하며, 저녁 먹으라고 부르는 것 말고는 어떤 것에 의해서도 자신들의 몽상을 방해받지 않는다.[22]

틀림없이 가장 우선해서 암시되는 상대는 거인 베르지에인데, 그는 데슬로주와 샤를르 펜케르와 함께 은거에 참여한 유일한 프롤레타리아다. 하지만 베르지에는 자기 손으로 노동할 줄 안다는 것을 입증하기 위해 메닐몽탕에 있는 것이 아니다. 샤를르 말라르는 이 나쁜 사도를 명시적으로 규탄하면서도, "아버지" 랑베르에게 제기한 질문 속에서 그의 행태를 간접적으로 정당화한다. "잘못 조직된 사회에서 온갖 불운을 겪은 프롤레타리아가 사도직으로 호출된다면, 스스로 사도가 됨으로써 그는 인류에게 어떤 선을 줄 수 있는가?"[23] 여하튼 명확한 것은 프롤레타리아 베르지에가, 프롤레타리아에 입문하기로 이루어지는 사도직에 호출되지 않았다는 것이다.

새벽 5시 호른 소리에 일어나, 가사노동 전반에 전념하고, 손수레와 흙손을 만지고, 정원 일을 하면서 삽질하고 잡초를 뽑는다. 오후 5시에는 정장을 차려입고 만찬을 하며 담소를 나누고 찬송을 부르며 체조를 하고 해먹에서 잠자고 종교적 금욕을 준수한다. 이 모든 것이 희한하게도 젊은이들을 굳건하게 한다…… 곧 우리 중에 프롤레타리아가 있을 것

이다.[24]

정말이지 슈발리에는 일요일에 메닐몽탕으로 오는 경험적인 프롤레타리아들 대열에서 미래의 이 시인-프롤레타리아가 나올 수 있으리라는 것을 배제하지 않는다. 예컨대 5월의 어느 일요일에 자기 친구인 베르지에에게서 소개받은 목수. "아마도 이 음유시인은 이미 우리 주변에 있던 프롤레타리아들 사이에 있었을 것이다! 우리는 정말 주목할 만한 몇몇을 보고 있다. 지난 일요일에 나는 한 목수와 충만한 미래에 대해 떠들었다."[25] 이 목수의 미래가 정확히 어떤 것으로 이루어질 수 있는지를 앙팡탱의 부관은 말하지 않는다. "곧 자네의 대패는 부서질 거야"라고 그는 목수에게 쓴다. 따라서 목수의 미래는 결코 아니다. 그렇다면 정녕 미래가 문제인가? 메닐몽탕의 연습이 준비시키는 장기적인 사도직 여정과 닮은 것도 여하튼 전혀 아니다. 차라리 바캉스의 유예된 시간. 다른 실존들에 대한 회상과 예감. 그가 고니에게 함께하자고 초대한 노동일은 사도 슈발리에의 노동일과 닮았다. 마치 프롤레타리아의 시골 소풍이 대지의 친구들을 향한 부르주아의 입문과 닮은 것처럼.

동이 텄다. 아침 바람이 나무 위로 불고, 낮의 귀환을 노래하는 새가 내 마음속에 내가 방황할지도 모른다는 두려움의 감정을 불러일으킨다…… 작년의 나를 떠올려보면 이 삶이 내게 지니는 매혹을 그대에게 다 표현할 수가 없다. 노동, 연습, 놀이가 있다. 저녁에는 잔디 위에서 소소한 여러 이야기를 나눈다. 예컨대 카벨의 이야기. 그는 어제저녁 우리에게 자신이 사랑으로 숨쉬게 했던 풍뎅이 두 마리와 나눈 대화를 이야기해주었다.[26]

프롤레타리아의 밤

그렇지만 베르지에는 자기 친구를 나태의 나날들로 초대하지 않으며, 음악 레슨을 매우 특별히 강조하더라도 우애 노동을 소홀히 하지는 않는다. 하지만 그가 일감들과 연장들의 배열에 보내는 시선은 사도직의 고된 실습보다는 성주들이 바캉스에서 하는 놀이와 무구를 연상시킨다.

한쪽에는 삽, 갈퀴, 원예용 물뿌리개가 있고, 이어서 나무를 베어낼 도끼가 있다. 한쪽에는 석공이 쓰는 파쇄용 망치와 목수의 망치가 있다. 다른 쪽에는 도장공의 붓, 방을 닦을 솔이 있다. 마침내 이 모든 일거리들이, 그것들의 자연스러운 면모 아래, 다시 말해 인간에게 도움되는 면모 아래, 한결같은 열정으로 실행되며, 이런 일들로 우리가 피곤해지지는 않는다. 이런 일들에 부여된 목표가 우리 사유를 모두 지배하며, 게다가 누군가의 노래, 우리의 최고 아버지의 현존, 아버지 랑베르의 말놀이가 우리의 마음을 격동시킨다.

인간의 사랑으로 고통 없이 실행하게 되는 자연스러운 일거리들의 다양함…… 나쁜 사도의 흠은 노고에 대한 두려움이라기보다는 그 노고를 찾지 못함이라 할 것인가? 아이들의 이러한 놀이들에 대한 묘사에는, 작은 가족의 감상적인 가정경제로부터 보편 연합의 거대 사업들로 이어지는 동일한 샛길이 언제나 있으며, 사도들의 고된 노동에 대해서 사랑스러운 연관들의 부드러움만을 기억하는 동일한 혼동이 언제나 있다. "…… 부드러운 포옹…… 인간을 향한 사랑과 헌신의 말들…… 속삭임만 들렸다…… 이 감정은 얼마나 달콤한지……" 틀림없이 베르지에는 자신이 이미 성취한 해방으로 인해 자기가 모든 동료들을 해방시키는 거친 임무에 참여해야 한다는 것을, 그들을 위해 "바퀴에 깔릴 각오를 하고" 불운의 수레를 멈춰 세워야 한다는 것을 잊지 않는다. 그가 오늘에 관해서는 묘사하고 내일에 관해서는 예시하는, 자연스러운 —인도주의적인 사랑 덕에 매력적으로 된— 노동 이상 자체가 의심스럽다. 푸리에주의의 유행에 끌린 한 제자에게, 앙팡탱은 다음을 환기시키려 애쓴다. 메닐몽탕 은거는 우애를 통해 매력적인 노동을 경험하려던 것이 아니라고. 요컨대 기독교의 길들을 통해 푸리에주의를 실현하고자 함이 아니라고. "세상이 우리를 알아보고 무엇보다도 사랑해주도록 오늘날 우리가 세상에 제시해야만 하는 것은 **노동 실행**이 아니다. 또한 우리를 알리는 평화로운 작업장의 **고정적이면서도 가변적인 기능들**의 규칙에 대해서도, **직무들과 쾌락들과 노동과 여가**를 정돈하는 것에 대해서도 나는 별로 염려하지 않았다…… 왜냐하면 정말이지 나는 우리를 **사랑하고 존중하며 명예롭게** 하는 것만 생각하기 때문이다."**27** 메닐몽탕은 노동의 미래 조직 이미지를 제공하는 사회주의 공동체가 아니며("우리 가족의 시궁창에는 신관들도 유목민들도 없다"), 인민에게 복무하고자 하는 고결한 박사들을 단순히 육체노동에 입문시키는 곳은 더더욱 아니다. 그곳은 사도적인 몸을 육성시키는 실험실이다. "언어 재능"— 인민에게 말하는 기술—과 모든 조건에 자기 몸을 맞추는 능력을 동시에 겸비한 새로운 유형의 인간.

사도적인 본성이 육성되어야 한다. 이를 위해 우리는 우선 우리를 질식시키는 성직자적인 껍질에서 빠져나와야만 하고, 지배와 나태의 습관들을 버려야 하며, 우리 몸을 노동과 연습에, 목소리를 노래에, 귀를 조화에 맞춰야 한다…… 무엇보다도 사도들은 (웃지 마시라) **좋은 동침자**여야 하고, 일과에 따르는 공동생활에 능숙한 착한 아이들이어야 하며, 스스로에 대해 머리끝부터 발끝까지 알아야 한다. 도처에서 모든 이들과 모든 것을 살아가는 인물들이 필요하다. 나날의 빈곤으로 녹초가 되었으나 그럼에도 언제나 다시 일어나고 더 크게 일어나는 활기를 지닌 사람들이 필요하다.

프롤레타리아의 노동과 고통을 배운 부르주아들과는 전혀 다른 이 "새로운 인간들"에 대해, 바로는 사원 기공식에 바친 시가에서 그들이 "주인도 종복도 **아니**요 인민도 부르주아도 **아니**"라고 했다. 새로운 인간은—"하얀 피부"라는 서열을 갖는—부르주아 박사들의 껍질에서만 빠져나온 것이 아니다. 그는 또한 "노동자 박사들"의 허약함도 탈피했는데, 이 박사들은 엄마들이 포대기에 감싸 어르는 이들이고, 영양 결핍된 유년기의 궁핍과 혐오스러운 노동을 할 수밖에 없던 청소년기의 격분 탓에 저명한 샤를레의 가죽 작업복을 입기에는 너무 유약하거나 또는 너무 복수심이 강한 존재들이 되었다. 새로운 인간은 프롤레타리아의 자기 이미지와의 불가능한 동일시를 보충한다. 갈색 피부와 못박힌 손이라는 서열. 작업복이 아니라 아예 피부가 가죽인 사람들.

새로운 노동의 사도들이 구세계 프롤레타리아들과 그들의 이미지 사이로 끼어든다. 너무 폭력적이지는 않은 대체. 프롤레타리아들은 우애 연합이 약속한 부드러움은 빼앗기지만 새로운 노동의 고된 막일들을 면제받는다. 감당하기에는 너무 무거운 이미지를 그들에게서 몰수하는 대신, 새로운 인간들은 시뮬라크라들의 부러운 힘을 그들에게 남겨준다. 예컨대 뱅사르와 베르지에와 쥘 메르시에의 찬가들. 노래하며 산책하기. 쥘리앙 갈레가 조직한 연극 무대에서의 즉흥 합창곡들. 들라의 사제복을 바느질하는 사도들이 몽테로 동산에서 제공한 전시. 바쟁의 경우에는 지켜야 할 메닐몽탕 사원과 앙팡탱이 착용할 예복. 자기들 직업보다는 "노동"

을 더 좋아하는 계량기 제조업자들에게, 작은 코로 바느질하느라 지친 재단사들에게, 풍요의 미래 앞에서 뒷걸음치는 너무 능숙한 융단 직조공들에게, "이기심에 관한 설교 앞에서"[28] 잠들어버리며 자신들의 산업과 더불어 신앙을 기웃거리길 좋아하는 도장공들에게, 새로운 인간들은 교환을 제안한다. 저 노동자들이 약속의 땅 대신에 신앙과 오래된 사랑의 사원을 지키게 하는 것. 새로운 인간들이 노동자들에게 남겨놓는 것은, 성가대원들의 기능과 더불어, 이 즉흥 노래들을 부르려는 마음가짐인데, 이 노래들에서 후대가 보게 되는 것은 자기 노동에 행복해하는 장인의 찬가이며, 그럴 때 이 노래들은 아마도 잘 이해된 오해의 음악화에 불과할 것이다. 사랑에 대한 이 노래들의 꿈들이 지닌 낡아빠진 리듬에 따라 조성된, 새로운 노동의 영광.

하지만 이는 또한 프랑스 전역에서 노동자 평화군을 세우고 이어서 이집트에서 동양과 서양의 동맹을 실행하려고 나선 새로운 인간들의 서사시가 낳을 유일한 연극이다. 앙팡탱과 미셸 슈발리에의 연극적인 꿈, 각자의 도시로 파견된 사도들이 여인숙과 우체국으로 퍼져나가, 스스로 뱃사공과 마부가 되어 땅이든 물이든 도처에서—가슴을 펴고 "노동자 당파의 휘장"인 허리띠와 붉은 베레모를 착용한—노동 병사들의 새로운 분견대들을 충원하고 파병하는 꿈[29]은 실제로 곧 사라진다. 아버지의 메달과 사도들의 목걸이, 신나는 노래들인 〈아펠Appel〉 또는 〈살뤼토페르 Salut au Père〉, 새로운 드라마들과 인민의 축제들 모두가 사라진다. 대장간과 광산과 공사장 안에서 사도적인 몸의 현시, 바퀴를 돌리는, 즉 육체노동의 짐을 진 간부와 기술자와 예술가 들이 "육화된 말씀"을 구현하는 장관 모두가 또한 수포로 돌아간다. 메닐몽탕에서 멀리 떨어져, 사도의 노고는 프롤레타리아의 장식도 없고 목표도 없는 노동 그 이상의 어떤 것도 재

프롤레타리아의 밤

현하지 않는다.

저는 사철과 기름으로 까매진 손으로 당신께 편지를 쓰며…… 바퀴를
돌리는 일을 하는 사람의 자격으로 용기와 힘과 의연함의 증거들을 제
시했습니다. 저는 단조로운 노동의 땀에 젖은 빵을 먹는다는 것이 어
떤 것인지를 알았으며…… 우리는 우리의 품행이, 감수성이 가장 무딘
자들을 사로잡을 수 있으리라고 생각했습니다. 그런 일은 전혀 없었으
니……**30**

[위에서 인용된] 음악가 로제와 군사 기술자 오아르와 브뤼노의 편지
들은 이중의 실패를 증언한다. 프롤레타리아적인 몸의 고통과 관행을 변
형하는 사도들의 몸을 정련해내겠다는 주장의 실패. 선교사들의 논증이
귀착되는 희생 자체의 덧없음.
　이처럼 성공하지 못함은, 실제로, 일부 주제를 변증법에 제공한다. 사
도직의 설교와 생생한 모범이 미래 맹아들의 발아에 실패했다면, 아마도
이는 맹아들이 이미 어딘가에 현존하기 때문일 테고, 그 어딘가에서는
궤변을 부리는 박사들의 박애주의적인 낡은 관습들로 인해 사도들이 이
맹아들을 인식하지 못했던 것이다. 그르노블의 공사장들에서 오아르 대
위에게 내려진 계시가 그러하다. 여기서 그는, 사도의 복장을 지켜내면서
도, 사람들을 이끄는 정상적인 자리를 되찾았다. 틀림없이 주변 세상은
"말로 하는 모든 일에 춥고 차가운" 곳이며, 정치적이고 종교적이며 또는
군사적인 모든 열광에 대해서도 그러하다. 그 어떤 인도주의적 사업의 열
광에도 좌우되지 않으며 그 어떤 축제의 음악 리듬에도 따르지 않는 노
동을 둘러싼 공백 자체가 미래의 맹아 — 생산이 유일한 활동이며 소비가

그것의 유일한 목적인 공간에서만 발아할 수 있는 것—를 분명히 출현시킨다.

공사장들 안에서 명예에 관한 일로서의 노동이 싹트기 시작합니다. 용기와 힘의—공사장의 십장들과 동료들이 수긍했던—명성을 획득한 어떤 노동자, 그는 어려움들 앞에서 자신이 물러난다면 스스로 치욕적이라 여길 것입니다. 작은 바늘에는 실을 집어넣기 까다로운 바늘귀가 있지요? 십장이 앞장서 나아가 바늘귀를 통과합니다.
삶의 이 모든 현상들은 여전히 별로 발전되지 못했지만, 모든 면이 미래가 여기 있음을 나타냅니다. 당장에는 이런 삶의 흥분제들은 **허기** 또는 **난장**입니다. 인간의 말은 노동을 지휘할 역량이 별로 없습니다. 허기가 추동하긴 하지만, 힘들을 발전시키고 백배로 증대시키는 것은 오늘날에는 무엇보다도 **난장**입니다. 허기를 모면하겠다는 욕망에 의해서만 움직이는 노동자는 전일제로 일합니다. 반면에 거대한 소비 욕망에 추동된 자는 놀라운 짓을 하니, 그는 도급제로 일합니다.[31]

"허기를 모면하겠다는" 욕망만으로 움직이는 노동자의 옹색한 욕구들에 대한, 하나의 동일한 표상 주위에서 체계의 모든 균형이 흔들렸다. 이기적인 노동자의 허기에 대립되는 것은 정의와 사랑에 대한 갈증이 아니라 더 큰 허기다. 이 공사장들—그 어떤 이타적 헌신도, 약속의 땅에 대한 그 어떤 꿈도 노동자들의 일손을 중단시키지 못하는 곳, 더 많이 소비하기 위해 더 많이 생산하는 것 말고는 아무것도 없는 곳—에서, 능력별로 분류하고 일한 만큼 보상한다는 문제들에 대한 해법이 관철된다. 그것은 소비하겠다는 욕망의 강도로, 이러한 강도가 능력과 분배의—모두

프롤레타리아의 밤

의 눈에 자명한—위계를 정립한다. "공사장의 정의, 그것은 일한 만큼의 보수다. 이 관계 아래 노동자는 이 측면에서의 최소 오류도 감지할 만큼의 민감함을 갖는다. 그는 이러한 정의를 실현하는 자를 좋아하는데, 그 자가 무뚝뚝하고 심지어 냉담할지라도 그러하다." 물론, 정의의 이러한 실행은 도래할 산업 연합의 완벽함을 대표하지 못한다. "**생산**의 열광은 부화될 준비를 갖췄다. 하지만 그건 준비일 뿐이다. 노동자들은 일반적인 관점에서 생산에 대한 흐릿한 의식만을 갖는데, 그들은 여전히 그 생산의 정치적 가치를 명확하게 느끼지 못하며……" 그래도 그 의식이, 우애 노동들을 고생하지 않고 수행했던 사랑의 평온함에서 멀어진 만큼이나 보장된 은퇴의 꿈들에서도 멀어진 미래로의 길을 열어준다.

거대 공사장들 한가운데에서 알게 되는 것은 우리가 예전에 노동자에게 건네던 언어를 어느 정도나 변형해야 하는가입니다. 우리는 그의 **고통들**을 동정했습니다. 우리는 **근육의 휴식**과 **고생하지 않는 노동**이라는 미래를 마치 엘도라도처럼 그에게 주었습니다. 모든 것을 생산하지만 육체 활동은 별로 요청하지 않는 **기계들**을 우리는 그에게 제시했습니다. 이 모두가 여전히 **기독교**에 속해 있었습니다. 요컨대 **이론**의 인간들의 마음 안에만 올 수 있는 박애주의적 한탄들이 있었던 것입니다. 좋은 노동자들은 **명예**를 사랑하기에, 그리고 자신들의 **삶**이 **노동**이기에 **노고**를 원합니다. 그들의 힘을 사용하지 않은 채로 그들을 오래 붙들고 있을 수는 없을 것입니다. 그들은 차라리 작업장들을 파괴할 것이고 그렇지 않으면 방탕이나 난장에 빠져들 것입니다…… **노동**의 **고통들**에 대해 앓는 소리를 내는 것은 마치 학자의 **머리**가 **관념들**을 정교하게 다듬느라 고단해지기 때문에 학자를 동정하는 것과 마찬가지입니다. **슬픔들**이 줄어들지는 않을 것이고, **기쁨들**이 점점 더 고통들과 조화를 이룰 것입니다. 노고를 보상으로부터, **쾌락**으로부터 분리하는 시간은 점점 더 짧아질 것입니다.[32]

레몽 보뇌르의 "유대인 문제"에 대해 발견된 해법? 고역과 향유를 가르는 건조한 간격을 단축하는 것은 노동의 사도직이 지닌 모순들을—이기주의의 성급함과 사랑의 무한함 사이에서—연결시켰던 프로젝트였다. 문제의 도덕적 정식화는 공로를 이기적이지 않음에 연계하고자 했는데, 오아르는 이러한 정식화를 넘어섰으면서도 무한히 작음의 역설에서는 여전히 빠져나오지 못한다. "가장 큰 노고들에, 가장 큰 슬픔들에 언제나 점점 더 즉각적으로 조응하는 것은 가장 큰 쾌락들이요 가장 달콤한 휴식들이다…… 고통을 그것에 대한 보상으로부터 분리하는 간격은 무한히 작은 것이 아니기 때문에 해악이 존재한다."[33] 하지만 어떻게 즉각성은 정도들을 알 수 있었으며, 무한 분할은 고역으로부터 기쁨을 분리하는 것을 중단할 수 있었는가? 다행히도 해법이 동시에 나타난다. 그것은 **강도**強度다. 변증법의 만능열쇠요 약속의 땅인 이 강도는 양과 질의, 노동과 희열의, 이기주의와 헌신의 이율배반을 해결하려든다. 노동의 지속되는 강도. 여기서 노동의 도취—"영광"—는 희열—게다가 휴식이 아니라 소비, 즉 파괴인 것—을 선취한다. 창조적 비용의 강도와 파괴적 비용의 강도 사이의 이러한 동일성 안에서, 산업 노동의 진보는 신성한 노동의 진보라는 성질을 띠며 노동자의 삶은 신의 삶의 형상을 본뜬다.

신은 가장 위대한 생산자요 가장 위대한 소비자다. 얼마나 많은 존재들이 소비되면서 동시에 생산되는가! 한순간의 셀 수 없이 많은 변신

프롤레타리아의 밤

들! 하지만 잊지 말자. 이 거대한 소비가 부단히 지향하는 것은 존재하는 모든 것의 언제나 점점 더 커지는 발전임을. 언제나 점점 더 완벽해지는 생산임을. 신은 부단히 생산하고 소비하니, 바로 이것이 신의 삶이다…… 생산하고 소비하는 것, 그것이 인민의 삶이요, 신의 삶이다.[34]

직공들이 지닌 잘 알려진 이기심이 자각하지 못하면서 일상적으로 찬양하는 이 새로운 신성한 신비를 위해서는 노동 축제든 인민의 축제든 더이상 필요 없다. "사업가들은 이 사실을 본능적으로 느낀다. 실제로 이들은 큰 성과를 거두기 위해 많은 돈을 지불하거나 아니면 와인과 고기를 제공한다."

"이미 실존하는 관계들에 입각해 사랑을 더 신속하게 확립하는 것……"[289쪽의 파랑의 해법 참조] 제화공이나 재단사 등의 인민 속에서, 이기주의의 작업장과 상점, 주교좌, 사랑의 극장이 있는 도시에서, 설교를 통해 정련해내고자 헛되이 노력했던, 이미 노동하는 중인 새로운 노동자를 찾기 위해 미래의 도로와 철로, 공사장을 따라 이루어지는 약간의 전치로 충분했던가? 하지만 필요했던 것은 우선은 피부를 바꾸는 것, 몽둥이와 당근으로 움직이며 소비하려 생산하고 생산하려 소비하는 이 노동하는 짐승 속에서 신의 선민을 알아볼 수 있도록 박사의 말을 프롤레타리아의 육신으로 육화시키는 것이 아니었나? 새로운 노동자는 찾았는데, 희한하게도 옛 노예를 닮았다. 그들은 이 노동자를 찾아 조금 더 멀리, 동양으로, 새로운 약속의 땅인 이집트로 가려 한다. 유대인들이 탈출해 나왔던 그곳, 미래의 노동이 완수될 그곳. "무리를 이뤄 몽둥이로 움직이는 것이 아닌 우리네 자유로운 민족들에게는 4만 명이 일하는 작업장이 『천일야화』의 꿈 같지만 이곳에서는 흔하다. 여기서는 30만 명이 마무디 운하를 파고, 전장에서 1만 5000 내지 2만 명이 죽어나간다……
여기서 노동자는 예쁜 별을 보며 잠들고 강낭콩 비슷한 것을 먹고 산다."[35]
이 운하 사업의 지휘 시늉에 알맞은 온건한 난장. 이 사업은 "자발적 기술
자"로 참여한 사도들에 의해 이루어지지 못할 것이다. 피리와 북과 등나
무 플루트 소리를 들으며 움직이는 펠라fellah[북아프리카의 농부] 무리
들을 상대로 사도들은 자신들의 꿈이 부여한 힘 외에 어떤 힘도 발휘하
지 못한다. 한 번 더, 마지막으로, 프롤레타리아가 되는 사도에게, 지휘는
미망이요 희생은 현실. 페스트만이 나일 강가에서 오아르 대위를 기다린
다. "최상류 특권층이면서도 희망과 사랑의 새로운 삶을 사원 안에서 구
현하기 위해 자기 몸을 노동의 가장 가혹한 고통들에 바친"[36] 새로운 인
간인 그를. 서양의 메트로폴리스와 동양의 사막 사이에서 생성되는 것은
미래의 산업적 지휘라기보다는 미래의 분신이다. 이 연출에서는 행복한
대장장이라는 오래된 이미지가, 분신들이 새롭게 작용하면서, 세 파트너
로 나뉜다. 동양 장정長程에서, 때로는 새로운 노예들의 노동을 지휘하고,
더 빈번히 자신의 천상의 이미지를 정련하는 산업 종교의 기술자 사도이
자, 프롤레타리아로 갱생한 부르주아. 그의 앞에는, 명예로운 노동자로 축
성된 노동하는 짐승이자, 새로운 신앙에 대한―자각하지 못하는―개척
자. 서양의 메트로폴리스에는, 구세계 프롤레타리아들―재단사와 제화
공, 목수, 그림을 그리는 자와 포석을 까는 자―의 합창대. 충실하면서도
먼 곳으로부터의 존경을 담아 새로운 노동을 찬양하는 그들은, 사랑하
는 아이들로서의 자신의 꿈을 새로운 노동에서 인지하는, 혹은 인지하
는 척하는 역할만을 맡으니, 다른 강의 기슭 위에 있는 미망, 거짓말,―불
가능한 것은 아닐―진실. 이와 같은 것이 사랑의 회상이니, 여기서 메닐
몽탕의 버려진 사원의 수호자는 8월 어느 밤의 기쁨을 떠올린다. 교부의

프롤레타리아의 밤

출옥과 동양으로의 출발 사이에 있던 그 밤.

이따금 우리는 친한 이들이나 손님들에게 1833년의 저 감미로운 8월을, 교부의 출옥을, 야간 입장을, 성모의 별을, 노인과의 악수를, 나의 아델 첫 방문을, 우리의 감동을 이야기합니다. 우리의 눈은 촉촉해지고, 이런 것이 행복이니, 마치 잊을 수 없는 첫사랑처럼 저기 교부가 계시고…… 이 무렵 파리의 하늘은 푸르고요. 제가 언젠가는 동양의 하늘도 보겠지요? 카이로의 첨탑들은 위압적일까요? 제 발로 사막의 모래를 밟겠지요? 제가 이 인민들의 고통을 나누겠지요?…… 교부여, 언제나 우리에게 의지하소서. 당신의 아들이 현세와 내세에 헌신하나이다. 신화의 아름다운 허구인 레테강이 우화가 아니라면, 그 너머엔, 교부가 계시고, 애벌레가 나비가 될 때, 모든 것은 신께 그리고 교부께.[37]

9장

사원의 구멍들

Les trous du temple

애벌레에서 나비까지, 센 강가에서 레테 강가까지. 번데기의 여정은 나 일강을 거치지 않을 것이다. 새로운 약속의 땅에서 자신의 **성모**를 찾겠다고 결심한 사도 모세가 친구인 목수 가브리엘에게 자신을 전범 삼아 따르라고 헛되이 재촉한다.

난 결심했네. 이미 내 믿음은 다른 이들에게 전해졌어. 교부의 신호를 따라 나는 노동자들과 여성들과 함께 이집트로 가겠어―오늘날 정의의 약속, 풍요의 희망과 더불어 자유의 이름으로 신의 인민을 환기시키는 이집트로. 이집트에서 파라오의 딸은 자신이 삶으로부터 버림받은 아이들의 성모임을 확정적으로 천명하고, 모든 어미의 젖가슴에 제 젖먹이를 돌려주어야만 해.

숙고해봐 고니.

가브리엘, 곧, 곧, 나는 떠날 거야. 그리고 너, 너도, 내 형제여?

프롤레타리아의 밤

네가 나를 도와 그것을 느끼게 해주었지. 무엇인가가 어느 날 나를 통해 너에게 그것을 말했어. **내가** 광대함과 영원함을 걸고 **단언컨대, 우리가 언제나 사슬에 묶여 비참하진 않을 거야**[1]······ 나는 찾고 있어.

동양을 향한 서양을. 아랍에서 사막과 자유를 비옥하게 하는 프랑스의 프롤레타리아를. 아시아 자매들의 아름다움을 마치 구름처럼 감싸고 있는 베일을 찢어버리며, 고대의 전제군주를 미지의 입맞춤의 온유함으로 변환시키는 유럽의 자유로운 여성을!

거듭 찾고 있어. 노동의 땀으로 흥건한 쾌감을. 사랑을 갈망하고 사랑으로 고동치는 참으로 사랑스러운 땅과, 황홀하게 빛나는 하늘을!

가브리엘, 너는 악의 사라지는 권능과 겨루어 자기 지배를 확립하는 선의 권능의 이 위대한 충돌 안에서 우리의 자리가 보이지 않니?

가브리엘, 오 나의 형제여, 강인한 노동자여! 완강한 힘과 담대한 용기의 네가 나를 버릴 것이냐? 검은 눈의 내 형제인 네가.[2]

틀림없이 금발의 설교자는 이미 대답을 알고 있다. 욕망하지 않았어도 오래전에 찾아낸 이 흥건한 땀을 찾으러 어떤 목수가 그토록 멀리 가겠는가? 매일 자기 몸을 적에게 임대하도록 강제하는 필연성의 단순한 이름인 이 "완강한 힘"으로부터 그가 도대체 어떤 자유를 기대할 수 있겠는가? 도대체 어떻게 그가 모세의 동반자들과─친구는 자기더러 그들의 "고난"을 나누자고 하지만─자신을 동일시하겠는가? 일상적으로 되풀이되는 그의 고생은 차라리 방랑하는 유대인─헤르더와 발랑슈의 윤회 관념에 영향받아 에드가르 키네가 근대적인 버전을 막 제기한 아하스베루스Ahasvérus ─ 의 장정과 동일시된다. 모세는 명예로운 노동의 속성들이라는 명분으로 자신의 프롤레타리아 종족 형제를 호출하는데, 이 속성들은 강제 노동의 상흔일 뿐이다.

> 노동의 땀으로 흥건한 쾌감을, 네가 어찌 이해하겠니. 넌 노동을 해본
> 적이 없잖니?
> 나의 모세여, 나는 강인한 노동자가 아니야. 어쩔 수 없는 노동자 팔자
> 인걸…… 내 완강한 힘이란 그저 단지 신경의 힘이고, 내 담대한 용기란
> 충격요법의 용기이며, 내 검은 눈은 실성한 눈이지.[3]

프롤레타리아의 예속 표시를 명예로 둔갑시키는 전도를 교정하는 것
은 또한 동양 사막의 "자유로운" 공간에 계몽사상이 그 사막에 부여했던
의미를 되돌려주는 것이다. 노동자 신체가 지닌 미망의 힘을 정련해내는
바로 그 필연성이 프롤레타리아의 영혼에 "자유주의적" 파열을 일으키는
데, 이로 인해 저 영혼은 전제정의 고전적 공간 안에서 한줌 모래의 통일
성도 갖지 못한다. "아랍과 그곳의 사막과 자유 앞에서 불안에 떠는 나는
과연 무엇일까? 피라미드 앞에 있는 한줌의 모래인 것. 게다가 신구 전제
군주들에게는 내 사유가 브루투스의 단검을 닮았다." 진보의 종교는 한
때 혁명적 에너지들을 사랑의 힘으로 변환해냈다. 새로운 엑소더스는 프
롤레타리아들을 추방이라는 초극할 수 없는 현실로 돌려보내고, 진보주
의적 믿음을 이중의 층위에서 살아갈 수밖에 없는 분열된 의식으로 다
시 나눈다. 원통함과 때로는 공화주의적인 희망이 수반되는 강제 노동
의 **여기 지금**이라는 층위와, 약속의 땅 또는 아들의 왕국보다는 오르페
우스의—발랑슈의 윤회설에 의해 신선해진—신비와 유사한 저-너머에
대한 예감이라는 층위. 하나의 층위에서 다른 층위로의 프롤레타리아의
길—고난—전체는 그 어떤 산업 군대의 장정에 의해서도 대속될 수 없

프롤레타리아의 밤

으며, 당대의 그 어떤 사업에 의해서도 변형될 수 없다.

내가 네게 그걸 이미 말했지. 나는 더이상 당대의 믿음을 갖지 않는다
고. 나는 당대의 유기적인 사명들을 더이상 믿지 않는다고. 내 실존은
그 사명들의 전복에 의해 너무나 뒤틀렸어.
자유, 사랑, 내가 지속하는 집단행동, 나의 사회적 필요, 이런 것들이 내
게는 구름 저 너머에 있는 어떤 것이야……
네가 나를 제대로 인용했다고 보니? 나는 내게 권위가 있다고 여겨. 우
리에게 광대함과 영원함이란 미래에 실현될 영역이지.
나의 현존이 부재보다 더 유용한 곳이 내 자리야. 이집트에서 나는 무
용할 거야. 나는 프랑스에서 오염된 나날들을 버티는 것을 돕겠어.[4]

그의 선택은 이루어졌다. 산업적인 미래의 위대한 도정에서, 저기가 아
니라 여기서 다르게. 오직 궁핍만이 그로 하여금, 같은 신앙을 가진 여러
동료를 따라서, 한참 뒤늦게, 미래의 공사 현장에서 잠시 일하도록 압박
할 수 있을 것이다. 1846~1847년 위기가 한창일 때 동료들처럼 그도 역
시 앙팡탱의 후견 아래 철도 행정에서의 한직을 청탁해야 할 것이다. 그
들을 끌어들인 것은 철도 개척자들의 사업이 아니라 거대 철도 기업의
사무실들과 저장소들의 그늘 밑에 있는 한직에 바라는 평온이다. 저 멀
리 신체적인 위험과 새 몰록Moloch의 엄격한 규율로 내쳐진 선로 변경 통
제원 샤를르 펜케르 또는 보일러 청소부 데슬로주에 비해서는 다행스럽
게도, 고니는 자신이 고집스럽게 "시민"이라 부르는 교부의 매우 특별한
후견 덕에 철로 경비직을 얻을 것이다. 그는 거기서 "근사한 여유"를 누리
며 4년간 있게 될 것이고, 쾌적한 공기는 "폐에도 선교에도" 부족하지 않

으며, 때로는 고독의 평온과 때로는 그의 반란 에너지로 불타오르는 군중과 조우하는 기회가 있을 것이다.⁵ 하지만 거기서 또한 그는 노동자 평화군이 미화한 노예제와 새 봉건제를 전면적으로 파악하게 될 것이다. 그는 산업적 지옥 모델의 네 권역도 관찰할 것이다. 이 지옥에서는 기계의 개량 덕분에 독방 감옥의 전제적인 고문이 생산적 예속의 도구로 정교해진다.

"번호가 매겨진 철공소들, 정렬된 바이스들과 선반들, 모터가 내는 단조로운 소음이" 우선 기계의 사원을 "고해의 피난처"로 변형한다.⁶ 거기서는 "발명자의 구상들에 복종하고 부합하는 재료가…… 무자비하게 지휘하며, 그 구상들에 복무하는 이들의 상석에 자리한다. 이 재료에 대한 관성적인 이해에 의해 그들의 재주와 생각은 퇴화한다." 사물의 군림에 희생당한 이들은 자기들의 자리에 처박히고, 이제 단일 세부를 완벽하게 하는 것에 갇히며, 고통으로 아우성쳐도 듣지 못하는 전동장치들의 위험에 다시금 사로잡힌다.

기관차에 석탄을 주입하고 수선하는 넓은 견인 차고에도 또한 지옥이 있다. 고문의 이 두번째 권역에서도 "자리가 부족하지는 않지만 공기는 부족하다". 미세한 숨결과 행동으로 작업장을 감돌고 있는 전복을 장인들이 감지했고, 건축 공병들에게 이 새로운 위험에 맞서 무장 요새를 지으라고 명령했기 때문이다. "그들은 독방 감옥에서 자기들의 체계에 필요한 것을 차용하여 작업장을 판옵티콘 양식으로 지었다. 그리하여 거미줄처럼 신기루들이 분사되어 나오는 중심점으로부터 십장은 예속된 이들의 관계들과 내밀한 행동들을 볼 수 있었다."

하지만 지배와 예속의 편재가 노동자들의 신체에 표시되기 위해서 정말이지 특수한 건축이 필요한 것은 아니다. 철로와 역과 역사 안에서, 자본의 폭군들은 자신들에게 예속된 자들에게—헛되이 노동자 평화군의 **군복** 구실을 하려는—제복을 착용하도록 강제함으로써 그러한 편재를 표시한다. 이 "배반의 언어학"을 드러내는 피해들과 상해들은 "지옥에 떨어진 자들"의 신체에 자본의 역능의 임의성을 기입한다. 이 폭군들 중 이런저런 자가, 자신의 판타지에 따라, 노동자들에게 단발을 하라거나 철도군 간부들의 단정한 콧수염을 모욕할 정도로 무성한 수염은 자르라 요구하지 않겠는가?

하지만 이것은 아직 지옥의 마지막 권역이 아니다. 마지막 권역인 신호소 또는 굴 안에서, 열차를 불안하게 기다리는 것만큼이나 십장들의 무서운 감시에 시달리는 선로 변경 통제원들과 도로 보수 인부들은 "동물처럼 되어서야 자신들의 꼭두각시 운명을 견디고" "단속적으로 이어진 그늘 아래 황폐해지고 산만해진 낙담한 생각들로 가득한" 정신의 조현병을 모면하게 된다. 새로운 인간의 서사시가 예고되던, 정신이 물질로 회귀하는 동물계. 이집트 유대인들의 이기주의에, 공화주의적 개신교의 내분에, 동양의 빛과 미래의 위계가 확정적으로 제공하는 것은 인간 변증법의 태곳적 영역으로의 회귀일 뿐이다. 예컨대 봉건적 예속이나 동물적인 종교가 지닌 무매개성. 자신의 전문성에 묶인 노동자의 예속 상태, 판옵티크한 고문의 바퀴, 하인 제복, 짐승으로의 최종적인 회귀. 새로운 인간에 대한 지상에서의 신의 왕국에 대한, 물질화된 꿈은 이렇게 해서 돈벌이가 된다.

새로운 세계의 이 결산으로부터 도출되는 것은 낡은 세계의 친숙한 숙명에 대한 체념이 아니라 오히려 그 역방향에서 길을 찾아야만 하리라는 관념이다. 신의 왕국이자 지상의 하늘은 프롤레타리아들에게 길 위에서 "십자가에 못박힌 사람들"이라는 운명을 마련해놓은 바알Baal의 치세일 수 있을 뿐이다. 그들의 해방 여정은 역으로 땅에서 하늘로 가야만 하는 것이고 유일한 기술자-영웅에 의해서만 보증될 수 있는 것인데, 이 영웅은 "새로운 기독교"가 아니라 고대의 이교도에게서 차용해온 이카로스다. 대지를 유린하며 인간의 신체를 무한한 노예 사슬로 묶어버리는 지옥 같은 철도 산업에 대립되는 것은 하늘과 관련된 과학 및 산업의 위대한 희망인 경비행기 조종학이다.

경제적으로 놀랍고 비행이 경이적인 이 항공기들은, 마치 거대한 새떼의 비행처럼 태양을 훼손하지 않고 순간적인 그림자만으로 태양을 덮어버리면서 구름 위를 난다. 철로의 잔해들을 치우는 농업은 끔찍한 기관차들로 인해 멍청해진 노동자들을 국가연합 형식의 경작이 제공하는 재생 노동에 고용함으로써 지상에 경관과 숲을, 우아함과 해방을 되돌려줄 것이다. 비행사들에 관한 한, 그들은 사회를 규제할 우애 협약에 따라 조직될 것이다. 모두가, 자신에게 부여된 시간에 따라, 공통의 수익에서 자신의 몫을 가질 것이고, 그들 각자는 자신의 자산이 타자의 자산 덕에 커진다고 느낄 것이다. 식물들에 덮여 이랑처럼 돼버린 철도는 수년이 지난 뒤 철도 투기와 파국에 대한 아득한 추억만을 남겨줄 것이다.

그 끝에서 노동자들의 빛나는 여명이 고지되는, 새로운 봉건제 및 예속 상태의 "필연성"에서 진보 철학을 빼내는 일관된 산업 신화. 오직 이카로스적인 산업만이 연합을 가능케 할 것이고, 이 연합은 하늘에서도 땅에서도 군림해야 할 것이다. 진보주의적 믿음의 **여기**와 **다른 곳**을 화해시키는 신화는 그럼에도 이중성을 제거하지는 못한다. 미래 노동자는 이중적 존재로 남게 될 것이다. 땅의 인간이자 하늘의 아들로.

프롤레타리아의 밤

하지만 지금으로서는, 더 소박하게, 천민의 나날들이 양쪽으로 나뉜다. 한쪽에는 메닐몽탕의 매각된 소유지에서 쫓겨난 불운한 바쟁이 되찾은 "투쟁의 삶, 개별적 삶…… 긍정적 삶의 순간적인 슬픔들"이 있다. 다른 한쪽에는 그런 나날들의 막간에 "평화적 몽상, 신앙의 천사 허구, 도래할 삶의 이상적인 행복"이 있다.[7] "노동자 평화군의 최초의 병사"로서 "언제나 또다른 기다림 속에 있던", 천 개의 직업을 가진 사람 데슬로주. 또한 노모와 아내, 세 아이를 돌봐야 해 자신을 이집트로 불러들인 사도들에게서 멀리 떨어진 데슬로주. 왕년의 선교사가 현재 하고 있는 노동의 원통함을 달래려면 이러한 희망이 강해야만 한다. 경쟁자인 바쟁에게서 메닐몽탕의 관리직을 되찾은 데슬로주는 구귀족 출신의 새 취득자를 위해 사원의 기금에 난 구멍들을 메운다. 그에게 필요한 것은 "그처럼 관리하며 살아가기 위한 매우 종교적인 힘이다. 이에 대해 구구절절 말해봐야 소용없고 그저 그렇게 살아야 한다".[8] 요컨대 주인의 개성이 무엇이 중요하겠는가? 대패가 부서지지 않은 노동자가 자신의 육체노동으로 매일 희망의 사원의 구멍들을 메우는 일 말고 이제 무엇을 할 수 있겠는가?

"잘못 조직된 사회에서 온갖 불운을 겪었던 프롤레타리아가 사도직을 맡도록 호출될까……?" 이 질문을 제기한 샤를르 말라르는 이미 자신의 생명을 바쳐, 질문에 답하겠다는 바람을 이뤘다. 아메리카에 우애 식민지를 세우겠다며 떠난 그는 콜레라에 걸려 죽기 전에 자칭 형제들의 이기주의와 이중성을 겪을 수 있었다.[9] 그렇지만 그의 처제 쉬잔 부알캉은 이집트에서 돌아오면서 도전할 것이다. 프롤레타리아 남성에게 불가능한 것이 어쩌면 프롤레타리아 여성에게는 그렇지 않을 것이다. 이제 조산술과 동종요법을 익혀 산파 자격을 얻은, 왕년의 자수 놓던 그녀가 사도직을 자기 직분으로 삼으려 하며, 현재의 병을 치료함으로써 미래의 여성을 키우고 프롤레타리아의 아이들과 동시에 미래 인류의 탄생을 돕는다. "제가 산파 자격을 얻은 것은 다만 수단으로 활용하기 위해서였을 따름입니다. 저는 되뇌었어요. 치유하자. 육신을 아름답게 하자. 그러면 정신은 우리와 함께할 것이고 마음은 우리를 사랑할 것이다."[10] 틀림없이 그녀의 궁핍이 그녀를 강제한다. "이 좋은 직업을 생업으로 삼으라고. 다만 가능한 한 덜 자주." 그렇지만 그녀는 가난한 여성들에 대한 의료 조치의 대가로 초라한 생계와는 전혀 다른 것을 겨눈다.

저는 제 직분과 그토록 자유롭고 독립적인 제 입지를 통해 후일 엄청난 선을 생산하기에 충분할 정도로 중요한 영향력의 중심을 세우고자 합니다. 이 선은 모성뿐만 아니라 삶을 이루는 모든 감성들에 발휘될 것이다. 왜냐하면 자선을 베푸는 자매의 약간의 창백한 복제가 제 주변에서 되풀이되는 것을 보고자 욕망하는 것이 아니며, 여성이 자기 본성의 모든 아름다움 속에서 고양되는 것을 보고 싶기 때문입니다.[11]

프롤레타리아이자 산파이고 자매들을 치료하는 그녀에게, 육체적인 것에 대한 보살핌과 인도주의적인 성직을 조화시키는 일은 가능할 것이다. 도래할 인류 유형을 육체적이고 정신적으로 부화시키는 일 역시. 하지만 프롤레타리아적 실존의 우여곡절이 덮쳐오는 데는 긴 시간이 걸리지 않으니, 특히나 그런 곡절에서 타인들을 보호하느라 자신을 노출하는 이들에게는 더 그러하다. 쉬잔의 오라비가 그의 동료 모자 제조공들의 대의에 바친 헌신은 그를 곧 감옥으로 이끌 것인데, 그는 거기서 무죄로 나오긴 하지만 치명적인 쇠약증에 걸린 채 나올 것이다. 그래서 쉬잔이 조카딸과, 40년 사업을 했으나 재산을 쌓지는 못한 늙은 애비도 책임져야 할 것이다. 가족 부양을 책임지기 위해서는 여성 사제의 독립성을 포기하고, 물질적인 일들의 교환과 미래의 사도직을 재차 분리시켜야 할 것이다.

이를 위해서는 관례적인 한 달보다 더 많은 시간이 필요합니다. 제 습성에 반하는 채택하기 더 어려운 것도요. 제가 미래의 성직에 결부시키고 싶은 저의 직분을 하나의 투기로, 하나의 금전 문제로 만드는 것 말입니다. 이것이 저를 힘들게 하고 불쾌하게 하며 화나게 합니다. 그래서 저는 주위를 둘러보고 혼잣말합니다. 이럴 수밖에 없어. 왜냐하면 너의 실존이 한 달 사이에 삼중적인 것이 되었으니까. 너는 1838년의 산파이지 미래의 여성 사제가 아니야. 저는 곧바로 체념하고 다른 이들처럼 그저 개업하고자 했고······[12]

사회적 모순들의 산술은 정확하다. 삼중의 실존이란 삶 자체가 삼분의 일로 축소되었다는 뜻이다. 애비와 조카딸을 위해 "독립적 실존"을 확보하기 위해서, 여성 사제는 자신의 "사회적이고 종교적인 삶"을 포기해야 할 것이다. 식구들을 향한 의무를 다하기 위해서, 그녀는 그들로부터 멀리 떠나 상트페테르부르크—선지자들의 이집트와 유토피아들의 아메리카에 대립되는 차가운 노동의 동양—에서 "개업해야" 할 것이다. "이 순간부터 나는 세상으로 나갔어. 독립적이고 고상한 실존을 내 노동으로 확보하기 위해서. 너와 내 늙은 아버지가 그 실존을 누릴 수 있도록. 내 시간과 언어와 외적인 삶 전부를 완전히 팔라고 강압받는 나는 내 마음과 의지를 억눌러야만 해. 내 자유로운 생각만 남겨두고."[13]

형언하기 어려운 노동의 영토들로의 또다른 추방. 기계들의 잉글랜드로의 데지레 베레의 추방. 거기서 그녀는 섬기는 일 대신에 노동하고, 사랑하는 대신에 쾌락을 찾는 것 말고는 달리 할 일이 없다.

갤리선에 있고 싶을 만큼이나 노동이 별로 매력적이지 않아요. 아침 7시부터 일러도 자정까지 노동해야 합니다…… 그리고 우리는 주식 시세에 따라 달라지는 변덕에 예속되지요. 아! 문명화된 산업이라는 어리석은 것이란!…… 친애하는 푸리에 씨여, 그대는 사랑이, 어느 잉글랜드 사람의 사랑이 내 기분을 풀어주길 바라나요? 그대는 그렇게 생각하나요? 이와 관련해서 그들은 마치 기계 속에 있는 것처럼 합니다. 그들은 물질적인 것에만, 또는 상상 속에서 비로소 실존할 수 있는…… 몽상적인 사랑에만 능숙하죠. 제게 필요한 사랑을 저는 결코 갖지 못해요. 저는 그걸 감수했고, 쾌락에 만족합니다.[14]

자정 이후에 사회주의 공동 시설 혹은 미래 인류를 꿈꾸면서도 의무와 쾌락이라는 물질적인 것에 만족하겠다는 추방된 여성들의 결심이 그 급진성으로 고발하는 것은 그녀들 형제들의 타협이다. 이 타협을 통해 형제들은 자신들의 추방을 잊으려 한다. 노동들 — 전반적으로 봐서 1831년의 상태보다 더 나은 노동들 — 의 일상과 축제에서의 회합들 사이에서. 교부의 탄신일 또는 사원 기공을 경축하기 위한, 아망디에 성문 외곽 지대la Barrière des Amandiers에서의 무도회나 세갱섬 또는 생드니섬에서의 집회들…… 이는 정확히 미래의 사원을, 박애주의적 관대함으로 빈민에게 제공되는 구빈 시설이 아니라 노동자들의 열망이라는 측면에서 저 시설과 아마도 대칭적일 것 — 일요일의 사랑의 섬들 또는 토요일 저녁의 고게트들―의 초라한 차원들로 축소하는 것 아닌가? 원천으로의 회귀, 또는 위대한 꿈의 프롤레타리아 오락의 범상함 쪽으로의 후퇴. 이러한 후퇴는, 진정으로, 전략의 규칙들과 선교의 요청들로부터 권장된 것일 수 있다. 그래서 뱅사르는, 정당한 이유로, 공화주의적 에피쿠로스주의의 낡은 언어 속에서 새로운 신앙을 말하려고 시도한다. "악마 같은 자들Infernaux"이라는 고게트에서 **지옥의 악마**로 여겨지도록, 노동자 가족의 목자는, 바보Ran Tan Plan의 모습을 빌려, 바쿠스의 테이블로부터 성스러운 테이블로의 전환을 교묘히 단언한다.[15]

음란함은 곧 바쿠스적인 것.
나는 안달해.
악마적인 명령에
성무일도를 집행하는 것에
불순한 테이블에서.
나는 독실함으로 와
나를 악마에게 주네.
그대의 사바트sabbath에서.

내 기름진 목에서
내 무종교적인 외모에서
천생 보이지.
내가 조금은 불한당이라는 거.
나는 감추지 않아.
정녕 바알세불이

인간 질료인 그가
종종 내 과녁임을.

……그대가 가진 추억
악마에 홀린 수훈들
우리의 독립성 속에서
우리가 예전에 해냈던,
등자 끈을 휘두르는
헌병들, 끄나풀들.
나는 그들의 뒤를 봤어.
터지는 폭죽 속에서.

……사악한 제국이
나의 결산을 허용한다면,
무시해서는 안 되니
이 소란스러운 나날이
내게는 여전히
유치한 애들 장난임을.

그렇다, 공포에 얼어버린
악마들이여, 너희 모두가 떨고 있네!
현존하는 그자가
너희보다 더 악마적이네.

프롤레타리아의 밤

……이해하시길 내 영혼에서
어떤 악마적인 불길이
나로 하여금 여성을 믿게 해.
마치 사람들이 신을 믿듯이.

……나는 믿어 가장 고상한 것에
속하는 것이 권력임을.
하지만 태어난 이래로,
격노한 악마의 모습으로,
나는 힘을 혐오해.
그리고 편견들을.

너희에게 모든 걸 말해야 하기에,
지옥의 악동들이여,
거대한 튀김용 팬이
루시퍼에게서 나를 기다려.
신비 없이 말해지니
마침내 명심해.
새로운 형제란
생시몽주의자임을.

옮겨 적기의 좋은 연습. 하늘과 땅의 이러한 결합으로부터, 공화주의적
인 바쿠스 애호가들을 보편 연합의 일체성으로 고양시키기 위해, 고게트
에서의 탁한 포도주를 새로운 서약의 피로서 대신해 바치는 이러한 사바

트 패러디로부터 정확히 무엇을 기대하는가? 이 신앙이 세상의 회의주의에 약간 부식된다는 점은 확실히 시인되어야 한다. "이 모든 것은 노래입니다, 노래. 하지만 이것의 도움으로 살며, 살아갈 자가 보게 되는……"[16] 그렇지만 이러한 불경함을 고발하는 것이 생시몽주의 근본주의 쪽은 아니다. 무엇보다도, 가나^{Cana}의 평범한 혼례[예수가 물을 포도주를 바꾸는 기적을 보여준 결혼식]는 상징 행위들과 종교 언어의—여전히 변하지 않은 현실의 변형을 표상의 질서 안에서 선취하는—사용을 프롤레타리아 입장에서 전유할 따름이다. 소매를 말아올린 부르주아를 프롤레타리아로, 포옹을 계급 화해로, 도시 외곽 정원의 일부 구덩이들을 미래 인류의 사원으로 간주하게 하는 변신들을 본떠서, 프롤레타리아 가족은 우애 모금을 사도직 행위로 간주할 수 있으며, 고게트의 후렴을 새로운 시대의 찬송가로 간주할 수 있다. 이러한 성사 패러디들에 대한 비판은 다른 곳에서 올 것이다. 뱅사르에게 진지하게 종교적 약속을 환기시키는 이는 푸리에주의로 넘어간 고급가구 제조인 르누아르다. 종교적 약속이란 과거의 선행과 고약한 풍자 가요에 다시 세례를 주는, 고게트의 포도주를 영성체의 포도주로 관념 속에서 변화시키는 문제가 아니라는 것이다. 일상적인 빵의 테이블을 보편적인 영성체의 테이블로 현실에서 변형해야 한다는 것. 낡은 실천들에 새로운 이름들을 부여하는 것이 아니라 미증유의 **사회적 행위들**을 생산하는 것이 문제이다.

그대가 뽑낸 행위들은 그대가 철학자들을 상대로 비판했고 그대가 꾸며낼 재능이 아예 없는 행위죠. 그대는 우리가 여기저기에서 도왔던 것을 내게 상기시킵니다. 나는 그걸 알아요. 그랬지요. 더 잘할 수는 없었어도 우리는 잘해냈어요. 하지만 이 모든 것이 사회적 행위들 가운데

프롤레타리아의 밤

에서 고려될 수는 없어요······ 그대가 큰 차이를 찾지 못하는 한 말이죠. 그대는 종교에 의해 그렇게 했으니까요. 종교란 귀로 듣기엔 무엇인가를 변화시키지만 지성을 기준으로 본다면 전혀 그렇지 못한 것. 그건 다만 소리가 더 큰 말일 뿐일 것이고, 행위는 정확히 동일할 테니······ 그대가 그러한 행위들만을, 고게트에서 생산되는 행위들만을 생산했던 한에서, 그대는 자신이 현금보다 더 힘센 자선사업을 행한 거라고 여길 권리를 갖지 못합니다. 아! 예컨대 그대가 일부 인류를 위해 부자와 빈자의 이해를 조화시킴으로써 부자의 빈자 착취를 종식시켰을 때, 그대가 남편의 권위로부터 여성들을 해방시킬 수 있었을 때, 그대가 바로 이 여성들의 물질적인 해방을, 그것 없이는 다른 모든 것이 불가능한 이 물질적 해방을 실현함으로써 성매매의 공포로부터 그녀들을 지켜냈을 때, 그대가 아동들이 저마다의 소질에 따라 온전히 자유롭게 스스로를 발전시킬 수 있는 환경을 아동들에게 제공했을 때, 그대가 인류라는 가족의 모두를 위해 진정한 연대를 확립했을 때, 그때야말로 그대는 이렇게 말할 수 있겠지요. 우리가 무언가 사회적인 것을 해냈다고······ 그러니 노형께서 시인하세요. 우리가 노래하며 산책하는 것이라든가 박애적인 또는—그대가 이렇게 말하길 바란다면—종교적인 춤을 추는 것이 우리의 선의의 가능한 현현이었더라도 그러한 것들이 세계를 구제할 만한 행위들은 전혀 아니라는 것을.[17]

"세계를 구제"하기 위해서는, 미래의 종교가 감각의 미망들을 북돋는 기적들로부터 인민에게 영혼의 양식과 더불어 신체의 양식을 제공하는 기적들로 방향을 돌려야만 한다. 생시몽주의는 가나의 혼례를 재연했을 따름이고, 푸리에주의는 오병이어의 과학—이기주의와 헌신의, 적대적인 물질적 이기심들과 우애의 상상적 향유들의 대립을 뛰어넘을 수 있는 유일한 과학 — 을 제시한다. 르누아르는 후일 『라 뤼슈』의 생시몽주의 동지들에게 이를 환기시킬 책임을 질 것이다. 보편 영성체의 신성한 테이블이 준비되는 것은 사회적 요리의 진부함 속에서이고, [종교적] 약속의 완수를 지체시키는 것은 물질의 "하찮음"에 대한 경멸이다.

> 명심하라. 사람들이 '빈곤은 우리 세상에서 사라졌다'고들 서로 말하게 될 그날에, 숭고한 열광의 외침들이 인간적인 가슴들로부터 새어나오게 될 것이고, 미증유의 행복의 눈물들이 모두의 눈에 흐를 것이다. 테이블은 이제 남녀 노동자와 노인과 아이 들에 의해, 기아로 고통받는 모두에 의해 차려진다. 모두가 보편 연회에 초대받으며, 모두가 자기 모습 그대로 거기에 온다……
>
> 명심하라. 우리 인류가 존재한 지 7000년이 지났어도 인류는 여전히 빈곤과 무지와 야수성에 처박혀 있으며, 이는 예나 지금이나 고상한 사람이 집중할 값어치가 없고 노예, 농노, 프롤레타리아 따위 하층민들을 시키기에 딱 맞춤이라 여긴 노동들에 대한 인류의 멸시가 부른 자연스러운 논리적 결과다. 이는 오늘날에도 여전히 **양파**와 **사과** 같은 생산물들을 진부한 것들이라 규정하는 멍청한 오만의 결과다. 진부함에 대한 인간의 멍청함이란! 하지만 이것들이야말로 신의 작품이니.[18]

물질의 복권은 육체노동과 천상의 조화 사이의 간극을 상상으로 메우는 사도적 의례들의 사안이 아니다. 그것은 섭리적인 계산과 가사 회계 사이에서 과학이 행하는 통합의 작업이다. 질적 변형의 패러디들에 대립되는 것은 양의 진정한 기적들이다. 생시몽주의의 약속들을 이행하기 위해서는 앙팡탱적인 전망을 뒤집어야 한다. 산업적 사도직의 거대 사업을 집밥의 하찮음에 대립시키는 것은 찾지 못할 군대들의 상상적 전투에 몰두하는 것이다. 산업 종교의 표상들이 헛되이 약속하는 것의 토대들을 제공해야 하는 것은 가사의 **과학**이다. 이 지점에서―진짜로 요리사를 아내로 둔―르누아르가 스승[푸리에]과 공유하는 미식 환상들은 여성 사도직의 개척자들을 사회에 대한 학聖으로 이끌었던 경험과 연결된다. 보편 연합의 사업을 주재해야 하는 자는 '자유 여성Femme libre'이 전혀 아니다. 산업과 가정에서의 연합이야말로 가족의 구획을 대체하면서 여성과 남성 해방의 물질적 토대들을 놓을 것이다. 1833년에 이미, 렌 갱도르프는 생시몽주의자들에게 그들이 공화주의자들에 반대하며 펼친 "형식적인" 자유 운운의 논지를 그대로 되돌려주었다. "자신들과 자기 아이들의 고통에 대한 치유책을 간청하는 여성들에게 답하면서, 당신들의 도덕적 자유를 주장하라고 말하는 것은, 굶주리는 인민에게 정치적 권리를 주장하라고―마치 이런 권리가 인민을 포식시켜줄 수 있고 노동을 다르게 조직할 수 있다는 듯이―말하는 것과 비슷하지 않나."**19** 여성이 자유를 획득하기 위한 최상의 수단은 "새로운 사회적 질서의 실현을 앞당기기 위해서 설교하는 것이다. 이 질서에서는 연합이 고립을 대체할 것이고, 우리가 실행할 수 있는 모든 노동에서 우리에게 자리가 주어지는 방식으로 모든 노동이 조직될 것이다".

이중의 요청. 한편으로는 여성에게 독립적 실존의 수단을 보장해야 한다. 이런 실존이 없다면 여성들은 언제나 남성의 **노예**일 것이다. "우리에게 우리의 물질적 삶을 제공하는 자는, 이에 대한 보상으로 그가 욕망하는 것에 우리가 복종할 것을 언제나 요청할 수 있기 때문이다." 하지만 이러한 독립이, 생산 공간의 새로운 조직화가 사생활에 미치는 단순한 효과일 수는 없다. 독립은 사적 공간의 산업화이기도 하다. 이 공간에서 여성은 두번째 방식의 노예이고, 자신이 소질이 있는 직업에 전념하는 것이 가사에 대한 염려 탓에 모두 저지된다. "조직화의 **기반**이 **연합**일 때, 그것은 여성들 중 미미한 부분만을, 자신의 의향에 따라 거기로 오게 된 여성만을 고용할 것이다. 그럴 때 다른 여성들은 자신에게 적합한 모든 방향에 전념할 수 있을 것이다." **도덕적** 해방이라는 표상을 대체해야 하는 것은 **사회적** 해방을 정초하는 **물질적** 해방의 실험적 실현을 위한 선교다. 가족적인 헌신의 필요나, 각자의 열망이 자유롭게 약동하도록 해주지 못하는 문명화된 질서의 무능으로 인해 억압된 남녀의 갈등을 해소해주면서도, 모두에게 일상의 양식을 제공할 유일한 수단인 선교.

사회주의공동생활체phalanstère는 산업 종교보다 이중의 장점을 갖는다. 그 시작은 해방의 물질적 토대다. 하지만 이러한 물질성은 한쪽의 계산과 다른 쪽의 몽상이 소실되어야 할 단순한 생산 제일주의적인 도취가 아니다. 노동과 향유 사이의 간극에 의해 중단된 교리의 역설에 푸리에주의 과학이 대체하는 것은 매력들에 대한 계산인데, 이 계산은 이기심들을 사회화하고 무한 욕망을 생산적인 것으로 만든다. 새로운 인간의 제조 불가능에 그 과학이 대립시키는 것은 차이들의 배분 — 문명화된 아나키의 요소들과 조화로운 질서를 형성하는 것 — 이다. 앙팡탱과의 만남을 통해 무한한 이기주의적 평안에서 끌려나와 자신의 내부에 "사회의 생생한 이미지인 진정한 아나키를"[20] 조성했던 저 변덕스러운 데지레 베레를 붙드는 것은 특히 이 후자의 측면이다. 틀림없이 이 아나키는 그녀 자신이 유감스러워하는 지체 상태에 있는 이 사회주의공동생활체에 그녀가 협력할 수 있을 대목이 어떤 것일지를 그녀가 판독하도록 놔두지 않는다. "제가 거기 가리라는 희망을 지녔던 건 아닙니다. 사회주의공동

프롤레타리아의 밤

생활체에 있다는 것이 과연 어떤 면에서 제게 좋은 일인지를 종종 자문했으니까요. 제 본성은 문명으로 말미암아 깨져버렸고 망가졌어요. 제게 있는 건 카오스이고, 저는 그걸 해명할 수 없어요. 저는 살아가면서 점점 더 판독될 수 없는 상태에 처합니다."[21] 하지만 그녀로 하여금 조화로운 질서 안에서 자기 자리를 찾지 못하게 하는 이 비일관성은 역으로 과학의 남자에게는 그녀를 정의하는 수단이다. "저는 펜이 멋대로 움직이도록 놔두었어요. 당신께 무익하진 않으리라고 확신하면서요. 문명화된 이 가난한 여인의 불평들 중에서 당신은 조화로운 행복을 만들어낼 일부 맹아들을 찾아내시리라고 확신하면서요." 본인에게 "조화"가 부재한 탓으로 생시몽주의자 합창단의 조화에서 멀찌감치 배격된 고니와는 달리, 그녀는 푸리에의 **발견** 덕분에, 추방된 프롤레타리아의 "차갑고 메마른 형상들" 대신 "행운과 솔직함이 꽃핀 얼굴들"을 곧 볼 수 있으며, "[자신을] 둘러싼 사람들을 꺾는다는, 또는 그들에 의해 꺾인다는 두려움 없이" 자신의 천성을 누릴 수 있다.

프롤레타리아들의 분열된 본성을 화해시킴으로써 노동자들의 욕구들을 충족시키는 선의의 무능과 과학의 유능. 하지만 이와 동시에, 이 화해 조건들은 그들의 힘 바깥으로 떨어지게 된다. 그 조건들이 의존하는 과학은 매력들뿐만 아니라, 실험에 필수적인 물질적 수단들도 계산한다. 프롤레타리아들은 학자의 작업을 기대한다. 학자는 자본가들의 화폐를 기대하며, 프롤레타리아들의 향유를 두 배로 늘림으로써 그들의 노동 생산물을 네 배로 늘릴 수 있음을 자본가들에게 입증하고자 노력한다. 불행히도 이러한 추론들은 좌파 박애주의자들의 한정된 자원과 계몽적이지 못한 선의만을 끌어들인다. 콩데쉬르베스그르Condé-sur-Vesgre와 시토Cîteaux에서는, 후일의 텍사스에서와 마찬가지로, 사회주의공동생활체의 희화들만이 출현할 것이다. 이것들은 협회 이론에 의해 변형되기보다는 차라리 개명된, 무능한 선의의 단순한 공동체들이다. 이러한 실패들이, 정말이지, 학자들에게는 증거 구실을 할 수 있다. 텍사스의 유산된 사업에 대해, 후일 콩시데랑은 그 사업은 이론적으로 투입되었던 것에 정확히 비례하여 생산해냈음을 계산할 것이다. 하지만 학자들이 언제나 **과학**과 **화폐**의 힘에 대한 긍정을 역으로 읽어낼 수 있는 그곳에서, 프롤레타리아들은 자신의 고유한 역량을 배제하는 "물질적 조건들"의 무능을 확인하는 것으로 이끌리지는 않는가? 모성적인 정념 및 의무와 사회적 개입 의지 사이에서 분열된 프롤레타리아 여성의 모순들에 해법을 찾으러 콩데쉬르베스그르에 온 쥘리 팡페르노는 "감정이 화폐를 대신하게 되면 사회주의공동생활체는 하나의 유산된 사업일 것"[22]이라고 주장하는 이 조직의 악폐를 곧 식별한다.

화해와 관련해서 매력적인 노동의 공동체는 프롤레타리아의 이중적 삶을, 잉글랜드의 기계장치 또는 러시아의 차가운 노동의 통일성에 비견되는 통일성으로 단순하게 귀착시킨다. "그들의 조직은 움직임이 없고 무기력에 사로잡힌 기계들의 퇴적일 뿐이었고…… 그들은 사회를 쇄신하길 원하며, 그런데도 사회에서 가장 무지하고 우둔한 것의 노예로 남아 있다."[23] 사회주의공동생활체에 결핍된 것은 단지 인민의 역량인데, 이것은 [푸리에주의의] 협회 과학이 산업 종교 이후에 제거하고자 했던 **분할** 자체로 이루어진 역설적인 역량이다. 이기주의적 욕구들과 무제한의 헌신들의, 애매한 예속들과 예기치 못한 봉기들의 모순적인 통일성. 대상이 없는 감정들의 역량 또는 노래들에 의해 미화되는 질서 자체로부터 프롤레타리아가 거리를 두도록 하는 노래들의 역량. 초가집 거주자들을 관념의 궁전에 머물게 하는 미망의 오인된 유효성…… 어느 날 단 하루 만에,

콩데Condé의 푸리에주의자들은 우울하던 자기네 공동체가 생시몽주의자 나그네의 노래로 쾌활해지는 것을 보았다. 뱅사르의 노래들에서 자기 공동체에 결핍된 **활기**를 발견하는 그곳의 예술 후원자에게, 노동자 "가족"의 목동 음악가는 푸리에주의 유물론의 모순을 지적할 수 있다.

> 쾌락의 사람들과 시간, 춤추게 할 음악가들, 일요일이면 노동에 마음을 북돋울 흥겨운 후렴구들이 당신들에게는 없지요? 그렇다면, 게으름뱅이들에겐 그 숱한 즐거움을 주어 만끽하게 하면서 노동자들에게는 즐거움을 전혀 주지 않는 구세계에 맞선 당신들의 투쟁은 허사일 겁니다.[24]

노동에 마음을…… 이러한 활기는 오로지 노동에 대한 정의에 충분한 불확정성을 남겨두는 한에서만 가능해진다. "다른 기대"의 힘이 매력적인 노동의 신기루를 고발한다. 마음이 "노동하러" 갈 수 있는 것은 노래의 에너지 덕인데, 바로 이 에너지가 사원의 몽상들을 향해, 바리케이드의 총격을 향해, 또는 노동의 집단적 유예를 향해 어제 노동을 압박했고 내일도 압박할 것이다. 우애 감정의 선의와 노래하는 산책의 덧없음에 과학과 화폐의 힘을 대립시키는 르누아르의 비웃음을 상대로 뱅사르는 그의 논지를 되돌려줄 수 있다. "화폐의 힘"에 관해 그토록 잘 말하는 고급가구 제조인은 자신의 논적에 못지않게 그 힘을 보유하고 있으며, 뿐만 아니라 무엇보다도 이 힘은 착취 권력으로서만 정확히 현실적이다. "화폐의 힘으로 그들은 우리를 오지게 내쫓은 사회적 실내화들을 제조했다네. 자네도 알다시피, 그들이 사용한 가죽은 그들의 실내화를 장식한 모피보다 조금 덜 부드럽지. 그건 사슴 가죽이 아니야. 그것으로는 발이 썩 편하진 않지."[25]

르누아르가 주장한 두 "힘" 중에서, 하나—화폐—는 있는 것의 힘, 즉 특권과 착취의 힘일 뿐이거나 그런 힘일 수밖에 없다. 다른 하나—지성—는 사실상 전자의 힘에 너무 순응적이라 지성의 아이들 중에서 적자들을 식별해낼 수 없을 정도다. "사실 지성은 대가족을 거느리고 있으며, 너무 많은 사생아들이 자격도 없이 그의 이름을 걸고 으스대는 것을 보면 지성이 매음한다는 것은 자명하다. 그래서 음모, 교활, 궤변, 모순, 억지, 엉터리 변호, 애수, 틀린 어법이 있는 것이다." 화폐의 힘에 몸을 판 지성의 이러한 변장들은 감정의 미망들보다 더 위험하다. 박애주의적 실천과 사도들의 행위 사이의 "귀에 들리는" 차이들을 빈정대는 르누아르에게, 뱅사르는 청각적 은유를 되돌려준다. "자네는 논리학을 말하지. 하지만 자네도 보다시피 추론이라는 건 종종 반향 없는 소음이야. 포효하고 솟구치지만 하늘에 가닿을 수 없는 바다 물결이지. 죽어가는 자의 거친 숨결이고. 효과가 없고 종종 원인도 없는 소음이야."

원인도 효과도 반향도 없는 이 소음에 대립되는 것은 땅에서 하늘로 도약할 수 있는 유일한 힘, 즉 "심장 고동" 속에서 현현하는 힘, "자신을 모두 내주시는" 신의 선물, "인민과 여성의 심장 속에" 놓인 힘이다. 이것은 박애주의의 자선 혹은 카바레의 풍악을 다르게 명명하는 위대한 감정들과 낭랑한 말들의 단순한 미망이 아니다. 왜냐하면 생시몽주의자 사이에서 배분되는 우애 원조는 불행이 아니라 일반 사업에 백배를 되돌려 줄 수 있는 개인들의 **사회적 가치**를 향하는 것이니까. "……박애주의자들은 아무것도 하지 않는데…… 우리는 사람을 만들고 만들어왔다. **화폐**라는 인공의 힘으로 우리는 **마음**이라는 힘을 키운다…… 박애주의자들이 과연 이런 일에 관심을 두던가?" 고게트, 노래하는 산책들, "박애주

　　　　　　　　　　　　　　　프롤레타리아의 밤

의적인 또는 ─ 자네가 그렇게 부르길 원한다면 ─ 종교적인" 무도회들, 고급가구 제조인이 자신의 "과학이라는 의자"에 올라서서 "로코코"적이라고 판단한 이것들은 기성의 힘들을 전율케 할 수 있는 종교적 감성의 자리였음이 최근에 드러났다. "아마도 인민의 사원이 지금으로서는 긍정적이지 않겠지. 하지만 벗이여, 얼마 전만 해도 거기에서는 성스럽고 종교적인 일들이 벌어졌어. 그곳의 위대한 사제 베랑제를 떠올려보게나." 주지하듯, 성스럽고 종교적인 일들이 준비했던 명예로운 혁명은 7월의 뜨거운 태양 아래, 물질적인 또는 과학적인 힘에 대한 모든 우상숭배자들에게 마음의 힘/인민의 힘은 용두사미의 힘이 아님을 제시해주었다.

푸리에주의적인 도발은 이렇듯 그 어느 때보다도 더 생시몽주의적인 신봉자들 중에서도 가장 정통적인 자를 모든 인민 해방의 반박할 수 없는 모델로 회귀시킨다. 인민이 **자신의** 힘을, 7월의 유예된 시간이 드러냈던 그 힘을 표출하는 길 외에, 인민을 위한 다른 길은 없다는 것. 갈등은 폭력이냐 우애냐, 성공이냐 실패냐의 관점에서 저 사흘을 해석하는 것에 있지 않다. 오히려 갈등은 거기에서 새로운 시대 ─ 인민의 고유한 힘의 시대 ─ 의 출발을 인정하는 사람들과 인정하지 못하는 사람들의 대립에 있다. 이러한 인정에 뒤따라야 하는 것으로는 인민의 도약들이라는 미망과 물질적 조건들이라는 현실 사이에서 신구 지혜에 의해 확립된 관계들의 전복뿐만 아니라, 미망 제조자들에게 폐쇄적인 이 '국가cité'의 질서를 지탱하는 낡은 위계 ─ 누스nous[이성]와 투모스thumos[용기]와 에피투미아epithumia[정념] ─ 의 재배분도 있다. 유토피아주의자들은 삼위일체 위계의 새로운 척도들과 비례들을 정의하느라 성찰의 세월을 썼으나 허사였다. 이미 판화 상인들과 노동자 가객들의 사소한 음모가 그들의 과학의 계산을 좌절시켰다. 전사들에게서 ─ 또는 전사들의 이미지에서 ─ 7월의 프롤레타리아들이 훔쳐낸 것은 마음의 힘인데, 오늘날에는 그들이 이 힘을 과학과 물질적 이기심의 결탁에 대립시킨다.

도덕과 물질적 능률의 대립은 이렇게 반전된다. 인민의 힘이 소거된 사회과학은 착취의 과학일 수 있을 뿐이며, 그 사회과학이 프롤레타리아들에게 제시할 수 있는 유일한 진보는 그들을 부르주아적 인민—다시 말해 자기 배의 노예가 된 동물—으로 만들 진보다. 실현될 수 없는 것이 아닐지라도 흉물스러운 꿈. 하지만 어쩌면 흉물스럽기에, 인민의 힘과 모순되기에 실현될 수 없는 꿈. 이 힘은 물질적 이기심의 과학의 계산에 등을 돌릴 때에만 비로소 진보의 물질적 발전을 위해 제대로 작동한다. 이렇듯 1830년의 인민 행동은 착취를 "묵인되는 사회적 실천"으로부터 "최대 다수가 고백한 재앙"으로 변모시킴으로써 착취 쇠퇴의 시대를 실천적으로 열었다. 사회적 박사들의 "충동적인" 정신이 대중이 지닌 힘의 평행사변형적인 기계적 운동 안에 가둬두고 싶어하는 것은 대중의 사유와 행동에 파고드는 원리의 이처럼 완만하고 불가피한 진보다.

『라 뤼슈』에서, 아주 자연스럽게, 노동자 교육을 맡은 전前 감독관 귀스타브 비아르가 수습 박사 르누아르에게 이렇게 응수하며 가르침을 준다.

정신이 낳은 모든 이론에 대한 최종심의 판관인 현실은 사회적 문법의 이 모든 교수님들이 처방한 전체 또는 체계를 중시하지 않는다. 때가 되면 사람들과 사물들은 무한한 경제에 의해 질서가 잡히는 바에 따라 움직이며, 제안된 모든 프로그램 중에서 언제나 도덕적 사유들—다시 말해 보편적 사유들—만이 인민에게, 즉 인간 대중에게 등대 구실을 하니, 그리하여 숱한 샛길을 거쳐 대로를 되찾는바, 이 샛길들에서는 충동적인 지성을 지닌 무리가 선의든 악의든 간에 대중이 길을 잃도록 애쓴다. 이 무리는 기꺼이 규칙을 복음으로, 농가들이 들어선 100평방 투아즈 면적을 하나의 세계로, 몇 개의 철도 노선을 모든 이기심의 융합으로, 마을 식당을 연합체로 간주한다.[26]

규칙, 농가들이 들어선 100평방 투아즈 면적, 몇 개의 철도 노선, 마을 식당…… 푸리에주의 평행사변형에 대한 규탄은 고니가 묘사한 지옥의 네 권역을 연상시키는 바가 있다. 이는 푸리에주의 비판이 정확한 기능을 갖는다는 뜻이다. 요컨대 생시몽주의 프롤레타리아들로 하여금 노동자-기계와 야수적인 프롤레타리아라는 이미지들을 축출하면서 자신의 꿈을 추구할 수 있도록 해준다는 것이다. 제시되어야 하는 것은 물질적 조건들을 우선시하는 푸리에주의의 모델이 부유한 특권층에 의해 제공되는 모델과 다르지 않다는 점이다. 이 특권층에게는 "배가 신이고" 머리는,

몸 덩어리에 비하면 타조 머리 모양이다. 이 몸 덩어리의 꼭대기에는, 마치 코끼리 위에 앉은 현자처럼 배가 자리잡고 있다…… 가장 주요하고 중요한 사안은 모두가 의식주를 풍성하게 누리는 가정 연합체들을 세우는 것이라고 당신들이 말할 때, 당신들은 이와 병행하여 도덕적 사업으로 실현할 그 어떤 것도 포고하지 않으며, 당신들이 사회를 타조와 같은 것으로, 다시 말해 마음보다 배가 더 큰, 헌신은 없고 온통 이기주의적인 짐승으로 만드는 경향을 띤다는 점을 정작 당신들은 깨닫지 못한다.

박식한 식자공의 논설이 우애 토론에 종지부를 찍지 않았더라면, 궤변을 일삼는 고급가구 제조인은 그에게 틀림없이 메타포의 미끄러짐에 대한 설명을 주문했을 것이다. 과학에 대한 질문을 이기주의와 헌신의 고

전적 대립 아래로 더 쉽게 포섭하기 위해 마음을 머리의 자리에 놓는 미끄러짐에 대해. 논리적 가능성으로부터 물질적 가능성으로의, 물질적 가능성으로부터 도덕적 수용성으로의 조율된 미끄러짐에 대해. 헌신의 **실천적** 특권을 확립하기 위해 필요한 것은 두 항이 아니라 세 항이기 때문에. 실제로 푸리에주의자들이 묻는다. 충분하게 나눠지지 않는 이 덕성에 의존하지 않고도 공동의 행복을 확립할 수 있다면 굳이 왜 헌신에 호소하는가?

왜 헌신인가? 그건 당신들의 근사한 연합 프로그램들이 그저 프로그램일 뿐이고 그 어떤 현실에도 다다르지 못하기 때문이다. 이 모든 것에도 불구하고 인민이 그대로의 상태로, 모든 체계 제조자들이 떠들어대는 그 시간을 이윤에 바치는 모사꾼들에 의해 착취당하는 상태로 있기 때문이다. 부분적으로도 실현할 수 없는 것을 설교하는 대신에 우리가 우리의 집단적인 주권이 완벽해지도록 노동한다면 모사꾼들이 곧 사라질 것이기 때문이다.

르누아르의 친구들이 반박한다. 그것은 인민이 주권의 "완벽화"를 기다리다가 굶어죽도록 방치하는 것 아닌가? 비아르가 답한다. 인민은 스스로 노동하러 나선다고. 하지만 이러한 물질적 시도는 도덕적 선결 조건으로 되돌아간다. 모든 인민 노동의 원천인 헌신이 고갈되었을 때 과연 어떻게 노동한단 말인가? 헌신 없는 인민이라는 괴물의 현실화는 다행히도 원천적으로 모순에 의해 중단된다.

일차적인 과업은 살아 있도록 하는 것이다. 그렇다! 오병이어의 기적을

프롤레타리아의 밤

물질화할 힘을 가져라…… 그런 연후에나 떠들어라. 하지만 재차, 당신들은 아무것도 실현하지 못하는데, 그나마 다행이다. 당신들이 도덕적의무 없이, 또 헌신도 없이 조직할 수 있다면, 당신들은 인민을 예전부터 줄곧 과두 지배자들이 그래왔던 모습으로 만들 것이기 때문이다. 그어떤 책임도 지지 않으면서 삶을 즐기고, 배부르고 등 따뜻하게 지내면서 도덕과 정의와 공공질서를 운위하며, 치유 불능의 이기주의의 음험한 욕구들에만 빠져 있는 위선자들의 무리로.

과거 여성 메시아 동반자와 그의 노동자 개종자들에게는, 후일 브룩Brook 농장의 지적인 농부들과 마찬가지로("푸리에주의에 빠져들었다가그후에는 자신의 고유한 정신에 충실하지 못했기에 마땅히 소멸했던 그들의 경험"[27]), 이기심들에 대한 푸리에주의적인 요리가 천사의 꿈의 퇴조를, 인도적인 종교의 동물화를 표상한다. 하지만 음울한 십 주년의 해인 1840년에, 카스트들의―무매개적이고 동물적이며 동양적인―종교라는 고전적이고 소원한 이미지가 매우 가까운 전례없는 형상을 갖게 된다. 제롬 파튀로의 헝겊 모자를 쓰고 조제프 프루동의 견해를 주장하는, 프티부르주아 무리로 변모한 프롤레타리아 계급이라는 형상. 경제학자들과 박애주의자들이 찬양하는 새로운 정치적 동물의 이미지. 예컨대 저축이라는 소유자적인 본능과 싸구려 안락함의 유혹에 정복당한 노동자. 계산되지 않는 헌신들과 계산할 수 없는 전복들의 원천인 "마음의 힘"인, 인민의―미망이자 현실인―힘을 박탈당한 노동자. 소세드Saucède 상점가에작은 렌즈 가게를 막 열었고 이제는 "거의 부르주아인…… 상점 주인"[28]이 되어 있는 사제 뱅사르의 동료들, 노동의 부재 탓에 자기 능력의 개별적인 사용으로 회귀한 이 사제들이 "알 수 없는 어디선가 불어와, 위대함의 신성한 불을 유지하기는커녕, 열광의 마지막 불꽃까지 빼내고 몰아내고 파괴하는 이 악마적인 바람"[29]에 어떻게 무감하게 지낼 수 있겠는가? 그들이 어떻게 비루함의 분위기를 두려워하지 않겠는가? 예산과 교부금을 해부하는 데 몰두하는 반대파의 회계를 통해, 저축은행의 미덕에 대한 공식 경제학자들의 설교를 통해 군림하게 된 비루함을. "모든 것이 시들해지고, 옹졸해지며, 비루하다…… 우리에게 왕당파적인 빵, 자유주의적인 빵, 입헌주의적인 빵을 배불리 먹인다…… 이래도 동물적인 삶에 갑갑해하지 않는다. 정신과 마음이 살해되더라도 무엇이 대수인가? 안락하게 살기만 한다면, 그게 본질인 거다."[30]

빵을 주는 체제로 넘어가버린 자유주의 언술과 같은, 싸구려 안락함에 대한 변호에서 프롤레타리아 신봉자들은 현실적인 위협을 읽는다.

인민들 사이에서 개인 각자가 스스로를 부르주아요 소유자라고 말할 수 있다면, 그것으로 인민으로서 명예와 [프랑스라는] 민족성의 완전한 종언일 것이다. 프티부르주아들로 이루어진 인민의 미래에 사실상 무엇을 기대하겠는가? 개인 각자가 스스로를 중심으로 여기며 모든 게 온통 소소할 테니, 자신의 소소한 소유와 소소한 상점, 소소한 작업장, 소소한 정치적 권리를 지켜야 할 그런 인민에게서 말이다.[31]

재단사 데스플랑슈가 거부한 이 미래는, 배부르고 등 따뜻하게 지내면서 도덕과 공공질서를 논하는 교활한 푸리에주의자 무리에 대해 비아르가 환기시킨 운명과 정확히 닮았다. 생시몽주의의 잃어버린 아이들—어느 한 순간 새로운 희망에 매혹되었던 이들—에게는, 오늘날 "위장에 대한 지혜gastrosophie"인 푸리에주의는 배의 종교에 바쳐진 세계의 단순한 허례요 바알 숭배의 현학적 형태로 비친다.

하지만 그들 종교의 동물 희화화에 이토록 극성스럽게 매달리는 것은 또한 자신들의 믿음의 매장이 아닐까? 오늘날 마음의 힘과 사랑의 사도들이 구사하는 말들이 어찌 인상적이지 않으랴. "그건 [프랑스] 민족성의 종언일 것이다. 개인 각자가 자신을 중심으로 여기는…… 우리의 집단적 주권을 완벽하게 하는…… 그런 인민…… 다음 세대에게 유리하도록 노동하는 것은 각 세대의 소관이다……" 이는 생시몽주의 사제들의 신비주의적이고 감각적인 산문이 아니다. 프롤레타리아 신봉자들이 자연종교의 몽상 또는 공화주의적 정념의 열기와 합치시키고자 하는 말과 표현 또한 아니다. 어휘가 다르다면, 그것은 노동자 사도들의 상상 세계가 변했기 때문이다 ─ 어쩌면 인민의 생활 조건들보다도 더 빠르게. 배부르고 등 따뜻하게 지내면서 도덕과 공공질서에 대해 수다떠는 노동자들을 많이 만나지는 못한다. 성스러운 테이블이라는 이미지는 이제 깨진다. 한쪽에는 희생이라는 복음주의적이고 민주주의적인 제단이 있고, 다른 쪽에는 돼지들이 살찌는 과두 지배자들의 연회 테이블이 있다. 한쪽에는 의무와 우애의 단순한 도덕이 있어 인민의 아이 각자가 신의 섭리가 명하는 희생과 일체를 이룰 수 있다. 다른 쪽에는 향유의 귀족적인 도덕이 있으니, 이는 어느 시대에나 있는 과두 지배자 카스트들이 누리려고 찬양하는 도덕이요, 빵 배분과 서커스 놀이로 인민의 노예 상태를 견고히 하려는 이 카스트들의 관심 탓에 타락하는 도덕이다.

프롤레타리아 생시몽주의자들 중에서도 최후의 부대가 푸리에주의 짐승을 무찌르기 위해 사용한 이 원리들을, 왕년의 카르보나리당 당원이자 생시몽의 제자였던 ─ 이제는 자신의 유년 종교인 기독교로 회귀한 ─ 의사가 다듬어내기 시작한 게 십 년 전이다. 생시몽주의 **곁에서**가 아니라 그에 **맞서서**. 푸리에주의에 대한 "생시몽주의적인" 비판이 재개시킨 주제들은 뷔셰와 그의—"새로운 과학"을 천명한—제자들이 십 년 전부터 앙팡탱의 생시몽주의를 비난해오면서 명분으로 삼은 것들이다. 이미 1829년에, 뷔셰는 앙팡탱과 외젠 로드리게가 "새로운 기독교"에 부여한 신비주의적 형상에서 절대악과 범신론적인 야수를 알아차렸으며, 이에 대한 반박을 시도했다. 우선 이론적으로 그가 제시했던 것은, 정신과 물질을 무한한 신성의 유한한 두 측면이라 여기는 교리 안에 일종의 필연성 이론이 있다는 것이다. 이것은 도덕 행위와 인류 진보가 가능해지는 이중의 조건, 즉 자유로운 자생성과 저항하는 물질을 소거하는 이론이다. 이어서 실천적으로 그가 고발했던 것은, 육신에 대한 앙팡탱적인 "복권" 안에는 배에 대한 숭배와 "교차로의 흔한 육신"에 대한 밤의 파렴치를 단순하게 승화시킨 것이 있다는 점이다. 이러한 승화에 의해 제시되는 것은 "카스트들의 특권, 야수들의 잡거, 목신 숭배의 광란에 인간들을 다시 빠뜨리는"[32] 것에 다름 아니라는 점이다. 이렇게 함으로써 그는, 새로운 종교들과 유토피아들에 역행하여, 만인에게 타당한 몇몇 원리의 견고한 구조물을 끈기 있게 건설했다. 인민의 아이들에 대한 도덕적 구원과 물질적 안녕을 보장해줄 수 있는 유일한 종교는 예수그리스도에 의해 공표된 우애의 종교다. 하지만 이 우애 종교의 유대들을 새로운 성찬식들의 모호한 얽힘으로부터 분리해내야 한다.

인민의 진정한 종교는 네 가지 속성으로 식별된다. 우선 그것은 **보편적**catholique, 다시 말해 민주적이다. 요컨대 신앙과 구원의 개별적—유대교적인, 개신교적인—특권들에 대립되는, 집단성을 위한 그리고 집단성에 의한 구원의 종교. 다음으로 그것은 **도덕적** 종교로, 약속된 향유의 형식도 아니고 인정된 권리의 형식도 아닌, 요청되는 의무의 형식하에 모든 개인을 호명한다. 그런 만큼 이 종교는, 자신이 주님을 영접할 자격이 없음을 알고 있지만 자신이 내리는 명령이 집행되어야만 한다고 알고 있는 것과 마찬가지로 주님의 말씀이 주님의 종을 치유해주리라고 믿는 백부장centurion을 복음의 영웅으로 간주해왔다.[33] 이 종교는 수단에서나 목적에서나 공히 **사회적**이다. 이는 개인 각자에게 각자의 이기주의적 행복을 희생시키는 것에 비례해서만 집단적 행복에서의 각자의 절제된 몫을 허용한다. 그리고 무엇보다도 그것은 **민족적**이다. 그것은 모든 시민들의 의무와 마찬가지로 노동자들의 고유한 의무를 교회가 아니라 복음 자체의 장녀인 프랑스 민족이 추구하는 목표에 연계시킨다. 이 민족의 운명은 실제로 출생증명서에 기입되어 있다. 그것은 클로비스 시대에 아리우스파 이단의 야만적인 전파자들과의 투쟁 속에서 형성되었던 것이다. 그런데 이 이단에는 매우 명확한 의미 작용이 있어서 이기주의 종교들의 모델 자체가 되니, 이 이단에 따르면 하나님 아들의 인격이 하나님 아버지의 신성으로부터 분리되는데 이는 오로지 그 아들의 임의적인 도덕을 강자들—우애의 신성한 전언에 자신들의 특권들을 희생시키는 데는 거의 관심이 없는 이들—에게 되돌려주기 위함일 뿐이다. 이기주의에 맞선 투쟁의 사도들이 "완성시켜야" 하는 "집단적 주권"은 프로테스탄트 민족들이 횃불을 든 이기주의에 맞서 민족적 사명을 실현하는 쪽으로 작동되어야 한다. 카스트들의 이기주의들을 우애의 군림 아래 종속시킨다는 사명. 군주정 프랑스의 반봉건적인antiféodal 중앙집중화와 공화정 프랑스의 해방적인 정복을 통해 추구되는 과업을 완수해야 하는 종교.

생시몽주의 노동자들과 푸리에주의 노동자들 사이의 지체된 결산들로 인해 새로운 장면이 감지된다. 마음, 성별, 계급 들의 생시몽주의적인 일치—잡거—에 맞서, 매력들—이기심들—에 대한 푸리에주의 과학에 맞서, 옛 종교로의 회귀라는 덮개 아래, 새로운 종교가 다듬어졌다. 선의의 노동자들과 투사들이 사용하도록 프롤레타리아 "자유주의"의 애매함들을 끊어버리는 민주적이고 도덕적이고 사회적이고 민족적인 종교. 대문자 노동의 애매한 종교가 아니라 노동들의 모호하지 않은 종교. 노동자들을 위한 종교가 아니라 만인을 위한 종교. 하지만 노동의 미래 상승들과 종속들에 관해서는 노동의 이름으로 조직화된 숭배들보다도 더 유효한. 만인에게 동일한 헌신의 도덕을 천명하는 전복 원리. 하지만 이 원리는 이를테면 희생의 법칙에서 벗어날 방도가 없는 계급 부류 —보통은 식구들의 빵을 노동에서 찾아야 하고 예외적 시간대에는 조국을 지키러 가야 하는 그런 프롤레타리아들 —에게서 헌신의 척도와 원형을 정한다. 프롤레타리아들에게 문제되는 것은 사도들과 부르주아 시인들의 밤을 전유하는 것이 아니라, 환상이 아니라 진실로 부르주아들이 노동자의 낮을 알게 될 세계를 건설하는 것이다.

『라 뤼슈』의 생시몽주의 프롤레타리아들은 자신들이 여전히 "마음들의 연합"을 "지렛대"로 활용하여, "세계를 점유하는 모든 사유들과 더불어, 이 거대한 바벨 안에서 잃어버린 모든 목소리들을 숭고한 합창 속에서 이어가고 포용하며 통합하는 사회적이면서 진정으로 애국적인 새로운 당파를"[34] 세울 수 있으리라고 헛되이 믿는다. 노동자들의 당파인 새로운 사회적 당파에게는, 더 견고한 지렛대들과 덜 소란스러운 거처들이 필요하다. 이 당파에게는 도래할 세계의 잠재적 법칙인 교리가 필요하다. 곧 『라 뤼슈』의 일부 편집자들이 창간하게 될 저널은 단 하나의 원리의 단일한 익명적 목소리를 바벨적인 다성 합창에 대립시키고자 한다. 그 저널의 이름은 『라틀리에』.

3부

기독교도
헤라클레스

10장

중단된 연회

Le banquet interrompu

"열 명 중 기혼자는 몇인가?" '노동자에 의한 노동 및 노동자 조사'에서 제기된 질문이 무례한 것은 분명히 아니다. 단지 무용할 뿐이다. 이미 시민 카베가 보조 질문 형식으로 답을 이미 얻었으니까. "왜 그토록 적지?"라는 그 질문. 이 2차 질문에 대한 답변이 더욱 미스터리를 유발하지는 않으며, 이 답변 역시 "노동자들의 악덕"이라는 난에서 미리 주어진다. 조사에 나선 투사들은 거기서, 알려진 파렴치들—**음주, 성밖 지대, 카페, 게임, 화장, 무도회장, 술집, 방탕, 카니발**—에 탐닉하는 자들의 백분율이 [기혼 노동자 비율과] 반비례를 이룬다는 것을 어렵지 않게 찾아낼 것이다.[1]

1840년대의 진부함. **노동자들의 친구**인 지칠 줄 모르는 뒤팽 남작이 저축은행의 갱생 미덕에 관한 자신의 가르침들을 한없이 미화하려고 구사하는 저 상투어들. 그의 적수들 중에서 가장 급진적인 거물 공산주의자[카베]—카베는 사실상 일요일 아침 장자크루소 거리의 자기 살롱에서 그가 가르치는 잘 차려입은 존중받는 이들, 말하자면 재단사 파바르, 석공 나도, 제빵사 로비야르, 보석 세공사 프루당 말고는 노동자들을 거의 알지 못하는데—의 펜 아래에서 그 가르침들을 다시 보게 된다고 해서 정녕 놀랄 일인가? 시작되는 십 년의 새로움에는 정확히 이러한 공모의 표시가 있다. 1830년 직후에는, 성밖의 인민을 옛날 로마제국의 성문에서 야영하던 야만인에 비교하는, 소유자들의 담대하다기보다는 겁에 질린 방어적 주장들을 격퇴하기 위해 7월의 인민의 웅변가들로서는 일필이면 충분했다. 논변의 허울을 부인하는 데는, 못박힌 손의 사람들의 거친 거동과 누추한 의복 밑에서도 "위대한 일들"의 심장은 뛰고 있음을 하얀 손의 사람들에게 환기시키는 데는, 인민의 현실 이미지들로도 부족하지 않을 것이다.

상실된 것은 바로 이것, 존재와 외양의 명료한 관계다. 누추한 의복 밑에서 뛰는 순수한 심장을 찬양하는 것이 오늘날에는 더이상 중요치 않다. 게다가 의복들이 덜 누추해 보인다는 점에 대해서는 모두가 동의한다. 이는 경제학자들에 따르면, 저렴한 직물들과 더불어, 노동자 가정에 편리함을 가져다준 기계류의 혜택이다. 또한 노동자 평론가들에 따르면, 필수품을 희생시켜서 만족되는 과시적 욕구의 발전이기도 하다. 못박힌 손 또는 구릿빛 이마도 역시 덜 언급된다. 마치 빈민의 의상이 세련되어지는 사이에 노동자 신체는 자신들을 구별하는 기호들을, 노예—심지어 봉기한 노예—와 노동자를 구별해주는 자유의 표지들을 잃어버렸다는 듯이. 근면한 빈곤이 무위도식의 대리석에 예속되는 것을 관념적으로 전복하는, 존재와 겉모습의 작용에 이어졌던 것은 혼합적인 광경이다. 빈곤의 자국들이 향락의 자국들과 혼합되어 동물화된 인민이라는 형상을 지어내는 광경. [이에 대한] 부르주아적인 형용들에 격분한 반격들은 타락

프롤레타리아의 밤

의 광경을 바라보는 일정한 시선 공동체를 조성했다. 그리하여 노동자 악덕들에 대한 부르주아의 단조로운 나열에 강박적인 전망들이 대응한다. 이 전망들은 교양 있는 노동자들이 자기 계급의 이해를 옹호하는 데 바치는 매체들을―이 매체들의 경향에 관계없이―사로잡는다. 그러니 여기서 인민적 여흥의 상스러움 앞에서 취하는 『라틀리에』의 가톨릭적인 모욕들, 『뤼니옹L'Union』의 생시몽주의적인 혐오들, 또는 『프라테르니테』의 공산주의적인 격분들을 구분해내는 것은 부질없다.

마침내 우리는 저 최초의 야만인들의 끈질긴 전통들이 우리의 도시들 안에서 소생하는 이 타락의 날들을 지나왔다. 그렇다. 이 타락의 날들에는 모든 것이 짐승이 되는 경향이 있다. 겉으로 보이는 얼굴들, 부리들, 넓은 안면들, 낯짝들이 인간의 고귀한 용모를 감춘다. 몸은 혹으로 덮이고, 머리에는 갈기와 뿔과 비늘이 덮여 있다. 모든 것이 짐승의 감각을 따라간다…… 이 축제들을 거닐어보라. 귀를 때리는 고함들과 불협화음을 내는 악기들을 들어보라. 이러한 수치들 가운데, 날고기를 먹어치우는 야만적인 여인을 당신이 본다면, 당신은 문명국에 있는 건지 야만인 나라에 있는 건지를 자문할 것이다…… 목소리들은 서로 닮았고, 인간의 기관을 전혀 갖지 않는다. 오히려 숲속의 맹수가 내는 소리 같은, 뭔가 날카롭고 맑고 거친 소리다. 그 무리가 포식했을 때, 이들 텅 빈 뇌에서 독주가 발효될 때…… 연민이 당신의 심장을 조이도록 만드는 것은 바로 착란적이고 열광적인 아우성들이다……[2]

카니발의 타락은 다행히 연중 며칠만 지속되나, 매주 노동자들이 여가를 보내는 일요일과 월요일이 있으니, "성밖 지대라 불리는 진흙탕 소굴"[3]

에서 그들의 여가는 방탕한 짓과 동일시된다. 성밖 지대의 혼란은 변두리 노동자 거리로 확장되는 경향이 있다.

불순함과 부도덕의 진짜 소굴인 생트마르그리트 거리에 가보자. 그 거리는 비좁고 컴컴하고 지저분하며, 모양이 불쾌하니…… 성별도, 연령도, 거기서는 모든 것이 뒤섞여 혼란스럽다. 무직의 성판매자들, 유랑가수들, 2수만 주면 거기서 자는 오르간 연주자들, 광장의 어릿광대들, 점쟁이들…… 이런 자들이 모두 스며들어 우글대며 저주를 퍼붓거나 음란한 노래들을 불러대면서 창피한 줄도 모르고 가장 반역적인 냉소주의적 행위들에 몰두한다.[4]

부르주아에게서 차용한 시선인가? 빈곤의 효과들을 무매개적으로 악덕의 표시들과 동일시하고 성판매자의 무직을 그자의 타락의 추가적 표현으로 간주할 정도로, 타자에 대한 사회적 거부가 도덕적 범주를 오염시키는 시선. 하지만 정확히 부르주아에게는 이렇게 뒤섞인 더러움과 음란함이 자기들과는 다른 인종에 속하는 것임을 입증할 필요도 없고, 방탕한 무리를 노동하는 인민과 구별해주는 동물성의 기호들을 친절하게 강조할 필요도 없으며, 성밖 지대의 취객은 그저 다른 이들보다 더 목마른 한 명의 노동자가 아니라 노동자용 강장 음료와는 아무 연관이 없는 진탕 취하는 주류의 소비자라는 점을 확실히 제시하기 위해서 그 지대의 불순물 섞은 와인이 "서인도제도 겨자와 일산화납을 혼합한"[5] 것이라고 기사에서 줄곧 고발할 필요도 없다. 부르주아는 이런 구별들을 무시할 수 있지만, 그 경계가 불안정하다고 느끼는 만큼 두 주민의 분할을 더욱 주장하고픈 변두리 생앙투안의 시인이자 투사인 철물공[질랑]에게는

　　　　　　　　　　　　　　　　　　프롤레타리아의 밤

그렇지 않다.

거기에 변두리[생앙투안] 인민이 있다고 믿지 말라. 그렇게 생각하는 자들은 완전히 잘못 생각하는 것이다. 그들은 거품을 파도라고 간주하고, 찌꺼기를 술이라고 간주하는 것이다…… 인민 여부를 평가하는 것은 노동이어야 하고, 인민은 다른 곳이 아니라 작업장에서 찾아야 한다. 작업장에 와보면, 한가하게 방탕을 일삼는 사람이 아니라 거친 일을 하는 사람을 보게 될 것이다. 그러니 인민을 인민이 없는 곳에서 찾지 말라. 인민이 있어본 적이 전혀 없는 곳에서 인민을 본 척하지도 말라.[6]

하지만 누가 모르는가? 이 어려운 시절에 작업장에 활발히 머문다는 것은 특권층의 전유물이며, 인민은 종종 자신들이 있어서는 안 될 곳 또는 있고 싶지 않은 곳에 있음을. 예컨대 변두리 거리들에. 또는 외근중인 노동자들과 강 우안의 작업장들을 전전하는 실직자들이 일감을 찾는 중개인들이나 행상들과 어울려, 이 소굴의 오르간 연주자가 연주하는 노래들인, 〈유행하는 결혼〉〈창부〉〈오늘날의 사랑〉〈어느 직공의 일요일〉 따위를 흥얼거리는 이 푸앵트 생퇴스타슈Pointe Saint-Eustache에. 그런데 무엇보다도 어떤 기이한 변신에 의해, 인민의 도덕성의 사원인 작업장이 노동자의 아내와 아이들에게는 타락의 학교로 되고 있는가? "작업장에서 설치고 있는 한 무리의 불결한 자들은 동물들보다도 못한 수준으로 떨어질 정도로 자신들의 이성을 사용한다는 점에서만 겨우 동물들과 구분된다."[7] 물론 이 불결한 치들은 극소수다. 그런데 왜 성실한 노동자들은 저들의 영향력에 맞설 힘이 없는가? 도처에서 거품이 파도를 부패시키고 찌꺼기가 술을 변질시킨다. 인민이 진정으로 모습을 드러내야만 하는 바로 그 자리에 정작 출현하는 것은 부르주아의 시선이 구성한 인물이다. 탕아의 가면, 의상, 후렴이 노동자의 용모와 목소리를 훼손한다. 진짜 인민과 가짜 인민, 외양과 현실의 모든 구별은 이러한 혼란, 7월의 인민이 쟁취한 정체성의 이러한 상실에 맞서기에는 무기력하다. 십 년이 지난 뒤, 노동자 인민이 자신의 정체성을 찾는 것은 다시금 타자의 시선 안에서, 타자의 표상 안에서다.

> 어떤 노동자가 무대에 등장할 때, 그는 취했고 누추하며 또는 우스꽝스럽다. 예절의 망각, 생각의 아둔함, 표현의 천박함, 행동의 음탕함, 뭐 하나 빠지는 게 없다. 우리를 몹시 슬프게 하는 것은 이러한 일상적인 모욕들 앞에서 태연하게 지내는 노동자들, 심지어 때로는 자신들의 풍속에 대한 재치 있고 진실한 묘사라도 되는 양 그런 모욕들에 박수를 치는 노동자들을 보는 일이다.[8]

그러니 고게트 참석자들이 노래하는 인민 유형들에 해당하는 "모델이 우리 중에는 없다"고, 그것들은 "착란적인 상상들 속에 살아가는 흉측한 유령들"일 뿐이라고 주장하는 것은 부질없다. 부르주아의 시선에 따라 이러한 착란적인 상상들에 인민 신체의 핍진성이 부여되는 데는, 이 상상들이 여타 노동자들에 의해 나름대로 이해되고 채택되는 것으로 충분하다.

오늘날 우리의 적들 중에는, 이러한 흉물스러운 인간 묘사가 우리의 진정한 초상이라고 믿는 데서 이득을 누리는 자들이 있다. 이 치욕들이 행운인 자들이 있으며, 이것들을 유포, 전파하면서 **"도대체 인민에게서**

프롤레타리아의 밤

무얼 기대해! 자기들이 스스로 그린 모습이 이거야!"라고 떠드는 자들이 있다. 무엇보다도 바로 이런 것에 우리가 항의하는 것이다. 이로부터 생겨날 수 있는 해악을 예상하면서 우리는 우리 계급의 멍청이들을 경멸하고 규탄한다. 허세와 맹목 탓에 자기도 모르는 사이에 적들과 공범이 된 멍청이들을.[9]

모델 없는 유형들, 착란적인 상상들, "밤의 난장의 과도함 탓에 변질된" 뇌의 결실들(하지만 난장은 참으로 현실이니……), 믿는 데서 이득을 누리는 자들, 초상으로 간주되는 [흉물스러운] 인간 묘사들, 생겨날 **수 있는** 해악의—부지불식간에—공범이 되는 멍청이들…… 취해 있는 창작자들과 맹목적인 배우들, 악의를 지닌 관객들로 이루어진 이러한 이야기에서는, 위험한 계급에 던져진 우월한 시선 속에서 노동하는 계급의 정체성을 몰수하는 표상을 위한 뚜렷한 소재가 온전하게 생산되며—지속적으로 재생산된다.

자, 권리를 주장하기도 하고 빈곤을 한탄하기도 하는 인민이 여기 있어…… 인민이 자신들의 고유한 본능에, 자연스러운 정념에 빠지는 걸봐…… 예전엔 공공 축제에서 마치 개에게 먹이를 주듯 인민에게 먹이를 주었지. 그래도 인민은 노하지 않았어. 인민은 언제나 똑같아…… 우리가 고향에 가느라 저 성밖 지대를 통과하는 일요일마다 그 인민을 보잖아.[10]

이러한 시선이 지배계급의 권력을 정당화할 뿐만 아니라, 흔히들 말하는 피지배계급을 구성한다. 노동계급을 열등한 자리에 놓는 것은 사실 생산양식의 기계적 필연성이 아니다. 바로 지배계급의 평가야말로, 노예의 난장과는 다른 활동을 위해 여가를 사용할 수 있는 자유로운 인간의 특성들을 노동계급에게서 부인함으로써 그들을 쉼 없는 노동에 처하도록 하는 것이다.

기조 씨가 말했던 것을 떠올려보라. 노동자를 쉬지 못하게 하면서 내일의 빵을 보장해주는 쉼 없는 노동이 사회를 보증하는 데 필요불가결한 조건이었다는 것…… 기조 씨는 무지한 사람도 고리타분한 사람도 아니다. 오히려 그는 완고한 논리를 갖춘 사람이다. 그에게는 두 부류의 사람이 있다. 우등 계급인 부르주아는 지휘하고 그에 따른 수혜를 누리게 되어 있고, 열등 계급은 복종하고 착취당하게 되어 있다는 것이다.[11]

노동계급은 우선 하나의 카스트인데, 모든 카스트가 그렇듯 주인들의 결정에 의해 구성된다. 그리고 이는 주인들의 시선에 의해 예속 상태를 유지하게 되는데, 이 시선은 고대 노예들을 바라보는 노예주의 시선처럼 노동계급 노동의 물질성, 여가의 상스러움, 사유의 공허, 육신의 노쇠에서 그들이 열등 인종에 속한다는 표지들을 본다. 산업과 금융에서 벌어지는 거대한 집중 탓에 "새로운 봉건제"라는 주제가 상정되는 시대에, "산업적 농노제"의 "치명적 길"에 대한 추가적인 공포가 격화된다. 노동자를 고대 노예의 조건—정확히 물질적 빈곤과 도덕적 타락의 구별되지 않음으로 이루어진 비참함—으로 되돌리는 길에 대한 공포.

노동계급 일반이 아직 충분히 간파하지 못한 것 같은 사태가 있다……
이 계급이 오랫동안 현상황에 그대로 머문다는 것은 절대로 불가능하

프롤레타리아의 밤

다. 그들은 그들이 결코 겪어본 적 없는 상태로 더 추락하거나 다른 계급들 수준으로 제고되어야 한다. 산업 체제가 그들을 부단히 밀어붙이는 저 치명적 길로 그들이 끌려간다면, 그들은 잉글랜드 노동자들이 빠져든, 어쩌면 결코 회복되지 못할 비참과 치욕적 빈곤 상태에 머잖아 처하게 될 것이다…… 격분해도, 반란을 일으켜도 강자들이 겁내지 않는 비천한 노예 무리와 우리가 엇비슷해질 것이다. 신체의 빈곤과 정신의 부패로 우리가 약해졌다는 것을 그들이 알기에.[12]

치러야 할 전투가 그렇다고 반란과 동일시되지는 않는다. 노예는 반란을 일으켜 굴레에서 벗어나려 시도하지만 이는 어디까지나 자신들 카스트의 물질적 이익이라는 관점에서인 것이다. 또한 이 전투가 생산계급이 유한계급에 맞서는 단순한 투쟁은 아니다. 노동과 향락의 대립은 계급들의 구성에 있어서 부차적일 따름이다. 우선 주인의 결정은 보편자의 기능이 할당된 사람들과, 자신들의 욕구 너머로 스스로를 고양시키지 못하는 무능력 탓에 다른 이들의 욕구를 섬길 처지에 놓이는 사람들을 분리한다. 그런데 정작 주인 자신은 자기가 찬탈한 소명을 그르친다. 그래도 이것이 그가 횡령한 원리의 타당성이라든가 그 원리를 작동시키는 시선의 타당성을 변화시키지는 않는다. 인민 계급은 자신들의 해방을 쟁취하기 위해, 물질적 이익만을 옹호하는 부르주아에 견줘, 자신들이 "고상한 계급의 지성적 의지에 의해 가동되고 억제되어야만 하는 하나의 난폭한 힘인 생산력과는 다르다는 것"[13]을 입증해야만 한다. 이를 입증하기 위해서는 인민 계급이 자신들에게서 특수 이익을 옹호하는 사회적 계급이라는 면모를 제거할 수 있어야만 한다. 7월이 잠시나마 생산계급의 위엄을 확립했었다면, 이는 바로—생산, 생산에서 충돌하는 이익들, 생산에서 구매되는 향락을 유예하는 가운데―생산계급이 사흘간 국민과 자유라는 대의에만 복무했기 때문이다. 인민의 대의를 진전시켰던 것은 폭력도 우애도 아닌, 인민의 대의와 일반적 대의의 동일화였다. 그런데 십년 동안 있었던 점점 더 소수적인 봉기와 음모, 급습이 이러한 정당성을 상실하게 만들었고, 7월의 폭력을 생산력 타락과 동등한, 난폭한 힘의 표출에 불과한 것으로 귀착시켰다. 이로부터 나오는 결단과 엄숙한 호소가 1840년대 초반에 『프라테르니테』 또는 『포퓔레르』의 공산주의자들에 의해서도, 『라틀리에』의 신가톨릭néo-catholique들에 의해서도 울려퍼졌다. 총과 펜을 맞바꾸기. 모두에게도 자체적으로도 모호해진 어느 전투의 무기인 총과, 선전이라는 "백주에 꾸미는 음모"의 도구로 인민의 주장들의 정당성을 인민의 지적이고 도덕적인 위엄의 표현 안에서 정립하는 펜을.

하지만 "개혁"의 선택은 즉각 개혁의 모순이라는 칼날과 부딪친다. 평화적 길만이 인민을 타락에서 끌어낼 수 있지만, 정작 이 타락은 "평화" 자체 이외의 다른 원인을 갖지 않는다는 것. 전투는 방향을 잃고 난폭한 힘의 모호함 속으로 전락할 수도 있었다. 전투가 인민에게 낯선 것이 되었고 인민의 에너지는 생산력과 물질적 욕구라는 이중의 난폭함으로 추락해버렸기 때문이다. 그리고 바로 여기서 인민의 비참이 지배적 시선과 맺는 관계가 꼬이기 시작한다. 이러한 추락은 언제나 억압자들의 것인 "평화"의 통상적인 운명 이상이고, 빵과 서커스라는 낡은 평화 전략 이상이기 때문이다. 7월에 권력을 잡은 카스트의 새로움은 이러하다. 즉, 어떤 봉사로도 자신을 정당화하지 않는 최초의 카스트, 이기주의라는―뒤팽 남작이 말한 "저마다 자기집에서 자신을 위해"라는 체제의 주문이 요약하는―원리 이외의 어떤 원리에서도 자신의 적법성을 구하지 않는 최초의 카스트. 낡은 부패의 근사치를 이 카스트는 **물질적 이익 체계**의 엄밀함으로 대체했다. "부패와 우둔함의 방대한 체계"라는 논리는 "인민에게서 이익이라는 미끼와 적립이라는 욕망, 모든 타자들을 배제하며―타자들에게 양보하는―개인을 완전히 부도덕하게 만드는 정념을 부채질함으로써 정치적이고 사회적인 질문들로부터 인민을 돌려세우는"[14] 것이다. 성밖 지대를 통과하는 부르주아가 주장하는 상스러운 방탕은 그들의 원리들의 인민적 적용이다. 하지만 부패시키려는 기획은 더 심층적이다. 인민적 향락의 상스러움을 교정함으로써 부르주아는 자신들 향락의 비밀로의 입문을 인민에게 제안하는 것이다. 인민 계급을 도덕화하려는 경제학자들과 박애주의자들의 근본적인 치유책은 향락을 지연시킴으로써 결국 증대시키고 일체의 특수한 쾌락을 이익이라는 근본적인 향락과 맞바꾸기를 배우는 **저축**이다. 이러한 입문의 여성 주인공들은 "위태로우면서도 존중할 만한 사십대 시절에 자신들의 적립금에 매혹된 젊은이들과 결혼할 수단을 저축에서 찾은"[15]―저 감초 같은 뒤팽이 찬양한―여성 요리사들이다.

틀림없이 부패의 위협은 이 경우에도 여전히 잘 탐지된다. 생트마르그리트 거리에서 우글거리는 비굴한 무리도 그렇거니와, 이들 매혹적인 여성 요리사들과 결혼할 정도로 이익을 향한 정념에 이끌리는 노동자 카스트도 노동하는 인민을 대표하지 못한다는 것은 더 말할 나위도 없다. 하지만 프롤레타리아의 향락을 "도덕화하여" 결국 지연되는 향락―다시 말해 착취의 힘―이 되게 하는 근원적인 도착(증)은 부단한 생산과 난폭한 소비에 대한 예속을 거부하는, 노동계급의 계몽된 분파에게 주로 생긴다. 가장 계몽된 기관지 에밀 드 지라르댕의 『프레스La Presse』가 제안한 "물질적 이기심"에 대한 기획을 『라틀리에』는 이렇게 이해한다. 전투적인 전위를 지배자들을 떠받드는 노동귀족으로 변형시키자는 것으로.

노동자 중에는 지적이고 유능한 이들이 있다. 사회는 그들에게 충분히 괜찮은 역할을 주지 않는다. 이들은 자신들이 받아 마땅한 식으로 분류되지 않고 있다고 보기에, 사회에 맞서는 투쟁으로 들어서고 대중을 부자에 대한 약탈로 이끈다. 프롤레타리아들의 이러한 침입에 맞서 방어하는 유일한 수단은 정부가 관리하는 신용 은행을 창립하는 것이다. 이 은행은 지적이고 품행이 방정하며 노동을 사랑하는 노동자들에게⋯⋯ 정착할 수단을 제공한다.[16]

어떤 세계에 대한 그림. 성밖 지대의 맹목적 타락과 저축의 신중한 부패 사이에 있는, 생산과 재생산의 일상적 관성이 노동자 각자를 모두의 적이자 자기 자신의 이기주의의 하인으로 만드는 세계. 이러한 체계 안에서 "개혁"의 길은 특이하게 까다롭다. 인민이 타인들을 위한 작전세력 구실을 할 때 사용되는 총을 인민의 고유한 길로 대체하는 것으로는 충분치 않다. 이 길은 다른 원칙의 길이어야 하는 것이다. 그런데 이 원칙이 무위도식하는 자의 향락 대상을 제작하는 손들의 단순한―고전적으로 찬미되는―위엄일 수는 없다. 노동의 억지 실행이 그 자체로 가치를 갖지는 않는다. 그런 노동이 추구하는 이중의 목표, 즉 노동자를 유지시켜주는 임금도, 부자의 향락을 위한 대상도 그 자체로 가치를 갖지 않음은 더 말할 나위도 없다. 노동자 해방은 노동계급이 계급으로서는 사라지는 것일 수 있을 뿐이니, 다시 말해 그 해방은 인민주권인 것이다. 하지만 이 주권은 계급들을 제거하듯 인민들을 초월하는 원칙의 주권이어야 한다. 요컨대 사회들의 진보적 전진을 주재하는 도덕 원칙. 부르주아의 이기주의적 치세에 직면한 노동계급에게 "고유한" 길, 그것은 보편성의 길이요 도덕의 길이다.

프롤레타리아의 밤

도덕으로의 회귀! 바로 이것이 인민 운동 전위의 만장일치 슬로건이다. 도덕으로 회귀하여, 노동자들은 부르주아가 주장하는 그런 이들이 아님을 부르주아에게 입증하고, 또한 노동자들에게서 부르주아적인 악덕을 정화하기. 피착취 노동자를 더 확실하게 착취하기 위해 그에게서 착취자의 영혼을 만들어내 그의 반란을 무장 해제하는, 사회의 탈도덕화의 이중적 제물인 저 피착취 노동자. 그는 이중적 노동일의 물질적 속박을 치환해 전복하는, 도덕의 잉여에 의해서만 스스로를 해방시킬 수 있다. 그는 또한 착취자의 타락을 구제함으로써만 자신을 타락에서 구제할 수 있다. 소유물의 수입이 부과하는 물질적 노동의 잉여에 그가 대립시켜야 하는 것은 헌신이라 불리는 도덕 노동의 잉여다. 따라서 이 헌신은 투쟁중인 노동자들의 연대 이상이다(노예들도 반란 안에서 연대하며, 이기주의자들 역시 자기 이익이 합치되는 한에서는 통합한다). 오히려 연대란 노동자의 잉여노동을 그들의 도덕적 열등함에 연결시키는 체계에서 평형추인 것이다. 노동계급이 자신의 경쟁자에 대해 "적어도 지적으로 동등하며 도덕적으로는 우월함을" 제시해야 한다는 것은, 부르주아의 모략에 답하기 위함일 뿐 아니라 노동계급의 평등을 확보하기 위함이기도 하다. 균형의 수준을 재확립하기 위해서는 노동계급이 스스로를 인류의 도덕적 치세의 노동자로 만들어야만 하며, 헌신을 가중해감으로써 세계 조화라는 창조적이고 보수적인 섭리의 잉여와 통합되어야만 한다.

병의 진단에서처럼, 치유책의 처방에서도 동일성이 우선 군림하는 것처럼 보인다. 『라틀리에』의 가톨릭들도, 『프라테르니테』의 공산주의자들이 『뤼마니테르』의 유물론자들의 소심한 공세에 대립시킨 호소에 서명할 수 있었다.

기조 씨 같은 사람들, 위망 씨 같은 사람들, 그리고 물질적 이익과 기성 사실에 대해 훈계하는 모든 이들과 더불어, 지난 십 년간 유물론 체계가 승리했다. 그것의 결과들은 어떠한가? 이기주의, 고립, 전쟁, 경쟁, 빈곤, 기아…… 반면에 우정, 애국심, 무욕, 희생은 무엇이 되었나? 편견의 대열로 떠밀린 이 모든 미덕들이여!

아! 때가 왔으니, 건전한 도덕으로 되돌아가자! 그렇다, 인간은 홀로 실존하지 않는다! 그렇다! 인간은 우연의 작용에 따른 난폭하고 무지한 결과물이 아니요, 몇몇 분자의 결합물도 아니다. 인간의 신체는 지성을 감춘 겉옷에 불과하며, 이 지성은 세계를 창조하고 보존하는 우월하고 영속적이며 노동하는 지성의 딸이다.[17]

이는 『라틀리에』가 "순수하게 인민적인 당파"라 부르는 모든 이들이 고백할 수 있을 만한 신조 아닌가? 인민 해방을 정치적 전복으로 귀착시키는 "순수 혁명가들"과 인민 해방을 자신들의 과학의 결과라고 약속하는 유물론자들 또는 푸리에주의자들을 배제하면서, 인민 자신의 노동에 의한 인민 해방을 원하는 이들의 당파 말이다. 공화주의적 의무라는 종교와 동일시된 어느 가톨릭으로—라메네의 능변과 뷔셰의 논리를 통해—되돌아간, 왕년의 공화주의자들이었고 오래된 불신자들인 『라틀리에』의 노동자들은, 공화주의적이면서 사회주의적인 종교의 모든 형식들과 변이들을 통합해내는 데 적절한 이런 신앙고백을 지지해야만 하지 않을까? 우애의 도덕 종교는 그것의 근본적인 두 측면을 실제로 통합한다. 하나는 인간의 단일함에 대한 평등주의적인 숭배. 우애 연회의 상속자인 이것의 계보는, 미노스의 법칙들에서 성찬 테이블까지, 기독교의 환멸에서 인류-신의 도래할 왕국까지, 피에르 르루에 의해 추적된다. "사랑이라는 하나의 이론만을, 사랑이라는 하나의 실천만을, 평등이라는 하나의 정치만을, 이기주의의 빈곤과 우둔과 치욕을 버리는 하나의 의무만을, 신이라고 하는 하나의 목표와 믿음만을, 헌신 또는 희생이라고 하는 하나의 수단만을"[18] 알고 있는 모든 이들에게 콩스탕탱 페쾨르가 실현을 제안하는 **신의 공화국**의 미덕들을 벌써 오늘날부터 실천하고 있는, "형제자매를 사랑하는 자들philadelphes"의 귀족적 도덕이 다른 하나다. 과연 무엇이 이기주의적 향락들의 위계에, 신이 도덕적으로 군림하는 수공업 장인 공동체보다 더 잘 대립하겠는가? 저 공동체의 이론이 『로마서』의 한 구절에서 정식화된다. "우리가 제아무리 여럿이어도 예수그리스도를 이루는 단 하나의 몸일 뿐이니, 우리는 그 몸의 여러 사지이니라."[19] 원리의 추상에 부합하는 명료한 가르침이 당대 사회주의 저술들이 애호하는 상징에서 도출된다. 어느 신봉자가 테베Thebae의 은둔자에게 포도송이를 바치면 그 은둔자는 인근의 다른 은둔자에게 전달하고, 이렇게 점차 테베를 일주한 뒤, 우애에 의해 성스럽게 되어 출발점으로 되돌아오는 포도송이라는 상징.

이기주의에 맞서는 투쟁의 깃발을 장식할 아름다운 이미지. 하지만 바로 그 깃발이 투쟁의 원리와 모순되지 않는 이미지로, 물질적 향락의 상스러운 매력을 대신해 이미지의 더 유독한 매혹을 제시하지는 않는 이미지로 장식될 수 있는가? 『라틀리에』의 노동자들이 뷔셰의 학교에서 배워야 하는 것이 있다면 바로 이런 것이다. 이기주의를 그것의 모든 형식과 모든 습곡을 찾아 추격하기. 모든 이미지를 그 사회적 가치라는 면에서 검토하고, 개인들의 모든 연합을 그것의 도덕적 특성 평가를 가능케 해주는 유일한 것인 "활동 목표"라는 면에서 검토하기. 그런데 종국적으로 활동 목표는 단 두 가지만 존재한다. 욕구들의 이기주의적 충족, 아니면 의무의 헌신적 완수. 연합들의 두 유형에는 노동의 공동체와 이기심의 집합이 있다. 이미지들의 두 종류에는 사회적 노동의 존엄을 정신에 재현해주는 이미지들과, 공상적 주제들의 자의성을 어조와 명암의 변덕을 통해 눈의 쾌락에 제공하는 이미지들이 있다. 요컨대 헌신을 부추기는 이미지들과 향락을 부르는 이미지들. 노동자의 음료가 나올지 광란의 주류가 나올지를 보려면 이 우애의 포도를 압착해봐야 한다. 성찬 이미지들의 고결한 애호가들의 의도는 그 사안에서 전혀 비중을 갖지 못한다. "인간의 이기주의란 얼마나 영악한가! 그것은 모든 것과 섞일 수 있으니, 심지어는 정직함이라는 외양과도 섞일 수 있으니, 벗이여, 우리는 가장 위험한 적에게 하듯 저 이기주의를 경계해야 한다. 우리 자신에게로 내려가자. 매일 우리에게 하는 이 호소들 안에서 우리를 우쭐하게 하는 것을 따져보자……"[20]

우리 자신에게로 내려가자…… 이러한 소환에, 미증유의 여정을 향한 이 호소에 집중해보는 것은 가치가 있다. 자기 형제들을 도덕 개혁으로 이끈 노동자들은 이제껏 다음의 단순한 양자택일을 형제들에게 제안했다. 착취와 무지의 진창 속에 처박힌 채로 있을 것인가 아니면 인간 존재의 지적이고 도덕적인 위엄으로 스스로를 끌어올릴 것인가. 바로 이러한 관점에서 『1845년의 프라테르니테La Fraternité de 1845』는 노동자들의 해방에 필수적인 학습이라는 신성한 노동으로 그들을 불러들인다.

노동자들이여, 우리에게는 개혁해야 할 것들이 얼마나 많은가. 각자 스스로 진지한 검토를 받아들이자. 자신의 취향과 쾌락과 교분과 일과에서 개혁해야 할 것을 의식적으로 자문하자. 현재 우리의 존재 방식에 있는 게으름과 무용함 혹은 사악함에서 삭제해낸 모든 것이 정신의 삶을 지향하도록 하자…… 현 세계가 그대들에게 준 우둔한 삶을 영원히 살 겠는가? 그대들의 존재의 완전한 발전을 결국 단념하겠는가?…… 마침 내 그대들은 이러한 지적 혼수상태로부터, 수치스러운 폄하로부터 스 스로를 회복할 수 있어야 하리라.[21]

분할은 명확하다. 낮은 것과 높은 것, 물질과 정신, 잠과 깨어 있음. 이 다른 흐름, 『라틀리에』의 편집인들이 『프라테르니테』의 동료들에 의해 제 안된 의식조사 및 가치 평가를 변형한, **자신에게로 내려감**은 무엇에 도 움될 수 있는가? 그런 시도를 해본다면, 이 포도송이가 자신들에게 발휘 하는 매력에 대해 과연 아래의 저들은 무엇을 말하게 될 것인가? 제화 공 사바리는? 공산주의 노동자들의 가장 존경받는 대변자인 청동 제조 업자 말라르메는? 예전에 앙팡탱의 도덕적 이단에 격분했던 왕년의 생시 몽주의자 부아니에는? 『라틀리에』의 공화주의적 식자공들로부터 저널 의 제1위원회 위원이 되기에 충분하다고 평가받은 무장한 동료이자 직인 식자공 스테브노는? 페퀴르의 제자인 철물공 나르시는? 박봉과 짧은 여 가 시간에서 공산주의 사도직의 방도들을 빼내는, 『프라테르니테』에 있 는 그들의 모든 동지들은? 그들이 이러한 상징 안에서 희생의 상호성에 근거하는 우애적 행복만을 보리라는 것은 매우 확실하다. 그들은 헌신하 는 삶의 대가로 겪은 박해들의 증거에, 자신들의 이상의 복음적 정당성 을 입증하는 저 모든 증거들을 추가한다. 성찬식 희생의 빵과 포도주, 늦 게 온 노동자들이 먼저 온 노동자들과 동일한 임금을 받는 포도밭, 원시 기독교도 공동체와 아나니아Ananias의 징벌, 개인적 소유와 불평등과 횡 령에 맞서 모든 초대 교회 목회자들이 길게 늘어놓는 훈계. 목회자 생클 레망, 생탕브루아즈, 생장크리소스톰, 생토귀스탱, 생그레구아르, 생브누아와, 선의 공동체를 복음적 품행의 순수성에 적합한 유일한 물질적 생활 방식으로 삼았던 다른 백여 명……

하지만 『라틀리에』의 새로운 기독교도들에게는 교부들이 소용없다. 교부들의 권위로부터 끌어낸 어떤 주장에도 그들은 결코 호응하지 않는다. 문자는 죽이며, 정신만이 살린다. 그대들의 활동 목표는 무엇인가라는 단 하나의 질문이 바로 기독교 정신이다. 이러한 이미지에서 그대들을 우쭐하게 하는 것은 무엇인가? 답은 물론 질문 안에 있다. 이미지가 우쭐하게 해준다면, 이는 이미지가 그런 것이기 때문이다. 이 포도송이가 감화를 주며 일주하는 와중에, 『프라테르니테』의 방식으로 이해된―**우리의 취향과 쾌락과 교분과 일과를**…… 개혁하자는―"도덕 개혁"을 더럽히는 동일한 악덕을 희생이라는 겉모습 아래에서 어찌 보지 못하겠는가. 자기 자신에게로 너무 멀리 내려갈 필요는 없다. 약간의 주의를 기울여 자신을 다시 읽어보는 것으로 족하다. 이런 좋은 생각 안에는 의무에 관한 말이 한마디도 없으며, 쾌락들의 계산과 향락의 정제 말고 다른 것은 없다. 포도의 순환에는 정녕 단 두 가지 매력만 있다. 하나는 무상으로 받는다는 것―그 시대의 방식으로는 틀림없이 타인들의 노동에서 그것을 취했던 일부 박애주의자의 손으로부터. 다른 하나는 어떤 강제도 없이 그저 기분에 의해 무상으로 주어진다는 것. 어떤 권위의 법에도, 어떤 집단성의 사슬에도 좌우되지 않는 이웃 사랑에는 부여할 다른 이름이 없으니까 말이다. 이들 "선한 욕망의 사람들"[22]의 우애는 한가한 이들의 기분만을 원칙으로 갖는다. 그런데 이러한 원칙에 의해서, 이기주의의 깃발이 인민 당파의 대열에도 들어와 당파를 분할하고 부패시킨다. 공산주의자들의 언어가 제아무리 준엄해도, 그들이 가톨릭 교부들에 준거하는 목록이 제아무리 길어도, 그들이 스스로에게 제시하는 과업으로서의

프롤레타리아의 밤

목표와 타인들에게 제시하는 상태로서의 목표는 한마디 말로 요약될 수 있다. 행복, 다시 말해, 개인적 욕구들의 이기주의적 충족.

하지만 왜 이렇게 **말해야** 하는가? 공산주의자들은 실제로는 정반대를 논증하는 데 몰두한다. 우애가 약속하는 행복이란 누구에게나 공동의 행복에의 참여로 이루어지기 때문에 이기주의의 세계에서는 그 어떤 모델도 취할 수 없다는 것. 그러니 분할, 약탈, 난장 따위의 프로크루스테스의 침대와 같은 어리석은 이미지들을 끝장내야 하리라.

공동의 행복. 이 표현은 우리의 중상자들에게는 경고 종소리와 등가물이요, 일체의 사회적 요소들의 파괴의 표시다…… 그토록 가공할 이러한 정식화는 실제로 무엇을 의미하는가?…… 어떤 사회적 상황. 이 상황으로부터 귀결되는 것이 정서들의 융합, 통일성, 의지들과 이기심들의 합치, 사회 안에서 각자의 기능을 고려한 능력들의 완전한 발전…… 상호성을 토대로, 모든 사람들을 정서와 행동의 동일한 일체성 안으로 접근시키고 통합하고 융합하는 원칙이 도대체 어떻게 파괴적일 수 있으며 공동의 의무들에서 떨어져나올 수 있겠는가?[23]

답은 쉽다. 말의 의미란 문헌학자들의 편의에 따라 언제나 비틀 수 있는 것이고, 깃발들은 무색임을 입증하기 위해 탈색할 수도 있는 것이니. 다만 **공동의 행복**이라는 이 깃발은 문헌학자들이 아니라, 빈곤에 짓눌리고 기아 환각에 사로잡힌 인민 대중 앞에서 펼쳐진다. 그런데 말은 용어법, 즉 사람들이 말에 기입하는 경험과 투사하는 꿈들에 의해 할당되는 의미를 갖는다. 적어도 프랑스어에서는 그렇다. 실은 잘 "획정되지" 않는 언어들도 있다. 이런 언어들에서는 말들이 능동과 수동, 있음과 없음,

욕망과 의무의 대립을 소거할 정도로까지 서로 미끄러진다. 뷔셰에 따르면 여전히 미숙한 독일어의 특성이 그렇다. 말을 동일성을 향해 밀어붙이고 변증법의 혼합들과 비틀림들을 용인하는 동요가 바로 그것.[24] 그런데 『프라테르니테』의 편집인들은 이러한 게르만 바이러스에 자신들이 감염되도록 방치하면서, 그 언어의 용어법으로 공동 경험이 도덕에 제공하는 좌표들을 공격한다. 그들의 지면에서 『융게 게네라치온Junge Generation』의 발췌들과 독일에서의 신헤겔주의적 종교 비판의 최근 발전들이 점하는 자리를 보는 것으로 충분하다. 그들의 "거창한 말들"과 "장광설들"을 일상어로 번역해야 하며, 확실성의 차원에서 실천이 우위를 점하듯 해석의 차원에서 우위를 점하는 사용 규칙에 그것들을 복속시켜야 한다. 그리하여 공동 규칙과도, 공정한 나눔과도 무연한 이러한 욕구 충족을 **행복**이라고 이해한다는 점이 용어법에 의해 충분히 확증된다. "이 출판물들의 저자들이나 선전가들에게 행복이란 무엇인가라는 질문을 건네는 상상을 해본다면, 혹자들은 아주 노골적으로 그건 배고플 때 먹고, 목마를 때 마시고, 자고 싶을 때 자고, 애를 원할 때 낳고, 가능한 한 덜 일하는 것이라고들 말할 것이다."[25] 그렇지만 『프라테르니테』의 노동자들이 말하는 것은 그런 것이 아니다. 매달 그들은 적대자들을 이해시키고자 열중한다. 그들로서는 물질적 욕구 충족이 행복이 아니라고. 그것은 개인들이 지고의 행복인 영혼들의 조화를 추구하지 못하도록 방해하는 물질적 관심사들을 단순히 제거하는 것이라고.

모든 필요를 충족시킴으로써 사회제도들의 악습과 관련된 타락 원인 모두를 사라지게 할 질서를 우리는 주장할 것이다. 그렇다. 우리는 우리의 불행한 형제들을 위해 종종 그들에게 결핍된 신체의 빵을 요구할 것

프롤레타리아의 밤

이고 이와 아울러 우리는 현사회가 그토록 인색하게 배분하는 지성의 빵을 만인을 위해 요구할 것이다…… 우리가 공산주의자인 것은 마침 내 이러한 도덕적 퇴락으로부터 우리 형제들을 구해내고자, 그들의 영혼을 시들게 하는 이 상스러운 유물론으로부터 그들을 구해내고자 하기 때문이다. 미래를 향한 공적인 예측은 인간이 숨쉴 공기에 대해 근심하지 않듯 욕구 충족에 대해서도 불안해하지 않으리라는 것이니, 바로 이곳으로 우리의 염원들은 향한다. 도대체 이 염원들에 비도덕적인 무엇이 있는가?**26**

이 염원들에 있는 비도덕적인 것? 다만 이 염원들은 독특한 표지를 제거할 따름이다. 말의 의미를 자각하며 당대의 궤변에 훼손되지 않는 모든 정신이 그 표지에 의해 도덕을 인지하는바, 그 표지는 바로 속박이다. 사회적 예측의 관심에 맡겨진, 필요의 물질적 세계를, 사랑과 헌신의 비물질적 세계와 대립시키는 것은 여전히 이기주의를 정당화하는 영악한 방식인데, 이는 의무와 향락의 **물질적** 대립이라는 희생의 조건 자체를 제거함으로써 이루어진다. 확실히 『프라테르니테』의 공산주의자들은 대중에게 육신의 향락을 호소하지 않는다. 훨씬 더 영악하게 그들은 욕구의 충족은 향락이 **아니라고** 말하며 유물론이라는 비난을 『라틀리에』에 되돌려준다.

그대들은 먹고 마시는 것을 지상에서의 인간의 향락으로 삼으려는가? 흔히들 그렇다고 생각한다. 다음과 같은 경구가 그대들의 간행물 권두에 기재된 것을 보게 되면. 노동하지 않으려는 자가 먹어서는 안 된다! 그 의미인즉, 네가 잘하면 너의 보상은 먹는 것이요, 네가 잘 못하면 너

의 벌은 먹지 못하는 것이다! 인간의 마음이 아닌 짐승의 배를 위해 만들어진 교리.[27]

짐승들의 이러한 행복에 그들은 참된 향락을 대립시키는데, 이 우애적 헌신이라는 향락은 "전적으로 도덕적 질서에 속하며 물질적 삶의 사실들에는 해당되지 않는다".[28] 말들의 미끄러짐. 희생으로부터 의무로, 의무로부터 헌신으로, 헌신으로부터 우애로, 우애로부터 행복으로. 이러한 미끄러짐의 경사를 따라 신의 왕국의 수공업 장인들의 도덕은 와해된다.

이것이 어디로 가는지를 보기 위해 오랜 성찰이 필요한가? 모든 사람들이 자신들은 행복을 위해 산다는 것을 유념하게 될 때, 그 누구도 사회적 의무를 완수하겠다고 하지는 않을 테니, 왜냐하면 모든 의무가 고통이기 때문이다. 그 누구도 도덕적 금지들에 복종하겠다고 하지 않을 테니, 왜냐하면 금지들은 우리네 쾌락들에 방해가 되기 때문이다. 그러니 일각에서 자신들은 행복이라는 말로 상호 헌신의 쾌락을 뜻한다고 우리에게 말하게 하지 말자…… 헌신이란 희생 행위다. 그리고 그 어느 언어에서도 희생과 행복이 동일한 사태를 가리키지는 않는다.[29]

그 어느 언어에서도…… 초보 신자인 이 독학의 가톨릭 노동자들은 필경 자신들의 미사 라틴어를 모르는 듯하다. 여하튼 공동 경험은 나름의 자명함을 지니고, 도덕적 행위에 순수한 강제 이외의 다른 어떤 동기도 금지하는 법을 긍정한다.

자기 헌신에는 너무나 현실적인 도덕적 행복이 있다고 공산주의자들이

프롤레타리아의 밤

말한다는 것을 우리는 잘 안다. 그것은 우리의 견해가 아니다. 헌신을 행했다는 것은 틀림없이 커다란 도덕적 만족이다. 하지만 쾌락에 비하면 고통이 거의 언제나 우세하다. 그리고 자기 헌신을 위해서는 도덕적 행복보다는 조금 더 강한 동인이 필요하다. 그 증거는 이러하다. 그런 행복을 마련해주는 기회들이 오늘날 넘쳐나며 줄지 않는다는 것. 그리고 그 단순한 이유가 그 기회들을 맛보려는 이들이 너무나 적기 때문이라는 것.[30]

헌신이 예외이기를 그치려면 규칙이 되어야만 한다는 것은 너무나 자명하다. 우애의 향락으로의 치명적인 미끄러짐에 역의 흐름을 대립시켜야 한다. 마음을 지닌 사람들의 헌신으로부터 의무의 속박으로 향하는 흐름. 그런데 이러한 동일시는 반대로만 확립될 수 있다. 헌신이 매력이 아니라 저항으로, "자기 보존 본능과 향락 욕망에 반하는 인간의 전투"[31]로 정의되어야만 하는 것이다. 그리고 헌신의 도덕 제국은 모든 행복을 물질적 쾌락들의 긍정적 향유로만 축소하는 부정에 의해 확립된다. 각자가 헌신의 필요를 "철저히 확신"하려면, 제아무리 경미한 표상이라 하더라도 헌신 관념에 그 어떤 향락 표상도 들여서는 안 된다.

공산주의자들의 "궤변들"이 갇힐 수밖에 없는 원환은 이러하다. 단순한 물질적 충족과는 다른 행복을 구상하기란 불가능하다는 것. 그러니 생각하기도 어려운 행복을 미래 세대를 위해 생산해야 하는 "사회적 배치"를 위해 노동하라고 물질적 이익 세계의 노동자들에게 호소하기란 불가능하다는 것. 『프라테르니테』 편집인들의 태도 자체가 그 증거를 제공하지 않는가? 헌신의 대가로 자주 옥고를 치른 이 사람들은 이상을 스스로 실현하기에는 자신들이 너무 훼손되었음을 자인한다. 또한 그들은 공동체 창설자들의 시도들을 비난한다. 이기적 세계에 의해 변질된 사람들과 함께하는 이 시도들은 공산주의적 대의를 위태롭게 할 실패로 이어진다는 것. 새로운 교육으로 신세계의 개척자들을 형성해내는 것이 우선 필요하다.

하지만 이런 방책은 문제를 유예하고 급진화할 따름이다. 과연 이 교육자들은 누구인가? 정확히 문제는 누가 그들을 교육할 것인가가 아니다. 교육자들은 부족하지 않으니까. 무지와 이기주의로 인해 우둔해진 대중에게 그들의 본능을 고쳐주고 그들이 조화로운 도시를 향하도록 해줄 교육을 전한다는 자부심을 지닌 교육자들. 집단적 배치 안에서 개인적 만족을 찾는 것을 가로막는 습성에서 그들을 풀어준다는 자부심을 지닌 교육자들. 하지만 여기에서 명확히 확인하게 되는 것은 "교육자들"의 과학, 즉 쾌락들에 대한 계산인 푸리에주의 얼간이의 과학에 있는 부동의 원리다. 조화로움이라는 면에서, 이 과학은 이기주의적—그 효과에 있어서 개인의 타락과 아울러 집단의 분열이기도 한—부패를 세련되게 꾸며줄 수 있을 뿐이다.

이것이 어디로 가는지를 보시오! 가장 단순한 논리에 의해 푸리에주의에 당도할 수밖에 없는 것. 모든 욕구들, 심지어는 가장 수치스러운 욕구에 대한 충족을 자극하고 약속하는 푸리에주의에…… 공동체에는 언제나 분열이 있을 것이다…… 하지만 교육이 이러한 분열들을 예방해줄 것이라고들 말한다. 흠! 교육은 누가 할 것인가? 결혼을 원하는 자들인가 아니면 원하지 않는 자들인가? 만약 공동체 전체가 태도를 표명할 것이 요청된다면, 그 판정이 어떤 것이든 상관없이, 분리해 나가 경쟁 공동체를 세울 불평분자들이 있을 것이다. 그들이 그렇게 하는 것을

누가 올바르게 저지할 수 있을까? 그들은 자기들의 행복을 추구하는 것
인데. 정말 상스러운 생각이긴 하지만 비록 그들이 남색이나 수간에서
행복을 찾는다 할지라도 말이다…… 우리의 동지들이여, 혹여 그대들
이 이 추악한 실천들로 이어지는 비탈 위에 서 있다면, 그래도 그대들은
물러나지 않을 텐가?[32]

　하릴없이, 그들은 물러날 것이다. 40년을 거슬러, 그들의 공산주의 형
제 세바스티앵 코미세르는 어린 시절 젊은 목동이 염소들과 나누는 쾌락
을 보고 느꼈던 혐오감을 회상하게 된다.[33] 그들의 혐오감에는 분명한 직
감이 있다. 요컨대 목동들의 이 쾌락이 그들에게는 촌것들의 놀이인 것
이다. 그나마 그들은 문명화된 대도시에 와서 촌스러운 일과 쾌락의 상
스러움을 벗어났다. 그런데 자신들의 고유한 경험보다는 뷔셰의 가르침
덕에 시골 풍속의 토착적인 순수성에 대해 확신하게 된 『라틀리에』의 편
집인들은 저 공산주의자들에게, 그것이 그들의 고대 모델들의 문명화된
쾌락임을 제시하고자 한다. "로마인들은 쾌락에 관해 세련된 이들이었는
데, 행복에 대한 교육을 받았고, 우리가 방금 말한 파렴치한 실천들에 탐
닉했다." 하지만 여기서 로마 사례의 의미 작용이 변한다. 이는 노예들의
쾌락이 아니다. 주인들이 열등한 종자를 식별해내는 쾌락이 아닌 것이다.
오히려 이는 고유하게 주인들의 쾌락이다. 예컨대 유베날리스 광란 또는
주인과 노예가 뒤섞이는 바쿠스제의 혼탁한 쾌락들. 이러한 장면 변화는
결정적이다. 이제는 주인의 경멸적 시선 앞에서, 상스러운 일과 쾌락을
넘어서는―인민의 전위적 투사들이 자기 형제들에게 해방의 시작으로
삼자고 호소하던―고양을 정당화하는 것은 더이상 문제가 아니다. 이러
한 해방의 도상에서, 또다른 관계가, 또다른 시선이 도덕 노동의 의미를

변경한다. 노동자 인민의 시선. 이 시선은 —자생적이든 이해관계가 걸린 논쟁가들의 교사를 받아서든 간에 —공산주의자들 혹은 여타 개혁가들의 근사한 이상을 나태나 술판이나 여성 공유라는 파렴치들과, 요컨대 게으름뱅이들의 쾌락과 동일시한다. 그런데 아래로부터의 이 피상적인 시선은, 이에 상응하는 위로부터의 시선과 전적으로 마찬가지로 정확하게 보고 있으니, 공산주의자들이 중상모략이라 비난하는 것은 부당할 것이다. 여기서도 역시 겉모습은 존재와 분리되는 것을 허용하지 않는다. 본인들의 의도와는 반대로 파렴치하다고 여겨지는 공산주의자들은 자신들이 이런 파렴치와 제아무리 거리가 멀어도, 자신들에 대한 그러한 재현을 막는 데 무능하다. 실은, 이중적인 논증 영역이 제시해야만 하는 또다른 층위에서, 그들의 이론은 이러한 도착(증)들의 철학적 형태일 따름이다. 『프라테르니테』의 말들의 그 어떤 조합들 중에서도 가장 엄숙한 어휘가 보여주는바, 이 매체의 테제의 바탕은 —이 매체에 대해 소돔과 고모라의 악습들을 되풀이한다고 비난하는 —통속적인 지각에 잘 부합한다.

인간이란 인간 안에서 온전히 자신을 확인하지 않는가? 거기서 그는 자신의 지성이 빛나는 것을, 자신의 고유한 정념이 군림하는 것을 보지 않는가? 거기서 그는 동일한 감정과 동일한 성정의 소리를 듣지 않는가?…… 인간이 지닌 개별적 약함과 동류들끼리 서로 이끌리도록 하는 공감적 끌림은 연합이라는 절대적인 법을 만들지 않았던가? 인간 본성의 욕구들이 다양한 지성들 사이에서 확립하는 부단한 혼합들과 심층적이고 다중적인 연관들로부터 이 지성들이 생산하는 사물들의 공유에 이르는 것이 그토록 먼 것인가?[34]

프롤레타리아의 밤

공산주의 교리는 자신의 복음적 정당성을 확립하고자 하지만 허사였다. 그 교리의 은유들과 완곡어법들 각각은 재화의 공동체를 정초하는 동류 사랑이 예수의 설교로부터가 아니라 파우사니아스의 언술로부터 유래한다는 것을 누설한다. 이 사랑은 신성한 법의 완수가 되는 대신에 차라리 법의 원천 자체이기를, 요컨대 일자—者의 타자와의 무매개적 관계이자, 동일자 상호 간의 섭리적 끌림이기를 자임하는데, 이 끌림은 헌신을 정초한다는 구실로 헌신을 보편적 조화의 수동성으로 축소한다. "마음들과 정신들을, 이것들이 아무리 싫어하더라도, 인류의 원대한 목표를 향해 이끄는, 다시 말해 이것들의 모든 노력과 움직임을 보편적 활동이라는 신비한 구상 아래 융합하기에 이르는"[35] 그러한 보편적 조화. 원대한 전체의 융합은, 공산주의적 우애를 천상의 조화 속으로 녹여내기 위해, 연합의 인간 노동을 동물적 결합들의 본능적 목적성과 동일시한다. 이 "동일한 감정과 동일한 성정의 소리" 안에서, 이 "공감적인 끌림" 안에서, 이 "부단한 혼합" 안에서, 이 "심층적이고 다중적인 연관들" 안에서, 아틀리에주의자들의 스승[뷔셰]이 단칼에 베어버린 짐승의 언어를 어찌 알아보지 못하겠는가? 공산주의 교리는 육신의 복권과 여성해방을 가르치는 대신에 영혼들의 융합과 순수주의자들의 공화국을 설교한다. 능동과 수동의 대립, 동물계와 인간계의 분리, 노동으로부터 노동 생산물까지의 거리와 법으로부터 향락까지의 거리를 재는 세대 간 차이라는, 도덕 노동의 세 조건을 제거함으로써, 남색과 수간과 근친상간이라는 악습들을 보편 이성의 질서 안에 정초해내는 것은 언제나 "범신론" 철학이라는 동일한 원리다.

이에 대해, 이러한 향락이 그저 표상에 속한다고 반박해서는 결코 안 된다. 헌신의 결과를 현재화하면서도 헌신의 원리는 파괴하는 것이 바로 표상 자체이기 때문이다. 이 표상은 일자를 예단하고 전체를 추단하여, 공산주의 우애를 어떤 넘을 수 없는 딜레마 안에 가둔다. 공산주의 우애가 행복의 동기를 대중에게 제시하며, 이렇게 함으로써 개인들 사이의 도덕적 유대 전체를 파괴하는가, 아니면 이 우애가 대중이 행복이라는 말에 집어넣는 모든 것에 낯선, 어떤 행복의 불가해한 이상을 대중에게 가르치는가의 딜레마. 그러므로 그 우애는, 공통의 강제 대신에, 순수주의자들의 공화국에 대한 전용 지식과 은밀한 사랑들을 정초한다. 대중에게 약속된 난장과, 인민적 욕구들의 난폭함에서 풀려난 "형제자매를 사랑하는 이들"의 협회라는 표상될 수 없는 이상은 동일한 효과를 갖는다. 이둘 모두는 실효적으로 실현될 수 있는 유일한 통일성—하나의 동일한 **노동 공동체** 안에서 연합한 개인들의 통일성—의 조건들을 유린하는 것이다. 인민들의 악의는 공산주의자들이 때로는 여성들을 공유하길 원하고 때로는 수도원적인 삶의 일반화를 준비한다고 비난하는데, 이것이 틀린 것은 아니다. "당신네 이론의 적용이 협회를 어디로 끌고 가는지를 아예 모를 정도로 협회 전부가 생각이 없는 건 아니다."[36] 사실은, 여성들의 공유도 수도원도 아니며 그 어디로도 끌고 가지 못한다는 것. 저속한 비너스의 난장판 잡거와 천상의 비너스의 쾌락들이 지닌 엘리트주의 사이에서 무한정 흔들리는 사랑의 불확정성 안에 있다는 것. "형제자매를 사랑하는 이들"과 수도사들의 순수 우애와 순수 사랑이 통속적인 난장과 동일한 분해 요인—사회적 유대 및 헌신 노동을 정초하는 이중 원리의 전복—을 나타내는 융합 안에 있다는 것. 정신과 물질의 대립을 격화시키든 부인하든, 그들은 한결같이 정신의 능동성을 물질의 수동성으로 환원한다. 범신론의 원리는, 그것의 모든 형상들 아래, 언제나 동일하다. 부동성과 노동 부재.

프롤레타리아의 밤

인민적 논증의 이원성은 이원론의 진리를 시인한다. 공산주의는 실은 하나인 두 가지 이유 때문에 실현 불가능하다. 비도덕적이기에 불가능하며 불가능하기에 비도덕적이라는 것. 실천이 반드시 해소시켜야 하는 단순한 착각. 하지만 저 착각을 해소하는 임무를 실천에 맡긴다는 것은 뒤집어 말하자면 실천이 가진 해소하는 특성을 작동시킨다는 것이다. 도덕을 확실성의 **기준**으로 삼는다는 단순한 표상은 이론에는 존재하지 않는다. 이미지의 효과들은 언제나 실재의 효과들이며, 모든 표상에는 하나의 동일성이 내포된다. 우애, 신의 공화국, 인도주의, 합병론, 범신론적인 어리석음의 여타 허다한 가면들의 애매한 이미지들이 나타내는 위협이 있다. 실천을 부패시키고 싶지 않으면 이 위협을 이론을 통해 격퇴해야 한다. 이 위협은 인민적 동일성을 부르주아 시선으로부터 해방하겠다는 바로 그자들, 즉 "인민 당파"의 투사들에 의한 인민적 동일성의 상실이다. 인민 해방을 좌우하는 동일성 문제가 대중보다 "더욱 능동적이고 에너지가 넘치는" 사람들에 의해 구성된 이 당파의 내부로 사실상 전치되었던 것이다.

인민의 이 부분 안에서 우리 시대의 혁명적 에너지 전체가 요약되고, 7월의 위대한 승리의 기억이 눈부신 능동성을 견지한다…… 자신의 정치적 희망 안에서 기만당한, 자신의 민족 정서 안에서 침해당한, 자신의 임금 조건에서 모욕당한 이 대중…… 감각을 교란할 수 있는, 정신을 우쭐하게 할 수 있는 모든 것에 의해, 한마디로 자신 옆에서 또는 자신 위에서 이루어지고 말해지는 모든 것에 의해 격앙된, 당연히 격분한, 가장 절박하고 가장 다양한 청원에 나선 이 사람들……[37]

범신론적인 비도덕성과 예단된 향락이 사회적 질문으로서의 중요성을 갖게 되는 것은 이기주의적 계급 및 권력에 맞선 투쟁에 헌신하는 엘리트 사이에서다. 사실 생시몽주의 사도들에 맞서는 뷔셰의 논변에는 약간의 악의가 있었다. 교리부의 젊은 설교자들에게는 대량의 물질적 향락과 행운—귀족적이든 평민적이든—을 획득하기 위해 물질의 복권과 여성해방을 주장할 필요가 전혀 없었다는 것이다. 그들의 사회적 지위가 본인들에게 그것들을 보장해주기에 충분했으니. 허나 이들 정직한 노동자들과 공화국의 용감한 투사들에게는 사정이 같지 않았다. 그들이 알지 못하고 원치 않았다 해도 그들은 젊은 설교자들의 유혹에 넘어갔고 저들이 가르친 쾌락을 맛보고 싶어했다. 사회질서 및 서민의 생각을 다스리는 원리들이 무효라는 것을 안다는 지적 쾌락. 계몽된 이성의 구속 외에 그 어떤 구속도 없는 상태에서 헌신이라는 순수 행복을 맛본다는 도덕적 쾌락. 요컨대, 인민 당파의 대열 한복판에서 자신들의 바벨을 건설하는 이러한 "계시자들의 공화국" 안에 있다는 시민권.[38] 우애 연회의 미망들을 정초한 포로스poros[부]와 페니아penia[가난]의 새로운 사랑들 안에서, 이제 유혹하는 쪽은 포로스다. 인민을 사랑하는 계몽 철학자들과 청년 부르주아들이 프롤레타리아 학생들에게 부패의 독을 감염시켰으니, 이 독은 현자들의 지적 행복과 성자들의 도덕적 행복이라는 우쭐한 외양 아래 프롤레타리아들이 한량의 "자유로운" 활동과 "순수한" 향락을 그저 욕망하도록 만든다.

이기주의란 확실히 매우 교묘하다. 이기주의는 바로 헌신 및 헌신적인 사람들의 마음에서 가장 급진적인 효과들을 발휘한다. 이기주의가 자리잡게 되는 것은 프롤레타리아 해방에 필수불가결한 지적이며 도덕적인 **과도함**인 **잉여** 안에서다. 이기주의의 간지들을 좌초시키기 위해서는, 표

프롤레타리아의 밤

상할 수 있는 유일한 효과가 **선**이 아니라 **최소 악**인 의무에 대한 순수 요청을 여타의 모든 동기와 대립시켜야 한다. 하지만 또한, 이를테면, 이 의무를 소소한 것이 되도록 해야 하며, 합리적 입법과 목적들의 군림이라는 표상들과 여전히 결부되어 있는 귀족적 오만을 이 의무로부터 제거해야 하고, 보통의 노동 조건에, 법뿐만 아니라 힐난에서도 비롯되는 강제에 이 의무를 귀착시켜야 한다. 잊지 말아야 하는 것이다. "우리는 노동하기 위해 태어났음을. 언제나 노동하기 위해. 우리가 요청할 수 있는 유일한 것은 충분한 삶, 다시 말해 우리가 우리의 기능을 적절하게 행하기에 충분한 정도의 안녕임을. 그 밖의 모든 것은 부조리하고 위험하다."**39**
오로지 타락의 교리만이 해방 노동에 도덕을 부여할 수 있다. 자연종교와 공화주의 덕성의 사도들이 여전히 얽매여 있는 생시몽주의적인 낡은 궤변을 끝장내야 한다. 원죄의 교리가 노동자의 노예 상태를 야기한다는 것은 사실이 아니다. 정반대로, 노동이라는 강제를 인간 조건의 보편성 안에서 정초함으로써, 교리는 노동의 실행을 열등한 카스트에게 주어진 운명으로 만드는 체계를 깨뜨린다. 또한 우애와 일체성에 대한 모호한 말놀이도 끝장내야 한다. 만약 기독교가 공화주의적인 삼위일체의 종교일 수 있다면, 이는 성찬식의 우애 덕분이 아니라 타락의 평등 덕분이다. 함께 나누는 빵과 포도주의 표상을 통해 이교도적인 성변화聖變化 놀음으로 회귀하는 모든 것을 기독교의 희생 관념에서 치워버려야 한다. 예컨대 파우사니아스와 아리스토파네스의 연회에서 이루어지는 신체들과 성性들의 혼합. 역사가의 전통에 따르면 기독교 공동체의 평등주의가 먼저 모습을 보인 것인, 바쿠스제의 혼잡한 환경에서의 동물 변장이나 포로스와 페니아의 야간 혼례에서 이루어지는 계급들의 혼합. 사악한 사도들 탓에 번쩍이며 어른거리는 이 모든 이미지들과, 희생을 우애 연회에 현존하는 일체성으로 간주하는 이 모든 표상들을 내쫓는다는 조건에서만 비로소 기독교가 해방의 종교일 것이다. 그러니 영양 공급을 위한 노동의 힘과는 다른 것으로 전화되는 빵도 포도주도 없다는 것. 그 어느 식탁 위에도 성스러운 살과 피가 제공되지 않는다는 것. 신-인간의 신체 안에 섞여 있는 사지는 없다는 것. 어떤 식으로도 치유될 수 없는 로마인들에게 보낸 서한이 아니라는 것. 희랍어를 배워 바울의 전언으로부터, 데살로니가 사람들의 통제되지 않는 관대함 및 만족할 줄 모르는 욕구들과 대립되는, "일하려 하지 않는 자는 먹어서도 안 된다"는 명료한 규칙과는 다른 것을 알아내야 할 필요가 없다는 것. 하나님의 아들의 희생에 가족적 헌신이라는 엄밀한 의미를 되돌려주기 위해서는 이교도의 동물 형상들로의 역설적 회귀가 필요하리라는 것은 그래서 별로 중요하지 않다.

고대 세계가 근대 사회들에 물려준, 너의 기억에서 가장 아름다운 모범으로 언제나 현존해야 하는 감동적인 상징이 있다. 제 새끼에게 생명을 주기 위해 자기 가슴을 찢는 숭고한 희생을 완수한 뒤 죽게 될 새가 그것이다. 이러한 상징을 잊지 말아라, 인민이여. 네 붙이를 위해 너의 피 전부를 바칠 정도로 관대해져라. 죽음을 두려워 말라. 너는 승리할 수 있으며 패배를 모를 것이다. 뒤따라올 이들의 존경 덕에 영생이 너에게 속하며, 미래는 영원성의 세례를, 미래 세대의 비준을 네게 보장한다.[40]

십자가에 못박힌─자신의 몸과 피로 우애의 일체성을 키워내는─이 [예수그리스도]를 대체하는 기이한 형상. 펠리컨 그리스도. 형제가 아니라 애비. 제 붙이들을 향한 그의 최후의 희생은 양육 노동의 일상적 헌신을 연장한다. 범신론의 박식한 비판과 군중의 이성들 사이의 수렴은 인민의 노동에 필수불가결한 서약의 조건들을 표현한다. "자유로운 희생의 완수를 향해 모두를 소환"[41]한다는 기독교적 진보 법칙이 실현되기 위해서는, 희생의 과잉을 노동자들의 가족적 헌신의 강화로 귀착시켜야 한다. 이러한 헌신 모델은 이미 민족적 대의를 향한 지고한 헌신에서 제공된다. 보존 본능에 맞서는 투쟁인 헌신—자아에 대한 순수 망각—이 삶과 죽음, 향락과 자살에 대한 범신론적 무차별 속으로 사라지지 않고 세대들을 따라 진보할 유산이 되기 위해서는, 희생의 부정성과 최소 악의 노동의 무한성 사이에 다음과 같은 이중의 보존 원리가 삽입되어야 한다. 가부장적 권위와 양육 노동의 **가족**, [고역으로서의] 노동travail에 [작업으로서의] 노동oeuvre이라는 집단적 의미를 부여하는 공동체인 **민족**. 노동자들의 종교가 우애적이고 사해동포적일 수 있는 것은 오로지, 카스트들의 접경지대에서의 경계적 입지를 인민 및 인간 해방에서의 전위적 입지라고 간주하는 매개적 인민에 대한, 인민의 지식인 친구들과 이 친구들의 유혹에 넘어간 희생자들인 노동자들의 양성구유적인 몽상들 안에서만이다. 인민의 헌신 노동은 형제간의 것이기에 앞서 부자간의 것이어야만, 인도주의적이기에 앞서 민족적이어야 한다. 도덕을 확실성의 기준으로 삼는다는 것은 도덕이라는 근거를 대중의 근거로 삼는다는 것이자, 이미 실존하는 노동 공동체인 실제적 인민의 집단적 동일성 안에서 인민의 고유한 이름과 특수한 깃발을 단념한다는 것이다. 정치·사회적 개혁에 걸맞은 군중이 되게 해줄 도덕적 개혁으로, 군중을 이끌기 위해서는 우선 당파가 스스로를 개혁하고, 군중의 품행들과 이성들 안에서 진정한 헌신의 원리들을 재확인해야 한다. 군중의 고유한 방탕에—관념의 방탕이든 풍속의 방탕이든, 사실 이 둘은 거의 마찬가지인데—의해 그 발현이 저지되는 원리들을.

공산주의자들이여, 당신들이 새롭다고 배웠던 관념들 중 그 어느 것도 오래된 프랑스적 관념들보다 더 진보적이지 않다. 당신들이 자유와 평등과 우애와 단결이라는 민족적 정식화보다 더 완벽한 정식화를 찾았는가? 아니다. 전혀! 거대 공동체 안에서 특수 공동체들을 만들어 무엇 하겠는가?…… 우리 생각에는, 인민 대중은 진보의 도정에서 빠져나가지 않았다. 혹여 인민 대중이 그 도정에서 더 빨리 전진하지 않는다면 과오는 우리 모두에게 있는 것이거나, 또는 오히려 우리를 진전시킨다는 구실로 우리를 분열하고 일탈시켰던 모든 자들에게 있는 것이다…… 노동자들이여! 규율을 갖추자! 대열 속으로 되돌아가자! 우리는 당신들에게 우리 주변에 있으라고 호소하지 않는다. 우리는 하나의 인물도 당파도 아니니까. 우리는 군중이다. 우리 같은 군중이 되자.[42]

대열 속으로 되돌아가기…… 이러한 권고들이 더욱 실효적인 것이 되도록 권고의 저자들은 겸손함을 갖춘다. 방황하기는 매한가지였던 길들에서 먼저 빠져나올 기회가 되었던 자신들의 도정을 제안하고 있음을 암시해주는 겸손함.

우리는 말할 수 있으리라. 우리에게도 의심과 쇠퇴의 순간들이 있었다고…… 당신들에게 영향을 준 관념들에 우리 모두 더하건 덜하건 영향받았다. 우리는 당신들의 결론에 부합하는 사회적 결론들로 이끌렸다. 우리는 정확히 당신들과 동일한 언어를 구사했고 그러면서도 우리가 더 선진적이라고 생각했다. 오늘의 우리는 다른 감정들로 돌아섰다. 우리는 군중 속에서 한 걸음 한 걸음 평범한 경로를 따른다. 당신들로 하여금 당장 해야 할 노동에서 탈선하도록 함으로써 당신들에게 사회에

프롤레타리아의 밤

대한 공포를 되돌려주는 이론들을 당신들이 포기할지는 우리의 소관이 아닐 것이다.[43]

『라틀리에』의 정직한 편집인들은 이처럼 혹독한 규율만이 그들의 방탕 욕구를 억제한다고 우리를 헛되이 설득하려든다. "우리로서도, 우리가 순수하고 단순하게 기독교로 회귀하지 않았다면, 우리는 유물론자가 되었을 것이고 본능들을 충족시키는 데만 몰두했을 것이다."[44] 『라틀리에』를 위협하는 이단은 오히려 그것의 전투적 정통파 **내부에** 위치하며, 달리 말해 이단은 희생의 허무주의로 이루어지는데, 이 허무주의는 본능과 의무의 대립을 넘어서 범신론적 원리와 이것의 공산주의적인 효과들에 합류한다. 이단에 맞선 투쟁이 종결될 수 없는 것이라면, 이는 확실히 이단자가 자리잡았다는 것이요 심지어는 그가 종교재판관과 동일시된다는 것이다. 간행물의 편집에서 이 역할을 맡은 이는 사랑의 거짓 선지자들 중에서도 가장 가혹한 자객이요, 순교자 가톨릭 폴란드의 옛 무장 동료이자, 한때는 수도사가 될 생각을 했던 생도미니크회 수사의 친구인 부기 담당자 슈베다. 『라틀리에』의 이 경제학자가 쓰는 신비주의적 언어 안에서, 근절할 수 없는 범신론적 이단을 어찌 알아보지 못하겠는가. 그는 바로 이 언어를 통해 거짓 선지자들 중에서 가장 고결하고 가장 잠행적인 자인 『신의 공화국De la République de Dieu』의 저자[페쾨르]와 소통한다.

희생을 통해서만 우리는 신 안에, 신은 우리 안에 있는 것이다. 이것이 그대의 믿음이요 또 우리의 믿음이다. 이것이 언젠가는 전체 인류의 믿음이 되어야 한다.

우리 모두가 희생이라는 단 하나의 종교를 갖는다. 왜냐하면 희생 안에서만 그리고 희생에 의해서만 비로소 신이 세상에 현현하기 때문이다. 진심으로 현실에서 희생을 하자. 우리 모두의 고유한 감정들과 사상들과 의지들을 희생하자. 우리의 형제들을 상대로만이 아니라 우리 자신을 상대로, 신을 상대로 희생하자. 신이 우리 안에서 살고 우리가 신 안에서 살도록, 한마디로 말해 모든 면에서 우리 자신의 모든 것을 죽이자. 여기에 우리의 도덕과 우리의 교리와 우리의 숭배가 있다……

보편적 사랑, 보편적 단결, 보편적 희생 바깥에서는 저마다의 감정도 사상도 의지도 없음. 바로 이것이 보편적 일체성. 신은 우리 안에 그리고 우리는 신 안에. 각자는 모두의 안에 그리고 모두는 각자의 안에. 바로 여기에 창조와 불멸과 생명이 있다. 유한은 무한으로, 다자는 일자로, 우발성은 절대성으로 전화된다. 우리가 인간을 죽여야 신이 부활한다.[45]

이러한 신앙고백에 뷔셰의 확실한 기준을 적용해볼 수 있다. "본질적으로 범신론을 구성하는, 상반되는 것들이 같은 것들이고 동일한 것들이라는, 모든 사안이 동일하다는 단정, 바로 이러한 문제 위에서 체계를 평가해야 하며, 바로 이러한 문제로 체계를 귀착시켜야 한다."[46] 이 사안은 빠르게 평결된다. 이 서한에는 뷔셰의 십 년 교육을 파산시키지 않는 구절이 단 하나도 없으며, 조상들로부터 되찾았노라고 자칭하는 신앙을 근대적 이단들로 귀착시키지 않는 구절이 단 하나도 없다는 것. 예컨대 프로테스탄트 개인주의의 이기주의에 맞서는, 레싱에 의해 외젠 로드리게에게 전해지고 이어서 그에 의해 앙팡탱에게 전해진 유대인 스피노자의 이단. 유한을 무한의 양태로 삼으며 각각의 개인을 성스러운 전체의 일부로 삼는 이단. 착취 및 동물화의 난폭한 영어풍 언어에 맞서는, 상반되는 것들을 동일성으로 환원하는 독일어의 꾸밈새. 이원적인—기독교적이면

프롤레타리아의 밤

서 프랑스적인—도덕은 희생의 매개가 일자의 향락의 무매개성으로 급선회하는 것을 보게 된다. 인간적인 것이 신성한 것과 동등해지는 범신론적인 밤에, 헌신이라는 절대적 양도는 이기주의적 향락의 절대성—자아의 순수 소모 또는 소비—에 합류하며, 희생과 이기주의의 동일성은 자살이라 불린다.

두 가지 자살의 논리와 대면해야 한다. "새로운 과학의 제자"에 의해 1831년부터 제시된, 생시몽주의 범신론의 "극단적 결과".[47] 십 년 뒤에 『라틀리에』의 다른 편집인 아돌프 부아예의 유언에 의해 헌신의 희생자들에게 약속된 종말. "내가 왜 자살하는지 알고 싶다면, 바로 이것이 그 이유다. 사회의 현상태에서 노동자에게는 그가 개인적일수록 그만큼 더 행복하다. 그가 자기 가족을 사랑하고 가족의 행복을 원하면 그는 숱한 고통을 겪는다. 하지만 그가 사회와 자신의 동류를 진지하게 사랑하면 그는 나처럼 생을 끝내야만 한다."[48] 『노동자들의 상태 및 노동조직화에 의한 상태 개선에 대하여De l'état des ouvriers et de son amélioration par l'organisation du travail』의 불행한 저자를 자살로 몰아간 **이기주의**를 형언하는 것이 쉬운 일은 아니다. 사실 부르주아 언론은 이미 이 사태를 포착해서 일석이조를 노리고 있다. 노동자들로 하여금 연장을 버리고 펜을 쥐도록 자극하는 오만을 재차 고발하는 것. 개혁적인 노동자들의 헌신과 기획들을, 인민의 조건 너머로 스스로를 끌어올리려는—이미 질베르, 말필라트르, 에제시프 모로 같은 사람들을 죽인—이기주의적 욕망과 동일시하는 것. 우선 『라틀리에』는 『레 데바Les Débats』의 한 언론인에 맞서 자기네 협력자에 대한 기억을 정당화해야 한다. 그 언론인은 근검절약하는 노동자의 보장된 행복을 신문쟁이 노동자의 치명적인 허세와 대립시킨다.[49] 하지만 헌신과 저축의 이러한 대립에 머무는 것은 부아예의 행동에 대한 가장 유해한 버전을 용인하는 셈이다. 이미 누군가는 부아예의 이기적이지 않음을 확언했다. 바로 생시몽주의자 이작 페레르. 폴 뒤퐁에게서 부아예의 자리를 찾아준 옹호자, 부아예의 충실한 유언 집행인, 『라틀리에』의 같은 호에서 인민 당파의 모든 도착(증)이 이들 탓이라고 비난받은 바로 그 인민의 유혹자들의 모범적인 대표자. 그는 부아예가 오만이 아닌 노동자적 몰이해의 희생자임을 보여주었다. 틀림없이 그는 자신의 방향으로 부아예를 굴절시킨다. 진지하고 평화적인 개혁에 관심을 기울이는 노동자와 데마고그들에 이끌려 혁명적 언사만 알아듣는 대중을 대립시키는 식으로.[50] 하지만 일단 생시몽주의적인 낡은 진부함이 논박되고 나면 문제의 핵심에 다다른다. 대중이 개혁가들의 저술에 귀를 닫도록 하는 것이 혁명적 열광이 아니라면 역으로 그건 그저 대중의 냉담이요, 헌신의 언어 일반을 이해하지 못하는 대중의 무능인 것 아닌가? "흔히들 그를 미쳤다고, 지배를 열망하기에 사회를 뒤집어 유명해지고 인기를 누리고 싶어하는 야심가라고 여겼다……" 거대한 주제들은 제쳐두고 그저 사실들에만 관심을 기울이는 어느 생시몽주의자 식자공이 낭독한―이는 우연인데―장례식 조사에 뭐라 답할 것인가?

부아예는 만기일에 맞춰 이행할 수 없을 책무들을 짊어졌습니다. 이러한 당혹스러움에 더해, 노동계급 다수가 자신의 모든 역량을 여전히 이해하지 못했다는 것과 자신의 해방에 기여할 수 있는 모든 것을 일종의 냉담한 무심함으로 대했음을 바라보는 슬픔도 있었습니다.
노동재판소 심판관들에 맞서 파리 시청에 내는 청원에 서명하는 일이 더디게 진행되자…… 이것이 마침내 그를 낙담시키고 말았습니다. 우리 세기의 치명적 질환인 의심에 다다른 그는 자신의 실존에 종지부를

찍습니다.[51]

『라틀리에』의 식자공들은 동료 바노스탈의 조사에 대응하기를 삼간
다. 그들은 그저 조사를 두 부분으로 나눈다. 저 치명적인 질환 판정에
는 공공연하게 동의하는 반면 노동자의 "냉담"이라는 논지에는 반박하
는 것이다. 식자공 사이에서만 저 유명한 청원의 서명자가 1067명이라는
것은 노동계급이 자신의 해방에 무심치 않다는 점을 충분히 입증한다
는 것. 부아예가 걸린 치명적 질환의 원인은 다른 곳에서 찾아봐야 한다.
그의 헌신 아래 숨겨진 야망이 아니라 헌신을 야망이라는 형식으로 간
주하게끔 했던 혼동에서. 유명해지고 싶어했다고 그를 비난하는 노동자
들의 익명의 편지들은 헌신 행동에 서명함에 있어서의 모순을 잘 나타내
준다. 자신들의 관대함을 감사 표시로 갚게 하는 한량들이 있으니, 프티
부르 고아원 후원자들이다. 그들의 박애는 피후견인들의 침대 머리에 새
겨진 현판으로 보상받는다.[52] 자기 이름을 서명하고픈 헌신하는 노동자
는 자신의 말을 정당화할 수 있는 유일한 정체성, 즉 집단적인 인민적 정
체성에의 권리를 상실한다. 이 정체성에 어울리도록 『라틀리에』의 편집
인들은 논설의 엄격한 무기명을 『라 뤼슈』의 노동자 문필가들의 "바벨적
인" 원칙에 대립시키는 것이다. 인민의 책은 그것의 교리에서도 외관에서
도 변함이 없어야 하고, 고유한 이름들과 특수한 이론들의 서명에 의해
훼손되지 않아야 한다. 현실의 부침들과 상식의 근거들이 도덕 명령과 정
치 행동 규칙 사이의 합치를 확인해준다.

여기서는 물론 고유한 이름들보다 인민의 집단적 이름을 예시하는 것
이 더 중요하다. 게다가 노동자가 혼자서 책을 쓰는 일은 아주 드물고,

그가 출간하기 위해 필요한 희생들을 하는 것은 더욱 드물다…… 우리의 불행한 동지들 중 하나가 스스로 목숨을 끊게 된 것은 홀로 전진하며 자기 이름으로 말하고자 했기 때문이다.[53]

무상 헌신이라는 자부심, 홀로 인정받고자 하는 욕망, 이기주의라는 죄. 노동과 저축의 신문 연재 담당자들을 조롱한 연후에, 그들의 근거들이 부아예의 익명의 상대방들—도덕의 이론적 주권을 실천으로 행하는 **여론**을 나름의 방식으로 대표하는 이들—의 근거들이기도 하다는 점에서, 그 근거들은 이제 원용되어야 한다. "교육자들"의 가르침으로 헌신이 오염되었고 방탕한 청춘 탓에 전투력이 감퇴되었던 불행한 부아예에게는, "2등급의 능력들, 잘못 관리된 상상력들…… 느끼기는 하나 실행하질 못하는 고뇌하는 정신들로 이루어진 군단" 안에 자리를 지정해주어야 한다. 동반 자살과 베랑제의 시 덕분에 망각에서 구제된 실패한 저자들인 에스쿠스와 르바의 전형적인 운명에 처하는 이들 "허약한 투사들" 안에 말이다.

그러니 부아예 당신도, 당신의 손으로 저 치명적인 화염에 불붙인 그날에, 신성한 우애 동맹의 역량을 무시하지 않았던가? 친구도 어미도 없는 이 모든 잃어버린 아이들의 파리한 플레이아드Pléiade를 떠올려봅시다. 이 초라한 뮤즈들 말입니다. 질베르, 말필라트르. 그네들의 유일한 행운은 비참한 죽음이지요…… 아니, 그네들의 유해를 평온하게 놔둡시다. 하지만 청춘의 소명에 말해둡시다. 우화 작가의 우화는 언제나 참이라는 것을. 세상에는 유년보다 더 유약한 무엇인가가 있다는 것을. 오만한 고립이라는 그것.[54]

틀림없이 이러한 단죄를 그것의 맥락 속에 되돌려놓아야 한다. 필자는 부르주아 논변을 반박하고자 하는 것이다. 그런 논변에 따르면 자기 직업과는 다른 것에 몰두하는 노동자는 모두 반드시 낙오자가 되고, 사회와 자기 자신에 해로운 자가 된다. **지적 노동을 위한 노동자 연합**은 쉼없는 노동 아니면 파멸이라는 딜레마에서 **빠져나오기 위한 제3의 길이다.** 하지만 연합이 전제하는 것은 도덕 노동의 무상 증가와 산업적 예속을 대립시키는 이상의 전환이요, 기성 질서의 성직자 및 언론인의 원칙들에 대한 은밀한 동의다. 요컨대 일차적 대립은 헌신가들과 이기주의자들의 대립이 아니며 노동자들과 향락가들의 대립도 아니라는 것. 그것은 사회적 보존 원리와 반사회적 부패 원리의 대립이다. 그리고 이러한 부패는 이제 기조와 위망 같은 이들의 질서—흔히 성밖 지대 취객들이나 저축의 광신도들을 배출하는 체계—보다는 오히려 낯선 혼합적 요소의 현존과 동일시된다. 성별과 계급과 도덕의 경계들을 혼동시키는 요소. 노동자 **연합**이 자신의 모든 **역량**, 즉 의회와 학회와 대학 또는 로마 원로원이 지닌 위용을 드러내는 역량을 펼치기 위해서는, 푸리에 또는 "생시몽의 자칭 제자들"[55]이 호도했던—프롤레타리아인 척하는 부르주아들이 박애주의자들이나 문필가들인 척하는 노동자들과 마주치는—길들 바깥에 연합을 재배치해야 한다. 근원적 악은 혼합적 사랑들과 잘못 이해된 헌신들로 이루어진 세계 안에 있으니, 이 세계에서 노동자들은 귀족적 향락의 극치를 누리려 한다. 부의 대리석이 아니라 여가를. 한가함의 원리보다 헌신의 원리에 훨씬 더 해로운 오티움 otium[능동적 여가]을.

시선의 전환, 산술의 변화. 더 많이 해야 했고 해악은 바로 그 과잉 속에 있다. 사랑의 범람들, 황금시대의 망상과 희생의 광기에 의해 흥분한 밤들. 어떤 면에서는, "물질적 이기심"과 "쉼 없는 노동"의 성직자가 옳다.

사회를 보존하는 도덕 원리는 개인들을 보존하는 물질 원리와 동일시되어야만 한다. 처음에 헌신은 인간이 "자기 보존 본능과 향락 욕망들"에 맞서는 전투라고 상정되었다. 이제 필요한 것은 "전혀 철학자가 아닌" 이들이 도덕 속에서 "개인적이고 사회적인 최상의 보존 수단"을 인정하는 것이다.[56] 고게트에 대한 자신의 독설에 결론을 내리기 위해, 뉘우친 고게트 참석자이자 『라 뤼슈』의 과거 편집인 쉐페르낭이 실행하는 것은 수학적 논증이다.

> 오늘날 임금이 비정하게 보잘것없다는 것을 고려한다면, 끈질긴 인내와 자기 시간—노동자의 귀중한 유일한 자본—을 빡빡하게 쓴다는 조건에서만 자신의 절대적 필요를 충족할 수 있다는 점을 고려한다면, 이 사람들의 상황에서 얼마나 심대한 동요가 일어나야만 하는가를 쉽게 이해할 것이다. 이들의 정신은 부단히 자신의 임무와는 전혀 다른 관심사를 향한다…… 중단 없는 몰두가 노동자에게는 사느냐 죽느냐의 조건이다.[57]

만약 해악이 온통 "지적 행복"과 "도덕적 행복"이라는 도착적 향락들을 정초하는 여가 안에 놓인다면, 그 해악을 근절할 가장 근원적인 실효적 수단은 자기 노동으로 살아가면서 식솔도 부양하느라 근심인 노동자에게 있어서 여가의 존재 자체를 부인하는 것이다. 하지만 이는 헌신의 도착(증)들과 더불어 헌신의 가능성마저도 부인하는 것 아닌가? 자기 노동과는 다른 것을 하고자 하는 자를 타락과 사망에 처하게 하는 일과표 안에서 투사 활동에 자리 하나를 찾아야 하는 것 아닌가?

프롤레타리아의 밤

노동자 중에는 에너지와 확신을 갖춘 사람들이 있다. 이들은 노동하는 계급에게 오늘날 주어진 처지가 즉각적이며 절대적인 방식으로 요청하는 개혁들을 추구하고 개선들을 성취하기 위해 노동일에서 일정 시간을 너그럽게 희생하고, 스스로 보기에 자신의 일상적 노동의 중단으로 비롯되는 것임에 틀림없는 위기들에 고결하게 맞서는 사람들이다. 하지만 공동의 구원과 해방이라는 고상한 관점에 입각하여 자신들의 고된 열세 시간에서 전체의 대의에 양도하는 일정한 순간을 공제하는 사람들과, 불모의 이기주의적 허세를 만족시키려는 목표만을 지닌 도락을 즐기는 멍청한 사람들 사이에는 실로 엄청난 차이가 있지 않은가. 이렇게 말해도 좋다면, 중단 없는 몰두가 노동자에게는 사느냐 죽느냐의 조건인 상황에서, 전자의 사람들의 도덕적 관심사는 헌신이고, 후자의 사람들에게는 자살인 것이다.[58]

헌신과 이기주의의 대립은 명확하지만, 희생과 자살의 대립은 훨씬 덜 명확하다. 해방의 "고상한 관점"과 이기주의적 허세의 만족 사이의 질적인 "엄청난 차이"가 어떻게 단순한 산술을 변경할 수 있는가? 최저생계비에서 조금이라도 양이 줄면 생명의 말살이 일어날 수밖에 없다고 보는 산술을. 부아예의 헌신이 에스쿠스의 자살과 분리되기 위한 유일한 해법은 이 경우의 감소는 감소가 아니도록 하는 데 있다. 논변으로는 상상적으로 실행되고 실제로는 연합의 미래로 투사되는 이 해법은 헌신의—노동의 시간이 아니라 **노고의 시간**에서 공제된—시간들이 노동의 시간들로 계산되도록 하는 것에, 이 두 부류의 시간들이 동질적인 양으로 합산되도록 하는 것에 있다. 헌신으로 간주되는 노동시간이 자살적이지 않다면, 이는 그 시간이 현실에서 그렇게 간주되지 않기 때문이며, 헌신이라는 [작업으로서의] 노동이 [고역으로서의] 노동과 호환되기 때문이다. 역으로 이것이 함의하는 바는 [고역으로서의] 노동이 [작업으로서의] 노동과 호환된다는 것이며, 삶의 재생산에 유용한 힘의 물질적 실행이 헌신 노동과 무매개적으로 등가적이라는 것이다. [작업으로서의] 노동이 [고역으로서의] 노동과 호환되어야 하고, [고역으로서의] 노동이 [작업으로서의] 노동과 호환되어야 한다. 하지만 이러한 호환이 가능하기 위해서는, 둘에 공통적인 하나의 요소가 있어야만 하고, 두 경우에서 동일하게 "즉각적이며 절대적인" 방식으로 감지되는 **강제**만이 그런 요소일 수 있다. 헌신의 노고와 양육 노동의 노고가 공통적인 [작업으로서의] 노동의 계산 안에서 호환되거나 또는 합산되는 것은, 이것들이 속박에 복종하려는 동일한 노력의 산물이기 때문이자 그런 산물인 한에서다.

인민의 헌신 노동을 뒤집어야만 정초할 수 있다는 기이한 평등. 노동자 인민은, 평등을 재확립하기 위해 자신들의 몰락의 표지들에서 자신들에게 내려진 쉼 없는 노동이라는 단죄의 표시를 읽어냈고, 아울러 이러한 쉼 없는 노동에서 이 몰락이 사회적 유대의 해체로 되는 것을 막는 유일한 수단을 보았던 시선을 실격시키기 위해 헌신 노동을 **더 많이** 해야 했다. 하지만 이 전투의 도정에서 공산주의적 이단과의 마주침과 헌신의 역경들은 계산을 계속하도록, 부패를 여가의 추가에, 도덕을 여가의 불가능성에 연결시키도록 강제했다. 강자들의 시선과 전략을 거부해야 했을 때 이미 자주 마주쳤던 **불가능함**이라는 범주의 일반화. 생트마르그리트 거리의 소굴에서 비굴하게 구는 동물적인 피조물들이 노동자들이라는 것은 **불가능한** 일이었으니 왜냐하면 노동자들은 작업장에 있었기 때문이다. 『프레스』의 계획대로 부르주아가 동료들의 신망을 얻은 노동자들을 신용을 통해 매수하는 것은 **불가능**했으니 왜냐하면 노동자들은 특성상 의심이 많으며 충분히 믿을 만한 동료들에게만 신뢰를 주기 때문이다. 노동자 인민이 저축 탓에 부패하게 된다는 것은 **불가능**했으니 왜냐하면 즉각적인 욕구들을 충족시켜줄 정도도 벌지 못했기 때문이다. 거리에서 어슬렁거릴 시간이 없고, 돈은 충분치 않으며, 신뢰는 결여된 그들. 언제나 결핍의 단순 산술이 부패의 이미지를 축출하게 될 것이었으며, 게으름, 즉 시간 과잉을 모든 악습의 원천으로 간주했던 공통의 지혜로 회귀하게 될 것이었다. 그러니 거의 모든 여성 인민이 지닌 "완전히 자비로운" 영향력은 인민적 정체성과 결부된 "신분의 은총"을 전혀 뜻하지 않는다. "이것은 오로지 다음을 뜻할 뿐이다. 저마다 자기 노동으로 살아야 하리라는 격언에 부합하는 그녀들의 상황은, 모든 이기주의적 경향들을 초래하는 강제적 여가들을 그녀들에게 남겨주지 않는다는 것. 말하자면 그녀들의 처지로 말미암아, 우리의 고상한 부인들은 반대 방향으로 펼쳐야만 한다고 믿는 활동을, 사회에 도움이 되는 쪽으로 그녀들이 활용할 수밖에 없다는 것."[59]

그런데 바로 이 대목에서 필요를 덕으로 삼았던 논변이 헌신의 전투적 윤리의 중심에 놓이게 되며, 물질적 왕국에서 도덕적 왕국으로 이행하기 위해 더 많이 헌신하도록 하는 강제가 과도함―비도덕성이 도입되는 지점―의 불가능성으로 급선회하게 된다. 더 많은 헌신을 해야 할 시간은 부패 또는 자살의 시간일 수밖에 없다. 물리적이지 않은 행복이란 존재하지 않는 것과 마찬가지로, 속박된 노동이 아닌 다른 규범들에 의해 정의될 수 있는 헌신이란 존재하지 않는다. 헌신이라는 잉여는 덧없이 사라질 양이며, 이것이―고게트 참석자의 허세, 난장의 퇴락, 오해된 헌신에 사형을 선고하는―부패의 시간과 혼동되지 않으려면 노동자의 노력의 노고와 동일시되어야만 한다. 『라틀리에』는 『프라테르니테』가 이해하는 진보 법칙—사회적 조화의 법칙들에 대한 의식적 파악으로 자유를 환원하는 법칙—과 **자유의지**를 헛되이 대립시킨다.**60** 진보와 도덕의 진정한 원천인 자유의지는 물질적 강제에 의해 엄정하게 속박될 때가 아니라면 그 자체로는 잘 실행되지 못한다. 자유로운 도덕과 물질적 필요의 동일성이 재차 해방의 핵심에 출현한다. [고역으로서의] 노동은 신의 도덕적 왕국의 중심을 점하는데, 이는 [작업으로서의] 생산노동과 결부된 위대함 덕분이 아니라, 도리어 시간에서 비도덕성을 지우고 자살로부터 헌신을 보호하는 **결핍** 덕분이다. 도덕 노동의 모델을 제공하는 자들은 다르게는 할 수 없는 자들이다. 『라틀리에』는 노동자라는 말을 정의함에 있어서 "편협하고 배타적인 감정"에 휘둘렸음을 분명하게 부인한다. "이 참에 확고히 선언하는바, 어떤 [고역으로서의] 노동에 의해서든 사회적 [작업으로서의] 노동에 참여하는 모든 사람들을 우리는 일반적 견지에서 노동자로 인정하며, 사회로부터 받는 것의 최소한도 사회에 주지 않는 저 모든 이들을 노동자로서 자격이 없는 자들이라 간주한다."**61** 이 정의는 물질적 노동의 잉여가치만큼이나 헌신의 잉여가치에도 자리를 내준다. 하지만 이러한 "희미한 일반성들"의 혼동으로부터 서둘러 "공통어"의 용법으로 되돌아가야 한다. "자신들의 일손을 고용하길 원하는 이들에게 일손을 대여해야만 비로소 살아갈 수 있는 부류의 일하는 이들을 우리는 노동자라는 이름으로 부를 것이다."**62** 그런데 대여의 조건 자체는 노동자가 자신이 받는 것보다 더 많은 것을 언제나 주지 않을 수 없다는 점에 있음을 과연 누가 모르겠는가? 자선으로 축소되는 선견지명도, 거의 무용한 교육도, 실존하지 않는 정치적 권리들도, 이러한—새로운 노동자들을 낳기 위해 치른 희생들과 민족적 대의를 위해 불균등하게 흘린 피가 추가되는—사취를 보상해줄 수는 없다. 이로부터 단순 계산에 의

프롤레타리아의 밤

해, 일반적으로 자기 노동력의 재생산이라는 것 말고는 다른 목적이 없는 노동을 하는 "이기주의적인" 노동자들이 그럼에도 역시 대표적인 노동자요 사회질서 안에 있는 신의 왕국의 장본인이라는 점이 도출되지 않는가?

그렇기도 하고 아니기도 하다. 시간과 한도의 속박에 의해 노동의 잉여가치와 동일시됨으로써, 헌신의 증대는 부단히 그 역이 될 수밖에 없다. 오직 뷔셰 교수와 그의 제자인 오트 교수의 저술에서만, 부패에 의해 부식된 한가한 동일성에 단순하고 강인한 이원론적 원리—노동하는 정신과 저항하는 물질(정련해야 할 금속**이자 또한** 통제해야 할 본능)—가 대립된다. 노동자들의 도덕적**이자 또한** 물질적인 이해관계들의 기관지[라틀리에]로서는 모든 문제가, 일자의 양분과 대립물들의 동일성이 노동의 왕위를 그 탄생에서부터 둘러싸는 접속 안에 있다. 도덕으로서의 삶과 희생으로서의 죽음 사이의 동일성. 이기주의로서의 죽음과 사회적 보존으로서의 삶 사이의 동일성. 연합 노동자들의 왕국은 헌신적인 전위보다 더 선진적인 근면한 군중의 왕국이기도 하고 아니기도 할 것이다.

이제 당신들이 우리에게 연합이 변화시킬 것을 묻는다. 우리는 당신들에게 그것이 변화시키지 않을 것을 묻는다…… 임금의 굴욕과 장인의 멸시에 억눌린, 타인들의 경멸에 의해 스스로를 경멸하게 된, 너무나 자주 악습에 물들어 퇴락하고 우둔해진 노동자 대신에, 자유롭고 명예로운, 자발적으로 동의한 연합의 법에만 속하는, 자신이 지닌 인간으로서의 모든 위엄과 도덕적 가치에 대한 모든 의식을 틀어쥐는, 타인들에 대한 존중에 의해 스스로를 존중하게 되는, 덕을 실천하여 스스로를 회복하고 고상하게 드높이는 노동자.[63]

전투적 책무의 고귀함을 선한 노동자의 존엄함과 통합하는, 미래 노동자의 합당한 이상형. 하지만 공산주의자들과 회의주의자들에게 노동자 연합이 노동자들의 집단적 이기주의와는 다른 것임을 입증해야만 하는 전망 안에서 이단은 결코 멀리 있지 않으며, [바로 앞에 인용된] 익명의 논설 「노동조직화」가 회계원 슈베의 흥분한 펜에 의해 저술되었음이 곧바로 드러난다. "불가피하게 모두가 열렬한 적대자들이었다. 너 나 할 것 없이 장인의 의지들에 더 저자세로 복종하는 것에 의해, 더 싼 임금 제안에 의해, 어쩌면 배신 행위에 의해 자기 경쟁자를 제칠 것이다. 요컨대 그들은 동색이라, 각자의 이기심은 모두의 이기심이 된다는 것이다. 그들은 마치 단 하나의 동일한 몸을 이루고 있는 것과 같고, 누군가에게 상처를 주는 자가 또다른 누군가에게 상처를 주는 식이다."

단 하나의 동일한 몸…… 프루동이 아직 인정하지 않은 이 제자가 법전의 소항목 하나(임대료 폐지)에 근거하여 정초하고 싶었던 "평등한 교환"이 이루어지는 사회에 대한 꿈. 각자의 노동이 모두의 것이 되고 모두의 노동이 각자의 것이 되니, "인체의 혈액 순환" 또는 "하천의 대동맥들에 의해 비옥해진 토지"의 이미지를 닮은 "착취 없는" 세계.[64] 폭리와 부에 대한 저 너무나 유명한 경멸자들의 계보에 속한다고 재빨리 주장하는 "신성한 일체성". 이 계보는 생탕브루아즈, 생장크리소스톰, 생바질, 생그레구아르드니스, 그리고 모든 교회의 아버지들로 이루어지며, 교회의 아버지들은 자신들을 수도회의 아버지들로 전화시키려는 자들 앞에서 자신들의 저술들로 인해 무방비 상태에 놓인다.

신비주의적인 부기 담당자의 만성적인 범신론적 실책. 논설 검토위원회의 아주 일시적일 뿐인 경계 소홀. 다음 호에 이어지리라는 약속을 찾아보지만 허사다. 그것을 대신해서 위원회는, 작업장의 "엉터리 시인들"

에게 심취하지 않은 것으로 보임에도 불구하고, 부정한 상인들에 맞서는 수백 편의 알렉상드랭 풍자 시구를 삽입했다. 실은 이단 재판관으로 하여금 자신의 저술들 안에서 위험을 무릅쓰고, 이교도의 우상을 참된 신의 아들과 결혼시키는 새로운 신성함을 찬양하도록 하는 게 낫다.

노동을 저열하다 여겨 마다하는 자는 누구든 불행하다. 노동이야말로 시간을 가로질러 영원의 책에 스스로를 기입하는 고귀함의 자격이기 때문이다. 그것은 인간이 자신의 존엄을 모두 펼치며 신을 향해 나아가 신의 손에서 영광의 왕관을 받는 권좌다⋯⋯
노동은 기독교도 헤라클레스다. 그의 왼손엔 두 자루의 검이 들려 있다. 하나는 대지를 정복하기 위함이요, 다른 하나는 자신의 고유한 정념들을 정복하기 위함이다. 오른손으론 두 개의 햇불을 흔드는데, 재능의 햇불과 자유의 햇불이다. 그의 힘은 과학에 있고, 자선은 그의 승리다.
게으름은 간통한 비너스다. 악습은 그녀에게서 태어나며 무지는 그녀의 딸이다. 그녀는 스스로를 잡아먹는 삶이다. 그녀는 죽음에게 몸을 팔고 사탄에게 영혼을 파는 교차로의 매춘부다.[65]

좋다, 간통한 비너스라 하자! 하지만 연합의 투사들이 부정의 검 두 자루와 긍정의 햇불 두 개로 자기들 손을 다 채워버리면 노동자들의 미래를 포옹하기 어려울 것이다. 연합 노동자들의 왕국은 보다 소박하게 공표되어야만 한다.

우리는 화폐가 더이상 이익을 낳지 않을 시대를 예견했다. 하지만 이 시대는 우리에게서 멀다⋯⋯ 평등이 권력의 부재를 뜻하리라고 이해하는 사람은 아무도 없다…… 우리의 계약에서 우리는 과거 또는 현재의 장인을 관리자로 대체했다. 그 단어가 더 적합하지만 지휘 기능은 동일하다…… 반복하거니와 좋은 연합 회원이 되려면 많은 자질이 필요하다…… 자신을 드러내지 않으면서 모든 시간을 바치는 헌신…… 규율의 정신…… 멍에를 자발적으로 받아들이도록 하는 데 너무나 필요한 덕성…… 자, 여기 열 명의 노동자가 있다. 그들은 1만 프랑을 차용하여 평범한 사업체를 차렸다. 차용된 자본은 이들의 노동 덕에 불어나, 대략 5년이 되자 자본금은 상환되고 노동 수단은 연합의 소유가 된다. 우리의 체계에서, 의무 계약 종결시, 이러한 소유는 그 총체성에 있어서 연합 회원들 사이에서 분할될 수 없을 것이다. 4분의 1이든 5분의 1이든 수익의 일정 부분이 무한정 증가되는 보유 기금이 마련될 것이다…… 분할될 수 없는 자본과 비개인적 소유가 시작되어, 연합의 무한한 성장의 확실한 수단이 될 것이다. 이 보유 자본이 지금 5000프랑인가? 사업을 더 키우자. 할 수만 있다면 다섯 명의 새 연합 회원을 부르자. 그러면 일 년 안에 보유금은 5000이 아니라 1만 프랑이 되고 이걸로 열 명의 피착취자가 해방될 것이다.

이건 눈덩이다. 이것이 커질수록 이걸 굴리기 위한 일손들이 더 필요하다. 그만큼의 해방된 일손들이 다른 일손들을 불러들일 것이고, 이렇게 이어진다……

이것이 대단치 않다는 것을 우리는 시인한다. 하지만 세상일은 모두 이렇게 시작된다……[66]

문제는 연합이라는 눈덩이가 느리게 굴러간다는 것이 아니라, 그것을 구르게 만드는 힘이 정확히 어떤 것인지를 아는 것이다. 도덕 노동을 좌

프롤레타리아의 밤

우하는 이원론의 자명함은 이 노동이 노동조직으로 표현될 때 이상하게 흐려지기 때문이다. 슈베에게 맡겨진, 애초의 논증은 그럼에도 명쾌해 보였다. 그것은 대립물들을 통일시킴으로써 두 체계—"배타적으로 개인적인 소유의 자유경쟁"과 "사회적 통일성에서 출발하여 개인을 부인하고 생산이든 분배든 모든 것이 공유되길 원하는" 교리—의 대립을 넘어서려는 것이었다.[67] 대립물들의 통일은 동일성이라는 독일적인 방식으로 이루어지지 않는다. 그것은 『라틀리에』의 필자가, 비록 그 자신은 그렇다고 털어놓지 않으려 하지만, 브장송의 인쇄공 철학자[프루동]가 소유에 관해 쓴 최근작[『소유란 무엇인가?』]에서 분명히 차용해온 프랑스적인 방식으로 이루어진다. 대립되는 원리들 각각의 균형추 위에서 제자리를 할당하는 방식. **생산** 영역에서는 생산수단들의 집단적 전유가 개인적 전유에 근거한 착취를 종식시켜야 한다. **분배** 영역에서는 모든 소유를 부정하고 욕구들의 최적의 충족을 약속하는 공산주의자들에게, 소비 가능한 부—노동의 결실들—의 개인적 소유를 대립시켜야 한다. "분배 문제는 이렇게 정식화될 수 있겠다. 모든 욕구를 그 본성과 지분과 강도에 따라 충족시키는 평등이라는 하나의 원리와, 사회적 신체의 수족 각각이 생산 가치와 수령 가치라는 면에서 지니는 평등이라는 다른 하나의 원리, 외관상 모순되는 이들 두 원리를 화해시키고 통합하며 조정해주는 어떤 조합을 찾아내는 것."[68]

분명히 이러한 평등은 생산수단들의—게으름이 공제해가는 십일조로부터 노동을 자유롭게 하는—집단적 소유에 의해서만 가능하다. 하지만 이 평등은 또한 두 영역 사이에 하나의 평등 원리가 실존함을 전제한다. 노동에 대한 보수라는 원리. 그와 같은 원리의 결여로 인해 공산주의자들은 극복하기 어려운 딜레마에 갇힌다. 정작 공급 수단들은 보장하지도 못하면서 모든 욕구의 충족을 약속하거나, 그게 아니라면 이러한 충족을 보장하긴 하지만 가장 귀한 향락들을 제거한 어떤 속박을 통해 그렇게 하는 딜레마. 예컨대 원하는 시간에 노동하거나 쉬는 자유, 원하는 대로 이동하는 자유, 심지어는 『뤼마니테르』의 편집인들이 자신들의 원리를 채택한 이들에게 약속한 일생에 대여섯 번의 세계 여행의 자유라는 향락.

우리가 방금 언급한 자유들을 공동체가 실제로 승인한다면, 공동체는 소멸한다. 왜냐하면 그것을 오용할 이들의 수가 엄청나기 때문이다. 공동체의 실존 조건이 공동체가 이러한 자유를 승인하는 것을 가로막을 것이다. 역으로 노동에 대한 보수가 교환 가능한 표장에 의해 지급된다면, 인간은 자유롭게 많건 적건 노동하고, 왕래하며…… 분배는 노동자 연합 안에서, 각각의 노동자가 생산한 정도와 비율에 따라, 노동자 각자에게 항상 평등하게 이루어진다. 그렇게 해서, 자기 욕망과 욕구의 절대적 판단자인 각자는 자신이 욕망하는 부의 가치와 동등한 가치를 사회에 부여함으로써 원하는 만큼 저 욕망과 욕구를 마음껏 충족시킬 수 있다. 그리하여 노동과 진보의 부단한—무엇보다도 인간 개성의 자유와 욕망과 욕구로 이루어진—동력이 보존된다.[69]

자신이 욕망하는 부의 가치와 동등한 가치…… 평등은 단순하다. 하지만 여기서 정의를 규정하는 등식의 항들 중 하나가 이중화된다. 왜냐하면 노동 가치는 임금 착취라는 척도로 측정될 수 없으며, 그 가치는 작동중인 새로운 사회적 원리를 반영해야 하기 때문이다. "분배 속에서 각각의 노동을 그것의 원래 가치가 아니라 그 노동이 비용을 치른 노력과

프롤레타리아의 밤

헌신의 총계에 의해서만 평가해야 한다."[70] 일군의 영세 고용주의 비루함으로 전락하지 않는 한 노동자 연합의 노동이 이러한 보수 원칙을 무시하는 일은 있을 수 없다. "임금의 기초는 직무의 구별이 아니라, 해당 직무가 노출되어 있는 위험과 노고, 그리고 해당 직무가 유발하는 반감이다. 임금에 이러한 기초를 부여함으로써, 평등이 정의와 조화를 이뤄가게 되는 것인 만큼 평등에도 득이 되리라고 우리는 믿는다."[71] 그렇다고 이것이 동일한 평등은 아니며 동일한 정의도 아니다. 그러니 극복된 반감들의 총합은 분배될 부의 합계에 부가할 것이 크지 않을 우려가 실제로 있다. 독실한 슈베와 그의 동지들이 열망하는 향락은 육체노동과 생산성의 증가를 필요로 하는 향락이 틀림없이 아니다. 하지만 이곳이 자문해봐야 할 자리다. 자기 욕망과 욕구의 판단자인 "자유로운 개성"이 향락들을 구매하는 것을 가능케 하는 헌신이 정확히 무엇인지를. 연합은 단지 이기주의의—세련된 것이든 아니든—향락들을 누릴, 기술자인 생시몽주의자 사도가 찬양한 논리를 따라 더 많이 소비하기 위해 더 많이 생산할, 인민의 사제가 비난한 바빌론적인 방식으로 더 많이 쉬기 위해 더 많이 노동할 더 나은 수단일 것인가?

수단들에 관한 프루동주의적 개인주의와, 목적들에 관한 공산주의적 또는 생시몽주의적 비도덕성이 협력하는 지형을 단념하자. 다시 한번 건전한 도덕으로, 즉 사회적 유용성은 강제적이며 개인적 저항은 제어되어야 한다고 보는 이중적 관점으로 돌아가자.

노동에 보수를 지급하는 방식이 생산을 자극하게 되고 그리하여 생산이 가능한 가장 높은 지점까지 밀려가야 한다는 것에 대해, 우리는 누구도 트집거리를 찾아내리라고 생각하지 않는다. 현사회들은 엄청난 물질적 욕구들을, 절박하고 전혀 인위적이지 않으며 충족되지 못한 욕구들을, 그래서 이 욕구들만큼이나 역시 엄청난 노동의 조건에서만 충족될 수 있을 욕구들을 갖는다. 우리의 농민들에게는 일차적 생필품들이 부족하다. 많은 고장에서 그들 모두가 밀 또는 호밀로 된 빵을 먹지 못한다. 어림도 없는 일이다. 그들의 가옥 또는 차라리 오두막이라 해야 할 곳에는 타일도 마루도 깔려 있지 않다. 가구란 아예 없고, 따뜻한 옷이 그들에겐 호사다. 그런데 이 모든 것들은 필수품들이니, 이것들을 박탈당한 자들이 정치 개혁을 통해 시민의 대열에 놓이자마자 이것들이 생산되어야 할 것이다……[72]

이러한 사회적 의무에 저항하는 자생적 경향과 마주치지 않았더라면 이 의무는 물론 단일하진 않았을 것이다. "그러니 여기선 모든 인간을 향한 공통적인 비난에 고개를 숙여야 하며, 우리는 현실적이고 유익한 노동에 대해 누구나 느끼는 본능적 반감을 말하고 싶다." 여기 있는 것은 헌신의 실행에 전형적인 상황이다. 하지만 불행히도 이것은 헌신이 보수지불 원칙으로서는 적용될 수 없게 되는 상황이기도 하다. 극복된 반감들의 비-가치에 비례하여 인상되는 보수를 갖고, 사회적 선이 요청하는 엄청나게 가중된 부를 어떻게 확보할 것인가? 신성불가침의 원리가 은밀히 측면으로 밀려나고, 전일제 임금과 도급제 임금의 각각의 장점들에 대한 현실주의적인 비교가 더 부각되는데, 이 비교는 전자를 기각시키는 것으로 빠르게 결판난다. "대부분은 가능한 온갖 지식과 성실함을 지니고 이런 노동을 하지만, 그렇다고 해도 이 노동은 도급제로 보수가 지불되는 노동의 생기와 활기를 지니지 못한다는 것 역시 진실이다." 전일제 노동의 관행에 만족하는 "자연적인 나태"로부터 이것의 귀결인 최저의

　　　　　　　　　프롤레타리아의 밤

사회적 유용성에 이르기까지, 도덕에 득이 될 것은 없다. 하지만 그 역은 확립되기가 더 까다롭다. 농촌 주민들에게 일차적 생필품들을 제공할 수 있게끔 해주는 도급제 노동의 자극제를 어떻게 도덕으로 정초할 것인가? "일부 공산주의자들이 비난하듯이, 우리가 화폐라는 추악한 미끼로 사람들을 자극하려 한다고들 비난할 텐가? 여기서의 비난은 허울좋은 것이다. 그것에는 특정한 감상적 외관이 없지 않아서 맞서 싸우는 것을 곤란하게 한다." 실은 이 논설의 필자가 "유용한 활동, 특히 도덕 질서에서의 유용한 활동이 원리상 이득을 목표할 수 있다고" 믿지는 않으며―이는 그에게 기대할 수 있을 최소한인데―그래서 그는 화폐 보상이라는 약속으로 자기 부대를 자극했던 장군을 힐난하지 않을 수 없는 것이다. 하지만 확실히 그는 이 장군이 자기 부대에게 훈장을, 또는 고작 후세의 단순한 인정을 약속했다고 힐난하지는 않았을 것이다. 그런데 이제 잘 확증된바, 두 종류의 향락도 두 종류의 자극제도 없다. 자극제라는 것을 기준으로 삼는 한, 인간의 명예욕보다는 실효적인 화폐욕에 호소하는 것이 더 낫다. 결국 이기주의에 대한 이러한 비난들 자체가 개인의 완성을 공동선보다 앞에 놓는 이기주의적인 관점을 채택하지 않는가?

더이상은 개인만을 봐서는 안 되며, 사회를 고려하여 검토하고 행동해야 한다. 현재의 산업 질서에서 노동이 완벽하고 신속하게 진보한다는 것이 좋은 일인가? 이는 좋은 일일 뿐만 아니라 가장 필요한 것이기도 하다. 명예 보상에 대한 희망으로 이러한 진보를 촉발시킨다면 과연 그것이 확보될 것인가? 확실하다. 금전적 보상을 거기에 부가한다면 과연 더 많이 확보될 것인가? 아무도 이를 부인할 수 없다.

그렇지만 이 다급한 산파술이 전체 구조물의 기초 원리를 망각시킬 수는 없다. 요컨대 사회적 유대의 보존 또는 해체는 개인들이 스스로에게 주는 동인들에 달려 있다는 원리. 방해물을 제거하기 위해서는 신약으로 "되돌아가야" 하는데, 그 신약은 프로테스탄트 버전으로 읽는, 다시 말해 야곱 서한이 삭제된 신약이다. 완고한 슈베는 저 서한이 나쁜 부자들뿐만 아니라 부자들 일반을 단죄한다는 점을 환기하길 좋아한다.

이제 사회는 화폐에 대한 사랑을 자극함으로써, 산업과 농업의 개량에서, 그리고 이에 따라 복지에서 획득하게 될 것을 도덕에서는 상실하게 될 것인가? 우리는 그렇다고 생각하지 않으니, 왜냐하면 우리가 획득하는 것은 도덕적 타락이 아니라 그것의 사용법이기 때문이다. 그러니 사회는 가능한 한 복음서의 가르침을 따라서, 노동에 따라 보수를 지불해야만 한다. 이러한 수단에 의해 그대들이 상대적으로 부유해진다면 복음이 거기 있는 것이요, 그대들이 행해야만 하는 부의 사용법을 그대들에게 제시하는 도덕적 법이 거기 있는 것이다.

그러므로 각자는 자신의 능력과 노동에 따라. 강한 노동자들에게는 상대적 부유화라는—정의로운 자에게 지상에서의 보상을 비준하는 동일한 복음서에서 타락을 모면하는 수단들을 찾아내야 할—자극제. 보통 노동자들에게는 일상의 허기라는 자극제. 아무것도 하지 않으면서 이 허기를 충족시키고 싶어할 사람들에게는 강제 노동이라는 처벌. 마지막으로 약한 노동자들에게는—공산주의자들은 악의를 가지고 새로운 기독교도들에게 약한 노동자들을 시장의 선택에 방기해둔다며 비난하는데—그들의 능력에 걸맞은 노동. 노동의 질서정연한 왕국은 이렇듯 새로

　　　　　　　　　　　　　　프롤레타리아의 밤

운 혼합주의의 모습을 띤다. 보상이라는 측면에서는 순화된 생시몽주의. 이것은 헌신에 대한 엄격한 ─ 권력으로든 돈으로든 ─ 보수 지불에 의해, 사랑의 위계에서의 교란을 능력에 따른 분류와 노동에 따른 보수라는 엄격한 본원적 원리로 귀착시킨다. 처벌이라는 측면에서는, 타락의 교리로 축소되어 결국 열한번째 시간의 노동자들에게는 도급제로 지불하기로 작정한 기독교. 법 및 제재에 대한 기독교의 엄정함과 분류 및 보수에 대한 생시몽주의의 정의가, 두 종교에서 기술자 사도들과 박애주의적 포도 재배자들의 자의적인 사랑에 방치해두었던 것을 교정하고자 하는 교환에서, 우선순위가 역전되는 경향을 보인다. 이제 모두가 아는바, 개인들이 사회 진보에 협력하도록 만드는 것은 처벌이 아니라 보상이다. 슈베의 열광을, 새로운 테베─그리스도의 신비한 몸 안에서 하나가 되는 동업조합들과 노동자들 ─ 에 대한 그의 꿈을 내놓고 공격하기 전에 은밀히 정정하면서, 직조공-식자공-목수-조각가이자 미래의 의원인 코르봉은 기독교 규칙과 상식의 소박함만을 표현하는 척할 수 있다. 그렇지만 보편연합에 대한 신비주의적 꿈 앞에서 그가 소묘하는 것은 다른 것이다. 헌신의 숭고함 또는 법의 보편성보다는 능력들의 자유로운 비상과 진보적 혁신가 및 노동자 들의 경쟁에 입각하여 세워지는 실력-공화국. 모두에게 기회를 주지만 특히 스스로를 도울 줄 아는 자들에게 기회를 주며 공동체적 노동체의 맹아로서보다는 운동의 전위로서의 연합들을 후견하는 공화국. 목표보다 더 중시되는, 생산 조건들과 인간관계들을 부단히 혁명해야만 하는 운동.

노동의 기독교적이고 민족적인 도덕 대신에, 진보의 개척자들의 개인주의? 하지만 아마도 "이기주의"로의 이러한 회귀는 하나의 대용물일 것이다. 노동의 도덕이 공통적인 기준에 따라 희생하라 명했던 **다른 것**을 노동조직화의 평범한 안에서 상실하는 사태를 모면해보려 고안된 대용물. 자신들의 모든 부인에도 불구하고 노동자 예술가 코르봉과 신비주의자 회계원 슈베는, 노동조직화의 보상과 처벌은 대다수 노동자 인민에게는 짧은 마주침을 제외하면 금지된 향락과 희생의 대용물에 다름 아닐 것이라는 점을 여전히 느끼지 않는가. 예컨대 이런 마주침들. 신에게 숨어버린 수도사들과 "형제자매를 사랑하는 자들"의 삶, "아이가 폼 놀이를 마칠 시간 안에" 바스티유를 차지하고 "태양이 두 번 뜨는 사이에 전체 인민의 표정을 바꾼 혁명"을 해낸 저 위대한 날들,[73] 억압당한 민족체들의 대의, 예술가들과 발명가들의 노동, 지구를 일궈보겠다고 사막 모래의 야만을 없애보겠다고 바다를 건너간 수도승 전사들과 전투적 노동자들의 새로운 서사시. 아틀리에주의자들의 노동 공화국의 마지막 역설. 이 공화국의 개척자들이 자신들의 진영을 선택했던 것은 자신들의 도덕이 폐기를 요구했던 보충을 보존하기 위함이라는 역설. 노동자 동업조합에 노동과 집단적 해방의 도구들을 부여하고자 하는 노동자 좌파의 꿈에 맞서, 개척자들은 노동자 연합의 낯선 친구들의 진영을 지지하기로 결정했다. 법률가 마리와 은행가 구드쇼는 자신들의 정직하고 온건한 미래 공화국을 위한 사회적 토대를 노동자 엘리트 안에서 구성하느라 여념이 없다. 재력가들 없이도 동업조합을 조직해보려는 구상을 설명하러 온 『라틀리에』의 한 목수에게, 은행가는 자신의 구상을 명확하게 설명했다. "우리는 은행가 협회를 만들고 우리 안에서 가입자를 받는다. 우리가 20만 프랑을 모으면, 우리에게 최상의 보증을 제공할 다양한 연합들에서 관리자로 임명할 사람들을 여러 상이한 동업조합에서 선발할 것이다."[74] 이 회동에 대한 언급이나, 『프레스』에서 얼마 전 꾸민 매수 시도와 유감스럽게도 유사한 이 구상에 대한 비난을 『라틀리에』에서 찾아봐야 허사일 것이다.

프롤레타리아의 밤

심지어는, 노동자 매체들과 사회주의 분파들의 대표자들이 마리의 집에 모였던 회합에서, 그들 계급에 속하는 것으로는 거의 유일했던 아틀리에 주의자들이 저 은행가의 원리를 지지했다. "부분 연합"의 원리. 원리 자체의 제한을 교정하도록 고안된 연합의 지형을 제한하는, 극단적인 가담. 꿈과 자살적인 헌신을 노동자들의 노력의 온건함으로 축소하는 동일한 방책은 또한 노동조직화의 비루함이 사회 노동의 차원으로 확산되는 것을 저지해야만 한다. [작업으로서의] 노동/[고역으로서의] 노동 원리가 개인적 허세를 공동의 조건으로 귀착시켰으며, 노동의 보수 지불 원리가 의무의 속박을 노력의 도덕성으로, 사회적 진보를 능력의 전개로 귀착시킨다.

그리하여 노동 궁전의 간소한 외관보다는 그 외관을 흐트러뜨리는 것에 주목해야 한다. 이 궁전의 박공에 각인되어 있는 것이, 확실히 더 자극적인 표어를 차용해올 수도 있었을 어느 사도[바울]의 부정적인 권면이라는 것은 공연한 것이 아니다. "일하려 하지 않은 자는 먹어서도 안 된다." 마치 노동과 생존의 이 비루한 —전위의 근거들이 대중의 근거들에 합류하고자 애쓰는— 관계가, 이 전위에 고유한 모순들이 순수하게 부정적이고 잠정적인 타협을 이루는 자리이기도 했다는 듯이. 전위는 나태의 왕국에 자신들이 대립시켜야만 하는 것을 놓고 나뉜다. 그리스도의 지상의 나라에서의 조화를 대립시킬 것인가 아니면 노동자 노마디즘의 길이 자유기업의 길과 교차하는 어느 진보의 모험을 대립시킬 것인가. 노동과 사회적 의무의 왕국은 결정적으로 단순한 통과 자리로 남는데, 노동자-사도에게서 차용해온 소박한 표제에서 봐야 하는 것은 새로운 철기시대의 공표가 아니라 해체의 징표요 의심의 표시—이 왕국에 기원에서부터 영향을 미친 것들—다.

이 노동조직화 구상을 차용했고 최대한으로 보급했던 노동자 집단은 숱한 희생과 꾸준한 노력을 요구했던 체계의 실현 불가능성을 의식하고 있었던 것 같다. 그 집단이 사례를 들어 설교하려는 노력을 별로 하지 않았다는 것이 그 증거다. 이에 관해서는 나도 뭔가를 안다. 나는 그러한 질서의 요청에 순응하지 못하겠다고 느꼈으며 그것을 소리 높여 말했음을 완벽하게 기억한다.[75]

스스로 실천하지는 못해도 남에게는 언제든 권장할 수 있다. 변호사 마리와 은행가 구드쇼의 공화국은 곧 아틀리에주의자 코르봉과 당기를 노동자연합권장위원회 위원으로 지명할 것이다. 그들은 아직도 십자군을 시작할 순간이라고 믿는가? 실은 그들이 아닌 다른 누군가들이 그런 믿음을 갖고 있다.

11장

노동 공화국

La République du Travail

재단사 관리인이 작업장 문을 열고 들어와 잠시 조용히 하라며, 거기 모인 모든 노동자에게 우리가 친구로 방문한다고 알려준다. 작업장에는 대략 마흔 명 정도 있었고, 월요일 아침—우리는 우선 이걸 확인하니 기쁜데—이었으며, 재단사들은 진심을 담아 우리에게 인사했고, 깊은 만족의 미소가 그들의 수척하고 창백하지만 그래도 솔직하고 총명한 얼굴에 번졌다.[1]

우애 연합체의 열린 문 안에서 인민 대표자 방문단의 눈에 보이는 것은 커다란 방뿐인데, 이 방에서는 연합체 노동자들이 아침부터 저녁까지 휑한 마룻바닥에 쪼그리고 앉아, 장인들이 경영하는 작업장에서 일하던 것보다 조금 더 혹독하게 노동하고 있다. 그래도 벽에는 석 점의 작은 석판화가 걸려 있고, 동료들이 노동자들과 노동조건에 관해 토론하던 와중에, 이제는 의원이 되었어도 여전한 예술 애호가인 철물공 질랑이 석판화들의 주제를 알아보러 다가갔다. "하나는, 오류를 저질렀을 수 있지만 인민이 동정하고 용서하며 떠받든…… 한 영웅적 인간의 초상이었다." 인민의 계몽적이지는 않아도 헌신적인 수호자인 바르베[의 초상] 옆에는, 연합체가 수용한 고아인 아주 어린 사내아이가 감동적이라며 방문자에게 추천하는 이미지가 있다. "가시면류관을 쓰고, 자유와 평등을 뜻하는 알레고리적인 두 인물에게 기댄 예수를 묘사하는 또다른 석판화. 이 감동적인 이미지에서는 신의 아들이 자기 맨발 밑에 황금을 토해내는 교만의 사탄을 두고 있고, 희망이라는 단어가 기입된 환한 동그라미가 온유함과 너그러움으로 가득한 예수의 머리 위에 있다." 희생을 나타내는 이러한 두 이미지 뒤에는, 풍요로움과 우애 번영의 이미지.

　　이번에는 공화국을 나타내는 아름답고 강인한, 조금은 소박하지만 그래도 행복하게 재현된 여성. 그녀는 프리지어 모자와 화관을 쓰고, 펄럭이는 긴 드레스를 입었다. 그녀에게 장신구라고는 이마에 단 방울뿐이다…… 공화국의 형상인 그녀 뒤로는 기념물이 하늘로 솟구치는 화려한 도시들, 이삭으로 가득한 밭들, 포도가 가득 열린 포도밭들이 있다. 그녀는 어리광 부리는 거대한 사자에게 태연하게 손을 뻗어 손 키스를 보내며, 다른 한 손으로는, 그녀의 발밑에서 열심히 공부하는 한 무리의 아이들에게 꿀벌들이 일하는 벌통을 보여준다.

　　자신의 산문과 운문을 윤문하느라 밤을 지새우던 시인 철물공은 물론 쓰라린 대가를 치르고 다음을 알게 된다. 이미지의 예술적 가치를 보장하기에는, 어쩌면 그것의 사회적 유용성을 보장하기에도 역시, 선의로는 충분치 않다는 점을. 하지만 노동자 의원이 어떻게 판화의 조잡함에

　　　　　　　　　　　　　　　　　　　　프롤레타리아의 밤

서 두 세계의 뚜렷한 적대의 자명한 표지를 읽어내고 싶은 유혹에 저항할 수 있었겠는가?

아마 어느 거리 모퉁이 행상의 노점에서 20상팀에 사왔을 더러워진 빈약한 소품들을 보며, 그토록 부정확한 만듦새에도 고결하고 도덕적인 사유 속에서 구상된 이 그림들 앞에서, 내 뇌리에 이러한 비교가 떠오르는 것을 막을 수 없었다. 전날 나는 사교계 인사들의 댁에 있었는데…… 그들의 살롱에 들어서는 내게 강한 인상을 준 주요한 오브제들은 〈백조와 함께 있는 레다〉와 〈목욕하는 여인 사라〉라는 두 조각상이었다. 후자의 조각상은 베일 없이 전면에서 보이는데, 나뭇잎 그네를 타고 무릎을 이마에 대고 있는 모습…… 그 돋을새김은 정말 화려했다! 내게는 오늘날의 사회 전체가 겉보기에 그토록 단순하고 시시한 이런 사물들로 요약될 수 있는 것 같았다.

한쪽에는 안락함, 달콤한 여가, 은밀한 방탕, 소소한 이기심, 소소한 경박함, 소소한 악덕과 권태가 있다. 수치스럽고 범죄적인 것은 아니더라도 무용하고 무미건조한 어떤 삶의 권태가.

다른 쪽에는 악착같이 품을 들인 뒤에 겪는 극심한 궁핍, 노동으로 계시되는 생생한 믿음, 절대적 헌신, 고귀한 관념을 위해 제물로 바쳐진 모든 나쁜 정념이 있다. 가장 숭고한 희생에까지 이르는 이웃 사랑이 있다. 지상에서의 모든 행복과 모든 위안을 위해, 미래 세대에게 물려줄 더 나은 장래에 대한 희망이 있다.

일상생활의 장식이자 동시에 거기서 빚어지는 세계 이미지이기도 한 이 소소한 사물들의 자명함. 두 세계 사이에는 혼용도 없고, 공통 척도도 없다. 한쪽에는 무위도식하는 살롱들의 비좁은 휜 공간이 있고, 여기서는 비루한 정념들의 무기력이 의자의 폭신함 속에 도사리며 조각상들의 섬세함으로 빚어진다. 다른 쪽에는 넓은 공간의 장방형 건물이 있고, 이 공간의 휑함은 4수짜리 석판화들의 순진함 속에서 그려지는 숭고한 헌신들에 무대 구실을 한다. 마찬가지로 비례의 법칙에 의해 지배되는 이중적 우주. 나태의 세계에는 왜소한 감정들만 들어찰 수 있으며, 거기서는 심지어 이기심들도 소소하다. 이에 비해 노동자들의 헌신의 크기는 처벌의 강도와 궁핍의 심도에 반드시 비례한다. 물질적 이기심의 왕국의 붕괴 안에 놓이는 것은 가난의 미덕과, 두 판화의 뚜렷한 대립─부르주아 웅변가들에게 있는 약탈의 환상성, 노동자 인민의 시인들에게 있는 보상의 기하학─이다. 바로 이러한 점에서, 연합체의 궁핍은 약속된 땅의 표상일 수 있다. 이미지들과 향락들의 혼융을 해체하는 궁핍은 노동자 인민에게 이들에게만 있는 이미지들과 가족적 쾌락들의 내밀함을 되돌려준다. 동일성의 이 재발견된 낙원에서, 노동의 행태들은, 이것들이 제아무리 고생스럽더라도, 장식 없는 벽에 걸린 형상들의 영웅주의에 정확하게 반영된다. 성밖 지대들의 혼란이 종결되면, 연회의 우애는 노동의 노력들과 축제들에 있는 도덕성과 일치하게 된다. 혁명이 축하연이라고 생각하는 사람은 아무도 없다. 하지만, 연합한 요리사들이 마구 상인들에게 첫 끼니를 제공하는 성밖 지대인 피갈에서, 고급가구 제조인 연합이 엑스포 입상을 경축하기 위해 가족 축하연을 여는 생조제프 마당에서, 마차 만드는 목수들이 인민 대표자 방문단에게 작업장에서 점심을 들라며 붙드는 변두리 지역인 라 비예트에서, 우애 있는 노동자들의 검소한 식사는 늘어난 빵과 축성된 포도주의 기적들을 되풀이하며 시골의 일요일들의 향취를 되찾는다.

프롤레타리아의 밤

마구 상인들은 11시에 점심을 들어야만 했다. 10시 30분만 되면 식탁이 차려진다. 현금 8프랑이 남아 있었고 오후에는 미불금이 정산된다…… 한순간에 단이 꾸며진다. 그 위로 신선한 순백의 전나무 판자들이 놓인다. 그것들의 깔끔함과 좋은 향기가 우리에게 시골의 리넨 제품을 연상시킨다. 노동자는 각자 거기에 자기 먹을거리와 빵을 내려놓는다. 포도주는 이웃에게서 마련할 수 있는 잔들과 함께 외부에서 들여온다. 그럼에도 불구하고 잔이 모자란다. 나는 내 잔을 15세 도제와 나눈다. 그는 평생 이런 축하연에 와본 적이 없다. 다른 이들도 나를 따라 옆사람들과 잔을 나눈다. 참석한 사람들 수만큼 빵을 썰어 돌린 뒤에 둥그렇게 모여 두 번 건배한다. 처음에는 민주공화국을 위해, 다음에는 노동자들의 연합과 해방을 위해…… 소박하게 차린 식탁 주변에는 100명 이상의 사람들이 있었다. 진심이 사치를, 점잖음이 격식을 대체했다. 노동을 찬미하는, 인민을 도덕적으로 교화하는, 빈민들만이 사랑하는 공화국을 축복하는 연설들이 있었다. 이어서 각자 자신의 차례가 되면 노래를 불렀다. 남자들, 여자들, 아이들. 고상했고, 상냥했고, 열정적이었고, 순진했지만 그래도 여전히 아름다웠던…… 순회 악사들이 공연하러 들어왔지만, 날카로운 소리를 내는 바이올린과 감기 걸린 목소리 비슷한 하프 소리를 인민의 귀에 들려줄 수 있음에도 불구하고, 성밖 지대에서 통용되는 노골적인 노래들을 할 시간도 장소도 아님을, 재론할 필요조차 없이 악사들 모두가 느꼈다.[2]

잃어버린 공동체를 추구하는 "추방된" 폴린 롤랑이나 왕년의 목동이 보기에, 연합은 장인의 착취에서 자유로워진 노동자들의 시도일 뿐만 아니라 재구성된 인민적 우주의 중심이다. 성밖 지대인 라 비예트의 어떤 천박한 광경도 변두리 연합체들을 방문한 노동자 의원의 이목을 끌지 못한다. 그 의원이 보기엔, 생트마르그리트 거리는 생앙투안의 변두리에서 하나의 낯선 비지일 따름이다. 생앙투안은 마당들의 이름조차 마을의 친밀감을 복음의 순수성과 결합시키는 곳이니까. 마당의 이름으로 '두 자매Deux-Soeurs' '예수 이름Nom-de-Jésus' '꽃바구니Panier-fleuri' '성령Saint-Esprit ' '좋은 종자la Bonne-Graine' 따위를 쓰는.[3] 이 우주의 중심에서, 노동자의 노래들과 포도주 잔들이 나타내는 우애는 가족의 의무들과 대립하지 않으며, 가정의 이기주의는 노동자들의 연대와 대립하지 않는다. 근면한 노력과 도덕 노동의 동일성을 통해, 노동의 세계로 떨어진 아이가 잃어버린 낙원으로 되돌아간다.

이어서 각자 자신의 차례가 되면 노래를 불렀다. 남자들, 여자들, 아이들…… 대부분의 노동자들이 이제 자기 노래를 짓고 그들은 아무것도 허비하지 않으니…… 궁전의 딸 뮤즈가 작업장으로 내려온다. 곧 그녀는 초가집을 찾을 것이고 농부들의 이마를 빛나게 해줄 것이다. 조금 더 기다리고 조금 더 배우면 모든 사람들이 지성적 삶을 살 것이다. 다른 삶의 고통과 비참을 견디게 도와줄 수 있을 유일한 삶을.[4]

새로운 삶의 행태들과 상징들에 주목한 유력 방문단원 모두가 대량으로 가져오는 것은 다음과 같은 혁명의 스냅사진들이자 가족 초상들이다. 이제는 자신이 무엇 때문에, 누구를 위해 노동하는지를 아는 노동자, 무리한 헌신이 촉발한 사랑에 의해서만 비로소 수장이 되는 자, 작업장에서 존중받는 여성, 냄비를 엎어버리고 **직원**이 아닌 **시민**이 서빙하는 이 대가족들의 식탁으로 아이들과 함께 먹으러 가는 주부. 보호받는 아이,

프롤레타리아의 밤

거두어진 고아, 교육받지 못했어도 웅변가 또는 시인이 된 이들. 레퍼토리나 판매대를 바꾼 거리 악사들과 판화 상인들……『라틀리에』의 시인은 최상의 역할을 선택했고, 그는 이 역할에서 결코 떠나지 않을 것이다. 하지만 그의 편집진 동료들인―노동자연합권장위원회에서 사임한 위원인―식자공 당기와 제헌의회 의원 코르봉은 혁명이 연회―검소한 연회조차―가 아니라는 것, 우애의 은판사진술은 연합에서의 노동의 시간 및 속박들과는 아무 연관도 없다는 것을 알고 있다. 연합이 더이상 생존하지 못할 시대에야 아마도 재건될 침체 산업들에서 펼쳐지는 이 영웅적 노력들은 무슨 소용인가? 월요일 아침에 꽉 찬 작업장들을 보는 것은 확실히 좋은 일이다. 하지만 거기서 그토록 근면하게 제조된 상품들이 판로를 찾을지는 아직 모르는 일이다. 엑스포 수상을 경축하는 연회에 앞서, 이 곤란한 시절에, 자단과 장미목으로 된 값비싼 책장을 어떤 구매자가 사겠다고 나설지를 알아봐야만 할 것이다.

시평 담당자인 질랑으로 하여금 서정적 비약을 최소화하게끔 한 연합체가 분명히 가장 모범적인 곳임은 유의미하다. 이 금도금 세공인 연합은 1834년에 뷔셰의 가르침으로부터 직접적으로 태어났고, 1843년의 표준규약에서 보유 기금의 분할 불가 대원칙을 확립했으며, 연합 노동의 생산물은 노동자 이기주의의 수익들에서 뺀다. 여기서는 방문단이 먹을 성찬식은 전혀 마련되지 않지만, 월요일 아침마다, 사업의 원만한 운영을 위해 채택해야 할 방책들과 교정해야 할 오류들을 총회에서 토의하기에 앞서 복음 강독이 한 시간 반 동안 진행된다. 확보해야 할 시장들에 따라, 파리로 출시될 화려한 품목을 담당하는 지회 하나, "독일 품목"을 담당하는 지회 하나, 식민지 수출을 위한 지회 둘로, 적절하게 구별된 네 군데 지회에서 사업은 잘 운영된다. 권장위원회가 노동자 연합들에게 배분해

야 했던 300만 프랑의 융자금 중에서 2만 5000프랑을 그곳에 배정했어
도 이는 큰 위험부담을 지는 것이 아니었다. "우리는 대출된 자금에 대해
서는 아주 안전하다고, 마지막 이자분까지 납세자에게 되돌아갈 것이라
고 말할 수 있다."[5] 반면에, 노동자 작가가 그토록 감격하여 찬양한 예복
재단사들과 마차 노동자들과 피아노 제조자들의 악착같은 노고와 감동
적 우애에 대해서는, 위원회가 단 1수의 국가 예산도 위험부담으로 지지
않았다. 연합은 새로운 삶의 뇌관이 아니니까. 차라리 그것은 노동자들
이 자기 사업을 경영할 수 있는 능력의 경험이다. 그 능력을 입증하는 것
은 노력이 아니라 성공이다. 그 시도가 악조건들 속에서 이루어지게 하
라. 그러면 역선전은 쏟아부은 헌신들의 크기에 정확히 비례할 것이다.
위원회의 첫 회합에서부터—노동자 의원으로 의회 부의장이고 노동 위
원회 위원이자—의장인 코르봉은 실효성 원칙의 우위를 천명했다. "의
장이 보기에 가장 추구되어야만 할 조건은 연합의 지속과 성공이다"라고
보고자는 말한다.[6]

거기서 중시된 대의는 우선 『라틀리에』의 원칙들에 담긴 대의다. 이 위
원회에는 저널의 편집인 둘(코르봉과 당기)뿐만 아니라, 뷔셰의 지적인
제자 둘(오트와 퓌그레)과 금도금 세공인들의 대리인(대의원 르블롱)도
있다. 이것은 우선은 그들의 실험이다. 1848년 7월 5일에 의회는 바로 코
르봉의 발의로, 노동자 연합을 권장할 용도의 융자금 300만 프랑을 의결
했다. 의회는 만장일치로 토의도 없이, 달리 말해, 『라틀리에』의 지도
적 사상가[뷔셰]의 원대한 구상에는 지나친 관심을 두지 않고, 의결했
다. 6월의 날들 직후에, 신실하고 온건한 사회주의자 당파의 기본 사상은
다음과 같은 것들을 쉽게 보장하는 듯 보인다. 노동자 비참과 공화파 대
표자들의 가책을 함께 완화해주는 것. 의회 토의에서도, 거리 전투에서

프롤레타리아의 밤

도 공화주의 질서를 붉은 공화국 신봉자들과 대립시켰던 노동자 분파에게 만족을 주는 것. 노동자들로 하여금 복수의 외침과 웅얼거림에 덜 주목하도록 노동자들에게 유리한 선한 행태를 취하는 것. 300만의 융자금 중에서 일정액은 확실히 상환될 것이니, 이 모든 것을 위한 가격으로는 전혀 비싸지 않다. 산업체 한 곳의 노동자당 평균 투자 자본액을 계산해보면, 1000명에서 2000명 정도의 노동자로 하여금 연합의 길로 나서도록 권장할 만한 액수로 충분하다. 하지만 누가 모르는가? 일반적인 "우애적 헌신"이 아닌 개척자적인 "세속적 헌신"을 소유한 사람들의 엄격한 선별이라는 출범에서의 절제가 연합의 도덕성과 성공의 엄밀한 조건임을 말이다. 코르봉의 신청액 절제는 반동에 대한 양보가 아니라, 그 정반대다. 그가 "의회에서 흥정하려들지 않을 막대한 융자금"을 물론 신청할 수도 있었다. 하지만 이랬더라면 그는 연합의 적들이 판 함정에 빠져버렸을 것이다.

어떤 방식으로 연합했던 간에 아무에게나 배분될 엄청난 액수를 연합의 적수들은 친절하게 가결했을 것이다. 일정 시간이 지난 뒤에 이 적수들이 의회 연단에 올라 기고만장하여 말할 기회가 생기도록 말이다. 미친 이론가들이 노동자들로 하여금 장인 없이 해볼 수 있겠다고 믿게끔 하려는…… 실험이 있었다고. 실험은 성공하지 못했다고. 그러니 임금 생활자들은 임금 생활자로 머무는 것에 자족해야만 한다고.[7]

좌초된 도발의 논리가 풍문과 비밀스런 의도들보다는 틀림없이 훨씬 더 나은 근거를 가질 수도 있었을 것이다. 지사가 올린 보고들의 거칠고 촌스러운 솔직함은 그가 세력들의 현상태와 신중히 타협했으며 시도되고 있는 실험의 미래에 대한 거만한 냉소주의를 지녔음을 잘 시사해준다. 위원회에 보고하기 위해 론 지사가 수집한 정보들로부터 도출되는바

비로드 제조인 연합은 성공 기회가 불확실하며 결말이 파국적일 것이라는 점에서 반려되었어야 마땅했습니다. 하지만 다른 측면에서는, 모든 예상이 연합에 불리하더라도, 그리고 어쩌면 정확히 이러한 동기에 의해, 저들이 주장하는 결정적 실험의 시도를 회피할 도리가 없다고 사료됩니다.

그리고 무엇보다도 행정부는 이 연합이 여전히, 이를테면, 현안인 협회 기획을 탄생시켰던 정황들에 의존하고 있음을 간과해서는 안 됩니다.

공장 노동자들은 무모한 설교의 영향을 받아왔습니다. 그들 중 대단히 많은 수가 자신들이 자본의 희생자라는 것을 진리로 받아들였습니다. 그들은 자신들의 미래 안녕이 연합에 있다고 보며, 자신들이 산업적 예속이라 부르는 것으로부터 해방되기 위해서 국가의 협력을 요구합니다. 그러한 정신적 성향상, 기각 조치는 병폐를 악화시킬 뿐이고 제아무리 논리적인 근거라도 그들을 납득시키지 못할 것입니다. 그러니 지금의 희생이라는 대가를 치러서라도, 그들의 자칭 해방의 정립에 토대가 되는 저 이론들이 부질없음을 보여줌으로써 그들의 참된 이익에 대해 그들을 계몽시키려는 배려를 사건들에 맡겨두는 게 나을 것으로 사료됩니다.[8]

이 실험은 모두에게 확실히 결정적이고, 그렇기 때문에 뷔셰 파벌은 실험의 외연과 더불어 그 위험들을 제한하고자 한다. 외연을 더 줄이더라도, 더 잘하는 것이 낫다. 혹은 차라리, **더 줄이는 것** 자체가 **더 잘하는**

프롤레타리아의 밤

것의 보증이라고 해야 할 것이다. 연합의 도덕성과 성공 기회들—따라서 선교 실효성—사이에서 실현해야 할 곤란한 조율에서, 소수라는 기준은 곧 결정적인 것이 된다. 그렇지만 어떤 것도 원리상 그것을 내포하지 않으며, 경쟁력과 적립금을 공유하여 함께 장인 자격을 획득하려는 이들 소수의 노동자 집단보다, 집단적 해방 기획들과 여기에 이미 헌신해온 사람들에게 실험을 맡기는 것이 차라리 훨씬 더 도덕적으로 보일 것이다. 첫 회의에서 의장 코르봉은 "위험부담을 감수하며, 연합의 길로 들어서기 위해 진실로 노력하는 노동자들에게만 선불 지급이 이루어질 것임이 잘 이해되기를" 당부한다.[9] 하지만 신청자들 중에서 300만 프랑의 수혜를 기다리지 않고 연합이라는 계획을 공들여 만들어보겠다고, 또 때로는 실현시켜보겠다고 나섰던 집단들 또는 사람들을 선별하는 것만이 문제라면 선택은 쉬울 것이다. 예컨대 노동조직화 플랜을 놓고 대의원들이 이미 토론하여 승인했던 도장공들이 있다. 이 플랜은 1838년의 어느 기획에서 영감을 받은 것으로, 연합 교리의 베테랑이자 1831년에는 생시몽주의자이고 1840년에는 푸리에주의『누보 몽드Nouveau Monde』의 편집인이며 도장공-유리 세공인-카페 주인-골상학자이면서 은판사진기 상인인 콩페가 작성한 것이다. 모든 직종들로 일반화할 수 있는, 완전한 동업조합 조직화 프로젝트에서 출발한 콩페는 자신의 애초의 야망을—그것의 맹아가 될—100인 연합으로 축소했지만, 동업조합이 채택하는 원리들을 단념하지는 않는다. 그 원리들로는 선거를 통한 책임자 선출, 추첨에 의한 교대 확립으로 연합의 모든 회원이 노동일을 동등하게 갖도록 하는 것, 수익을 네 부분—상각을 위한 부분, 노약자 구호 부분, 회원들끼리 나누는 부분, 모든 산업 간 상호부조를 위한 부분—으로 나누는 것 등이 있다.[10]

사기업으로부터 생산자 연합으로의 교체를 폭력 없이 보장하는 것이 또한 리모주 도자기 노동자 대의원들이 5월부터 노동위원회에 제시한 프로젝트의 정신이다. 비엔의 지사를 신뢰한다면, 이미 사회주의에 "심대하게 영향받은" 이들 노동자 주민은 다른 누구보다도 이러한 이행을 실현하기에 더 나은 처지에 있다. "그 어디에서도 연합이라는 실험이 노동자들에게 더 열정적으로 받아들여지고, 더 주목받으며 추구되고, 더 큰 헌신으로 수행되지 못할 것이다······ 그 어느 다른 산업에서보다도 지적이며, 자신들이 시도하는 임무의 위대함을 확신하고, 임무의 성공에 헌신하는 일군의 노동자를 만날 수 있으리라고 나는 믿지 않는다."[11] 이 연합의 우애 정신과 고결한 도덕성은 그들이 산업 노동에 추가하려 시도한 것들에 의해 더욱 표출된다. 협동조합적인 푸줏간과 빵가게, 채소 재배 정원, 아동 보육 교사, 아동교육과 더불어 부모들의 품행과 언어를 감시할 책임을 지는 9인 위원회. 이러한 교육적 배려가, 보르도 출신 재단사 들뤼크가 5명의 장인, 100명 이상의 연합체 회원과 함께 1837년부터 구상하고 1848년 5월에 조정한 프로젝트를 특징짓는다. 노동조직화에 접목되어야만 하는 것은 공동 주거의 조직화인데, 여기서는 식당이 "노동을 끝낸 저녁에는 각자가 저렴하게 과학과 인문학 기초 강좌를 들을 수 있을 교실로 전환될 수 있을 것이다."[12] 아동은 그곳에서 무상으로 교육받을 것이고, "인간 삶의 풍경"이 더이상 "분리와 고립의 사실"이 아닌 공동의 수립임이 가능하도록 모든 것이 채택될 것이다.

"인류의 행복이라는 문제 전체"를 해결하겠노라 약속하는 이 재단사의 괴상한 문장들에 대해 내내 회의적일 수 있는데, 자신들의 약속을 뒷받침하기 위해 자신들의 희생과 성과를 증거로 가져올 수 있는 더 유식한 노동자들도 있다. 왕년의 제화공이고 『누보 몽드』의 구편집인이며, 1831년 제화공 연합 프로젝트의 입안자인 로랑 에롱빌은 8년간의 실행을 통해 거둔 제화공 근면 협회 경험을 내세운다. 이 협회는 상호부조 협회들의 한계들을 극복하고자 했다. 실업자들에게 단순 구호를 제공하는 대신에 노동을 찾아주고자 직업소개소 노릇을 하거나 그들을 위해 자체적으로 작업장을 조직했다. 이 협회가 생산 연합으로의 전환 자금을 노동위원회에 요구했던 것은 바로 이러한, 협회의 연간 대차대조표를 통해 입증되는 실적의 기반 위에서다.[13] 식자공 파르망티에는 그 나름으로 자기 동료들이 연합의 길로 들어서도록 다른 길을 시도했으나, 인쇄업 면허장과 설비가 고가라서 막혀버린다. 그는 '우애 기업industrie fraternelle'이라는 이름의, 이윤을 내서 회원들이 인쇄소를 매입할 수 있도록 해줄 출판사를 차렸다. 불행히도 1846년과 1847년은 전체 서적상에게, 특히 구독 신청을 받아 작업장에 저작들을 배급하는 경우에 유리하지 않았다. 1848년의 봄은 더욱 나빴고, '우애 기업'은 파산 지경에 이르렀다. 하지만 국가의 인쇄소 매입 지원과, 교과서 및 고등법원 인쇄물 주문 덕분에 파르망티에는 그가 대의원으로 있는 파리의 2000명 식자공 사이에서 해방의 모범을 제공할 동료 회원들을—1프랑의 소박한 추렴을 방편으로 하여—지지할 많은 회원들을 찾아내겠다고 자신한다.[14]

이어서, 푸리에주의자 쿠아네가 직종들의 연합을 기획한 리옹 작업장 책임자들, 융합 종교의 신봉자이고 1845년 통합산업회사의 창립 회원인 "신부" 가르데슈의 장식끈 제조공들, 수명이 짧긴 했지만 뒤물랭이 대표자로 이미 1836년에 생산 협회를 창립했던 철물 주조공들, 그 밖에도 철물공 질랑과 여타 다수의 시선으로는 2월의 우애 혁명의 이미지 자체인 사람들이 있다. 예컨대 거의 도처—경찰의 확신으로는 심지어 벨기에, 독일, 이탈리아—에서 몰려온 재단사 2000명이 클리시의 채무자 감옥이었던 곳을 변경한 장소에 머무는데, 재단사들의 우애 연합의 소재지로 변형된 이곳에서 그들은 민병대 제복을 제작한다. 거기에서는, 왕년에 아틀리에주의자였던 필리프 베라르의 지휘 아래, 정말이지 그 어떤 노동조직화 플랜도 시행되지 않고 복음적 우애를 실천하는 데 만족한다. 책임자라고는 전혀 없으며, "특수 업무를 위한 대의원들"만 있다.[15] 모든 회원은 그의 능력과 책임이 무엇이든 똑같이 일당 2프랑을 받으며, 빈곤과 불명예를 벗어나기 위해 노동할 필요가 있는 모든 남녀에게 문이 열려 있다. 그래서 열두 곳의 구청에서 보낸, 똑같이 2프랑을 받는 여성들은 심지어 바지를 만들 줄도 몰라서 우애 재단사들은 그녀들이 재봉한 것을 풀어 다시 꿰매야만 했다. 그들이 파리 시청을 위해 노동하기를 끝냈을 때, 그들이 원한 것은 자신들에게 소중한 어떤 기획에 헌신하는 것, 즉 노동 형제들을 위해 양질의 저렴한 의복을 제작하는 것이다. 자신들의 요구를 뒷받침하기 위해, 그들이 실험에서 펼친 용기와 실천한 우애가 성공을 위한 최상의 담보임을 강조할 권리가 그들에게 있지 않은가?[16]

그렇다고 해서 연합의 도덕성이 연합에 득이 되지는 않는다. 재단사들의 감동적 우애, 파르망티에의 모범적 헌신, 제화공들의 8년간의 근면협회 실험, 도자기 제조 노동자 대의원들의 도덕성과 능력을 그 누구도 시비하지 못한다. 하지만 그것은 문제가 아니다. 위원회가 ─그리고 특히 뷔셰 파벌이─ 근심하는 것은 연합들의 회원 구성이다. 아마도 함께 고생하고 일해왔을, 하지만 실업의 위험들이나 단일한 동업조합에의 단순 귀속만이 우선적으로 결속시켰던 수백 명의 회원들의 무차별적인 복합체라는 구성. 결코 동일 노동자들이 일하는 곳이 아닌 이 제화공 연합의 성공을 어떻게 예상하는가? 파르망티에의 출자자들은 정작 자신들은 일하지 않는 인쇄소를 월 1프랑에 공동으로 소유하는데, 과연 이들에게서 어떻게 연합 회원이라는 특성을 인정하겠는가? 비엔의 지사에게는 도자기 제조인 연합의 인원이 "잘 짜였는지"를, 무엇보다도 "인원이 너무 많지 않은지"를 검토해보라고 권고될 것이다.[17] 사실상 인원이 많다는 것은 노동자들의 근면한 이 연합들에 우애 연회 공동체들과 동일한 특성을 부여한다. 연합을 불가능하고 부도덕한 것으로 만들어버린다는 것. 리옹의 직조공들과 비로드 제조공들의 대형 프로젝트들이라는 공중누각. 하지만 이 망상들이 형체를 갖출 때, 코르봉의 눈에 번쩍 띈 것은 바로 그것들의 부도덕성이다. "……다들 직업들만 따진다. 장군들이 총검의 수만 갖고 병력을 평가하는 것과 마찬가지로…… 사람은 완전히 사라진다. 다들 생산력의 크고 작은 규모 외에는 근심하지 않는다."[18]

많은 인원수는 그 자체로 부도덕성, 즉 불모성의 원리다. 도자기 제조공들의 프로젝트에 반대하는 보고자 오트와 의장 코르봉의 비판을 묶어주는 기이한 논리를 달리 어떻게 설명할까. 전자는 고용주가 있는 유력한 사업체들과 연합이 경쟁하게 될 침체 산업 분야에서 이루어진 시도에 반대한다. 후자는 연합들이 "흡수하는" 특성을 가져서는 안 된다는 점을 상기시키고, 여러 소연합을 창출함으로써 프로젝트를 분할하라고 제안한다. 이 소연합들이 서로 경쟁하는 가운데, 수적 증대에 따라 연합의 도덕성과 그 노력들의 풍요로움은 감소된다는 역비례 원리가 아니었다면, 리모주의 거대 사업체들과의 경쟁에 잘 대처하기는 어려웠을 것이다. 1848년 봄에 노동자 동업조합들이 꿈꾼 "거대" 연합은 얼마 전 어느 생시몽주의자 노동자가 규탄한 "잠꾸러기 협회들"과 유사하다. 예컨대 가난의 검은 빵을 나누는 형제단, 병자와 노인을 구호하고 고용의 위험에 맞서 보호해주는 연합. 저 봄에 정상의 뤽상부르에서부터 기층의 노동자 회의들까지 퍼진 이러한 관념 안에, 산업의 불운에 맞서는 상호 보호와 피난처로 여겨지는 이 우애 안에 해악이 있다는 것. 오늘의 문제는 산업적 기회들에 맞서서 서로를 구제하는 것이 아니라 원리가 승리하도록 저 기회들을 좇는 것이다. 그래서 확실히, 저 봄에 구상된 거대 연합들은 의기양양한 목표들을 내건다. 몇몇의 노동자들에게서 시작될 때조차도, 공언된 목표는 동업조합의 노동자 전부를 점차 끌어들여 과거 장인들이 이윤을 나눠 갖던 노동을 마침내 노동자들에게 이익이 되도록 독점하는 것이다. 하지만 이는 기본적으로 동일한 사태다. 거대한 전체의 잠이 경쟁이라는 자극제와 더불어 개척자들의 에너지를 질식시키는 사태. 독점도 안 되고, "흡수하는" 특성도 안 된다. 코르봉이 부단히 상기시키는 것들은, 『라틀리에』가 범신론적인 야수의 병을 도려내고자 했던 기묘한 외과 시술 논리 안에 있다. 요컨대 신체가 "엄청 많은 요소들"로 분할되는 것과 마찬가지로, 직종별 연합은 "엄청 많은 부분 협회들"[19]로 나뉘어야만 했다는 것. 무한한 분할이 노동을 향락과 계속 분리시키기 위해서는, 이 분할이 노동을 노동 자체와 분리시켜야 한다는……

하지만 여기서 식인적인 동업조합이라는 거대 전체의 환영이 마침 때맞춰 고용주들과 위원회 유력자들의 더욱 세속적인 우려에 도움이 된다. 그들은 경쟁심과 고용주 이윤의 "부도덕한" 제거가 너무나 가능하다는 점만을 믿는다. 그래서 그들로서는 철학적 모순을 고민하지 않아도 되는데, 이 모순을 통해 뷔셰주의자들과 함께 거대 노동자 연합들을 몰아내고 이 연합들에 맞서 고용주와 노동자 간 연합에 대한 광범위한 플랜들, 즉 파산한 제사공들이 요행히 임시방편으로 마련한 플랜들을 지지한다. 타협은 이렇게 이루어질 것이다. 아틀리에주의자들에게, 원리들을 정하는 권리—그들로서는 이것이 본질이며, 자금 300만에서 단 1수도 유용流用하지 않는다는 것—와, 분할할 수 없는 불가침의 보유 기금 및 조수들을 연합의 정회원으로 변모시켜야 한다는 서류상의 강제를 모든 연합에 부과하는 표준 규약을 기초할 권리가 주어진다. 그 외의 타협으로는, 우익이 관철시킨—비용이 많이 드는—일부 고용주-노동자 연합들과 나란히, 무엇보다도 소수의 회원과 온건한 주장으로 유명한 노동자 연합들의 신중한 선택. 예컨대 식자공 프레베의 연합 회원 여덟에게는 1만 8000프랑. 그들은 연합에서의 투사 자격이 파르망티에의 친구들보다 모호하지만, 『레코 아그리콜L'Écho agricole』의 인쇄와 더불어 유용하고 안전한 사업 하나를 확보했다.[20] 도장공 에쉴의 열두 연합 회원에게는 8000프랑. 그들의 도덕성은 해당 직종의 평균보다 나을 것이 없지만(정직한 관리자가 장부를 조금 위조했음이 곧 밝혀질 것이고, 감독관이 협회 본부로 여러 번 찾아와도 경비 말고는 노동자들을 못 만날 것인데), 콩페의 동료들에 비해서는 수가 훨씬 적고 분명히 덜 야심적이라는 장점이 있다.[21] 퇴역 군인 콜랭으로 인해 국민작업장에 모인 강철 제련공 일곱에게는 1만 6000프랑. 민간인으로 돌아와 빈둥거리다가 『이카리아로의 여행Voyage en Icarie』 한 권에 빠져들어, 그 유토피아에는 별로 매료되지 않았으나 사업의 실천적 측면에 이끌린 콜랭은 군대에서처럼 자기 무리를 주도하여 그들을 "진정한 이카리아"[22]로 데려가고자 했다.

사태는 식자 실장 랑케의 때늦은 개입 없이도 지속될 수 있었을 것이다. 그의 기획은 파리에서 가장 유명한 인쇄소 중 하나인 폴 르누아르 인쇄소를 연합으로 바꾸려는 것이다. 가랑시에르 거리의 유서 깊은 그 인쇄소는 2월의 격동을 견디지 못했던 곳들에 속한다. 이미 혁명 이전에도 그곳은 서적상의 투기로 사업이 위태로워졌다는 약점을 지녔다. 여기에 추가된 것이, 막대한 비용을 들여 겨우 완성된 열 권짜리—삽화가 포함된—저작 출간이었는데, 이 저작의 "판매 기회를 정치적 변화가 앗아갔다."[23] 어쨌든 그 인쇄소가 매물임은 사실이고, 그곳의 식자 실장인 랑케는 인쇄소의 노동자들에게 연합을 만들어 자비로 인쇄소를 구입하고 경영하자고 설득할 수 있었다. 이 사안은, 일견하기에는, 2월 혁명을 완벽하게 상징할 수 있을 것이다. 노동자들이 폭력 없이 국가 지원으로 자신들이 이미 기술적으로 지배했던 노동 도구의 소유자들이 되고, 일부 고참 노동자로서는 철저히 왕당파적인 관념과 실천을 지닌 고용주를 부유하게 하느라 일해왔던 이 사업체의 주인들이 되었으니 말이다. 그림은 근사하지만 30년간 이 일을 해온 식자 실장 랑케는 꿈꿀 나이가 지났고, 랑케 상사 규약의 거침없는 전문이 보고자 당기와 의장 코르봉의 주목을 끌었다. 그들을 거북하게 한 것은 "고용주의 권력을 전부 소유한" 관리자의 권력에 대한 명확한 긍정이 아니다. 그들 스스로는 언제나 헌신의 위계를 평등주의적 몽상에 대립시켰으며, 관리자의 "더욱 적절한" 말 밑에서 "지휘 기능"이 내내 그대로인 것을 긍정했다. 하지만 도급제 임금에서 25퍼센트를 공제하여 십 년에 걸쳐 자신들의 노동 도구를 매입하고 싶어 하는 이 연합에서 과연 헌신이 문제겠는가? "우리의 목표는 노동자로서의 우리의 현 입지를 개선하는 것이 아니다. 우리가 바라는 것은 협회가 종료될 때쯤에는 우리의 입지에 현실적 영향력을 행사할 수 있을 규모의 자본 소유자가 되는 것이다"라고 연합 회원들은 말한다. 연합 노동의 돌격대원들은 자신들의 의도를 분명히 알렸다. 우애는 몽상가들에게 맡겨둬야 하며, 연합의 새로운 도덕 안에서 오래된 원칙을 인정해야 한다는 의도. 노동과 저축에 입각하여 자본의 권리를 정초하고, 노동과 저축에 배타적으로 주력하는 모든 이들에게 자본의 향락을 약속하는 원칙. 연합 회원들 중 하나가 주목하기를, "어느 노동자가 아무리 얌전하고 근면해도, 그 역시도 늦게 왔다가 일찍 돌아가며, 작업장에서 어슬렁거리고, 신문을 읽는 등의 짓을 하는 부류다." 타인을 위해서 노동하고 자신을 위

프롤레타리아의 밤

해서는 어슬렁대는 "얌전하고 근면한" 노동자의 필요충분한 도덕에 대립되어야 하는 것은 자기 자신을 위해 노동하는 노동자의 타산적인 도덕이요, 쉬지 않고 노력하며 시간을 절약하고 향락을 지연시키는 도덕, 즉 자본의 도덕이다.

이는 『라틀리에』의 현실주의적 몽상가들이 수긍할 수 있는 것을 넘어선다. 자신들로서는 노동자들이 "소자산가들로 간주되어야만 한다고" 여겨지는 이 연합의 "이기주의적 특성"에 충격받은 코르봉과 당기는, 식자공들이 옛 고용주의 심복—채권자이기도 한 사람[랑케]—과 계약한 연합의 "자유롭고 자발적인" 특성을 의심한다. 하지만 연합 회원들이 행한 희생의 고결한 도덕성과 그들의 타협 거부에—자신들에게 협력하는 노동자이자 시계 제조인 대의원인 퓌팽과 마찬가지로—경탄하는 우익은 당기의 부정적인 보고에 반증을 요구한다. 이로부터 나오는 것이 어느 11월 아침 인쇄소 시설에서 개최된 비상 회의의 조금은 장엄한 연출이다. 위원회 위원인 인쇄공 기로데와 식자 실장 리샤르는, 랑케와 그의 예전 휘하들 사이에 맺어진 유대의 도덕성을 입증하기 위해, 아주 친절한 척 굴며 악마의 변호인이 되어 『라틀리에』의 엄정한 원칙들을 순박하고 온정적인 말투로 표현하려 한다.

기로데 씨가 발언하는데, 호의 가득한 연설 안에서 그는 참석한 노동자들에게 그들이 갱신한 협약들의 중대함을 이해시키려 노력한다…… 그는 임금의 4분의 1 공제가 매우 상당한 것임을 주목하게끔 한다…… 그는 기혼자들에게, 이어서 기혼자가 될 수 있는 젊은이들에게 호소한다. 그들에게 나중에 후회가 엄습할 수 있음을, 그리고 그때는 더이상 시간이 없을 것임을 생각해보라고 권한다. 기로데 씨는 가족의 책임과 생계비에 관한 정확한 세부 사항들로 들어선다. 게다가 그는 이렇게 첨언한다. 삶에는 충족해야 할 물질적 욕구 말고도 다른 것이 있다고. 신체가 노동할 때, 정신에도 그렇듯이, 신체에는 휴식과 오락이 필요하다고.

하지만 회원들은 가족에 앞서 노동을, 휴식에 앞서 자본을 단호히 선택했다. 그리고 정신문화에 관한 한, 4분의 1 공제로 인해 작업장에서 신문을 읽는 것이 여의치 않다면, 당연히 일과 후에 읽을 것이다.

기로데 씨의 온정적인 충고에 감사를 표하면서도 회원들의 고집스러움을 입증하는 많은 답변이 나온다…… 리샤르 씨가 묻는다.
-십 년이 명백히 모두가 바라는 기간인가요?
-만장일치로 그렇습니다.
-다른 것은 아니고 오로지 4분의 1 공제가 모두의 서약인가요?
-만장일치로 그렇습니다……
-회원 누구든 협회가 만료되기 전에 수익의 일정 지분 등을 받는 걸 사양하나요?
-만장일치로 그렇습니다. 장부상으로는 배분이 이루어지겠지만 정작 수령은 없을 겁니다! 회원들은 인쇄소의 소유자가 되기를 원할 뿐만 아니라 정산하는 날 저마다 수중에 가용 자본을 적게나마 갖고 싶어 합니다.

다 끝난 일이다. 자신들의 소자본이라는 꿈에 집착하는 이들 노동자들의 확고부동함이 『라틀리에』의 위대한 꿈을 종결시켰다. 르누아르의 노동자들의 결의는 승리를 거두었을 뿐만 아니라, 보편사의 무대 위에서 뷔셰주의자의 사상이 보인 온건한 행로를 끝장내기도 했다. 랑케 상사 연합은 8만 프랑을 가질 것이다 ― 분할할 수 없는 보유 기금을 수용하고 임시 협력자들의 수익 배당을 수용한다는 대가를 실제로 치르긴 하지만. 코르봉과 당기는, 이 본보기 전투에 전력을 쏟은 이후에, 자신들의 이론가들인 오트와 푀그레와 더불어 사임할 것이다. [2월] 혁명의 봄과 대통령-군주[루이 나폴레옹 보나파르트]의 가을 사이에,『라틀리에』의 도덕 공화국은 자신의 ― 질서로의 회귀라는 ― 계절을 모두 보내게 될 것이다.[24]

그렇다고 해서 아틀리에주의자의 꿈의 종언이 연합의 종언은 아니다. 비록 승리한 ― 제사공들을 향한 자신들의 시혜를 맘껏 늘리는 ― 파벌이 기이한 연합들을 선정하기도 하지만 말이다. 예컨대 자신이 32년간 함께 살아온 노동자들에게 유리한 조치를 취하지는 못하면서도 그들을 버리고 싶지 않았던 어느 청동 제품 제조업 고용주가 구상한 연합인 "프랑스 공화국 보호 아래 있는 국민 제조소 피니노 상사."[25] 조사의 난점들에도 불구하고("노동자들은…… 투박함과 소박함이라는 외양 밑에 숨는 ― 그만큼 더 부정한 ― 술수를 부리며…… 시치미를 뗀다"), 조사관이 곧 파악하게 될 것은 관리 위원회의 그 어떤 지적도 용납하지 않는, 규약 명세 작성에 몰두하는 회계사를 해고하는 관리자가 ― 2월 혁명이 청동 복슬개, 그레이하운드, 뉴펀들랜드, 스패니얼, 큰 여우, 작은 여우, 일어선 사자, 누워 있는 사자 등의 동물상 수출을 중단시킨 이후 초래된 ― 재정 상태의 어려움을 완화할 간단한 수단을 단순하게 찾아냈다는 점이다. 조립공 연합인 도트리 상사의 더욱 진정으로 노동자적인 특성을 나타내주는 것은, 자재 구매 비용 1만 2000프랑을 자산 1만 8000프랑으로 기재하는 ― 구매 진행에 들어간 자신들의 노동 때문이라는 것 ― 괴이한 회계

관행이며, 무엇보다도 임금 문제에 대한 그들의 단호함이다. 그들은 이런 단호함으로 "정녕 자신들의 사규에 맞게, 다만 생산적인 노동으로 정당화할 수는 없지만" 국가 기금에서 매일 5프랑을 침착하게 공제한 것이었다. 거기에 회원들 사이의 유일한 합치 지점이 있는 것 같다. 왜냐하면 곧 관리자가 잦은 결근을 이유로―동일한 운명이 예정된 새 관리자에게 유리하도록―자신이 해고되기 전에 먼저, 자신을 무능하고 난폭하다며 비난했던 십장을 무능과 나태를 탓하며 해고할 것이기 때문이다.[26] 장부용 제지업자 연합인 보그랑 상사는 여타 연합들에게 필수적인 품목인 장부용 종이를 납품하니, 양호하게 출발하고 확실한 판로를 구했던 것 같다. 하지만 그들은 규약상의 액수보다 이미 더 높은 임금에 상당액의 "가불"을 더함으로써 자신들의 약속된 번영을 너무 앞당겨 탕진해버렸다. 이러한 실천들에 반대한 세 회원을 "상습 음주"로 해고하는 것은 위태로운 상황을 전혀 개선하지 못했고, 관리자의 지시로 회계원과 연합 회원 둘이 캘리포니아 금을 찾아 배를 타려는 이들에게 무임 수송 상품을 팔러 떠났으니……[27]

위원회 기금 덕분에 1848년의 국민작업장들로부터 1850년의 캘리포니아 대모험으로 확실하게 갈아탈 수 있었던 미심쩍은 연합 회원들만 있었던 것은 아니다. 위원회 명부에 남아 있는 상당수의 연합은 과감하게 국가 융자금을 활용하여 2월 혁명의 정신이 산업 질서 안에서 승리하도록 했다. 예컨대 고급가구 제조인, 줄 재단사, 악기 제작자, 안락의자 제작 목수, 드수아 연합의 식자공, 외과 수술 도구 제작 노동자 들처럼 장인들의 감독 또는 중개인들의 착취에서 해방되기를 열망한 노동자들. 안장틀 제조인들처럼 우애적 평등에 입각하여 노동하기로 결심한 영세 고용인들과 노동자들. 이어서 자신들의 관념에 대한 진지한 애착을, 국가 보

프롤레타리아의 밤

조 없이 꾸려나가기로 결심한다는 점에서 정확하게 드러내는 모든 이들이 있다.

영웅적인 이들 세 연합이 바로 그러하다. 이들은 우애 재단사들과 더불어 연합의 황금 전설을 나타낸다. 우선 의자 제작 선반공들이 있다. 봄에 이들은 모든 동업조합의 연합을 꿈꿨고, 가을에는 열다섯이 모였다. 주어진 말 이외의 어떤 계약도 없이, 단돈 313프랑 말고는 어떤 자본도 없이, 처음 구매한 목재 수레를 손수 끌다가 무거운 짐에 깔리고 손가락이 부러지기까지 했던 어느 관리자의 불굴의 용기로, 매주 5프랑으로 겨울을 나는 회원들의 불굴의 용기로. 그들은 "영양이 부실하고, 구두도 신지 못하며, 겨우 베옷이나 걸치고, 그런데도 전혀 한탄하지 아니하며 병사가 포화 앞에서 움츠리지 않듯 노동 앞에서 움츠리지 않는다."[28] 양철 램프 제조인들은 대출받은 자재 대금 400프랑과 갹출금 300프랑으로 1849년 1월에 저 의자 제작 선반공들을 모방했는데, 최초 설비비 지출 이후에 10프랑이 남았다. 이 연합이 기억하는 첫 거래는 12프랑의 랜턴인데, 이것이 "오랫동안 되풀이된 적 없던 행운"[29]이었을 정도이니, 연합은 3월에 회원이 셋으로 축소되는 상태에 처했다. 이 회원들은 임금을 주급 3, 2, 1프랑으로 줄이고 외부 노동자들과의 우애의 빵을 끊어버리면서 동지들 열하나가 돌아오게끔 해냈고 7월에는 700프랑을 적립해냈다. "연합 회원들이 자신들의 생애에 가장 참되고 신성하며 마음에서 우러나오는 유대를 맺어 긴밀하게 결합할, 또는 결합해 있을 저 모든 사람"에 대한 원조를 약속하는 규약을 갖고 있는 이 연합 회원들은 최초 자본의 도약 덕분에 연합의 다른 개척자들에 대한 연대를 시험할 수 있을 것이다. 그들의 원조 덕에 개척자들은 궁극적으로 성공을 거둘 것이다.[30] 이러한 성공이 피아노 제조공들에게도 올 것인데, 이들은 질랑의 펜이 자연을 묘사하고 황폐함을 표현할 말을 찾지 못한 어느 지역에 3월에 자리잡는다. 그들이 노동 없이 두 달을 버티려면, 약간의 일감이나마 찾기 전에는, 의복과 침구에 이어서 "자신들에게는 매우 유용한 소형의 초라한 은시계, 그토록 애지중지하던 소소한 혼수품, 부인의 결혼반지……"[31]를 전당포에 맡겨야만 했다. "배당금은 두당 6프랑 61상팀이었다. 각자 임금으로 5프랑을 선금으로 받았고 나머지는 아내들과 아이들이 모이는 우애 식사에 할당되었다. 대부분은 일 년간 와인을 마셔보지도 못했다. 각 가정의 가계 지출은 32수였다. 이렇게 해서 그들은 연합의 최초 성공을 축하했고 이러한 추억은 그들로서는 여전히 감동으로 충만한 것이다."[32] 박애주의자이지만 검소한 어느 제빵사가 주문한 첫 피아노는 빵으로 지불될 것이고, 이 빵은 필요에 따라 분배될 것이다. 하지만 그다음 피아노는 화폐로 지불될 것이고, 그리하여 주급을 곧 5, 10, 20프랑으로 올릴 수 있을 것이며, 침구류와 약혼반지 또는 가족 기념품을 전당포에서 되찾아올 수 있을 것이며 번창의 길로 나아갈 수 있을 것이다.

일체감의 미망적 이미지들─연합의 노동에 대한 현실주의적 계산과 대립될 것들─과는 다른 것. 민주파 유권자들이 현실주의자 코르봉과 그의 의회 동료들을 해임하고, 6월의 불법체포라는 명성을 후광으로 누리는 시인 질랑을 선출한 1849년 봄에, 작업장의 몽상가들은 정치적 공화국의 쇠퇴에 직면하여 사회적 공화국의 대항-행진에 착수했던가? 왕년의 음모가 앙투안의 편에 선 안락의자 제작 목수들, 봉기의 날들에 죄수와 사망자가 매일 나오던 줄질 작업 노동자들, 흥분한 틀 작업 노동자들과 분격한 고급가구 제조인들은 루이 필리프의 질서, 즉 온건 공화국이 연상시키는 약탈자 무리들과는 아주 상이한 "야만인" 군대의 최초 분견대를 대표할 것인가?

프롤레타리아의 밤

회의체로 결집한 회원들, 이들이 곧 주권자 인민이다…… 정해진 날 제철소 화로에 불이 꺼지고, 연장은 제자리에 넣어두고, 작업장은 깔끔하게 정돈된다. 작업 의자들은 바이스가 고정되어 있는 긴 작업대를 따라 정렬된다. 중앙에는, 안락의자 하나와 보통 의자 몇 개가 놓인 단상이 사무국 요원들을 위해 마련되어 있다. 점잖은 복장을 한, 때로는 멋부린 복장을 한 회원들이 도착한다. 위원회 탁자로 변환된 작업대 주위에 각자 착석한다. 자신들의 바이스에 팔꿈치를 괴고 토의하는 이들 노동자는 게르마니아와 골의 전사들을, 자신들의 무기 위에 손을 올리고 토의하는 근대 세계의 미래 주인들을 연상시키지 않는가?[33]

그렇지만 줄 절삭 노동자들은 세계의 주인이기를 열망하지 않는다. 그들은 1848년 봄에 자신들의 동업조합에서 "발효되었던" 관념에 만족한다. "임금을 인상한다는 관념보다는, 임노동자를 다른 시민의 층위로 끌어올려야만 하는 지적·도덕적 회복이라는 유형의 독립을 성취한다는 관념." 존재와 겉모습의 접속인 이것은 1840년대의 당파성에 충실하다. 주권적 노동의 이 회의에는 못박힌 손도 작업복도 존재하지 않는다. 연합의 병사들은 자신들의 무기에 손을 올리고, 그러나 외출복을 입고 토의한다. 그들에게는 태도와 어휘의 공손함과 더불어 복장에 신경쓴 티가 난다. 실은 바로 이런 것들이, 저들을 완전히 대등한 시민으로 만들어야만 하는 교육에 대한 필수적인 보충들이다. "읽기와 쓰기, 셈하기를 못하는 노동자는 이제 없다. 그들 사이에 만연한 일종의 명예가 걸린 지점이 있으니, 프랑스 역사를 아는 것이 바로 그것이다."[34]

주지하는바, 노동자들의 도덕적 공화국이 생산노동의 왕국과 정확히 동일시되지는 않는다. 작업장 규칙들이 고용주의 질서에서보다 덜 가혹한 것은 아니다. 노동자들은 학대 조치들을 회피하고 제재 집행 책임을 총회와 관리위원회의 선출직들에게 맡긴다. 하지만 노동자들은 폭행, 음주, 태만, 욕설, 도제 해고 등의 동일 과오들을 억제함에 있어서 자신들이 더욱 비타협적이어야만 한다고들 여긴다. 쿠르 생조제프의 고급가구 제조인들과 드수아 식자공 연합의 동일한 규칙들은 이렇게 약속하고들 있다. 작업장 내 음주에 관해서는 벌금 5프랑. 폭행에 관해서는 10프랑, 모욕 또는 추잡한 언사에 관해서는 1~10프랑의 벌금. 외부인 앞에서의 욕설에 관해서는 2~10프랑의 벌금. 재발시에는 모든 처벌에 제명 경고가 동반됨. 노동에서의 질서와 청결, 절약을 위반하는 경우에는 2프랑의 벌금과 제명 경고가 수반되는 징계. 노동을 거부할 경우에는 즉각적인 제명. 도제에게 상스럽거나 외설적인 언사를 쓰는 경우에는 여차하면 제명이 뒤따르는 징계.[35] 하지만 이 가혹함 자체가 의구심을 유발한다. 고급가구 제조인의 일당을 감안한다면 그러한 벌금이 과연 어떻게 온전히 엄격하게 적용될 수 있었겠지 의심스럽다. 드수아 연합 회원들이 "선동적인" 소책자 인쇄 때문에 연합에 내려진 사법적인 벌금형의 여파를 겪지 않더라면 식자공들의 일당으로도 그 엄격함을 잘 감당했을 것이다. 틀림없이 이들의 경우도 외과 수술 도구를 만드는 노동자들의 경우와 매한가지였을 것인데, 이 노동자들의 관리인은 처벌 조항들이 "너무 과도해서 그 집행이 불가능한"[36] 규칙은 질서 회복에 무용하다고 노골적으로 주장한다. 콜랭의 연합 회원들은 규칙을 환기시키면서 자신들을 관리하는 군인에게, "규칙을 곧이곧대로 준수하지 않는 것이 합의"[37]되었다고 응수한다. 이러한 책략은 더 진지한 원칙으로 소급된다. 규칙의—여차하면 적용 불가인—엄격함은 [규칙에서] 표상되는 평등의 엄격함이라는 원칙. 평등주의적 믿음이 상정되지 못하는 곳에서는 엄격함이 그만큼 더 느슨

프롤레타리아의 밤

하다. 그러니 드수아의 규칙의 가혹함에 랑케의 완전히 온정적인 지휘가 대립되는 것이다. 노동자들이 "덩치 큰 아이들"이라고 확신하는 랑케는 그들에게 그들의 의무를—시민으로서의 그들의 위엄을 의식하게 함으로써—환기시키는 규칙을 만들려고 애쓰지 않는다. 그는 문제들을 그때그때 적당히 해결한다. 그는 본보기를 통해 도덕성을 불어넣는다. 자기 협회의 건전한 질서와 너무 상반되는 월요일 존중을 깨라고 압박하는 어느 감독관에게, 그는 인격적인 영향력을 통해 순조롭게 도덕성을 불어넣는다는 자기 방식의 더욱 확실한 진보를 대립시킨다. "그는 내게 이 주제에 관해 자신의 동료 회원들 중 하나의 본보기를 인용했는데, 그 회원은 아주 최근에 불륜 관계를 결혼을 통해 정상화시켰다. 그는 여러 회원들에게서 종교적 의무의 완수를 지향하는 기질을 확인하기까지 했노라고 덧붙였다"라고 그 감독관은 보고한다.

줄 절삭공들은 비록 감독관의 빈축을 사면서도, 불륜을 저질러 유죄를 선고받은 회원이 출옥하자 그를 다시 받아들이긴 하지만, 확실히 종교와 결혼에 적대적이지 않다. 그러나 도덕화의 이 세계가 우애 연합들의 세계일 수는 없다. "줄질하는 이들"의 연합에서는 월요일이 관철되지 못한다. 그들의 경우, 작업장에 들어가기 위해 매일 아침 한 시간을 대기해야 하며 각자가 자신의 출근 시각을 슬레이트 위에 표시한다. 그런데 그들 각자는 또한 12일간 99시간의 노동시간을 연합에 의무적으로 할애해야 하며, 추가 시간의 양은 엄격히 제한된다. 앙투안의 목수들 경우에도 사정은 동일해서, 보름간 120시간을 할애해야 하며 하루에 한 시간 이상을 추가할 수 없다. 물론 이 조처들의 자유롭고 우애적인 특성은, 이러한 조처들이 강압적인 것이 되도록 했던 완전고용 시대가 아직 요원한 만큼, 그 진가가 더 잘 드러난다. 위기가 지속되는 한, 우애 원칙은 예전 회원들이 자기 능력의 최대치로 노동하도록 하기보다는 새 회원들이 채용되도록 한다. 우애라는 보충이야말로 규칙상의 평등의 영혼인 것이다. 하나[규칙상의 평등]는 노동자들의 폭행과 모욕을 처벌하는 것이라면, 다른 하나[우애라는 보충]는 회원들 사이의 분쟁을 금하는 것이다. "노동자들은 서로 사랑해야 하며 자기애의 소소한 약점들을 서로 용서해줘야 한다"고, 양철공들이 벽에 걸어놓은 거뭇거뭇해진 양철 액자 속 정관에 적혀 있다.[38] 의자 제작 선반공들 경우에는 벌금보다 더한 징계들을 내렸으며, 줄질하는 이들은 1850년 10월 회의에서 급진적인 결정을 채택했다. "벌금은 폐지되었으며, 이제 처벌은 순전히 도덕적이다. 과오를 범했음이 확인된 노동자는 타당한 징계와 더불어 본인의 이름이 게시판에 기입될 것이다."[39] 안락의자 제작 목수들에게도 이러한 유형의 게시판이 있는데, 여기서는 두 회원이 자발적으로 분쟁을 참회하며 자신들의 이름을 게시판에 기입해달라고 요청한 케이스가 특히 인용된다.

평등주의적인 노동의 공화국들이라기보다는 노동자 연대의 도덕적인 공화국들. 우애 재단사들은 틀림없이 자신들의 규약에서 1848년 봄의 원칙을 없애지 않았다. 각자가 자신의 능력에 따라, 각자가 자신의 필요에 따라. "그렇지만 이 원칙이 수용의 일반성에 의해 실천될 수 있을 때까지, 감독 위원회는 관리자의 제안에 입각하여 공임 규칙을 정할 것이다"라고 그들은 덧붙인다.[40] 궁핍에 의해 똑같이 압박당하는 유동적인 수백 명 노동자 주민들을 능력에 따라 분류해내지 못하는, 관급 주문으로 유지되는 피난처 작업장에서 실행될 수 있는―그리고 거의 필수적인―평등은, 고용주가 있는 사업체에서는 조끼 공임으로 제조공들에게 15수가 지불되는 데 비해 3프랑을 지불함으로써 우애에 막대한 조공을 이미 바치는, 자력으로 유지되는 연합에는 해당되지 않는다. 그들은 "원칙을 신

프롤레타리아의 밤

성시하기 위해" 18개월 동안 임금의 평등에 복종했다. 하지만 "실험은 끝났다." "우애는 착한 이들이 나쁜 이들을 위해 희생하는 것도, 용감한 이들이 나태한 이들을 위해 희생하는 것도, 요청하지 않는다…… 우애가 바라는 것은 각자가 자신의 장점에 따라 보상받고 자신의 헌신과 능력에 따라 분류되는 것이다."[41] 『라틀리에』의 원칙들에 부합하는, 재능의 불평등을 헌신에 대한 보상으로 교정하는 도덕적 생시몽주의. 노동자들의 임금에 맞춰 급여를 받는 공무원들을 의회의 통제 아래 놓는 민주주의는 도급제 노동에 의해 유지되는 불평등과 제휴한다. 노동 또는 원료의 부족만이 종종 이 원칙의 왜곡을 유발한다. 하지만 용감한 이들이 나태한 이들을 위해 희생하는 것을 금지하는 바로 그 우애가 강자에게 약자를 도우라 명한다. 그래서 의자 선반공들, 양철 램프 제조공들, 그리고 여타 많은 경우에, 도급제 임금에는 평등주의적인 완화제가 수반된다. 성과가 아니라 노동시간에 따라 수익을 나누기, 강자의 약자 지원, "강자들"의 위험한 과잉생산 경향 제한, 생산의 도취와 카바레의 도취 사이에서 분열되는 강한 노동자들의 들쑥날쑥한 시간보다 "약자들"의 끈기에 더 혜택을 주는 우회적인 도덕화 수단. 여기서도 역시 우애 원칙은 성문법보다 상위에 기입되기에 그만큼 더 강하다. 자신들의 총회 규칙 덕분에 그토록 존경받는 줄 절삭공들의 경우에도 사정은 동일하다. 규칙 자구에 그토록 까다로운 이들 민주주의자들은 수익의 평등주의적 배분을 규약에 기입하지 않았다. 이러한 배분은 우애의 불문법에 속한다. "수익 배분은 감동적인 장면이 펼쳐지는 기회다. 임금과 노동에 비례하여 수익을 불균등하게 나누는 것으로 시작된다. 이렇게 나뉜 몫들에서, 회원 각자가 자기 몫을 빼낼 것이 권유된다. 아무도 호응하지 않는다. 그러자 몫들이 뒤섞인다. 이제 우애적 평등에 입각하여 수익은 다시 공동의 것이 되며 두당 배분이 이루어진다."[42]

그 장면이 제아무리 감동적이어도 다음의 역설을 감출 수는 없을 것이다. 수익의 평등한 분유에 의해 임금의 불평등을 완화한다는 것은 이를테면 이기주의는 노동 쪽에 놓고 우애는 자본 쪽에 놓는 셈이라는 역설. 리옹의 직조공들이 묻는다. 회원들에게 그들이 사업에 복무하면서 발휘한 크고 작은 에너지는 계산하지 않고 수익을 배분한다는 것이야말로 상업 회사의 관행 아닌가라고.[43] 이 유비에는 낯선 울림이 있지만 또한 기만이 있다. 임노동에서 공제되는 수익 부분이 늘어나는 것에 자본가들의 이해관계가 있다면, 우애 자본가-노동자들의 이해관계는 필연적으로 더욱 애매하다. 연합을 감독할 책임을 진 감독관들은 노동자로서의 그들의 활동과 사업가로서의 그들의 이해관계 사이의 관계를 평가하기가 매우 어렵다.

그들은 자신들의 선입관에도 불구하고 우선 작업장의 작은 공화국들이 지닌 노동에의 열의, 숙련, 내부 질서에 매혹당한다. 더욱 저렴하게 원료와 일손을 조달할 수 있는 로렌 지역과의 경쟁에서 버티기 위하여, 임금에서 처음에는 10퍼센트, 나중에는 20퍼센트를 스스로 공제했던 안장 틀 제조공들의 경우, 연이은 보고서에 더 많은 활동, 정상적인 회계, 완벽한 조화, 가혹하면서도 정확하게 집행되는 규칙, 우월한 제작이 기록된다. 고급가구 제조인들 경우에는 "아주 공들여 제작하기에, 날림이라 불리는 것은 만들지를 않는다." 아동 착취에 근거한 경쟁에 노출된 도자기 장식공들의 경우에는 감독관이 여전히 다음과 같은 점에 매료되어 있다. "남성들과 여성들 그리고 아동들이 다 함께 모여 근면하게 일에 열중하며 자신들의 처지를 즐기는…… 재능 있는 기술자들이 다수이고, 그들이 믿기 어려운 기민함으로 한쪽에서는 꽃다발을 만들고 다른 쪽에서는 불에 데우면 황금색으로 변하는 갈색 용액에 적신 붓으로 우아한 당초 문양을 만들어낸다." 그래서 아주 당연하게도, 권장되는 연합들 중 가장 우애 있는 연합이 가장 번창하는 연합인 것이다. "줄 제조인 협회는 능숙하고 확고한 지휘 덕분에…… 우수한 제작, 근면한 노동, 완벽한 조화, 정상적인 회계, 제품의 신속하고 용이한 판로를 갖춘다." 빈곤이 강제한 공산주의를 버텨내는 우애적인 용기는 사업 재개와 연동된 성공을 매우 낙관하는 듯하다. "지금껏 회원들 사이에 군림했던 조화가 깨진다고 해봐야 고작 연합의 진전을 저지할 수 있을 정도이겠으나, 연합의 번성 자체가 경향적으로 틀림없이 견고하게 해주는 합의의 단절을 예견케 하는 것은 전혀 없다."[44]

하지만 바로 여기서 그 논리는 일차적 훼손을 겪게 된다. 내부 질서와 조화가 상업적 성공에 비례하여 쇠퇴한다는 것이 즉각 명백해진다. "이 협회 회원의 지배적 특성은 질투와 불신인데, 특이하게도 이 불신은 상업적 성공과 더불어 증대되는 것 같다…… 무엇보다도 이들 불안한 정신에 의구심이 엄습하는 것은 활동과 노동의 한복판이며, 각자의 노력에 대해 성공이라는 보답이 이루어질 수 있을 바로 그 순간이다."[45] 불안한 정신들, 안달하는 사람들, 반항적인 기질들이라느니…… 하면서, 이제 다달이 보고서들에는 연합들이 휘말리는 "알력들"에 대해—이런 것들이 없었다면 연합은 응당 성공의 길로 나아갔겠지만, 있어도 연합은 성공의 길로 나아가는데—해명하는 수식어들이 빈발한다. 불화들의 원천이 규율을 지키지 않는 사회주의 노동자들의 본성에 있다고 전가하려는 유혹은 분명히 강력하다. 하지만 경험 많은 관찰자들은, 질서 쪽의 "격노한 자들"의 상투어인, 사회주의와 나태와 방탕의 단순한 동일시를 믿을 수 없다는 것을 깨닫게 되었다. 악기 제조 노동자들의 도덕성에 대한 조사를 책임진 경찰은 이미 직업적 진지함, 개인적 도덕성, 정치적 입장 사이의 연관에 대해 별로 확정적이지 않다고 묘사했다. 자신의 아내와 노모 그리고 실성한 질녀와 함께 오랫동안 한 주소지에 거주한 프티 샤를르라는 자는 무직인데도 선진적인 정견을 개진한다. 그는 폭동의 와중에 국민방위군의 장교 직위에서 "잘 처신"했던 것이다. 반면에 노동자 하나와 도제 하나를 고용한 브레통이라는 자는 자신의 혁명적인 언사 때문에 6월 당시 무장 해제당할 수밖에 없었다. 내연녀인 어느 노동자와 아이 하나를 낳아 살고 있는 샤를르라는 무직의 홀아비에 관해서는 도덕적이고 정치적인 면에서 양호한 정보들만 수집되어 있다. 마찬가지로 어떤 직업에도 종사하지 않으면서 자신의 재산을 축내는 내연녀와 살고 있는 로슈 씨는 근면한 노동자로 인정된다. 반면에 랑제 프랑수아라는 자는 사회주의 교리의 신봉자로 인정되긴 하지만 그의 도덕적 행실은 비우호적인 관찰을 전혀 야기하지 않는다. 결론적으로 사회주의 원리에 빠진 다섯 노동자 중 넷이 도덕적인 견지에서 "호의적으로 묘사되고", 실업자들 중 절반이 질서의 친구로 인정되며, 내연 관계의 남녀들이나 대가족의 아비들뿐만 아니라 독신남들도 주시되고 있다. 감독 보고서들에서는 조금 뒤에 가서야 비로소 주목될 것인데, 사회주의자이지만서도 질서의 친구인 프티는 자력으로 사업을 일궈내, "품행이 방정해 질서의 친구라 인정되는" 알베르라는 자와 함께 연합에 분란을 초래한다.[46]

이러한 애매함들은 전설적인 도금 세공사 연합에서는 배제되어야만 할 것인데, 여기서는 가입 후보자들이 "우리 협회가 우리에게 가르쳤던 가톨릭 원칙들에 대한" 자신들의 애착을, 자신들을 성공적으로 일하게 해줄 르루아 티보 상사에 대한 믿음을, "성스러운 복음을 [자신들의] 판단과 처신의 규칙으로 삼겠다는" 결의를 엄숙하게 확언해야만 한다. 그런데 1850년 11월의 한 보고서는 우리로 하여금 어느 회원의 "퇴직"을 검토하게 하는데, 그의 행실은 "회사를 관장하는 계율에 별로 부합하지 않는" 것이었다. 하지만 도덕을 훼손한 죄를 지은 드크레사크 씨의 제명에는 약간의 시간이 걸렸던 것 같고, 세 명의 다른 회원에 대한 분리 요구가 수반된다. 틀림없이 감독관은 여기서 통상의 설명을 뒤집을 수 있다. 이러한 알력은, 그에 따르자면, 연합을 이끈 늙은 뷔셰파 관리인의 엄격주의가 과도했던 탓이 된다.[47] 하지만 규칙의 엄격함으로부터 활동적인 정신의 반란으로 이어지는 단순한 관계는 안장 틀 제조공들이나 줄 절삭공들의 행보를 특징짓는 긴장들에는 적용될 수 없을 것이다. 초기의 놀라운 조화 이후에 실제로 이어졌던 것은, 줄질 작업 관리자가 겪은 "등쌀"과 "가혹한 시험", 킹 씨의 안장틀 제조 연합 회원들에게 다음과 같이 벌금이 쏟아지도록 한 불복종 행위들이다. 작업장 안에서 다툰 두 여성에게 정직 처분. 작업장 안에서 소란을 피워 벌금 1프랑. 협력자에게 난폭하게 군 퀴쟁 씨에게 벌금 6프랑, 협회에 손해를 끼칠 언사를 한 루셸 씨에게 걸맞은 징계, 감독을 소홀히 한 십장 둘에게 징계, 주당 최소 50시간에 미달하는 경우 시간당 10상팀 공제, 비행을 저지를 경우 상당액의 벌금, 불량품에 대해서는 공임 삭감…… 조사 보고서들의 숱한 부분에 "틀림없이 회원들의 반항적인 기질이 기록되지만, 이와 동시에 관리의 힘을 규약이나 규칙의 문자 자체에서 끌어온다는 점이 확인된다."[48] 이 대목에서 이해해야 하는 것이 다만 관리가, "곤란하고 까다로운 사람들로 이루어지기 마련인" 연합 하나를 이끄는 데 필수적인 "억압 체계"에 의해 공고해진다는 점뿐인가? 오히려 거기서 확인해야 하는 것은 생산적 에너지의 긴장, 무규율의 범람, 법의 엄격함 사이의 낯선 조정 아닌가? 1850년 10월 24일 보고서에 연이어 기록되는 것은 노동일을 15시간으로 연장해야만 했던 연합의 전면 가동, 관리위원회의 숱한 토의, 상세한 회계 검토, 벌금의 엄격한 집행, 관리에서의 빈번한 변동이다. "이 모든 것이 나타내는바 구성원들은 불안하고 유동적이면서도 규약을 엄격하게 준수하면서 자제할 줄 안다." 이는 확실히 연합된 노동에 대한 평온한 전망—선전 소책자들에서 기꺼이 고용주의 자의와 노동자의 고초에서 비롯되는 불가피한 갈등들과 대립시키는 전망—과는 다르다. 이는 또한 도래할 세기의 어느 시인[브레히트]의 유토피아적 전망, 즉 위대한 무규율에 근거한 위대한 생산성이라는 전망도 아니다. 이 둘 사이에 있는 혼합적 에너지에서는 생산적 노력의 긴장, 반역적인 힘, 준법 정념이 동일한 원리로, 그 자체가 분할적인 원리로 회귀한다. 아마도 킹 연합의 특수한 구성은 어떤 면에서는 이러한 모순들이 격화된 상태일 것이다. "안장틀을 제조하는 영세 고용주들과 노동자들의 응집으로 형성된 이 연합은 이와 같은 적대적인 요소들의 결합 탓에 앞으로의 행보에 족쇄가 되는 엄청난 어려움들을 지니고 있음에 틀림없다."

하지만 연합들은 대체로, 지금은 알제리의 식민 정착민인 생시몽주의 모집책 아쉴 르루가 예전에 언급한 이러한 "정치적 혼혈"의 환경에서 구성원들을 충당하지 않던가? 그들은 파산한 또는 하찮은 고용주들이기도 하고, 장인이 되기에는 자본과 상업적 경쟁력과 위험을 무릅쓸 용기나 지배욕이 부족했던 노동자들이기도 하다. 하지만 또한 그들은 장인으로서의 에너지와 능력을 자기 형제들의 조직과 민주적 전투로 가져왔던 사람들이고, 자신들의 우애적 희망들이 좌절되면서 사회적 상승의 길을 종종 연합에서 찾았던 사람들이다. 소유자이기도 한 노동자들의 작업장에서, 해방된 노동자들의 열기와 고초와 불신은—봉기 노예들의 생산적이고 반역적인 에너지를 대체한—긴장들과 회피들을 과잉 결정하게 될

　　　　　　　　　　　　　　　　　　프롤레타리아의 밤

것이다. 위기가 지나자 자력으로 노동을 재개하는 옛 고용주들의 늘어나는 퇴직도 안장틀 제조 연합의 갈등적 경제를 전혀 바꾸지 못한다. 1852년 4월 27일에,

작업장은 성업중이다. 다만 노동이 도급제라서, 성수기임에도 불구하고 관리자는 밀려드는 주문이 필요로 하는 근면을 확보할 수가 없다. 특히 이 분야의 노동자는 얼마를 줘도 월요일에는 일하지 않는다. 이런 그에 대한 지적들을 상대로 그는 늘 이렇게 대꾸한다. 어차피 자신은 **도급제로** 일하니 일을 하지 않으면 급여를 받지 않는다고. 사업체에 이익이 되는 쪽으로 그에게서 뭔가 노력을 끌어낼 도리가 없다.

"자신의 노력과 희생을 전혀 쳐주지 않는" 동료 회원들의 배은망덕에 상심한 킹 씨가 우수한 노동자 넷과 동반 사직하는 것으로, 다른 회원들이 임노동자라는 방어적 위치를 포기하고 이 새로운 경쟁자에게 맞서는 전투를 사업가로서의 위치에서 지지하도록 하기에 충분하다. 7월 29일 보고서에 따르면 "동일한 활동이"(그렇지만 그렇게 취약한 활동은 아니었는데) "경쟁자임을 자처하는 킹 씨의 퇴직에 의해 자극되는데", 하지만 옛 고용주들의 어제의 지시보다는 지금의 경쟁에 의해 더 자극되는 이 활동은 역시 애매한 평가를 늘 초래한다. 1852년 11월 25일: "이 작업장에서는 노동 배분이 언제나 곤란했다. 나는 이 연합의 규율 없는 특성을 여러 차례 지적했다. 그로 인한 배달 지연과 불균등 노동……" 협회가 이러한 부정적 판단에, 위반 행위 관련 보고서들이 감소했다는 사실을 대립시킬 수는 없었을까? 하지만 이러한 감소는 역으로 읽을 수도 있다. 반역적 기질들과 대립하던 과거의 재갈이 "두드러지게 느슨해진 걸로

보인다고" 말이다. 그렇지만 1853년 6월 28일 보고서가 알려주는 바로는 "아무리 그렇다고 해도 협회의 연계는 확대되고 매출액은 늘어나는데", 1854년 4월 29일 보고서가 이 성공의 원천을 밝혀준다. "작업장에서의 왕성한 활동이 항상 내부 분란과 알력에 대한 최상의 보증이었다." 협회를 약화시키는 효과를 가졌던 알력에 대한 최상의 치유책인 이러한 활동도, 다음달 군대로의 배달 지연 재발을 막지는 못한다. "고용주가 운영하는 작업장에서는 유사한 사고가 일어나지 않겠지만, 노동자들의 연합에서는, 이상한 일인 것이, 일반적 이익을 향해 추가로 더 애써보겠노라고 결심하는 사람을 찾지 못할 것이다."

　자신들의 노골적인 알력들보다는 옛 회원들의 성실한 노력들과 정치적 무기(군대 주문의 취소) 탓인 최종적 실패로 안장틀 제조 연합을 이끈, 모순들로 점철된 구부러진 길을 추적하는 것은 부질없다. 줄 절삭공들의 행보를 좌우하는 유사한 논리가 오히려 더 유익하다. 1850년 10월의 보고서에는 이 모범적인 연합에서의 벌금 폐지가 적시되고, 1851년 2월의 보고서에서는 이 연합이 자기 분야에서 선두를 차지한다는 점이 알려진다면, 4월부터는 다른 기조가 감지될 것이다. 관리자 위르스통 역시 자신의 희생(도급제 급여를 받는 회원 노동자들보다 자신이 적게 받는다는 것)에 대해 전혀 고마워하지 않는 회원들의 배은망덕을 비난하며, "노동자 연합이 겪는 곤란들의 원천이 집단성에 있다고 본다."[49] "책동"과 "등쌀"에 지친 그는 1852년 1월에 연합에서 탈퇴할 것인데, 이 연합의 "우수한" 제품 제작과 "근면한" 노동을 이제 감독관은 전혀 다른 렌즈로 본다. 1852년 7월 27일: "나는 이미 이 연합에는 권위가 부재했다는 점을, 노동은 꾸준하지 않았고 홀대받았다는 점을 이미 말했다." 다음달 보고서에서 제시된 결과들을 보건데, 이러한 부재와 홀대는 상관적인 것으로 보이며, 또한 그 보고서는 연합의 병폐를—그럼에도 불구하고 연합은 잘 유지되지만—명확히 한다. "연합은 본질적으로 내부 규율이 결핍되어 있다는 과오를 범한다. 특정 순간에, 관리자는 추가로 더 애써보려는 자를 구할 수 없을 것이다. 노동자는 자기 것을 위해 노동한다는 점을 확신할 수 없다. 이러한 근원적인 악덕은, 다른 면에서는 가장 양호한 조건들에 위치한 사업체가 거둘 수 있을 발전과 언제나 대립하게 될 것이다." 1852년 11월 25일: "이 연합의 다수 성원의 악의와, 관리 부서가 겪는 부단한 등쌀이 발전 전체를 중단시키고 비생산적인 노동에 도달한다. 그래서 협회는 비록 상품이 팔리더라도, 심지어 고용주가 운영하는 작업장에서라면 막대한 수익을 남길 정도로 팔리더라도 언제나 궁색하다." 따라서 1853년 5월 26일 보고서의 결론은 불가피해 보인다. "내부 질서의 이러한 결핍이 지나치리만큼 입증하는 것은 노동자에게는 강제되는 권위가 필요하다는 것인데, 왜냐하면 자유로운 노동자야말로 자신에게 개인적으로 이익인 것에 노력을 기울이고자 하지 않기 때문이다." 이 논지의—이미 비틀린—논리가 더 비틀리는 것은, 되찾은 희망의 숨결 속에서 1853년 8월 29일 보고서가 필요한 정화는 이루어졌음을, 사업체는 여전히 파리에서 선두를 차지하고 있음을 알려줄 바로 그때다. 이로부터 우리는 다음의 결론을 내려야 한다. 사업체는 선두를 놓친 적이 없었다는 것. 반역자들의 등쌀이 발전을 온통 중단시킨 이 시간 내내, 장인의 부재가 별로 생산적이지 못한—고용주가 운영하는 작업장에서라면 막대한 수익을 남겼을 정도의 생산에 도달했던—노동을 초래했던 이 시간 내내, 고용주의 권위와 생산성에 의해 관장된 사업체들을 이 사업체가 부단히 압도했다는 것⋯⋯

감독관인 기요와 보네르의 선입관들을 너무 성급하게 비난하지 말자.

노동자의 자리에 어울리는 소유자가, 고용주의 자리에 어울리는 임노동자가 항상 있는 이 사업체들의 작동에는 파악할 수 없는 무엇인가가 진정으로 존재한다. 일감의 감소에도 불구하고 전체 노동일에 대해 급여를 지불받는 가스 장치 제조공들에게 역정이 난 감독관들은—자기 보조들의 희생자인—회원들의 불운에 대해 고작해야 동정할 수 있을 뿐이다. 융자 계약에 대한 라틀리에주의자들의 엄격함으로 인해 임시 협력자들에게 수익을 불입해야 하거나 또는 그들과 연합을 이루어야 할 저 연합 회원들은 르블랑 씨나 에라르 씨를 합류시켜야만 했는데, 이들은 "작업장에서 도박할 정도로" 무규율과 무질서의 전형을 보여준다. 그래도 연합 회원들은 이들 중 하나에게 500프랑을 줘야만 했고 그는 다른 곳으로 도박하러 간다.[50] 하지만 이러한 극단적인 경우들이 아니더라도, "개인적인 이익" 또는 "자기 것"을—연합 노동자는 자신이 이런 것들을 위해 노동한다는 확신에 도달하지 못하는데—정확하게 정의하기가 쉽지 않다. 리옹의 연합들을 감시하는 경찰은 연합한 비로도 제조공들에게서 모순이라는 죄를 모두 씻어낼 수 있으리라고 철석같이 믿는다. 회원들은 자신들로서는 너무 명료한 양자택일 상태에 실제로 처해 있다는 것이다.

아주 비싼 공임을 받는 것, 이는 협회를 파산시킬 위험을 무릅쓰고 얻는 실제적이며 확실한 이익…… 아니면 협회가 성공할 시 협회의 수익에서 득을 보리라는 희망으로 현실적인 공임을 받으며 일하는 것. 매상을 늘려서든 노동자에게 가장 유리한 품목들만 만들어서든 여하간 즉각적으로 공임에서 이익을 보는 것이 이익의 관점에서 가장 안전하다는 것은 분명하다.[51]

자기 계급의 도덕적 복권이라는 원대한 꿈으로부터 나날의 임금 전쟁이라는 현상태로 즉각 되돌아온, 하지만 또한 자신들의 현재 지위의—고용주로서의 고용의 상대적 안정성을 활용하여 임노동자로서 자신들이 보유한 투쟁 무기의 성공 기회를 최적화하는—이중성을 최고로 이용하는 임노동자들의 전형적인 행태인가? 이런 설명은 매번의 비판적 상황에서 되돌아온다. 예컨대 세탁공 연합은 "임금을 남용했다." 외과 수술 도구 제작 노동자들은 비싼 공임 말고도, 제대로 정의되지 않은 규약에 근거해 "선불"을 요구하느라 시간을 보낸다. 악기 제조공들의 경우에는, 공임이 "아주 엄청난 비중을 점하는 것으로 보이는데…… 이는 노동자 연합 일반에서 두드러지는 경향이다." 하지만 이 주장들은 이런저런 연합의 노동자들이 용감하게 지지하는 감축 호소에 의해 곧바로 반박된다. 언제나 그랬듯이, 줄 절삭공들의 경우에, 보고서들은 저 모순에 최대한의 날카로움을 부여한다. 1853년 1월 29일: "노동이 유용하게 배분되지 못할 것인데 왜냐하면 여기서는 특히 노동자가 사업체의 이익에는 최소한의 관심도 두지 않으면서 가능한 가장 높은 임금을 받고자 하기 때문이다. 하물며 초조하게 기다린 노동을 끝마치려는 월요일 따위는 없을 것이다." 그런데 보네르의 또다른 보고서는 이 과도한 임금에 대해 가장 검소한 편이라고 평가한다. "각자가 자신의 일을 위해 노동하는 이 작업장에서는 도급제 평균 일당이 2.45프랑을 넘지 못하는 데 반해, 고용주가 있는 작업장들에서는 동일한 노동자들이 4프랑에서 5프랑을 번다. 이로부터 내려야 할 결론은, 이상하게도 자신을 위해 노동하는 자유로운 노동자는, 그에게 그의 권위를 느끼게 만드는 장인을 위해 노동하는 경우보다 덜 생산한다는 것이다."[52]

익히 알려진 결론: 고용주들이 있는 작업장에서는 일이 이렇게 되지

는 않으리라는 것. 보네르가 제기하기를 잊은 유일한 질문은 이러하다. 줄 절삭공들이 월요일에 휴업하기와 자신들의 생산력 강도를 기분 내키는 대로 바꾸기를 익힌 것은 고용주들의 작업장에서가 아니던가? 어쩌면 문제의 구도를 뒤집어서, 그가 이상해 보인다고 했던 그곳에는 이상함이 없다고, 모순이 우리를 먼저 두드린 그곳에는 모순이 없다고 말해야만 할 것이다. 엄밀하게 보자면, 저 동일한 노동자가 자신의 즉각적인 개인적 이익을 위해 사업체의 미래 이익을 희생시킬 정도로 빈틈없으면서도, 2.45프랑보다는 5프랑이 낫다는 것에 주목하지 못할 정도로 허둥댄다는 것이 이해될 수 있겠다. 자신의 이익에 밝아지려면 이기주의자인 것으로는 충분치 않다. 진정 이해하기 이상한 사태는 이러하다. 이처럼 활동적인 동업조합에 자신의 "권위"를 관철시키기에는 실제로 약간의 어려움을 겪는 고용주의 사업체들이 과연 어떻게 자신들 분야에서 가장 활동적인 작업장을 능가하는 수익을 낼 수 있단 말인가?[53] 연합에 결여된 것은 권위의 마술적 효력이라기보다는 권위의 물질적 실행, 이윤의 은밀한 연금술이라기보다는 생산능력 또는 심지어 회계 지식이지 않은가? 물론 습득되는 것들이 있다. 외과 수술 도구 제조 노동자들의 관리자는 결국은 원가 획정 방법을 습득할 수 있게 될 것이다. 덕분에 그 관리자는 자신의 힘찬 지휘로 자기 사업에서 이룩했던 방식의 확장에 의해 연합을 파산으로 이끄는 것을 모면하게 될 것이다. 어제는 착취 중개인들의 수익에 대한 계산에서 그토록 정확했고 오늘은 가격 책정에 그토록 서툰 고급 가구 제조인들은 악성 지급인들을 식별하는 법을, 본질적으로 채권으로 이루어진 자산을 항상 적자로 수정하는 것을 모면하는 법을 습득하게 될 것이다. 악기 제조공들은 특허법을 공부해서 삭스 씨의 악기를 흉내 내는 더 능숙한 방식을 찾았더라면 자신들의 색소폰 압류를 아마도 모

프롤레타리아의 밤

면했을 것이다. 반면에 자신들의 품목의 원가와 상업적 기회를 세심하게 연구했던 불운한 우산 제조공들은, 어느 하루의 노동일 동안 지방의 구매자들을 다 쫓아버린 콜레라 앞에서 확실히 무기력하다. 고급가구 제조인들, 줄 절삭공들, 심지어 매우 성실한 도금 보석 세공사들 또는 도자기 장식공들은 미국 구매자들의 불확실한 지불 능력에 대해, 독일과 아프리카와 남아메리카 시장을 막아버린 현지 정황에 대해 할 수 있는 것이 별로 없었다. 하지만 그들로 하여금 고객들을 그토록 멀리 찾으러 가지 않을 수 없게 하는 것은 아마도 우연이 아닐 것이다. 그들의 일부 동포들은 그들을 단련시킬 "산업적 기회들"을 조장할 태세를 너무나 잘 갖추고 있다. 예컨대 안장틀 제조공들이나 줄 작업공들은 너무 불확실한 고객들이라 철 구매를 외상으로 해주기 어렵다. 그리고 그들의 납기의 불확실성은, 기병대와 직업학교 납품을 더 성실한 사업체들에 배정하도록 지불자인 국가를 설득함에 있어서 중요한 논거일 것이다. 동일한 방식으로 외과 수술 도구 제조공들은 장애인 시장[국영 장애인 시설]이, 관악기 제조공들은 군악대 시장이 닫히는 걸 보게 될 것이다. 정치 상황은 말할 것도 없으니, 1852년 1월에 감독관은 "무엇보다도 정치 논쟁 저술들 덕에 먹고사는 사업체"인 드수아 인쇄소가 정치 상황으로 인해 별안간 상당수의 고객층을 잃었음을 확인한다.

노동자이자 고용주로서의 연합 회원들에게 타격을 가하는 산업적인 우연들과, 장인 없이 해보려는 노동자들에게 고객이 점점 줄게끔 하는 정치 질서의 결탁? 하지만 또한 산업적인 우연과 노동자 노마디즘—노마디즘을 자기 것으로 삼고 정세 굴절에 맞춘 "추가 노력"이라는 생산적 합리성을 거부하는 노동자의 "불안"—과의 더욱 은밀한 결탁! 연합들에서 이루어지는 삶에 리듬이 되는 "알력" "등쌀" "책동" "반항" 따위의 것들은 아주 용이하게 근본적 갈등으로 귀착된다. 이 갈등의 한쪽에는 관리자가 있어서, 그는 집단 사업의 합리성을 대표하며, 자기 노력으로 확보한 고객을 만족시키기 위해 추가 노력을 요구하고, 연합 회원들에게 노동에 비례한 임금 삭감을 제안하며, 임금 인상 또는 수익 분유보다 자본 증식을 앞세우고, 연합 회원들의 날림 노동에 탄식하고 이들의 배은망덕을 개탄한다. 다른 한쪽에는 작업장 노동자들이 있어서, 그들은 관리자의 경쟁력을 문제삼으며, 중개인들에 대한 관리자의 허약함, 고객들의 지불 능력에 대한 관리자의 안목 부족, 사업에는 별로 유익할 게 없지만 자신의 궁극적인 출세에는 가끔 유용한 관리자의 출장, 새 고용주처럼 구는 관리자의 권위주의, 연합을 위한 외근 시간을 계산해달라고 관리자에게 요구할 수는 없는데 관리자는 노동자들의 결근과 그들이 와인을 마셨다는 것을 기록해둘 수 있도록 하는 불평등한 조건을 규탄한다. 이런 면에서 전형적인 것은 1849년 8월부터 반목을 빚던 제련공 연합의 운명인데, 반목의 이유는 회원들이 "완전히 문맹이거나 문법을 아예 모르는" 자들임에도 작업장에서 신문을 읽겠다고 주장하기 때문이다. 회의가 열리고, 권장위원회의 한 위원이 주재한 이 회의에서 회원들이 제대군인 콜랭의 권위주의를 고발하나 허사였으며, 오히려 작업장 규칙을 월요일에는 예외로 해야 한다고 무리하게 "강조"하다가 "기로데 씨의 혹독한 지적"을 받는다.[54] 규칙의 가결은 갈등이 "활동과 노동" 한복판에서 1850년 1월의 위기로까지 이어지는 것을 막지 못한다. 회원들의 무규율, 결근과 와인가게 방문을 나무라는 콜랭의 비난에 이들은 벌금 체계를 비난하는 것으로 응수한다. 이 체계가 "자신들에게는 온당치 않아 보이고 실질적인 해를 끼칠 수 있으며 자신들을 우스개로 만들 수 있다"는 것이다. 이들은 그가 나무라는 제품 불량에 대해서는 그가 너무 낮은 제조 가격을 수용했다고 비난하는 것으로 대응한다. 관리자는 이렇게 대응할 수 있다.

상품 가격을 정하는 것은 자신의 소관이 아니라고. 상공업에는 감내할
수밖에 없는 변동들이 있는 거라고…… 이런 사실들에 대해 그에게 책
임을 돌린다면 이는 불쾌하기 짝이 없는 불공정함일 거라고. 왜냐하면
자신은 여느 고용주처럼 이러한 경우 작업장을 닫을 수는 없기 때문이
라고. 오히려 자신은 시류를 따라야만 하며, 많은 이들에게 그렇듯이
자신으로서도 왕왕 불리하지만 피할 도리가 없는 산업적인 우연들에
맞서서 가장 유리하도록 애써 싸워나가 연합의 회원들에게 노동을 마
련해줘야만 한다.

콜랭의 활동이 확실히 격무이긴 한데, 관리위원회를 더 자주 소집하여
사업 운영을 숙지하게 하고 자기 거처에만 두던 장부들을 회람시킴으로
써 어깨에 짊어진 짐을 조금이나마 줄일 수는 없었던 것인가? 그가 자신
이 좌우하는 게 아니라고 말한 저 "산업적인 불운들"에 관해서는, 문법만
큼이나 산술에도 익숙하지 않은 회원들마저도 약간 심한 교활함이 있다
고 여긴다. 이들이 1월 30일에 연 "비상총회" 의사록이 그 증거다. 이들의
비난은 콜랭이 연합의 수익을 잘 숨기려고 회원들의 노동을 중상한다는
것이다.

지난 회의에서 아무도 진실을 말하고자 하지 않았다. 콜랭의 의도는 국
가가 우리에게 대출해준 돈을 갚는 것이 아님을 말이다. 그는 우리에게
말했다. 토기 제조인 협회가 멍청해서 수익을 내지 못하는 것이고, 정
부는 그들에게 대출해준 돈을 돌려받을 권리가 있다고. 그가 말했다.

자신은 그렇게 멍청하지 않으니 수익을 낼 거라고. 자신은 수익을 내는 데 달인이라고. 실제로는 적자를 냈고 그걸 덮으려 그는 위원회에 가서 우리가 일하려 하지 않는다며 우리를 중상하고……

공전하던 이 토의의 결론으로 "비상"총회는 콜랭 해임과 작업장 임시 폐쇄를 의결하는 데 반해, 콜랭은 작업장을 다시 열게 하는 회원들 대신에 보조들을 고용한다. 이 보조들은 서둘러 장관에게, 관리자의 퇴사는 삼십여 명의 정직한 노동자들을 벌이가 없는 상태로 방치하는 일이니 장관 직권으로 관리자를 유지시키는 후의를 베풀어달라는 정중한 청원을 낸다. 결국 콜랭은 자기 자신과 연합한 상태에 머물 것이고, 자기 회원들에게 그랬듯이 감독관에게도 회계장부를 열람시키지 않는다.

그들의 이웃들인 "멍청한" 토기 제조공들이 동일한 결과에 다다른 것은 훨씬 더 주목할 만한 길을 통해서다. 모니 연합은 "규약과 규칙의 문자 자체에서 자신들의 힘을 끌어오는" 그런 연합들이 결코 아니었음을 확실히 말해두어야만 한다. 1849년 11월에 모니 연합은 아직 작업장 규칙을 갖추지 못했다. "이 협회 관리자는 노동을 배분하지 않는다. 그는 회원들을 모아놓고 말한다. 내가 받은 주문들이 여기 있다고. 이걸 8일 내로 해야 하니 너희가 준비하라고. 정해진 날 모든 게 마련된다."[55] 1851년 2월에 규약 제정 호소가 직설적인 반응을 얻는다. "사업은 잘 운영되고 있다. 더이상 아무것도 요구하지 마라." 하지만 바로 이 원활한 운영으로 인해 즉각 촉발된 것은 구성원의 "질시"요, 상업적 성공에 기이하게 비례하는 "불신"이다. 실제로 회원들은 나눠 가질 수 있는 수익의 할당을 자신들이 요구할 수 있다고 결론 내린다. 보네르가 인정하는바, "수익에 대해 당연히 그들에게 권리가 있는" 것이지만, "관리자인 모니 쪽에서는 사업을 책

프롤레타리아의 밤

임지고 있어서, 이러한 할당이 이루어진다면 회사의 상업적 미래와 실존 자체가 본질적으로 위태로워질 거라고 보았다." 이러한 고집에 직면하자, 회원들은 사업체를 나가겠다는 의사를 밝힌다. 그렇지만 그들은 우선 수익에서 자신들의 몫과, "번창하는 사업을 포기한다는 구실로 자신들 각자에게 1000프랑의 보상금"을 요구한다. 그러는 동안에 "그들은 어떤 권위도 인정하지 않으며 자신들 멋대로 일하고 해코지에 몰두한다." 이러니 모니는 (건전한) 절반의 노동자에게 다른 노동자의 작업을 감독하라고 당부해야만 한다. 불행히도 "이러한 감독은 전혀 진행되지 못했으며, 아무도 이것에 주의를 기울이지 않았고, 그들 중 하나가 무언가 지적하려들면 그는 곧바로 지적받는 이의 욕설 표적이 되었으니 그들은 아무것도 말하지 않겠노라 결심했고, 만사가 그럴 수 있다는 듯이 굴러갔다".[56] 그리하여 모니는 1852년 2월에 수익을 나누는 것을 수용한다. 회원들은 수익을 받은 이후에 탈퇴하고⋯⋯ 이어서 자신들의 옛 관리자의 임노동자로 노동하기 위해 작업장으로 되돌아온다.

노동자들이 "자기 것"을 위해서는 결코 노동할 수 없으리라고, 그러니 그들에게는 장인이 필요하리라고, 참으로 이렇게 말했던 자들의 용도에 딱 들어맞는 두 이야기. 12구의 제련공들 또는 토기공들의 투박한 갈등들에서 11구의 식자공들이 뭉툭한 무기로 벌이는 전투에 이르기까지 동일한 확증이 관철되지 않는가? 틀림없이 왕년의 아틀리에주의자 드수아는 우위에 서서, 12월 2일[루이 나폴레옹의 쿠데타] 직후에 완고한 연합 회원들에게 자신이 청산을 제안한 바로 그 연합의 도덕적 결산을, 사업의 재정 결산과 더불어 끌어내고자 한다. 우선은 2년간의 사업에서 얻은 있는 그대로의 결과들이 있다. "일당 5프랑으로 한 해의 첫날부터 마지막날까지 노동하고 거기서 5분의 1을 포기하는 열일곱 연합 회원의 노동은, 매출이 가장 좋은 해에도 일반 경비와 국가 기금의 이자, 감독 비용을 충당할 수 없다."[57] 그리고 전망치 계산에서는, "거의 사용한" 원료의 필수적인 교체에 "아무리 면밀하게 신중을 기해도 피할 수 없는" 악성 채무를 추가해야 한다. 보조 인력을 채용할 수 있도록 해주고 이들의 노동 덕에 수익을 낼 수 있도록 해주는 "더 확실하고 지불 능력이 있는" 고객층을 확보하려 노력함으로써 상황을 개선해보려는 것은 부질없다. "새로운 고객층이 될 만한 계급에서는 노동자 연합이라는 체계에 별로 호의적이지 않다…… 당신들이 동등한 장점을 갖고서 약간의 일감을 얻으려 다른 인쇄업자와 경쟁하는 경우, 당신들은 노동자 연합에 속한다는 단지 그 사실 때문에 실패할 것이다. 진실은…… 노동자 연합이 이론상으로는 오늘날 하나의 유토피아로 간주되며, 실제상으로는 아나키 클럽 또는 소굴로 간주된다는 것이다." 이 도달점에서 재발견되는 것은 경제적 질문과 사회적 질문 사이의 초기 매듭이요, 존재와 겉모습의 부인할 도리 없는 동일성이다. 연합이 아나키 소굴로 표상된다면 이는 곧 그러하다는 것이다. 이는 "혐오에 빠진" 관리자가, 예컨대 부정을 저질러 곧 유죄 선고를 받게 되는 옛 식자실장이 이끈 반대 책동을, 동료들이 덮어준 어느 회원의 방탕을, 제명을 요구했으나 헛일이었던 다른 회원의 결근을 비난할 수 있다는 진부한 의미에서만 그런 것이 아니다. 1848년에 자유롭고 자발적인 연합 회원들의 도덕적 결집으로 출현했던 것이―프롤레타리아 실존들을 지배하고 그들의 원자들의 응집에서 일체의 도덕성을 소거하는―고전적 형상, 즉 우연한 마주침이라는 형상을 다시금 제시한다는, 더 심층적인 의미에서 그러하다는 것이다.

우리를 다양한 지점으로부터 모아낸 것은 합당한 선택도, 동정도, 특성의 유사도, 정치적·종교적 견해의 합치도, 검증된 장점의 인지도 아닌, 다만 우연이다. 알아보기에는 너무 늦었을 때에야 비로소 우리는 서로를 알아보게 되었다. 자신의 특성을 다른 이들의 특성에 맞춰 굽힌다는 것은 우리가 생각해본 적 없던 노력이었다. 우리는 구석에서 마주쳤으니, 그리하여 적의들이, 소리 없는 투쟁들이 아마도 증오를 우정이라는 외양 밑에 감췄던 것일 게다. 한마디로 이것이 우리의 역사다.

고상한 결론. 노동과 우연의, 산업 시장을 지배하는 전자와 프롤레타리아 실존들을 관장하는 후자의 잔혹한 놀이. 연합들의 운명이 펼쳐지는 무대를 한정할, 연합들의 파산의 다양한 길―산업적 불운, 압도적 경쟁, 관리자들의 무능, 연합 회원들의 무규율, 옛 동료들과 이들이 장으로 선출했던 사람 사이의 너무나 인간적인 갈등들―을 설명하기에 충분할 이중의 방황. 이것들이 12월 2일 반혁명의 직간접적인 효과들과 더불어, 거의 모든 연합들의 불행한 운명을 설명해주지 않는가? 그렇지만 여기에 엄선된 증인이 있으니, 잔존 연합들 중에서도 가장 번창한 연합의 관리자인 석공 코아동은 이 일련의 그럴듯한 충분한 논거들을 믿지 않는다. 협동조합들에 관한 1865년 조사 위원회 위원장은 그의 회의주의에 놀란다. 대다수의 연합은 "수익을 내지 못했기 때문에, 사업 지휘가 잘못되었거나 연합 회원들이 서로를 이해하지 못했기 때문에" 망한 것 아닌가? 코아동은 답하길, 토기공들의 옛 연합이 거둔 눈부신 발전을 특히 상기하면서, "나는 이런 경우를 잘 모르는데" "일반적으로 연합들은 지적인, 아마도 너무 지적인 관리자들을 가졌다. 그래서 사업들은 잘 운영되었다……"[58] 제련공들이 상스럽긴 해도 그것을 그렇게 감지하지 못하지는 않았다. 산업적 기회들과 더불어 관리 오류들, 수익 부재, 연합 회원들의 불화를 관리하는 지적인 방식이 있기 때문이다. 드수아 회사 연합의 "거의 사용된" 원료는 다시 채워지고, 관리자의 낙심은 쉽게 극복되며, 연합 회원들의 인쇄소가 청산된 뒤에 드수아가 이 인쇄소를 되샀을 때 악성 채무 리스크들은 최소화된다. 12월 2일 이후의 정치 출판의 침체로 인해 그에게 가능했던 작업. 줄 시장의 확실히 너무 융성한 상태와 연합 회원들의 특히 반역적인 기질 탓에 이런 방식의 작업을 하지 못하는 위르스통은 이미 1851년 8월에 "덜 의존적인" 행정을 통해 "새로운 기반 위에서 자체적인 재건을" 생각했다. 외려 아니슈의 유리공장 노동자 행정가들이 3년에 걸친 연합 회원들과의 갈등 끝에 성공한 재건. 이 연합 회원들은 "너무 늦게" 출근해서 "너무 일찍" 퇴근하며, "통상적인 난방 용량의 두 배를" 쓰고, 고객이 주문한 노동들이 노동자로서는 "벌이가 신통치 않은" 것들일 때 그것들을 거부하며, "노동자가 다른 노동자를 해고하지 못하기" 때문에 모든 제명에 반대하는 이들이다. 그들이 1852년 1월에 "새로운 기반 위에서" 자체 재건을 한다면, 그들은 자신들이 해고할 수 없었던 연합 회원들을 낙담시키는 데, 이 회원들로 하여금 임금의 호시절로 되돌아가기를 열렬히 욕망하게 하는 데 이미 성공했다는 것이다. 1850년에 그들이 말한바, "우리가 뭔가 결과들을 얻었다면, 이는 오로지 규약을 위반함으로써 얻어낸 것이다. 우리가 주도권을 쥐고 있었고, 지배했고 명령했으며 미움을 샀다." 두에의 부지사가 논평하는바, 현실적으로 "그들은 스스로 고용주가 되어, 인간에 대한 인간의 착취를 보조금 받는 소규모 과두제에 의한 노동자 착취로 대체했다."[59]

　12월 2일의 효과는 억압의 효과라기보다는 작업장의 이 작은 공화국들에 그들이 자신들의 새로운 얼굴을 알아볼 수 있도록 그들을 비춘 거울의 효과요, 이로부터 귀결될 수 있었던 급진적 결정들에 가해진 마무리 손질의 효과다. 12월 2일의 사건들은 악기 제작 노동자들의 "평온을 단 한 순간도 동요시키지" 못했으며, 이들의 연합은 "특히 오늘날 자신들의 물질적 이익에 몰두하는 듯하다". 안장틀 제조공들은 의원인 빅토르 위고에게 자신들의 관리자가 한 근사한 약속에도 불구하고 "최근 소요의 한복판에서" 여전히 평온하다. 결국 위고는 틀 제작 연합의 한 회원의 경호를 받으면서 야간에 바리케이드를 가로질러 돌아다닌다. 불굴의 줄절삭공들은 자신들의 동업조합의 옛 대의원 하나를 전투에서 잃었다면, 변두리 지역인 생앙투안의 경찰관이 고급가구 제작 협회의 본부에 몸소 와서 "최근 사건의 와중에 노동자들이 보인 태도를 치하"한다. 페이지는 빠르게 넘어가고, 일부 연합들은 자진 해산을 선호하니, 우애 재단사들과 차량 노동자들은 이렇듯 영광 없이 끝난다. 다른 노동자들은 "새로운 기반 위에서" 자체 재건을 한다. 또다른 노동자들은 자신들의 생존이 권위 원칙의 충분하고 완전한 복원에 달려 있다는 점을 마침내 이해하며 이들의 관리자는 이들이 이를 이해하도록 할 책임을 진다. 12월에 한동안 투옥된, 안락의자 제작 목수들의 관리자인 앙투안은 교훈을 명심했다. 후일 어느 독일인 방문객에게 고백하길, "아! 그래요, 나도 다른 이들처럼 내 나름의 작은 쿠데타를 했어요. 저들은 저렇게 쿠데타를 잘 벌이는데 왜 내가 그걸 안 하겠어요. 모든 면에서 우리 프랑스인에게 필요한 것은 확실하고 강력한 권위예요."[60] 사회 공화국의 옛 투사가 시대의 분위기를 받아들인다. 이제는 그가 질서와 노동의 미덕을 주창한다. 곧 연합을 이탈하여 "별로 모범적이지 않은 정황에서 어디인지 모를 곳으로" 도망가는 그를 보게 될 것이다. 이렇게 해도 연합이 계속 노동하는 것을, 무엇보다도 노동시키는 것을 막지 못할 것이다. 1862년 박람회 대의원들의 보고서는, 연합 회원 노동자들이 자신들의 보조 인력들에 대하여 "그

어디에서보다 더 큰 규모로 착취를 행한다"고 기록할 것이다.[61]

제국의 질서와 부패를 통해, 저항하면서 자신들의 작은 공화국을 유지하는 자들이 분명히 있다. 1865년 조사 위원회 앞에서 의자 선반공들은 공화주의 대가족에서 노동자 소가족으로 왜소해진 이상의 영속성을 침울한 어조로 표명한다.

우리는 근면한 노동자들로, 가족을 이루고 살며 연합의 원칙과 이익에 진지하게 임한다. 자유롭다고 느끼며 자기 노동에 대해 확신하는 노동자의 지성을 발전시키는 데 연합보다 더 적합한 것은 전혀 없는데 왜냐하면 고용주의 작업장에서처럼 줄곧 해고당할 염려하에 있지 않기 때문이다. 노동 공정들이 창안되고, 새 모델들을 찾아내며, 고객층은 우리 생산물에 매우 만족해한다.[62]

하지만 그들 모두는, 자신들의 옛 동료 마르탱 나도를 포용하기를 거부한 코아동의 석공들처럼, 관급 주문을 놓치는 것에 대한 두려움 때문에, 그들이 충실하다 자처하는 저 이상을 유난히 훼손하지 않았던가? 젊은 세대의 한 사람인 청동 조립공 페라숑은 200에서 300명까지 보조 인력을 채용하는 연합들의 협동적이고 우애적인 특성을 솔직하게 의심한다. 석공 연합에는 "흙손을 다루는 회원들이 별로"[63] 없다. 하지만 혹자는 대꾸한다. 보조 인력 없이 어떻게 하느냐고. "고객이 당신들에게 일감을 줄 때 고객을 만족시키는 것을 거부할 수는 없다. 그렇게 안 하면 고객을 잃는다." 그래서 물론 석공 연합은 보조 인력들에게 수익을 나눠주고자 했다. 하지만 연합은 곧 "이리하면 손해를 본다는 것"을 알았다. 보조 인력들이 위험부담은 나누려 하지 않고 수익만 나누길 원하기 때문이다. 보조금을 받는 연합들에 비해 자유로운 연합들이 거두는 성공은 또한 다음과 같은 점에 주로 기인한다. 그 연합들은 자신들의 판단에 따라 보조 임노동자들을 충원할 수 있었다는 것. 반면에 보조금을 받는 연합들은 저 불행한 조항 25조에 묶여 있었다. 아틀리에주의자들이 군림하던 흐름의 유산인 이 조항은, 그 연합들로 하여금 새 연합 회원들이나 수익의 이해 당사자로서의 협력자들을 충원하도록 강제했고, "진짜 노동자들"이—안장틀 제조공들의 작업장으로 수익을 찾아왔거나 가스 장치 제조공들의 작업장으로 도박하러 왔던—"떠돌이 노동계급"[64]에 좌우되도록 놔둔다. 하지만 도대체 그 누가 이러한 도덕적 정당화에 속겠는가? 드수아 자신은 동료 연합 회원들에게 상황을 간명하게 요약해줌으로써 이들을 속이지 않았다. 협회가 지속될 수 있으려면 열일곱 회원들뿐만 아니라 "우리의 경비를 충당하고 적자를 메우고 수익을 내기 위해 협력이 절실한" 보조 인력들 역시도 고용할 정도의 일감을 찾아야만 했다는 상황. 연합은 보조 인력 착취에 의해서만 현실적인 수익을 낼 수 있다. 그의 동료인 랑케의 전형적인 사업은 성공을 통해 반증을 제공한다. 틀림없이 그의 연합 회원들은 약 15만 프랑의 나눠 가질 자산을 벌고 십 년을 마감한다. 다만 이 총액에는, 이자와 분할 불가능한 보유기금뿐 아니라 너무나 유명한 25조에 의해서도 위태로워진 사업체의 수익으로 5만 6000프랑만 들어 있다. 나머지 9만 4000프랑은 단순히 임금에서 공제된 부분을 나타낸다. "다 큰 아이들이고, 재산의 길에서 특히 돕고 지탱해줘야 할 필요가 있는 진짜 소수자들인"[65] 이들 노동자들을 변모시키기 위한 강제저축의 미덕들을 보여주었다는 것은 확실히 평가할 만한 결과다. 하지만 저축의 길은 여전히 자본의 길이 아니고, 랑케 연합의 잠재적 자본가들은 피아노 제조인들의 우애 연합의 자유로운 연합 회원들에 비해 궁극적으로 불리한 상태다. 이 피아노 제조인들은 1852년에 개정한 규약에서 우애의 새로운 한계들을 매우 정확하게 정했다. 10 대 15의 표차로 그들은 **자신들의** 노동자로서의 평등한 수익 배분을 기각했다. 대신 매우 특정한 영역을 평등에 남겨두었다. "보조 인력의 노동으로 거둔 수익은 모든 회원들이 평등하게 나눈다."[66]

"소자본"을 저축하길 꿈꿨던 자들과 자기 계급의 "도덕적 복권"을 희망했던 자들은 1865년에 안경 제조인 협회 대표자의 단호한 선언들에 동의하는 처지가 아니었을 것이다. 안경 제조공들에게는 다행히도 1848년부터, 그들의 규약 기초자이자 은행가이며 공화국 장관인 구쇼에 의해 "자본이 노동의 기반이다. 여기에 모든 것이 있음을 잊지 말라"[67]는 기본 원칙이 알려져 있었다. 오늘날 그들은 한창 번성중인데, 회원 각자의 출자금 상한을 처음에는 3000, 나중에는 5000프랑에 두었으며, 자신들이 내는 수익은 축내지 않으려 조심한다. 그들은 안경 하나하나가 십오 명의 수중에서 360번을 거쳐야 하는 분업에서 "노동자 각자의 지성을 단 한 지점에 집중시킬 줄" 알았다. 물론 그들은 보조 인력을 고용했고 자신들의 십칠 년 경험을 다음과 같이 요약할 수 있다고 믿었다.

> 1848년에는 노동자들이 자신들의 사업을 이해하지 못했다. 그들은 노동이 전부라 믿었고, 자본은 완전히 간과했다. 우리는 이러한 관념을 확실히 버렸다…… 우리가 발전을 거뒀다면, 이는 우리가 자본이 노동자 해방에 필수적임을 이해했기 때문이다.[68]

"연합에서 벌어들인 제법 액수가 되는 약간의 재산"[69]을 아내에게 남겨주고 사망한 왕년의 음모가이자 이카리앵인 몽타뉴가 그들의 회계원이었던 줄 절삭공들은 틀림없이 자본이 노동의 기반이라 말하길 거부할 것이다. 하지만 1848년부터는 모두가 노동이 **전체**일 수는 없음을 이해했다. 우애 왕국은 이 전체를 통해 이윤의 이기주의적 제국을 흡수하고자 했지만 말이다. 노동 왕국은 동일성과 '자기 자신에 대한 주인됨'의 왕국일 수 없을 것이다. 노동자가 자기 것의 주인이자 자기 노동의 자손인 특이한 경험이 관찰되었던 소우주에서, 연합이라는 가족의 분쟁들은 오히려 규칙과 속임수, 투쟁과 공모—임금 게임을 정의했던 것들—가 확대되어 나타나도록 해버렸다. "산업적 기회들"의 우주는 이중 근거의 우주에 다름 아닐 것인데, 여기서는 타자에 대해서만 주인일 수 있고, 자본만이 노동을 "자기 것"으로 삼을 수 있으며, 착취의 기생성에 맞서는 투쟁은 재전유가 아닌 뒤집힌 기생성 차원에 속한다. 이러한 뒤집힌 기생성에서는 노동자가 타인을 위해 하는 노동에서 벗어나는 수천 가지 방식을 사용하여 **오불관언의 태도**를 되찾는다. 고용주 겸 노동자인 이들의 평등주의적인 작은 과두제의 가족사진이 그 경험의 곤혹스러운 교훈을 가리기에는 무력하지 않은가? 노동 공화국에는 아마도 시민은 없고 오직 이방인만, 다시 말해 떠도는 자본, 장인 편으로 넘어간 노동자, 자신의 생산 노동에 부재한 노동자만 있을 거라는 교훈.

경험의 토대 위에서 이를 예상했어야만 하는 것 아닐까? 누이 양재사들의 노동과 형제 프롤레타리아들에게 파는 가격에서 우애적으로 수익을 내고 있는 재단사들의 황금 전설을 이미 1850년에 탈신비화하느라 여념이 없던 프루동주의 노동자들이 예감했던 것이 바로 이 대목 아닌가? 우애 산업의 옛 회원 식자공 뒤셴, 재단사 연합에서 탈퇴한 회원 재단공 와리, 이들이 모든 착취의 맹아는 그토록 자연스러운—연합의 사업을 키우고 훨씬 더 많은 수의 노동자에게 연합을 개방하기 위해 수익을 추구한다는 ─ 원칙에 내포되어 있다고 했던 것은 옳지 않았던가? "왜냐하면 만약 **수익**이 난다면, 이는 둘 중 하나이니, **생산자**가 충분히 받지 못했거나 **소비자**가 너무 비싸게 낸 것일 터이기 때문이다…… 당신들에게 주어진 소비자의 조건은 흔히들 어떠한가? **프롤레타리아**라는 조건."**70** 프롤레타리아들을 더 잘 해방하기 위해 그들을 착취한다는 이 원환에서 어떻게 **빠져나올** 것인가? 이를 위해서는 "경제 관계에서 현재까지 채택된 모든 수단을 포기해야 하며, **자체적인** 협회 기금을 **단념**해야 하고, 그 기금을 늘리기 위해 타자에게서 수익을 내는 것도 **단념**해야 한다." 대신에 연합 회원들이 "소비자들로 하여금 **연합 회원들에게** 선불을 주도록, 신용 대출을 해주도록, 언제든 생산물로 상환될 수 있는 소비 채권 매집을 통해 출자해주도록 호소하는"**71** 사업체를 창립해야 한다. 고용주 자체 기금도 아니고 임노동자의 오불관 태도도 아닌 하나의 다른 세계. 분유되는 빈곤이나 공동의 착취가 아닌 경제 관계들의 형식 자체 안에서 우애를 정초하는 세계. 생시몽주의 기술자의 생산자이자 소비자인 신의 우주에 대립되는 교환 세계. "역으로, 다른 세계를 떠올려. 누구든 빌려주고 누구든 빌리는 세계. 모두가 채무자요 채권자인. 천체의 규칙적인 운동은 얼마나 조화로운가!…… 자연은 빌려주고 빌려오기 위해서만 인간을 창조하니까."**72** 이와 같은 것이 『레시프로시테La réciprocité』의 깃발을 걸고 와리가 세운 재단 노동자들의 "자유롭고 우애적이며 평등적인" 대항 연합의 원칙이다. 그리고 확실히 1865년의 관찰자는 산업 법칙들에 그토록 상충되는 원칙 위에 세워진 한 연합이 숱한 연합들의 파산 와중에 나름의 소박한 실존을 지켜냈다는 것을 보고 놀라워할 것이다. "가장 존경해야만 하는 것에 대해, 요컨대 미래가 없는 사업체 안에서 연합 회원들이 보인 끈기에 대해, 또는 연합 회원들이 자신들의 무분별함에 대한 개연성 있는 결과들로부터 그토록 오랫동안 벗어날 수 있도록 고객들이 보인 신실함에 대해"[73] 그 관찰자는 알 수 없을 것이다. 하지만 이러한 하찮은 생존이, 천체 운동의 조화를 나타내주는 가정적인 우애의 규칙들에 결여된 것을 드러내주지 않는가? 왕년의 신학생인 뒤셴이 『라 부아 뒤 푀플La Voix du peuple』의 자기 동료들인 왕년의 공산주의자 와리와 너무나 기독교적인 슈베의 천계 조화를 쉽게 약속하느라 사용한 설명의 허접함을 우리가 어찌 느끼지 못하겠는가?

당신들은 사업을 확장하고 노동자들에게 가능한 많은 일감을 주고 싶은 것이죠? 본연의 생산물들을 파세요. 사기치지 마시고요. 그런 생산물들을 염가에 파세요. 원가 이상을 떼지 마세요…… 그렇게 하면 당신들은 상당한 고객층을 가질 겁니다. 노동이 폭리를 대체하는 것이죠. 그리하여 당신들은 단박에 정의를 통해 우애에 도달할 겁니다. 독점과 착취에 의해 우애를 열망하는 것보다는 이것이 훨씬 나은 것이죠.[74]

확실히 착취보다는 정의가, 헛것보다는 알짜가 더 낫다. 하지만 이 두 불평등의 관계는 뒤셴의 계산에서보다 조금 더 복합적이지 않은가? 경제 질서는 정의의 특권적인 장소인가? 헛것이 알짜보다 범위가 더 넓지 않은가? 이와 같은 것들이 전체 이야기의 위대한 연출자이며 위대한 패배자인 전 의원 코르봉이 자문하게 될 질문들인데, 그는 『파리 인민의 비밀』과 동시에 실패의 이유를 찾고자 하며, 『라틀리에』의 형이상학과 연합의 도덕을 정초했던 모든 전제를 전복하는 것으로 점차 귀착된다. 영속적인 연합도 아니고 분할 불가한 기금도 아니다. 경험은 이러한 수도자적인 환상을 반박했다. 하지만 무엇보다도 타락과, 노동에 의한 보상의 교리도 아니다. 부패시키는 개인주의에 관한 "장광설"도 아니다. 변덕스러운 열망을 억제하기 위한 집단 규칙도 아니다. 세속적인 재능도 아니고, 도덕화하는 생산노동에의 끊임없는 전념도 아니다. 파리의 바빌론적인 인민의 비밀은 진보의 비밀이기도 하다.

예전의 나는 순진해서 도덕주의자들을 따라, 떠돌이 성정 탓에 작업장의 세속성 안에 머물려 하지 않고 의자의 지지대, 모자 외피, 한 무더기의 조판, 신발 제작, 또는 어떤 것이든 간에 분업과 하부 분업 등에 몰입하려 하지 않는 유형의 노동자들을 훈계해댔다. 나는 그들의 비밀을 전혀 파악하지 못했다. 파리 노동자를 특징짓는, 외부 삶에 대한 이 거대하고 정당한 욕구를 해명하지 않으려는 성향이 내게 있었다…… 일상적인 노동은…… 우리의 노동자로서는 매일 하는 부역일 뿐이다. 자신의 노동에 대해 진지하고 지속적인 사랑을 전반적으로 갖지 못한 그는 자신의 지적인 가치의 최소 부분만을 노동에 바친다. 파리 작업장에 가장 큰 평판을 안겨주는 생산물들은 노동자가 지닌 모든 능력의 구사를 입증하는 것과는 거리가 멀다. 노동자는 일시적으로만 온전히 일하는데, 이는 이겨내기 어려운 난점 탓이다. 노동자는 말하자면 적당히 일한다. 반면에 노동자의 정신이 혐오할 일감들은 많다. 그 자신으로서는 세계를 돌아다니는 버릇이 전혀 없다고 해도 말이다…… 이 노동자가 내가 그에게서 원하는 대로 될 수 있었더라도, 그는 자신의 거대한 열망들을 질식시킴으로써만 비로소 그렇게 될 수 있었을 개연성이 크며, 그가 부르주아의 대열에 끼지 못하는 한, 우리 관점에서 보자면 결국 동일한 것이지만, 제3범주의 중간계급 인민으로 떨어질 것이다. 예외적으로 이런 유형의 노동자가 자기 사업을 하고자 결심할 때는, 본인의 관후

　　　　　　　　　　　　　　　　　　프롤레타리아의 밤

한 열망들이 존속되는 일은 매우 드물다.[75]

그렇지만 연합의 갈등들이 표출하는 임금 이익에 관한 매우 세속적인 집중, 당대 일부 파업들의 전망의 편협함, 1860년대의 출발을 표시하는 동업조합들로의 회귀에 대한 집요한 꿈 안에서는 이 거대한 열망들이 너무 하찮아 보인다. 그런데 이러한 저속함이야말로 하나의 다른 세상을 향한 그의 열망들을 작업장의 사태에 전혀 투입하지 않으려는 노동자 정신의 요체 아닌가?

그의 요청들의 바탕에 있는 것은 일거리를 찾지 않을 수 없게 하거나 임금을 놓고 다투지 않을 수 없게 하는 모든 개연성에 맞서는, 직업과 관련되는 쪽으로 정신적 노력들을 강제하는 모든 것에 맞서는 보장에 대한 욕망이다. 이러한 욕구 탓에 그가 애착을 갖게 되는 방책들은, 실제적인 사안들을 합의하는 데서 그가 대체로 얼마나 부적절한가를 모른다면, 그의 정신에 대한 가장 슬픈 관념들을 주게 될 것이다.[76]

그리하여, 단순화시키는 이러한 태만에 비하면 과잉이고, 거기서 보존되는 거대한 열망들에 비하면 과소인 "세속적 영웅주의"를 지닌 연합들의 실패. 틀림없이 『라틀리에』의 편집인은 이미 노동자들의 연합이 진보의 종결일 수도 그리스도의 왕국일 수도 없음을 예감했다. "프랭클린이 어느 식자공 연합에 붙들렸더라면 과연 피뢰침을 발명했겠는가? 그리스도를 따르기 위해 어망을 버린 어부들은 포기의 권한을 과연 어떤 연합으로부터 확보했겠는가?"[77] 하지만 역시 그것은 길 잃은 인민을 다시 데려오기 위해 자신의 길과 노동자 군중의 길을 동일화하지 않을 수 없는 사도의 특수한 진리일 뿐이었다. 이제 회의주의의 미덕에 매료된 왕년의 기독교도가 자신의 근거들의 질서를 뒤집는다. 다름이 발견된 인민의 근거들과 자신의 근거들을 다시금 동일화하기 위해서. 인민의 공화국이 노동의 공화국일 수는 없을 것이다. 바야흐로 연합의 꿈들이 그 어느 때보다도 더 활기차게 부활하려는 시대에 역행하는 기이한 선교. 하지만 또한 낡은 미망들에 대한 실제적—이고 조금은 실증주의적인—비판에 결합되는 것은 언제나 현존하는 위협을 축출하려는 의지다. 생산자들의 공화국에 대한 찬양 자체 안에서, 미망의 실효성은 물질적 이익 체계의 사슬에 사로잡혀 다시금 방향을 잃는다. 이로부터 나오는 필연성이란 최근의 강인하고 실제적인 인민에, 스스로들 그렇다 여기는 것보다 훨씬 더 떠돌이인 인민을 일대일로 대립시키는 것. 왜냐하면 인민의 이미지를 개선하거나, 인민을 자신의 존재 의식으로 소환하기 위해 인민을 도덕화하는 것이 아니라, 존재와 겉모습에 대해 천명되는 분리 안에서, 인민이 알지 못하는 곳으로 인민을 밀어붙이는 자체적으로 불투명한 경향들을 해석하는 것이 문제인 시대가 이제 왔기 때문이다.

그 어떤 의심도 없이 노동자 연합들의 실패를 이러한 특이하고 영속적인 성향들 탓으로 돌려야만 한다……파리 노동자에게 무리를 이뤄 스스로를 해방할 수단이 제공된 때인 1848년의 충동의 순간을 제외하면, 파리 노동자는 실재라기보다 외양으로서의 열렬함으로 이 수단을 받아들인다. 어떤 내밀한 목소리가 그에게 말하는 것 같다. 그가 우월한 다른 차원의 능력을 상실해야만 비로소 연합을 실천할 수 있게 될 것이라고. 확실히 그는 자신의 본능적인 반감을 설명하지 못한다. 하지만 그의 영혼의 심부를 더 잘 보기 시작한 우리가 그에게서 일어나는 것을 그보

프롤레타리아의 밤

다 더 잘 설명한다.

……그는 추천받은 대로, 확보하라고 제안받은 땅 위에 자기집을 지으려 하지 않는다. 그는 천막을 치고 야영하는 것을 선호한다. 마치 자신의 타오르는 열망들의 대상인, 자신의 이상적인 정의가 군림하는 찬란한 도시를 저 멀리서나마 희미하게 일별했던 것인 양……

그러니 현존 사태들의 바탕에는 근대 사회의 내밀한 조건들 안에서 실행해야 할 하나의 혁명 전체가 있고 우리의 인민은 그것을 추진하는 본능적 힘이기에, 인민의 비밀은 유연하게 유지되어야 한다.[78]

사도 바울의 근대 제자들이 어찌 그것을 더 일찍 생각하지 못했던가. 노동자 사도가 바로 천막 제작자였음을 말이다.

12장

이카로스의 여행

Le voyage d'Icare

난점은 야영하는 데 있지 않다. 그것은 어디에서 야영할지, 약속된 땅은 어디인지를 아는 데 있다. 왜냐하면 길이 있기도 하고 없기도 하기 때문이다. "내가 구사하는 노정이라는 단어는 여기서 유럽적인 의미를 전혀 갖지 않는다. 노정에서 내가 연상하는 것은, 출발지에서 도착지로 가는 그 어떤 노선도 실존하지 않음에도 반드시 거쳐가야 하는 장소다."[1] 이는 텍사스의 숲과 초원을 관통하는 차로가 없다는 뜻일 뿐만 아니라, 삼중의 장소―박해받은 신자들의 사막, 이카리아의 비옥한 유역, 신세계의 미개척지―가 단 하나로 존재한다는 뜻이기도 하다. 그렇지만 애초에 여행자들은 전혀 의심하지 않았다. 새로운 장소의 지형이 시민 카베가 전위 대원들에게 마련해준 지도와 전혀 닮지 않았음에도 불구하고, 대원들이 도착지를 알아볼 정도로는 그곳을 충분히 알고 있을 것임을 말이다. "우리는 온화한 기후, 더 아름다운 하늘, 무성한 초목에 덮여 있고 고국의 거의 모든 과실과 짐승을 우리에게 줄 수 있는 비옥한 미개척

프롤레타리아의 밤

지를 가질 것이다"라고 그는 말했다.[2] 나중에는 그들이 이 면밀한 지리학자의 안내서들이 자신들을 일부러 헤매게 했다고 비난할 것이다. 하지만 지금으로서는 그들이 약속된 땅에 대한 묘사를 선 하나하나 충실하게 재확인하는 데 별 어려움이 없다. 미개척지이면서도 비옥한, 야생적이면서도 친숙한, 우애적인 존재들이 저버렸으면서도 거주하는 땅.

공기가 맑고 태양은 뜨겁지만 상쾌한 바람이 계속 공기를 신선하게 해주는…… 땅은 너무 비옥해서 파종하느라 굳이 팔 필요가 없을 정도다. 프랑스보다 훨씬 더 많은 소출을 올리는 땅이다…… 이를 입증하는 것은 엄청난 밀인데…… 우리가 너무 웃자란 풀을 태워버린 뒤 땅을 갈지도 않고 가래질도 안 한 채로 초원에 밀을 파종했음에도 그 밀이 너무 잘되고 너무 빨리 자라는 것을 보고 우리는 놀랐다…… 땅속에 낱알을 놔두면 며칠 뒤에 식물이 나온다…… 수원이 되는 샘물이 프랑스처럼 곳곳에 있다. 거기에는 거의 소리를 내지 않고 물속으로 들어가는 카이만 악어들과 덩치 큰 악어들이 있는데…… 이 동물의 고기는 식용으로 아주 좋다. 이들은 전혀 무섭지 않다…… 80리브르의 잉어들이 있고 아주 먹음직한 농어류들이 있으며 그 외에도 매우 많은 물고기가 있다…… 포도나무 그루들은 정강이보다도 크고, 50~60피에 높이의 참나무 주위에서 엄청 굵은 포도송이들을 달고 서 있다…… 소, 말, 돼지, 닭은 키우는 데 전혀 비용이 들지 않고, 심지어 돌보는 수고도 필요 없다. 동물들은 밤낮으로 밖에 있으니 축사가 아예 없다. 주민들은 거의 노동 없이 살아간다. 그들은 옥수수의 파종도 거의 하지 않으며 거처할 오두막도 짓지 않는다. 많은 아메리카인과 텍사스인이 우리를 보러 온다. 그들은 매우 온순하고 정직하다. 흔히들 야영을 하니, 한

데서 자는 것이다. 닫아두지도 않고 훔치지도 않는다. 우리가 꽉 찬 자루들과 총을 잃어버렸는데, 저들은 아주 먼 곳에서 그걸 우리에게 알려주고, 총을 돌려주러 7~8리외 거리를 왔다.[3]

진짜 공산주의자들이 알았던 것은 이런 것 아닌가? 연합들의 소매상적인 방책들에서 우애 왕국의 도래를 찾지 말았어야 한다는 것. 순결한 자연, 물고기들의 증식을 실제로 실현할 수 있으며 우애 연회를 하기에 충분할 만큼 아주 큰 포도를 키워낼 수 있는 자연의 땅으로 그 도래를 찾으러 갔어야 한다는 것. 여기서 개념과 현실의 동일성이 자체 상징을 찾아내는 것은 그 어떤 하늘의 선물에서도 아니고, 모두가 기적적인 속성들을 강조하는 저 비물질적인 이슬에서다. "땅은 매일 밤 빠짐없이 맺히는 넘치는 이슬로 젖어 있다. 이례적이게도 우리가 한데서 잠자면서 이 이슬을 맞았는데도 아무도 불편해하지 않는다."[4] 하지만 목수 무아티와 정원사 샹포는 자신들의 조급함의 희생물이고, "이카리아에서 최초의 농부"가 되려고 자신의 청소년 시절의 쟁기를 되찾았노라 즐거워하던 재단사 부에 역시 그러하다. 설퍼Sulphur 초원의 비옥한 밭과 풍부한 어종의 강은 아직 이카리아가 아니고, 다만 개척자들의 노정에서 하나의 전초일 따름이다. 진짜 이카리아는 더 먼 서쪽에 있는데 덤불이 무성한 숲, 건너갈 다리가 아예 없는 강, 모기가 들끓는 늪 너머의, 이어진 길이 없는 곳이다. 그곳의 모성적인 자연은 또한, 수확하기 위해 땅을 갈고 파종해야 하는 헌신의 땅이다. 틀림없이, 노정 아닌 이 노정의 끝에서, 크로스 팀버 Cross Timber 고원은 애써 찾던 장소의 모든 특성을 여실히 드러낸다.

이카리아, 우리의 이카리아는 크고 아름답다…… 광대한 초원이 있고,

프롤레타리아의 밤

숲이 있으며, 깨끗하고 맑은 좋은 물이 흐르는 개울이 있다…… 기온은 아주 따뜻하다…… 아주 좋고 아주 신선한 것은 아침 이슬을 한껏 머금고 계속 불어오며 땅을 비옥하게 하는 산들바람…… 유럽의 정원에서 큰 정성을 들여 키우는 꽃들이 여기서는 초원의 들꽃으로 핀다…… 100피에 높이의 포도 덩굴에 포도송이가 가득 달려 있다…… 강물이 아주 맑고 물고기도 매우 많다. 우리는 6피에 길이의 카이만 두 마리를 죽였다. 이 동물들은 식용으로 아주 좋다…… 또한 사슴, 염소, 약간의 토끼와 자고, 아주 많은 실한 칠면조 같은 사냥감들이 풍족하다…… 지난 달 30일에, 내가 20리브르 나가는 칠면조 하나를 죽였다…… 도둑도 맹수도 없다…… 우리는 아메리카인들에게서 아주 큰 환대를 받았다. 그들의 풍습은 아주 단순하다. 그들은 악수로 우정을 표현하며, 먹고 마시는 걸 두 번 권하지 않는다……[5]

약속된 땅을 재차 첫눈에 알아본다. 야만성을 밀어낸 야생의 땅("인디오들과 관련해서, 우리 땅은 그들의 침략에 시달리지 않는다. 저들을 막기 위해 마련된 군사경계선이 20마일 앞에 있다"[6]). 게다가 이곳에서의 야만성이란 아마도 우애적인 자연의 오인된 단순성에 불과할 것이다("가장 앞장서고 있는 식민 정착민들은 저들을 두려워하지 않는 것 같다. 평화와 우애의 원칙을 견지하는 우리가 저들을 두려워할 이유는 더더욱 없을 것이다"). 낙원인 이곳에서는 신의 섭리가 특히 주의를 기울여 뱀에게서 사악함을 제거해냈다. "뱀은 전혀 겁나지 않는다. 방울뱀도 두렵지 않다…… 방울 소리가 들리니 뱀을 죽일 대비책을 세울 시간이 있다. 뱀은 도망가고 전혀 공격하지 않는다."[7]

하지만 이카리아에 두려워할 뱀이 없다면, 따먹을 사과 역시 없다. "실제 과실수들이라 할 것들이 없다."⁸ 거의 노동하지 않아도 많은 과일이 열리고 기적처럼 물고기들이 제공되는 에덴의 이미지는 지연된다. 기후의 온화함은 더이상 감각에 자명한 것으로 주어지지 않고, 노력의 혹독함을 부각시키는 논증에 의해 제시된다. "우리 모두가 여기서 일하듯 유럽에서 일했더라면 다 죽었을 것이니 기후가 빼어난 것은 틀림없어. 온종일 땡볕에서 움직이고, 밤에는 땅 위에서 자고, 덮을 거라곤 가벼운 모포 하나밖에 없으며 구덩이 물을 마시는 걸 떠올려봐…… 이런 모든 것에도 불구하고 내 건강은 조금도 변하지 않았어……"⁹ 공기를 신선하게 해주는 산들바람도 분명히 없고, 구덩이 물은 적당히 맑고…… 겪은 고생에 비춰봐야 이카리아의 기후가 건강에 좋은 것임이 확인되고, 그 땅의 비옥함은 이제 미래 시제로, 노동의 결과이자 산업의 약속으로 말해진다. 리옹 출신 부아소네는 이렇게 쓰고 있다. "승리! 이카리아가 세상에서 가장 아름다운 장소들 중 하나에 세워졌다…… 이 비옥한 땅에서는 연간 두 차례 추수할 수 있다. 결국 우리는 우리의 꿈을 실현하고 하나의 모델 국민을 만들어내기 위한 모든 것을 가졌다……" 하지만 그의 동료 시민 뷔송은 그의 열정적인 주장을 긍정하면서도 굴절시킨다.

부아소네가 너희에게 이곳이 세상에서 가장 아름다운 장소라고 말한 건 과장이 아니야.
사실 과실수들이라 할 것은 없어. 아주 많은 건 포도나무와 뽕나무야. 아주 실한 포도나무들이 있어서 우리는 그걸로 멋진 재배지를 만들 거야. 그러면 2년 내에 우리는 와인을 만들 수 있을 거야.
뽕나무로 말하자면 우리 주변에 지천으로 널려 있어. 진짜 양잠용 뽕나무들. 우리는 오디를 엄청 많이 먹었어. 그리고 프랑스에 있는 것보다 훨

씬 멋진 재배지들을 만들어낼 거야…… 나는 양잠 노동자 형제들 모두
에게 그들의 자카르 장비를 가져오라고 재촉하고 있어……**10**

공동체에 와인과 누에를 제공하는 것은 새들이 그 열매를 훔치는 번
식력 강한 뽕나무들도, 100피에 높이의 포도 덩굴들도 아니다. 그것들의
무용한 생기가 입증하는 것은 다만 조건들이 이카리아에서 재배지들과
산업들을 창조해낼 노동에 유리하다는 것뿐이다. 이카리아의 영토는 산
업 세계의 고아들에게 피난처와 과실을 제공하는 모성적 자연이 아니라,
개척자들이 정연한 재배지, 곧게 이어진 노정, 직선형 도시 들을 "맘껏"
다듬어내는 비옥한 사막이니, 여기서는 가장 완벽한 주택들이 가장 훌
륭한―기계들이 무한이 늘어나는―작업장들과 나란히 있다. 이카리아
를 즐기러가 아니라 세우러 온 것이라는 무한정 반복되는 경고가 이카리
아 이야기에서 부단히 점철될 것이다. 이카리아 식민 정착민들은 가난 때
문에 쫓겨난, 동일한 선박의 삼등칸에 모여 누더기를 걸치고 해충에 물
리며 야채 찌꺼기를 놓고 덤벼들던 독일계 이주자들과는 아무 관련이 없
다. 신세계의 광활한 들판과 상업항과 사금 강에서 재물을 찾던 모험적
정신들과는 더더욱 아무 관련이 없다. 1847년 5월 9일의 『포퓔레르』지
면에서, 아직 장소가 미정인 이카리아를 향한 임박한 출발을 알렸던 "속
내"의 게재 당시부터, 창설자는 개척자들의 면모를 잘 정의했다.

그들은 자신들의 개인적인 운명을 개선하려는 이기주의적 욕망과 빈곤
에 떼밀린 생각 없는 잡스러운 무리가 아니다. 그들은 용기와 지성과 배
움이 가득한 노동자들이며, 초기 기독교도처럼 인정되고 선택된, 검증
되고 믿을 만한 엘리트들이다. 초기 기독교도처럼 동일 관념, 동일 견

해, 동일 감성, 동일한 마음과 영혼을 지니며, 마치 한 사람인 듯이 신앙과 헌신과 열정으로 불타는 그들은 자신들을 위한 것보다는 자신들의 후세, 조국과 인류 전체를 위한 행복을 쟁취하러 떠난다.

빈곤에 떼밀린 사람들이 아니라는 이 원칙은 이미 입회 조건들의 물질성 안에서 드러난다. 잘 갖춰진 옷가지 이외에, 지원자 각자에게는 600프랑의 개인 지참금이 요구된다. 일당으로 5프랑 또는 6프랑을 버는 형편이 괜찮은 노동자의 4~5개월치 임금, 2프랑을 버는 단순 노무자로서는 일 년치 임금. 제본공 로메구 또는 인쇄공 르샤로서는 얼핏 본 낙원의 문을 닫아버리기에 충분한 조건들이다.

행복한 이카리아를 향해 떠났거나 떠나려는 우리 형제들의 공통의 행복에 내가 동참할 수 없을 정도로 너무나 프롤레타리아라는 것이 정말 진심으로 유감스럽다. 내게는 아내와 어린 두 아이를 부양할 초라한 일당뿐이니…… 예수의 사랑을 받는 자들은 자신들의 신성한 아버지가 당신들에게서 부활하는 걸 보리라고 믿었으며, 자신들이 속아왔을 수도 있겠다는 생각에 절망하여 심장에 피가 흐른다! 그들은 자신들의 불행을 숨기고 싶어할 테지만 자신들로서는 너무나 비통한 이 말을 기억에서 지울 수 없다. **1차 출발을 위해 우리는 성인에게 아마도 600프랑의 최소 사회적 지참금을 획정할 것**이라는 말. 이로부터 그들이 내리는 결론은 이카리아의 문들이 자신들에게는 영원히 닫힐 것이라는 점, 그들의 해방자를 잃음으로써 더불어 동료들의 해방자들도 잃는다는 점이다. 이 동료들만이 ─ 본인들이 지닌 재산과 재능을 통해 맹목적인 대중에게 행사하는 영향력 덕분에 ─ 그들이 매일 빠져드는 심연으로부터

그들을 빼내줄 수 있었다.[11]

　르샤의 탄식이 제아무리 쓰라려도 그것 역시 이미 약간의 재산과 재능을 갖춘 프롤레타리아들에게 부여된 개척자 역할이라는 원칙을 확인해줄 따름이다. 예컨대 총 5000프랑과 공동체에 기증한 약간의 부동산을 소유한 젊은 고아 철물공. 지금은 예기치 못한 역경으로 난처해졌지만 그래도 가족은 이카리아로 가기 위해 5만 프랑의 부동산을 현금화하기를 희망하는 목수 사바리오 드 니오르. 자신의 영업권과 동산과 농촌 부동산의 해당 가격을 약정하면서도, "협회에 더 큰 보탬이 되도록" 사용하라고 이미 열두 벌의 은식기 세트와 금줄 두 개, 귀걸이 한 벌, 금 브로치 하나, 결혼반지, 혼수, 금으로 된 여러 작은 장신구를 지참하고 온 트렁크 제조인 고스. 전술한 이 협회에 8만 프랑을 약속한 시계공 테시에. 증기를 통해 다량의 벽돌을 제작하는 방법과 생나무를 바로 사용하기에 적절하도록 가공하는 방법, 광대한 들판을 일구고 개간하기 위한 기계에 대한 아이디어들과, 자신의 형제와 본인을 위해 지참금 1만 2000프랑을 마련한 리옹의 조립공.[12]

　이와 같은 것이 이카리아 주민이 경찰들에게, 또는 재산 분유를 꿈꾸는 이 누더기 걸친 자들을 추격하는 검찰관들에게 제공하는 당혹스러운 면모다. 당국이 검찰관들을 파견하여 수사하고 수색하게 하는 도처에서, 비엔에서는 틀 제조인 코에페, 랭스에서는 직조공 뷔토 또는 사무원 르무안, 뤼송에서는 목수 포피노, 또는 생트크루아드코르베니에서는 타일 제조인 로랑에게서, 그들이 마주하는 것은 약탈자와 방화자 대신에, 노련한 노동자, 근면한 상인, 넉넉한 영세 사업가, 대체로 소방대나 국민방위군에서 직급을 받을 정도로 매우 평판이 좋은 시민들이다. 점잖은 사람들의 것들과 그토록 유사한 실존 조건과 생활 방식을 가진 사람들이 어떻게 재화의 공동체를 꿈꿀 수 있고 미지의 땅을 향해 모든 것을 버리려 할 수 있을까? 물론 논지를 뒤집을 수 있다. 카베가 그들을 카페 혁명가적인 습성과 단절시켰던 것은 그들이 세계를 변화시켜야만 하기 때문이며, 그들이 절약에 나선 것은 이카리아로 그를 따라가기 위함이다.

생캉탱의 검찰관이 르무안에게 이렇게 말한다. "내가 보는 바로는 당신은 근면하고 총명한 사람이고 심지어는 넉넉한 형편인데, 왜 불확실한 입지를 위해 이처럼 확실한 입지를 버리는지 모르겠다." 하지만 문제를 잘못 제기하고 있다. "나는 당신이 내 넉넉한 형편이라 부르는 것의 일부를 카베 씨에게 빚지고 있다…… 지성에 관해서는, 나는 최상의 부분을 그의 간행물과 저술들에서 길어왔다. 저축에 관해서는, 그가 게재한 "속내"를 읽고 모든 유형의 궁핍을 내가 자처했던 것이다."[13]

틀림없이 이 설명은 위대한 혁명적 도시들—파리, 리옹, 낭트, 루앙—의 상당수의 이카리앵들, 비밀단체들의 옛 투사들, 또는 유물론에 가까운 공산주의자들에게 해당될 것이다. 『이카리아로의 여행』의 저자가 이들을 평화적인 선교와 도덕적이고 가족적인 질서의 길로 되돌렸다. 하지만 농촌인 샹파뉴의 후미진 곳에 있는 생트크루아드코르베니에서 어떻게 이카리앵이 될 수 있을까? 이 현장으로 조사하러 온 현실주의의 권위자조차 이 타일 제조공과 이 농부와 이 담배 상인의 동기들을 이해하지 못하는 자신의 무능을 임시변통의 상투 어구 밑에 숨겨야만 한다.

생트크루아 사람들은 마치 겨울의 종달새처럼 공산주의에 걸려들었다.

프롤레타리아의 밤

이해할 수 없는 것은 그들이 이마에 땀흘려가면서 고생스럽게 재산을 모았다는 점이다. 생캉탱이나 랭스 같은 도시들에서는 지위가 없는 사람들이 유사한 교리들의 행위자가 되었다는 것이 이해된다. 그들은 모든 것을 얻으니까 말이다.

하지만 삶이 달콤하고 쉬운 촌락에서 평온하게 죽을 수 있을 만큼의 약간의 지대를 모았을 때 공산주의자가 되다니![14]

동일한 주제에 관해 헌병대 사령관으로부터 심문받은 장밥티스트 로랑으로서는, 랭스에 갔던 1844년 어느 날 서점에서 『이카리아로의 여행』을 만났고, 이 책의 관념들이 그를 매혹시켜 그는 이 빼어난 교리를 선교했던 간행물을 랭스의 통신원을 통해 서둘러 구독했을 정도였다고 말하는 것 말고는 달리 말할 게 없다.

그가 『이카리아로의 여행』에서 감동했던 것은 정확히 무엇인가? 틀림없이 인공 조화를 만드는 직공인 튀르가르를 열광시켰던 것과 비슷한 그 무엇. 튀르가르가 거기서 알아본 것은 "사람들이 형제처럼 살아가며, 각자가 자신의 필요와 능력에 따라 서로 분배하는 평등과 단결과 공동체의, 마침내 각자는 모두를 위한, 모두는 각자를 위한 지상낙원"이었다.[15] 이카리아의 발견이 실업과 아내의 병환 탓에 빠져든 이기주의에서 튀르가르를 구해냈다면, 그의 사업이 이제 번창하고 있다는 점에서 그를 출발하도록 떼민 것은 궁핍이 아니다. 제화공 발레의 경우도 사정은 동일한데, 최근에 유산을 받아 소유자라는 조건에 올라선 그는 한 친구가 빌려준 책에서 끌어낸 관념에 열광한다. "이성과 양심이 다스리는 사회를 수립하는 것. 왕이 없는, 사제도 없는. 마음의 귀족 말고는 귀족이 없는, 빈자도 부자도 없는, 독재도 억압도 없는 지상낙원."[16] 이도메네우스 왕국에 대한 이러한 공화제적이고 세속적인 이미지를 촉발시키기 위해서, 이 책은 이미 준비된 정신들을 발견해야만 한다. 바로 이에 해당하는 것이 자크피에르 발레의 경우인데, 더 나은 소득을 찾아 르망에서 파리로 왔던 그는 나중에 도시의 소요를 피해 오르세로 도망친다. 진취적인 정신을 지닌 그는, 국민방위군의 우체부이면서 포고 사항을 큰 소리로 알리는 일과 고수鼓手 일을 하는 직업 및 기능에, 이윤과 오락과 교육에 관련된 다양한 활동들—토끼의 상업적 사육, 공중목욕탕 운영, 임대한 연못에서 염가의 보트 산책 제공, 변복 세트 매입, 도서관 건립— 을 추가했다. 그에게는 많은 지참금을 가져오는 처자들을 마다하고 눈물로 애정을 드러낸 처자와 혼인한 섬세한 마음이 있다. 배움과 진보의 애호가인 그는 7월 직후에 『주르날 데 코네상스 위틸Journal des connaissances utiles』에 너무 열광한 나머지 창립자 에밀 드 지라르댕의 이름을 따 차남의 이름을 짓는다. 자신의 저작에서 신을 숭배하는 데 만족한 자유사상가이지만 서민 여흥의 도덕적 개혁가이기도 한 에밀 드 지라르댕은, 엄청난 흥분에 저택과 행인에게 똥을 던져대던 사육제 기간의 한심한 풍습을 마차 행렬, 관현악단, 희극 무대, 담소와 노래가 있는 화려한 축제로 대체했다.

농촌의—사실은 수도와 가까운—철학자들의 이러한 인정받은 독창성에 부정적으로 조응하는 것은 인정받지 못한 영혼들의 도시적인 번민인데, 예컨대 리옹의 젊은 식자공은 자신의 17세 시절의 발견을 떠올린다. "비록 너무 어리긴 했지만 나는 이기주의적 사회에 상처받았고, 내 불안에 대한 유일한 치료법으로 죽음을 갈망했다. 마침 당신들이 1841년에 『포퓔레르』 창간호를 발행했다. 나는 그것의 교리에 빠져들었다…… 내 안에 새로운 실존이 있게 된 것 같았다."**17** 어진 사람들의 공동체라는 관념만이 극복할 수 있는 이러한 사회 혐오를 생각해보기 위해서는, "사

　　　　　　　　　　　　　　　　프롤레타리아의 밤

회적 무질서 사실들"의 축적을 보거나 그저 읽는 것으로 족하다. 1847년 『포퓔레르』의 주간 기사들에는 이러한 사실들이 나열되는데, 이는 위기의 효과들과 선교의 필요들로 인해 터무니없이 늘어난다. 빈곤과 관련되는 사실들, 미개함으로의 회귀 신호들, 동물 상태로 다시 전락하는 인간성에 대한 묘사들. 마메르에 살던 한 농민은 뜰에 놔둔 양조용 사과 찌꺼기가 매일 줄어드는 것을 알아차린다. 밤새 망을 보다 이웃 하나를 발견하고는 정직한 사람이라 알려진 그를 집까지 쫓아가서 가련한 광경을 보게 된다. 굶주린 가족 모두가 테이블 하나에 둘러앉아 양조용 사과 찌꺼기와 밀가루가 섞인, 형체를 알아보기 어려운 혼합물을 토기 항아리에서 차례로 돌아가며 떠먹는 것이었다. 뫼르트에 사는 4인 가구, 6인 가구, 8인 가구는 팔스부르의 푸주한에게 가서 국거리로 구해온 소고기 선지만으로 연명한다. 르 아브르 인근의 젊은 날품팔이 하나는 영양실조로 길에서 쓰러진다. 인정 많은 사람들이 그를 어느 가게로 옮겨서 먹을거리를 조금 준다. 위장이 탈난 그는 구토를 참지 못하고, 도와주던 사람들은 그의 토사물에서 채 소화시키지 못한 뒤섞인 건초와 짚에 주목한다. 릴에서는, 여러 날 연달아, 보도에서 굶주림으로 죽어가는 노동자들을 부축하는 상황이 벌어진다. 캉브레에서는 무일푼으로 죽은 어느 불행한 이방인이 매장되지 못하고 거리에 3일간 방치된다. 교회재산관리위원회와 극빈자구호사무소에서 장례비를 보조해주길 거부하니, 동네 주민들이 부패하기 시작한 사체를 치우기 위해 추렴해야만 했다.[18]

혹독한 가난에는 미개한 행실이 따른다. 예컨대 알자스와 아르덴 출신 거지떼가 들끓던 오브의 농촌에서는, 어떤 무리가 덩치 큰 강아지 한 마리를 사냥하여 때려잡은 뒤 조리해서 게걸스럽게 먹어치웠다. 루베에 살던 실업 상태의 노동자 무리는 근처 초원에서 마주친 암소 한 마리를 죽여 조각내 즉석에서 "원시림의 인디오들 식으로" 먹어치운다. 그리고 거의 모든 곳에 기아 폭동의 미개함이 있다. 예컨대 투르네에서는 진열장들이 깨졌다. 루아에서는 시장에서 폭동이 있었다. 몽티냑에서는 옥수수 반출에 반대하는 소란스러운 군중집회가 있었다. 캉브레에서는 "20수짜리 빵 아니면 죽음"이라 적힌 검은 깃발이 시내에 펄럭인다. 샤토뇌프쉬르루아르에서는 벌목수들이 곡물선을 공격한다. 투르에는 "우리는 전쟁을 원한다"라는 플래카드가 걸린다. 그리고 도처에 방화와 파괴. 보주에서는 70헥타르의 공유림이. 알자스의 생루이에서는 양초 공장이. 샤토쉬르루아르 인근에 있는 제사 공장이. 소를랑(오트루아르)에서는 아홉 채의 집과 네 곳의 헛간이. 클레르몽 근처 뷔시에르에서는 거의 마을 전체가…… 생말로 인근 생조르주에서는 15세에서 18세에 이르는 떠돌이 넷이 나타나서 뻔뻔스럽게 동냥을 구걸한다. 마을 사람들이 자신들도 가난한데다가 떠돌이들이 일할 능력이 있다 여겨서 거절하자 이 떠돌이들은 마을 사람들에게 후회할 거라고 응수했다. 그러고는 오 분 뒤 마을 전체에 불이 났다……[19]

제공되는 기사에는 또한, 동물성으로 되돌아가고, 도로에서 영양실조로 쓰러지고, 날고기를 먹고, 폭동의 미개한 외침을 발하고, 불을 지르는 것까지는 가지 않은 사람들의 최후가 있다. 자신의 두 아이를 밧줄로 자기 몸에 묶고 센강에 투신한 루앙의 노동자. 70세에 아사하지 않으려고, 좋은 주인을 찾아주려 고양이를 "무고한 자들의 시장"에 내놓고 애지중지하던 늙은 개는 손수 죽이는 등의 배려를 마친 뒤에, 아내와 질식사를 감행한 파리 대저택의 늙은 하인. 아미앵에서 구걸하다 체포된 노인은 구설수에 오르지 않고 72년을 살아왔는데 재판정에 서게 되었다는 생각에 칼로 복부를 두 번, 세번째는 심장을 정통으로 찌르는 결심을 하

프롤레타리아의 밤

게 된다. 방세를 내지 못해 집주인에게 시달리던 식료품 상인은 7월의 기둥[바스티유광장 혁명 기념탑]에서 몸을 던진다. 기아나 궁핍에 대한 생각만으로 고통스러워하는 이들도 있다. 르망의 어느 농부는 가격 하락을 겁낸다. 랑드의 편집증적인 어느 마을 주민은 자신이 반드시 영양실조로 죽게 되리라는 생각에 빠져 있다. "어떤 이성도 이러한 불길한 생각을 이겨내지 못했고, 이 가난한 미치광이는 기아라는 끔찍한 고통을 겪고 싶지 않았기에 자기 인생의 줄을 끊어서 고통을 단축시키겠다고 결심했다……" 심지어 전적으로 합리적이며 젊고 정직한, 괜찮은 무두질 공장의 십장은 파리의 고미 다락방에서 밤 10시에 자살했다. "넉넉한 형편이었고 개인적 자질로 존경받던 이 젊은이가 상업계의 상황에 대한 깊은 혐오감 탓에 이러한 절망적 행위로 떠밀렸다고 흔히들 단언했다."[20]

사실 자살이라는 전염병은 계급과 문화와 연령을 가리지 않는다. 가난에 절망한 파리의 물 배달부. 밑지는 장사를 했다고 자인하는 루비에의 희생자. 샬롱쉬르마른의 해고된 목수. 해고를 겁낸 생타르망의 하인. 극복할 수 없는 염세에 사로잡힌 상블랑세의 공증인. 궁핍에 빠진 파리의 옛 농업 장관. 빵 위조로 유죄 선고를 받은 빌레르코테레의 빵 장수. 부당한 징계를 받은 릴의 용기병 제7연대의 병사와 파리의 제48전선 하사관. 누구도 이유가 무엇인지조차 제시하지 않는 경우들로는, 자기 사무실에서 목을 맨 파리의 내각 공무원, 심장에 권총을 쏜 리몽의 치과 의사, 석탄으로 질식사한 생캉탱 세무원, 연못에 뛰어든 메지에르의 80세 노인, 자기 아버지의 지하 저장고 문 뒤에서 목을 맨 지롤의 11세 아이…… 이기주의적 사회의 숱한 요철들에 부딪친 희생자들 중 상당수를 점하는 이들은 카스트 질서 및 소유자 정념과 동일시되는 가족적 속박의 희생자들이다. 몽토르게유 거리에서는 어느 도공이 18세 딸에게 사랑하지 않는 남편을 맞이하도록 강요했다. 혼례일 아침, 어린 딸이 화장을 마치러 방으로 올라갔는데, 혼례복을 입고 고전적인 석탄 풍로 곁에서 바닥에 쓰러져 있는 그녀를 엄마가 발견했다. 투르쿠앵에서는 양가의 아들이 어린 하녀를 임신시켜서 그 잘못을 결혼으로 속죄하고 싶어했으나 부모가 반대하자 절망감에 목을 맸다. 센강에서는 뱃사공들이 얽혀있는 사체 두 구를 건져냈으니, 이들은 적어도 죽음이 자신들을 갈라놓지는 못하도록 젊은 여인의 스카프로 서로를 묶었던 것이다. 코레즈에서는 16세의 젊고 예쁜 농민 여성이 결혼한 지 고작 3개월 만에 양떼가 밀밭에 끼친 피해 때문에 아버지에게서 꾸지람을 들었다. 그 젊은 여인은 근처의 연못으로 가 투신했다. 아내를 끔찍이 사랑한 남편은 연못으로 달려가 아내의 주검을 찾았던 바로 그 지점으로 뛰어들었다. 신속한 구조에도 불구하고 물에서 건져낸 것은 사체 두 구뿐이었다.[21]

아버지의 권위 탓에 깨진 사랑이라는 이 드라마들에 근접시켜야 하는 것은 일부 가족 범죄들의 잔인함이다. 르동에서는 어느 개인이 자기 형과 싸움을 벌이고, 자신의 양떼를 형이 본인 땅으로 몰고 갔다는 이유로 형을 죽인다. 부르생탕드욀에서는 에스푸세 씨가 12세짜리 아들과 공모한 아내의 칼에 찔려 살해당했다. 뫼즈에 있는 그레미니에서는 20세 청년이 면도칼로 목을 베어 모친의 생명을 앗으려 했다.[22] 아버지의 권위가 섭리가 아니라 억압일 뿐인 세상의 묘사를 마치면서, 기계에 사형당한 이들을 상기해야만 한다. 생마르탱드비비에서는, 어느 제사 공장에서 기계 갑피에 들린 한 젊은이가 엔진 통에 스무 번 감겼다가 왼손이 부러지고 양쪽 넓적다리가 으스러졌다. 다르네탈에서는 십장 하나가 동일한 방식으로 절단났으며, 어느 젊은 노동자가 분당 60회 회전하는 굴대에 들렸다. 고용주와 학자와 당국자가 무심하니, 이에 다르네탈의 어느 조립

프롤레타리아의 밤

목공이 흥분한 나머지, 여가 시간을 활용하여 사고 발생시 기계를 중단시키고 동력 전달 장치의 접근을 저지할 수 있도록 해주는 기계장치 발명에 필수적인 연구를 수행했다. 하지만 그가 자신의 진정서와 설계도를 가져간 도청에서는 그 누구도 애써 그것들을 읽거나 보려 하지 않았다.[23]

참을 수 없는 세계의 강박적인 현실. 살인적인 공장들이나 야만적인 빈곤의 도시들(릴, 루베, 캉브레……)에는 이카리앵들이 많지 않다. 생트크루아드코르베니에서는 마구간의 짚을 먹으려 하거나 들판 한가운데에서 소를 도축해 날로 먹으려는 사람들은 전혀 알려진 바 없다. 하지만 간접적인 독해로도 충분히, 빈곤과 억압과 편견과 몰이성이 도처에 횡행하는 세계에서 무기력하게 살아가는 데 만족할 수 없다는 양심을 지닌 사람들의 삶은 교란될 수 있다. 상황은 그리 위태롭지는 않아 보이는 낭시의 어느 상인이 이렇게 쓰고 있다.

이카리아를 실현하겠다는 당신의 이념이 나를 되살렸다. 왜냐하면 오늘날의 비참한 사회에서의 실존보다는 죽음이 차라리 나으니까. 내 사업이 잘 번성하고 있고 내게 손님이 많다고 하더라도, 우리가 이카리아를 향해 출발할 수 있는 바로 그 순간만을 나는 갈망한다. 내 아이 셋의 보험으로 든 부계 기금으로 매년 약 1300프랑을 납부했다. 나는 이 금액을 즉각 인출하여 내 가족을 위한 지참금의 일부로 쓰고 싶다. 그러면 내 가족의 실존은 살아가는 날의 마지막까지 더욱 확실하게 보장될 것이다.[24]

이기주의적 정념들의 자의성이 군림하는 사회에서는 사실상 섭리는 헛된 것이다. 페리괴 출신의 거울 만드는 페팽은 성공이 가져다줄 수 있는 만족 중에 그 어떤 것도 다음을 위해 살아갈 만큼의 값어치를 갖지 못한다고 주장한다. "여기 있는 우리들 여럿은 살아 있는 것이 아니다. 우리는 그토록 부조리한 19세기의 숱한 편견들을 보는 것이 괴롭다. 하지만 우리의 용기가 우리를 북돋우며, 더 나은 미래의 확실성을 우리에게 준다. 우리는 불행하지 않고, 도리어 스스로를 특권자에 속한다고 간주할 수 있다."[25] 장식이나 치장과 유사한 기망하는 특권들. 딴생각하고 있다는 것을 이런 장식이나 치장 밑에 숨겨 타인들에게 가려야 한다. 아내 H가 쓰기를, "남편의 완전한 동의를 받아, 나는 당신에게 내 회중시계, 귀걸이, 혼수, 남편의 단추 한 쌍과 그의 회중시계 열쇠를 보냅니다. 우리가 번지르르한 겉치레로 세상을 속이지 않아도 되었다면, 그가 당신에게 자신의 회중시계를 보낼 텐데요. 하지만 인내! 우리가 서로를 속일 필요가 없는 시대가 멀지 않습니다."[26]

하지만 더할 나위 없이 지적이며 도덕적인 고통을 겪고 있는 이 사람들에게, 적들이 그들의 혐오와 믿음을 키우는 전망들에 부합하는 실존 조건들을 만들어주려 하고, 그들을 노동도 가정도 없는 존재들로 여기는 이미지와 유사하게 만들려 시도하는 시대는 더욱 멀지 않다. 이와 같은 것이 지보르 공산주의자들의 운명이었으니, 그들의 아내들은 부모나 고해신부에게서 영향받아 "그들이 공산주의자, 달리 말해 **불신자**이며 **게으름뱅이**이고 **약탈자**라는 이유만으로"[27] 그들을 포기했다. 미르쿠르에서는 파이프오르간 제작자인 쥘리앵 샹브리가 자신의 사업을 통해 음악적 조화에 바친 마을에 공산주의를 도입했다가 치른 곤경들을 상세히 설명했다.

4년간 공산주의는 내 여가 전부를 점유했다. 내가 미르쿠르에 그것을 퍼트리고자 했던 첫해에 나는 미친놈, 머저리 취급을 받았다. 다음해에

프롤레타리아의 밤

나는 일감을 잃었다. 심지어 부유한 절친이 나를 패기도 했다. 셋째 해
에는 몇몇 개종자들이 내게 왔으나 헌신적이지는 않았다. 넷째 해인 올
해에 나는 겨울 내내 일당 1.50프랑을 받는 조각 직업을 익혀야만 했는
데, 내 두 아이 중 한 아이가 사고로 눈을 다쳐 그 비용도 감당해야만
했다.[28]

실제로 이 유능하고 견실한 노동자를 정말 채용하고 싶어했던 마지막
파이프오르간 제작자는, "자본가들"이 그의 어음들을 할인해주지 않겠
다고 위협하면서 압박해 그자와 갈라서지 않을 수 없었다. 결국 그는 직
업을 바꾸기 위해서 무료 디자인 학교에 신입생이 되는 조건을 다시 받
아들였다. 하지만 거기서도 역시 그의 적들이 그를 괴롭혀 교사가 그의
퇴교를 면하게 해주려고 일부 유지들을 개입시켜야만 했다. 그의 새로운
직업에서 그에게 일을 시켰던 장인 역시 박해받자 쥘리앵 샹브리는 낭시
로 떠나야만 했고, "노동계급 안에서 벌어지는 위대한 이념 운동을" 단념
해야만 했다. 하지만 확실히 출중한 이 노동자를 곧바로 그의 고용주가
다시 부르고 급여도 인상해줄 것이다. 빈곤에도 불구하고 가장들이 그
에게 사도직을 다시 맡아달라고 간청하며, 박해받는 경우에도 그의 임금
을 지불하겠다고 제안하기에 충분할 정도로, 이카리아 출발 고지가 미
르쿠르 노동자들 사이에서 대단한 열정을 창출할 것이다. 이러한 유예는
불행히도 짧게 지속된다. 곧바로 공화국의 공공연한 대치들로 말미암아,
이 훌륭한 노동자들과 성실한 상인들은 생각만으로도 삶을 가로막았던
야만으로 인한 모든 피해를 입게 될 것이다. 팔레즈의 소유자와 사르트
루빌의 가발 제조업자와 알비의 재단사의 경우에, 생트크루아의 저명한
공산주의자들이 집회를 열어 온 라오네의 마을에서까지도, 이제 편견,

무지, 동물적 광기의 세계와의 접촉은 직접적이다.

나는 최근에 익명의 편지 한 통을 받았는데, 그 편지에서는 내 아내가
성판매자처럼 다뤄졌고 나를 교수형에 처하겠다고 협박했다. 내 아내
가 처한 운명에 관해 말하자면, 그녀의 머리를 창끝에 매달고 헹가래질
할 것이고…… 자정이 지나, 뜸을 한참 들이고 나서, 술 취한 쉰 목소리
들이 내 창문 밑에서 고함친다. 공산주의자 타도! 기조 타도! 가발 제조
업자 타도! 그를 자유의 나무에 목매 죽여야 한다! 우리는 그의 머리를
끈으로 매서 양 대가리처럼 끌고 다닐 것이다…… 다 합쳐서 20~30명
이 칼을 품고 매복해 있었고, 그들은 코묀의 부시장에게 나를 죽이는
걸 허가해달라고 요구할 정도로 대담함을 밀고 나갔다. 그들은 우리 목
장의 염소 두 마리를 독살했다…… 일요일 11시에 그들이 와서 나를 목
매 죽이려 했고, 돌격하라고 북을 쳐댔으며, 자물쇠로 닫힌 마당의 철
책을 기어올라와 반시간 동안 우박이 떨어지듯 돌을 던져댔다…… 광
분한 군중이 걸상 따위를 들고 내게 다가와 나를 악단석 밑으로 던졌
고 나는 어디로 도망쳐야 할지 몰랐다. 내 머리에 주먹질이 이어졌고,
정강이와 등은 걸상으로 두드려 맞았다…… 거리로 나서자 400명 이상
의 광란자들이 돌, 진흙, 감자를 던지며 우리를 공격했다. 그들은 죽일
듯이 덤벼들었고 오직 시장만이 우리를 구할 수 있었다. 내 마차로 말
하자면, 이들 길 잃은 가련한 자들이 물속으로 던져버렸다…… 내 고객
들도 온갖 공포를 겪으며 겁박당한다…… 오후에는 일감을 찾아 내 작
업장에 왔던 여러 사람이 우리의 적들에게 체포되었고 물속으로 던져버
리겠다고 겁박당했다. 마침내 그들로 인해 나는 일감을 거의 전부 잃었
다. 전에는 나와 아내의 일자리를 빼고 여섯을 채용했다. 지금은 내 몫의

프롤레타리아의 밤

일마저도 거의 남아 있지 않은데, 이는 한창 성업중일 때도 그렇다……
그러니 신이여! 이 길고 고통스러운 수난이 우리에게서 언제 끝날 것인
지…… 오! 우리 형제들은 이카리아로 떠나서 얼마나 행복한지.[29]

떠나서 행복한 것이지, 행복해지기 위해 떠나는 것은 아닌. 재단사 아
롱은 떠나는 자들의 태도가 어떨 수밖에 없는지를 잘 요약한다. "만장일
치의 외침은 이러하다. 여기서 살 수 없으니 이카리아로 떠나자!"

"그렇다, 형제여, 우리 모두 떠나자. 하지만 우리의 즐거운 미래에 관한
미망을 갖지는 말자. 우리는 이카리아에서의 시작을 위해 숱한 고생을
치를 것이다."[30]

초창기의 이 이카리앵은 이카리아의 즐거운 미래에 대한 미망을 조금
도 품지 않으니 그런 미래를 누리기를 아예 포기할 것이다. 아마도 그는
이카리아에서의 헌신을 장려하는 너무도 명백한 추론인 "……여기서 살
수 없으니 이카리아로 떠나자"를 침식하는 모순을 자각하는 것 같다. 여
기서 살아가기가 가장 어려운 자들은 또한 떠나기도 가장 어려운 자들
이라는 것은 이미 다들 알지 않는가? 하지만 또한 모순의 허다한 형상들
을 드러내는 다른 이들도 있다. 떠나지 못하기에, 자신들은 여기서 살 수
있으며 자신들에게 이카리아란 물질적 이기심의 왕정 치하의 회색빛 나
날들을 채색하는 변덕스러운 꿈에 불과하다고 고백하는 이들. 떠나기에,
자신들은 더이상 살아갈 수 없으며 그래서 인류에 봉사할 기회만큼이나
자신들의 불행을 피할 하나의 피난처를 추구한다는 것을 인정하는 이들.
헌신만큼이나 불안정함으로 말미암아 자신들이 매우 잘 살아갈 수 있
었던 위치를 포기하게 되고, 그래서 우애적 헌신의 세속적 장점을 인류
의 병사 대열에 속한다는 허영심과 혼동할 위험이 상존하는 이들. 그리

고 무엇보다도, 이 모든 동기를 더하건 덜하건 결합하여, 떠나던 그 순간에는 이미 틀림없이 자신들이 갖고 있지 않던 사회적 위치를, 하지만 이카리앵이 아니었더라면 아마도 여전히 가지고 있었을 사회적 위치를 희생한 이들. 더이상 일자리를 찾지 못한 나라에서 도망쳐, 염가에 처분한 가족 재산을 대의에 바친 이들. 열병과 야만의 땅에 이카리아를 세우기 위해 자신들의 목숨은 걸었으되 재산 상황마저 반드시 걸지는 않은 이들……

　이들 임시변통의 무모한 사람들의 역설적 재산 상황들은, 그들 중 일부가 카베를 상대로 건 사기 소송에서 명백해질 것이다. "이카리아 협회의 일원이 되겠다는 나의 결심은 내 신앙 때문이었던 만큼이나 프랑스에서의 사업 부진 탓이기도 했다"라고 보석 세공인 뒤뷔송은 진술한다. 그의 동료 세공인 푸아레의 이중적 동기 역시 이와 같은 것이었음이 분명하다. "당신으로 하여금 프랑스로 돌아가도록 결심하게 한 것은 무엇인가요?"라고 재판장이 묻는다. "1848년 6월의 소식입니다. 제 상점의 이익이 타격을 입을 수 있겠다고 생각했습니다"라고 그는 답한다. "당신은 이카리아 공동체에 있었으면서도 프랑스에 별도의 이익들을 가지고 있었나요? 그렇다면 당신은 당신의 상점을 스스로 남겨두었던 것이군요?"라는 판사의 빈정대는 심문에도 동요하지 않는다. 이카리아가 와해된 마당에 상업계에 **그대로 두었던** 이 상점을 되찾는 것에는 모순이 존재하지 않는다. 사업체를 소유하지 않은 자들도 유사한 안배를 실행했다. 목수 베르트랑은 자신이 소유했던 모든 것을 팔아서 카베에게 4000프랑을 쏟아부었다. 하지만 르아브르에서 그는 가족의 보석을 내놓는 것은 마다했다. "4000프랑을 내놨고 이미 이걸로 충분하다고 나는 말했다." 그가 말하지 않은 것은 보석 관련 사안이 아내의 저항 탓에 시작되었다는 것인데,

출발에서 배제되는 것이 두려워서 아내가 이카리앵이 아니라는 것을 그는 고백하지 않았던 것이다. 세탁 소다로 광내는 일을 하는 루세도 사정은 동일한데, 그는 텍사스의 모험에서 돌아와 일당 10프랑의 자리를 되찾을 것이다. 상상의 낙원을 향한 출발에 냈던 지참금과 "사막에서는 신상품 가게를 찾지 못할 거라 생각해서" 아내가 장만했던 리넨 가방을 카베에게 돌려달라고 요구하면서, 그는 이카리아에서의 즐거움에 대한 자신의 갈망 탓에 그토록 화장에 몰두하는 아내를 독신자로 소개하는 거짓을 범했노라고 고백할 것이다. 사실 이와 같은 것이 소송의 진짜 배경이다. 상상의 식민 정착지 창립자에게 인도주의적 대의를 위해 포기했던 금액을 돌려달라고 하는 비루한 주장의 이면에서 이들이 요구하는 것은, 이기주의라는 장애물이 있는 삶과는 다른 삶에 대한 자신들의 잃어버린 희망의 결산이다. 파산으로 2000프랑을 날린 보석 세공인 샤프롱은 말한다. "내가 이카리아를 포기한 것이 아니라, 이카리아가 나를 포기한 것이다. 이카리아는 우리를 개인의 삶으로 되던졌다. 이카리아는 우리에게 결산해야 할 빚이 있다."[31]

이카리아의 역사 전체는 진실로 이러한 끝나지 않는 결산에 다름 아닐 것이다. 창립자의 저술에서 약속된 이카리아를 찾지 못했던 여행자들과, 공언된 이카리앵들 대신에 이중적인 존재들의 기이한 군대를 찾은 창립자 사이의 결산. 박애주의자들의 허세와 절망한 자들의 탐욕에 동시적으로 영향받으며, 낙담한 헌신과 성급한 향락의 무한한 모순에 연루된 이중적 존재들. 이카리아 산문에는 이카리아의 배들이 항행한다고 되어 있는 레드강은 "전혀 항행할 수 없는" 강이라는 점, 이카리아로 난 "국도"는 이 단어의 아메리카적인 의미에서 이해되어야만 했다는 점, 약속된 100만 에이커의 땅 대신에 개별 이주자들에게 흔한 조건들에 따라 불하할 땅들만 있었다는 점은 틀림없는 사실이다. 하지만 그들은 그 어떤 십자가가 그 어떤 지도 위에 그려지기도 전에 이카리아를 세우는 일에 착수하지 않았던가? 그리고 그들은 이카리아가 하나의 공화국이지 영토가 아니라는 점을 알아야만 했던 것 아닌가? 어떤 광적인—충족되지 않는 향락 또는 자멸적인 헌신에의—조급증이 그들로 하여금 자신들의 여정에서 휴식지 역할을 했던 푸르른 휴식처 설퍼 초원을 버리고 협곡과 덤불과 급류를 가로질러 크로스 팀버라는 유해한 땅으로 가게 했는가? 이 땅에서 그들은 그 어떤 것도 파종할 시간을 갖지 못한 채, 어느 식민 회사가 불하해 표나지 않게 흩어져 있던 320에이커의 여러 필지에 대한 가소로운 소유 자격을 자신들에게 부여해준, 살아보지도 못할 서른두 채의 오두막을 짓느라 자신들의 마지막 힘을 쓰고는, 말라리아로 다수가 죽어버렸다. 어떤 기적이 그들로 하여금 당도하자마자 100피에 높이의 포도 덩굴, 기적의 이슬과 놀라운 수렵과 어로의 매혹적인 땅을, 몇 주 사이에 그토록 놀랍게 풍경이 바뀐 이 땅을 묘사하도록 했는가?

현재까지는 어로든 수렵이든 우리에게는 결실이 없다. 덴턴에는 물고기들이 약간 있지만 이것들을 잡을 어망이 우리에게 없다. 이곳에는 칠면조와 노루, 사슴이 지천에 있는데 우리의 소총이 이것들을 잡기에는 사정권이 너무 짧다…… 포도송이가 넘쳐나지만 새의 먹이가 된다…… 호두나무에는 호두가 거의 열리지 않고 그 열매는 전혀 먹을 수 없다…… 우리에게는 네 칸의 헛간과 주택 한 채만 있는데, 중앙에 있는 아메리카풍의 이 주택에는 가장 아픈 환자들이 기거한다. 다른 이들은 비를 피하기에도 턱없이 좁은 헛간에서 지낸다. 이곳의 비는 언제나 돌풍과 함께 쏟아진다.[32]

프롤레타리아의 밤

요컨대, 그들이 현실을 목도했던 약속의 땅을 일부러 미화했을 때, 그들의 지도자들보다도 그들에게 더 큰 죄가 있었던 것 아닌가? 이는 자신들의 형제들을 더 서둘러 이카리아 땅으로 끌어들여 이번에는 자신들이 저들의 노동을 누려보려던 것 아니었던가?

이카리아 역사 전체에 반향될 이러한 교차되는 비난들에서는, 새 도래자들을 그토록 지연시켰던 이기주의를 개척자들이 비난하고, 도래자들 역시도 우애 낙원이라는 홀리는 이미지의 덫에 자신들을 빠트린 이기주의를 규탄한다. 1848년 여름에 1차 전위대 대원들은 더위와 열병에 쓰러지면서도 교대 대원들을 헛되이 기다렸는데, 그들이 버림받았다는 점을 동정하며 전해준 트렁크 제조인 고스의 편지를 그들이 믿은 데는 그럴 만한 이유가 있었다. 평화적 선교로 어렵게 전향한 이들 옛 혁명가들이 비판들에도 불구하고 교부의 예언에 설득되어 유럽을 떠난 것은 실제로 2월 3일이었다. "여기서는 권력이 공산주의적이거나, 아니면 민주주의적이고 인민적으로라도 되기까지 시간이 걸리지 않을 것이다."[33] 그리고 같은 달 24일에, 『포퓔레르』의 편집인으로 제빵 장인인 로비야르와 오래 전부터 이카리앵이었던 또다른 인물인 줄 절삭공 몽타뉴는 동지들을 튈르리 습격과 공화국 정복으로 이끌었다. 고스가 주장하는바, 그렇게 "모든 양상이 달라진다. 카베 씨의 집에는 전대미문의 세계가 있었다. 그의 집은 무기고가 되었고…… 이어서 신문과 벽보 들이 인쇄되었다. 내 아내와 나는 신문지를 접는 일만 했다. 식사할 시간도 없었다. 하지만 당신들, 우리의 가난한 형제들, 더이상 아무것도 아닌……"[34]

불충한 트렁크 제조인이 텍사스에 있는 자기 형제들에게 그런 "악마적인" 편지를 쓴 것이 『포퓔레르』 편집장직을 맡지 못한 화풀이인지 여부를 아는 것은 별로 중요하지 않다. 최소한 한 가지 확실한 것은, 그들에게 편지를 쓸 시간이 난 사람은 그가 유일했다는 것이다. 공화국이 융성해지기에는 인민이 너무 무지하고 공화주의 지도자들이 너무 야심적이라는 것을 알고 있는 시민 카베가 그래서 너무 조급하게 갈망하지는 않았던 이 공화국을 견고하게 하려면 더 많이 일하는 것만이 필요했다. 예컨대 노동자들 다수의 국민방위군 등록을 요구하는 것. 거기에서 일반적으로는 공화주의자 장교들이, 특수하게는 이카리앵들이 선출되도록 노력하는 것.『포퓔레르』와 중앙우애협회의 선전을 유포하는 것. 확고한 30~40명의 공산주의자들과 사회주의자들이 의회에 당선되도록 준비하는 것(이카리아의 창설자와 그의 부관들 이외에 그 누구이겠는가?). 뤽상부르 위원회, 도 자치 위원회, 연합들의 기획에서 동등하게 펼쳐진 에너지를 통해 출현한 것은 고스가 규탄한 "권력 야망"보다 기본적으로 더 중대한 것이다. 공화국이 노동자들의 진정한 약속된 땅일 수 있으리라는—이카리아라는 꿈은 다만 저 땅에 대한 기다림을 지탱시켜주는 구실을 했다—감정의 출현. "나는 공산주의와 공화국은 절대적으로 동일한 것이라고 종종 말해왔다."[35] 사실 시민 카베는 이와 유사한 이단을 전에는 발언한 적이 전혀 없었다. 중앙우애협회에서 감정을 토로하다가 그가 이런 발언을 하게 되었다면, 이는 이 이단을 언제나 자신들의 진정한 종교로 여겼던 청중에게 그가 휩쓸렸기 때문이다. 무엇보다도 그들에게 공화국은 새로운 우애 세계의, 여기서 발견된 땅이다. 이 세계는 소유자이기도 한 금은 세공사 장틸이 세상의 엄혹함 탓에 자신이 행사했던 특권들을 내려놓겠노라 했던 이 회합에서 감지된다. "불길한 돌발 사태들에 대비해 노년을 지키려고 부득이하게 내가 보유했던 것을 대중에게 되돌려 줄 준비가 되었다. 협회가 상이한 환경을 지향해야만 하며 만인의 물질적 삶이 보장될 오늘, 나는 내 모든 형제들에게 도움되도록 나를 버릴 준비가 되었다."**36**

3월 초의 짧았던 파리에서의 이카리아. 곧 약속의 땅은 다시 비참의 땅이 된다. 사업의 총체적 중단은 어떤 의미에서는 다른 사람들보다도, 바야흐로 자신과 몹시 궁핍한 자기 형제들의 이카리아 여행을 지불하기 위해 재산을 처분하려던 영세 고용주들과 노임을 많이 받던 노동자들에게 훨씬 더 가혹한 타격이었다. 이들은 또한 4월 16일 시위 직후에, 도처에서 공산주의자들의 노동, 고객층, 재산, 인사를 표적 삼아 다수를 파산과 도주와 침묵으로 몰아넣을 박해에 가장 심하게 노출된다. 그렇게 다시금 저 먼 곳의 이카리아를 떠올리는 시간이 올 것이다. 하지만 이것이 동일한 꿈은 아닐 것이다. 초조하게 출발을 고대하던 대다수는 여기에 머물 것이다. 심해진 가난과 돌연한 파산으로 여행 저축금을 털어먹었고 나날의 생존 근심에 갇혔기 때문에. 하지만 또한 그들의 우애 유토피아의 중심에 다시 노동자들의 공화국이 자리잡게 되었고 이제 장차 열릴 선거라는 정치적 보복과 노동자 연합이라는 경제적 보복을 통해 저 공화국을 추구할 것이기 때문에. 그러니 혁명의 가을에, 종종 지참금 없이, 여하튼 자신들이 예전에 약속했던 소소한 재산도 없이 떠날 사람들은 인류의 병사들이라기보다는, 타인을 희생시키고 추구했던 저 약속의 땅[프랑스]에서의 박해와 비참을 피해 하나의 도피처를 찾는 공화국의 망명자들이다.

하지만 정확히 이러한 도피처는 존재하지 않는다. 그들이 출발하기 훨씬 전에, 말라리아로 다수가 죽었고 자신들이 버려졌다고 확신한 텍사스에 있는 그들의 형제들은 이카리아를 세워야 했던 그 땅을 떠났다. 이카리아 전위대의 잔존자들이 공화주의 유토피아의 패배자들과 뉴올리언스의 상인 소굴에서 마주쳤을 때, 이카리아가 세워진 곳 또는 이카리아를 세워야 할 곳을 표시한 지점은 그 어느 지도에도 없다. "이카리아는 존재하는가? 어디에 있는가?"라고 『포퓔레르』 지면에서 창설자는 평소와 다른 겸손함으로 묻는다. 그리고 당연히 단순한 답변들이 있다. "이카리아가 이미 존재하는 이유는 우리가 그것을 우리의 심장에 담아두었기 때문이다."**37** 또한 단호한 반박들도 있다. 제화공 데크로크의 반박("이카리아가 도처에 존재한다면, 우리가 미개인들처럼 사막을 횡단하느라 고생할 필요가 없었다"**38**), 또는 파리 재판부의 반박. 이 재판부는 카베에게 1차 전위대의 한 대원에게 자금을 상환해줄 것을 명한다.

소송에서의 토론과 서류로부터 도출되는바, 25호 신문에서…… 카베가 이카리아 공동체를 위한 사회계약의 근거를 제시했다. 그가 이 신문에서 주장했던바, 이 공동체의 일반 원칙은 자신의 저작 『이카리아로의 여행』에서 제시되었다.
이 저작에서…… 그는 1장에서 이카리아를 제2의 약속의 땅, 하나의 에덴, 하나의 엘리제, 하나의 새로운 지상낙원이라고 묘사한다…… 13장에서 그는 노동하지 않는 행복한 유년을, 고생도 근심도 없는 성년을, 슬픔이 없고 부유한 노년을, 인간 실존을 거의 두 배로 살아가는 삶을 보여준다.
15장에서 그는 사회적 평등의 문제가 완벽하게 해결된다고 주장한다.
이 저작의 다른 모든 부분에서, 그는 주로 이카리아의 경탄스러움, 웅장함, 경이로움, 즐거움을 서술하는 데 몰두한다.
하나의 상상적 기획을 실현된 것으로 제시함으로써, 망상적인 이점들을 역시 매력적으로 묘사함으로써, 카베가 가졌던 명확한 목표는 제3자들의 신뢰를 얻어서 그들을 자신이 만든 협회에 가입하게 하고 자신

프롤레타리아의 밤

에게 자금을 맡기게 하는 것이다……

이러한 술책들에 압도되어 토렐은 동의해주었던 것이고, 그러니 그가 이 동의는 무효라고 요구한 것은 정당하다……**39**

평범한 사람들의 신뢰를 악용하려 고안된 "사기 술책들"의 범주에 유토피아라는 어디에도 없음을 별 어려움 없이 포함시키는 이러한 자명함을 받아들이기 위해서는, 사기꾼들과 몰이꾼들에게 희생된 어느 인민의 단순성을 미리 확신하는 법률가들의 전적인 단순성이 필요하다. 법률가들이 인민의 순진함에 대한 연민으로 눈멀지 않았더라면, 그들은 고소인들의 거동에서 모종의 이중성을 간파해낼 수 있었을 것이다. 왜냐하면 제화공 데크로크는 실제로는 르아브르와 뉴올리언스 사이를 왕복했을 뿐 사막을 통과하지는 않았으니까. 습기도 조금 있고 덤불도 조금 있는 이 사막까지 갔던 늙은 이카리앵 토렐은 아직 돌아오지 않았으니까. 고소인들 중에 가장 맹렬했던, 세탁물에 광내는 일을 하던 루세는 이 미망의 땅을 떠나라는 명령을 ─ 자신은 차라리 이곳에서 죽고 싶었으나 ─ 억지로 이행했던 것이라고 자인하니까. 이탈파이든 충성파이든 간에 여하간 이카리아 프롤레타리아들은 존재와 비-존재의 관계들에 대해 조금 더 변증법적인 관점을 가진다. 비록 전자의 이탈파가 자신들의 잃어버린 꿈의 쓰라림을 가족적 이익들의 압력 탓으로 돌리면서 사기라고 비난하는 것에, 후자의 충성파는 진보의 병사들이 길을 잃고 헤매도록 하는 데 도처에서 몰두하는 불굴의 적 예수회를 비난하는 것으로 대응한다고 하더라도 말이다. "사기" 또는 "배신"의 바탕에는 이카리아를 현존시키려 하는, 진정으로 대장정인 것 ─ 이카리아 인민의 선행先行 형성을 전제하는 이카리아공화국의 수립 ─ 을 영토 위에 자리잡게 하려는 오류가 있다.

1849년 3월에 미시시피 연안의 노부Nauvoo에 있는, 모르몬들이 자신들의 새로운 예루살렘을 사막에 세우려고 떠나며 버리고 간 주택들을 점거하러 온 280명의 식민 정착민은 자신들이 이카리아가 아니라 이카리아 수립의 물질적이고 도덕적인 요소들을 형성하는 데 필수적인 휴식처에 온 것임을 알고 있다.

이 전초기지는 우리에게 합류할 모든 새로운 형제들이 육성될 실험실일 것이다. 이것은 낡은 세계에서 새로운 세계로의 이행, 또는 더 정확히 말해, 악덕에서 미덕으로의 이행일 것이다. 학문과 예술과 산업은 사막 한복판에서 이카리아 국가를 건립하는 데 필수적인 요소들을 여기서 준비할 것이다. 그러니 우리는 불안해하지 않으면서, 우리를 에워싼 저 깊은 적막의 깊이를 재보고 그 안에서 우애의 왕국을 수립할 수 있을 것이다.[40]

그렇지만 이카리아는, "마음"만이 아니라 이카리앵들의 현재 조직과 행태 안에도 이미 현존한다는 조건에서만 비로소 사막에 세워질 것이다. 카베의 심복들 중 하나인 보석 세공인이요 시인이자 풍자 가수인 프로스페르 부르가 정의한 것이 바로 이카리아에 대한 이러한 **좋은** 선취다.

형제들이여, 우리가 닻을 내린 땅은 이카리아의 경이로움이 실현되어야만 하는 약속의 땅은 아니다. 우리의 소박한 노동들은 이카리아의 초벌조차 되지 못하지만 그래도 이카리아는 실존한다! 공동체적인 체제와 평등 체계, 질서와 조화, 각자의 힘과 재능을 강력하게 집중시켜 만인의 행복에 협력하는 것을 갖춘 유기체적인 이카리아. 마침내 이카리아는

노동, 학습, 우애 실천에 의한 물질적·지적·도덕적 진보를 향한 부단한
긴장을 통해 실존한다.[41]

유기체적인 이카리아란 우선 그 주체인 노동자들에게로, 그 목적인 공
동의 행복으로 되돌아가는 노동조직화인 것이다. 이것이 주방에 채용된
양털 선별공 르그로, 통 제조 작업장에서 일하는 제련공 시카르, 세탁장
을 책임지는 사무원 페슈가 친구들과 자신들의 열정을 전혀 나누지 않
는 친척들에게 전하는 이미지다.

여기는 너희의 힘과 건강을 소진시켜 최대한 많은 것을 생산하도록 하
려는 고용주들이 없어…… 200명이 넘는 남녀 노동자들이 모든 직종
에서 스스로 선택한 감독관들의 지휘를 받는 협회를 떠올려봐. 이 모든
노동자들이 자신들의 시간을 유용하게 사용하도록 조직화되는 것을
떠올려봐…… 우리는 모두 불굴의 열의를 갖고 노동해. 우리가 화폐에
대한 사랑을 위해서가 아니라 인류에 대한 사랑을 위해 모든 것을 하는
오늘, 우리는 노동을 향한 우리네 열망의 한계라는 걸 몰라.[42]

확실히 공동체의 석공과 목수 들이 갖고 있지 못한 것은 재료를 준비
하는 기계들, 이카리아에서 가장 무거운 짐들을 태양과 비를 피하게 해
주는 비계들까지 별로 힘들이지 않고 보내주는 이동 장치들이다. 하지
만 이미 공동체는 한낮의 더운 시간 동안에 모두에게 노동을 면제해주
는 배려를 한다. 공동체는 여성 시민들을 세탁에의 해묵은 예속으로부
터 자유롭게 해줄 세탁기를 아직 구비하지 못하며, 제초기는 종종 수리
중이고, 탈곡기는 마치 착취 작업장에서 그렇듯이 노동자의 정강이를 잡

는다. 하지만 적어도 이러한 노동들의 고통과 위험은 모두에 의해 분담된다. 목수 작업장의 감독관은 "수하들"의 모든 직무에 관여하고, 학교를 책임지는 수학 교사는 직무들의 평등주의적 재배분에 따른다.

고생스러운 노동들이 차례로 분담된다. 톱질할 것이 있는가? 각자 자기 순서에 그렇게 한다. 나도 다른 이들처럼 내 몫을 했다…… 우리 작업장에서는 기능이란 형제들의 평판 이외에 그 어떤 이점도 없는 하나의 책임이다…… 불우한 사람들에게 고유한 것으로 간주되는 노동인 부엌일, 청소 등은 우리 중 아주 많은 이들의, 자신들의 지성과 도덕적 가치와 정신문화로 가장 걸출한 이들의 당장의 몫이다.[43]

이와 같은 것이 예컨대 "식기류 설거지 담당"인 스페인 출신 몬탈도의 상황이다. 그는 감정이 사회적 특권으로부터 자유로워지는 전형적인 이카리아적 결혼을 했으니, 예전에 기숙학교 교장이었던 피니 여사와 결혼했다. 왕년의 바르셀로나 혁명가인 몬탈도는 이제는 수학과 언어 교사이고, 학교 교장과 공동체 관리자가 될 것이며, 이후에는 평저선에 채용될 것이다. 기능들이 일반의지에 의해 이렇게 재배분되는 가운데, 제화공 타뷔토는 농부라는 직종을 열정적으로 받아들이며, 제지공 마이는 주방에서 세탁장으로 그리고 의무실에서 벌목으로 옮겨가고, 제화공이자 우체부이며 고수이자 오르세의 축제 조직자인 자크피에르 발레는 요리사라는 직종을 맡았다가 정원사 일로 옮겨간다. 오직 공동체 창설자만이 이로부터 면제된다. 하지만 그의 특권은 무엇보다도 "가장 먼저 일어나고 가장 늦게 자는 것이요, 가장 많이 일하고 모든 걱정과 근심을 짊어지는 것이며 모든 박탈을 감당하는 것이다."[44]

우애적인―그리고 부성애적인―염려가 개척자들의 너무 허약한 열정을 대체한다. 이카리아 지원자들에게는 이제 다른 언어를 써야 한다.

저는 1차 전위대의 편지들처럼, 당신들께 예쁜 정원과 실한 과일 등을 마련해주겠노라 말하는 식으로 근사한 약속들을 담은 편지를 쓰지 않습니다…… 그런 것 따위는 전혀 없어요. 우리 협회는 당신들을 받기 위해, 자신들의 작은 모서리 밭에 옥수수와 감자를 심는 노동자들의 식민 정착지입니다…… 당신들은 우리에게서 당신들을 위한 우애적인 사랑을, 당신들의 아내들과 아이들을 위한 가장 부드러운 애정을 발견할 겁니다. 우리의 근사한 교리가 고취할 수 있을 애정을. 와서 자유로워지세요. 우리는 당신들께 우리의 결핍을 나누자고 말하는 게 아닙니다. 우리에겐 결핍이 없어요. 우리는 고생하지만, 우리가 할 수 있는 만큼의 노동을 합니다. 그래서 우리 중 그 누구도 녹초가 되지 않아요. 우리의 삶은 간소하고 활동적이지요. 그게 전부입니다…… 우리는 부유하진 않지만 그렇다고 가난하지도 않답니다.[45]

생시몽주의 고아들의 유토피아와 매우 상이한 가족 유토피아. 비록 카베가 모르몬들이 버린 사원의 폐허를 재건하기 위해 구입했다고 하더라도, 이카리아 가족의 일요일들은 메닐몽탕이나 테부 살롱의 열기를 전혀 상기시키지 못한다. 사십대의 이 사람들이 육십대의 아비에게 보내는 존중은 1831년의 젊은 남녀들의 흥분을 특징짓는 모호함과는 거리가 멀다. [샤토브리앙의]『나체즈 족 Les Natchez』보다는『캉디드 Candide』에 더 친숙한 보석 세공인 부르의 어법 오류가 없는 문장과 명랑한 스타일로 묘사되는 미시시피 강가의 산책은, 타일 까는 일을 하는 베르지에의 과장

된 문장 또는 목수 고니의 부정확한 어법으로 묘사되는 메닐몽탕 정원이
나 마른 강가보다 덜 이국적인 색채를 띤다. 그리고 이카리아의 우애 축
제는, 박애주의자들이 노동자적인 풍속들의 고대적 단순성을 프롤레타
리아에게 상기시키는 데 적합하다고 판단한 가족 소풍과 닮았다.

우리가 최근에 갔던 소풍에서 나는 우리네 복장의 평등주의적 변주에
즐겁게 주목했다. 분석하거나 동경해야 할 호사스러운 치장도 없지만,
또한 한심한 누더기옷도 없는. 검은 벨벳으로 만든 우리의 칙칙한 튜닉
은 소박한 옷감으로 만든 우리 누이들의 푸르거나 장밋빛이거나 짚빛
인 드레스를 돋보이게 했다. 우리는 200명에 가까웠고, 어린아이부터
노인에 이르기까지 모두가 허세를 부리지 않고 멋지게, 청결하고 점잖
게 입었다. 소풍의 상하행 길에 우리는 서로 돕거나 도움받았다. 모두가
차별 없이 한담을 나눴고, 다정하고 익살스럽게 서로를 호명했다. 이어
서 우리의 존중할 만하며 존중받는 가부장이 우리들 사이를 유쾌한 분
위기로 지나간다. 우리 모두는 마침내 하나의 행복한 대가족의 면모를
보이며…… 질투와 근심 없이, 서로 앞다퉈 솔직하고 외향적인 쾌활함
으로 충만한 우리는 자유와 평등과 특히 우애의 영향을 — 어쩌면 깨닫
지 못한 채로 — 받을 것이다. 저 낡은 세계 안에서는 슬프게도 받지 못
할 영향을……**46**

상수시Sans-souci[근심 없이]: 이것이 정녕 이카리아 공동체 영역에 어울
리는 이름인가? 『포퓔레르』에 게재된 편지들에서, 사막의 공화국의 토대
들이 다듬어지는 실험실을 수식하기에는 별로 어울리지 않는 주제들을
부단히 재확인하게 된다는 것은 놀라운 일이다. 공동체의 "부드럽고 평

프롤레타리아의 밤

온하며 그 어떤 근심도 없는 삶"이라는 주제.

아침에 기상할 때부터 우리의 양호한 건강을 위해 소량의 리큐어 한 잔이 우리를 기다린다. 우리는 포크로 세끼 식사를 한다. 11시부터 3시까지는 햇볕을 피하기 위해 일체의 노동을 중단한다…… 대략 육 주 전에 우리는 매트를 채워야 할 필요를 느꼈다. 그래! 우리는 근처 들판으로 명랑하게 흩어져 옥수수 잎을 주워 모아 며칠 만에 모두가 훌륭한 매트를 가지게 되었다…… 상인들 대부분은 우리가 누리는 평안을 알았더라면 진심으로 우리의 운명을 부러워했을 것이다. 여기서는 미래와 집세에 대한 근심이 없으며, 만기된 어음이나 만기될 어음 따위도 없다…… 식사, 세탁, 신발, 의복 등 모든 것이 바로 우리 공동체에서 만들어지고 조달되며, 각자는 자신이 전문적으로 책임지는 사안들에 대해서만 전념하면 된다.[47]

근심 없는 공동체라는 이러한 이상과 재단사 부르주아의 묘사 사이에는 거리가 별로 없다. 1차 전위대 개척자들 중 하나로 텍사스 이카리아 현지에 머물던 그는 자신의 고립적인 실존에 대해 묘사한다. "공동체가 어딘가에 견고하게 수립되기를 기대하면서" 그는 방목되고 있는 돼지 떼가 허구한 날 들판에서 돌아다니게 내버려두고, 일하고 남는 많은 여가 시간에 닭을 키우며 멜론과 수박과 고구마를 재배한다. "자유롭고 평온하게 살아보겠노라는 야망밖에 없을 때 과연 그 어디에서 더 행복하겠는가?"[48] "개인주의"로 되돌아간 이러한 삶은 그러면서도, 화폐가 거의 망각된 세계, 자연의 풍요가 인간의 연대와 결합되어 파리의 한 공산주의자가 꿈꿀 수 있었던 모든 것을 제공한 세계의 경험인 것이다.

여기서는 결제가 대부분 현물로 이루어진다. 곡물, 돼지, 암소, 가금, 버터, 달걀 등으로 교환이 이루어진다는 것이니, 대부분 화폐보다는 현물로 지불받게 된다는 것…… 나는 사냥꾼이 아니지만, 가장 가까운 이웃이 겨울에 노루, 칠면조, 오리, 비둘기 등 사냥한 고기로 나를 배불리 먹인다…… 마찬가지로 낚시도 넘치는 먹을거리를 제공한다. 나는 채 2킬로미터도 안 가 낚시한 지 두어 시간도 되지 않아 매번 다량의 물고기를 잡아온다…… 내 형편은 이와 같다. 내가 사는 모습이 이와 같다. 나는 내킬 때 내키는 곳을 오간다. 내가 하는 약간의 노동이 자유롭게 지내는 것을 가로막지 않는다. 다 따져봐도, 나는 연간 주당 이틀의 노동만을 하는 셈이다.⁴⁹

카베가 자신의 매체에서 이 고독한 공산주의자의 목가적인 서사에 상당한 비중을 부여한 데는 물론 나름의 이유가 있다. 이 공산주의자는 모략가들에게, 이들이 카베에게 제자들을 파견했다고 비난하는 곳인 "미개인들이 거주하는 사막들"에서 삶이 얼마나 근사한 것일 수 있는지를 입증해야만 한다. 하지만 카베는, 근심 없는 실존에도 불구하고 육 일간의 고된 노동을 하는 노부의 식민 정착민들에게 이 공산주의자가 발휘할 수 있는 매력을 잘 감지하는가? 모두가 적당한 자신의 임무에만 전념하면 되는 평온한 피난처라는 공동체에 대한 이미지들은, 자기 아이들의 광기 앞에서 회의하고 분노하는 농부들이고 상인들인 늙은 부모들의 바람에 맞춰, 이카리아의 일상을 약간 미화한다. 자기 몫을 가지길 원한다면, 나팔이 울리는 여름 새벽 4시에 늑장 피우면 안 된다. "조금이라도 미식가로 살아봤다면"⁵⁰ 포크로 먹는 이 세끼 식사의 맛은 형편없다. 공동체가 회원들에게서 집세와 지불 만기된 요금과 세탁에 대한 근심들을 없애준다고 해도, 그것은 돌풍, 홍수, 사고, 전염병 등의 반복되는 운명의 타격 앞에서는 무기력하다. 부모에게 이카리아에서의 근심 없는 삶을 이야기해주기 위해, 여성 시민 샤르트르는 공동체의 성인 남녀와 아이 스물셋이 죽은 콜레라 사태가 끝나기를 기다렸다. 그리고 제화공 타뷔토가 농부 일을 배우는 도중에 기계에 정강이가 으스러지게 되었을 때, 그가 고통을 견딜 수 있도록 공동체가 제공해줄 것은 부성애적인 사랑뿐이다. "두 번이나 그는 교부를 포옹하고 싶어한다. 핼쑥하지만 단호하게 차분한 모습으로 때맞지 않은 모든 흥분을 억제하는 교부는 자신의 의젓한 아이의 금욕적인 힘을 후원하고 부추긴다."[51] 하지만 이 드라마들은—훌륭한 모성적 공동체가 공동체 아이들의 안전에 주의를 기울인다면 없애야만 했던 것들이지만—장애인, 상이군인, 노인 들에게 소홀한 구세계보다 이 공동체가 우월함을 보여준다. 23세의 장애인은 스스로 교훈을 끌어낸다. "우리가 마주하는 유사한 불운들 앞에서 우리는 연합과 공동체의 장점에 감탄하며…… 공동체 안에서 우리는 각자의 힘에 따라 고용되고, 미래에 대한 그 어떤 불안 없이 지낸다."[52] 이카리아에서의 삶이 거칠다는 것 자체가, 아이를 보호해주고, 여성을 존중해주며, 고아를 환대해주고, 노인과 장애인에게 다정한 곳인 피난처로서의 공동체 이미지들을 확인해준다. 거기서 출생의 리듬은 공동체들의 어려운 시작을 일반적으로 표시하는 제한들을 아랑곳하지 않는 것 같다. 도래자 중에는, 자기 아이들에게 새엄마를 마련해주려고 오는 홀아비들과(1850년 8월의 동일 할당 인원 중에 있던 3세에서 13세 사이의 아이들 다섯을 둔 제화공 르클레르와 5세에서 18세 사이의 아이들 일곱을 둔 시민 윙베르), 공동체 안에서 노년의 평온을 맛보려 프랑스 전역에서 오는 늙은 이카리앵들(비엔에서 온 코에페, 트루아에서 온 카데, 툴르즈에서 온 클레데, 마르세유에서 온 라바 등)의 비중이 꾸준히 과도하다. "우리는 다음날을 근심하지 않고 힘닿는 만큼 일하며, 매일 결실을 거둔다. 우리의 노년은 배려와 평온에 감싸여 시들어간다……"53 사실 이카리아에는 죽어가는 자의 휴식을 괴롭히는 공증인도 사제도 없다. "온유한 말들과 가장 아름다운 환영들 한가운데에서 영면에 빠져든다. 이카리에서의 시간이 우리의 삶을 조금 혹독하게 했다면 적어도 죽음만큼은 여기서 가볍다."54

캉디드 정원과 산재 장애인 구호원 사이에서, 이카리아에서의 만족에 대한 종종 유희적이며 흔히는 금욕적인 이미지들이 점층적으로 주어진다. 그 만족은 투사의 헌신과 평민 철학자의 자유가 "각자는 자신을 위해, 공동체는 모두를 위해"라는 향락과 마주치는 모호한 감정이다. 공산주의적 이상의 기저에 모순적 요소들로 이루어진 어떤 "개인주의" 자체가 현존하는 것이다. 프롤레타리아의 구호 요구와, 노동의 임금으로의 교환에 입각한 평등주의적 이상이라는 요소들. 주인다움에 대한—식민 이념과 결부된—꿈과, 산업의 예속에 맞서 피난처를 찾기라는 요소들. 공산주의적 열망들의 이러한 모순은 신세계가 구세계와 맺는 애매한 관계로 더욱 복잡해진다. 사실은 아메리카를 공산주의 실현에 유리한 곳으로 만드는 특징들이 또한 아메리카를 개인주의의 축복받은 땅으로 만드는 특징들이기도 하다. 프랑스 형제들을 끌어들이려고 하는 새로운 식민 정착민들의 묘사들에서 어찌 애매함이 실제로 느껴지지 않겠는가?

이 땅에서 빈곤이 사멸되리라는 예언을 어떻게 실현할 것인가? 저 비옥한 사막들에서 필요로 하는 사람들의 자취를 쫓는 중인 이 땅에서. 게으른 아메리카인이 연중 여섯 달은 고작해야 하루에 서너 시간만 일하고 나머지 여섯 달은 쉬는 이 땅에서…… 목재에 비용이 들지 않고, 저

마다 숲에 가서 내키는 대로 벌목하는데, 그렇다고 거기서 나무 지저깨비만 모으는 것은 아니다. 가축은 내둬 키운다. 아침이면 소들을 끌고 나오는데, 그러면 소들이 절로 들판을 쏘다니다 저녁에는 돌아와 우유를 내놓는다…… 아메리카에는 거지들이 없다. 아메리카인들은 거의 모두 소유자들이다.[55]

공동체에의 호소, 소유의 꿈…… 교사 티보와 제련공 시카르의 이 편지들은 "가짜 이카리앵들"에게, "자신들의 미래라는 유일한 관점 아래서만 공산주의 실현을 사고하는 이들 우유부단한 사람들"[56]에게 보내는 초대 아닌가? 카베의 보좌관인 보석 세공인 프뤼당이 이카리아의 문을 닫아버리고 싶어했던 상대가 바로 이들, 자신들을 식민지로 이끈 동일한 이유로 식민지를 버리게 되는 이들이다.

그런 사람들은 항상 불확실성에 의해 흔들린다. 그들의 병든 상상력은 언제나 빈곤에 맞서 피난처를 찾으며, 사실상 그들은 눈에 보이는 아무 판자에든 다 매달리고, 금방 판자를 바꿔가면서 그렇게 한다…… 헛것을 쫓다 먹이를 놓치는 개의 기만적인 신기루에는 놀랍게도 아메리카가 맞춤이다. 그 어느 때보다도 더 절망적인 당신들을 슬픈 현실이 각성시키는 순간까지는 말이다. 그래서 당신들은 다시 노동자의 멍에를 행복의 기회로 간주한다.

이 진술은 이카리아 전위대의 가장 충실하고 가장 회의적인 대표자가 동료 무리에 대해 어떤 감정을 느낄 수 있는지를 우리에게 매우 잘 시사해준다. 하지만 이 진술에는 먹이와 헛것이 무엇인지, 신기루와 각성이 무엇인지를 우리에게 명확히 해주는 것이 여전히 빠져 있다. 사실 "빈곤"에 내몰린 이 사람들은 그 어떤 신기루도 좇지 않았으니까 말이다. 숱한 노정들이 마주치는 아메리카에서 이카리아의 길은 캘리포니아 황금의 길과 결코 뒤섞이지 않는다. 이카리아에서 이탈하는 수와 거의 동등한 수의 식민 정착민들을 이카리아로 부단히 보내는 것은 훨씬 복잡한 감정이다. 이카리아에서 꿈꾸는 아메리카는 모험, 근심 없는 삶, 순결, 산업, 고독, 우애의 땅인 비옥한 사막이다. 보장되는 식사 및 공동체의 초라한 안락의 근심 없는 일상과, 건초를 베고, 가축을 찾으러 다니며 섬에서— 아무에게도 속하지 않기에 "고생만" 하면 벌목할 수 있는—나무를 해오는 여러 날 여러 주에 걸친 대탐험들의 첫 도취가 교차하면서, 이카리아의 꿈에서 표상되는 모순적인 이상은 잠시 충족될 수 있다. 하지만 이카리아에서의 식사의 단조로움과 공동체 노동의 결과들의 초라함은 즉각 동일한 음울함으로 묶이며, 식민 정착지 활동의 수확은 1851년 봄과 여름의 수확과 비슷할 때가 대부분이다. 3월에 제분소는 하루에 밀가루 2200리브르를 빻았고 위스키 원액 240갤런을 증류했는데, 이는 고무적인 결과물이다—비록 위스키 사업이 새로운 도덕적 세계의 토대들을 준비하는 사업들에 속하지는 않긴 하지만 말이다. 섬을 방문한 교부는 열의로 충만한 벌목 인부들을 만났는데, 이들은 이미 거의 300코르드의 장작용 나무와 제재소에 보낼 참나무와 호두나무 300개 이상을 해놓았다. 불행히도 제재소는 고장났고, 식민지에는 기계공이 만성적으로 부족하다. 열 명 중 둘이 그 직업에 속하는 통 제조 작업장에서는 술통(항상 위스키……) 수요에 맞추기 위해 외부 노동자를 채용해야 했고, 그 고장[아메리카]의 노동하는 방식을 익혀야 했다. 왜냐하면 "게으른 아메리카인"은 식민 정착민들에게는 낯선 리듬으로 노동하고, 무엇보다도 제품이

512   프롤레타리아의 밤

"후딱 만들어지는" 것을 좋아하기 때문이다. 3월 30일에 농부들이 그들의 선출된 우두머리인 목수 코트롱의 지휘 아래 쾌활하게 떠났다. 하지만 밭갈이는 눈 때문에 지체되었고, 옥수수 줄기를 자르느라 방해받았다. 같은 시기에, 석공들과 목수들은 새 건물을 짓고 있었다. 하지만 4월 말과 5월 초 사이에 폭풍이 불어 목수들의 헛간이 무너졌다. 5월 24일 보고서가 알려주는바, 한 달에 위스키 150배럴이 세인트루이스로 운송되었지만, 조촐하다 할 이 생산이 자체 곡물 조달을 아직 유년 상태였던 이카리아 농업에 의지할 수는 없었다. 어려움이 없지 않지만, 밀과 옥수수를 구매하여 제분소에 저장해야 했다. 하지만 5월 말에 제분소가 침수되었고, 곡물들은 1미터의 물에 잠겼다. 정보는 없지만 아마도 섬의 숲은 망가졌을 것이고, 돼지우리는 돌풍에 날아갔다. 7월에는 세인트루이스로 운송된 위스키 55배럴과 판매된 "많은" 양의 밀가루를 제외하면 실망만 있었다. 예컨대 예초기의 고장. 너무 젖어서 탈곡기에 넣을 수 없는 밀. 석탄불량으로 어려움에 처한 대장간. 비로 인해 매우 곤란해진 원예. 그리고 8월 전반기도 역시 파국이다. 젖은 귀리는 탈곡이 불가능하고, 밀 수확은 엉망이고, 보리 수확은 전멸이며, 키오컥Keokuk에서는 주조해야 했던 새 기계용 회전 장치가 고장이다……**57**

이러한 곤란과 실패들은 불안정한 정신들의 인위적인 열정을 낙담시키기에 충분하다. 그들의 변덕스러운 열망을 만족시키지 못하는 동일한 무능력이 이러한 정신들을 개인주의적인 공산주의자들로, 공산주의적인 개인주의자들로 만든다. 식민지를 향한 출발의 충실한 조직가인 고급가구 제조인 벨뤼즈 자신이, 파리 고등법원에 자기를 변호하러 간 카베의 부재 동안에 공동체의 불확실한 장래를 주재하는 프뤼당에게 그 점을 지적한다. 프랑스 공산주의자들에게서 헌신이 "되살아나기" 위해서는 "승리가 보장되어야 한다." 비관주의자 보석 세공인은 이러한 속내로부터 재빨리 철학을 끌어낸다.

우리 시대를 지배하는 하나의 사실이 있다. 모든 것이 물질화된다는 것. 믿음도, 희망도, 자유도, 평등도, 우애도, 이웃 사랑도. 개인과 개인이 맺는 직접적 관계들인 사교 정신은 의식에서는 냉정하게 하나의 수학적 질문으로 제기되고, 우리는 집단적 행복의 전염을 기대하면서도 개인적인 감각적 행복을 누리고 있다. 바로 여기에, 틀린 계산에서 나오는 것이 증오가 아닐 때, 우리가 받는 성원이 있다.
더욱이 이러한 것이 이해된다. 배고프다고 울부짖는 위장에게, 구래의 사회조직에 의해 타락한 영혼들에게, 자신들의 사슬을 깨고 구세계의 혼란으로 돌진하는 노예들에게 이상은 별로 매력이 없다는 것.[58]

노예적 정념들의 분출이라는 고전적인 이미지. 이카리아의 총결산은, 본능의 이기주의적 충족이라고 폄하되지 않을 이상을 제안해보라고 공산주의자들을 도발했던 가톨릭 노동자들의 비판을 인준하지 않는가? 그렇지만 과업의 난점들로부터 가짜 사도들의 이탈로의 단순 귀결은 물질적으로 파국적인 이 반년간의 도덕적 총결산과는 모순되는 것으로 보인다. "흘러온 지난 6개월이 물질적 수확이라는 견지에서는 우리에게 유리하지 않았지만, 다른 측면에서는 우리가 많은 것을 얻었으니, 우리의 적들도 인정하는바, 그 어느 때보다도 오늘날 우리 기획의 성공은 의심할 여지가 없다."[59]
여하튼 이러한 입론의 완곡어법들과 이중부정들로부터 도출되는 것은 이카리아에서의 열정이 물질적 성공에만 매달리지 않는다는 점이다.

프롤레타리아의 밤

실망스러운 이 6개월 동안 식민지는, 이탈이 있은 후에 단단해지고 틀림없이 교부의 부재로 추동된 헌신과 우애라는 "다른 측면에서" 진보했다. 프뤼당의 진단 역시 민감한 지점을 건드린다. 생산과 소비에 앞서 도덕에 입각하는 이카리아공화국에는 특이하게도 시민들의 유동적인 상상력을 집단적 과업의 존엄 위에 고정시키기에 적절한 수단들이 결여되어 있다는 것이다. 이러한 목적으로 모르몬 사원을 재건하고자 한 것은 창설자로서는 틀림없이 변덕스런 몽상이었다. 결국은 하늘이 이카리아에서의 종교에 대한 질문을 딱 잘라 종결시켰다. 1850년 여름의 돌풍이 사원 재건을 책임진 노동자들의 발밑으로 사원 담을 무너뜨린 것이다. 한참 뒤에는, 교부의 정신적 상속자인 변호사 메르카디에가 이카리아에서의 여흥과 "국민 축제들"에 대한 질문을 다시 던질 것이고, "도덕적 기준을 매우 높은 정도로…… 유지하도록 고안된" 이 축제들의 조직화에서 "일반적으로 생각하는 것보다는 훨씬 더 진지한"[60] 사안을 보려 할 것이다. 하지만, 이론을 갖춘 것이든 아니든, 이카리아에서의 여흥들은 공동체적 열정의 기준을, 보석 세공인 부르가 언급한 겨울의 어느 일요일 야회를 특징짓는 사랑스러운 온화함 너머로 끌어올리는 데 도달하지 못할 것이다. 문지기 수도자로 분장한 제지공 마이의 독백. "감자 충해에 대해 어느 샹파뉴 사람이 뱉은 탄식"을 환기시키는 양털 선별공 르그로의 독백. 동일인 르그로가 노래한 뭉클한 연가(〈엄마에게서 멀리 떨어져Loin de sa mère〉). 발레 작품 〈지젤Giselle〉의 무용곡 갤럽. 보드빌 〈이탈리아인과 저지 브르타뉴 사람L'italien et le bas-breton〉 중에서 어린 이카리앵들의 상상력을 "왜곡 또는 훼손"할 수 있을 부분을 "축약한" 작품에서, 카베의 비서 랭틸라크와 공증인 사무소 서기 올리네가 희극배우인 마이의 상대역을 한다. 순수한 신생 식민지에서 "살고, 번영하고, 아이를 많이 두기 위해" 필요로

하지는 않는 정념인 "진짜 감성적인 위엄"이 미리 순화된 이카리아적인 이 무대에서는, 억척스러운 마이가 독창곡으로 부르는 〈이카리아로의 출발 노래Chant du départ Icarien〉의 최종적인 크레셴도를 이끄는 데 적절한 극적 긴장이 전혀 제공되지 않는다. 〈계절들〉에서 소녀들이 부른 합창곡, 〈모세〉에서 소년들이 계명으로 부른 행진곡, 학교 감독위원회의 보고 등은 다음 세대를 위해, 인류의 병사들의 사막으로의 행진에 수반되기에 더욱 걸맞은 공연들을 예고한다.[61] 이카리아 창립에 실제로 의지가 되는 것은, "구세계의 인습"에 너무 깊이 젖어 있고 강과 제분소와 밭과 세탁장 등으로 가기 위해 통과하는 이 개인주의적 세계의 "예수회적인" 유혹들에 매일 노출되는 사십대들보다는, 이카리아 학교의 학생들이다.

이를 위해서는, "부모들이 자기 아이들에게 너무 인습적으로 베푸는…… 과도한 관용"으로 얼룩진 초등교육을 교정하는 데 전념하는 이카리아 학교의 노동이 일요일마다 모성적인 대항교육에 의해 파기되지 않는 것이 필요하다. 미래 이카리앵들의 도덕적 양성과 오늘의 식민 정착민들의 가족 도덕성을 오가는 왕복 안에서, 이카리아 부활의 가장 근원적인 모순들 중 하나가 맺어진다. 이러한 부활의 첫 단계 전체가, 특정 우애—"도락가들"이고 "관능주의자들"인 노동자 혁명가들, 당구대 철학자들, 카바레 민주주의자들, 비밀단체의 음모가들의 남성적 우애—의 모호함을 가족적 의무들의 정규로 되돌리는 것으로 이루어졌다. 이카리아에서의 우애는 강자, 입문자, 해방된 자의 우애가 아니다. 우애를 정초하는 헌신은 약자를 향한 강자의 염려를 가족 풍속의 정숙과 통합시켜야만 한다. "이카리앵에게 지워지는 일차적 의무는 여성, 아동, 인민, 인류의 입장에 서는 사려 깊은 헌신이다."[62] 여성과 아동을 향한 특정한 헌신과 독신 금지는—해가 가고 환멸이 쌓일수록 항목이 늘어가고 해설은 두꺼

위졌던―『가입 조건들Conditions d'admission』에 처음부터 들어 있었다. 게다가 텍사스 전위대의 무장한 형제들의 남성적 광기는 이카리아 도덕의 근본 원칙들에 대한 실천적 경험을 비준하는 셈이다. 그렇지만 텍사스 실패로 촉발된 대대적인 이탈 이후에 살아남은 신봉자 260명의 공동체가 노부에 정착하자마자 새로운 이탈의 희생자가 되었을 때, 만장일치 합의로 사태의 책임이 여성들에게 돌아간다. "이제껏 일반적으로 독신남들은 가장 끈질긴 이들임이 확인되었다…… 탈주라는 해악은 우리들 중에서 복장과 노동과 양육 등의 견지에서 이카리앵이 아니었던 여성들로부터만 유래한다……"[63] 카베가 선견지명을 발휘하여 열정적이면서도 우울한 성정의 리옹 출신 슈비용과 혼인시켰던 규수 내줄랭이 1850년 가을에 이끈 세번째 이탈 이후에, 카베 자신이 다음의 진단을 내린다. "이탈들 중 열에 아홉은 확신 없이, 확고부동한 관념 없이, 잘못된 관념을 지니고, 마치 소풍 가듯 남편을 따라왔을 뿐인 여성들에 의해 야기되었다."[64]

이제 이카리아 역사 내내 여성들은 식민지의 우애 도덕을 두 가지 방식으로 잠식한다고 비난받을 것이다. 우선은 그녀들이 이카리아에서의 옷가지, 주거, 양육, 노동의 평등이 타파해야만 했던 조건의 구별들을 재도입한다고.

그녀들은 자신들이 비단 드레스를 입고 호박단 앞치마를 두르고 장식 소맷부리를 달고 꽃 장식 모자를 쓰고 작은 양산을 들고 있을 때 창피하다고 생각해. 그녀들은 한여름에 일과를 저녁 6시에 끝내기 위해 아침 7시에 시작하는 게 너무 빠르다고 여기지. 그녀들은 우리가 언제나 소고기를 먹는다고 탄식해. 그녀들은 우리의 속옷을 세탁해주고 자신들보다 수수하게 차려입은 자매가 옆에 있을 때 창피하다고 생각해…… 그리고 축제가 다가와 남자들이 모두 튜닉을 입기로 결정했을 때, 그다음 날 그녀들은 빈정대며 말했지. 해진 튜닉을 입은 우리 남정네들 얼마나 근사한지![65]

사회적 특권들의 수호자보다도 훨씬 더 여성이 "개인주의"를 부추기는 힘으로 나타난다. 해악은 "부유한" 이카리앵들의 안락함의 관행보다는, 가족적 해방과 사회적 상승이라는 이중 전망 안에서 맺어진 혼인들의 논리 자체로부터 나온다. 예컨대 어느 과부는 익숙하지 않았던 삶의 조건들을 기꺼이 수용한다. "로리월 부인은 하녀의 정성과 교언을 받지 못할 뿐만 아니라 오히려 자신이 간호사이기에 타인들을 정성껏 돌보고 덕담을 하는데…… 본Beaune에서의 자신의 조금 게으른 삶을 부득이하게 변주했던 이 소소한 불편들을 자신이 느끼지 못한다는 데 매우 놀란다."[66] 반면에 어느 왕년의 하녀는 마땅히 자신이 불안정한 기질을 진정시켜야만 했던 새 남편을 외려 재빨리 공동체에서 이탈시켰다. 이렇게 해서 시민 바렐은 크게 후회하면서 식민지를 떠나야만 했다. "프랑스에서 대저택의 하녀로 있다가 결혼해서 도피하려고 떠나온 그의 아내는 공동의 삶도 시골에서의 노동도 좋아하지 않았다."[67]

하지만 이카리아에서의 우애는 장기적으로, 공동체 삶에—나름의 방식으로—적응한 여성들에 의해 더 크게 위협받는다. 임신과 수유가 그녀들을 작업장의 공동 노동에서 면제해주는 만큼 더욱 많은 어린 이카리앵들이 태어난다. 그녀들은 자발적으로 아이들을 이카리아 학교에 맡기지만 일요일의 면회를 활용하여 공동체 교부가 이해하는 것과는 아주 상이한 가족 의미를 아이들에게 주입한다. 그녀들은 남편들이 공동체의 목재로 제작한 장난감을 아이들에게 준다. 그녀들은 딸들에게 "화장, 코

프롤레타리아의 밤

르셋, 컬"을 좋아하는 취향을 갖게 함으로써, 규칙에서 명하는 것이지만 굳이 상상할 필요는 없는 미래 결혼들을 딸들이 꿈꾸게 함으로써, 딸들을 미래의 신붓감으로 준비시킨다. 무엇보다도 그녀들은 자기들 집에서 쾌락 취향과 항상 연계되는 은밀한 실천을 발전시킨다. 예컨대 어느 어미의 딸은 학교에서 잘못한 것에 대한 벌로 일요일의 튀김 요리를 먹지 않겠다고 약속했는데, 어미는 딸에게 맹세를 어기라고 충동질한다. "오! 멍청아, 그냥 먹어, 아무도 몰라!"라고 말하면서.[68] 카베가 논평하는바, 이 어미가 자기 딸에게 준 근사한 가르침은 바로 이런 것이다. "조금 더해도 돼. 아무도 몰라." 이는 카베의 도덕적이고 가족적인 공산주의가 확립될 때 반대했던 원칙 자체—향락과 비밀단체의 사람들인 혁명적 공산주의자들의 유물론—를 역의 길을 밟아 재발견함으로써, 실제로 공동체라는 유리 집을 파괴하기에 이른다.

이는 공산주의를 가족이라는 이기주의적 세포 위에 세우겠다는 비일관성의 불가피한 결과 아닌가? 틀림없이 모순은 이카리아 기획의 핵심에 있지만, 현실은 이러한 변증법적 전복으로도, 여성적 이기주의를 공동체의 해체 원천으로 여기는 해석으로도 환원되지 않는다. 예컨대 젊은 슈비용 부인이 1850년 이탈의 주모자였다는 것은 사실이다. 처음에는 혁명가, 나중에는 이카리앵이 되겠노라 선택한 동기가 빈곤은 아니었던 교양 있는 인쇄공의 딸인 이 젊은 여인의 태도에 사회적 구별의 고려들은 아마도 낯설지 않았을 것이다. 그녀는 이카리아 마차꾼의 배우자가 되려고 리옹 출신의 평범한 사업가의 아들인 이 지적인 프롤레타리아와 결혼한 것이 아니었다. 하지만 또한 그녀에게 위임된 일은 이카리아 교육 감독이었는데, 어미들이 어린 딸들의 교육에 끼친 폐해를 바로잡는 일을 수개월 진행했다. 그녀가 이탈의 길로 들어섰다면, 이는 코르셋과 펄과 튀김 요리에 빠져드든 여성들을 옹호하기 위함은 아니다. 이는 오히려 계몽된 여성 이카리앵들의 이름으로, 이카리아 의장으로 하여금 여성들을 고취한다고 자임하는 어떤 논리의 극단까지 나아가도록 압박하려는 것이요, 여성들이 "모든 공무, 특히 관리직에서 선거권과 피선거권을 갖는다고……"[69] 선언하도록 압박하려는 것이다. 모든 해악이 "여성들에게서만 유래한" 저 1849년 이탈과 관련해서, 이탈의 동기들에 대한 보고는 조금 덜 단순한 판본을 인가한다. 카베가 혼수를 몰수하고 가정을 찢어놓으며 부모가 자기 아이에게 말하는 것을 금지한다면서 그에게 가해진 비난은 보다 특정해서 여성적이고 가족적인 원한을 표출시킬 수 있었을 것이다. 하지만 카베가 "동종요법의 세밀한 체계"를 선호하며 인민 의료인 라스파유의 의료를 금지한 것은 남녀 모두의 관심을 끈다. 그리고 사냥의 즐거움을 박탈당한 남자들의 "무장해제"에 반대하며 제기된 항의는 창설자가 가장 열렬하게 전쟁을 벌여 반대한 다른 "이기주의"를 잘 표현한다. 공동체의 평화적이고 노동자적인 틀 안에서조차, 총기의 현실적이고 상징적인 소유가 유지시키는 비생산적인 쾌락들과 은밀한 모험들에 항상 집착하는 혁명가들의 남성적인 "관능주의"인 그 이기주의. 마지막으로 가장 근본적인 불만들이 정보 사찰 체계에 쏟아지는데, 이 체계에 의해 카베는 양쪽의 "이기주의"에 맞서 우애 원칙의 투쟁을 벌인다. 두 이기주의가 노부의 주민들에게 말을 거는 것을 금지하는 "세포 체계". "독재적인 압력"에 의해 서명하게 된 "집단적" 편지들. 이카리아에서의 투명성에 필수불가결한 이러한 **공개성**을 보장하기 위한 "상호 보고서들".[70]

　이카리아에서의 갈등과 여기서 맺어지고 전복되는 동맹들의 동역학이 정의되는 것은, 귀족적 구별들의 이기주의, 혁명적 노동자들의 관능주의, 우애 사찰 체계라는 현실적이고 상상적인 세 항 사이의 관계 안에서

　　　　　　　　　　　　　　　　　　프롤레타리아의 밤

다. 공동체적인 삶의 매 순간마다 각각의 당파가 단 하나의 깃발, 즉 이기주의에 맞서는 투쟁이라는 깃발만을 내걸 것이다. 하지만 매번 모든 문제는 이기주의의 원천과 표장들을 인지하는 데 있을 것이다. 1856년에 다수파의 반란과 교부의 퇴출로 이어질 오랜 갈등은 이기주의의 두 가지 해석을, 개인주의에 맞선 투쟁의 두 가지 형상을 대립시킬 것이다. [카베의] 반대자들의 투쟁은 이기주의적 위협에 대한 특정한 표상―관료들과 부르주아들의 신귀족 구성―을 명목으로 하여 이루어질 것이다. 이러한 사태에 당면하여 그들은 생산자와 게으름뱅이의 대립을 재무대화할 것이고, 복식 영역에서 자신들의 표장을 택해 노동자의 단정치 못한 차림새를 즐기고 귀족적 치장에 대한 고발을 즐길 것이다. 이러한 과시에서 카베는 오랫동안 그가 맞서 투쟁한 이기주의의 형상을 정확하게 간파한다. 우애의 온유함을 "자유로운" 노동자라는 허세에 대한 이기주의적 긍정에 희생시키는 "관능주의적인" 노동자―담배와 위스키와 사냥이라는 개인주의적 쾌락들의 애호가―형상. 이카리아에서의 갈등들의 모든 수사학은 이기주의 표상이 이 두 극 사이에서 미끄러지는 가운데 펼쳐진다. 예컨대, 신실한 프뤼당이 시역을 도모하는 반대파의 수장이 되었을 때, 헛되게도 카베는 그에게 1852년의 그의 편지들을 상기시키는데, 그 편지들은 공동체 교부에게 신속히 되돌아와 일탈을 종결시켜달라고 탄원하는 것들이다. 헛되게도, 카베는 최근에 자신과 다툼을 벌였던 사냥, 담배 애호가들 및 옹고집들과 그가 맺은 동맹을 규탄할 것이다. 카베에 반대하는 다수파의 응답은, 그의 공석 기간에 사냥꾼들과 흡연자들의 관능주의를 만연시켰던 유명한 "느슨함"을 명확히 정할 것이다. "하지만 이 느슨함은 과연 무엇이며 어디에 있는가? 수치스러운 악덕들을 용납함으로써인가? 아니다…… 특히 치장 문제와 관련되었던 것이다."[71]

따라서 혼동은 없다. 프뤼당이 정통을 옹호했던 열렬함 자체 안에서, 이카리아에서의 식사를 "모종의 절식絶食"으로 변형시킨 그의 먹을거리 절약 안에서, "마구를 갖춘 암말을 닮고자 했던" 여성들 운운한 그의 독설 안에서, "전사자의 수를 세지 마라"[72]고 선언하는 장군연한 그의 행태 안에서, 당시의 적들 ―"무제한의 자유, 절대적 평등, 방종에까지 이르는 독립의 신봉자들"[73]― 과 그가 미래에 맺게 되는 동맹의 원천을 알아차릴 수 있다. 그런 적들로는 예컨대 통 만드는 널빤지와 수레 만드는 일에 고용된 고급가구 제조인 마티외. 도자기 제조공이 되었다가 나중에는 통 제조 일을 했고, 통 만드는 널빤지 제조와 벌목을 하는 간이 작업장에서 부지런한 인부였던 재단사 라브뤼네리. 역시 재단사라는 안온한 직업에서 정원사와 벌목꾼과 광부라는 험한 노동으로 넘어간 그의 동료 쉬르블레. 이들과 마찬가지로, 공동체에서 선사하는 것들에서 확실한 자기 몫을 챙기려면 너무 멀리 떨어져 있지 않아야 하는 행정 사무소와 구내 식당에 인접한 작업장을 갖는 약자들과 "헌신하는 자들"과 "정보원들"에게 붙박이 직종을 양보하는 모든 이들. 이들은 개인주의의 자유로운 분위기와 공산주의적 유대의 의미를 동시에 되찾기 위해 밭과 섬과 평저선에서의 험한 노동과 모험적인 실존을 선택한다. 이미 이러한 선택은 이들의 "관능주의"와 이카리아 노동자 엘리트―능숙한 경작자와 훌륭한 행정가인 목수 제라르, 숲의 나무를 베고 쪼개는 팀의 험한 노동을 조직하는 목수 페랑동과 수레 만드는 목수 코테롱처럼 진지하고 담대한 노동자들. 보석 세공인 프뤼당, 카베의 작고한 사위와 형제인 재단사 파바르, 교사이자 혁명가인 스페인 출신 몬탈도 같은 이카리아 구舊경비대의 교조론자들과 관리들―의 엄격함 사이의 미래 동맹에 대한 전반적인 윤곽을 나타내준다. 이들이 오늘은 서로 다르게 느끼는, 그러나 내일은 이들을 묶어줄 감정은 **진짜** 이카리앵이라는 감정이다. 재산의 소유자임에도 불구하고 재산을 현금화하여 공동체에 속임수 없이 기증하고, 프랑스에서의 상대적으로 만족스러운 위상을 포기하며, 자신들이 익혔던 직업을 아메리카에서 공동체의 물질적 삶을 보장하는 고된 노동들로 바꿈으로써 진지하게 "자신들의 배를 불태웠고" 구세계와의 "다리를 끊어버린" 이카리앵들. 이카리앵으로서의 믿음과 실천을 자신들이 체현한다고 느끼는 사람들. 예컨대 늙은 이카리앵이자 이탈자인 직조공 테름은 1차 전위대에서 살아남아, 약국의 조용함으로부터 통 제조와 벌목 노동으로 넘어갔다. "나 개인을 위해 노동한다는 것은 불가능할 지점에 이르렀다. 내가 구세계로 되돌아가 부유해지기 위한 상상 가능한 모든 방도를 쥐더라도 막상 부자가 되기는 불가능할 것이라고 나는 확신한다…… 나는 천성과 기질이 공산주의자다. 다르게 될 수가 없을 것이다."[74]

저 모든 이들이, 자신들끼리의 갈등 너머에서 **타자들**에 맞서 통합된다. **가짜 이카리앵들.** 그들은 빈곤에 떠밀려 잃을 것도 없이, 세우기 위해서가 아니라 누리기 위해 왔으며, 미망의 동아줄이라 여겨지는 것이라면 아무것에나 매달려서 되돌아간 자들이다. 머리로만 공산주의자. 그들은 프랑스를 떠나 자기들의 배를 불태우겠노라고 결심해본 적이 없으며, 식민지에 대한 자신들의 선전과 후원으로 노부의 형제들에게 자문해줄 수 있는 권리가 자신들에게 주어진다고 믿는 자들이다. 애호가들과 "귀족들". 그들은 자기들의 배를 불태우라고 요구받지 않는 만큼 보다 편하게 "공동체를 시도"해보러 온 자들이다. 실은 주저하는 공동체에 카베가 관철시킨 **1850년 4월 법**이 새 도래자들로 하여금 철수할 경우―구舊도래자들은 협회에 양도했던―지참금의 5분의 4를 환불받을 수 있도록 해주었다. 이는 머뭇거리던―파리의 출발 담당자에게 프뤼당이 신랄한 독설로 아메리카 신기루에서 벗어나게 하라고 명했던—모든 이들의 도래를 독려하는 것이다. 정통의 수호자들과 이탈의 주모자들 사이에 최초의 동맹이 조인될 상징적 전투는 **4월 법**의 폐지를 위한 투쟁일 것이다. 그들이 보기에, 이 법이 이카리아에서 두 계급을 창출하며, "자기들의 배를 불태운" 1848년의 위대한 출발과 전위의 병사들이라는 구도래자들을 새 도래자들(특권층, 부르주아, 귀족……)의 "더러운 속옷 세탁"을 담당하는 노예 혹은 하인으로 변모시킨다. 새 도래자들은 구세계와의 다리를 끊지 않고 온 자들이며, 식민지가 **마음에 들지** 않으면 자신들이 건 돈을 되찾아가고 마음에 들면 근사한 장신구들을 뽐내며 어떻게든 기를 써서 자기 능력에 걸맞은 자리를 얻어내는 만족스러운 양자택일을 누리는 자들이다.

이런 토대 위에서 1852년에 카베 의장이 돌아와 자신의 부관들인 프뤼당과 파바르가 "무제한의 자유"와 "절대적 평등"의 저 신봉자들에게 동의하고 있음을 확인한다. 하지만 그는 힘들이지 않고 이러한 공산주의 정통파의 허울 뒤에 가려진 이기주의적 계산을 폭로한다. 도대체 **4월 법**의 목표는 무엇이었던가? 가입의 **물질적** 조건을 완화함으로써, 첫 두 해의 실망과 프랑스의 자체적인 상황 악화에 영향받은 선교를 소생시키는 것. 사막에 이카리아를 세운다는 위대한 과업을 시도할 수 있게 해줄 인력과 자금 공여를 용이하게 하는 것. 이러한 선교와 더불어 이카리아 수립의 수단을 제거하는 것이 아니라면, 평등을 명목으로 법의 폐지를 주장하는 검열관들은 과연 무엇을 원하는 것인가? 이카리아의 전리품을 나누고 싶은 이기주의적 욕망 때문이 아니라면 왜 이렇듯 이카리아를 죽이고 싶어하는가? 모든 것이 연관되어 있다. 애초에 정통파인 프뤼당과 파바르가, 병을 수술해야만 하며 "모든 인습과 결함을, 요컨대 공동체 삶과 양립 불가한 것을 단호하게 도려내야"[75]만 한다고 주장하면서 "수백

명의" 이카리앵들을 떠나라고 밀어낼 때의 그 엄밀함은 "부자들"에게 "자신들의 배를 불태우라고" 명하는 선동과 동일한 목표를 추구하며, 위대한 공동체 노동들을 구실로 자신들의 악덕을 숨기고 행정의 시선에서 멀리 떨어져 음모를 꾸미려는 관능적 욕망과도 동일한 목표를 추구한다. 요컨대 지참금 반환을 거부함으로써 공동체 몫을 키우려는 것이요, 가능한 한 많은 식민 정착민들을—무엇보다도 부자들을—떠나도록 압박함으로써 나눠 가질 권리 보유자의 수를 줄이려는 것이다. 교부 부재시에 사냥, 담배, 위스키에 대한 용인으로 과도해진 욕망들이 아니라면, 나눔에 대한 이 갈망은 어디로부터 올 수 있겠는가? 엄정한 관료, 강건한 노동자, 혁명적 도락가 들의 반ᐟ자연적인 동맹은 이렇게 자신의 논리와 목표를 자인한다. 철수하도록 내몰린 저 모든 이들의 화폐를 압류함으로써 거대 공동체를 해소시키는 것이라고. 식민지에 우애의 하중을 부과하는 과부, 홀아비, 고아, 노인, 장애인 들을 제거하는 것이라고. 전리품들을 나눠 갖고 "개인주의 안에서, 또는 특수한 작은 연합들 안에서 살아가는"[76] 것이라고. 열심히 일하긴 하지만 제멋대로 자기만을 위해 일하는 노동자들의 이기주의적인 연합들. 지도자와 피지도자의 위계와 더불어 부르주아적 안락의 유약함과 귀족적 구별들을 금지하는, 그러면서도 담배, 위스키, 사냥 따위의 천한 관능적 쾌락을 추종하는 연합들. 이미 모습을 드러낸 "개인주의적" 공동체들. 예컨대 벌목수들과 광부들의 이동 작업장이라는 작은 공화국들—작은 비밀단체들—안에서, 농부들이 함께 농번기를 보내는 여러 리에 떨어진 땅에서, 노부와 섬들과 키오퀵 사이에서 한 주를 보내는 평저선 위에서, 제분 작업장과 증류 작업장에서, 밤낮으로 일하는 가장 바쁜 시절에 자기 노동자들이 기거하도록 세를 놓아야 하는 인근 주택에서……

그렇게 모든 것이 연관되어 있고, 시민 프뤼당의 거창한 소리들("배를 불태우기" "다리를 끊기" "다모클레스의 검", 예농, 노예, 부르주아, 귀족, 특권층 운운)은 개인주의를 위장하기에는 역부족이다. 이 개인주의는 노동자의 긍지와 교조의 순수라는 우회로들을 거쳐 공산주의의 우애 도덕을 오염시킨다. 1852년에 카베가 이긴 **4월 법**의 전투와 그가 지게 될 1855~1856년의 이카리아 대위기 사이에, 공동체 삶에 표지를 남기는 본질적 전투가 1853년 11월의 "도덕 개혁" 전투인 것은 따라서 우연이 아니다.[77] 총회에서 발표되도록 창설자가 제출한 37개 조항 전체는 ─땅을 매입했고 첫 분견대들을 파견했던 곳인 아이오와의 "사막"으로의 이주를 준비하는─ 식민지의 생산적 도약과 식민 정착민들의 개인적 개혁 사이의 연결을 ─하지만 또한 우선순위도─ 잘 제시한다. 노동을 감시, 감독하고 보다 완벽한 보고서를 작성하기 위해서는 잘 선출된 작업장 감독관이 필요하다고 정한 34항과 35항은 확실히 만장일치로 채택된다. 하지만 이 두 조항이 끄트머리로, 거실 미화와 광장 잔디밭이나 화단 유지를 권장하는 33항 뒤로 처진다는 것을 보고, 이러한 물질적 개량들이 다음과 같은 선행 조항들에 공표된 도덕 원칙들의 엄격한 결과들임을 이해하지 못한다면, 놀랄 수도 있을 것이다. 이카리아에서의 종교에 대한 긍정(29항, 반대자 6인). 이카리아의 원칙들을 가르치는 이카리아 강좌의 필요성과 의무적인 강좌 출석(24항, 만장일치). 총회라는 입헌적 틀 바깥에서 가해지는 비판들에 대한 금지(25항과 26항, 헌법을 존중한다는 취지에서 만장일치). 여성과 아동에 대한 헌신, 여성 존중과 아동교육에 의해 요청되는 품위 준수(3항과 28항). 하지만 개혁의 중대 사안이자 중추인 것은 9항에서 22항까지다. 9항에서 11항까지는 총회가 미리 규정한 규칙들을 제외하고는 위스키 마시는 것을 금한다(총회를 존중한다는 취지

프롤레타리아의 밤

에서 만장일치). 22항은 **쾌락으로서의** 사냥과 낚시를 금하는데, 반대자가 최다에 이른다(28인). 무엇보다도 12항에서 21항까지는 완강한 반대자가 17인에도 불구하고 흡연자들에 대한 가입 거부를 상세히 규정하며, "이 습관을 끊을 수 없다고" 주장하는 기존 회원들과 관련하여서는 파이프와 씹는담배가 용인될 수 있는 장소와 시간의 조건들을 상세히 규정한다. 사실 원칙의 문제는 사냥과 담배 탓이라 간주되는 물질적 위해에 대한 계산을 훌쩍 뛰어넘기 때문이다.

내 견해와 신념은…… 흡연 습관이 필요하지 않다는 것이며, 그것은 무용하고 비싸고 건강에 해롭고 위험하고 비합리적이라는 것이다.

하지만 더욱 중대한 것인즉, 내가 확신컨대 그것이 노동뿐만 아니라 학습과 교육과 도덕화 등에 반대된다는 것이다. 그것이 관능주의와 유물론과 이기주의를 발전시키며 헌신과 우애의 감정 및 의무와 소명의 관념을 근절시킨다고 나는 확신한다. 담배로 인한 후과는 우리 이카리아 교의의 파괴이며, 담배는 우리의 모든 원칙에 대한 위배에 문을 열어주고, 현저히 그리고 본질적으로 반이카리아이고, 우리의 공동체를 어김없이 폐허로 이끈다는 것이 나의 확신이다.

이러하니 나로서는 담배 문제가 다른 모든 문제들을…… 함축한다고 보는 것이다. 우리의 이카리아 공동체 체계에서는 모든 것이 연관되고 연쇄적이며 상보적이다. 제시된 모든 조건들은 필수적이다. 담배의 남용과 더불어, 모든 남용이 연달아 생겨날 수밖에 없다. 담배에 대한 개혁과 더불어, 모든 다른 개혁이 용이해질 것이다. 이 개혁 없이는 어떤 다른 개혁도 가능하지 않다.[78]

모든 것은 물론 연관되지만, 담배 문제가 공동체 건설의 관건일 수 있으리라는 점을 어떻게 이해할 것인가? "이기주의"에 대한 분석과 관련되는 것(담배, 노동자의 사정권 안에 있는 관능적 향락 등), 교부에 대한 복종 원칙에 해당하는 것(담배를 피워대고 큰소리로 대화하고 문 닫는 소리를 크게 내는 행동에 불편해하는 교부를 상대로 매우 특수한 모욕을 가하고 권위에 도전하는 것), 금기시되기에 발현되는 은밀한 취향과 관련되는 것을 어떻게 판정할 것인가? 하지만 담배 문제에 매달리는 부성애적인 환상 이면에는 완벽하게 세속적인 공산주의 건설에 대한 관점이 있다. 비록 프롤레타리아 아이들의 과민함 탓에 아비가 이런 관점을 애매한 용어들로 제기하지 않을 수 없지만 말이다.

우리는 우리의 수를 늘릴 필요가 있다. 왜냐하면 우리가 하나의 인민을 형성하고자 하기 때문이다. 우리는 일손뿐만 아니라 모든 유형의 능력과 돈을 가져올 사람들이 필요하다! 오! 어떻게 해야 유효한 선교를 할 수 있으려나? 우애가 있는, 공손한, 정직한, 인간적인 위엄의 감정들로 충만한, 절도 있고 검소한 노동자들과 하나가 되기 위해 모든 걸 희생할 태세를 갖춘, 인민과 진보의 대의에 동조하는 부유한 남녀들이 있다. 하지만 어떻게 그들로 하여금 관능적이고 이기주의적이며 담배나 피고 씹어대는 인민의 한가운데로 오기 위해, 고국을 떠나 바다를 건너 노고와 위험을 감수하도록 한단 말인가?[79]

"인민과 진보의 대의에 동조하는" 이 사람들의 반감을 불러일으킬 우려가 있는 것은 분명히 흡연 습관이 대표하는 방종한 관능주의가 아니다. 오히려 파이프 냄새요, 담배를 씹어대며 아마 소리를 고래고래 질러

프롤레타리아의 밤

대고 복장은 불량하고 여인을 향한 예절은 꽝인 노동자들의 얼굴과 수염의 불결함일 것이다. 그리고 이것이 또한 담배 문제가 공동주택 미화, 광장 잔디 조성, 화단 조성, 구내식당 장식, 식당의 조잡한 사각 테이블에 방수포를 까는 것, "깔끔한 것일지라도 거무튀튀해 보이는"[80] 단철 식기를 도자기 식기로 교체하는 것 따위의 문제와 연결되는 이유이기도 하다. 일체의 하찮음이 제거된 질문들. 왜냐하면 "시각적 선교"를 위해 고안된 이처럼 우아해지려는 노력은, 이카리아 수립에 필수불가결하고 "인민의 대의에 동조적인" 능력과 자금을 끌어내기 위한 프롤레타리아 관습 개혁과 더불어 이루어져야만 하기 때문이다. 이기주의에 대한 정의를 놓고 벌이는 투쟁은 실제로 이카리아 정치경제의 길을 놓고 벌어지는 갈등이기도 하다. 근면한 목수이자 농부이며 행정가인 제라르가 이끌고, 무능력한 자들과 비생산적인 자들의 비중을 고발하며, 새로운 산업 기획들의 창출을 제안하고, 노동에서의 경쟁 형식들을 구상하며, 카베의 경제적 능력에 이의를 제기하는 "강건한" 노동자들 앞에서 카베는 단순한 경제 원칙에 머문다. 사업들을 창출하려면 자금이 필요하다는 원칙. 따라서, 그의 책임 아래 공동체 활동에 대해 공표된 총결산은 실망스러운 결과들에 직면하여 시도의 집요함과 시련에서의 연대를 찬양하는 데 점점 덜 몰두하고, 자금 없이 실현할 수 있는 것의 한계들을 강조하는 데 점점 더 몰두한다. 1855년 9월에 작업장들의 활동에 대한 결산은 "거의 모든 작업장들이 유년 상태에 있다"[81]는 것을 강조한다. 제분소와 증류소는 개량을 위해 많은 비용이, 곡물 구매를 위해서는 상당한 금액이 필요할 것이다. 사실 이카리아 농업은 항상 허약한 조건들로 인해 고통을 겪고 있다. 임차지들은 본부에서 멀리 떨어져 있고, 그렇다보니 노동자들은 개별적 삶에 익숙해진다. 이러한 상황을 개선하기 위해서는 돈이 필요할 것이다. 이 시점에 가축들과 관련해서는 "엄격하게 필수적인" 수로 축소되어 있었다. 식민지가 소유했던 가축들은 경작과 운송을 위한 말 14마리와 소 25마리, 약간 단조로운 먹을거리를 제공하는 돼지 400~500마리, 양질의 암소 20마리뿐이다. 암소들에게서 나오는 양질의 우유 80~140리터로는 분명히 500명의 공동체 성원에게 영양을 공급할 수 없고, 시민들에게 아침 카페오레를 보장해줄 수도 없는데, 이것이 이카리아에서의 주요 욕구불만 중 하나의 사유다. 게다가 축사들은 이카리앵들이 원하는 곳에서 멀리 떨어져 있는데, "많은 돈과 시간을 들여야만 할 것이기 때문이다." 그러니 "돈벌이가 되는 몇몇 큰 사업을" 도모해서 새로운 수입원들을 확실하게 찾아야만 할 것이다. 하지만 "큰 사업을 창출하기 위해서는 많은 자금이 필요하다." 이제 57명의 개척자가 거주하는 아이오와의 이카리아 사막에서는 최초의 이카리아 도시 건설을 봄에 시작하는 것이 구상되는데, 도시의 위생적인 주택들은 동서남북을 향해 대각선으로 늘어설 것이고, "완전하고 확정적인 이전에는 반드시 시간과 많은 돈이 요구될 것"이 분명하다.

이카리아 수립의 조건들은 매우 명확하다. "새 도래자들" "부르주아들" "지식인들" "귀족들"에게 "강건한 자들"인 노동자들의 당파를 대립시킴으로써 새롭고 가소로운 "일꾼들의 귀족제"를 창출하고자 하는 것은, 이카리아라는 거대 기획의 노동자들과 공산주의 교리의 자칭 수호자들 측의 순수한 광기 또는 유해한 계산이다.[82] 생산의 우위는 자본의 우위일 수밖에 없다. 하지만 자본은 규율 잡힌 정연한 노동을 찾아낸 곳으로만 간다. 자본은 재능 있는 사람들, 카베 주변에 점차 모여들어 오래된 친위대의 프롤레타리아들을 대신하고 있는 바로 저 사람들에 의해서 운용되어야만 한다. 예컨대 생캉탱의 어느 사업가의 아들이자 모든 사업의 관행

프롤레타리아의 밤

에 능숙한 미국인 에밀 백스터는 친구들 중 하나인 잘나가는 비자각적 공산주의자 사업가로 하여금 본인의 학식과 자금을 식민지에 바치도록 할 수 있다고 장담한다.[83] 예전에 아프리카에서 군인이었던 농부 헤마르는 퇴역한 뒤에 농학을 공부했고 자기 땅을 시범 영지로 변모시켰다. 레노 일가 중에서, 부친은 억압에 희생당한 민주주의자 소유자로 2만 프랑 상당의 부동산을 대의에 바치며, 모친은 전에는 이탈의 소굴이었던 소녀들의 학교를 인수했고, 아들은 소년들의 학교에서 가장 희망적인 학생이다. 회계 전문가 뒤자르댕. 교조적이며 능변인만큼이나 활동적인 변호사 메르카디에……

사업의 두 조건인 시간과 돈에 대한 언표 안에서, 노동자들이 쉽게 자신들의 몫을 인정해야만 한다. 시간, 다시 말해 근면과 인내라는 몫. 자본이 들어와 운용되기 위해서는, 인민의 대의에 동조적인 사람들에게 반감을 사지 않는 정갈한 적임의 노동자들이 필요하다. 예컨대 프롤레타리아 또는 공산주의 베테랑으로서의 허세를 포기하고 능력 있는 사람들을 우애적으로 받아들이는 이카리앵들. 큰 사업을 준비하려는 관심은 자본과 재능에 맡기고, 자신들에게 달려 있는 것으로 사업에 기여하는 규율 잡힌 노동자들. 이 노동자들은 필요와 경쟁력에 따라 자신들이 조직되도록 하며, 한담하고 비판하느라 허비하는 시간 없이 노동에 전념하고, 물자를 절약하고 도구들을 관리하며, 담배, 위스키, 사냥 등의 위험으로부터 자신들의 노동력을 지켜냄으로써 기여한다. 이와 전혀 다른 것은 자칭 산업 기획 신봉자들에 의해 작업장들 안에서 조성되는 무질서다. "어떤 이들은 자신들이 바라는 대로 작업장을 만들었다…… 동일한 견해들을 지닌 사람들을 함께 모으는 방식으로…… 누군가는 자신의 작업장을 나와 다른 작업장으로 옮겨간다. 할당된 노동이 거부된다. 도구들의 반납이 거부된다. 불쾌한 일을 하지 않으려고 도구들을 부순다……"**84** 제재소 책임자인 목수 샤르트르처럼 도구들을 부숴버려서 관리자로 하여금 자재를 현대화하도록 압박하는, 산업의 희한한 옹호자들의 기이한 태도들은 말할 것도 없이. 그렇게 이카리아 수립에서, 이를 좌우하는 **우애**의 우위에서 모든 것은 연관되어 있다. 요컨대 경제적 도약의 조건들, 노동자들의 도덕화, 선교의 수단들이 정확히 서로 중첩된다. 33항에 규정된 구내식당 미화 사업이 그 증거다. 도자기 식기는 조금 기다려야 할 테지만, 도장공 슈로더―결국은 약간 이탈적인 인물―는 구내식당 벽을 벌써 다음과 같은 글귀들로 꾸민다. 이카리아 노동자들의 공산주의 도덕과 우애 규율을 부활시키는 데 적절한 가르침들을 "시각적 선교"의 심미적 요청들과 결합하는 글귀들.

경작하고 파종해야 해.
수확하기
전에.

노동과 고역을
정립하는 시대는
향락과 휴식의 시대가
아니지.

조직과 질서 없이는
지휘와 규율 없이는
결실의 노동은 없어.

방종과 무정부는
자유의
적이지.

근육의 귀족층도
출생의 귀족층도
정의롭지 않아.

사람을 키우는 것은
빵만이 아니라
교리이기도 해.

모든 병폐가 감춰지도록
그 누구도 절대 말하지 말라고
그렇게 말하지 마.
오히려 이렇게 말해.
어떤 병폐도 모를 수 없도록
모두가 무엇이든 말하라고.[85]

　하지만 아마도 공동 거실의 모든 벽에 이카리아 강좌 금언을 여러 색
의 문자로 써넣게 하는 덜 의기양양한 이유가 있을 것이다. 이카리아 강
좌 자체가 운영 불가능하다는 것. 게다가 이런 상황은 새롭지 않다. 처음
부터 강좌를 필수불가결한 것으로 만드는 이유들이 바로 강좌를 실행되
기 어렵게 하는 이유들이기도 했다. 거의 문맹이라서 창설자의 저작들을

읽지 못하는 자들에게 이카리아 우애 원칙들을 가르치도록, 구세계에서 물려받은 인습들로 인해 이 원칙들을 타락시키는 자들에게 원칙들을 상기시키도록 마련된 이 교육은 사실 명확한 목표를 갖는다. 행동의 통일에 필수적인 사고의 통일을 촉진하는 것, 모두가 "하나의 심장을 갖는 한 사람처럼" 말하고 쓰고 행동하게 하는 것. 하지만 강좌가 이러한 일체감을 산출해내기 위해서는, 강좌의 개최와 출석 의무라는 원칙에 이미 일체감이 실존해야만 한다. "모두가 출석해야만 하며, 그렇지 않으면 목표가 달성되지 못할 것이다."[86] 공동체의 그 어떤 갈등도 창설자가 강좌 준비에 전념하는 것을 방해해서는 안 된다. 그런데 불행히도 방해는 부단히 생겨났다. 출발 전에 예정되어 있던 강좌는 첫 세 해 동안 난관들과 이탈들 탓에 운영될 수 없었다. 1851년 1월에는 개강하자마자 카베의 프랑스행으로 인해 중단되었다. 1853년 11월 개혁의 24항은 강좌 재개와 출석 의무를 공표했다. 불행히도 3개월 뒤에 교육을 중단해야만 했으니, 반대자들이 교육 목표에 역행할 방도를 찾아냈던 것이다.

> 너는 강좌에 나가지 않느냐고 묻는 사람들에게 그들은 답한다. 설교 들으러 가는 것보다 파이프 담배 피는 게 더 좋다고. 아니면 차라리, 이런 허풍을 이미 백번이나 계속 들었다고. 그들은 강좌에 가더라도 빈정대는 태도를 보였고 상스런 농담으로 주위의 이목을 흩뜨리려 했으며……[87]

반대자들의 태도는 우애에 대한 언설의 허세를 벗겨냈다. 이 언설의 효과는 언표를 주재하는 일체감 연출에서 고갈된다. 언표를 타기하기 위해서는 적대적인 고성조차 필요 없다. "잃어버린 아이들" 중 하나가, 의장이

프롤레타리아의 밤

우애에 대해 연설하느라 애쓰며 의식이 치러지는 가운데 "신문을 읽는 척하는"[88] 침묵의 반항을 하는 것으로 족하다.

이 주제에 대해 이제 십 년에서 15년의 공산주의 투사와 이카리아 교육 경력을 갖는 그 모든 사람들이 진실로 새롭게 무엇을 깨칠 수 있었을까. 예컨대 옛 부관들인 파바르와 프뤼당. 1차 전위대에서 살아남은 사무원 마르샹. 리옹에서 나오는 『트라바이Travail』의 옛 편집자인 리옹 출신 뷔스크. 장자크루소 거리의 모임들에 들락거리던 장갑 제조인 무로 또는 고급가구 제조인 무스롱. 1848년 이전에 바르셀로나에서 교리를 선전했던 스페인 출신 몬탈도. 이제 활동적인 우애는 그들의 것이다. 물론 "가짜" 우애. 당파적인 채용과 사람들이 감추려 드는 악덕과 침묵 속에서 꾸미는 음모의 우애. 유물론적 공산주의자들과 비밀단체들의 우애는 이카리아를 타락시키려고 틀림없이 적이 파견한 장갑 제조인 무로를 자신들의 지도자로 삼았다. 프랑스에서부터 개인주의자이고 무정부주의자인 프루동의 열렬한 독자—그가 어디에서 "그토록 심층적으로 프루동을 공부할 시간이 있었는지는" 정확하게 알 길이 없지만—였던 무로는 "노동자들의 인식을 벗어난" 말을 사용함에 있어서 언제나 기꺼이 스승보다 한 수 위다.[89] 능동적이고 지적이며 담대한 무로가 의무의 길을 따랐더라면 확실히 "뛰어난 인물"일 수 있었을 것이다. 하지만 "당구 등에 빠진 도락가요 관능주의자이며 방탕자로, 그리하여 별로 근면하지 않으며…… 또한 그리하여 비밀단체와 폭동과 봉기에 기운"[90] 그는 6월 봉기에 투신했고, 브레아 장군 암살이 자행된 곳인 퐁텐블로 성문에 있었다(이는 우연인가?). 암살 혐의에서 벗어난(또다른 우연?) 그는, 이후에 예수회 사명을 완수하러 이 공동체로 왔는데, 정작 그가 처음으로 한 행위는 자신의 여행 경비를 대준 친구의 부인을 제 아내 면전에서 겁탈하는 것이었으니……

『르뷔 이카리엔Revue icarienne』의 유일한 발행인이자 편집인이 공동체 삶의 영혼인 공개성의 원칙을 예증하는 데 쓰는 이러한 요란한 폭로들은 별로 소용없다. 반대파의 책략들이 카베의 "충성파"를 고립시키거나 배제하려고 하는 "특수한 소연합들"에서, 그 폭로들은 노동자와 도락가의, 이탈자와 정통파의 동맹을 강화시킬 수 있을 뿐이다. 예컨대 제분, 증류, 제재 일을 하는 외진 작업장에서는, 공동체의 옛 관리자 파바르와『포퓔레르』의 옛 관리자이고 루앙의 상인인 코드롱이 늙은 이탈자 샤르트르와 합세하여, 옛 재단사 쾽드와 옛 제화공 스테르크의 지나친 음주를 묵인한다. 통을 만드는 작업장에서는, 프뤼당이 늙은 이탈자들인 테릅과 라브뤼네리, 개혁령에 단호히 반대하는 "관능주의자" 비통, 카베가 흡연자들을 돼지처럼 더럽다고 취급한 이후에 자신의 악덕을 고집하겠노라 결심한 오르세의 철학자 제화공 발레의 두 아들과 합세한다. 평저선에서는, 옛 관리자 몬탈도가 이탈자들이고 술꾼들인 재단사 보레망, 직조공 리샤르, 제화공 부아튀리에, 대리석공 리옹델과 뜻을 맞춘다. 이동 작업장에서는, 대목 페랑동과 수레 만드는 목수들인 마티외와 코트롱이 통제조인 비통과 이탈자들인 테릅, 쉬르블레, 라브뤼네리에게, 심지어 전에는 유명했으나 나태함 탓에 경멸당하는 "유대인 부랑자" 카츠에게 먼저 악수를 청한다. 저 모든 이들은 이제 우애 언설과 부성애적 훈계의 사정권 밖에 있으며, 이들이 견고하게 진지를 구축한 보루에서는 "강건한 자들" "헤라클레스들" "빨갱이들" "옛 도래자들" "혁명가들"의 당파가 ― 현실적인 만큼이나 상상적인 분열 속에서 ― **헌신적인 이들**의 당파를 포위하고 고립시킨다. 식민지 중앙에 진지를 구축한 후자의 당파에는 다음과 같은 이들이 있다. 행정가들이자 "귀족들"인 레노, 백스터, 헤마르, 뒤자르댕. 가스코뉴 출신 변호사 메르카디에처럼 재변에 능한 자들. 반대자들이 구내식당에서 떠들어대는 말과 흥얼거리는 가락을 보고하는 돼지고기 장수 로마노프와 직조공 베구 같은 "밀고자들". 붙박이 작업장들의 "허약한" 노동자들(제화공, 재단사, 목수). 1차 전위대에서 구조되어 목발을 짚고 의무실에 배속된 재단사 워크팡 같은 부상자들. 구내식당에 채용된 툴루즈 출신 클레데와 배분을 책임진 비엔 출신 코에페 같은 노인들. 도덕과 우애에 대한 일련의 언설의 힘이―반대자들을 무장 해제하지 못하듯이―무장시키지 못하는 다른 지지자들.

이제 다시 닫히는 교육의 원환. 강좌 운영에 실패한 공동체 교부는 계속해서 『르뷔 이카리엔』과 다양한 선전 책자들에서 48개의 가입 조건들을 무한정 다시 인쇄하고 해설할 수 있으며, 우애 원칙들을 향해 저질러진 위반을 거듭 보여줄 수 있다. 작업장에서 흡연하고, 도구들을 부수며, 총회 바깥으로 비판들을 유포하고, 공동체 목재로 아이들에게 줄 장난감을 만들고, 6일간 위스키 16리터를 써서 복숭아 샐러드를 만들며, 심지어는 창유리를 깨서 좋아하는 음료를 탈취한 남자들의 위반. 보석을 내놓기를 마다하고, 딸들의 허리를 질식할 정도로 코르셋으로 조이고, 땋은 머리와 컬을 금하는 교칙에 반대하는 전투를 벌이며, 이카리아의 빈약한 먹을거리에 불평하면서 종종 아이들을 소화불량으로 죽게 할 정도까지 갔던 여자들의 위반. 생과일을 먹겠다고 고집하는 소년들의 위반. 연애편지를 썼다가 뺏기게 되자 삼켜버리는 소녀들의 위반. 선배들에게 불손하게 말하는, 학교를 갓 졸업한 젊은이들의 위반. 콜레라가 도는 시기에 멜론과 수박을 포식하다 죽음을 자초한 노인의 위반.[91] 관능주의의 남성적이고 "혁명가적인" 형식들과 이기주의의 여성적이고 "귀족적인" 형식들의 혼합 자체는 이탈자들의 전선을 확대하는 것 말고는 달리할 수

있는 것이 없으며, 그 어느 때보다도 더 인민적 도덕화의 원환 속으로 개
혁가를 가둘 수 있을 뿐이다.

> 인민이 자신들의 무지와 무경험과 맹목에 의해 불행해질수록 나는 점
> 점 더 집요하게 헌신하게 되는데, 왜냐하면 더 나은 사회조직으로 인류
> 의 불행을 종결시키기 위해 헌신할 용기를 아무도 내지 않는다면 그 불
> 행은 영속될 것이라고 나는 늘 생각하기 때문이다.[92]

하지만 이카리아 인민의 무지와 맹목을 종결시키기 위해서는 이 무
지와 맹목을 타파할 책임을 지는 교육에 조성된 장애들을 제거하는 것
이 필요한데, 이 장애들은 인민에 의해, 또는 오히려 인민을 부패시키는
당파에 의해 조성된다. 48개 조건들에 대한 마지막 해설은 원환에서 빠
져나올 방도들을 명확하게 제시한다. 첫 조건은 이카리아 체계를 제대
로 인지하는 것인데, 이는 강좌의 재개를 전제한다. "하지만 이 모든 것
을 위해서는 내가 더 많은 권위를 지니는 것과 그 어떤 반대에도 부딪히
지 않는 것이 반드시 필요하다."[93] 일곱번째 조건은 공동체의 영혼인 우
애를 존중하는 것인데, "우애 감성에 본연의 힘과 매력을 부여하기 위해
서는 사회적 지휘라는 면에서 큰 힘을 요구하는 노력과 방도들이 필요하
다." 여덟번째 조건은 모욕을 금지하는 것인데, "공적 평화의 수호자가 야
만의 잔재를 완전히 소멸시키기 위해 필요한 권위를 갖지 못했더라면 구
세계의 낡은 습관들이 협회를 심대하게 혼란시킬 수 있었을 것이다." 요
컨대 서둘러 이카리아 우애 원칙들로 되돌아가야 한다. "하지만 어떻게?
이카리아 강좌에서의 설득을 더 강력한 행정의 경계심과 공고함에 연계
시키는 것." 교육 없이는 우애도 없고, 반도들에게 복종과 탈퇴를 압박하

는 데 필요한 권위 없이는 교육도 없다. 노동 공화국임을 자처하는 것을 진정한 원천으로 회귀시켜야 한다. 사랑의 부성애적 독재라는 원천. 구해내야 하는 것은 노부의 평등 분배론자들의 이카리아가 아니라, 인류의 대의에 귀속하는 이카리아다. "오늘날 이카리아는 실존하지 않으니 따라서 내가 그것을 부활시켜야 한다."[94] 이카리아 권력이 원리적으로 그것의 온전한 정당성을 체현하는 자, 즉 창설자에게 되돌아가는 것. 그는 솔직해야겠다는 일념에 1847년의 『사회 헌장』에서, 이행의 십 년간 관리직을 맡을 이는 카베 씨일 것이라고 썼다. 하지만 그는 2차 이탈 직후에, 이제부터는 부성애적 권력의 교조적 정당성과 연합 노동자들의 민주적이고 형식주의적인 공화국을 공존시키는 절충적 정부를 제안하는 것이 현명하다고 믿었다. 요컨대 다중적인 관리. 여기서는 매년 다섯 명의 공동 관리자와 마찬가지로 의장도 총회의 의결에 따르는데, 다만 명문화되지는 않았으나 분명한 차이는 다른 다섯 관리자는 동료들의 선택을 따르는 데 비해 의장은 아이들의 만장일치 인정에 의해 자신의 부성애적 권력의 정당성을 확인받는다는 것이다. 1855년 12월에, 카베는 이러한 이중권력을 비난하며 다음의 사항들을 요구한다. 4년간의 의장직, "교육에 관련된 모든 것, 주택 배분, 노동자들의 작업장 배분, 작업장 편성에 대한 최고 수준의 감독", "작업장 감독들 또는 더욱 직접적으로 재정과 관련된 기능을 맡는 행정가들의" 임명, "품위, 청결, 검소, 질서, 배려, 절약"과 "도착하는 아동의 건강"뿐만 아니라 법과 규칙의 집행을 감시할 위원회 임명.[95]

국왕의 칙령에 맞서 총을 드는 데 익숙한 반대자들이—카베에게는 쿠데타 실행의 물질적 수단들이 확실하게 결여되어 있기에—그만큼 더 성공적으로 맞선 [카베의] 쿠데타. 헌정 수호의 기치를 내건 반대파에 직면하여, 카베의 부성애적 권력은 이카리아 여론에 의지하는 수 말고는 달리 방도가 없다. 하지만 이 여론은 한 당파의 술책으로 그 일체성이 훼손된 이래로 힘을 잃는다. "카베 쿠데타"가 두 당파로 하여금 1855년 12월과 1856년 5월 사이에 혁명적 의회들의 위대한 회의들을 모방하도록 한다면, 무엇보다도 그것이 거둔 효과는 부성애적 권력을 발가벗기는 동시에 그 권력의 존엄을 이카리아에서의 투박한 무대가 좋아하는 보드빌이나 부르주아 드라마 수준으로 격하시킨다는 데 있다. 카베가 자신의 몰락이 목도된 5월 12일의 끔찍한 야간 회의에서, 예전에는 쇠막대기로 노동자들을 다스리라고 권했던 바로 그 파바르가 한 발언을 특히 부각시키는 데는 근거가 없지 않다. "우리의 의장은 헌법을 원치 않는다! 그는 절대적 주인으로, 교부로, 진짜 교부로 통치하고 싶어한다!…… 우리에게 필요한 건 가부장이 아니다."[96] "교부라든가 가부장이라는 말로 조롱하려든다는 것"에 카베가 놀라는 것은 무리가 아니다. 게다가 카베가 자신의 딸과 결혼시켰던 노동자의 형제의 입에서 나온 경멸이니 특히 무례하다고 여기는 것이다. 하지만 자신의 아이들 다수가 자신을 실각시킨 5월의 이 밤으로부터, 자신을 축출한 식민지로부터 멀리 떨어진 곳에서 자신의 충실한 아이들에게 둘러싸여 죽어갈 11월의 이 밤에 이르기까지, 그가 규탄하는 아비 죽이기에서 정확히 문제되는 것은 단순한 가족적 결산과는 다른 것 아닌가? 재산과 사회적 지위를 인민의 대의에 바쳤던 사람들의 사랑 공여 안에서 다른 세상에 대한 노동자들의 꿈들이 인지될 수 있었던 시대의 종언인가? 지도자 스스로 타인의 종복이 돼라 명하는 성 마태오의 복음이 가장 완고한 공화주의자들과 가장 열렬한 공산주의자들에 의해, 잃을 것이 가장 많아서 가장 큰 희생을 치른 자들에게 권력이 정당하게 돌아간다는 식으로 역으로 수용된 시대의 종언인가?

어제는 분명했던 이러한 논리를 오늘의 카베는 판각사 라페에게 환기

프롤레타리아의 밤

시키느라 헐떡인다. 예전에는 식민지의 "근심 없는 삶"의 옹호자였고 "이론가로서 **인민의 아버지**라는 자격에 어울렸던" 이[카베]에게 보낸 존경의 서한을 공동으로 집필했던 라페. 농업 노동의 혹독함과 실랑이를 벌이는―붙박이 작업장의―노동자들과 "개인적 삶에서 어느 정도의 안락함에 익숙했으나 식솔들이 의사가 없어 죽어가는 것을 보았던" 사람들이 보여준 용기를 오늘날 상기하는 잃어버린 아이[라페]에게, 카베는 준비된 답변을 갖고 있다.

> 7년간 그는 자신을 희생한다…… 하지만 그가 자신을 희생한다 해도, 과연 이것이 나를 위한 것인가 아니면 그를 위한 것인가? 그가 1855년 2월 3일 축배를 들며 말했듯이, 그가 병에 걸릴 때는 공동체가 그와 그의 아내와 아이들을 돌볼 것이고 잘사는 부르주아처럼 손에 지팡이를 쥐고 산책할 형편을 제공해줄 것이라는 점은 확실치 않은가? 나 자신이 상기하는 바로는, 선망받을 만한 여건을 그에게 마련해주기 위해 스스로를 희생했던 지도자에게 감사의 말을 전할 기회를 아마도 그가 잡게 되었을 때, 정작 그는 공동체만을 언급했다. 불철주야 공동체를 조직하느라 애쓰고 공동체에 재산과 가족 등 모든 것을 희생했으며 자기 형제들의 행복을 보장하기 위해 노고와 위험을 마다않고 대서양을 건넜던 그이에게는 단 한마디 말도 없이.[97]

이 모든 제시들은 이제 오도될 것이다. 교부의 헌신의 밤들은 게으름뱅이의 여가이자 독재자의 불면에 불과한 것이다. 이 독재자는 반대자들에 관한 자료와 보고서를 쌓아놓고 일하느라, 당장에는 시역자들로부터 자신을 보호하기 위한 경비를 조직하느라 분주하다. 정작 이 시역자들은

"거친 노동의 날을 보낸 뒤" "자기 침대에서 평온하게" 잠자는데 말이다.[98]
물질적인 면에서 운명을 개선하는 데 관심이 있는 노동자들과 대의라는
단 하나의 선을 위해 헌신하는 자의 희생의 불균등과 관련해서, 이 불균등
이란 박애주의자의 교만 이외의 것을 표현하지 않는바, 그는 자신의 공로
들을 부각시키기 위해 동료들의 물질적 상황과 도덕적 열망을 폄하한다.

그가 부르주아라 부르는 자들인 계몽과 지성의 인간들과의 대립에서
그가 반대파라 부르는 자들이 한푼의 가치도 없다고 카베 씨가 비난할
때, 이는 그가 우리를 빈곤의 수렁에서 끌어내긴 하겠으나 결국은 우리
에게 검은 배은망덕이라는 오욕을 뒤집어씌우리라는 것을 의미한다.
카베 씨가 우리의 지참금과 기부금 등을 정산하게 하라. 그러면 우리는
우리가 우리의 노동으로 우리의 독립을 만들어낼 수 있는 근면한 노동
자들이었는지 아닌지를 보게 될 것이다.[99]

이제는 그저 카베 씨일 뿐인 이를 앞에 놓고, "선한" 노동자의 되찾은
허세는 사랑의 시간이 지나갔다고 공표한다.
노동자들이 인민의 벗들에게 보내는 작별 인사. 여기서 위대한 혁명적
장면들의 반복과 못박힌 손들의 과시는 자립적 인간self-made man의 개척
자적인 거만으로 재생된다. 이러한 연출에서, 장차 생산자들에게 지고의
구세주란 없으며 생산자들은 스스로를 구제해야만 하리라는 것을 가르
치는 노래들의 전조를 보아야 하는 걸까? 그렇지 않다면 살해 자체는 대
체물이고, 교부에 대한 증오가 공동체 이상의 파산을 체험하는 위장된
방식이며, 다음과 같은 "소소한 것들"의 축적에서 비롯된 혐오를 교조적
인 충실함으로 간주하는 위장된 방식인 것인가? 다음과 같은 "소소한 것

프롤레타리아의 밤

들"이 충돌하면서 우애의 믿음이 소진된다. 버터 접시가 식탁 끝까지 다가기도 전에 접시를 비워버린 동석자들에 대한 원한. 버터를 미리 동등하게 자르는, 애들에게나 어울릴 해법을 내놓은 요리사에 대한 노여움. 위원회를 상대로 한 의복 요청, 의복을 소홀히 한다는 비난, 의복 배분에 덧붙이는 절약 충고, 성의도 공적도 없는 동료들의 요청은 승인되고 정작 자신들의 요청은 기각되는 것 등으로 인한 수모. 어느 일요일에는 평저선에서 짐을 내리는 일의 지원자 수가 따로 불러야 겨우 하나 나올 정도로 자기 주변에서 일요일 아침에 사람들 수가 점점 줄어드는 것을 보고 느끼는 무력감.[100] 이로부터 나오는 것이 아마도 공동체 정통파의 표현들의 애매함일 텐데, 이 표현들은 공동체의 도구와 활동 들에 대한 사보타주와 독재자 교부에 반대하는—제 자신의 믿음이 매장되었다고 정직하게 자인하지 않고 회피하려고 교부를 허수아비로 만들어 목매고 화형을 즐기는—극성스러움으로 나타난다. 이는 이카리아 공화국의 구원이라는 위선적 연출에 가담하지 않으려고, 신세계란 없었으므로 전장을 떠나 구세계로 돌아가는 이들이 고발하는 거짓이다.

실은 둘 중 하나다. 당신이 공동체를 원하는 것인가 아닌가. 전자의 경우, 당신이 공동체를 원한다면, 공동체가 개인주의보다는 낫다는 걸 당신이 인정한다면…… 공동체의 저자가 분명히 당신이 모욕하는 표적이 되는 사람이었다는 걸, 그리고 저자라는 자격만으로도 당신은 그에게 존경과 감사는 말할 것도 없이 경의와 조심스러움을 표했어야 한다는 걸 어찌 당신이 상기하지 못하겠는가.
역으로, 당신이 체계를 경험해본 이후에 이 체계가 결함이 있으며 외부를 향한 거짓과 내부를 향한 사찰 및 독재 없이는 불가능한 것임을 알아봤다면, 당신은 왜 진리의 이익 안에서, 당신 가족과 친구의 이익 안에서, 그렇다고 소리 높여 외치지 않는가?[101]

식자공 크레티농이 자신의 동료들에 의해 큰 목소리로 자인되는 것을 보고 싶어했던 것은 30년 뒤 오르세의 제화공 철학자의 아들[에밀 발레]이 노부의 도장공 철학자가 되어 『르뷔 이카리엔』에서 담금질할 바로 이 엄혹한 진리다. 이 평론지에서는 아이오와 "사막"의 최후의 식민 정착민들이 노부의 구도래자들 및 젊은 "노동운동" 대표자들과 거기로 가야 했던 건지 말아야 했던 건지, 배가 나빴던 건지 배에 탄 사람들이 나빴던 건지를 놓고 논쟁했다. "왜 정직하지 못한가? 왜 솔직하게 자인하지 못하는가? 우리가 실수했다는 걸. 우리가 너무 긴 예복을 걸쳤다는 걸. 예복을 점잖게 입으려 최선을 다했으나 너무 크고 넉넉했으며, 고쳐 입으려는 우리의 온갖 노력에도 불구하고 우리는 저 위로 가지 못했다는 걸……인간 본성이 공산주의 원칙들과 맞지 않는 것이거나 공산주의 원칙들이 인간 본성과 맞지 않는 것이다."[102] 또한 에밀 발레의 이야기는—프랑스 노동계급에서 "가장 근면하고 정직하며 검약하고 지적이고 박애주의적인" 사람들이라고 평가되었던 부분이 선정된—이카리아 노동자들과—"자신의 경력과 가족과 행복과 심지어는 생명까지도 노동계급에 대한 사랑으로 희생할 결의를 지닌"—창설자를 공히 변명한다. "그와 그들은 진지했다. 하지만 그들도 인간이었다. 자아는 의지에 복종하기에는 너무 강했다. 그들은 자신들의 기분의 영향 아래 있었고…… 인간 본성. 야수가 모습을 드러내기 시작했고, 모든 아름다운 꿈들을 매몰차게 뒤집었다……"[103]

이러한 도덕의 외관상의 투박함에 너무 사로잡혀서는 안 될 것이다. 개

프롤레타리아의 밤

인주의 철학자 에밀 발레가 이카리아의 최후의 대오를 재검토하면서 인간 본성의 이름으로 대화할 수 있다면, 이는 1885년 노부에서의 인간 본성은 1845년 오르세에서의 그것이 아니기 때문이다. 나쁜 사회조직과 악한 교육에 의해 생산된 잘못된 본성. 새로운 도시의 합리적 조직화와 "강한 교육"이 교정해야만 했던 본성. 그 본성은 또한 진보와 과학과 산업과 교육의 시간에 들어섰으니, 이것들은 40년 동안 예기치 못한 숱한 방식으로 개인주의의 근거들과 공산주의의 근거들을, 대형 사업의 길들과 노동자 해방의 길들을 통합시켜왔다. 발레는 자신의 적대자들과 공산주의자 친구들에게, 인간 사회의 불변성에 대한 의식도 낡은 가치들로의 회귀도 아닌―물질적 조건과 심성을 동시에 변혁하면서 어제의 양립 불가했던 것들을 통합하고 이카리앵들이 꿈꾸며 추구하다 좌절했던 꿈을 진정으로 가능케 할―진화에 대한 이해를 권한다.

개인주의 전투로 귀환했으나 여전히 진보의 투사들이던 자들과 교부의 죽음 이후에 이카리아의 꿈을 이어갔던 자들이 공유하는 경험에의 호소. 후자의 다수는 아이오와의 약속의 땅으로 떠난다. 교부의 충성파들은 사막 도정에서 숙식지들인 세인트루이스에, 이어서 첼트넘에 재집결하지만 결국 도정을 재개하지 못할 것이다. 노부의 철학자가 논쟁하는 상대는 전자이지만, 후자의 역사야말로 이카리아 역사에 대한 그의 철학을 가장 잘 예증할 것이다. 다수파의 "강건한 자들"이 노부에서 진 부채를 청산하기 위해, 그리고 코닝의 토지를 개간하기 위해 일했던 동안에, 소수파의 제화공, 재단사, "허약한 자", 착한 학생, 능변가 들은 공화국의 법과 원칙을 상정하는 데 전념했다. 교부의 죽음 자체가 이제 각각의 시민에게 역사적으로 미증유인, 이 공화국의 특성을 감당하도록 강제한다. "우리는 전례없는 일을 시작할 것이다…… 전사들, 비밀단체들, 산업적이고 예술적인 국민들은 흔히들 보아 왔다. 하지만 우리는 **개혁자** 인민, **철학자** 인민이길 원한다."[104]

철학자 인민[메르카디에]은 이카리아 교리와 조직 일을 담당한다. 그는 이카리아의 새 헌법의 각 조항을 숙고하는 데 전념하고, 더 수지맞는 일감이 없으면 자신의 인쇄소에 다섯 차례 회의 끝에 가결된 사회계약법, 노동조직법, 담배법, 재산목록 규칙, 이방인과의 관계 규칙 등에 관한 『법률 상보』 편집을 맡긴다. 그는 정식으로 이카리아 강좌를 재개하는데, 그것은 더이상 교부의 설교가 아니라 이카리아 학교를 갓 졸업한 젊은이들이 타인을 가르치며 스스로를 가르치는 상호 교습이며, 아직 투표권이 없는 여성 시민들이 이제 강단에 서서 수업을 한다. 예컨대 노부 음악교사의 과부인 시민 그뤼베르는 "참된 행복은 무엇으로 이루어지는가"를 가르치며, 그녀의 딸 클로딘은 "악의 원인들"을 분석하기에 충분할 정도로 노련하다고 평가받는다. 노부의 여학교의 전 여성 교장은 '공손함'의 미덕을 찬양하고, 그녀의 아들 샤를르 레노는 '경쟁심'의 미덕을 찬양하며, 쥘 클레데는 '우애'를, 루이 쥘레는 '선의'를 찬양한다. 의장인 메르카디에는 특히 **공공 축제**에 몰두하는데, 이것은 "교육의 일부가 되어야만 하며 따라서 우리가 수립하고자 하는 사회질서와 결부되어 완전한 체계를 이루어야만 한다."[105] 이 질서는 노동하는 인민의 질서다. 이들 인민은 노부의 새 벌목수, 광부, 뱃사공 들의 허세를 거부함과 동시에, 생산노동에서 빼낸 노동력을 무용한 수선 및 수리로 소비하는 가족적 관행도 거부한다. 노동조직법은 이제 막대한 수익을 내야 할 작업장들을 개혁하며, 제69항에서 "구원의 문제"[106]인 침묵을 명한다. 반면에 "폐기 위원회"는 "수선마저" 폐지하면서, 기계화되기 시작한 양재사들과 재단사들의 힘을 생산과 판매에 집중시킨다. 그리고 첼트넘 보유지로의 공동체 이전

프롤레타리아의 밤

은—적어도 생각으로는—새롭게 벌이가 되는 사업들에 장을 개방한다. 예컨대 제사업, 양조업, 요양원 사업, 종묘장 사업. 종묘장 사업을 위해 십여 가지 다양한 양배추와 40여 가지 서로 다른 채소, 다양한 종류의 버찌와 복숭아, 자두, 살구, 까치밥나무, 그리고 온실 건설을 기대하면서 육십여 가지 다양한 노지 화초의 종자들을 프랑스의 이카리앵들에게 주문한다.

그렇지만 관리자 메르카디에의 결산서를 읽어보면, 정원을 가꾸는 것이 아니라—그 어느 때보다도 더—사막에 이카리아를 세우는 물질적이고 도덕적인 힘을 축적하는 것이 사명인 이 철학자 인민의 미래에 의문이 생긴다. 카베의 강점이 아니었던 회계에서 마침내 정밀해진 식민지가 수익을 내기 시작한다는 것을 보고는 사람들은 기뻐한다. "우리는 주당 대략 140달러를 번다. 재단사 100달러, 제화공 15달러, 통 제조인 15달러, 여타 10달러…… 내가 추산하기론, 이번 시즌에 우리가 평균 주당 180달러를 생산할 것이다. 소비되는 지출 비용은 주당 75달러까지 오를 것이고."[107] 하지만 사람들은 또한 불안해진다. 공동체의 절약과 선의의 리듬에 맞춰서 이카리아에서 최초의 축적을 실현하려면 몇 년이 걸려야 할 것인가? 늦게 출근하는 느림보에, 일하면서 잡담이나 하고, 실 뽑는 일을 하느라 고생할 이가 누가 있겠느냐고 말하며, 오디 따는 고역을 거부하면서 정작 그 일을 하러 가는 이들은 비웃고, 일하다 말고 시민 데이지와 일종의 영어 수업을 하며, 어느 적대적인 이탈자 집에 저녁 먹으러 가고, 총회를 혼란에 빠뜨리며 모든 것을 비판하는 석공 루아르의 반역적인 기질을 끝장내려면, 노동조직법에 얼마나 많은 조항이 추가되어야 할 것인가?[108] 하지만 이카리아 입법을 강화하길 원한다면 병을 병으로 치료하는 위험을 무릅써야 하지 않을까? 실은 철학자 인민의 입법자적 정념은 아마 외관상으로만 생산의 무질서와 대립될 것이고, 공동체의 모든 해악들의 유일한 원천—이카리아 정신의 혁명 정신으로의 도착(중)—으로 확실히 소급될 수 있을 것이다. 총회가 헌법 수정을 위해 제출한 회의 보고서들을 읽어보면, 우선 그 어조의 무거움에, 그리고 카베 교수의 옛 제자들이 까다로운 논쟁들에 보이는 재능에 감탄하게 된다. 이 길고 상세한 논쟁들, 모두의 반성을 위해 구내식당에 게시된 프로젝트들, 화해 위원회의 시도들, 재단사들의 작업장에서 저녁식사 이후에 진행된 보충 토론들의 결과는 불행히도 새로운 분열이다. 1859년 3월의 이 분열은 식민지에서 그 성원의 3분의 1을, 헌신적인 이들로 이루어진 오래된 친위대의 정수를 제거한다.

하지만 이런 일에는 더이상 놀랄 것이 없다. 이들 늙은 이카리앵들이야말로 공동체의 본래 악덕에 분명히 가장 심하게 빠진 자들이기 때문이다. 혁명 정신과 이카리아 정신의 혼동이라는 이 악덕은 1840년과 1847년 사이에 카베가 설교를 통해 어렵게 싸웠으나, 불행한 2월 혁명에 의해 그들의 사유와 행실에 결정적으로 재기입되었고, 노부의 대논쟁을 통해 확인되었다. 그러니 이들 공산주의 베테랑들의 명백한 비일관성에 대해서도 놀랄 필요가 없다. 그들 모두가 여전히 자신들의 혁명적 연대 정신을 이카리아 우애 정신으로 간주했고, 법과 규칙을 향한 자신들의 공화주의적 정념을 공동체 질서의 의미로 간주했으니.

그래서 첼트넘에서의 의장 메르카디에와 파리 사무국 책임자 벨뤼즈는 한 시대—왕년의 투사들이 자신들이 할 수 있었던 곳에서 비극을 소극으로 재연한 혁명적 십 년—의 종언이랄 것도 이탈이랄 것도 아닌 것에 상심하지 않는다. 고참 경력을 지녔던 만큼 더 악성이었던 모든 가짜 이카리앵을 제거한 이카리아가 마침내 시작될 수 있을 것이다. "비로

프롤레타리아의 밤

소 오늘에서야 우리는 우리 자신의 주인들이니, 우리는 이카리아를 세우기 시작한다."[109] 이러한 확언에 실제적인 입증이 필요한가? 의회 토론의 3개월 동안 식민지의 평균 주간 수입은 137달러였다. 5월과 6월에 적어도 37명의 노동자들과 작업장들이 재조직되면서 수입은 193달러가 되었다. 이카리아의 전사를 평가하고 그 역사의 왕도를 제시하는 데는, 이 수치가 "우리가 말로 할 수 있는 것보다 더 설득력" 있다. 이카리아 학교에서 참된 우애를 배웠던 젊은이들, 이제는 프랑스에서도 자신들을 위해 조직되는 이카리아 강좌를 들었던 새 도래자들, 새로운 책임감을 받아들인 계몽된 여성 시민들과 함께 진정한 이카리앵들의 소수 핵심이 마침내 이카리아 건립의 길로 들어설 수 있게 된다. 1859년 5월 1일에 개시된 새로운 시대는 진보의 원칙인 노동을 이것의 완전한 — 전에는 허세 부리는 자들의 혁명적 허영심에 의해 얼룩졌던 — 순수성이라는 면에서 등장시켜야만 한다. "최후의 위기 이후에 토의는 제쳐졌고 생산의 치세가 개시되었다."[110] 이러한 치세를 조직하기 위해 의장 메르카디에는 십 개년 계획을 다듬었다. 2년 동안은 식민지의 부채 청산을 위한 시기. 그뒤 2년간은 공고화 시기. 그리고 6년간은 사막에 이카리아를 세울 자금 적립을 위한 고도 생산의 시기. 그의 세대 개혁가들이 다들 그랬듯이 카베가 진보의 대의에 동조적인 사람들의 관대함에 기대했던 50만 달러의 자금. 절약의 시대인 새 시대에는 그가 갇혀 있던 노동과 소유의 이중성이 극복되어야만 한다.

본디 그러하며 모든 순간에 현존하고 작은 가치를 항상 실현하며 해당 연도와 여러 해의 끝에는 막대한 총액을 생산하는, 제대로 이해된 이기심 및 공동체 사랑에 입각한 절약과 노동을 실천하자. 부지런해지고 꼼

꼼해지자. 많은 노력과 고생을 하지 않고도 종종 수익을 두 배로 올리는 주도력과 의욕을 입증하자. 풍토순화의 위험으로 인해 불가피한 신중함을 갖자. 더 나아가 식민 정착민들에게 그토록 필수적인 담대한 노하우를 확보하자…… 아메리카가 위대하고 신속한 발전을 이루게 한, 아메리카인들의 민첩함과 능란함을 매일 더욱더 본받자.[111]

첼트넘의 생산자이자 의장이 다시 창안한 '순진한 리샤르'의 공산주의 과학은, 받아들이겠다던 경제적 진보의 행진에서 뒤처지는 것 아닌가? 이 과학은 아메리카의 대형사업들의 "대담한 노하우" 및 "민첩함"에 대한 개척자적 관점과 저축이라는 낡은 도덕 사이에서 양분된다고 느껴진다. 이는 강하기에 앞서 우애적이어야만 하고 사업가적이기에 앞서 검약해야만 하는 이카리앵 양성養成을 생산주의적 목표와 조화시켜야 하기 때문이다. 이카리아에서 축적의 전투를 벌이기 위해서는, "성실하고 정직하고 근면하고 무엇보다도 선하며 우애적인"[112] 이카리앵이라는 정의에 부합하는 개인들이 필요하다. 이것이 바로 이카리아 강좌가 지향하는 바이자, 일요 여흥이 지향하는 바이기도 하다. 일요 여흥에는 남녀노소가 동등하게 참여해야 하며, 선의가 노하우보다 더 중요하다. 이와 같은 경우가 1859년 11월 13일의 야회였다. 제화공이자 여흥 위원회 위원인 시민 드루상이 축제 개막을 공표한 뒤에, "조화로운 전체를 이루는" 것을 욕망하게 했던 "새롭기보다는 귀여운"[113] 행진곡을 학생 악단이 연주했다. 이어서 여성 시민 드페가 〈마르그리트여 눈을 감아요Marguerite, fermez les yeux〉라는 연가를 첫 출연의 감동으로 살짝 먹먹해진 목소리로 불렀다. 1차 전위대의 최후의 병사의 아내인 시민 비라는 감기에 걸려서 〈어린 백인 소년 선원Le petit mousse blanc〉을 부르며 선의만을 내보였다. 부잣집 문 앞에

프롤레타리아의 밤

있는 나사로의 궁핍을 묘사하는 노래 〈발타자르Balthazar〉를 여성 시민 뱅소가 근사하게 불렀으며, 작고한 재단사 글뢴츠의 딸이 자기 상황에 맞는 곡인 〈고아 소녀L'orpheline〉를 불렀다. 또한 소녀들이 비가와 사회 비판을 혼합한 시들인 조제프 데자크의—이카리아 가족의 선순환에 비춰 충분하게 풍자적이지는 않은—「부자 아이와 가난한 아이, 태어나고 자라고 늙다L'Enfant du riche et l'enfant du pauvre, naître, croître et vieillir」와 젊은 샤를르 레노의 「시냇물Le Ruisseau」을 낭독했는데, 그녀들은 작품들에 자연스러움과 표현력을 주긴 했으나, 큰 동작과 완만하면서도 강한 어조를 요구하는 작품들을 너무 짧은 발성과 옹색한 동작으로 낭독했다. 젊은 루이 질레는 우스꽝스러운 변장을 하고 〈솜화약Le Fulmicoton〉을 덜 시시한 가락으로 불러재꼈다. 그래서 청중들은 그가 도중에 실수하고 다시 시작해야 했던 것을 눈감아주었다. 하지만 청중들이 우애의 선의가 표현되는 이 모든 것에 진심으로 환호했다고 하더라도, 그들의 열광을 깨울 수 있었던 것은 바로 1848년의 기념곡이다. 전원이 애국적 충동으로 시민 생통과 함께 피에르 뒤퐁의 〈병사들의 노래Chant des soldats〉 후렴을 반복해 불렀다.

인민은 우리의 형제(3회 반복)
독재자는 우리의 적.

또다른 기념곡인 〈이카리아로의 출발 노래〉로 종료된 야회는 저마다 "즐거운 마음, 찬란한 영혼, 평온한 의식"으로 자리를 뜨고, "그럼으로써 새로운 힘과 열의로 다음날의 노동을 재개"할 수 있도록 해주었다. 그리고 메르카디에는 만족스럽게 개인주의 여흥과의 차이를 강조할 수 있었다. "상스러운 희극들, 추잡한 가면무도회들, 천하고 혐오스럽고 저급한 것들의 뒤죽박죽"[114]으로 조립된 여흥들과의 차이. 그리고 확실히 남녀 도래자들은 이카리아에서의 강의와 여흥에서 담배가 금지된 것에서 비롯된 공동체 풍속의 진보에 민감하다. 특히 여성들이 남성적 행태의 이러한 진보에 민감한데, 라바는 이렇게 기록한다. "욕설도, 한마디의 저주도 들리지 않는다. 남성들과 언제 어디든 갈 수 있다. 낯을 붉힐 일도 없다. 가장 어린 아이부터 가장 큰 어른에 이르기까지 모두가 우리를 최대한 존중하니까 말이다."[115] 이러한 평가에 대비되는 것은 남성 시민 소제 또는 여성 시민 모베처럼 가족적인 이유들로 인해 확정적으로든 아니면 잠정적으로든 식민지를 떠나야만 했던 이들의 두려움과 혐오다.

여기서 우리는 망명지에 있는 것이다…… 이카리아에서의 삶을 음미해 보고 조금이나마 이카리앵이 되어보고 나서는 더이상 이 혼돈 속에서 살아갈 수 없다…… 구세계는 내게 공포를 일으킨다. 나는 거기서 더이상 오래 살 수 없다…… 누더기를 걸친, 불결한, 내가 도통 알아들을 수 없지만 짐작컨대 대단히 상스러울 말을 쓰는 불행한 여인들을 보는 일은 내 가슴을 아프게 했다. 나는 또한 내가 일했던 작업장에서도 몹시 고통스러웠다. 나는 내 옆에서 일했던 여성 노동자들과 도대체가 분별 있게 이야기를 나눌 수 없었다. 그녀들은 하찮은 것들에만, 서로를 헐뜯는 데만 몰두했다.[116]

이카리아 식민지의 역설. 이카리아 식민지는 남아 있는 자들을 장악하는 것보다도, 떠나간 자들의 향수를 유지시키는 것을 훨씬 더 잘한다는 역설. "개인주의의 작업장들에 존재했던 상스러운 말들을 축출했다는 것과 점잖음이 득세했다는 것이, 공동체가 사람들을 도덕화했음을 내

프롤레타리아의 밤

게 재차 입증했다"[117]라고, 시민 코른이 식민지와 작별하며 주장한다. 이 카리아 십 개년 계획에서 빠져나간 일손들을 도덕성에 대한 이러한 칭찬들이 벌충해주지는 못할 것이다. 또한 1860년 6월 24일의 "절약"에 관한 의장 담화는 1861년의 이카리아에서의 노동과 절약에 대한 더욱 전투적인 관점을 예상케 한다. 1861년에는 작업장들이 "대량으로 제작하고, 신속하게 노동하며, 연중 단 한 순간도 낭비하지 않는 데" 성공해야 할 것이다. 이와 동시에 식민지는 가족적인 관행에서 빠져나와 소매상들의 교환질서가 아닌 세계시장의 질서 안에서 생산과 소비의 자리를 구상해야 할 것이다.

1861년에는 이제껏 너무 간과되어온 사안인 상업에 집중해야 할 것이다. 말하자면 우리의 원칙들은 상업을 폐기하는 것이었다. 이 문구의 관념을 잘 헤아림으로써, 우리는 상업이 그것이 지닌 실리라는 면에서는 폐기되지 않는다는 확신을 견지할 것이다. 우리가 제안하는 것은 사기, 시간 낭비, 상품에의 탐욕과 매집, 다시 말해 상업의 남용과 단점을 폐기하자는 것이다. 하지만 생산물의 교환으로 간주되는 상업은 우리가 장려하고 실천해야만 한다…… 이제껏 공동체에서는 상업이 너무 간과되었고, 이는 하나의 해악, 그것도 심각한 해악이었다. 우리가 소비하는 주요 생산물들과 우리에게 그것들을 공급할 수 있는 나라들의 사정에 밝아짐으로써 그 해악의 시정을 시작해야 한다. 우리는 뉴욕, 잉글랜드, 프랑스의 파리, 리우데자네이루, 부에노스아이레스 등지의 시장에서 공급되는 산물과 원료를 알고 있어야 한다…… 1861년에 우리는 상업적 언어 및 관습과 친숙해지기 시작해야만 한다.[118]

1920년의 공산주의자들의 국가자본주의적 문제틀과 수사학을 미리 보여주는, 1860년의 공산주의적 경제주의는 다음과 같은 상황에서 자신들의 하찮음만을 드러낸다. 공동체의 예상치 못한 지출을 위해서는 보유금 200달러가 아주 요긴할 거라고 자신들이 시인하는 상황. 자본과 국가가 결여된 탓에, 이카리아 노동조직법이 정해놓은 "산업적 무기"조차 구사하지 못하는 상황. 사실 1860년의 도래자들이 식민지에서 결국은 제거되는 교정 불가의 혁명가들은 아니라고 해도, 그들이 어떤 이들인지 말하기는 몹시 어려울 것이다. 예컨대 시민 포르텔은 검증 기간이 끝나고 나서도 가입이 승인될 수 있을 만큼 충분히 진지하거나 이카리아적이지 않았다. 사블리에는 전혀 이카리아적이지 않았고, 선교 베테랑으로 복무한 점을 감안하여 파리 사무국에서 지참금을 지불해준 그의 아비는 더더욱 그렇지 않았다. 자기 남편의 도래를 준비한다고 말해왔던 시민 팔리가 대서양을 건넜던 것은 오직 그에게서 달아나기 위함이었다. 미셸 부인은 이카리아 이념에 대해 아는 바가 전혀 없다고 소개되었는데, 이 평판이 전적으로 옳다는 것이 확인되었다. 시민 테송은 돈을 숨겼고, 이카리아에 진보가 부족하다고 비판했으며, "자신은 충분한 헌신을 보여주었고 이제 헌신에 지쳤다고"[119] 하면서 실험을 끝낸다. 의장 메르카디에가 "이런 유형의 이카리앵들이 많을지, 이카리아를 지속시켜야 할지" 자문하고, 파리의 출발 담당자들에게도 묻는 것이 이해된다. 하지만 그는 정확히 무엇에 불평하는 것인가? 그는 더이상 혁명가들을 원하지 않았고, 이 혁명가들은 바리케이드의 열기를 전혀 갖고 있지 않은 것 같다. 그는 착하고 정직하며 근면하고 우애적인 사람들을 원했는데, 이런 사람들이 필경 있긴 했지만, "그들의 삶과 습관 등이 오랫동안 규제되어왔던" 프랑스에서 그들에게 다만 결핍되어 있던 것은 "프랑스에서는 그렇게 가까이에

서 볼 기회가 없었던, 불편함과 씨름하며 노동하는 인내"[120]라는 미덕이
었다. 게다가 이 도래자들은 그에게 기꺼이 변명한다. 자신들은 "투쟁하
는 사람들"이 아니라고. 그들은 요컨대 이탈자도, 혁명가도, **가짜 이카리
앵**도 아니다. 단지 **비非이카리앵**이다. 이카리아를 세우기 위해서가 아니
고 이카리아를 누리기 위해 온 고갈되지 않는 가계의 새로운 변종.

하지만 이 끈덕진 착각은 이카리아에서 택한 잘못된 길의 결과였다
면? 의장 자신이, 뜨내기 이카리앵들의 근거들을 분석하면서, 부주의하
게 그렇다고 시인한다. "옳든 그르든, 그들은 버리고 떠나온 물질적 위상
에 대해 후회한다. 일부 물질적 충족의 박탈에 의해 생길 수 있는 공백을
그 어떤 철학 관념도 채워주지 못해서 낙담하게 된다."[121] 하지만 **철학 관
념**의 이러한 부재는 도래자들보다는 오히려 식민지의 탓으로 돌릴 수 있
는 것 아닌가? 도래자들은 "협회 회원들 사이의 너무 부족한 조화, 너무
부족한 동조와 우애"를 보고 불평하지 않는가? 그리고 그들은 방치된 이
카리아 교육을 비난하지 않던가? 도착하면서부터 이미 그들은 예전에
우애적 환대를 베풀었던 성대한 의식들을 찾지 못해 놀란다.[122] 이에 대
해 물론 공동체는 다음과 같이 답할 수 있다. 최근의 도래자들에게 성대
한 환대를 베풀 수 없었다면, 이는 식민지가 의장 메르카디에를 본받아
너무나 노동에 골몰했기 때문이라고. 왕년의 법학도인 의장은 야간에 행
정 업무를 보기 전에 낮에는 짐수레를 몰며 첼트넘과 세인트루이스 사이
를 왕복하거나 가축을 돌본다. 하지만 이 그럴듯한 이유는 선택된 길의
근원적인 결함을 드러내는데, 벨뤼즈는 메르카디에게 서한을 보내 이
러한 결함과 투쟁하고자 했으나 헛일이었다.

의장을 선출함으로써 협회는 마차꾼과 중개업자가 아니라 행정가 겸

지도자를 갖고자 했던 것임을, 의장의 기능은 본질적으로 무엇보다도 감시하고 주도하는 역할임을, 의장은 규칙의 준수, 특히 협회의 원칙 자체의 준수와 실행에 유의하기 위하여 사회운동의 모든 부분과 전체를 감시해야만 했다는 것을 메르카디에에게 제시하기 위하여 백여 페이지 넘는 [서한을 보냈다].¹²³

노동과 생산의—처음에는 이카리아의 천금 같은 원칙이 새겨졌다고 여겼던— 길 안에서, [파리의 이카리아] 유산 수호자는 향유 정신과 통하는 혁명적 조급증에 의한 교리의 최종적이며 가장 암담한 부패를 너무 늦게 인지했다. 마차를 모는 이 의장의 헌신이, 노부의 "강건한 자들"과 "빨갱이들"의 참주 선동인 "우리네 유럽의 불화들과 혁명들 한복판에서 질투로 인해 창안된 망상인 인민의 직접 통치를 우리 식민지에 적용하자는 것"¹²⁴을 역으로 재생산하는 것이 아니라면 도대체 무엇이겠는가? 도덕적 신세계의 선각자인 교부의 자리에 정력적인 노동자 지식인을 놓는다면, 공산주의의 미래를 오로지 생산성의 발전과 상업의 습득에만 둔다면, 공동체가 제공해줄 수 있는 복지 여부에 따라 공동체를 평가하는 사람들이 도래하는 것을 봐도 놀랄 일은 아니다. 다만 노동자들의 자생적이고 편협한 전망이 확인될 따름이다.

대부분은 이카리아 교리에서, 빈곤에 맞서는 노동자들에게 개인주의보다 더 많은 것을 보장해주는 사회적 조직화 체계만을 본다…… 노동자들이 가장 잘 이해하는 것은 노동의 공동 조직화이며, 이는 기계 활용에 의해, 과학이 인류에게 구사하도록 해주었던 새로운 힘의 사용에 의해 모두의 필요를 거의 충족시켜줄 정도의 상당한 생산을 가능케 해준다…… 하지만 우리가 이미 보았듯이, 그것은 단지 하나의 측면, 우리 과업의 한 부분인 사회적 조직화 체계에 불과하다. 남아 있는 도덕적 측면이 있으니 그것은 곧 교리다.[125]

따라서 물질적 조직화에 대해 도덕적 계율의 우위를 재확립하는 것이야말로 이카리아 선교의 의무였다. 이 대신에,

우리의 출판물에는 전반적으로 협회의 사업들과 법과 규칙 따위의, 결국 이카리아 체계의 조직화를 구성하는 모든 것에 대한 보고들이 담긴다. 우리의 교육에는 상당한 균열이 보이는데, 이 결과로 불완전한 이카리앵들이 육성된다. 그러니 식민지 성원들의 편지들에서든 특히 이탈자들의 불평에서든, 우리가 너무 자주 발견하게 되는 것은 이런 표현들이다. 공동체에서 나는 만족해, 아니면 만족하지 않아. 인류의 병사라는 타이틀을 지녔던 사람들의 입에서 나오는 것 치고는 여하간 희한한 표현들. 자신들의 가족과 나라를 떠나 3000리외를 와서 세계 갱생이라는 목표로 모델 사회를 세우겠다던 사람들인데.[126]

교육자들이 자신들이 가르쳐야 했던 자들에 의해 외려 자신들이 교육받도록 스스로 허용하는 상황이라면, 실패는 불가피하다. 그리고 가차없는 논리가 이 명백히 역설적인 상황을 지배한다. 물질적 관점에서, 첼트넘 협회는 "살아 있는 것으로, 그것도 그 어느 때보다 더 힘찬 삶을 사는 것으로 보이는"데 비해, 도덕적 관점에서 "협회는 말하자면 조금씩 조각나 해체되고" 있다는 역설.[127] 식민지를 죽이고 있는 악덕을 교정하지 못하는 무기력한 [파리의] 선교 책임자는 이제 그 악덕을 운명에 맡기기를

선호한다.

시민 벨뤼즈의 분석에 관해, 특히 그가 식민지의 도덕적 이완에 대립시키는 "힘찬 물질적 삶"에 관해 지적해야 할 것이 많을 것이다. 식민지는 식민지 계획의 주요 목표인 부채 상환을 이행할 수 없었기에 확실히 빈사 상태에 있다. 그 이유는 우선, 식민지의 경제적 도약을 위해 선택된 순간이 불행히도 [경제적] 위기와, 이어서 내전과 겹쳤다는 것에 있다. 이 내전 상황에서 식민지 사람들의 절반이 권리와 자유의 대의를 방어하기 위해 다른 곳으로 떠났던 것이다. 공동체 파괴적인 이기주의를 참주 선동적인 망상의 존속과 연결하는 [벨뤼즈의] 설명은 코닝에 있는 농민 은신처에서 앞으로도 30년을 더 이카리아 깃발을 흔들 노부의 반역자들의 끈기와 모순되지 않을까? 하지만 본질은 그것이 아니다. 차라리 본질은 교리의 수호자[벨뤼즈]가 자신에게 제기되어 마땅한 질문들을 회피하고 이어서 뒤집는 방식에 있다. 요컨대 이런 질문들. 선생이 단 한 명의 진정한 이카리앵도 육성할 수 없었으면서 숱한 논설과 소책자, 강의, 연설로 설명했던 그토록 단순한 이 교리를 정신 안에 각인해내기 위해 어떻게 나아가야―나아갔어야―할 것인가? 혁명적 연대, 입헌적 엄정함, 생산의 집단적 긴장과도 동일시되지 않는 공동체적 우애가 어떤 행동들을 통해 표출되어야만―표출되었어야만―하는가? 실천에 투신하기에 앞서 가져야만 하는, 그러나 이 실천에 의해 부단히 부패하는 이카리아적 믿음을 어떻게 정련해내야 하는가? 이카리앵이란 과연 무엇이었는지를 결코 알지 못했기에, 이카리아는 채 시작도 해보지 못하고 소멸되어야만 할 것인가?

바로 이 대목에서 시민 벨뤼즈는, 이카리아 형성의 문제에 제시되는 실천적 해법이라는 소박한 외관 아래 문제를 뒤집는다. 『이카리아로의 여

프롤레타리아의 밤

행』의 저자는 예상했으나 이카리아의 창립자는 적들에게 박해받고 제자들의 조급함에 압박당해 실현하지 못했던, 이카리아적 관념과 풍속과 능력을 형성하기 위한 개인주의와 공산주의 사이의 이행기를 대체할 수 있는 그 어떤 우애 경로도 없다는 점은 이제 명백하게 확인된다. 그런데 구세계의 한복판에, 우애의 실천적 능력과 지성과 의미를 동일한 리듬으로 발전시키기에 적합한 이행 체계가 실존한다. 이 체계가 연합이다. 틀림없이 일각에서는 이 실험은 1848년에 시도되었지만 도덕적으로도 물질적으로도 전혀 입증되지 못했다고 주장할 것이다. 하지만 "거대한 사회적 동요에 자연스럽게 뒤따르는 무질서의 시기에는 이러한 종류의 실행들이 항상 실패한다. 이 제도들이 발전하기 위해서는 정신의 평온과 사업 및 노동에서의 안전이 필요하다."[128] 줄 절삭공, 안락의자 만드는 목수, 의자 선반공, 피아노 제조인, 석공, 양철 램프 제조인 들의 번창은 이 제도의 경제적 활력과 사회적 교육 역량을 충분히 입증한다. 그러니 새롭게 비약하는 연합 운동에 결연히 돌입해야 하며, 이 연합들은 "연대를—실제로 자신들은 연대를 통해 형성되었으니—완벽하게 실천하길 욕망하는 이카리앵들이 육성되는 진정한 온상"[129]이 될 것이다. 이 길은 메르카디에의 길에 비해, 주위에서 늘어나고 있는 생산 및 복지 관념들로부터 이카리아적 관념을 분리해내기에 결코 더 적절한 길이 아니라고 혹자들은 재차 반박할 수 있을 것이다. 그리고 그들은 이카리아의 이론가가 이들 작은 연합들에 대해 품었던—이 연합들은 회원들의 개인적인 물질적 운명을 개선하기에는 맞춤이지만 인류의 대의에 복무하기에는 무능하다는—멸시를 상기시킬 수 있을 것이다. 하지만 이것이 바로 [벨뤼즈의] 새로운 프로젝트를 첼트넘의 잘못된 경제적 길과 구별해주는 것이다. 연합의 한계들 자체가 첼트넘의 길이 노동조직화의 초라함과 새로운 공산주의 세계를 혼동하는 것을 금한다. "특히, 연합 관념들이 이카리아 관념들을 흡수하는 것을 두려워 말자. 이건 불가능한 일이다. 별의 흐릿한 섬광이 태양의 환한 빛을 가리던가? 시냇물이 강을 흡수하던가? 아니다. 연합들은 이카리앵들의 진정한 온상이 될 것이다."[130]

하지만 이 언술을 취하는 이카리앵들은 자신들의 형제들이, 이제 인류 진보를 좌우하는 과학의 차원에서는 별과 태양의 비율이 정확히 반대라는 것을 알지 못할 정도로 그렇게 무지하다고 가정하는 것인가? 약속의 땅에 대한 꿈을 보류하는 잠정적인 도덕의 외관상의 절제는, 더이상 약속의 땅 따위는 없다는 것을, 거대 이념은 실은 진보의 거대한 강물로 흘러들어 사라질—스스로 약속의 땅에 도달했노라 믿는—작은 시냇물 중 하나에 불과하다는 것을 감추기 위함일 따름이다. 도덕은 갱생된 인류를 위해 신세계를 낳기에는 역부족이며, 도덕은 기껏해야—과학과 산업의 새로운 실현들에서 발현된 객관적 진보와 개인들에 대한 교육 사이에서 맺어진—관계를 조율할 수 있을 뿐이라는 관념에 너무 괴로워하지 않고 익숙해져야 한다. 연합은 잘못된 사회교육의 악폐를 개선하기 위한 도덕적 노력의 결과가 아니다. 연합은 "우리 시대의 필요"다. 연합에 가장 덜 동조적인 자들인 "재물 애호가들"에게조차 연합이 관철되지 않는가? 이들 이기주의자들에게 "철학자들과 모럴리스트들은 단결과 연대와 연합을 설교할 테지만 헛일이다." 하지만 생산력의 발전이 그들로 하여금 주식회사들을 창립하도록 압박했는데, 이런 회사들에서는 소유자가 회사 문지기와도 거리 모퉁이의 심부름꾼과도 연합한다. "철학자가 해내지 못할 것을 증기기관이 실현했다."[131] 자신들의 상황 탓에 자생적으로 연합으로 이끌릴 수밖에 없었던 노동자들의 경우도 궁극적으로 사정은 동일하다. 선교는 그들을 연합으로 미약하게만 이끌 수 있었다면, 속박은 연합을 그들에게 강제할 것이다. 왜냐하면 그들은 오늘은 자신들과 경쟁하고 있으나 내일이면 자신들의 고생을 줄여줄 수 있고 안녕은 키워줄 수 있을 기계장치와 마주하기 때문이다. "이것은 그들의 해방 도구다. 기계장치야말로 그들을 진정한 시민들로, 독립적이고 자유로운 사람들로 만들어줄 것이다."[132] 물론 그들이 기계장치에 대한 지적이고 물질적인 제어를 확고히 한다는 조건에서. 그리고 이를 위해서는 연합이 그들에게 유일한 기회다. 기계의 결합된 힘과 대상화된 노동은 연합을 강제하며, 기계의 모델을 연합에 부여한다. 요컨대 필연과 자유의 새로운 동일성이 연합에 기계와 동일한 속성과 효과를 부여하는 것. "노동자를 해방해줄 것, 노동자를 자유로운 인간의 위엄으로 고양시켜줄 것, 노동자의 가족에게 안락함을 가져다줄 것, 모든 회원의 지적이고 도덕적인 발전을 촉진시켜줄 것, 바로 그것은 연합이다."[133] 누가 누구를 해방시키는 것인지, 기계를 전유하는 수단으로서의 연합이 해방적인 것인지, 아니면 연합의 소유인 기계가 해방적인 것인지를 놓고 옥신각신해봐야 부질없다. 단 하나는 확실하다. 노동자의 노력과 도덕과 투쟁이 어제는 진보의 도정을 이기주의의 길과 대립시켰는데, 이제는—노동자의 외부에 있는 산업의 왕국일 뿐인 노동의 왕국을 수립하는—객관적 운동에 의해서만 비로소 [노동자의 노력과 도덕과 투쟁이] 의미를 갖게 된다는 것이다. "어제만 해도 노동에서 빠져나갈 수 있었던 모든 자들에 의해 멸시되고 방기되었던 노동이 오늘은 존경받는다. 국민의 가장 거대한 장엄함은 노동에서 나온다. 산업박람회라는 이름으로 근대인들이 제도화했던 거대한 경연들의 승자들에게 가장 높은 보상이 수여되고, 가장 호화로운 전시관은 노동에 바쳐진다."[134]

　노동의 왕국이 오늘은 스스로를 공언할 수 있고, 내일은 명예로운 생산자의 쇄신된 열병식을 공인할 수 있다면, 이는 그 왕국이 이미 노동자들의 뇌와 팔 바깥에서, 기계의 궁전과 산업의 축제 안에서 대상화되기 때문이다. 이러한 대상화 덕분에, 오로지 공동체만이 노동자들의 열망을 실현할 수 있으나 노동자들은 공동체의 원칙을 파괴하지 않고서는 공동체의 실현을 시도할 수 없다는 공동체의 악순환에서 빠져나올 수 있다. 공산주의적 꿈이 구원될 수 있는 것은 오직, 부단히 헌신의 심장에 향유를, 공동체의 심장에 개인주의를, 신세계의 심장에 구세계를 출현시키는 모순에서 저 꿈을 빼냄으로써만 이루어진다. 노동의 왕국의 대상화는 이제 이 왕국이 이기주의적 향락의 동물적 왕국과 혼동되는 것을 금할 것인데, 이러한 향락에의 조급증은 공산주의적 우애와 생산자의 긍지로 둔갑한다. 공동체적 꿈의 황금시대에 종언을 가져올 것은 기계의 철의 시대가 전혀 아니다. 자신의 꿈을 기어이 지연시키려는 자에게, 새로운 사회의 유일한 길의 원천은 생산력의 대상적 사회화—자유가 필연과, 안녕의 원칙이 교육의 원칙과 새로운 협약을 맺는 사회화—에 있다는 점을 인정하려는 자에게, 기계가 나름의 약속이 되는 이유는 공동체가 불가능하기 때문이다.

공산주의에 길을 내주려면 공동체는 제쳐놓아야 하는데, 이 길은 또한 모두의 길이기도 하다. 이카리아란 전혀 존재하지 않았다는 것은 분명한 사실이고, 재단사 부르주아는 코닝의 자기 동료들에게 약속한 방문을 해보지도 못한 채 댈러스라 불리는 사막에서 죽을 것이다. 하지만 어쩌면, 증기선이 뉴올리언스에서 세인트루이스를 거쳐 노부까지 항해하는 저 큰 강에서, 행복한 장래의 참된 길을 찾아내기 위해서는 그 길을 찾다가 길을 잃는 것이 필요했다. 더이상은 구세계도, 신세계도, 개인주의의 땅과는 다른 땅을 향해 가는 공산주의적 도정도 존재하지 않는다. 가능함과 불가능함, 개혁과 혁명 따위를 놓고 벌어질 내일의 갈등들은 미래의 길에 대한 새로운 지리학이 있다는 공통의 인정을 전제한다. 미래의 한 배반자가 뱉을 추문의 구절이 모두에게 제시되는 불가피한 확실성을 잘 요약한다. 이제 중요한 것은 목표가 아니라 운동이며, 약속의 땅이 아니라 강이고, 강이 아니라 강을 항해하고 길들이는 기계라는. 오직 이러한 공통의 확실성만이 두 가지 방식으로 말해질 수 있고 실행될 수 있다. 노부의 철학자 에밀 발레가 이카리아의 최후 베테랑들과 유럽의 성마른 청년 무정부주의자들에게 공통적으로 가르치는 방식이 있으니, 산업적이고 개혁적이며 교육적인 공화국의 방식이다.

배는 익어야 떨어지는 법입니다…… 당신들은 말하겠지요. 우리는 기다리느라 지쳤다고. 그대들의 진화적 방법은 너무 오래 걸린다고. 담대한 기습 한 판으로 우리 자신이 상황의 주인이 될 수 있고 우리의 관념을 실행시킬 수 있다면, 우리는 진보의 진전을 밀어붙이게 될 거라고. 어쩌면 당신들이 옳겠지요. 하지만 담대한 기습 한 판을 수행하기 위해서는, 힘을 가져야만 하는데 당신들에게는 그 힘이 없어요. 이걸 감당하지 못하는 인민은 첫 과오를 범한 당신들에게서 돌아설 겁니다…… 새로운 경제적 조건인 거대 생산이 새로운 사회적 조직화를 관철시킬 겁니다. 현행 조직화가 선행 조직화에 관철되었듯이. 기계가 우리의 구세주입니다.[135]

증기선의 속도를 과일의 숙성 리듬으로 줄이는 대가를 치르고서야 비로소 증기선에 의한 구원을 약속하는 이러한 지혜에 직면하여, 또다른 길이 있다. 이 길은 모든 혁명가들이 혁명의 진정한 에너지일 거라고 예감하는 것의 고유성들을 증기선에서 선취해낸다. 전기에너지의 동시성이 공산주의의 불가능한 문제─생산의 진보와 정신의 진보를 하나의 동일한 섬광 속에서 일치시키는 문제─를 해결한다. 이미 1850년에 세인트루이스에서 이카리아 창고를 관리하던 재단사인, 공동체 없는 한 공산주의자가 리옹의 동료들에게 저 미래를 시사했다.

오늘의 아메리카 상태를 단 한마디로 자네들에게 말하자면, 노동자들과 관련되는 것에 있어서 여기는 절대적으로 유럽과 같다고 말하겠어. 부자와 빈자가, 착취자와 피착취자가 있어. 그래서 사회문제가 모든 대도시에서 현안이고…… 공산주의자들이 선전하러 모여드는 집회들이 우리 도시에서 열려. 곧 유럽보다 아메리카에 공산주의자들이 더 많아질 거야…… 노동하지 못하는 노동자들의 수와 심지어 걸인의 수가 미합중국에서 빠르게 늘어나지만, 거기서 사회적 진보는 그곳의 강들 위의 증기선만큼 빠르게 전진하고 있어.[136]

10월의 밤

La nuit d'octobre

패배한 전투의 저녁, 새로운 시대의 새벽? 과학의 태양 아래 자취를 감춘 망상들, 존재들의 보편 진화 법칙과 합치되는 한 사회주의 운동의 살과 피가 된 한때의 고립적인 발화? 노동자 연합의 회계를 오래해온 덕분에 잔여분을 남기지 않고 계산해낼 수 있는 이들이 물론 있다. 예컨대 왕년의 바리케이드 투사 아벨 다보와 왕년의 아틀리에주의자 마글루아르 카프롱. 그들의 『모니퇴르 데 생디카 우브리에Moniteur des syndicats ouvriers』는 1891년 10월의 밤을 찬양한다. 젊은 노동자들과 나이든 노동자들이 아마도 19세기의 모범적 작업이 될 것의 결실을 거두러 와 줄 서 있는 이 밤. 실제로 내일은 도장업체인 르 트라바이가 지난 50년간 자신의 성공에 협력해왔던 모든 이들에게 25만 프랑을 배분할 것이다. 이 액수는 에듬장 르클레르—나중에 박애주의자 고용주이자 푸리에주 투사가 된 왕년의 도장공이며 출자의 선도자—가 세운 회사의 막대한 보유금에서 인출된다.

겨울이 다가오는 가을에, 과거 노동의 결실로 다량의 현금을 수확하는 것이 노동자 가구들에게 얼마나 행복한 일인가! 잘생긴 젊은이들과 허약한 노인들, 한창 나이의 많은 가장들, 일하다 사망한 노동자들의 과부들, 작업장에서 세월의 무게에 짓눌린 존엄한 유해들이 보인다. 흰 수염의 연금 수령자들에게는 특별 우대 입장권이 배부되었지만, 다른 이들은 씩씩하게 줄 서 있다. 앞에 있는 세 사람은 새벽 1시 반에 와서 생조르주 거리의 11번지 앞에 자리잡았다. 3시쯤 많은 수의 무리가 그들의 뒤를 이었다. 가로등 불빛에 여럿이 순번표를 만들어 모자에 꼽고 자신들의 우선권을 확실히 하고자 한다…… 앞줄에 있던 풍부한 상상력을 지닌 젊은 무대장치가는 우리에게 오랫동안 밤샘하다가 생조르주 거리의 집들 위로 야밤에 배회하는 유령 둘을 봤다고 말한다. 하나는 별처럼 빛나는 거만한 유령으로 도장공 르클레르의 모습을 하고는 자신의 걸작을 바라봤다. 다른 하나는 회개하는 굴욕적인 유령으로…… 같은 동네의 기구한 경찰관이 슬픈 모습으로 나타났는데, 이 경찰관은 1842년에 르클레르에게 수익 배당금을 지급하기 위해 노동자들을 소집하는 것이…… 루이 필리프 왕의 원原개인주의적이고 원부르주아적인 정부의 명령으로 급하게 금지되었다고 통보했던 자다.[1]

낮보다 더 달콤한, 딱 십 년 전에 〈호프만 이야기〉의 뱃노래에서 찬양되던 밤과는 전혀 다른 시간들인 탐욕스러운 기다림의 시간들? 오늘의 도장공들은 과연 현실주의적 전망들의 모범을 제공할 것인가? 오히려 이것은 다가올 세기가 약속한 향락을 탐하는 젊은이들과, 그들이 억지로 수고한 덕분에 이제는 상당한 적립금에서 수익을 얻는 사도들의 공동의 운명인 것인가? 심지어 연금 생활자 고니도 오늘날에는 자신의 형이상학적인 밤의 미망을 노동자들의 낮의 새 태양에 바칠 태세가 되어 있는 것 같다.

낮은 지고, 곧 흐릿한 밤이
내가 파고드는 꿈을 근심들로 덮을 거야.
아직도 숲속에서, 매혹당한 시선으로
나는 보네, 죽어가면서도, 자유가 전진하는 것을.
자유가 돌아서며 건넨 작별 인사가 내게 주네.
내가 버려야 할 오류들의 지표를.
나는 대들보보다 더 커진 자유를 되찾을 거야.
노동의 노력으로 도금된 환한 낮에.[2]

늙은 단테에게 보내는 끝나지 않을 작별 인사의 새 에피소드. 하지만 평민 사자는 고생하며 키워준 마리안[프랑스공화국]과 근자에는 만나지 못했을 공산이 크다. 실은 회반죽을 새로 한 소유 질서의 벽 앞에서 새로운 환각이 그를 붙들었다. 이 질서의 순백색이 노동자를 낮선 노동으로 초대한다. 여기서 자신의 우상과의 재회에 열심인 노동자의 노동은 프롤레타리아의 탄식과 반역자 아이의 연필 스케치 속에서 다시 갈피를 놓친다.

새 석조 공원 벽 앞에 와 있네. 이 회반죽은
진짜 이 자리에서 석고의 순백을 지니고 있어.
나는 모르겠어, 생생한 외침과 더불어 어떤 관념이
이 벽에 나타나 나를 그 앞에 세우는지.

내 심장은 곤두선 살 아래서 고동치고,

내 이마는 무분별한 군중의 무게를 견디고.

명암이 뒤섞인, 저녁의 소실되어가는 색조에서,

나는 이 벽의 밑칠 위에 연필로 스케치할 거야.

행인이 거기서 우리의 슬픔과 범죄를 읽겠지.

죽음이 우리의 심연을 파고들면서 벼르고.

노동하는, 노동자의 한 손으로, 목탄으로 그리자.

자신들의 이름을 질식시키는데도 잘 인지되는 존재들을.[3]

하지만 어떤 행인도 왕년의 목수의 연필 스케치들을 읽지 못할 것이다. 출간의 희망 없이 그는 『망루 Le Belvédère』라는 제목으로, 반세기 동안의 자기 생각들을 모아놓는다. 그의 견해의 "별스러움"에 예민한 출판인이 없으니, 그는 틀림없이 자기 연금에서 출간 경비를 빼낼 수도 있었을 것이다. 하지만 왕년의 실내 장식업자이고 부아콜롱브 사업의 아주 검소한 박애주의인 쥘리앵 갈레에게 그 자신이 주었던 "인류 해방의 바람에 우리의 재산소득을 실어 던지자"[4]는 충고를 잊었을 리가 있겠는가? 하여 그는 자신의 재산 일부를 왕년의 생시몽주의자들의 상호부조협회인 라 파미유 La Famille에 넣었다. 다른 재산 일부와 관련해서는, 철도 체계가 마땅치 않았던 목수는 운하의 매혹에 넘어가 그것을 파나마운하에 넣었다. "인류 행복과" 결부된 이러한 성찰들을 출간할 자금이 이제 그에게는 없다. "나의 지적 생산물들이 소실되고, 내가 사람들 사이에서 소통시키고 싶었던 것들의 정성 들인 공리들은 메말라 흩어지는 모양새가 12월의 고엽과 비슷하다. 내 생각은 암영 속으로, 나 자신의 잔해 속으로 흩어진다. 여든의 파멸, 무덤가에서 풍화되는 내 몸의 자갈들 위에서 시간은 헐

프롤레타리아의 밤

떡이고 있다. 다시 시작되어야 할 실존······"⁵

다행히, 그는 윤회를 믿는다. 그러니 평민 철학자의 초월적 "공리들"에 후일을 부여하기 위해 다음 세대에게 의존하지 않아도 되는 것이다. 이 세대는 선배 세대의 사회적 비판의 합리적 핵심을 그 신비적 외피에서 분리해내는 대가를 치르고서야 비로소 선배 세대의 작업들을 음미한다. 왕년의 목동인 "통합 사회주의"의 이론가 브누아 말롱은 이제 팔십대가 된 세대인―스승이자 왕년의 생시몽주의 선교사로 집단주의의 이론가인― 콩스탕탱 페쾨르에게 단도직입적으로 그렇다고 털어놓았다.

경제적 관점에서······ 저는 선생님에게서 부르주아 개인주의에 대한 가장 정당한 비판과, 저의 사회주의적 신조인 진화론적 공산주의의 토대들을 찾았습니다.
철학에서는, 또는―틀림없이 선생님께서는 이렇게 말하고 싶으실 테니―종교에서는 우리가 별로 일치하지 않을 겁니다. 루소의 신도, 1848년 사회주의자들의 예수도 저의 정치적 신념을 고정시킬 수는 없었습니다. 디드로, 스피노자, 헤겔, 쇼펜하우어, 그리고 근대 유물론자들이 제 편애 대상입니다. 제 세대가 그걸 좋아합니다만, 그렇다고 제가 그들과 전적으로 함께하는 것은 아닙니다. 오히려 제 친구들은 제게 신비주의적 편견들이 상당히 남아 있다고들 주장합니다.⁶

과학과 전진하는 프롤레타리아의 새로운 태양들을 다수의 젊은이들과 경박한 이들은 기꺼이 가객 경연장 양등으로, 고게트 공화국의 철지난 에피쿠로스주의로 되돌릴 것이다. 예컨대 식자공 마르크 질랑은 스물에 사랑을 나누던 다락방을 끝없이 찬미하고 라임을 맞춰 논다(샹송과 리종, 제피르와 수피르, 타유 앙샹트레스와 볼라주 메트레스, 그라스 레제르와 트라스 에페메르). 틀림없이 그는 여전히, 새 세기의 새벽에, **불멸의 공화국**의 샛별을 찬양한다. 하지만 그가 너무 이르게 떠나간 어느 아비의 복음서보다는, 리지쉬르우르크의 직조공 시인이었던 조부 마귀Magu의 조금은 회의주의적이면서 순박한 전원시를 기억했다면, 이는 그의 잘못이다.

하지만 내겐 미망이 없어
평등이란 망상일 뿐이야.[7]

그렇지만 라일락의 계절과 새로운 "노동절"의 전투적인 달[5월]이 조금 덜 상투적인 사랑 추억들과 더욱 끈질긴 미망들을 소환한다. 1890년 5월 초에, 재단사 부르주아의 불변의 능변에 이끌려갔던 **레드강** 연안으로부터 환멸을 느껴 되돌아온 푸리에주의 학교의 옛 교장이었던 가부장 하나가 동년배의 한 과부에게서 기이한 편지를 받았다.

빅토르 콩시데랑이 잔 데지레를 기억하나요?
그가 기억한다면, 그녀에게 몇 자 적어보내라고 하세요. 그녀는 아무것도 잊지 않았어요, 푸리에도, 1832년 젊음의 감정들도. 그리고 자발적인 고독 속에서 그녀는 평온하게 살아요. 자신의 정열적인 삶 전체에 대한 추억으로 정신과 심장을 가득 채우고서.[8]

일명 잔 데지레 또는 데지레 베레라 불리는 과부 게Gay가 자신의 브뤼셀 은거지에서 53년 전 헤어진 연인에게 쓰고 있다면, 이는 호시절을 기

　　　　　　　　　　　　프롤레타리아의 밤

억하고 증언하는 것에 대한 노인의 집착이 전혀 아니다. 『라 팜므 리브르 La Femme libre』를 창간한 이 양재사에게는 『라 팔랑주La Phalange』의 옛 편집인인 그에게 해야 할 고백과 아울러 일소해야 할 오래된 의심도 있다. 저명한 푸리에주의자의 딸과 결혼하기 전에 있었던 짧은 사랑들 중에, 그는 "헤프고 떠나기도 쉬운 어느 착한 여자"[9]에 대한 기억을 간직하지 않았을까? 역으로 그는 알아야 하리라. 오늘은 그의 인정을 요청하는 바로 이 자부심이 전에는 그에게서 행운의 보상을 앗아갔다는 것을. "나는 그대를 정열적으로 사랑했지요…… 그런데 나는 그대에게 건넬 한마디 사랑의 말도 찾지 못했고, 그대를 안아보지도 못했어요." 지식인 남성의 손쉬운 가짜 사랑과 프롤레타리아 여성의 지나친 자존감 사이의 이러한 이중적 착오가, 이들 두 인물의 지배적 정념인 동시에 진보의 본질적 힘이기도 한 사회적 사랑을 형성하는 데 틀림없이 필수적이었다. 또한 "정서적이고 정념적인 삶" 안에서만 행복을 찾아냈던 이 여성이 "감각적인 흥분에 민감해지기" 전에 "사회적 이념의 사도들 쪽으로 이끌리게"[10] 해주었던 기초 교육을 완수하는 데도 필수적이었다는 것. 그녀는 자유 여성이 느낀 실망들을 향한 향수를 전혀 갖지 않는다. "나는 자유로운 사랑을 꿈꾸었고, 그대의 감정이 시작되었다는 것과 그대의 운명의 선이 그어졌다는 것을 알았어요. 하지만 나는 그대의 사도적인 영혼을 사랑했어요. 나는 내 삶의 지배적 정념이었던 사회적 사랑 안에서 내 영혼과 그대의 영혼을 통합했어요."

하지만 그리하여 사랑하는 여성이 행한 포기와 자유 여성이 갖는 교리적 환멸들 외에도, 이 행복한 사회적 사랑도 또한 무기력으로 귀착되지 않는가? 사도와 양재사의 불가능한 사랑은, 강신술사와 나비와 혼합체의 너무 박식한 조합들 속에서 사회적 사랑이 길을 잃게 하면서 푸리에주의 공동생활체를 유토피아 상태로 방치하는 논거를 시사하지 않는가? 푸리에주의 공동생활체 조직화의 편집광적이고 적용 불가한 엄격주의를 정초한 사회적 물리학이 지닌 오류의 심층적 의미가 그러하다. "산출된 이론적 통일성 안에서 가장 다변적인 사회 이론의 주창자는 완벽한 귀재들에게는 아주 자연스러운, 전체적으로도 세부적으로도 한 덩어리로 자신을 관철시키려는 의도를 가지고 있었지요. 이러한 귀재들은 개별적인 협애함을 고려하지 않아요. 분자가 하나의 실체가 아니라는 점도요." 일자와 다자의 불가능한 종합은 사회적 분자들을 다시 연결하는 데 필수적인 "활기찬 행위자"에 대한 오인에서 비롯한다. 이 "보편적인 영혼"은 원자들 및 결합된 사회적 힘들의 단순한 물리학 안에서는 찾을 수 없고, 이 영혼에 대한 인식은 "보편적 연대의 실천에 대한 보상"일 것이다. 이기주의적 원자들에 대한 박식한 물리학과 인간적 파장들 및 유체들에 대한 통속적인 물리학 사이의 되살아난 대립 안에서, 본래의 사회적 쟁점이 명확하게 인지된다. 일자와 다자의 공동생활체적인 조합들의 경직성은, 지상의 강자들이 공동생활체 실현에 제공할 수 있을 자금과 후원을 찾는 데 프롤레타리아적 사랑과 인민적 열망을 바쳤던 당파성의 원인이자 효과인 것. 협회 유토피아의 운명은 협회 대변자의 결혼과 동시에 결정되었다. 그러니 개인적 상봉들은 사회적 사도직의 프롤레타리아적 모험들과 부르주아적 결혼들에 대한 더 광범위한 양심적 검토를 촉구한다. "그러니 친애하는 늙은 친구여, 이 경직성 탓에 고통스럽지 않나요? 고통스럽지 않았나요? 때로는 경직성 탓에, 그대를 행복하게 해주었던 다정한 공감들이 멀어지지 않았나요? 그대가 야심가들과 향락가들의 욕심에 호소하는 대신에 낙오자들의 감성에 호소하면서 적용했던 교리의 스승만큼이나 그대를 위대하게 해주었던 것을 때로는 경직성이 고무하지 않

572   프롤레타리아의 밤

왔나요?"[11]

부르주아 사도들과 인민의 꿈과 열망들의 불발된 해후? 미래의 도정들과 다중의 사유들을 밝혀줄 힘은 빼앗겼으나 아직도 살아 있는 어떤 사랑의 타오르는 불꽃? "그래도 나는 그대를 사랑하지만, 어느덧 그대에게도 내게도 58년이 지났어요." 이것은 그가 그녀에게 보냈던 사진에 보이는, 놓쳐버린 기회에 대한 유감 아닌가? 그녀가 그의 벗으로서의 모습과 사도로서의 표정을 즐겁게 바라보고 있는 이 사진은 두 가지 이유로 그녀를 슬프게 한다. 이처럼 꾸며댄 조금 고루한 이미지보다, 지금의 그처럼 그가 "일부러 자세를 잡지도 않고 겉멋을 부리지도 않는" 사진을 그녀는 더 좋아했을 것이라서. 하지만 그녀는 또한 거기서 "가능한 덜 회의적인 훌륭하고 고결한 철학자"[12]라는 또다른 이미지를 보고 싶었을 것이라서. 그런데 그녀는 그 사진을 주의해 바라보다 전혀 다른 표현을 간과했다. "이것은 내 환시인가요? 그대의 눈에는 문명에 대한 비난이 가득하고 그대의 입은 고통스러운 낙담을 표현하는 것 같아요."[13] 흑내장의 진행으로 쇠약해진 시력에도 불구하고 그녀는 알아보지 못하지 않았다. 그의 말년에 대한 증언들도 [푸리에주의] 협회 학교의 옛 교장인 그를 바로 이런 식으로 묘사하니 말이다. 텍사스로부터 요상한 멕시코 농민 의상을 가져온, 하지만 미망은 없으며, 언제나 사회적 대의에 충실하고, 긴 예비 학습의 필요에 대해 확신하며, 배움을 위해 박물관에서 소르본으로, 소르본에서 콜레주드프랑스로 달려간 괴팍한 노인이라고. 과학의 메트로폴리스와 아메리카 유토피아의 미개척지를 희망과 고뇌가 이렇게 오가는 것에, 생트귀될 요새에 은거한 이 여인은 다른 경로의 믿을 만한 교훈을 대립시킨다. 공간적으로는 더 가까운, 신세계의 도정에서는 더 멀어진 경로. 민주혁명의 망명지였고 국제 노동운동과 사회주의혁명의 메트로폴리스가 된 도시들인 런던, 제네바, 브뤼셀 등을 거치는 경로. 확신에 찬 공산주의자이고 직업상 책 수집가인 남편[쥘 게]―과거에 『뤼마니테르』가 약속한 세계 일주와 자유 노조의 고무자 ― 을 따라서 유럽 전역을 떠돈 뒤에, 인터내셔널을 위해 많은 기부금을 모으고 잠시 여성국을 주관한 뒤에, 그녀는 이제 홀로 남아 아들과 남편이 남겨준 "소액의 재산" 덕에 독립적으로 지낸다. 그녀는 이 망명지에 남겠다고 선택했고, 오늘날 일부 사람들은 이곳이 사회운동의 모범적 토양임을 기꺼이 인정한다. 벨기에 수도가 국제 노동자 대회[제2인터내셔널 대회] 개최를 준비한다면 이는 아마도, 독일 마르크스주의와 영국 노조운동과 프랑스의 이론적으로는 "통합적"이나 더 자주 "자치적인" 사회주의 사이에서, 세자르 드 파에프의 나라가 사회주의적 희망의 해결된 모순들에 대한 약속을 가장 잘 보여주기 때문일 것이다. 민주적인 전투의 후예인 전투적 프롤레타리아 조직과 유토피아 전통의 후예인 연합들 및 협동조합들의 사회성 사이의 동맹이라는 약속. 신세계에 대한 사유를 기본 인민의 실증성 안에 착근시킨다는 약속. 그래서 "인류가 겪고 있고 [자신이] 관심을 갖는 사회적 위기"를 관찰하기 위해, 노부인은 인민적 동조의 필수적 밀도가 청년의 정념적 힘과 결합되는 이 소우주의 중심에 자기 거처를 정했다.

서로 다른 숱한 개인들의 이러한 집결은 세속적인 동조 흐름을 발전시킵니다…… 여기서 그 전체를 가까이 들여다본 운동은 열정과 감성, 특히 벨기에적 특징을 나타내는 실증적인 것의 혼합이라는 면에서 흥미로운 연구 거리입니다…… 나는 예전에 농담삼아 벨기에 사람은 아이일 뿐이라고 말하곤 했지요. 이제 그들은 남성적이고 정념적인 시기로 접어들었어요. 이론에서 실천으로 옮겨가는 주동적인 사람들이라면 응

프롤레타리아의 밤

당 그래야만 했던 것이죠.**14**

틀림없이 이 젊은 힘은 사회주의 교육가들에게 험난한 임무를 부과한다. 60년 전에 "어린 사도들"의 무리와 산업 군대 노릇을 하는 꼬마들에 대해 꿈꿨던 그녀는, 사제들의 교화에서 벗어나봐야 고작 거리에서 가련하게 방황할 따름인 아이들을 이제는 슬픔 없이는 바라보지 못한다. 다른 측면에서는 무정부주의적 조급증이 총파업의 유토피아를 퇴화시킬 위험이 있다. 그래서 이 은거하고 있는 여성은 본인이 자처한 소박한 처지, 자신이 "소액 기부금"과 "활기찬 동조"로 돕고 있는 사회운동의 "단순 목격자"라는 처지에 진정 머물 수가 없다. 그러니 그녀가 사랑하는 사도에게 다시금 연락을 취한다면, 이는 그의 생각을 확인하고 사랑—사랑이 사회적인 것이라 하더라도—추억을 교환하기 위함일 뿐만 아니라, 이 사랑을 새로운 일치와 과업 속에서 쇄신하기 위함이다. 그 기회를 놓쳤었다는 것도, 모든 것을 다시 시작해야 한다는 것도 확실히 진실이다. 그래도 그들이 죽기 전 남아 있는 이 짧은 막간에 모든 것이 다시 시작될 수 있고 그래야만 한다.

『사회적 운명Destinée sociale』을 다시 읽어봐요. 당장의 필요와 현세에 적용할 수 있는 바를 끌어내세요. 과학적 유토피아주의 저널 하나를 만드세요…… 이 성냥으로 빛이 밝혀질 겁니다…… 내가 남성적 명예보다 상위에 있는 귀부인이었다면, 그대에게 말했을 겁니다. 과학적이고 사회적인 유토피아주의 학교를 함께 세우자고요. 현대적인 혁신가들을 되살리자고요…… 장 마세, 베른, 플라마리옹, 에첼 등이 실험과학을 보급하기 위해 했던 일을 과학적 유토피아를 위해 한다면…… 이는 좋은 일일 겁니다. 요컨대 아이들과 여성들을 필두로 이론이 행동으로 들어서도록 해야 합니다.

실제로 여전히—그 어느 때보다도 더—50년 전에 거부된 그 길을 채택할 때다. 다중의 정념적 힘 및 "세속적 동조" 흐름과 동맹하여 유토피아의 논증과 추진에 착수하는 길.

문맹들과 소통해야 합니다. 축복받는 깃발을 갖지 못한, 교회 부속 청소년 선도회에 등록하지 않은, 자신들의 도덕적이고 물질적인 재건을 향해 다 함께 나아가기 위해 규율을 따르는 이 사람들이 원하는 바를 몹시 알고파 하는 군중과 소통해야 합니다…… 과학이 논증하고 보장해야 합니다. 빛이 유령들을 사라지게 해야 합니다. 청년들을 가르치라고 노인들에게 힘과 건강이 주어집니다……**15**

유토피아적 희망의 유산流産은 이 희망의 불모성을 보여주는 것, 이 희망을 포기하고 과학의 확실성을 추구하도록 독려하는 것과는 실제로 거리가 매우 멀다.

유토피아는 정밀과학들의 어머니입니다. 다산의 많은 어머니들처럼, 종종 유토피아가 품는 배아들은 불모이거나 너무 허약하고, 제때보다 먼저 또는 나쁜 환경에서 태어나죠.
유토피아는 또한 조직화된 세계만큼 오래되었어요. 유토피아는 새 사회의 전위입니다. 몽매함과 일시적인 불가능성으로부터 유토피아를 떼어내는 학구적인 논증들에 의해 인간의 재능이 유토피아를 현실화할

프롤레타리아의 밤

바로 그때, 유토피아는 사회와 조화를 만들어낼 겁니다.

그렇게 과학적 유토피아주의 학교는, 유토피아들에 "시학적인 위대함"
과 "미래의 전설"을 남겨두겠지만, "사회적 구태로부터 빠져나오기 위한
실천에 의해 유토피아들에서 끌어낼 수 있을 것"을 이성과 경험의 검토
에 복속시킬 것이다. 신세계는 저 먼 땅인 이집트의 사막이나 텍사스의
숲에서 시작되지 않는다. 신세계는 매일매일 우리 눈 밑에서, 우리 머리
안에서 형성된다. "공동생활 주택의 초안은 이미 나왔어요. 우리가 꿈꾸
던 것보다 훨씬 거대합니다. 자료들은 모든 방면에서 집적되고요. 모두가
거기서, 의식적으로든 아니든, 노동을 하죠. 높은 곳에서 사태를 바라보
는 이들에게는 이러한 진화가 경이로운 것…… 나를 환영 보는 사람으로
여기겠지만, 나는 이미 머릿속으로는 이 신세계에서 살고 있어요."

그녀가 푸리에의 기일인 10월의 어느 날 새벽에 자신이 느낀 황홀경에
대해 묘사한 것을 읽고 어찌 그녀를 환영 보는 사람으로 여기지 않겠는
가?

나는 부드러운 빛 한가운데에서 감미로운 평온을 느끼며 눈을 떴어요.
마치 동작을 의식하지 못한 채로 움직이면서 날아오르는 것 같아요. 나
는 잠시 이 천지간의 지극한 복됨에 젖어 있어요. 그 감정은 마치 영원
한 향기처럼 내게 머물러요. 이와 유사한 효과에 대한 푸리에의 묘사를
들었던 걸 나는 기억합니다. 그는 이런 효과를, 우리를 사랑하며 우리
주변의 대기에서 날아오르는 사람들의 영혼 상태라고 생각했지요.[16]

그녀가 이러한 환영을 헌정한 저 "회의적인 벗이자 엄격한 추론가"는

오래된 대수 물리학에 따라 그것을 설명할 자격이 충분치 않을 것이다. 그의 늙은 벗인 이 여성은 맹인이 되어간다. 그녀는 이미 "보편 공동생활체"의 연맹, 집단, 계열, 산업 군대를 보았다는데, 이 "보편 공동생활체"는 아마도 반세기 전 실명하게 된 어느 아비에게 위안이었던 미망과 동일한 의미 작용을 가질 것이다.

아흔까지도 정정하게 살았던 내 아버지는 여러 해를 맹인으로 지냈지요. 당신께서는 건설중인 파리 요새를 협회 저택의 기초공사라고 믿었어요. 선량한 사람들이 당신께 감췄던 진실을 어느 고약한 광대가 폭로해버렸어요. 뇌내출혈이 발병해서 결국 상심과 환멸 끝에 며칠 뒤 돌아가셨지요.[17]

맹인들에게 평온한 꿈을 품게 하는 미망과 현실로의 치명적 복귀라는 오래된 이야기? 사태는 팔십대의 데지레 베레가 하나가 아닌 두 가지 병을 앓고 있다는 사실로 인해 복잡해진다. 흑내장 말고도 그녀는 신경 장애를 앓고 있다. 외관상 경미한, 쉽게 치유될 수 있을 병. 그녀가 늙은 홀아비 친구의 가사 활동을 환기하면서 스스로 치료법을 제시한다.

나는 그대의 시간 중 많은 부분을 차지할 소소한 집안일 전부를 생각하며 즐거워했어요. 나는 소소한 편집증들을 많이 갖고 싶어요. 그런 것들이 욕구들이 되고, 소박한 욕망들과 소박한 조급증들을 유지시켜주겠죠. 우리 연배의 능동적인 삶을 철학과 더불어 북돋는 것이 위생적이니까요. 연배마다 나름의 삶이 있는 거죠. 이 소소한 실행들 이후에 두 뇌가 얼마나 평안하게 쉬던지!⋯⋯

프롤레타리아의 밤

불행히도 나의 신경으로 말하자면, 실존의 실제적인 세부들과 관련되는 것에 있어서, 나는 언제나 자신을 벗어나 타인들을 위해 살아왔어요. 투쟁 이후에 나는 몽상의 구름 속으로 날아올랐지요. 거기서 나의 이상적 세계를 품었고요. **지상에서의 현실적** 삶은 내게는 언제나 고달팠지요.[18]

하지만 노인의 신경을 평안케 해주고 두뇌를 쉬게 해주는 이러한 위생과 철학이, 60년 전에 마리렌과 잔 데지레라 불리는 두 명의 젊은 일류 양재사가 맞서 일어났던 가사 예속의 실천 및 이론이 아니라면 과연 무엇이겠는가? 이러한 위생과 철학을 통해 노년이 평온해지는 것은 저 예속에서 자신들의 삶을 잃은 양재사들뿐이다. 예컨대 어린 소피 베랑제 같은 양재사. 어머니가 아주 자랑스러워했던 그녀는 프롤레타리아로서의 예속과 가사에서의 예속이라는 현실적이고 실정적인 실존에서 벗어날 수 없었다. "제 삶은 그 누구에게도, 제 자신에게도 타인들에게도 도움이 안 됩니다. 선생님도 아시다시피, 저는 다르게 살 수도 있었을 거라고 느낍니다······ 개나 곰이나 늑대가 겪는 것만을 결혼을 통해 겪으면서 제가 얼마나 힘들었는지를 선생님이 아신다면······ 가혹한 고통입니다······ 목표도 없이, 타인이나 자신을 위한 향락도 없이 희생된 삶."[19] 자신을 벗어나 타인들을 위해, 또는 유토피아라는 이상적 세계 안에서 산다는 것이 주인 없이 살아가는 자의 향락을 느끼기 위한 조건이었다. 유토피아를—자신을 위해, 그리고 타인들을 위해—꿈꾸는 삶은 미망들에 대한 명석한 분석과 대립되지 않으며 그것에 압도되지도 않는다. "제가 현실보다는 꿈으로 더 많이 살아왔다고 하더라도, 나이들어 정념이 수그러든 지금, 나는 미망들이 두렵고, 미망들을 분석함으로써 깨뜨립니다. 하지만 나의 환멸에 색을 입히고 나를 지탱해주는 낙관주의를 충족시켜줄 만큼의 미망은 아직 남아 있지요."[20]

어느 유전병의 동일 증상들과는 전혀 다른 것. 유토피아의 치료할 수 없는 신경 장애는 시력 상실이 유발하는 환각들과 동일시되지 않는다. 역으로, 오직 실명만이 이 유토피아주의자를 지상으로 되돌리고, 현실적이며 실제적인 삶의 소소한 욕구들과 소소한 욕망들의 위생을 그녀에게 강제할 수 있을 것이다. "내가 돌연 거의 눈이 멀게 된 지난 8년이 넘는 동안, 감긴 눈을 돌려가며 온갖 종류의 소소한 정돈들을 궁리했어요. 결국 나는 내 두뇌의 기벽을 대체해줄 약간의 신체적인 편집증들을 얻게 되었지요."[21]

가능한 일이다. 다만 개연성은 별로 없는 일이다. 하지만 그녀가 우리에게 그것을 말할 수 있게 될 때, 정작 그녀는 그렇게 할 수 없을 것이다. 자신의 사랑의 연대기에 그녀는 이제 이렇게 몇 마디 말만을 덧붙일 것이다. 묘비 삼아. "그대들의 의연한 벗에게 관대하시게나."

그녀가 자신의 밤으로 어떻게 들어갔는지 우리는 알지 못하리라.

프롤레타리아의 밤

연표

1830년

7월 27~29일: 파리에서 혁명이 일어남. 샤를 10세 퇴위.

8월 1일: 루이 필리프가 국왕 대리관으로 취임.

8~9월: (특히 파리 식자공들 사이에서) 노동자 파업과 소요 사태 발생.

10월: 생시몽주의자들이 4월에 몽시니 거리의 오텔드제스브르에서 시작한 선교를 테부 홀로 옮김.

12월: 『글로브』(발행인 피에르 르루)가 『생시몽주의 교리 저널』이 되다.

1831년

2월 15일: 반왕당파-반교권주의 폭동이 일어나 대주교관을 약탈. 폭동 당일 저녁에 최초로 생시몽주의 노동자 5인 회동.

4월: 러시아군이 11월 30일의 혁명에 대한 대응으로 폴란드 침략. 유럽 전쟁 발발 위기. 루이 필리프가 내정불간섭주의 선택.

7월: 지구 단위 노동자 선전 조직 '생시몽주의 가족 총교단' 창단.

9월 7일: 폴란드 바르샤바의 질서가 안정됨.

11월: 생시몽주의 종교의 두 최고 교부인 앙팡탱과 바자르가 새로운 도덕과 '사제 커플' 문제를 놓고 결별. 앙팡탱이 여성과 프롤레타리아에 대한 호소 및 산업 조직화를 발표. 지구 단위 조직 해산.

11월 21일: 리옹 견직물 공장 직공들의 봉기.

1832년

1월: 생시몽주의 선교 금지 및 생시몽주의 지도자들 입건.

2월: 파리에 콜레라 창궐.

3~4월: 생시몽주의자들의 재정 파산. 『글로브』 발행 중단. 앙팡탱이 자신의 '아들들' 40인과 함께 메닐몽탕 은거를 공표(4월 20일).

6월 1일: 빅토르 콩시데랑이 『사회주의적 공동생활체』 간행. 생시몽주의 지식인과 노동자 다수가 푸리에주의로 전향.

6월 5~6일: 공화파 봉기(일명 생메리 수도원 봉기).

6월 6일: 파리에 포성이 울리는 가운데 메닐몽탕에서 생시몽주의 착복식이 열림.

7월: '사원 공사' 시공. 2000명까지 모였던 메닐몽탕 일요 집회 금지. 데지레 베레와 렌 갱도르프가 『라 팜므 리브르La Femme libre』 간행. 여러 차례 제호가 바뀌는 이 매체는 쉬잔 부알캥이 1834년에 이집트로 출발할 때까지 그녀에 의해 이어짐.

8월: 연합에 대한 규칙 위반과 배덕 혐의로 기소된 앙팡탱, 슈발리에, 뒤베이리에가 1년 징역형을 선고받음. (사기 혐의에 대한) 두번째 소송이 무죄 석방으로 끝남(10월).

11~12월: 생시몽주의 선교사들의 5개 분견대(총 40인)가 연달아 파리에서 '노동자 평화군' 양성의 중심지인 리옹으로 떠남. 앙팡탱 투옥.

1833년

4월: 리옹에서 생시몽주의 "가족" 해산.

8월: 석방된 앙팡탱이 '여성 메시아의 동반자들'이 그의 도착을 준비하던 이집트로 출발.

9~11월: 주로 인권 협회 투사들에 의해 파업의 물결이 이어짐. 파업에 나선 파리 재단사들이 "국가작업장" 창설. 다수의 기소와 단죄. 콩데쉬르베스그르 소재의 푸리에주의 집단 와해. 루이지애나에서 생시몽주의 기획 좌초. 라므네의 『어느 신자의 언약Paroles d'un croyant』 출간.

1834년

4월: 연합에 관한 법률이 리옹에서, 그후 파리에서 공화파 봉기를 촉발(4월 9~14일). 금도금보석세공인연합 창립(뷔셰파).

프롤레타리아의 밤

1835년

생시몽주의 이집트 사업 파탄. 나일강 댐 건설 계획이 보류되고 페스트가 창궐. 프랑스에서는 메닐몽탕이 매각됨. 바르베와 블랑키가 비밀가족협회 창설. 뷔셰가 『뢰로펜, 주르날 드 모랄 에 드 필로소피L'Européen, Journal de Morale et de Philosophie』 속간.

1837년

앙팡탱의 프랑스 복귀. 렌 갱도르프 자살. 데지레 베레와 빅토르 콩시데랑의 연애, 빅토르 콩시데랑과 클라리스 비구뢰의 결혼. 라므네의 『인민의 책Le livre du peuple』 출간.

1838년

10월: 『노동자 연합』 출간.

1839년

5월: 쉬잔 부알캥이 러시아로 출발. 바르베와 블랑키가 조직한 봉기 실패.
11월: 생시몽주의 노동자들(뱅사르, 데스플랑슈, 바노스탈……)이 푸리에주의자들(르누아르, 뷔제르) 및 "민주파"(랑베르, 쉬페르낭, 질랑)—이들은 차례로 탈퇴하게 됨—와 함께 『라 뤼슈』 창간. 1842년에 폐간되고 『뤼니옹』(1843~1846)이 그뒤를 이음. 페르디기에의 『직인 견습 일지』 출간.

1840년

7월: 이집트 문제와 연계된 국제적 긴장과 민족주의 물결. 벨빌에서의 공산주의 연회.
7~9월: 노동자들의 파업과 소요. 봉디 평원에 수천 명의 파업 참가자 운집.
9월: 다양한 경향의 노동자 150인이 『라틀리에』를 창간하지만 곧 뷔셰파가 장악(주요 협력자: 코르봉, 슈베, 르느뵈, 당기, 질랑……). 1850년 7월까지 간행.
10월 15일: 다르메의 국왕 시해 시도. 특히 파리와 리옹에서 공산주의자들 기소.
11월: 재단사 "동맹"의 지도자들인 트롱생과 쉬로가 5년 징역형을 선고받음. 루이 블랑의 『노동조직화Organisation du travail』 프루동의 『소유란 무엇인가?』 피에르 르루의 『인류에 대해De l'humanité』 카베의 『이카리아로의 여행』 출간.

1841년
3월: 카베가 『1841년의 인민』 출간.

5월: 카베의 과거 협력자인 라오티에르에 의해, 이어서 "일군의 공산주의 노동자"들이 참여한 『프라테르니테』(발행인 브누아 부아쟁) 간행. 1843년에 휴간. 1845년에 속간되어(협력자: 사바리, 말라르메, 스테브노, 뱅사르……) 1848년까지 간행.

7월: 유물론적 공산주의 저널 『뤼마니테르』(게, 메이, 파쥐, 샤바베이……) 창간.

9월 13일: [루이 필리프의 아들인] 오말 공작에 대한 케니세의 시해 시도. 그 결과로 일어난 파리에서의 거리 소요 및 『뤼마니테르』의 여러 "출자자"에 대한 체포.

10월: 아돌프 부아예가 자기 책의 실패에 뒤이어 자살. "노동자 문학" 논쟁.

11월: 케니세 재판. 『뤼마니테르』 재판(공산주의 언론인과 투사―필로, 세뉘르장 등―에 대한 다른 재판들이 가을 내내 열림). 올랭드 로드리그의 『노동자들의 사회적 시편들Poésies sociales des ouvriers』 출간.

1842년
푸리에주의 도장업자 르클레르가 노동자들에게 수익 배당 개시. 브라질에서 푸리에주의 정착지 무산. 슈베의 『가톨릭과 민주주의 또는 그리스도의 왕국Catholicisme et Démocratie ou le Règne du Christ』 출간.

1844년
페케르의 『신의 공화국에 대하여De La République de Dieu』 출간.

1846년
1월: 가용 중앙형무소에서 옥사한 트롱생의 성대한 장례식이 열림.

1846~1847년
경제 위기와 기아 폭동(특히 1847년 1월 뷔장세에서).

프롤레타리아의 밤

1847년

5월:『포퓔레르』지면에 "이카리아로 가자"라는 호소가 실림.

7월: 개혁주의적인 연회 캠페인 시작.

1848년

2월 3일: 이카리아 1차 전위대(69인)가 텍사스에 이카리아를 세우기 위해 르아브르를 떠남.

2월 24일: 파리에서의 봉기. 공화국 선포.

3월: 루이 블랑이 주재하는 뤽상부르 위원회에 동업조합 대의원이 선정된 것을 계기로 노동자 회의들이 열림.

3월 16~17일: "깃 달린 모자를 쓴 자들[근위병]"의 반동적 시위와 이에 맞선 인민의 대항 시위.

3월 19일: 외제니 니부아예가『라 부아 데 팜므 La Voix des femmes』 간행(협력자들: 잔 드루엥, 데지레 게[혼전에는 베레], 폴린 롤랑……).

4월 16일: 노동자 집회를 저지하기 위해 소집된 국민방위군이 "카베에게 죽음을! 공산주의자 타도!"를 외치며 시위. 지방의 공산주의자들에 대한 박해. 슈리브포르트에 착륙한 이카리아 1차 전위대는 7월 1일 이전에 크로스 팀버의 불하받은 땅에 주거지를 지어야 한다는 것을 알게 됨.

4월 23일: 국민의회 선거. 우파의 승리. 코르봉 당선. 뤽상부르 위원회와 클럽들이 제안한 노동자 후보들과 카베의 낙선.

5월 4일: 뷔셰가 주재하는 의회 회의.

5월 15일: 클럽들이 조직한 시위대가 의회를 침탈. 실패와 그에 따른 공화파 사회주의 지도자들에 대한 기소. 이카리아 1차 전위대가 이카리아 도정을 계속 이어가 마침내 6월 2일에 당도.

6월 3일: 르아브르에서 2차 전위대 출발.

6월 21일: 국가작업장 청산 조치.

6월 23~26일: 카베냑에 의해 파리 봉기 진압.

7월 5일: 의회에서 부의장 코르봉의 제안으로 노동자 연합을 위한 300만 프랑 융자 의결. 권장위원회가 12일에 업무 개시. 텍사스에서 말라리아에 걸린 이카리앵들이 모든 노동을 중단.

9월: 2차 전위대 대장 파바르가 이카리아에 당도해 슈리브포트와 뉴올리언스로의 철수를 결정.

9월 28일: 르아브르에서 3차 전위대 승선.

11월: 랑케 사태의 여파로 아틀리에주의자들이 노동자연합권장위원회에서 사임.

11~12월: 이카리앵들의 네 번의 "대규모 출발"(300인).

12월 10일: 루이 나폴레옹 보나파르트가 공화국 대통령으로 당선.

1849년

1월: 카베가 뉴올리언스에서 질병과 이탈에 시달리는 이카리앵들과 재회.

3월: 콜레라에 타격을 입고 이어서 2차 이탈의 피해자가 된 충성스러운 이카리앵들이 노부(일리노이)에 정착.

5월 13일: 입법 의회 선거. 반동파와 산악파의 공동 부상. 코르봉이 포함된 온건파의 패배. 질랑의 당선.

6월 13일: 로마 혁명에 대한 군사 개입 이후에 산악파는 헌법을 위반한 정부에 맞서 인민이 봉기할 것을 호소했으나 무산됨. 이 실패로 의회 숙청이 이루어짐.

9월: 카베가 궐석재판에서 사기 혐의로 유죄를 선고받음.

1850년

『노동자 연합 연감』에 파리와 근교의 211개 연합이 등재됨. 그중 요리사 연합이 28개, 이발사 연합이 47개……

4월: 이카리아 가입의 재정 조건을 완화하는 "4월 법" 제정.

4~5월: 다수의 입법부 보궐선거에서 좌파가 승리하자 의회 다수파가 보통선거를 제한하는 5월 31일 법 가결.

1851년

1월: 이카리아에서 3차 대이탈.

7월: 소송 변론을 위해 프랑스로 돌아온 카베가 항소심에서 무죄를 선고받음.

9월: 『포퓔레르』 폐간과 단명한 『레퓌블리캥 폴리티크 에 소시알』 창간.

12월 2일: 루이 나폴레옹의 쿠데타.

1852년

7월: 카베의 이카리아로의 복귀.

12월 2일: 프랑스에서 제정 복원.

1853년

11월: 이카리아 "개혁" 가결.

1854년

질랑, 39세로 사망.

페르디기에의 『어느 직인의 회상Mémoires d'un compagnon』 망명중에 제네바에서 출간.

1855년

12월: 콩시데랑이 지도하는 푸리에주의 통합 정착지 수립(텍사스). 카베가 의장의 권한을 강화하는 방향으로 이카리아 헌법 개정을 제안.

1856년

2월: 카베가 이카리아 총회에서 소수파로 전락.

5월 12~13일: 새로운 "빨갱이" 다수파가 카베를 탄핵. 이카리앵들이 결정적으로 양분됨.

9~10월: 공동체에서 축출된 카베가 충성파와 함께 노부를 떠나 세인트루이스에 정착. 이곳에서 카베 11월 8일 사망.

1858년

변호사 메르카디에가 이끄는 세인트루이스의 카베주의자들이 첼트넘(미주리)에 정착.

1859년

코르봉의 『직업교육에 대하여De l'enseignement professionnel』 출간.

1860년
노부의 "빨갱이" 다수파 잔당이 코닝(아이오와)에 정착.

1861년
남북전쟁. 이카리앵 다수가 북군 대열에 가담.

1862년
런던 만국박람회. 프랑스 정부 비용으로 노동자 대표단 파견. 정권에 가담한 노동자 집단인 일명 왕궁파가 발행하는 『카이에 포퓔레르Cahiers populaire』에 노동자 대표단의 보고서 게재.

1863년
프랑스 주재 이카리아 대표자인 벨뤼즈가 사임하고, 『연합, 진보의 귀결』을 출간, 노동은행을 세움. 코르봉의 『파리 인민의 비밀』 출간.

1864년
첼트넘 공동체 해산. 프랑스에서 일명 60인 선언이라 불리는 노동자 선언이 발표됨.
9월 28일: 런던에서 국제 노동자 연합[제1인터내셔널] 창립.

1865년
협동조합 관련 법안을 기초할 임무가 부여된 조사위원회 회합. 이 위원회에서 1848년 노동자 연합들의 잔존자들 청문.

1867년
파리 만국박람회.

1869년
빅토르 콩시데랑이 통합 정착지 실패 이후 프랑스로 돌아옴.

1877년
향년 75세로 쉬잔 부알캥 사망. 코닝 공동체가 "청년 이카리앵들"의 이탈로 피해를 봄.

1879년
뱅사르의 『어느 늙은 생시몽주의 가객의 삽화적인 회상Mémoires épisodiques d'un vieux chansonnier saint-simonien』 출간.

1889년
향년 83세로 가브리엘 고니 사망.

1890~1891년
브뤼셀에 망명한 데지레 베레가 빅토르 콩시데랑에게 편지를 보냄.

1891년
1875년 이후 종신 상원의원인 코르봉이 향년 82세로 사망.

1898년
코닝 공동체 해산.

주

서문.

1. Platon, *La République*, VI, 495, d~e.

1부. 가죽 작업복을 입은 사람

1장. 지옥의 문

1. Gilland, "De l'apprentissage. Fragment d'une correspondance intime", *La Ruche populaire*, sept. 1841, pp. 2~3.

2. E. Varin, "A Tous", *La Ruche populaire*, nov. 1839, p. 4.

3. Pierre Vinçard, *Les Ouvriers de Paris*, Paris, 1851, p. 122.

4. J. P. Gilland, *Les Conteurs ouvriers*, Paris, 1849, p. XII.

5. Henri Leneveux, *Manuel de l'apprentissage*, Paris, 1855.

6. *Procès-verbaux du Conseil d'encouragement pour les associations ouvrières, publiés par Octave Festy*, Paris, 1917, p. 52.

7. *Discours prononcés aux réunions des ouvriers de la Société de Saint-François-Xavier à Paris et en province par M. l'abbé François-Auguste Ledreuille, recueillis et publiés par M. l'abbé Faudet*, Paris, 1861, p. 277.

8. "Les aventures du petit Guillaume du Mont-Ciel", *Les Conteurs ouvriers, op. cit.*

9. Alphonse Viollet, *Les Poètes du peuple au XIXe siècle*, Paris, 1846, p. 2.

10. *Napoléon ou l'Homme-Peuple*, feuille volante saint-simonienne, Paris, 1832.

11. Constant Hilbey, *Vénalité des journaux*, Paris, 1845, p. 33.

　　　　　　　　　　　　　프롤레타리아의 밤

12. Constant Hilbey, *Réponse à tous mes critiques*, Paris, 1846, p. 44.

13. C. Hilbey, *Vénalité des journaux, op. cit.*, p. 38.

14. Savinien Lapointe, "Lettre à M. Victor Hugo, pair de France", *L'Union*, mai-juin 1846.

15. Vinçard à Enfantin, Fonds Enfantin, Bibliothèque de l'Arsenal, Ms. 7627, 22 avr. 1837.

16. Gauny à Ponty, 23 janv. 1838, Fonds Gauny, Bibliothèque municipale de Saint-Denis, Ms. 168.

17. Lerminier, "De la littérature des ouvriers", *Revue des Deux Mondes*, 15 déc. 1841.

18. Rapport du 1er oct. 1831, Fonds Enfantin, Ms. 7815.

19. Raymond Brucker, *Les Docteurs du jour devant la famille*, Paris, 1844.

20. Gauny, "Opinions", *La Ruche populaire*, avr. 1841.

21. Bergier à Gauny, mai 1832, Fonds Gauny, Ms. 166.

22. Gauny à Bergier, 14 mai 1832, ibid.

23. Désirée Véret à Enfantin, 11 sept. 1831, Fonds Enfantin, Ms. 7608.

24. "La Revue synthétique contre L'Atelier", *L'Atelier*, juin 1843, p. 88.

25. Gauny à Ponty, 12 mai 1842, Fonds Gauny, Ms. 168.

26. Gauny à Retouret, 12 oct. 1833, Fonds Gauny, Ms. 165.

27. Platon, *La République*, III, 415.

28. Vinçard, *Mémoires épisodiques d'un vieux chansonnier saint-simonien*, Paris, 1879, pp. 57~58.

2장. 천국의 문

1. "Spectacles populaires", *Le Globe*, 28 oct. 1831.

2. Charles Béranger, "L'Émeute", *Le Travail*, 9 juin 1832.

3. Suzanne Voilquin, *Souvenirs d'une fille du peuple*, Paris, F. Maspéro, 1978, p. 68.

4. Vinçard, *Mémoires épisodiques d'un vieux chansonnier saint-simonien, op. cit.*, p. 20.

5. Julie Fanfernot, *L'Étincelle*, Paris, 1833.

6. Sébastien Commissaire, *Mémoires et Souvenirs*, Lyon, 1888.

7. J. P. Gilland, "Biographie des hommes obscurs, André Troncin", *La Feuille du village*, 28 nov. 1850.

8. Agricol Perdiguier, *Mémoires d'un compagnon*, Paris, 1914, pp. 8~9.

9. P. Lachambeaudie, "Le déjeuner à l'école", *Cent fables*, Paris, 1864, p. 75.

10. J. P. Gilland, "Biographie des hommes illustres, Agricol Perdiguier", *La Feuille du village*, 3 avr. 1851.

11. Fonds Enfantin, Ms. 7815.

12. Claude David, *Organisation du travail*, Paris, 1848, pp. 63~64.

13. Emile Jay, "Visite aux associations", *Le Bien-Être universel*, 3 août 1851.

14. Proudhon à Ackermann, 20 sept. 1843, *Correspondance*, Paris, 1875, t. II, p. 10.

15. Proudhon à MM. de l'Académie de Besançon, 31 mai 1837; *ibid.*, t. I, p. 30.

16. Pétition des fabricants d'ébénisterie, A. N., F 12/4636.

17. Rapport d'Achille Leroux, Fonds Enfantin, Ms. 7816.

18. A. Bertaut, "Au Peuple", *La Ruche populaire*, fév. 1841.

19. Proudhon, *De la Justice dans la Révolution et dans l'Église*, Bruxelles, 1868, t. II, p. 348.

20. Mallard à Lambert, mai 1832, Fonds Enfantin, Ms. 7757.

21. Perre Vinçard, "Les ouvriers tailleurs", *Le Travail affranchi*, 7 janv. 1849.

22. *L'Artisan*, oct. 1842.

23. P. Vinçard, *Les Ouvriers de Paris*, 1851, p. 48.

24. *La Fashion*, déc. 1841.

25. Couannon, *Le Parfait Tailleur*, Paris, 1852, et *Journal des Marchands Tailleurs*, juil. 1837 et janv. 1838.

26. *La Fashion*, 20 août 1842.

27. Deluc, *Projet d'association des tailleurs de Bordeaux*, A.N., F 12/4631.

28. A. Decoux, *Jean-Jacques compris par les tailleurs ou Bonheur de tout ce qui peut coudre, aidé par la philanthropie*, Paris, 1835, p. 15.

29. Monneret, "Hygiène des tailleurs", in Canneva, *Livre du tailleur*, Paris, 1838, p. 190.

30. Gilland, "Biographie des hommes obscurs, André Troncin", *La Feuille du village*, 28 nov. 1850.

31. *Ibid.*, 12 déc. 1850.

32. *La Fashion*, 20 avr. 1842.

33. Grignon, *Réflexions d'un ouvrier tailleur sur la misère des ouvriers en général, la durée des journées de travail, le taux des salaires, les rapports actuellement établis entre les ouvriers et les maîtres d'atelier, la nécessité des associations d'ouvriers comme moyen d'améliorer leur condition*, Paris, 1833, p. 4.

34. Jules Leroux, *Aux ouvriers typographes*, Paris, 1833, p. 11.

35. Perdiguier, *Mémoires d'un compagnon, op. cit.*, p. 243.

36. Décembre et Alonnier, *Typographes et gens de lettres*, Paris, 1862, p. 70. ("시급제 일꾼"이 하는 노동은 특성상 도급제가 어려워서 일급으로 일했다.)

37. Jules Ladimir, "Le compositeur typographe", *Les Français peints par eux-mêmes*, Paris, 1840, t. I, p. 266.

38. Leneveux, *Le Travail manuel en France*, Paris, s.d., p. 166.

39. J. Ladimir, *op. cit.*, p. 271.

40. Gilland, "Biographie des hommes obscurs, Adolphe Boyer", *La Feuille du village*, 13 févr. 1851.

41. *Le Globe*, 23 déc. 1831.

42. Gallé à Reboul, 1833, Fonds Enfantin, Ms. 7728.

3장. 새 바빌론

1. Rapport de Delaporte, 22 oct. 1831, Fonds Enfantin, Ms. 7816.

2. Gauny à Rétouret, 24 juil. 1832, Fonds Gauny, Ms 165.

3. Gabriel à Louis, Fonds Gauny, Ms. 112.

4. Profession de foi de Jeanne Deroin, Fonds Enfantin, Ms. 7608.

5. Claude Genoux, *Mémoires d'un enfant de la Savoie*, Paris, 1844.

6. Suzanne Voilquin, *Souvenirs d'une fille du peuple, op. cit.*; Jean-Pierre Drevet,

Le Socialisme pratique, Paris, 1850; Alphonse Viollet, *Les Poètes du peuple au XIXᵉ siècle*, *op. cit.* (sur Durand).

7. *Manuel de l'émancipation intellectuelle*, Paris, 1841, p. 4.

8. Alphonse Viollet, *op. cit.* (sur Eugène Orrit).

9. Suzanne Voilquin, *op. cit.*, p. 65.

10. Profession de foi de Jeanne Deroin, Fonds Enfantin, Ms. 7608.

11. Gauny à Rétouret, 24 juil. 1832, Fonds Gauny, Ms. 165.

12. Gilland, *Les Conteurs ouvriers*, *op. cit.*

13. Gilland, "De l'apprentissage", *loc. cit.*, pp. 4~5.

14. Maurice Le Prevost, *Almanach de l'apprenti*, 1851~1855, et *Les Jeunes Ouvriers*, Paris, 1862.

15. Gauny à Rétouret, 2 févr. 1834, Fonds Gauny, Ms. 165.

16. Constant Hilbey, Réponse à tous mes critiques, *op. cit.*, p. 51.

17. A. F. Ledreuille, *Discours...*, *op. cit.*, p. 66.

18. *Ibid.*, p. 39.

19. *Ibid.*, p. 69.

20. J. P. Drevet, *op. cit.*, p. 55.

21. Ledreuille, *op. cit.*, p. 71.

22. Corbon, *De l'enseignement professionnel*, Paris, 1859, p. 59.

23. "Le travail attrayant", *L'Atelier*, juin 1842, p. 80.

24. "Le travail à la journée", Fonds Gauny, Ms. 126. 이 텍스트 일부가 『르 토생 데 트라바이예르』 1848년 6월 16일자에 기사 형태로 실렸다. 다른 표시 없이 이하의 모든 인용은 이 기사에서 따온다.

25. Charles Gille, "L'Union des camarades", P. Brochon, *Le Pamphlet du pauvre*, Paris, 1957, p. 149.

4장. 순찰로

1. Supernant, "Révélations d'un coeur malade", *La Ruche populaire*, fév. 1840, p. 26.

2. Coutant, *Du salaire des ouvriers compositeurs*, Paris, 1861, p. 13.

3. Supernant, *op. cit.*, p. 23. 후술 부분에서는 각주의 반복을 피하겠다.

4. *La Ruche populaire* et *L'Atelier*, oct. 1841.

5. *La Ruche populaire*, juin, 1841.

6. Vinçard, "Réponse au journal Le Globe", *La Ruche populaire*, 1841, p. 17.

7. Gauny à Ponty, Fonds Gauny, Ms. 168, 22 janvier 1838.

8. "Le travail à la tâche", *ibid.*, Ms. 134.

9. Lettre citée par G. Benoît-Guyod, *La Vie maudite de Hégésippe Moreau*, Paris, 1945, p. 228.

10. Gabriel à Louis et Louis à Gabriel, *loc. cit.*

11. "Galerie des chansonniers: Ponty", La Chanson, 26 déc. 1880.

12. Gauny à Ponty, 4 mai 1838, Fonds Gauny, Ms. 168.

13. "Le Travail à la tâche", *ibid.*, Ms. 134. 별도 표시가 없으면 이하 인용은 모두 같은 텍스트의 것이다.

14. Claude Genoux, *Mémoires d'un enfant de la Savoie*, Paris, 1844, p. 167.

15. Gauny à Ponty, 4 avril 1856, Fonds Gauny, Ms. 168.

16. Gabriel à Louis et Louis à Gabriel, *loc. cit.*

17. "Économie cénobitique", Fonds Gauny, Ms. 15.1

18. "Le travail à la tâche", *loc. cit.*

19. "Aux ouvriers qui construisent des prisons cellulaires", *ibid.*, Ms. 116. 다른 표시가 없으면 이하 인용은 같은 텍스트에서 발췌한 것이다.

20. Marie-Reine Guindorff, "De la peine de mort", *Tribune des femmes*, déc. 1833, p. 81.

21. Pauline Roland, "Un mot sur Byron", *Tribune des Femmes*, déc. 1833, pp. 73~74.

22. Vinçard, *Mémoires épisodiques...*, *op. cit.*, p. 143.

23. Malwida von Meysenbug, *Mémoires d'une idéaliste*, Paris, 1900, t. II, pp. 20~21 et 50~64.

24. Vinçard, *Mémoires épisodiques*, p. 148~149.

25. "Économie cénobitique", Fonds Gauny, Ms. 151.

26. "Aux ouvriers qui construisent des prisons cellulaires", *op. cit.*; 이후에는 각주

없이 인용한다.

27. "Le travail à la tâche", *op. cit.*

28. "Les manufactures", *op. cit.*

5장. 샛별

1. Gauny, "Opinions", *La Ruche populaire*, avr. 1841.

2. *La Ruche populaire*, oct. 1841.

3. Procès de *L'Humanitaire*, Audience du 11 novembre 1841, *Gazette des Tribu-naux*.

4. Seigneurgens, *Lettre sur la formation de la Société des ouvriers bonnetiers de Paris, dite Bourse auxiliaire, adressée à tous ses confrères à l'occasion de sa dissolution*, Paris, s.d., pp. 2~3.

5. Ibid., p. 3.

6. *Cour d'assises de la Seine, Audience du 30 oct. 1841, Affaire du Moniteur répub-licain*, publié par Zéphir-Zacharie Seigneurgens, Paris, 1842, pp. 11, 13.

7. *Lettre sur la formation de la Société des ouvriers bonnetiers, op. cit.*, p. 14.

8. *Ibid.*, p. 9.

9. *La Ruche populaire*, oct. 1841.

10. Désirée Véret à Enfantin, 31 août 1832, Fonds Enfantin, Ms. 7608.

11. Désirée Véret à Enfantin, 20 oct. 1832, *ibid.*

12. "Aux ouvriers par un ouvrier", *Le Globe*, 4 juin 1832.

13. Gilland, *Les Conteurs ouvriers, op. cit.*, pp. xix~xx.

14. "L'incompris", *ibid.*, pp. 73~74.

15. *Ibid.*, pp. 83~84.

16. *Ibid.*, p. 84.

17. *Les Conteurs ouvriers*, Préface, pp. xvii~xviii.

18. *Ibid.*, p. xviii.

19. Profession de foi de Jeanne Deroin, Fonds Enfantin, Ms. 7608.

20. Désirée Véret à Enfantin, 11 sept. 1831, Fonds Enfantin, Ms. 7608.

21. "Fragments d'une correspondance intime", *La Fraternité de 1845*, mai 1846,

pp. 147～148.

22. Profession de foi d'Hippolyte Pennekère, Fonds Enfantin, Ms. 7794.

23. Gauny à Thierry, "Offertoire", Fonds Gauny, Ms. 172.

24. Bergier à Gauny, mai 1832, *ibid.*, Ms. 166.

25. Gauny à Bergier, 14 mai 1832, Fonds Gauny, Ms. 166.

26. Gauny à Thierry, 21 déc. 1840, Fonds Gauny, Ms. 172.

27. Vinçard à Lenoir, 16 mai 1836, Fonds Enfantin, Ms. 7627.

28. "Économie cénobitique", Fonds Gauny, Ms. 151.

29. "Les deux familles", *ibid.*

30. "Diogène et saint Jean le Précurseur", *ibid.*

31. "Les indépendants", Fonds Gauny, Ms. 115.

32. "Aux prolétaires", Fonds Gauny, Ms. 93, et "A l'amitié" Ms. 139. *Cf.* également: "Club des Travailleurs", Ms. 163, "Lacédémone et Libérie", Ms. 151, et "La multitude", *Le Tocsin des travailleurs*, 11 juin 1848.

33. S. Commissaire, *Mémoires et Souvenirs*, *op. cit.*, p. 114.

34. Perdiguier à André Alliaud, 9 fév. 1844, *Correspondance inédite*, publiée par Jean Briquet, Paris, 1966, p. 77.

35. *Biographie de l'auteur du Livre du Compagnonnage*, Paris, 1846, p. 21.

36. Vasbenter à Flora Tristan, 11 juin 1843, *in*: Jules Puech, *La Vie et l'OEuvre de Flora Tristan*, Paris, 1925, p. 473.

37. *Ibid.*, pp. 475～476.

38. "Fragments d'une correspondance intime", *La Fraternité de 1845, loc. cit.*

39. "Une plainte", *Les Conteurs ouvriers*, *op. cit.*, pp. 320～321.

40. *Ibid.*, pp. 321～322.

41. Gilland, "L'incompris", *loc. cit.*, p. 64.

42. *Ibid.*, p. 68.

43. *Ibid.*, p. 70.

44. *Ibid.*, pp. 71～72.

45. *Les Conteurs ouvriers*, Préface, p. xv.

46. *Ibid.*, p. xvi.

47. *Ibid.*, p. xix.

48. "L'incompris", *loc. cit.*, p. 86.

49. P. Vinçard, *Les Ouvriers de Paris*, *op. cit.*, pp. 120~121.

50. Corbon, *De l'enseignement professionnel*, *op. cit.*, pp. 67~68.

2부. 부서진 대패

6장. 노동 군대

1. Rapport de Delaporte, Fonds Enfantin, Ms. 7816. 별도의 지시가 없으면 본장의 인용들은『노동자 교육L'Enseignement des ouvriers』이라는 서류철에 준거한다. 이 서류철에는 구 단위 남녀 감독관들의 보고서가 들어 있는데, 1831년 7월부터 동년 11월 말까지(앙팡탱과 바자르의 "분열" 시기) 생시몽주의 고위층이 정리한 것이다. 7815 보관함에는 여섯 개의 전반부 구(아르시 지구와 300인 맹인 병원 지구를 제외한 우안) 관련 보고서들이 있다. 7816 보관함은 다른 여섯 개 구(전술한 두 개 지구와 섬들 및 좌안)와 관련된다. 각주가 쌓이는 것을 피하기 위해 마련한 아래 명단에는 각 구별로 보고서가 활용된 남녀 감독관과 이들 관할의 노동자들이 적혀 있다. 1구: Moroche, Mme Dumont, 후에 1구와 2구가 통합됨: Clouet, Haspott (Brion, Chapon, Desclos, Dodmond, Grossetête, Knobel, Lebeau, Rossignol). 3구: Biard, Mme Biard (Adélaïde Baudelot, Fontaine, Maire, Sarrazin). 4구와 5구: Botiau, Eugénie Niboyet (Bar, Béranger, Bernard Louis, Brosset, Brousse, Chazeret, Cherot, Colas, Coligny, Conchon, Dagoreau, Delanoë, Feytaud, Guindorff, Jeandin, Lambinet, Fanny Lebert, A. Lenoir, Lhopital-Navarre, Madame Molière, Madame Peiffer, Madame Pierron, Raimbault, Martin Rose, Ruffin, Vedrenne). 6구: Prévôt, Véturie Espagne (Boissy, Mme Lauzanne, Claudine Mantoux, Mongallet, Mme Pottier, Mme Roubaud, Mari-Elisabeth Savy, Viel). 7구: Lesbazeilles (Courajout, Dallongeville, Dantard, Delaunay, Dupont, Guéneau, Grincourt, Lebret, Mauhin, Minck, Philippe Monier, Moreau, Orièvre, Perennez, Prété, Welter). 8구: Raymond et Sophie Bonheur (Barberot 또는 Barbaroux, Boblet, Bourguet, Carré, Chassard, Coquerel, Der-

ory, Dudin, Gaigneux, Gallet, Geoffroy, Huguenin, Korsch, Lené, P. Lenoir, Veuve Percinet, Platel, Quesnel, Thuillier). 9子: Achille Leroux (Cailloux). 10子: Bobin, Dugelay (Boutelet, Ménétrier, Nollet). 11子: Parent, Adrienne Mallard (Baron, Bonnefond, Chanon, Delacommune, Grégeur, Henry, Langevin, Vieillard). 12子: Delaporte, Félicie Herbault (Bergier, Boileau, Bulloz, Chartier, Confais, Dadon, Delvincourt, Deschamps, Dubut, Elliot, Fausse, Gauny, Hennequin, Jousse, Labbé, Lefoulon, Mme Libert, Sophie Maillet, Alexandre Pennekère, Charles et Hippolyte Pennekère, Mlle Pollonais, Quicherat, Tiers, Augustine Tiers).

2. *Cf.* Charles Dupin, *Forces productives et commerciales de la France*, Paris, 1827.

3. Bigot de Morogues, *De la misère des ouvriers et de la marche à suivre pour y remédier*, Paris, 1832, pp. 53~54.

4. Gérando, cité par Schachérer, "Budget des travailleurs", *La Ruche populaire*, août 1841.

5. Ruffin à Michel Chevalier, Fonds Enfantin, Ms. 7606.

6. Profession de foi de Giot, Fonds Enfantin, Ms. 7794.

7. Desloges à Ollivier, Fonds Enfantin, Ms. 7714.

8. Profession de foi de Chérot, Ms. 7794.

9. Vinçard, *Mémoires épisodiques...*, *op. cit.*, p. 95.

10. Livre des Actes, Paris, 1833, p. 33.

11. Vinçard, *op. cit.*, p. 10.

12. Profession de foi de Cochareau, Fonds Enfantin, Ms. 7794.

13. Profession de foi de Guérineau, *id.*

14. Profession de foi de Giot, *id.*

15. Profession de foi de Guérineau, de la femme Nollet et de Colas.

16. Profession de foi de Laurent Ortion.

17. Mallard à Lambert, juin 1832, Fonds Enfantin, Ms. 7757.

18. *Le Globe*, 17 déc. 1831.

19. *OEuvres de Saint-Simon et d'Enfantin*, Paris, 1865, t. V, p. 154.

20. Profession de foi de Brion et Colas, Ms. 7794.

7장. 인류를 사랑하는 이들

1. Profession de foi de Laurent Ortion, Lenz, Madame Nollet, Antonia Chollet, Fonds Enfantin, Ms. 7794; 본 장에서 인용되는 신앙고백 대부분은 이 보관함에서 확보한 것들이고, 주석의 반복은 피하겠다.

2. Profession de foi de Machereau, *L'Organisateur*, 5 mars 1831.

3. "Aux ouvriers par un ouvrier", *L'Organisateur*, 4 juin 1831 (texte également diffusé en brochure).

4. Cailloux à Achille Leroux, Fonds Enfantin, Ms. 7816.

5. Profession de foi d'Armand, Martin et Eugénie Tétard.

6. Lettre de Perrenet au *Globe*, Fonds Enfantin, Ms. 7606.

7. Professions de foi de Bois (Ms. 7794), Jeanne Deroin (Ms. 7608) et Bazin (Globe, 21 janv. 1832).

8. Vinçard, *Mémoires épisodiques*..., p. 35.

9. Désirée Véret à Enfantin, 11 sept. 1831, Ms. 7608.

10. Bazin, "Pensées religieuses", *Le Globe*, 21 janv. 1832.

11. Profession de foi de Mme Nollet, Eugénie Tétard et Caroline Béranger.

12. *Émile ou De l'Éducation*, La Haye, 1762, t. III, p. 25.

13. Guérineau, *Pourquoi nous sommes républicains et ce que nous voulons*, Paris, 1832.

14. Profession de foi de Jeanne Deroin, Ms. 7608.

15. *Cf. Lettre d'un disciple de la Science nouvelle aux religionnaires prétendus saint-simoniens de l'*Organisateur *et du* Globe, Paris, 1831.

16. Cité par E. Souvestre, "Les penseurs inconnus", *La Revue de Paris*, mars 1839, p. 246.

17. Bazin à Enfantin, 25 mars 1833, Ms. 7647.

18. *Œuvres de Saint-Simon et d'Enfantin*, t III, p. 208.

19. "L'intervention", *OEuvres de Saint-Simon et d'Enfantin*, t. 43, pp. 339 et seq.

20. Profession de foi de Machereau, *L'Organisateur*, 5 mars 1831.

21. Profession de foi de Conchon, Mme Nollet, Bois, Labonni.

22. Professions de foi de Colas et Raimbault.

23. Enseignement de Claire Bazard, *L'Organisateur*, 18 juin 1831.

24. Lettre de Benard, *Le Globe*, 2 fév. 1832.

25. Allocution de Lenoir à l'Église de Toulouse, *Le Globe*, 3 fév. 1832.

8장. 모루와 망치

1. Rapport de Raymond Bonheur, Fonds Enfantin, Ms. 7816. 본 장에서 인용되는 구 단위 감독관 보고서들 관련 주석은 반복을 피할 것이니 6장 1번 주를 참조할 것.

2. *Œuvres de Saint-Simon et d'Enfantin, op. cit.*, t. XVI, pp. 230~231.

3. *Enseignement des ouvriers*, séance du 25 déc. 1831, *Le Globe*, 30 déc. 1831.

4. Profession de foi de Lebret.

5. Bazin à Enfantin, Ms. 7624.

6. Gauny à Retouret, 24 juil. 1832, Fonds Gauny, Ms. 165.

7. Thierry à Gauny, 2 déc. 1832, *ibid.*, Ms. 172.

8. Gauny à Retouret, 27 oct. 1833, *ibid.*, Ms. 165.

9. *OEuvres de Saint-Simon et d'Enfantin, op. cit.*, t. XIV, p. 73.

10. Eugène Rodriguès, auteur des *Lettres sur la religion et la politique*, Paris, 1831.

11. *Œuvres de Saint-Simon et d'Enfantin*, t. XIV, pp. 73~74.

12. *Ibid.*, t. XVI, p. 92.

13. *Ibid.*, t. XIV, p. 123.

14. *Ibid.*, t. VII, pp. 145~146.

15. *Ibid.*, t. VII, p. 137.

16. *Ibid.*, p. 139.

17. *Ibid.*, XVI, p. 80.

18. Enseignement des ouvriers. Séance du 25 déc. 1831, *Le Globe*, 30 déc. 1831.

19. *OEuvres...*, XVI, pp. 89~91.

20. *Ibid.*, pp. 91~93.

21. *Le Globe*, 27 fév. 1832.

22. Voilquin à Enfantin, Ms. 7627.

23. Mallard à Lambert, Ms. 7757.

24. Chevalier à Brisbane, *Œuvres...*, VII, p. 37.

25. Bergier à Gauny, mai 1832, Fonds Gauny, Ms. 166.

26. Bergier à Gauny, mai 1832, *ibid*.

27. Enfantin à Capella, 30 avril 1832, *Œuvres...*, VII, pp. 15~26.

28. Bazin à Enfantin, déc. 1832, Ms. 7647.

29. Michel Chevalier à Rousseau et Biard, in H. R. d'Allemagne, *Les Saint-Simo-niens(1827~1837)*, Paris, 1930, p. 326.

30. Lettres de Hoart, Rogé et Bruneau à Enfantin, fév.~avr. 1833, Ms. 7647.

31. Hoart à Enfantin, août 1833, Ms. 7733.

32. Hoart à Enfantin, août 1833, Ms. 7733.

33. Hoart à Decaen, août 1833, Ms. 7733.

34. Hoart à Decaen, août 1833, Ms. 7733.

35. Enfantin à Hoart et Bruneau, mars 1834, *Œuvres...*, IX, pp. 208~209.

36. Hoart à Suzanne Voilquin, fév. 1834, Ms. 7733.

37. Bazin à Enfantin, 4 mai 1834, Ms. 7795.

9장. 사원의 구멍들

1. 앞에 인용된, 고니가 르투레에게 보낸 편지.

2. Retouret à Gauny, 30 janv. 1834, Fonds d'Eichthal, Bibliothèque Thiers.

3. Gauny à Retouret, 2 fév. 1834, Fonds Gauny, Ms. 165.

4. Gauny à Retouret, 2 fév. 1834, Fonds Gauny, Ms. 165.

5. Gauny à Enfantin, 1851, Fonds Enfantin, Ms. 7630.

6. "Les chemins de fer", Fonds Gaunu, Ms. 119(이어지는 인용들에는 전거를 밝히지 않을 것이다).

7. Bazin à Enfantin, 24 mai 1835, Fonds Enfantin, Ms. 7624.

8. Desloges à Ollivier, Fonds Enfantin, Ms. 7714.

9. *Cf*. Voilquin à Lambert, Ms. 7791.

10. Suzanne Voilquin à Enfantin, 23 janv. 1838, Ms. 7627

11. *Ibid.*

12. Suzanne Voilquin à Enfantin, 13 mai 1838, *ibid.*

13. Souvenir d'une fille du peuple, *op. cit.*, p. 402.

14. Désirée Véret à Fourier, 14 août 1833, Archives nationales, 10 As 42.

15. "Aux Infernaux", in lettre à Enfantin, 12 mars 1838, Fonds Enfantin, Ms. 7627.

16. Vinçard à Enfantin, *ibid.*

17. Lenoir à Vinçard, 15 mai 1836, Fonds Enfantin, Ms. 7755.

18. Lenoir, "Ce qui est et ce qui n'est pas progrès", *La Ruche populaire*, fév. 1840.

19. Reine Guindorff, "Aux Femmes", *Tribune des Femmes*, Première année, p. 205.

20. Désirée Véret à Enfantin, 31 août 1832, Fonds Enfantin, Ms. 7608.

21. Désirée Véret à Fourier, 14 août 1833, A.N., 10 As 42.

22. Julie Fanfernot à Vinçard, cité dans *Mémoires épisodiques...*, *op. cit.*, p. 161.

23. *Ibid.*, p. 161.

24. Vinçard, *op. cit.*, pp. 159~160.

25. Vinçard à Lenoir, 16 mai 1836, Fonds Enfantin, Ms. 7627(추후 인용에서는 출전을 밝히지 않는다).

26. Gustave Biard, "Vues sur l'école des intérêts matériels", La Ruche populaire, mars 1840(이하 출전 명기하지 않는다).

27. Hawthorne, *Valjoie*, Paris, 1952, p. 365.

28. Vinçard à Enfantin, 8 août 1838, Fonds Enfantin, Ms. 7627.

29. Vinçard à Enfantin, 8 août 1838, Fonds Enfantin, Ms. 7627.

30. Vinçard, "Sur la réforme électorale", *La Ruche populaire*, mars 1840.

31. Desplanches, "Un mot à la bourgeoisie", *La Ruche populaire*, juil. 1841.

32. *Lettre d'un disciple de la Science nouvelle...*, *op. cit.*, p. 37, et "De la nation-alité", *L'Européen*, 1832, p. 146.

33. Mattieu, VIII, 5~13, et "Introduction à la lecture des Saints Évangiles",

L'Européen, 1837, p. 74.

34. "Répondre au Journal du Peuple", *La Ruche populaire*, déc. 1839.

3부. 기독교도 헤라클레스

10장. 중단된 연회

1. "Enquête sur le travail et les travailleurs par les travailleurs eux-même", Archives Cabet, Institut international d'histoire sociale, Amsterdam.

2. "Le carnival", La Fraternité, mars 1842, p. 43; ""Des plaisirs grossiers que le gouvernement donne ou laisse prendre au peuple", *L'Union*, janv. 1845; "Le carnaval", *L'Atelier*, mars 1844, p. 95.

3. Démocrite Laloupe, "Varietés: La barrière Mont-Parnasse", *L'Imprimerie*, 14 janv. 1840.

4. "Varietés: Le faubourg Saint-Antoine", *L'Atelier*, avr. 1843, p. 64(reproduit sous la signature de Gilland dans l'Almanach du Travail, Paris, 1851).

5. "Varietés: La barrière Mont-Parnasse", *op. cit.*

6. "Variétés: Le faubroug Saint-Antoine", *op. cit.*

7. "Des apprentis", *L'Atelier*, août 1842, p. 85.

8. "De l'enseignement fait au peuple par la presse, les feuilletons, les romans, etc.", *L'Atelier*, nov. 1843, p. 27.

9. "Variétés. Les goguettes, deuxième article", *ibid.*, août 1844, p. 175.

10. "Variétés: Les chansons des rues", août 1843, p. 107, et "De l'ivrognerie", janv. 1844, p. 62.

11. "Le phalanstérien et le radical", nov. 1843, p. 21.

12. "Introduction à la Troisième Année", *L'Atelier*, sept. 1842, p. 1.

13. "Introduction à la Cinquième Année", oct. 1844, p. 1.

14. "Des Caisses d'épargne", janv. 1844, p. 51.

15. *Ibid.*

16. "Les grands journaux et l'organisation du travail", oct. 1842, p. 15.

17. "Critique de L'Humanitaire", *La Fraternité*, août 1841.

18. C. Pecqueur, *La République de Dieu*, Paris, 1844, p. II.

19. *Romains*, XII, 5, cité par P. Leroux, *De l'Humanité*, Paris, 1840, t. II, p. 374.

20. "Aux ouvriers communistes", *L'Atelier*, juin 1841, p. 74.

21. "Aux ouvriers. Sur la nécessité de l'étude comme moyen d'affranchissement", *La Fraternité de 1845*, mai 1845, pp. 46~47.

22. "Morale", *La Fraternité de 1845*, déc. 1845.

23. "Moralité de la doctrine communiste", *La Fraternité de 1841*, mai 1842, pp. 53~54.

24. Buchez, *Essai d'un Traité complet de philosophie, du point de vue du Catholicisme et du Progrès*, Paris, 1838~1840, t. II, pp. 346 est seq.

25. "Discussion sur le communisme", *L'Atelier*, sept. 1845, p. 180.

26. "Moralité de la doctrine communiste", *La Fraternité de 1841*, p. 54, mai 1842.

27. *La Fraternité de 1841*, juin 1841.

28. "A l'Atelier. Ce que les communistes entendent par le mot bonheu", *La Fraternité de 1845*, août 1845, p. 68.

29. "Aux ouvriers communistes", *L'Atelier*, juin 1841, p. 74.

30. *Ibid*.

31. "Variétés: le travail attrayant", *L'Atelier*, juin 1842, p. 80.

32. "Aux ouvriers communistes", *L'Atelier*, juin 1841, p. 74 et sept. 1841, p. 3.

33. Sébastien Commissaire, *Mémoires et Souvenirs*, *op. cit.*, p. 54.

34. "Du principe communiste et de ses détracteurs", *ibid.*, août 1842, p. 77.

35. "A l'Atelier", *La Fraternité de 1845*, oct. 1845, p. 89.

36. "Aux ouvriers communistes", *L'Atelier*, sept. 1841, p. 2.

37. *Ibid*.

38. "Fin de la discussion entre La Fraternité et l'Atelier", *L'Atelier*, fév. 1846, p. 263

39. "Aux ouvriers communistes", sept. 1841, p. 3.

40. "De l'enseignement fait au peuple par la presse, les feuilletons, les romans", etc., *L'Atelier*, nov. 1843, p. 27.

41. "De la morale", *L'Européen*, 1832, p. 246.

42. "Aux ouvriers communistes", *L'Atelier*, juin, 1841, pp. 74~75.

43. "Aux ouvriers communistes", sept. 1841, p. 2.

44. "Discussion sur la certitude morale et religieuse", *L'Atelier*, mai 1843, p. 83.

45. Chevé à Pecqueur, 10 janv. 1843, Archives Pecqueur, Institut international d'histoire sociale, Amsterdam.

46. Buchez, *Essai d'un Traité complet de Philosophie...*, *op. cit.*, t. II, p. 334.

47. *Lettre d'un disciple de la Science nouvelle...*, *op. cit.*, pp. 27 et seq.

48. *La Ruche populaire*, oct. 1841.

49. "Sur les réflexions du Globe et des Débats à propos du suicide de Boyer", L'*Atelier*, nov. 1841, pp. 19~20.

50. *Le Moniteur parisien*, 28 oct. 1841.

51. *La Ruche populaire*, oct. 1841.

52. "Colonie de Petit-Bourg", *L'Atelier*, août 1845, p. 172.

53. "Si les ouvriers doivent se permettre d'écrire", *ibid.*, mars 1843, p. 56.

54. "De l'association dans les travaux intellectuels", *ibid.*, déc. 1843, p. 40.

55. *Ibid.*, p. 39.

56. "Discussion sur la certitude morale et religieuse", mai 1843, p. 84.

57. "Variétés: les goguettes", oct. 1844 (attribué à Supernant par *La Chanson*, déc. 1879, p. 153).

58. *Ibid.*

59. "Les dames du grand monde", mai 1844, p. 122.

60. "Discussion sur le communisme", nov. 1845, pp. 211~212.

61. "Réponse à quelques objections", nov. 1840, p. 19.

62. *Ibid.*, p. 20.

63. "Organisation du travail", oct 1843, p. 12.

64. Chevé, *Catholicisme et Démocratie ou le Règne du Christ*, Paris, 1842, pp. 119 et sq.; cf. également: *Le Dernier Mot du socialisme par un catholique*, Paris, 1849.

65. Chevé, *Catholicisme et Démocratie ou le Règne du Christ*, Paris, 1842, pp.

113~114.

66. "Opinions de la presse sur l'organisation du travail", nov. 1842, p. 21; "Réforme industrielle. Du régime des corporations", avr. 1842, p. 62; "Organisation du travail. Nouvelle série. 5ᵉ article", août 1845, p. 162; "Organisation du travail. Nouvelle série, 4ᵉ article", mai 1845, p. 119.

67. "Réforme industrielle. Organisation du travail", juil. 1841, p. 85.

68. *Ibid.*, p. 86.

69. "De l'organisation du travail. Nouvelle série. 4ᵉ article", mai 1845, p. 121 et "Réforme industrielle. Organisation du travail", juil. 1841, p. 86.

70. "Réforme industrielle. Organisation du travail", *ibid.*

71. "Organisation du travail. Nouvelle série. Quatrième article", mai 1845, p. 120.

72. "Des différents modes de rétribution du travail", juil. 1843, p. 98(이하 같은 논설 인용에는 각주를 달지 않는다).

73. Chevé, *Catholicisme et Démocratie ou le Règne du Christ*, op. cit., p. 20.

74. Auguste Desmoulins, "Le capital et les associations partielles", *Almanach des corporations nouvelles*, Paris, 1852, pp. 114~115에서 재인용.

75. Corbon, *Le Secret du peuple de Paris*, 1863, pp. 129~130.

11장. 노동 공화국

1. Gilland, *Revue anecdotique des associations ouvrières*, Paris, 1850, p. 10.

2. Pauline Roland, "Chronique des associations ouvrières. Les cuisiniers", *La République*, 31 mars 1850, et Gilland, *Revue anecdotique...*, op. cit., pp. 45~46 et 68.

3. Gilland, op. cit., pp. 62 à 64.

4. *Ibid.*, p. 68.

5. *Ibid.*, p. 88, et A. N., F12/4625.

6. *Procès-verbaux du Conseil d'encouragement pour les associations ouvrières*, publiés par Octave Festy, Paris, 1917, p. 10.

7. "De l'Association ouvrière. Distribution du crédit des trois millions", *L'Atelier*, 7 août 1848, p. 195.

8. Rapport du préfet du Rhône, 5 mai 1849, Archives nationales F12/4620 B.

9. *Procès-verbeaux du Conseil d'encouragement...*, Festy, *op. cit.*, p. 5.

10. *Organisation du Travail proposée par Confais et adoptée par les citoyens membres de la Commission de la corporation des ouvriers peintres*, Paris, 1848, A.N., F12/4630.

11. Office du Travail, *Les Associations professionnelles ouvrières*, Paris, 1903, t. III, pp. 527 et 530.

12. A. N., F12/4631.

13. Dossiers Callerot (F12/4630) et Héronville (F12/4633).

14. F12/4635 B.

15. Rapport de Loyeux, commissaire de police, 27 juillet 1848 A. N., C 933.

16. Dossier Jeanne, A. N., F12/4633.

17. Festy, *op. cit.*, p. 124.

18. Festy, *op. cit.*, pp. 186~187.

19. "Organisation du travail", *L'Atelier*, oct. 1843, p. 9.

20. Festy, *op. cit.*, p. 23, et A. N., F12/4627.

21. Festy, p. 54, et A. N., F12/4621 (dossier Canonicat).

22. Festy, pp. 29 à 32, et Émile Jay, "Visite aux associations", *Le Bien-être universel*, 3 août 1851.

23. Dossier Remquet, A. N., F12/4627 B(별도 언급이 없으면 랑케 사안과 관련되는 인용은 모두 이 자료에서 가져왔다).

24. Pour les débats du Conseil relatifs à l'affaire Remquet, voir Festy, *op. cit.*, pp. 154 à 158 et 175 à 180.

25. A. N., F12/4623.

26. F12/4623.

27. F12/4620.

28. A. Cochut, *Les Associations ouvrières*, Paris, 1851, p. 82.

29. *Ibid.*, p. 52.

30. Anatole Lemercier, *Études sur les associations ouvrières*, Paris, 1857, pp. 148 et 150.

31. Gilland, *Revue anecdotique...*, p. 38.

32. Véron, *Les Associations ouvrières de consommation, de crédit et de production en Angleterre, en Allemagne et en France*, Paris, 1865, p. 209.

33. Cochut, *op. cit.*, p. 71.

34. *Ibid.*, p. 74.

35. Dossiers Desoye (F12/4622) et Rey-Drien (F12/4627).

36. Dossier Haan (F12/4624).

37. Dossier Colin (F12/4621).

38. Cochut, *op. cit.*, p. 59.

39. Dossier Wursthorn, F12/4628.

40. Anatole Lemercier, *Études sur les associations ouvrières*, Paris, 1857, p. 141.

41. Gilland, *op. cit.*, p. 26.

42. Émile Jay, "Visite aux associations", *Le Bien-être universel*, 3 août 1851.

43. Dossier Brosse, F12/4620.

44. Dossiers King (F12/4624), Drien (F12/4627, 19 mai 1850), Duries (F12/4623, 12 déc. 1849) et Wursthorn (F12/4628, 16 août et 16 nov. 1849).

45. Dossiers Mauny (F12/4626, 22 juil. 1851) et Colin (F12/4621, déc. 1849).

46. Dossier Hubart-Houzé, F12/4622, enquête de police de fév. 1849 et rapport d'inspection du 20 nov. 1850.

47. Dossier Leroy-Thibault, F12/4625.

48. Dossier King, F12/4624(이하 인용에서는 주석을 반복하지 않는다).

49. F12/4628.

50. Dossier Picard, F12/4627.

51. Dossier Brosse, F12/4620, rapport du 11 mars 1850.

52. Dossier Wursthorn, F12/4628, rapports des 29 janv. 1853 et 22 juin 1852.

53. *Enquête sur les sociétés de cooperation*, Paris, 1866, p. 169, et dossier King, F12/4624, rapport du 28 mai 1855.

54. Dossier Colin, F12/4621, rapport de sept. 1849.

55. Dossier Mauny, F12/4626.

56. *Ibid.*, lettre de Mauny, déc. 1851.

57. Dossier Desoye, F12/4622, 1852년 2월 22일 자 총회에서 낭독된 보고.

58. *Enquête sur les Sociétés de coopération*, Paris, 1866, p. 300.

59. Dossier Gobbe et Sourd; F12/4623, rapport du sous-préfet de Douai, 5 mai 1850.

60. Véron, *Les Associations ouvrières*, p. 196.

61. *Les Associations professionnelles ouvrières*, op. cit., t. II, p. 677.

62. *Enquête sur les sociétés de coopération*, op. cit., p. 318.

63. *Ibid.*, p. 168.

64. Dossier King, F12/4624, rapport du 28 mai 1855.

65. *A son Excellence M. le Ministre de l'Agriculture et du Commerce. Société ouvrière Remquet et Cie. Compte rendu 1849~1859*, p. 6. F12/4627.

66. *Les Associations professionnelles ouvrières*, op. cit., t. II, p. 727.

67. Enquête sur les Sociétés de coopération, op. cit., p. 325.

68. *Ibid.*, p. 324.

69. *Le Crédit au travail*, 27 janv. 1864.

70. Wahry, La Réciprocité. *Moyen de solution du problème de réforme sociale au point de vue industriel*, Paris, 1850.

71. Wahry, "Des différentes formes de l'association ouvrière", Almanach des corporations nouvelles, Paris, 1852, pp. 121~122.

72. Pantagruel, Livre III, chap. IV, cité par Wahry, *loc. cit.* p. 117.

73. Véron, *op. cit.*, p. 198.

74. *La Voix du Peuple*, 3 janv. 1850.

75. Corbon, *Le Secret du peuple de Paris*, Paris, 1863, pp. 184~185.

76. *Ibid.*, pp. 185~186.

77. "Réforme industrielle. De l'association ouvrière", *L'Atelier*, déc. 1842, p. 29.

78. *Le Secret du peuple de Paris*, pp. 186~188.

12장. 이카로스의 여행

1. Journal de route de Lévi, *Le Populaire*, 20 août 1848.

2. *Réalisation de la Communauté d'Icarie*, Paris, 1847, p. 38.

3. Lettres de Moity et Champeau, *Le Populaire*, 4 juin, 9 et 23 juil. 1848.

4. Lettre de Moity, *ibid.*, 9 juil. 1848.

5. Lettre de Viardot, Boissonnet, Buisson, Levi, Rousset, Guillot et Therme, *Le Populaire*, 13 et 20 août 1848.

6. Lettre de Rougier, *ibid.*, 27 août 1848.

7. Lettre de Therme, 20 août.

8. Lettre de Buisson, 13 août.

9. Lettre de Lévi, 20 août.

10. Lettre de Boissonnet et Buisson, 13 août.

11. Lettres de Romégous, 19 mars 1848, et Lechapt, 27 mai 1847, Fonds Cabet, Bibliothèque historique de la Ville de Paris.

12. *Le Populaire*, 27 juin et 7 nov. 1847.

13. *Ibid.*, 30 janv. 1848.

14. Champfleury, "Les communistes de Sainte Croix", *Les Excentriques*, Paris, 1852, p. 189.

15. Lettre de Turgard, 8 fév. 1848, Bibliothèque historique de la Ville de Paris.

16. Émile Vallet, "Genealogical History of the Vallet Family", *An Icarian Communist in Nauvoo*, Springfield, Illinois, 1971, p. 59.

17. *Le Populaire*, 29 août 1847.

18. *Le Populaire*, janv., mars, 11 avr. et 23 mai 1847.

19. *Le Populaire*, 18 avr. et 23 mai 1847.

20. *Ibid.*, fév., mars, 13 juin, 5 et 26 sept. 1847.

21. *Ibid.*, mars, 11 avr., 23 mai, 6 et 13 juin, 1er août, 26 sept. 1847, 2 janv. 1848.

22. *Ibid.*, 1er août et 5 déc. 1847.

23. *Ibid.*, 13 juin 1847.

24. *Le Populaire*, 7 nov. 1847.

25. *Ibid.*, 6 juin 1847.

26. *Ibid.*, 16 janv. 1848.

27. Chapus et Poncet à Cabet, 6 nov. 1844, Archives Cabet, B.H.V.P.

28. *Le Populaire*, 30 mai 1847.

29. *Le Populaire*, 27 avr., 11 et 14 mai, 18 juin, 11 juil. 1848.

30. *Ibid.*, 6 juin 1847.

31. *Gazette des Tribunaux*, 25 juil. 1851. Cf. *Notre Procès en escroquerie*, Paris, 1849, pp. 15~33 et *Procès et Acquittement de Cabet...*, Paris, 1851, pp. 172~184.

32. Lettre collective de la Première avant-garde et lettres de Therme, *Le Populaire*, 3 et 17 déc. 1848.

33. *Réalisation de la Communauté d'Icarie*, Paris, 1847, p. 37.

34. Gosse à Guillot, *Réalisation d'Icarie. Nouvelles de Nauvoo*, Paris, 1849, p. 45.

35. Discours de Cabet à la *Société Fraternelle Centrale*, 8e séance, 10 avril 1848.

36. *Société Fraternelle Centrale*, 4e séance, 6 mars 1848(et Gentil, Organisation du Travail, Paris, 1848).

37. *Le Populaire*, 21 janv. 1849.

38. Cabet, *Notre procès en escroquerie...*, *op. cit.*, p. 22.

39. *Le Populaire*, 4 nov 1849.

40. *Le Populaire*, 2 sept. 1849, lettre de Pech.

41. *Ibid.*, 7 avr. 1850.

42. Lettres de Chicard et Legros, *Réalisation d'Icarie. Nouvelles de Nauvoo*, pp. 98 et 100, et Pech, *Le Populaire*, 2 sept. 1849.

43. Lettres de Savariau et Thibaut, *Le Populaire*, 2 sept. 1849.

44. Prudent à Beluze, *Réalisation d'Icarie, Nouvelles de Nauvoo*, p. 84.

45. Camus à ses parents, 10 août 1849, *Réalisation...*, p. 86, et Lettre collective des Parisiens qui sont dans la communauté à leurs frères de Paris, 2 mars 1851, Fonds Cabet, Institut international d'Histoire sociale, Amsterdam.

46. Lettre de Bourg, *Le Populaire*, 2 déc. 1849.

47. Lettre de Lafaix, *Le Populaire*, 2 sept. 1849, Legros, *Réalisation...*, p. 100, et Mme Chartre, *ibid.*, p. 84.

48. Lettre de Bourgeois, *Le Populaire*, 2 déc. 1849.

49. Bourgeois à sa soeur, *Le Populaire*, 2 juin 1850.

50. Salarnier à Sarot, *Lettres icariennes*, Paris, 1859~1862, t. I, p. 324.

51. "Revue de la semaine du 21 au 27 juillet", *Le Populaire*, 27 sept. 1850.

52. Lettre de Tabuteau, *Le Populaire*, 8 nov. 1850.

53. Lavat à Belvet, *Lettres icariennes*, Paris, 1859~1962, t. I, p. 310.

54. *Lettres icariennes*, t. II, p. 137.

55. Lettres de Thibault, *Le Populaire*, 2 sept. 1849 et Chicard, *Réalisation d'Icarie*, 23 sept. 1849, p. 99.

56. Prudent à Beluze, 14 juil. 1851, Fonds Cabet, Amsterdam.

57. *Le Populaire*, 16, 23 et 30 mai, 4 juil., 13 et 27 sept. 1851.

58. Prudent à Beluze, 14 juil. 1851, Archives Cabet, Amsterdam.

59. Lettre collective de la Colonie, *Le Populaire*, 13 sept. 1851.

60. *Nouvelle Revue icarienne*, 1er fév. 1860.

61. "Une soirée de dimanche en Icarie", *Le Populaire*, 3 mars 1850.

62. *Réalisation de la Communauté d'Icarie*, Paris, 1847, p. 235.

63. Lettre de Witzig, *Le Populaire*, 2 sept. 1849, Mme Chartre, *Réalisation d'Icarie*, 23 sept. 1849, p. 85, et Camus, *ibid.*, p. 86.

64. *Le Populaire*, 31 janv. 1851.

65. Lettre de Camus, *Réalisation...*, p. 86.

66. "Extrait du journal de P. Bourg", *Icarie*, Paris, 1849, p. 5.

67. *Le Populaire*, 18 oct. 1850.

68. *Revue icarienne*, janv. 1856.

69. Cabet à Krolikowski in Prudhommeaux, *Icarie et son Fondateur Étienne Cabet*, Paris, 1907, p. 274.

70. *La Voix du peuple*, 17 avr. 1850.

71. *Revue icarienne*, juil. 1856.

72. *Ibid.*, avr. 1856.

73. Cabet, *Colonie icarienne aux États-Unis d'Amérique. Sa constitution, ses lois, sa situation matérielle et morale après le premier semestre de 1855*, Paris, 1856, p. 210.

74. Therme aîné à ses frères, *Le Populaire*, 5 août 1851.

75. Prudent à Beluze, *loc. cit.*

76. *Colonie icarienne des États-Unis...*, *op. cit.*, p. 210.

77. *Colonie icarienne. Réforme icarienne du 21 nov. 1853*, Paris. 1853.

78. Cadet, *Tempérance*, cité in *Lettres icariennes*, *op. cit.*, t. I, pp. 63~64.

79. Ibid., p. 63.

80. *Progrès de la Colonie icarienne établie à Nauvoo. M. Cabet à Julien, Icarien disposé à venir en Icarie*, Paris, 1854, p. 16.

81. *Revue icarienne*, sept. 1855.

82. Cabet, *Colonie icarienne...*, p. 216.

83. Émile Baxter à Cabet, 17 sept. 1854, *Icarian Studies Newsletter*, Macomb, Illinois, mars 1979.

84. *Revue icarienne*, janv. 1856.

85. *Voyage en Icarie de deux ouvriers viennois*, Paris, 1952, pp. 257~266. 페르낭 뤼드가 확정 공간한 판본.

86. *Revue icarienne*, janvier 1856.

87. *Lettres icariennes*, t. I, p. 65.

88. *Colonie icarienne...*, p. 211.

89. Nadaud à Mourot, *Revue icarienne*, juil. 1856.

90. Cabet, *Guerre de l'opposition contre le citoyen Cabet*, Paris, 1856, p. 47.

91. *Revue icarienne*, janv. 1856, et *Colonie icarienne...*, pp. 170~203.

92. *Colonie icarienne...*, p. 213.

93. *Revue icarienne*, janv. 1856.

94. Cabet, *Guerre de l'Opposition contre le citoyen Cabet*, Fondateur d'Icarie, *op. cit.*, p. 14.

95. Cabet, *Colonie icarienne...*, pp. 228~229.

96. Cabet, *Guerre de l'Opposition...*, p. 25.

97. *Revue icarienne*, juin 1856.

98. *Revue icarienne*, fév. 1857, in Prudhommeaux, *op. cit.*, p. 401.

99. "Réponse de la Communauté", *Revue icarienne*, juil. 1856.

100. Émile Vallet, *Communism. History of the Experiment at Nauvoo, An Icarian Communist in Nauvoo*, *op. cit.*, pp. 28~29.

101. Lettre de Crétinon, in *Voyage en Icarie de deux ouvriers viennois, op. cit.*, p. 244.

102. *Revue icarienne*, août 1884.

103. Émile Vallet, *op. cit.*, pp. 27～28.

104. Discours de Mercadier, *Inauguration du Cours icarien*, Paris, 1858.

105. *Cheltenham*, Paris, 1858, p. 16.

106. *Notre Situation à Saint Louis*, Paris, 1857, p. 9.

107. *Cheltenham*, op. cit., p. 8.

108. *Nouvelle Revue icarienne*, 15 nov. 1858.

109. *Lettres icariennes*, t. I, p. 9.

110. *Ibid.*, p. 268.

111. *Ibid.*, p. 176.

112. *Ibid.*, p. 304.

113. *Ibid.*, pp. 229～232.

114. *Ibid.*, p. 232.

115. Lettre de la femme Lavat, *ibid.*, p. 329.

116. Lettres de Sauger et de Caludine Mauvais, *Nouvelle Revue icarienne*, 15 déc. 1859 et *Lettres icariennes*, t. I, p. 133.

117. *Lettres icariennes*, t. I, t. I, pp. 214～215.

118. *Lettres icariennes*, t. I, pp. 341 à 343.

119. *Ibid.*, t. II, pp. 6～7 et 14～16.

120. *Ibid.*, p. 292.

121. *Ibid.*, p. 141.

122. *Ibid.*, p. 303.

123. *Lettres icariennes*, t. II, p. 304.

124. *Ibid.*, p. 305.

125. *Ibid.*, pp. 308～309.

126. *Ibid.*, p. 312.

127. *Ibid.*, p. 303.

128. *Lettre circulaire* de Béluze, janv. 1863, p. 3.

129. *Ibid.*, p. 3.

130. *Rapport de la Commission nommée pour vérifier la gestion du citoyen Béluze*, nov. 1862.

131. Béluze, *Les Associations, conséquences du progrès*, Paris, 1863, p. 40.

132. *Ibid.*, p. 28.

133. *Ibid.*, p. 20.

134. *Ibid.*, p. 20.

135. Lettre d'Émile Vallet, *Revue icarienne*, janv. février 1886.

136. Gluntz à ses amis de Lyon, *Le Populaire*, août 1850.

에필로그_10월의 밤

1. *Moniteur des Syndicats ouvriers*, 25 oct. ~ 8 nov. 1891.

2. Gauny, *La Forêt de Bondy*, distiques, Paris, 1879, p. 59.

3. *Ibid.*, pp. 59~60.

4. Gauny à Gallé, 1878, Fonds Gauny, Ms. 170.

5. "Le Belvédère", Fonds Gauny, Ms. 146.

6. Malon à Pecqueur, 9 déc. 1881, Fonds Pecqueur, Institut international d'histoire sociale, Amsterdam.

7. "Les lunettes de mon grand-père", in Marc Gilland, *Après l'atelier*, Paris, 1900, p. 45.

8. Désirée Véret à Victor Considerant, 5 mai 1890, A. N., 10 As 42(이하 인용에서는 주석을 반복하지 않는다).

9. 21 juin 1890.

10. 15 août et 7 sept. 1890.

11. 9 oct. 1890.

12. 23 nov. 1890.

13. 2 oct. 1890.

14. 1ᵉʳ sept. et 2 oct. 1890.

15. 1ᵉʳ et 7 sept. 1890.

16. 9 oct. 1890.

17. 1er sept. 1890.

18. Juil. 1891.

19. Sophie Béranger à Enfantin, 23 déc. 1860 et 1er déc. 1855, Fonds Enfantin, Ms. 7695.

20. Désirés Véret à Victor Considérant, juil. 1891.

21. Juil. 1891.

옮긴이 **안준범**

성균관대 서양사학과 전공. 지은 책으로 『알튀세르 효과』(공저)가 있으며, 『이탈리아 현대사 1943~1988』(폴 긴스버그), 『역사의 이름들』(자크 랑시에르), 『유럽을 지방화하기』(공역, 디페시 차크라바르티), 『비철학자들을 위한 철학 입문』(알튀세르), 『자본과 이데올로기』(토마 피케티) 등을 옮겼다.

프롤레타리아의 밤

1판 1쇄 2021년 1월 11일
1판 2쇄 2021년 2월 10일

지은이 자크 랑시에르 | 옮긴이 안준범 | 펴낸이 염현숙

책임편집 박영신 | 편집 황지연
디자인 김이정 이주영 | 저작권 한문숙 김지영 이영은
마케팅 정민호 양서연 박지영 안남영 | 홍보 김희숙 김상만 함유지 김현지 이소정 이미희
제작 강신은 김동욱 임현식 | 제작처 영신사

펴낸곳 (주)문학동네
출판등록 1993년 10월 22일 제406-2003-000045호
주소 10881 경기도 파주시 회동길 210
전자우편 editor@munhak.com | 대표전화 031)955-8888 | 팩스 031)955-8855
문의전화 031)955-3578(마케팅), 031)955-2697(편집)
문학동네카페 http://cafe.naver.com/mhdn | 문학동네트위터 @munhakdongne
북클럽문학동네 http://bookclubmunhak.com

ISBN 978-89-546-7655-7 93160

www.munhak.com